예배와 음악

Liturgy and Music

로빈 리버 · 조이스 짐머맨 엮음
허정갑 · 김혜옥 옮김

연세대학교 출판부

Liturgy and Music
Lifetime Learning

Robin A. Leaver
and
Joyce Ann Zimmerman, Editors

Paul Junggap Huh
and
Hye Ock Kim, Korean Translators

서 론

| 로빈 리버Robin A. Leaver / 조이스 앤 짐머맨Joyce Ann Zimmerman |

"할렐루야 우리 하나님을 찬양하는 일이 선함이여 찬송하는 일이 아름답고 마땅하도다(시편 147:1, 개역개정판)." 이것은 하나님을 찬양함과 찬송을 명백하게 연결하는 여러 시편중의 한 구절일 뿐이다. "예전"이 하나님을 찬양함이라면 "음악"은 그 찬양을 증폭시키고 끊임없이 하나님께 찬송을 드리는 하늘의 성가대와 우리를 연결시켜 준다. 황금입술이라는 별명의 설교자, 요한 크리소스톰John Chrysostom이 오래 전에 말하였듯이 "위에서는 만군 천사들이 찬양하고, 아래에서는 같은 영광송을 교회의 성가대가 하늘의 소리를 모방하여 부른다.…… 이는 하늘과 땅의 모두가 엄숙한 회중의 모임으로 하나 됨을 말하며, 여기에는 하나의 감사, 하나의 즐거운 외침, 하나의 기쁜 합창이 있다."[1] 예배에 사용되는 음악에 대한 얼마나 멋있는 증언인가! 교회음악 목회에 전념하는 모든 자들에게 얼마나 큰 힘을 주는 언약의 격려인가!

음악은 예배에서의 본질적인 요소이며 결코 굽힐 수 없는 존재의 진술이다. 이는 고대에서부터 현대까지의 모든 문화를 포함한 종교적 행위를 말한다. 물론 예배에서 고요함을 선호하는 집단에서도 음악이 표현하는 여러 가지의 윤곽 안에서 침묵을 통하여 하나님께 드리는 찬양을 노래한다. 회중으로서 한 목소리로 연합된 소리도 억양과 운율을 따라가며 읽는

1. *Homilia I in Oziam seu de Seraphinis I;* PG lvi, 97 quoted in James McKinnon, ed., *Music in Early Christian Literature*, Cambridge Readings in the Literature of Music, John Stevens and Peter le Huray, gen. eds. (Cambridge/New York: Cambridge University Press, 1987) 89.

소리에서 노래의 소리로 바뀌어짐을 우리는 볼 수 있다. 입례의 리듬과 제스처의 유연함이 가슴에서 우러나는 노래 속에 구체적[embodied]인 표현으로 진행된다. 목청을 높인 찬양만이 올바른 발언임을 알도록 예배의 모든 요소는 우리를 이끌어간다. 그러나 음악과 예배에 대하여 이처럼 중요하고도 광대한 이해를 함에도 불구하고 한정된 예전음악의 문헌에 대한 급박한 양상을 지울 수가 없다. 찬송, 기도송, 전주와 후주, 경건의 노래, 그리고 예배를 채우는 여러 종류의 찬트들이 바로 이 책의 주제들이다.

『예전과 음악』이라는 책 제목 자체가 주제, 구성, 그리고 의도된 독자의 범위를 정하고 있다. 여기에 참여한 집필자는 모두가 성례전을 중요시하는 기독교 기성교단에 속해 있다. 물론 어떤 논리와 발제된 주장은 비기독교 혹은 비성례전적인 그리스도인들에게도 적용되어 더 넓은 범위의 독자들이 유익하게 사용할 수도 있겠지만 원래 의도한 바는 한정된 시각으로 연구하였음을 밝히는 바이다. 이러한 선택은 집필자들이 좀 더 구체적으로 집중하여 좀 더 뉘앙스를 갖고 각 장을 전개해 나가길 바란 것이다. 이 책의 기본적인 독자는 아마도 전문적인 교회음악가이거나 이를 준비하고 있는 자, 목회자, 예배기획자, 예배위원회, 전문적인 예배인도자, 그리고 예배를 중요하게 생각하는 자들로서 모든 이들에게 이 책은 도움을 줄 것이다. 책 제목에서 "예배"보다는 "예전"의 용어를 사용함은 우리가 탐구하는 것이 예배의 성례전과 의례임을 내포하고 있다.

이 책은 두 부분으로 나뉘어져 각 파트에서 또 세분화된 장들이 서로 대칭하고 있다. 제1부에서는 제목이 말하듯이 예전의 여러 가지 이슈에 대한 가장 기본적인 안내를 하고 있다. 제2부에서는 예전음악과 기독교 예전적 교단의 음악인들에 대한 역할과 영역을 충실하게 소개하고 있다. 각 파트는 참고문헌을 끝으로 종결한다. (그러나 독자들이 주의할 것은 각 장의 본문에 있는 각주를 꼭 참고하여야 하는데 이는 종합된 참고문헌에 모든 자료를 총망라한 것이 아니라는 점이다.) 이 뜻은 영문의 소제목이기도 한 '평생교육'의 과정으로서 음악적 예전을 이해함이란 전문적인 인력들과 함께 회중 모두가 예전을 같이 만들어가며 평생을 두고 같이 연구하는 과정이라는 것이다. 각 장은 독립적으로 연구되거나 읽혀질 수 있다. 여기에는 일부러 교단별 특색이나 차이를 염두에 두지 않으려는 편집자의 의도가 있다. 에큐메니즘의 장점은 바로 의견의 차이보다는 다양성을 수렴함에 있다고 본다. 그리고 예전적 전통을 해석하고 적용함에 있어서 다른 방법들을 사용하는 모두에게서 우리는 서로 배울

점이 많다는 것이다. 바로 이 점이 이 책의 가장 독특한 공헌이라고 생각한다.

독자들은 대부분의 집필자들이 제2바티칸 전례헌장인 "거룩한 공의회(SC)" Sacrosanctum Consilium를 인용하고 있음을 볼 수 있다. 이는 로마가톨릭 의회이고, 그러므로 두말할 것도 없이 SC는 가톨릭 전통을 시작으로 모든 기독교 예전적 교단의 예배갱신을 유도하였고 중추적 역할을 하였다. 그러므로 SC는 에큐메니즘의 중요한 문서로 남게 되었다. 독자들이 이 문서를 아직 접하지 못하였다면 지금이라도 읽어보기를 강력히 권하고 싶다. 이는 충분히 값진 시간이 될 줄 믿는다.

어떤(특별히 예전의 기초를 다루는 첫 부분) 장들은 출판사The Liturgical Press에서 발행하는 계간지 『예전적 목회』Liturgical Ministry에 이미 소개된 바 있다. 이 책은 이러한 연구논문에 제시된 신학과 목회적 적용을 한손에 잡고 볼 수 있도록 편집자들의 노력으로 이루어진 것이다. 기본적인 자료들과 또한 병행하는 음악적 요소들을 전개한 것이 제2부가 만들어진 동기이다. 이는 대부분 새로 집필되었다. 이러한 사항이 또 하나의 독특한 안내를 하는데 이는 예전과 음악이 서로 분리된 분야가 아니라 예전의 기초적인 틀 위에 대위counterpoint적인 음악적 요소가 진행함을 말한다. 그러므로 우리가 말할 수 있는 것은 예전 속의 음악이 아니라 오히려 '음악적 예전'이 옳은 표현이라고 본다. 실제로 음악적 예전으로 예전에 다가가는 것이 예전음악목회자들에게 다른 예전적 목회자들과 함께 동등하게 어깨를 겨룰 수 있는 근거를 마련하기 때문이다. 바로 무더운 여름날(성가대가 여름휴가로 모이지 않기에) 주일예전이 "조용하고 심심하다"는 비평을 더 이상 받지 않는다는 말이다. 이는 성가대, 오르가니스트, 칸토, 그리고 모든 음악인들이 유희를 목적으로 모인 것이 아니라 예전적 기도를 인도하기위하여 모인 것이다. 음악적 예전은 예배에서의 음악을 사용하는 중요성만 다루는 것이 아니라 음악과 기도를 긴밀한 관계에서 만들어 감을 독특하게 조명한다.

우리의 희망은 예전음악에 대한 총체적인 신학적 방법론을 제공하는 것이다. 물론 예전음악에 대한 모든 실천사항을 총망라한 것은 아니다. 예를 들어 오늘날 예배공동체와 함께 일하는 전문가들은 포괄적인 언어inclusive language사용법 이슈에 예민하고 민감한 반응을 보일 것이다. 또 다른 예는, 예전음악가들이 이미 음악적으로 잘 준비되고 훈련되어 있음을 간주하였기에 음악적 재능을 발전시키는 분야를 포함시키지 않고 있다. 참고문헌에서는 이러한 분야에 대한 도서 및 훌륭한 목회와 훌륭한 음악적 실천에 대한 안내를 추천하고 있다.

우리는 또한 이 책이 예전음악의 신학과 예전의 신학에 대한 새로운 도전을 하고 있다고 믿는다. 이것은 찬양과 감사로 우리의 하나님을 만나도록 인도하는 음악적 예전의 새로운 방법을 끊임없이 진행하는 평생교육이다. 예전음악 전문가들에게 하나님께 드리는 예배에 목소리 높여 표현할 수 있도록 이 책이 안내하여 준다면 우리 편집자들은 그 기쁨 더할 나위 없을 것이다. 또한 이 책이 음악목회를 섬기는 분들에게 그들이 섬기는 자들과 함께 다음과 같은 시편을 노래할 수 있다면 우리 편집자들은 그저 겸손히 감사할 뿐이다:

하나님이여 내 마음이 확정되었고 내 마음이 확정되었사오니
내가 노래하고 내가 찬송하리이다.
내 영광아 깰지어다. 비파야, 수금아, 깰지어다.
내가 새벽을 깨우리로다.
내가 만민 중에서 주께 감사하오며
뭇 나라 중에서 주를 찬송 하리이다. (시편 57:7-9, 개역개정판)

차례

제Ⅱ부 예전음악

제 I 부

예배 / 예전

Worship / Liturgy

제 1 장

예전적인 예배란 무엇인가?

What Is Liturgical Worship?

| 메리 셰이퍼 Mary M. Schaefer |

들어가면서

거룩하면서도 신기한 매력적이면서도 놀랍도록 자극적인 단남의 경험은 종교의 역사를 통하여 알 수 있다.[1] 이러한 경험은 모든 피조물의 한계를 완전히 넘어서 그들 속에 내재immanent하는 초월적transcendent인 "거룩한 신비" 혹은 "존재의 근거"와의 약속으로 초대한다. 유대교와 기독교 모두 하나님은 모든 만물의 창조주이시며 거룩한 자이시다(창세기1; 신명기6:4; 요한복음 1:1–3).

피조물은 창조된 그들의 진정한 실존으로서 그들의 창조주를 찬양한다. 하나님은 창조하신 모든 만물에 의하여 영광을 받으신다. 이성과 의지를 부여받은 인간들은 하나님의 형상과 비슷하게 창조되었다(창1:27). 그들은 삶의 길과 죽음의 길을 자유롭게 선택할 수 있다. 그들이 선을 선택할 때 그들의 삶은 하나님을 각 개인의 목적과 근원으로 인정하고 하나님께 영광을 돌리는 것이다. 만약 인간들이 하나님의 목적을 위반하고 죄를 지을 때 그들은 "목적에서 이

1. Rudolf Otto, *The Idea of the Holy* (London: Humphrey Milford, 1926).

탈하는" 것이다. 하나님의 영화론glorification은 예배의 내용으로서 하나님과 피조물의 관계를 깊게 만들고 또한 표현하는 것이다. 함께 드리는 예배는 인간들에게 그들의 개인적 특징을 발견케 하고 모든 피조물과의 올바른 관계를 가르친다. 인간들의 성화론sanctification은 영원 전부터 시작되었고 우주의 차원들을 가지는 하나님의 계획과 일치하여 이루어진다.[2]

기독교 예배는 하나님 말씀이 성육신된 예수 그리스도의 제자공동체에 의한 하나님 찬양으로 이루어진다. 그리스도인들은 성령의 힘으로 그리스도를 증거하고, 서로를 돕고, 그리고 하나님을 예배한다. 그들의 예배는 예수 그리스도의 삶, 죽음, 부활, 그리고 승천하시어 하나님 우편에 계신 유월절 신비Paschal Mystery에 기초하고 있다. 성령의 능력으로서 예수님은 하나님 나라의 임함을 설교하였다. 이 모든 일에서 예수님은 하나님의 신실한 종으로서 하나님을 친밀하고도 특별한 이름인 아바 아버지로 부르시며 그의 온전한 삶을 맡기셨다. 그의 인격과 순종으로 예수님은 하나님과의 올바른 관계를 인간과 모든 피조물에게 회복시키셨으며, 자기 자신을 내어주시는 하나님 사랑을 자유롭게 받는 모델을 제시하며, 그에게 주어진 사명을 끝까지 완수하였다. 성령에 힘입어 그리스도로 인하여 그리고 그를 통하여 온전한 예배는 하나님께 드려진다.

말씀과 성령으로 이 세상에 활동하시는 하나님께서 우리에게 부으시는 넘치는 사랑을 성서는 증거한다. 요한서신서에 인용됨과 같이 인격 관계성의 이름인 성부, 성자, 성령은 삼위일체 하나님의 역동적인 상호관계를 이야기하고 있다.

I. 기도하는 공동체로서의 교회

예수님을 따르는 자들의 온전한 신앙의 삶은 다음과 같은 세 가지 모습을 포함한다: 증언(삶, 말, 그리고 행동으로 설교하는 복음), 사랑의 봉사, 그리고 예배이다.[3] 교회의 신앙공동체적 역할은 이웃에게 증언하는 것이다. 교회는 사랑으로 이웃을 섬기며, 모든 인류와 함

2. 서방교회는 성화론을 하나님과의 연합union으로 이야기하는 한편, 동방교회는 피조물의 하나님께 향한 숭배의 응답을 지켜왔음을 볼 수 있다. 서방신학도 이에 따라 창조와 그에 따른 책임을 다룬 주제를 이야기하기 시작하였다.

3. 희랍어로 Martyr는 증언을 말하고, Diakonos(종)는 집사를 가리키며, 그리고 Leitourgia는 아테네에서 시민들을 대표하여 자원으로 봉사함을 말하고 있다.

께 교회 구성원들은 그들의 행동을 심판받게 될 것이다(마25:31–46). 그러나 이 세상을 향한 하나님과 교회의 관계속의 특별한 특징은 예배할 때에 가장 명확히 잘 표현된다.

예배하는 교회는 기도하는 회중이다. 기도는 하나님께로 마음과 정신을 향하는 것이다. 여기에서 우리는 하나님께서 대화를 시작하심으로 추정한다. 이미 각 개인들이 '은밀히' 기도하라는 주님의 율법(마6:5–6)을 시행하면서 교회는 기도한다. 공동예배를 위하여 모였을 때에 교회는 하나님의 부르심에 응답하도록 세워진 회중으로서의 모습을 보여준다.[4] 그리고 교회는 성경말씀을 선포하고 그들에게 해석하며, 세상을 위하여 중보하며, 하나님께 감사와 찬양을 드린다. 하나님의 약속과 사랑관계에 대한 응답으로 회중은 그들의 신앙을 공동의 기도와 표징의 행위인 성례sacraments로 하나님과의 새로운 관계를 상징화한다. 이러한 상징적 의식은 실존의 깊은 곳에서의 신비, 즉 구원을 위한 하나님 사랑의 뜻을 투명화시키는 작업이다. 하나님의 구원 활동에 대해 깊이 경건하도록 초청받음을 다시 기억하고, 기도하며, 그리고 경험을 새롭게 한 신도들은 세상을 갱신함에 참여하도록 보내심을 받는다.

A. 용어: 예배인가? 혹은 예전인가?

예배와 예전이란 용어는 어떤 경우에는 서로 상환되어 사용되고 어떤 때는 어느 한쪽이 두드러지게 강조되며 사용된다.

예배worship[5]란 용어는 인간 존재들 사이의 관계를 가리킬 수 있으며, 또한 우상화된 어떤 사물을 지칭할 수도 있지만 종교적 행위에 대한 적용 역시 공통적으로 가능하다. 이는 다시 말하여 예배는 개인적으로 혹은 공동으로 하나님께 드리는 인간들의 경의reverence라는 것이다. 기독교 공동예배는 이러한 존경homage이 외향적으로 표현되는 하나의 영역이다. 예전liturgy[6]이란 용어는 하나의 형식 및 구조를 따라하거나 의례(특정의 순서, 혹은 격식을 차린 진행)의 연속을 포함한 공중예배를 말하며 공중예배에 사용된 특정의 형식 혹은 법식 또한

---

4. 희랍어인 ekklesia는 ecclesial(교회에 속함) 그리고 ecclesiology(교회신학)의 어원이며 다른 많은 단어들과 같이 세속의 근원에서 그리스도인들의 사용으로 바뀌어 진 단어이다. 이는 공동 집회의 백성을 뜻하며 히브리어인 qahal(회중)의 의미를 번역한 것으로서 이스라엘이 광야에서 헤맬 때 예전을 위하여 모였음을 나타내는 단어이다. 카할(Qahal)은 모임을 부르시는 하나님을 강조한다.

5. 귀함, 공로, 인식, 명예, 그리고 존경을 뜻하는 고대 영어 weorthscipe에서 파생되었다.

6. 희랍어 leitourgia는 희랍어 leitos(public,공중)와 ergos(performing, 일의 행위)의 합성어로서 동료 시민들을 대표하여 자원하여 봉사하는 아테네 도시 부자들의 직무를 말하였다.

예전으로 칭한다.

1. 어떤 개신교 전통은 오로지 '예배' service of worship라는 용어만 선호하여 사용하는데, 그 이유는 하나님께 공동의 존경을 표하는 내적 차원을 의미하는 동시에 외적 형식의 강조를 피할 수 있기 때문이다. 외적 형식인 '모양' 혹은 전통에 근거한 예배의 방식formula인 '예전'은 가치 없는 일로 여기거나 혹은 '신령과 진정'(요한복음 4:23)의 확실한 예배를 위협하는 것으로 보기도 한다. 외향적 형식(예를 들어 유산으로 물려받은 신성한 용어)에 의한 '객관적'인 내용을 존중하는 유형은 오직 각 개인의 내적 본성에서 나온 진실한 예배를 선호하는 입장과 상충함을 볼 수 있다.

2. '예전liturgy'이란 용어를 선호하는 가톨릭 전통은 외적 및 내적 내용과 같은 언어적 구분을 하지 않는다. 실천 혹은 이론으로서의 예전적 형식은 하나님 자신의 대화 전달, 그리고 의식을 통한 교리(ex opere operato, 바로 사효적 효력work being worked)와 같은 내용을 전달하고 전함을 예시하고 있다. 이러한 전통에서 "객관적"인 내용이 잘 표현될 수는 있으나 이성에 근거하여 의식을 행하는(ex opere operantis) 예배참여자의 주관적 표현의 자리로서는 부족하다.

3. '예전적인 예배' liturgical worship란 이 장에서 예배를 설명하기 위하여 사용하는 용어로서 유대교와 초기 기독교 전통에서 볼 수 있는 의식적ritual 구조 혹은 관례적 형식을 따라감을 말한다. 그것은 성스러운 행위와 연동된 방식으로서 의식적conscious이고 적극적인 참여로 초대하는데, 그 성스러운 행위는 상징들의 사용을 통해서 인간 경험의 심연의 차원을 표현해주도록 유도하고, 교회라고 생각될 수 있는 공동체의 공유된 믿음을 표현한다.

B. 예전적인 예배에 대한 비평

예전의 형식 연구의 대상은 기도하는 교회이다. (예전학의 공식적인 목적은 '기도하는 교회'에 있다). 기도는 인간 사이의 의사소통과 무관하거나 거리가 먼 영적 교류인 것만은 아니다. 우리와 함께 하시는 하나님의 커뮤니케이션과 공동체 안에서 하나님께 드리는 우리의 응답인 공동기도는 인간 커뮤니케이션의 언어와 비언어적 요소 모두를 적극적으로 사용한다. 공동기도는 노래, 이야기, 그리고 계획된 몸짓gesture과 움직임의 상황 속에서 진행된다. 창조의 요소를 담고 있는 상징을 만들어가고 그 의미를 나눔으로써 기독교 예배는 참여자들에게 하나님의 구원이 실현되는 때를 기억하고, 경험하고, 그리고 참여하도록 돕는다. 기독교 예배는 참여자들에게 하나님의 계획에 경건할 수 있도록 생명을 불어넣는다. 그리하여 마지막 때에 신앙을 지키며 성령 안에서 활동하시고 부활하신 그리스도를 통하여 하나님께 돌아감으로 만물을 지으신 하나님 창조의 목적이 실현될 것이다.

기도하는 교회를 연구할 때는 인류학, 사회학, 그리고 심리학 등을 포함한 인문과학분야가 줄 수 있는 공헌에 주의를 기울여야 한다. 기독교예배는 삶의 신비한 차원에 대한 응답으로서, 현상학(특별히 거룩함이 드러남을 연구함), 시각 및 청각예술을 통한 의미 전달, 성질상qualitative에 대한 연구(미학 혹은 아름다움에 대한 추구), 기호학semiotics, 의미론, 그리고 인간과 환경의 상호작용proxemics, 공간의 거리가 인간에 미치는 영향력 등은 신과 교통하고자 하는 인간들에 의해 사용된 인류 문화적 현상으로서 예배를 조명한다.

기도하는 교회에 대한 신학적 비평(예전신학)은 여러 범위의 자료를 사용하는데 – 성서, 교리와 전개, 역사와 전통, 역사적 및 비교적인 예전연구, 공의회 의결사항들, 경성, 다양한 문화에서 표현된 신앙의 다양한 방법 등으로 – 이는 공동체 신앙을 표현함에 있어 첫째로(이 말은 즉시 떠오르는 생각을 말함) 생각할 수 있는 공중예배를 제대로 분석하고 해석하기 위한 방법인 것이다. 예배학은 또한 중요한 기능을 갖고 있다. 이는 과거의 형식에 비추어 현재의 실천을 비평하고, 그래서 교회의 신앙을 더 잘 표현하는 것을 계획하는 것이다. 예전적인 예배에 대한 반성적인 비평과 수정은 자기중심적 성격narcissistic과 자기만족, 이데올로기에 사로잡힘, 아니면 삶과 문화에서 격리된 모습이 되는 것으로부터 예방하게 한다.

예전신학은 예배의 역동을 분석하기 위하여 조직신학의 도구를 사용한다. 신과 인간사이의 커뮤니케이션 사건에는 과연 무슨 일이 일어나는가? 어떤 특정의 예배가 그가 속한 문화에서 신앙을 전달함에 무엇이 올바른가? 아니면 올바르지 않은가? 예전적인 예배의 기본적인 구조는 무엇인가? 기독교가 예배하는 하나님은 삼위일체인데 과연 삼위일체적 관계성(어디에나 계시는 내재적 혹은 위격과 실리적인 관계, 예를 들어 피조물과의 상호작용에서 빚어지는 구원의 계획[7])은 교회의 예배를 만들어가며 실천을 가르치고 제시하고 있는가?

예전적인 예배에 대한 깊은 비평은 예배에 영향을 미치는 여러 가지 요소들을 점검하여야 할 필요가 있다. 인류학적인 근거, 성서적 자료, 역사적 발전 및 의식적 분해, 그리고 교리적 및 신학적 내용이 그것이다. 예전을 평가함에 있어서 인간 커뮤니케이션 사건, 목회적 결산, 그리고 상징적 형태를 장식하는 교회의 신학이 모두 사용된다. 또한 예전적 및 성례전적인 예배분석에서 그 근본이 삼위일체 하나님의 활동이요 임재이며, 기독교 예전적인 예배의 마지막 목표임을 빼놓음은 결코 온전치 않음을 상기시키는 바이다.

C. 예전적인 예배: 감성적, 이성적, 혹은 정서적인가?

전통적인 예전적 예배는 (1) 감성적emotional 아니면 (2) 지성적cerebral 표현에 큰 강조점을 두고 있다. 현대적인 예전적 실천에서 이론과 실천이 상호작용을 하며 (3) 정서적affective인 양식를 위해 노력하며 감정과 지력이 결합되어 감성적 표현과 이성적 내용 사이에 균형을 이루어 준다.

1. 감정적으로 의도된 예배는 개인의 사적인 경건성에 높은 가치를 두고 있다. 여기에서는 예전적 형식에 대한 불편함이 표현될 것이다. 비록 공중의 모임에서 드려질 지라도 예배는 근원적으로 개인의 "주관성"에 관한 이유로서 보인다. 기억함이란 정신적인 훈련에 지나지 않는다. 감정적 경험은 다음과 같은 고백을 한다: "주가 나와 동행을 하면서 나를 친구 삼으셨네." 여기서 예배자는 예수를 친구로 여기지만 하나님 앞에서는 수동적인 자세를 취한다. 대안적으로, 평상시와는 전혀 다른 행동은 성령 하나님의 역사로 돌려지는 것이다. 감성적인 모드의 예배에서는 기도, 설교, 그리고 찬송을 제 일인칭 단수로 진행하고, 비록 이러한 신학은 임명된 지도자의 역할을 낮출지라도 인도자를 제일 앞에 내세우는 방법을 사용한다. 음악과 찬송은 감정적sentimental인 경계선을 두고 접하고 있다. 거꾸로 말해서, 음악은 아마도 보고 느낌의 변화된 방식을 세상적 가치관과 평화를 이루도록 완화시키는 작업을

7. "Economy" 경제의 어원은 희랍어 'oeconomia'에서 왔으며 하나님의 구원의 계획과 이 세상에서의 능동적인 하나님의 사역을 말한다 (에베소서 1:3-14를 보라.).

한다. 주관적인 감정을 끌어들이는 것으로 예배를 이해하는 사람들에게 믿음의 표현하는 방법으로서 어떤 공동적인 상징을 공유하도록 요구되어질 때, 의기감을 느낄 수도 있는 것이다.

2. 지성적인 혹은 논리적인 예배에서는 하나님 찬양에 대한 전체 내용을 말의 언어로서 표현하기를 시도할 것이다. 여기에서 말씀은 글자 그대로 상징이 아닌 표시로서 기능한다. 우리는 거룩한 자 앞에서 너무 당황하고 감정을 표현할 수 없기 때문에, 우리는 말하는 입을 닫을 수 없는 것이다. 여기에는 기도로서 많은 지시의 말을 담는다. 사회자presider는 기도-인도자의 역할을 뛰어넘어 의식들에 대한 주인 그리고 해설가가 된다. "우리가 다음에 부를 찬송은…" 설교자는 무지몽매한 자들을 가르친다. 그러기에 한 치의 여백도 없이 계속하여 진행되며 하나님은 주변에 머무르실 뿐이다.

선택된 상징적 언어와 상징물들은 참여자들을 위함이 아닌 마치 하나님을 계몽시키기 위함같이 느껴진다. 이러한 고도로 이성화된 예배에서는 우리의 삶의 경험, 기쁨, 그리고 예전적 문제, 개인의 감성적 삶은 표현 및 언급조차 되지 못한다. 어쩌면 개신교 전통에서는 성례전적 참여에 자주 임하는 모습은 찾아볼 수도 없을 것이다. 마찬가지로 가톨릭 전통에서는 비록 성례전이 효과적일지라도 – 이것만이 가치 있는 예배라그 주장하며 – 제대로 훈련받고 안수 받은 지도자에 의한 "예식법대로" 행해졌다는 이유로만으로 시행할 것이다. 논리적이며 이성적인 예배는 법을 지향하여 실수를 피하고 제스처와 감정을 조정하려 할 것이다. 여기에서의 공동체의 역할은 관중에 머무르게 될 뿐이다.

3. 정서적affective인 예배는 참여자의 생각과 감정의 균형을 시도하며 모든 이들이 '인도자'로서 적극적인 참여를 한다. 말씀과 상징적 제스처는 마땅히 치러져야 할 내용을 담고 있다. 이야기 신학은 청중들에게 선택된 하나님 백성의 역사를 들려준다. 설교는 신앙-경험을 나누고 드러내는 실천사항이다. 정보적인 언어는 하나님과 다른 예배자들과의 가장 깊은 인간적 가치관이 나누어지는 경험과 연합을 어떻게 촉진시키느냐에 한정되어진다.

몸, 지체는 인간의 영혼을 나타내는 진정한 상징으로 다루어진다. 각 사람은 하나밖에 없는 독특성을 가지고 공동체에 줄 수 있는 선물이 있고 또한 받을 수 있는 선물이 있다. 그러므로 여기에는 이 실행에 대한 특별한 다원론이 존재한다. 하나님의 임재 안에 경외감이 작용한다. 상징과 상징적 행동들은 과잉의surplus 의미를 담고 있는데 이는 삶의 깊은 내면을 드러내는지라 공유된 의미들을 일일이 설명되지 않는다. 더욱이 공동체는 이러한 상징들을 '현실' 로서 이해하며 지도자와 인도자로 참여하는 회중은 이 행하는 것을 믿음으로 행동한다.

인간 커뮤니케이션은 말씀, 상징, 제스처, 움직임, 침묵, 그리고 음악 등의 미디어, 매체를 포함하고 있다. 예배를 형성함에 있어 실제와 관계없는 외적사항이나 장식품과는 달리 음악은 예전적 내용과 구체적인 표현에 있어 매우 중요하다. 가사와 음악 모두 함께 —음악을 사용한 예전 혹은 노래로 하는 기도— 우리의 마음을 움직이고 정신을 맑게 하는 힘을 갖고 있다. 예배에서 노래하는 자 그리고 그 가사와 음악 모두에게 영감을 주는 것은 결론적으로 성령인 것이다.

마지막으로 정서적인 예배에서는 예전과 삶의 연관성이 분명하다. 다음의 선포를 공동체는 가슴에 두기 마련이다, "너희는 말씀을 행하는 자가 되어 듣기만 하여 자신을 속이는 자가 되지 말라."(야고보서1:22, 개역개정판) 공동체는 지도자와 함께 성서를 선포하고, 설교하며, 기도하고, 그리고 포괄적인 언어inclusive language상징을 사용하여 소외당한 사람들과 주변에 머무르는 사람들을 인정하고 극복하는 과제에 조율되어진다. 회중은 서로 협력하는 목회로서 믿는 자들과 적극적으로 함께 하시는 그리스도를 표현하는 예전적 사명을 감당한다.

어느 특정한 신앙공동체의 예배에 대한 성찰적 비평과 평가는 공동체의 전통, 문화, 그리고 은사에 비추어서 진행되어야 한다. 어떠한 방법으로 하나님께서는 이 역사의 시점에서 신앙을 표현하도록 이 공동체를 부르시는가? 예전적인 예배는 외형적 상징을 통하여 깊은 내면의 모습을 밝히고 있기에 어떤 면에서는 계속적인 평가와 예전적 갱신을 기피하고 또한 평생의 과정이 요구되는 전환conversion을 시작함에 주저할 수도 있다. 이러한 상황에서 공동체의 삶이 위기를 맞게 되는 것은 시간문제일 따름이다.

D. 오늘에 있어서의 예전적 문제

많은 기독인들이 삶의 새 환경에는 쉽게 익숙해짐을 흔히 볼 수 있지만 예배에서 만큼은 그렇지 못하다. 그들은 불변의 예전을 결코 변치 않는 하나님과 결부함으로써 급변하는 세상 속의 안전성을 꾀하는 것이다. 많은 기독교 공동체들은 그 인원수가 급격히 줄어드는 위기를 맞고 있다. 과연 누가 공동예배를 필요로 하는가? 개인적으로 그들의 골방에서 드리는 경건의 모습이나 창조의 아름다움과는 질적으로 다른 공동예배에는 무슨 일이 일어나는가? 예식법rubric과 반복되는 훈련으로 안내되는 예전적인 예배보다는 개인적인 경건의 예배가 더 신실하고 진정함을 경험하지 않는가?

이러한 질문들은 가톨릭과 개혁 전통 모두에게 지켜지는 예전적인 예배를 정면으로 도전한다. 많은 경우 그들이 더 오래되고 간단한 패턴들로 예전적 예배를 축소하고 혹은 이차적인 요소들을 보존하였든지 아니든지 간에, 16세기에 시작된 개혁 전통은 로마예식을 지속 혹은 개혁한 것이었다. 그러므로 이 두 집단이 내린 결론은 서로 비슷하다는 사실이 놀라운 일은 아니다. 16세기와 20세기 중반 사이에서 개신교와 가톨릭 전통 모두 자연법에 근거하여 하나님을 예배하고 있다. 이러한 사고방식에 따르면 예배란 창조주에 대한 피조물이 드리는 경의요 책임인 것이다.

예전적인 예배에 참여하는 의무는 예를 들면 "치명적인 죄의 고통 아래에서" 주일과 축일에 드려지는 미사에 참여하도록 요구되어진 교회의 법에 의해 강요된 것이었을 것이다. 개신교의 입장에서는 개인의 경건한 행동이 더욱 중요한 사항으로 간주되어, 예배의 출석은 사적인 경건의 자유로운 표현이거나 아니면 하나님께로 향한 경건이기도 하다. 그러나 하나님의 전적인 초청과 하나님의 임재활동에 대한 신학과 균형을 맞추지 못하면 이러한 경건성은 펠라지안Pelagian, 일을 통하여 의를 이룸 성향으로 변질될 수도 있다. 어찌하였든 예배는 종교적 미덕에 대한 훈련이었다. 이는 하나님의 행하심과 그리스도를 통한 사역보다는 인간의 노력에 초점을 맞추는 일이다.

비어있는 교회의자가 현대의 문화적 기독인들에게 전하는 바는 다름 아닌 공동예배에 정기적인 출석을 유도함은 율법주의도 아니고 개인적 성향도 아니라는 것이다. 그 반대로 북부 아프리카 아비티나Abitina에서의 평신도 순교자(d.303)들이 생명을 위협하는 고문 속에서도 예배로 모이기를 금하는 제국의 칙령에 맞서서 "우리는 주님의 날 잔치 없이는 살 수 없다"는 고백을 이어간다. 공동예배는 그들의 신앙에 힘을 실어주었다. 만약 그들에게 신앙을 개인적으로 표현할 수 있는 모임이 가능하지 않다면 믿음은 사라질 것이 분명하다![8]

II. 인간, 예배자, 그리고 상징 창조자

인간의 몸은 독특한 개인의 상징물이다. 상징은 만들어진 세상의 기호로서 궁극적인 현실을 가리키고 있음은 물론이고 어떤 면에서 그 현실을 이미 "내포"하고 있다. "구체화된 영"embodied spirit으로서 인간은 "실제(의) 상징"이며, 상징화된 사물 사이의 정체성을 현실화한다. 진정한 상징은 해석을 기다리는 의미를 품고 있다. 인간은 언어의 문장을 만들어 감과 같이 상징과 의식(규칙적인 행동의 반복진행)을 "만들어"가며 의미를 구성한다.

인간은 의식ritual의 본능을 갖고 있는 피조물이다. 심리학자들은 인간 공동체를 통한 성장과 적응을 위한 수단으로 의식의 필요성을 증명한 바 있다. 의식은 탄생, 질병, 죽음 등과 같이 변할 수 없고, 조작할 수 없으며, 피할 수 없는 "경계선의 상황"들을 창조적으로 그리고 긍정적으로 맞이하도록 돕는다. 종교역사는 문화의 형성과 발전 그리고 궁극적인 의미가 문제제기 되었을 때에 상징과 의식이 얼마나 중요한 역할을 감당하는지 충분히 증명하고 있다. 히브리 성서와 기독교 성서는 상징과 의식이 삶에 대한 통일성을 부여하고 종교적 의미를 전달하도록 중심적 역할을 수행하는 문화의 산물인 것이다.

A. 히브리 성서에서의 예전적인 예배

히브리 성서 어디에나 하나님께서 생명을 창조하시며 주권적으로 대화로 초청하시는 모습을 보여준다. 하나님의 주도하심은 일상생활은 물론이고 축제적인 사건에서 모두 드러난다. 창세기 1장에서 하나님의 창조적인 말씀을 통하여 피조물은 완성된다. 하나님의 이름으로in persona Dei 예언자들이 말씀을 전할 때에 의식적인 모습으로 혹은 어떠한 절기축제(예: 아모스 5:21–24; 8:9–10)로 선포된다. 그들의 예언자적인 선포는 듣는 자들에게 응답을 요구하기도 한다. 거룩한 공간에서의 한 개인의 종교적 경험(예: 산꼭대기–출19:3–6; 24:1–2,

---

8. 예전적 모임에 참여함은 그 표현을 통하여 당사자뿐 아니라 다른 이들의 신앙을 세워준다. 현대문화와 은혜의 선물charisms을 나눔으로써 신앙인들은 말씀과 행동, 상징과 의식을 통하여 믿음을 능동적으로 표현할 줄 알아야 한다.

9–11 혹은 성전–이사야 6)은 종교적 예배의 기본적인 구조를 보여주고 있다. 다른 종교에서도 경험되는 환상을 통하여 이사야는 놀랍고도 신기한 하나님의 계시mysterium tremendum et fascinans를 경험한다. 이러한 초월적인transcendent 하나님은 인간역사에 끝까지 참여하시고 관계하시며 이 세상에 능동적으로 참여하시기에 예배의 대상이 될 수밖에 없는 것이다.

히브리 성서는 축복과 간구의 기도, 노래, 그리고 찬송들을 기록한다; 그 중 일부는 유대교 전통 행위들이 뒤섞여 나온다. 모세와 이스라엘의 찬양의 노래(출15:1–18)는 미리암의 찬송과 탬버린 박자에 맞춘 모든 이스라엘 여인들의 춤과 함께 곧바로 이어진다(출15:20–21). 히브리 성서는 공동예배의 형식을 제공하고 있다. 출애굽기 24장은 율법을 봉독함과 함께 퍼포먼스를 기록한다. 솔로몬의 기도는 예루살렘 성전을 봉헌하기 위하여 모인 백성들의 잔치인 것이다(열왕기상 8). 왕이 드리는 간구와 축복의 기도를 보좌하는 엄숙한 행렬과 희생제사의 행위가 기록되었다.

시편 117편은 하나님을 찬양하는 보편적인 예배의 부름을 표현하고 있다:

> 너희 모든 나라들아 여호와를 찬양하며
> 너희 모든 백성들아 그를 찬송할지어다.
> 우리에게 향하신 여호와의 인자하심이 크시고
> 여호와의 진실하심이 영원함이로다 할렐루야!

시편 118편은 초막절The Feast of Tabernacles을 맞이하여 성전에 오르며 부르는 노래(느헤미야 8–9)로서 사람들에게 감사하라고 부른다. 매일 모세의 율법서가 봉독되고 사람들이 이해하도록 설명되어진다(느헤미야 8)[9]. 축제의 날 드려지는 공중예배를 위한 의식은 느헤미야 9장에 나타나는 "국가적인 죄의 고백" 혹은 속죄 예전에서 찾을 수 있다. 이러한 의식은 초막절 8일째 드린다. 기독교의 예전적인 예배에도 이러한 사항들이 연관된다. 백성들은 모이고(9장 1절), 그들의 죄를 자복하고(2절), 율법을 봉독하고(3절), 레위사람들은 그들의 직책인 하나님을 송축하는 일을 진행하며(4–5), 그리고 하나님이 베푸신 구원의 역사를 선포

---

9. 관계된 본문은 다음과 같다: 시편 106; 느헤미야 1:5-11; 에스라 9:6-15; 다니엘 9:4-19; 바룩(외경)1:15-3:8; 다니엘(외경)3:26-45; 예레미야32:17-25.

한다(6–31절). 결정적인 절수인 32절에서 하나님의 신실한 언약과 백성들의 불신앙을 확인한다. 그리고 갱신된 언약에 인봉한 자들의 명단을 10장에서 열거하고 그에 대한 책임을 28절부터 기록하고 있다. 요약한다면 하나님의 말씀을 봉독함은 보이는 표징으로서 죄의 고백과 개인적 및 공동체적 언약의 갱신으로 인도한다.

B. 기독교 성서에서의 예전적인 예배의 자료들

사도행전에서 예수 그리스도의 죽음과 부활로 정점을 이룬 하나님의 놀라운 구원의 행위를 설교하는 것은 세례신앙으로서의 응답과 청취자로서의 찬양과 감사를 유도하고 있다. 기독교 성서는 그리스도를 따르는 공동체가 처음에는 예루살렘 성전, 회당, 그리고 가정에서 예배함을 보여주고 있다(행2:46; 3:1; 9:20). 이러한 믿음의 삶은 주의 성만찬을 통하여 양육된다(고전11:23–29). 비록 로마제국에서는 "태양의 날"로서 평범한 날이고 오히려 유대교의 안식일이 거룩한 날이지만 한 주의 첫째 날이며 그리스도가 부활하신 날인 일요일(요20:1, 19, 26; 고전 16:2; 행20:7)은 회중에게 특별한 날이다.

그리스도인들에게 예전과 세상에서의 삶은 결코 분리할 수 없는 관계에 있다. 몸과 영은 분리된 것이 아니라 하나이다(롬12:1–3). 기독교 예배의 전부는 다음과 같이 세 가지 명령으로 구분될 수 있다: "항상 기도하라"(살전5:17; 살후1:11; 골1:9); "모든 족속에게 세례를 주고"(마28:19–20); 그리고 "나를 기념하라"(고전11:25)이다. 물론 기도에 대한 권고(골4:2–3)와 죄의 고백과 환호acclamations와 같은 요소들(계4:11; 5:13–14; 19:4–9; 22:20–21)이 널려 있으나 기독교 성서는 특정의 예배순서를 제공하지는 않고 있다. 그러나 "찬미의 제사"인 기독교의 기도는 하나님께 향하며 성령 안에서 그리스도의 중재(히13:15)로 이루어진다.

신약의 마지막 부분은 찬송가를 포함시키고 있다. 예를 들어 빌립보서 2:6–11의 기독론 찬송가 혹은 골로새서 1:15–20을 말한다. 많은 경우 그리스도가 찬송과 환희의 대상으로 나타난다. 하나님과 예수 그리스도가 계시록의 거대한 비전으로 기술되고(4–5장, 7장, 19장) 그리스도의 상징으로 나타나는 어린양을 숙고하는 것으로 받아들여진다. 2세기에서 4세기의 영지주의gnosticism에 대한 반응은 비성서적인 작품들을 제외시키고 시편가를 사용하도록 하였다.

이러한 기간 동안 교회법 혹은 공동체 삶을 위한 규례들이 형성되었다. 또한 카리스마적인 지도자의 직책들이 만들어졌으며 2세기를 거쳐 감독, 장로, 그리고 집사의 세 가지 유형의 직책이 형성되었다. 사회적 한계를 넘어서 몇 교회들은 집사 직분에 여성을 참여시키기도 하였다. 어찌 보면 그 직책들의 용어는 세월 속에 그대로 전해 내려오지만 오늘의 교회에서 볼 수 있듯이 하는 일의 책임 범위는 다양하였다.

기독교 성서에서 이야기하는 것처럼 주님의 만찬은 두 가지 다른 모습을 담고 있다. 하나는 유대교 전통의 식사에 의해 분리된 떡과 잔에 대한 축복의 말씀(고전11; 누가22:14–23) 그리고 다른 하나는 좀 더 의식화된 형태(막14:22–25; 마26:26–29)이다. 디다케Didache 9장과 10장에서 볼 수 있듯이 유대–기독교의 식사기도는 1세기 말에 진행된 성간찬 기도의 원시적 모습을 보여준다. 이러한 초기 문서부터 유카리스트eucharist,감사의 용어를 사용하고 있다. 골로새서 1:12–20이 이러한 식탁기도를 반영한다.

C. 예전적인 예배의 후기 발전

세례나 주님의 만찬에 대한 예전적인 예배의 가장 오래된 틀은 2세기 중단 로마의 저스틴 마터Justin Martyr로부터 제공된다. 성만찬 예전 전에 있는 말씀의 예전으로는 성서봉독과 설교가 있다. 이 첫 부분 이후에 세례받지 않은 자들은 해산하고, 중보의 기도가 드려지며, 평화의 입맞춤을 나눈다. 그리고 식탁이 준비된다. 성만찬 기도는 사회자에 의하여 즉흥적으로 진행되며 기도의 결론에서 회중은 그들의 일치를 아멘으로 응답한다. 떡을 뗀 후에 성물감사기도eucharistized를 마친 떡과 잔은 집사가 회중에게 나누어준다. 그리고 집사들은 거동이 불편하여 참석하지 못한 자들에게 성만찬을 배달한다. 그리고 가난한 이들을 위한 공동체의 사랑이 봉헌예물로 표현된다.

저스틴의 주일 예전은 능동적인 참여를 기대하고 있다. 아직 개인기도나 노래의 "영향"을 입지 않은 기능적인 움직임으로서의 간단한 그의 예배순서는 많은 전통의 예배골격을 열매 맺도록 영감을 주었다. 예전을 비교분석함은 말씀과 성례전이 각기 다른 분명한 기능과 움직임 속에서 하나로 묶여져 있음을 분명히 하고 있다. 3세기 초 로마의 히폴리투스Hippolytus가 전하는 교회규례는 성만찬기도의 모델을 포함하며 교부시대 많은 교회들의 성만찬 기도문의 본보기로서 전해져 온다.

4세기를 통하여 예배의 원시적이며 기능적인 구조가 살을 붙여가며 심지어는 지나치게 부담스러워진다. 로버트 태프트Robert Taft는 이차적인 요소가 아닌 일차적인 다음과 같은 사항들이 없어지고 간소화됨을 예를 들고 있다: 히브리 성서봉독, 시편가, 회중의 기도(중보기도), 평화의 인사, 그리고 회중의 성만찬 등이다. 앞부분의 소개하는 의식은 확장되고, 성경본문은 교회창작품(교독과 후렴)으로 대치되었다.[10] 예배 순서는 한 예전적 단위에서 다른 단위로 의미의 통일성 없이 연결되었다. 내용의 상실과 구성의 파괴, 시간 및 전통을 뛰어넘는 인식은 의식적 붕괴를 특징화시켰고 예전적 갱신을 필요로 하게 되었다.

동방과 서방 교회들 모두 기독교 공동체의 갑작스런 성장과 이를 돕지 못하는 저학력의 성직자들은 예배에서 설교보다는 성례전적 행동을 우선순위로 두게 되었다. 16세기 종교개혁시대에 와서는 거룩한 예전적 언어, 예전적 행위에 대한 성직자 패권주의, 그저 수동적으로 참여하는 평신도, 그리고 심각할 정도의 목회적 남용 등이 모두 하나님의 말씀과 성례전의 가치를 떨어뜨리는 결과를 가져왔다. 개혁자들은 성경봉독을 복원하였고 설교와 함께 정기적으로 모든 이들이 참여하는 매주일 진행되는 성만찬을 다시 세웠다. 그러나 몇 세기를 거쳐 내려온 성만찬에 모두 참여하지 못하는 습관을 매주일의 성만찬으로 바꾸기에는 대부분의 개혁교회에서조차 역부족이었다. 말씀이 성만찬을 대신하고 혹은 성만찬이 말씀을 대신하는 표준적인 주일 예전의 분리는 20세기 후반까지 많은 기독교교회에서의 공동 예배의 상태를 보여주었다.

D. 예전적인 예배의 독특한 공헌

초대교회는 현실적으로 인간중심적anthropocentric이었다. 삼위일체 하나님께서는 이 세상을 창조하시고, 그의 선하심을 우리에게 나누어 주셨음을 고백하며, 하나님을 영화롭게 하는 예배는 현실화actualizing하며 성화sanctifying함으로 이해되는 것이다. 이레니우스St. Irenaeus, d.ca.200는 다음과 같이 말한다, "인간의 풍족한 삶이 곧 하나님께 영광이다." 하나님께 영광 돌리는 모든 기도는 인간들을 하나님의 목적과 하나님 자신을 주시는 은혜의 선물을 받을 준비를 하도록 열어주는 것이다.

그러면 예전적인 예배의 분명한 공헌은 무엇인가? 하나님의 성령에 이끌린 공동기도는

---

10. 예를 들어 입장시 교회 밖에서 불리던 시편가를 예배 안에서 사용하게 되며 성경봉독은 없어지고 교창은 남아있을 수 있게 된다.

예수 그리스도를 통하여 나타난 하나님의 은혜로운 행동에 응답하도록 개인을 형성하는데 (몸과 영) 이는 개인적인 가능성을 뛰어넘어서 세상에 부활하신 그리스도의 드러난 몸의 증거자로서 믿음 공동체를 세워간다는 것이다. 예전적 기도는 과거에 행한 하나님의 은총을 기억하도록 돕는다. 이는 사람들과 하나님의 현재진행중인 사역을 연결시켜주고 역사 속에서 하나님이 원하시는 일들을 감당하도록 꿈과 의지를 확장시킨다.

물론 각 개인이 그들 나름대로 공동예배에 각자가 관여하지 않는다면 아무 소용이 없다. "골방"에서의 기도 없이 진정하고도 의미 있는 공중예배는 불가능하다. 개인기도는 날실과 씨실의 마지막 얼개와 같이 교회적 기도와 상징을 만드는 일들을 엮어주는 것으로서 인간적 열망과 전통의 뒤틀림 속에서 그 천을 짜 나아간다. 기독교 예전에서의 개인적-공동체적 상징의 활동은 언제나 예수 그리스도의 십자가와 부활의 전통 속에서 이어져왔고, 이는 교회의 본질로서 미래에 다시 오실 주님에게 그 목적의식을 갖고 있다.

III. 예배형식에 나타난 세계교회의 일치

반세기에 걸친 예배인도자 및 여러 광범위한 교단신학자들 간의 대화와 학문은 기독교 예배의 기본적인 형태와 역동성에 대해 공통의 혹은 적어도 집중할 수 있는 위치들로 인도되었다. 결실로 맺어진 갱신된 예배형식은 교회, 예전, 그리고 목회에서 상호관계로 인식할 수 있는 구심점을 찾아 서로 가까워지게 하였다.

A. 표준적인 주일 예배: 말씀과 식탁

여기에는 에큐메니칼 정신에 근거하여 합의된 내용으로 말씀과 성만찬 예배(그리스도 구원사역의 선포, 십자가 기념, 그리고 부활의 축제, 다시 말하여 유월절 신비)가 주님의 날에 드리는 경축solemnize, 라틴어 celebrare에서 유래한 엄숙한 축하의 가장 적합한 방법이라는 것이다. 말씀과 식탁의 예배는 비록 모든 교회에서 자주 지켜지지 않더라도 가장 "표준"적인 모습이다. 이것의 형태는 소망함으로 들음으로써 믿음이 나오는 말씀, 그리고 적극적인 인간의 응답으로서 신앙이 표현되고 사랑이 깊어지는 성례전, 이 말씀과 성례전의 역동적인 성서적 패턴으로 신자들을 끌어당긴다. 그러므로 신앙인들은 일상생활에서 만나는 이웃과 하나님이 물으시는 요구사항을 사랑으로 응답하도록 준비한다.

1. 말씀 목록

"말씀선포"는	설교를 통한 "해석"으로 이 세상에 계신 하나님의 능동적인 존재를 명명한다.	"회중의 기도"를 통하여 세상을 향한 공동체적 관심을 넓혀가며 마친다.

죄의 고백 혹은 평화의 인사를 통한 "화해"[11]

2. 성만찬 목록

찬송, 감사 그리고 봉헌[12]의 "식탁기도"는	떡과 잔을 통한 "식탁 나누기"	"세상을 향한 섬김의 나눔" 증언, 사랑, 봉사, 그리고 믿음의 잔치로 마친다.

말씀과 식탁은 서로가 구원의 이야기를 보충하는 방법으로서 다시 전하는 것이다. 비록 하나님의 말씀은 교회의 신앙의 말씀이요 신앙을 증인들에게 감사하는 우리에게 알려졌음에도 불구하고, 그 말씀 예전은 하나님께서 인간존재들을 대화로 초대하심을 표현하는 것이다. 하나님의 시각에서 전해지는 이야기는 듣는 이들의 응답과 반응으로 마침표를 찍는다. 설교 혹은 가르침homily은 오늘의 삶에 일어나는 사건 속에 계시된 하나님의 모습을 목회적 차원으로 인식하는 것이다. 이것은 또한 청취자 자신의 상황과 소명에 따라서 응답하라는 초청이기도 하다. 제자도로서의 부르심, 혹은 설교와 선포를 통한 새로운 경건을 통하여 하나님과 하나님의 사랑하는 백성들과의 연합을 위하여 공동체는 성례전적인 행동에 입문하

---

11. 마태복음 5:23-24과 저스틴 마터의 / *Apology* 65-67 요약을 보라. 고백성Confessional의 요소들은 전형적인 말씀과 식탁 예전에 널리 나타나고 말씀예전 후 개인적인 죄의 고백을 가끔 찾아볼 수 있다. 평화의 인사는 이웃과의 화해가 없이는 하나님으로부터의 용서도 없음을 표현하는 것이다. (마6:14-15)

12. 성만찬 봉헌을 어떻게 이해하느냐는 아직도 신학적 견해 차이로 남아있다. 그러나 에베소서 5:1-2 ("그러므로 사랑을 받는 자녀같이 너희는 하나님을 본받는 자가 되고 그리스도께서 너희를 사랑하신 것 같이 너희도 사랑가운데서 행하라 그는 우리를 위하여 자신을 버리사 향기로운 제물과 희생 제물로 하나님께 드리셨느니라.") 또한 로마서 12:1("그러므로 형제들아 내가 하나님의 모든 자비하심으로 너희를 권하노니 너희 몸을 하나님이 기뻐하시는 거룩한 산 제물로 드리라. 이는 너희가 드릴 영적 예배니라.")을 참조하라.

기를 기도와 함께 준비하는 것이다. 이렇게 깊어진 관계로 말미암아 공동체는 이 세상을 향한 하나님의 사역에 참여하도록 힘을 얻게 된다.

B. 매일기도

항상 기도하라는 성서적 명령에 대한 초대교회 공동체의 응답은 시편을 사용한 매일기도(혹은 성무일도)이다. 성령의 감동을 받은 히브리기도 중 어떤 것은 그리스도의 "목소리"로 기도드린다고 이해되었다. 최근의 연구는 찬양–구조를 새롭게 해석하였고, 하루의 시간에 따라서 특정의 시편과 소창canticles에 그 중요성을 실었다. 그리고 주교좌가 있는 "대성당" 매일기도의 강한 상징성이 지역교회와 다른 교회공동체들에게 예전갱신의 촉매가 되어졌다. 대성당 "성무일도" 혹은 매일기도는 모든 시편이 노래되거나 읽혀지는 수도원 형식과는 다르게 가장 기본적인 상징성과 목회적 관점으로 진행된다.[13]

결 론

기독교 예배의 목표는 모든 피조물들이 하나님께로 돌아오고 모든 자원과 원천이 거룩한 삶과 하나 되는 창조의 목적을 깨닫는 것이다. 기독교 예배에서 중보자는 그리스도요 그와 신앙인을 엮어주는 것은 하나님 사랑의 선물인 성령이다. 기독교 예배의 깊은 내면에 활동하는 이는 성 삼위일체로서 공동체로 부르시는 사랑의 하나님, 교회를 위하여 그 몸을 대속물로 주신 부활의 그리스도, 그리고 회중에게 활기를 불어넣고 은사를 베푸시는 성령이시다.

그러나 여기에 예배에 대해 참여자들의 전적인, 의식적인 그리고 적극적인 반응이 또한 요구된다. (그리고 그러나 여기에 예배에서 적극적인 의식으로 충만하게 반응하는 참여자들이 요구된다.) 신과 인간의 연합의 정도는 각 개인과 공동체의 신실한 응답에 의하여 직접적으로 연결된다. 그러므로 교회의 필수적인 신앙을 표현하며 그 권능을 행하는 예배 목회란 회중에게 매우 중요한 것이다. 하나님과 예배자들이 협력 작용synergy을 이룰 때, 은혜 내

---

13. 성무일도에 대한 자세한 발제는 8장을 보라.

려주심의 그 내적 사건은 예전의 고귀한 응답–간구하고 응답된 은혜–을 형성하고 그래서 사람들이 개인적으로 그리고 공동체적으로 인류를 향한 그리고 하나님을 향한 그리스도의 자기 내어드림 안으로 들어가게 된다.

예전적인 예배란 회중의 신앙적 응답의 표현 안에 있는 하나님 은혜의 형태이다. 그리스도를 중심으로 모여 예배 인도자와 사제는 하나님께 성령 안에서 그리스도의 삶으로 교우들이 일어서고 힘을 얻어 살아가기를 그의 이름으로 기도한다. 바로 이러한 신앙 안에서의 기도는 항상 들어주심을 믿어 의심치 않는다.

제2장

예배력

The Liturgical Year

| 토마스 탤리 Thomas J. Talley |

예전음악 프로그램을 준비하는 책임을 맡은 이들은 특별히 예배력Liturgical Year의 절기와 축일에 대해 더 잘 이해할 필요가 있다. 기도나 봉독문의 주제들은 좀처럼 설명적이지 않고 때로 이런 주제들은 성경말씀이 선정된 배경으로 이해될 필요가 있는 전개의 결과이기도 하다. 이것은 즉, 절기들이나 그 절기의 주제들에 대하여 필자가 방대한 연구[1] 중에 밝혀내려고 탐구했던 복잡한 역사적 과정과 전개에 대한 설명으로서 현재 교회력의 상황에서 그들이 접하게 되는 절기나 그들의 주제들에 대해 좀 더 직접적으로 유용한 담론을 거쳐 반드시 선택해야 한다는 것을 의미한다. 이 장에서 우리는 후자의 과정을 따르려고 시도할 것이나 독자들은 다양한 각도에서 다른 축일이나 절기를 고려하면서 절기를 묶어줄 역사적 지평을 넓히는 것이 요구될 것이라는 점을 반드시 인식해야 한다. 이 소론은 예배력의 음악적 기술에 대한 실제적인 안내를 위한 것(필자가 소화할 수 없는 음악적 권위를 요구하는 목표)이 아니라 예배력 가운데 나타난 현상의 이해를 위한 소개인 것이다.

교황 바오로 6세의 개혁 이전에 우리에게는 서방교회 성만찬 성서정과라고 부르는 것이

1. *The Origins of the Liturgical Year*, 2차 수정본. (Collegeville: The Liturgical Press, 1991)

있었다. 여기에는 단지 두 가지 봉독으로서 "서신서"(신약서 중에 복음서가 아닌 다른 서신과 관련된 구약본문과 본문들을 포함하여)와 복음서 이렇게 두 가지 총서만 있었는데 이 두 가지 사이에는 역사적인 관련성이 없으며 단지 우연한 연결점만 있을 뿐이다. 이와는 대조적으로 현재 3년 주기의 성서정과는 구약과 신약 그리고 그 사이에 시편에서 발췌한 본문들을 제공하며 또한 기본적으로 복음서 봉독을 제공한다. 이 복음서 총서series들은 교회력 주기가 반복되는 3년 가운데 각1년은 공관복음서 중에 한 복음서를 봉독한다는 기본적인 골격을 갖고 있는 반면에 다른 복음서들과 상이한 연대의 요한복음서는 3년 내내 나뉘어서 추가적인 봉독을 제공한다. 예전적 봉독의 과정 중에 한 개의 복음서만을 봉독한다는 의견에 대해서는 그간 논의가 되어왔는데 이 논의는 복음서의 전통이 형성되던 최초의 시기로 거슬러 올라간다. 이 시기에 기독교 예배력은 주일회중의 모임에서 복음서의 선포로 설립된 것을 볼 수 있는데, 그 해의 시작(주현절)에서부터 예수 그리스도의 죽음과 부활을 축하하는 연합 축제인 파스카까지 수난절이야기passion narrative를 선포한다.

대림절

우리의 교회력은 더 이상 초기 동방정교회의 그리스도 탄생축일인 주현절이나 서방의 탄생축일인 성탄절로 시작하지 않는다. 그보다 우리의 기도서는 수세기에 걸쳐서 현재 성탄절로 이끄는 준비의 절기로 시작하도록 정립되어 있는데 이 절기가 우리가 아는 대림절이다. 우리는 단지 기도서가 그렇게 정리되었기 때문에 교회력에 있어서 대림절이 시작이라고 생각하는데 그런 이유로 니일 알렉산더J. Neil Alexander는 지적하기를 7세기 예배력을 정리한 목록인 뷔르츠부르크의 코메스Comes of Würyburg에서는 성탄절로 교회력을 시작하고 교회력의 마지막은 5번의 대림주일들de adventu domini로 마치는데 이것은 그 해가 성육신으로 오신 그리스도의 첫 번째 대림을 축하하는 것으로부터 시작하여 종말에 나타날 두 번째 예수님의 재림까지 이어지도록 고안되었다고 제시한다.[2]

---

2. J. Neil Alexander, *Waiting for the Coming* (Washington, D.C.: The Pastoral Press, 1991)

뷔르츠부르크의 코메스에서 대림절기의 이 주일들은 1년에 네 번 3일간씩 단식과 기도를 올리는 12월의 사계재일ember days로 알려진 10번째 달의 금식일로 지정되어 선행하였다. 이 사계의 금식일들은 로마에서 대림절기의 그 어떤 기간보다 오래되었는데 겨울 금식일은 그리스도의 재림을 고려하면서 나타난 것으로 보여진다. 적어도 5세기 중엽 로마의 레오 대주교Leo the Great의 다음과 같은 설교도 한 예가 될 수 있다. 그의 설교집 21권에서 10번째 달의 금식일을 알리며 그는 말하기를:

> 구세주가 그의 제자들에게 하나님의 왕국의 도래와 세계 시간의 종말을 강론하고 사도의 사람들이 속한 그의 모든 교회들을 가르치실 때 그가 말씀하시길 "너희들의 마음이 탐욕으로 가득 차고 술 취하지 않도록 주의하고 이 세상의 삶을 돌아보아라."라고 말씀하셨다. 그리고 확실히, 귀중한 사랑을 받는 우리들은 이 가르침을 더욱 특별하게 우리에게 적용할 것을 인식한다. 의심하는 자들에게도 선포된 그 날은 가까우며 주님의 오심이 비록 숨겨져 있다고 해도 모든 사람은 그 자신들이 술 취하거나 이 세상에서 그들의 삶이 엉망이 되지 않도록 스스로 준비해야만 한다.[3]

시리아에서는 이와 비슷한 시기에 수태고지 주일 이후에 이어지는 주일들이 세례요한과 성육신을 통해 축복받은 성모 마리아의 역할로 관심을 이끌었다. 5세기 중엽에 안티파테르Antipater of Bostra는 그의 설교에서 선구자인 세례요한을 기념하는 것과 축복받은 성모 마리아를 두 번의 주일 동안 기념하는 것을 표명하였는데 이소-얍Iso-Yabh 3세는 7세기 달력에서 이것을 4번의 주일로 확장하였다. 후에 서방 시리아에서는 6번의 수태고지[4] 주일들이 지켜졌다. 이것은 또한 밀란Milan에서 성탄절 전에 6주일 동안 사용된 데 엑셉타토de exceptato라는 용어의 배후의 의미로 보여지기도 한다. 밀란에서는 성탄절 이전 주일인 이 절기의 6번째 주일에 수태고지의 축일이 지켜졌다. 대림절기의 4번째 주일을 지정하는 것은 오늘날 우리의 교회력에 중요한 의미를 던진다. 무엇보다도 대림절기는 이레니우스Irenaeus나 순교

---

3. *Nicene and Post-Nicene Fathers*에서 인용함, Series II, Vol. XII, p. 127.

4. John Moolan, *The Period of Annunciation-Nativity in the East Syrian Calendar: Its Background and Place in the Liturgical Year*, Oriental Institute of Religious Studies, India, Vol. 90(Vadavathoor, Kottayam, 1985)

자 저스틴[Justin Martyr]이 2세기에 그러했듯이 그리스도의 두 번 오심[advents], 두 번의 하늘나라[parousias], 성육신과 마지막 영광 안에서, 그리고 이 두 가지 대림에 의한 기독교사의 정의를 증명하는 것이다.

성탄절과 주현절

6세기에 유스티니아누스[Justinian] 황제는 예루살렘의 성탄절에 대한 단성론자[Monophysite]들의 거부를 완곡히 공격할 때 수태고지일이 명백히 3월 25일에 널리 지켜져야 한다고 선포하였다. 그러나 바로 다음 세기에 656년 톨레도 회의에서는 수태고지일이 항상 사순절 기간이었기 때문에 그 날짜의 축일을 지키는 것이 어려울 것이라고 하면서 대신에 수태고지일이 성탄절보다 한 주 전인 12월 18일에 지켜져야 한다는 것을 주장하였다. 비록 그들이 성탄절 이전의 금식일이 수태고지일의 축하를 부적합하게 만든다는 것을 이해하지 못한 것처럼 보임에도 불구하고 그들은 사순절 기간을 잘 이해했다. 그 문제는 또한 콘스탄티노플의 트룰로[Trullo] 회의에서 조금 뒤에(692년) 제기되었다. 그 회의에서는 3월 25일이 그 주의 무슨 요일이건 간에 수태고지일은 토요일이나 주일(콘스탄티노플의 사순절 기간에 성만찬이 행해진 유일한 날들)의 예전적인 특권과 일치되어야 한다고 결정하였다.

수태고지 날짜가 항상 사순절이 되거나 때때로 고난주간으로 지정된 것은 우연의 일치는 아니었다. 그 이유로는 주님의 십자가상을 기념함을 결정한 초기의 두 가지 사건을 보아야 하는데 이는 탄생의 날을 정함에도 중요한 역할을 하였다. 요한복음서는 유월절의 준비로서 고난주간에 대한 유대교의 날짜를 니산월 14일(유대교 음력 달력의 첫 번째 봄의 달)로 정하였고, 이 날은 소아시아 교회의 파스칼 금식일이 시작된 날이며 이 금식일은 다음날 아침인 성만찬의 새벽으로 종결되었다. 그러나 음력은 양력보다 11일이 더 짧아서 유월절의 날짜는 다가오는 봄 이전으로 지켜지게 되었다. 실제 절기와 달력날짜의 차이가 갈수록 심해져서 팔레스타인의 대표자들은 니산월 이전 달의 반복사용을 정하였고 따라서 유월절은 봄의 절기로 돌아가게 되었다. 소아시아 그리스도인들은 1세기 이후에 회당으로부터 독립되었는데 그들이 더 이상 팔레스타인 장로들의 권위에 의지할 수도 의지하려고도 하지 않았기 때문에 이것은 심각한 문제를 유발하였고, 최소한 음력은 소아시아계의 양력을 지키기 위해 폐기된 것처럼 보여졌다. 이것은 기본적으로 율리우스력이지만 주전 9세기에 아시아는 아우구스투스의 생일인 9월 23일(로마식 셈으로 10월의 첫날보다 9일 이전)을 1년의 시작으로 채택하였고 첫 달의 첫날은 시저가 10월과 같은 수의 날로 지정하였다. 이것은 아시아의 매 달은 로마의 매 달보다 9일쯤 먼저 시작된다는 것을 의미한다. 봄의 첫 달인 아르테미스Artemisios는 로마인들이 알고 있는바 대로 3월 24일에 시작했다. 그리고 그 봄 첫 달의 14일은 콘스탄티노플이 신로마로서 설립된 이후에 로마의 관료들이 아시아에 들어왔을 때 유대교의 유월절 준비기간과 일치하는 4월 6일로 알려졌다. 그것은 소아시아 그리스도인들의 첫 번째 연중 축일이자 유일한 연중 축일인 파스카로 기념하였던 날인 봄의 첫 달의 14일이었는데 그 날에는 그리스도를 통한 구원의 모든 신비스러운 사역을 축하하였고 2세기 파스카의 설교들은 단지 고난, 죽음, 십자가 그리고 그리스도의 영광만이 아니라 또한 성모 마리아의 태내에 일어난 성육신까지도 포함하여 지켰던 내용을 보여준다. 이런 이유에서 수태를 기념하는 것과 주님의 죽으신 날이 매 해 같은 날로 정해지는 것이 관습화 되었다. (유대교의 민간전승은 가부장제적으로 탄생과 죽음의 날짜를 동일시하는 경향이 있다.) 파스카 기간 중 고정된 날을 수태일로 지키는 것에 의견이 모아져서 정착되었고, 그러서 9월 후에 탄생일의 날짜를 정하는 것이 가능해졌는데 로마력의 날짜로 1월 6일이다.

우리가 주현절로 알고 있는 이 날이 지금 이미 알렉산드리아의 클레멘트Clement에게 2세기에서 3세기로 전환하면서 알려진 것으로 보이는데, 그는 요단강에서의 예수님의 수세일을 같은 이날로 기념하는 사람들을 알고 있었다. 이러한 복합적인 주제들은 "그의 영광을 명백히 외부로 드러낸" 그리스도의 첫 번째 기적인 가나의 혼인잔치도 이날에 행하여진 것으로 추가되며 그날의 의미가 더하여졌다. 왜 이러한 축일들은 이렇게 많은 주제들을 가지고 있는가? 한 단서가 후의 자료에서 제공되는데 이것은 아타나시우스의 캐논Canon of Athanasius으로서 여기에서는 그 해의 시작을 주현절로 정의하고 있다. 그 당시에는 왜 주현절로 시작되었을까? 만약 우리가 마태복음서의 시작을 보면 우리는 그 복음서가 탄생의 이야기로 시작하는 것을 볼 수 있다. 그러나 반대로 마가복음서는 요단강에서 예수님의 세례로 시작하고, 요한복음서는 서문 후에 가나의 혼인잔치로 시작한다. 알렌 맥아더Allan MacArthur는 오래전에 주현절이 에베소교회에서 요한의 복음서를 봉독하는 과정의 시작으로 표시했다고 제시[5]하였는데, 5세기 성서정과에서 마태복음의 봉독과정에 대한 증거는 더 분명한데 이로 인해 예루살렘교회에서의 마태복음서를 봉독함도 마찬가지라고 쉽게 믿을 수 있다. 알렉산드리아에서 우리는 요단강에서 예수님의 세례를 축하하는 것과, 마가복음서의 시작과, 또한 1월 7일에 시작되는 예수님의 금식을 본 딴 40일간의 금식일에 대한 증거를 그의 세례 이후 바로 뒤따르는 광야 생활에서의 그의 승리와 함께 찾을 수 있다. 달리 말하면, 주현절의 복합적인 주제는 지역적으로 선호하는 복음서 봉독과정을 반영하는 것으로 이해될 수 있는데, 부활절Paschal date 이후 9개월인 그 날의 시작은 성모 마리아의 수태고지와 잘 연관이 되어 있다.

소아시아에서 고정된 부활절Pascha은 성서적인 날짜로 파스카를 지키는 것과 관련이 있지만, 로마와 아프리카에서 파스카는 고정된 날짜보다 토요일 밤부터 주일에 지켜졌는데, 우리 주님이 십자가에 달리신 해의 니산월 14일을 율리우스 날짜로 결정하는 것에 대해서 다른 필요가 요구되었다. 순교자들의 순교일을 기념하는 것은 그들의 죽음을 반영하는 구원의 행사를 위해 역사적인 날짜를 제공해야 한다는 압력을 가져왔다. 전체적으로 의존할 수 있는 날짜보다는 아마 기본적으로 29A.D.에 십자가고난이 행해졌던 것으로 추측되었고 그 해에 음력 날짜 니산월 14일은 율리우스력으로 3월 25일 금요일이다. 고난에 대한 이 날짜를 증거하는 것은 이미 3세기 초에 나타났고(이 날짜는 정확성을 가지고 고정될 수 없었다.) 이것은 또한 주님의 수태시간과 관련을 갖게 되었다. 4세기 초 아프리카의 연구에서는 3월 25일을 "주님의 고난과 그의 수태일"이라고 말한다. 영국국교회 기도서The Book of Common Prayer 에서 "천사가 성모 마리아에게 선포한 당신의 아들 예수 그리스도의 성육신을 알고 있던 우리는 그의 십자가와 고난이 그의 영광과 그의 부활을 이끌 것이다"라고 지정한 삼종기도 Angelus를 결정짓는 모음집 뒤에 놓여 진 것이 그 관련성이다. 수태시간과 함께 4월 6일 파스카의 연합이 1월 6일의 탄생일로 지정되면서 수난과 수태, 이 둘이 3월 25일의 연합으로 12월 25일의 탄생일로 지정되었고, 이 탄생일이 336년에 로마에서 편찬된 순교자들의 기념일 목록 안에 처음으로 증거되었다.

그러나 성탄절의 기원에 관한 질문은 아우렐리우스Aurelian 황제가 태양일신론을 세워 로

---

5. A.A. MacArther, *The Evolution of the Christian Year*, (London: SCM Press, 1953), 69.

마의 일치를 가져오려고 하거나 혹은 로마의 많은 종교적 분파(그들 중에서도 빠르게 성장하고 있는 기독교)들 사이의 경쟁을 최소한 중재하려고 노력하였다는 사실도 복잡해진다. 주후 274년에 동지의 전통적 날짜인 12월 25일에 태양의 새로운 축제가 설립되었는데 dies natalis solis invicti 라고 불리며, 이 "절대적인 태양의 생일"은 황제가 널리 승인을 하게 된다. 한 세기 후에 에피파니우스Epiphanius는 입증하는 것이 충분하지 않음에도 불구하고 실수로 12월 25일 지내는 고대 로마의 농신제Saturnalia인 로마의 관습과 잘못되게 일치시켰다.[6] 이로 인해서 아우렐리우스의 태양 탄생의 축일이 예수님의 탄생일과 같은 날인 12월 25일을 지키는 기본이 18세기부터 표준으로 이해하게 되었다. 그리스도인들은 비록 아우렐리우스보다 앞선 예수님의 탄생에 대한 담론에 대한 말라기 4장 2절과 같은 호소보다 덜한 관심이 주어지더라도 그리스도인들이 (비록 12월 25일과 관련이 없을지라도) "정의의 태양"의 탄생일을 만들었다는 것이 지적되었다. 일부는 제시하기를 개종하기 전에는 태양 광신도로 알려진 콘스탄틴이 아우렐리우스의 축일을 기독교에서 채택하도록 한 몫을 했다 고한다. 그러나 이것은 적어도 그가 로마에서 거의 시간을 보내지 않았기 때문에 적절치 않아 보이고 또한 그의 새 기독교 수도인 콘스탄티노플에서의 성탄절은 그가 죽은 지 훨씬 후에서야 12월 25일로 지켜왔다.

비록 이것의 첫 번째 역사적인 주장이 12세기에 와서야[7] 계속적으로 로마의 태양축제의 영향력에 호소하는데, 그 영향력이 기독교의 우상숭배로부터 오던지 아니면 반대의 경우이건 간에 그 가능성의 논쟁은 몇 십 년 전보다는 오늘날 오히려 더 희박해 보인다. 조금 더 확실한 것은 낮 시간이 길어지는 영향이며 북쪽 기온 지역에서는(그리고 특별히 그 북쪽 층) 3세기 말 로마절기와 직접 관련된 동지solstice와의 연결성을 환영함에 있다. 5세기 중엽에 와서는 예배자들의 관심이 태양이 아니라 그것을 만드신 분이라는 데에 초점을 둔다고 강조하는 레오Leo의 성탄절 설교에서 축제를 열정적으로 반기고 있다. 12월 25일 성탄절에 대한 기독교 이전 시대의 영향이 무엇이건 간에 주현절에 대한 이교도적 근거를 찾기 위한 병행된

6. 농신제Saturnalia는 12월 17일로 지켜졌고 교회 안에서 믿음의 영속적인 존재를 부추겼던 330년에 사라고사 회의 기간 동안의 한 시기인 1월까지 이어졌다. 이러한 이교도 준수의 영향은 12월 17일(비록 영국에서 더해진 교창이 영국력의 O Sapientia에 대해 12월 16일로 이끌어도)의 O Sapientia와 함께 Great O Antiphons의 시작에서 보여 질 수 있다. 이것들은 또한 "O Come, O Come, Emmanuel" 의 구절에 나타난 형태처럼 교창으로 알려졌다.

7. 이것은 1월 6일 대신에 12월 25일이 탄생 축일이라는데 대항하여 논쟁하는 디오니시우스 바르 살리비의 연구 즉 시리아적 주장이다.

시도는 실패하였는데 이는 의도적으로 알려진 정체불명인 디오니소스의 축제에 대한 내용이 이를 뒷받침한다.

4세기 마지막 분기에 동방에서는 크리스마스를 아프리카와 로마에서는 주현절을 승인하여 통합하는 과정이 진행되었다. 예수님의 탄생과 세례 두 가지 모두를 주현절로 기념하였던 콘스탄티노플과 안디옥은 탄생을 12월 25일로 변경하였고, 1월의 축제는 요단강에서의 예수님의 세례를 기념하면서 계속되었다. 그러나 아프리카와 이탈리아에서는 탄생 이야기가 나누어져서 주현절은 동방박사들의 방문을 기념하였다. 이보다 조금 전에는 아프리카인 밀레비스의 옵타투스[Optatus of Milevis]의 성탄절 설교에서 명확해지는데 그 동방박사의 이야기는 12월 25일에 베들레헴의 탄생을 함께 포함하고 있었다. 이 이야기의 분리는 이전 축제들에 부가되어왔던 개념보다 더 세부적인 개념인 "이방인에게 나타나신 예수님"이라는 주현절의 주제에 제한을 가하는 영향을 가져왔다. 가울골,[Gaul]에서는 동방의 영향으로 탄생이 12월로 기념되는 것이 채택되기 이전에 주현절이 소개되었고, 주제들의 대부분이 심지어 크리스마스의 채택 이후에도 주현절과 관련되어 계속 되었다. 세 가지 기적들[tria miracula]이라고 알려진 동방박사들의 방문, 요단강의 세례, 그리고 가나의 혼인잔치는 많은 주현절 교창들과 일부 현대 찬송가들(The Hymnal 1982, 131장과 135장 참조)에서 기념되었다. 4세기 마지막 10년에 브레스키아의 필라스트리우스[Filastrius of Brescia]의 유일한 증언에 의하면 이러한 주현절의 여러 주제들 중에서 산상변모[transfiguration]가 주현절기의 마지막을 장식함을 일부 성서정과에서 표현함이 주목된다.

사순절

지역 종교회의를 "40번째 이전[pro tes tesserakostes]" 날에 개최하라고 명시한 니케아 공의회(325A.D.)의 경전에서 사순절[Lent]이라는 최초의 언급이 있었다고 한 때 일반적으로 이야기되었다. 오늘날 이 문구는 부활절의 40번째 일을 언급한다. 그럼에도 불구하고, 파스카 이전 40일간의 금식기간을 고려하면 그 기간의 니케아 공의회가 무엇인가 분기점이 되었던 것으로 보인다. 니케아 이전에 우리는 시리아와 알렉산드리아에서 6일간의 금식일, 예루살렘과 로마에서 부활절 세례를 위해 3주간의 준비를 하였다는 더 많은 흩어진 제안들을 명확하게 목격할 수 있다. 그러나 니케아 공의회 이후 330년 아타나시우스의 축일 편지[8]에서부터 처음으로 파스카 이전에 40일간 금식하는 것에 대한 증거가 나타나기 시작하였다. 이 세기의 마지막에는 금식이 어디에서나 발견되었으며, 실제 기간이 6주에서 7주간(그리고 결과적으로는 8주간) 사이에 다양하게 지켜졌으나 항상 40일간으로 언급되었다. 부활절 세례의 마지막 교리문답의 일부 혹은 전부는 이 금식기간 중에 행해졌으며 이 세례에 대한 준비기간이 사순절 기간이 생겨난 이유라고 보는 것이 일반적인 시각이다. 이러한 이유에서 많은 역사학자들이 예수님의 40일 금식과 사순절의 관련성에 대해 논의하며 이 절기를 성서적인 모델로 돌리었다. 한 예로서 그레고리 딕스G. Dix는 예수님의 금식과 사순절 사이에는 아무런 연관이 없다고 말하며 우리는 그 금식이 부활절 기간 이전이 아니라 주현절을 따른다고 기대해야 할 텐데, 사순절은 예수께서 광야에서 성령에 이끌리셨던 세례를 바로 잇따르고 있기 때문에 이후에 예수님의 세례 기념이 되었다고 한다.

그러나 1967년에 콥틱학자Coptologist인 코킨Rene_Geroges Coquin의 기록에 의해 한 논문이 등장했는데 여기서 처음으로 중세 자료들 중에서 콥틱교회가 초기 알렉산드리아에서(4세기 훨씬 이전에) 40일간의 금식이 있었는데, 사실, 주현절 다음날인 1월 7일에 시작되었다는 것을 주장하는 깊이 있는 연구로 드러났다. 세례는 이 6주간의 금식기간 동안 수여되었고 이 기간과 가깝게 잇따라 그리스도의 예루살렘 입성을 기념하는, 파스카로 이어지는 6일의 금식 이전에 아직 여러 주가 남은 "종려축일Feast of Palms"이 이어진다. 이어서 같은 해에 발행된 문서에는 고킨Coquin이 주장하기를 그것은 세례로 이어지는 알렉산드리아인들의 금식이 채택되었지만 옮겨졌고 그로 인해 파스카 이전에 그 이전 금식과 연관되어 있을 부활절 날짜의 정착이 니케아 공의회 결정의 중요성과 같이 그 때가 대부분의 교회에서 세례를 강조하는 기간이다. 콘스탄티노플과 같은 곳은 파스카 이전 금식은 6일간이고 사순절 기간은 이전의 6주간의 기간이어서 모두 7주간이었다. 로마와 같은 곳은 파스카 이전 금식 기간이 딱 이틀 동안이었고 사순절은 단지 6주간이었는데 이 6주간에 이틀이 포함되었다.[9] 이 40일간의

---

8. 이 축일 편지는 파스카의 날짜와 파스카 이전 금식의 시작을 알리면서, 알렉산드리아의 로마교황에 의해 주현절에 연간 발행되었다. 초기 편지들은 3세기의 알렉산드리아 디오니소스에 의해 처음으로 진술된 6일간의 금식만을 언급하였다.

9. 알렉산드리아에서는 그 오래된 파스카 이전 금식이 6일간이더라도 단지 처음 6주간이었다.

금식기간이 옮겨져서 예수님의 세례 기념과의 연관성이 단절되었음에도 불구하고, 사순절은 광야에서 우리 예수님의 40일간 금식을 기억할 수 있는 모방으로서의 그 본래의 성격을 유지하였다.

오랫동안 사순절은 실제 40일을 조회해 보는 것 없이 단지 세어지는 40일간의 계속되는 기간이었다. 주일은 금식 기간의 실제 숫자에 포함되지 않았다. 주일은 금식하지 않을 뿐만 아니라 동방에서는 토요일에도 금식하지 않았다. 순례자 에제리아Egeria에 의한 독특하고 특이한 발언에 의하면 383년의 예루살렘은 금식 기간에 40일을 가득 채우기 위해서 금식 기간이 8주까지 연장되었다고 한다. 이 근거 없는 언급(그리고 분명히 모순되는)에서 떠나, 40일의 숫자를 만들기 위해 여러 가지로 확장된 40일 기간은 오직 6, 7세기뿐이었다. 로마에서 이것은 초기에 6주간을 금식했었기 때문에 36일에다가 4일을 덧붙인 사순절의 시작으로 주일이 명시된 예전 Inicium quadragesimae 이전에 수요일에 금식을 시작하는 것을 의미했다. 그에 앞서는 수요일인 Caput Ieiunii는 독일에서 미사를 열기에 앞서서 재를 그들에게 뿌리는 것을 포함해서 참회자의 입회를 위한 날이 되었다. 이 의식은 마침내 로마에서도 참회자들의 입회에 포함되었고 11세기 말엽에 이 "재를 뿌리는" 의식은 모든 믿는 자들에게까지 퍼져갔다. 그것은 여전히 미사 이전에 행해졌는데 미사에서 마태복음 6장의 복음서 봉독에서부터(아직 이 수요일이 사순절의 시작으로 포함되기 이전부터) 보류되었고 여전히 오늘날까지 재의 수요일까지 할당되어 있다. 이 복음서를 봉독한 후에 신자들의 이마에 재를 묻혀 표시하는 의식이 잇따르는데 오늘날 대개 그렇듯이 이를 설명하는 언급이 필요하다.

비잔틴 전통에서는 알려져 있지 않음에도 불구하고 사순절 기간에 "알렐루야"를 금지하는 것은 서방 예전의 특징이 되어왔으며 이것은 항상 사순절 그 기간에만 금지되어 온 것은 아니다. "주의 규례" The Rule of the Master에 따르면 6세기 초부터 수도원의 규례에서 centesima paschae가 주현절 다음에 시작되었고, 그 날로부터 부활절까지 알렐루야의 제한으로 특징지어졌다. 성 베네딕트 수도원의 규례는 다른 문제들에서 이 이전 규례를 통해 영향 받는 동안 사순절 금식의 연장에 대해 아무 말도 하지 않았고 오직 사순절 기간에만 더 다른 설명 없이 알렐루야를 금지하게 하였다. 7세기에 그레고리Gregory the Great는 사순절 시작되기 이전 세 번째 주일인 Septuagesima로부터 알렐루야의 금지를 타협하듯 규정했다. "사순절 이전"기간에 대한 이해는 금세기의 예배갱신을 통하여 생략되어지고 지금 알렐루야의 금지는 사순절 6주간에만 제한되게 시행한다. 이 절기에 관한 다른 사항으로는 때때로 호화로운 중세 의식과 관련하여 저녁기도에 진행된 "알렐루야의 매장식"Burial of the Alleluia은 모두 사라진 지 오래되었다.

고난 주간

부활절이 부활을 축하하는 향연으로 언급됨에도 불구하고 모든 지중해 연안 국가들에서 사용되는 아람어인 "파스카Pascha"는 십자가에 달리신 금식일뿐만 아니라 부활하신 날 두 날 모두를 지칭할 수 있었다. 소아시아(이 주간의 날에 상관없이 구약성서의 날짜를 따라)에서의 파스카 초기 모습은 유월절을 준비하는 금식을 포함하여, 해가 지는 시간부터의 철야를 통하여 새벽미명시간의 성만찬까지였다. 이 형태가 다른 곳에서 한 주간의 구조로 익숙해졌을 때 금식의 날짜는 토요일이었고 철야는 토요일 밤에서부터 주일까지 진행되었다. 토요일 하루의 금식은 1세기 말엽에 디다케Didache에서 이미 입증된 바와 같이 모든 주에 포함되는 금요일(수요일을 포함해서)의 금식시간과 인접하게 연결된다. 2세기 이레니우스Irenaeus의 시대에는 어떤 곳에서는 금요일과 토요일을 합쳐서 이틀을 금식하는 반면에 일부는 단 하루만 지키는 것으로 드러났다.

3세기의 전반부 시리아교회 규례서인 디다케 아포스톨로룸Didache Apostololum에서 처음으로 2일에서 6일로 연장된 것이 입증되었다. 이 중 처음 4일 동안은 절반의 금식semi_fasts이었고(오후 중간 시간까지만 지키는), 반대로 금요시간과 토요일은 엄격한 금식일이었다. 이 금식일의 연장에 대한 이유를 제시하는 것은 다음과 같은 흥미로운 질문들을 가져온다. 설명하자면 우리가 월요일에 금식하는 것은 유다가 대제사장들로부터 수당을 받은 날이기 때문이다. 우리가 화요일에 금식을 하는 것은 예수님께서 그의 제자들과 함께 유월절에 식사를 하셨기 때문이다! 우리가 수요일에 금식을 하는 것은 예수님께서 잡히신 날이기 때문이다.

화요일 밤 혹은 수요일을 유월절 식사시간으로 여긴 이 특별한 연구는 애니 조벌트Annie Jaubert로 인하여 소개된 주전 2세기의 신약과 구약사이의 작품인 유빌리Jubilees와 쿰란종파 사람들이 사용한 특정의 달력에 의한 것이다. 이 달력은 한 주의 구조를 새롭게 하였는데 한

해를(정확하게 52주인) 364일로 구성하였으며, 이 결과로 어느 달에 어느 날이건 그 주의 같은 날로 매해 지정되게 만들었다. 첫 달의 15일인 유월절은 화요일 저녁 해가 짐과 함께 식사하는 향연을 시작으로 수요일로 지정되었다. 만약에 우리가 조벌트의 주장을 따라 이것이 그리스도 고난의 역사적인 시간적 흐름이었다고 믿는다면 복음서 순서에 대한 귀찮은 시간적 문제가 해결될 수 있을 것이다. 공관복음서에 따르면 예수님과 제자들의 마지막 식사는 진정으로 유월절 식사였다. 그러나 요한복음서에 의하면, 예수님은 성전제사를 위한 유월절 양이 죽임을 당하는 시간에 십자가를 지셨다는 것을 명확하게 한다. 만약에 다른 두 개의 유월절 날짜가 지켜진다면 이 비연속의 문제는 해결되는데, 하나는 쿰란달력에 영향을 받은 예수님과 제자들의 유월절과 다른 하나는 성전에서 지키는 공식 음력달력에 의한 유월절을 말한다.

비록 4세기 소수의 자료들이 수요일 금식을 예수가 체포당함을 기념하는 것으로서 설명하고, 금요일은 그의 죽음을 기억함을 설명하고, 또한 6일로 금식일이 연장됨이 다른 지역에서는 널리 지켜짐에도 불구하고 디다스칼리아[Didascalia]의 다양한 항목들은 이에 대한 보편적인 실천사항에 대한 언급을 생략하고 있다. 위에 언급되었듯이, 3세기 중엽에 부활절 이전에 6일간 금식함이 알렉산드리아의 디오니소스에 의해 반포되었다. 한 세기가 지난 후에 파스카 이전에 "매주간"[Great Week]이라고 알려진 6일을 금식함이 동방교회에서는 일반적인 것으로 보였지만 그러나 이미 40일간의 금식이 선행되고 나서 뒤따르는 추가사항이었다. 일찍이 밝혔듯이 로마는 하루의 금식일을 주일인 파스카 축일 이전인 금요일과 토요일에 하는 것을 지켜왔는데, 이것은 로마의 거룩한 3일[triduum sacrum]의 기원이다. 이 로마 사순절의 형태는 원래 쿠아드라제시마[Quadragesima]의 주일서부터 시작하여 부활절 이전의 목요일까지, 그리고 위의 2일이 추가된다. 그리고 ("Maundy Thursday"라고 알려진) 부활절 이전의 목요일은 원래 사순절 시작에 추방된 통회자들을 다시 받아들이기 위하여 고려된 날이었다. 이날 두 번째로 할당된 기능은 부활절 세례의 성유를 축성하기 위한 것이다.[10]

오늘날 고난주간은 부활절 이전 주일과 함께 시작되고, 이 날은 이중의 이름을 갖는데 "고난주일"[Passion Sunday]과 또한 "종려주일"[Palm Sunday]이다. "고난주일"은 더 오래된 명시로 서방

10. 영국의 독자들은 아마도 대림절 첫 번째 주일의 복음으로써 예루살렘으로 입성하는 것으로 인해 갖게 된 현재의 것 이전에 공동기도서(*Book of Common Prayer*)의 발행을 회상할지도 모른다.

교회에서 성만찬에 앞서 종려나무를 든 행렬이 지켜지기 이전의 시간으로 거슬러 올라간다. 올리브산 아래를 향한 이와 같은 행렬은 383년 이제리아Egeria 순례자들에 의해 예루살렘에 소개되었고, 이 거룩한 도시에 방문한 사람들은 서방에 자신들의 고향으로 이 관습을 옮겨 갔으며, 스페인과 가울과 같은 곳에서 이 전통이 처음으로 세워졌다. 로마는 종려예전을 천천히 받아들였고 예루살렘 입성은 오랫동안 대림절 예전의 주제였었다.

로마에서 부활절 이전 주일은 단지 고난주일로 지켜졌으며, 마태복음에 따른 그난에 관한 봉독으로 특징지어졌다. 중세에는 고난에 대한 교창송의 요강들이 예배서 기도문에 추가 설명으로 안내하는 루브릭rubric으로 표기되어져 템포와 스타일을 볼 수 있다. "T" 는 그리스도의 말씀인 tarde를 표시한다; "S"는 다른 직접 인용인 sonoriter를 표시한다; "C"는 이야기체인 나레티브 celeriter를 명시한다. 시간이 흐름에 따라 위의 사항들은 3명의 노래인도자를 표시함으로 나타나고, 이는 3명의 "고난부제들"Passion Deacons의 출현을 보게 된다. "T"는 십자가를 지칭함으로 바뀌었고, 부제 중 한 사람은 그리스도의 "역할"을 노래했다; "S"는 시나고가Synagoga로 다시 이름지어졌다 (그러나 부적합하게); 그리고 "C"는 크로니스타Chronista를 의미하는 것으로 여겨졌다. 이 알스 노바ars nova시대의 도래와 함께 다성 음악 합창이 회당Synagoga에서의 역할로 수용되었고, 이 무대는 우리가 바흐J.S. Bach를 통해 알고 있는 마태수난곡(고난 주일을 위한)과 요한수난곡(성 금요일을 위한)의 중요한 설정을 위해 세워졌다. 우리 시대에 와서 이 극적인 고난의 봉독은 교구 예전parish liturgies에서 그 유명세가 더하여지고, 고난주일로서 이날의 정체성은 강화되어져 왔다.

다른 한편, 비잔틴 전통에서 (고난)대주간Great Week의 첫 주일은 그리스도의 예루살렘 입성을 기념함이 전적으로 이루어진다. 이것은 원시 알렉산드리아의 종려축일과 같이 40일 금식기간의 마침을 가져왔다. 그럼에도 불구하고 알렌산드리아에서의 금식은 6주간동안 주현절을 잇따르는 기간으로 지켜졌다. 어쨌든 이미 요한 크리소스톰John Chrysostom의 4세기 말엽 콘스탄티노플의 종려주일은 대주간의 시작으로 나타난다. 사실 비잔틴 전통에서 종려주일에 읽혔던 요한복음서만이 고난과 함께 예수님의 예루살렘 입성과 연관된다. 오늘날 현대예배에서의 실천사항은 3년 주기의 성서정과를 바탕으로 세 개의 공관복음서들의 입성과 고난에 대한 증언은 찬송가 작곡자들의 도움으로 잘 연결되어지는데 "왕되신 우리 주께 다 영광 돌리자"All Glory, Laud and Honor와 같은 찬송가를 사용하여 그 승리의 입성과 고난을 하나의 흐름으로 만들었지 공관복음서들로 인한 것은 아니다.

고난주간의 첫째 날은, 한때 마가복음과 누가복음의 고난에 대한 부분을 봉독하는 것으로 특징지어졌는데, 현대에는 사순절의 다른 날들에도 같이 사용된다. 고난주간의 특정한 의례는 성목요일Maundy Thursday로 이어지는데 부활절 철야가 토요일에 지켜지기 때문에 "파스칼 삼일"Paschal Triduum이라는 새로이 지정된 절기의 첫째 날로서 이 목요일은 오랫동안 지켜져왔다. 목요일 미사에서의 복음서 봉독은 요한복음서를 중심으로 한 금요일의 고난과 같으며 따라서 성만찬의 제정사에 대한 아무 언급도 없다. 성만찬예전으로서의 최후의 만찬에 대한 기념은 4세기 말엽 예루살렘의 전통을 반영하는 코르푸스 크리스티Corpus Christi와 같은 축제에 의하여 발전된 사항으로 추측되며 서방교회로의 영향은 후에 나타난다. 이 세기의 주요 개혁사항은 "성만찬 미사"The Mass of the Lord's Supper가 교구축제의 중심적인 주제로 강화되어짐이다. 최후의 만찬에 대하여 요한은 예수께서 그의 제자들의 발을 씻기심을 기록하는데, 이 일은 수도원과 교회의 권위 있는 자들의 섬김의 모습을 나타내는 예전의식의 추가사항으로 지켜져왔다. 새계명Mandatum novum이라는 안티폰에서 비롯된 "먼디"Maundy목요일의 그 유명한 이름이 전하여진다. 라틴의례의 교구예전에 삽입된 이 세족목요일의 실행은 이 세기 예전적 개혁의 중심적 사항이다.

안톤 바움스타크Anton Baumstark의 주장대로 성금요일 예전은 가장 고귀한 날이기에 결코 변하지 않는 강력한 힘으로 훨씬 이전의 예전적 요소를 유지함에 있어 현저하게 탁월하다. 예를 들어, 회중기도는 교부시대부터의 중보적 형태를 유지해 왔다. 이 날의 예전은 요한복음의 수난 내러티브와 연결되어 가장 초기의 증거들로서 관련지어져 왔다. 약 8세기 초 로마에서는 단순한 초대교회의 성만찬synaxis예전을 (예루살렘의 성십자가Holy Cross 바실리카에서 가져온) 십자가 나무 조각들에 대한 숭배로 선행되어졌는데, 이러한 경건은 이미 383년 예루살렘 의식에 나타난 특징사항이었다. 같은 세기말에 간단한 나무 십자가는 로마의 티툴리tituli(지역 교회들)에서 숭배되었는데, 그러나 이러한 숭배는 오늘의 경우와 같이 말씀의 예전 후 그리고 미리 축성된 성만찬의 배분 이전의 시간으로 낙착되었다.

이 세기 첫 번째 주요한 예전적 개혁은 분명히 파스카 철야의 회복으로서, 이 예전은 토요일 오후 그리고 나중에는 토요일 아침(사순절이 토요일 정오에 끝나고 바로 이 시간에 부활절 첫 번째 미사가 끝난다는 공적인 주장이 있었던)으로 옮겨지는 것이 용인되어 왔다. 그러나 이 부활절 철야의 기대가 특별히 서양 중심적인 곡해라고 빈번하게 주장되었으며 지금도 비잔틴 의식에서의 부활절 철야는 그 자체가 아침 기도와 부활절 아침의 성만찬에 대한 기대라고 해석하기에 토요일 낮 시간에 부활절 철야기도를 행함을 주장한다. 그러나 이 예전의 진짜 밤에 드리는 철야로서의 회복은 매우 반기는 사항이며 사실 또 다시 반세기만에 희생되는 부분은 오늘날 자정 이전에 마쳐야만 하는 부활절 철야예배의 공공연한 모습에서 발견할 수 있다.

그럼에도 불구하고, 파스카 철야의 재발견은 금세기에서 예전적 개혁에 눈부신 성취를 가져왔다. 이 의식은 한때 목요일, 금요일, 그리고 토요일 밤 저녁 시간경의 특징인 새로운 불New Fire의 축복기도로 시작된다. 초기 관례의 흔적은 이 철야의 시작에서 3개의 초가 행렬 가운데로 옮겨지는 것이다. 이 세 개의 초가 서로 얽혀진 상태에서 하나씩 차례대로 밝혀질 때, 부제는 각 순간에 빛의 그리스도Lumen Christi를 노래불렀다. 이제는 이 세 개의 꼬여진 초가 사라졌지만 하나의 파스카 초 자체는 부제에 의해 지금도 옮겨진다. 이때 부제는 지금도 루멘 크리스티를 3번 부르며 그때마다 회중은 하나님께 감사Deo gratias로 화답한다.

다른 초들에 불이 밝혀지며 축제가 완성될 때 사제는 파스카 찬양이나 프래코니움 Praeconium을 부른다. 역사적인 자료들은 이 찬가의 여러 가지 원문들을 드러내지만 이 찬가는 첫머리가 엑술텟Exultet으로 시작하는 갈리칸예식기도문Gallican Sacramentaries에서부터 우리에게 내려왔는데, 이것은 자주 개정되는 유동적인 변화성에도 불구하고 서방전통에 남아있는 예전적인 시와 찬가로 이룬 보석 중의 하나임이 틀림없다.

철야예전의 중심은 5세기 전반부에 예루살렘에서 처음 자료로 남겨진 구약의 연속 봉독이다. 12개의 봉독이 있었고 그런 후에 다른 장소들에서 다양한 모습으로 여러 개의 봉독들이 반복되어 진행되었다. 8세기의 골 지방에서부터 온 12개 봉독의 연속은 바티칸 거룩한 공의회(SC) 개혁 이전 로마미사에 보전되었고 여전히 현대 루터란 예배서에 한 선택 사항으로 남아있다.

부활절 철야를 원래대로 복구하는 과정에서 로마의 그레고리 대주교 시대(그리고 16세기 솔즈베리Salisbury 대주교까지 지속된)에 4개의 지정된 봉독으로 축소되었다. 유사하게도 7세기에 정착된 성령강림절 철야로 인하여 7개의 구약 봉독들(그것들 중 하나는 양쪽의 철야에서 사용되어진 것)이 초기 연속물의 두 가지 철야들 사이에 구분을 지어주었다. 어쨌든 현재 가톨릭 성서정과는 7개 구약 봉독을 지정하면서 동시에 적게는 2개의 봉독까지 허락하고 있다. 미국성공회 공동기도서Book of Common Prayer는 9개 구약 봉독을 제시하는데, 최소한 2가지는 사용되어야 하고 한 가지는 반드시 (가톨릭 성서정과에서도 역시 마찬가지로) 홍해에서 구원된 출애굽Exodus 사건이어야 한다.

최소한 3세기로부터, 파스카 철야는 세례를 축하하는 가장 좋은 모델이었다. 교부시대에서는 철야기도에서 봉독을 진행하며 기독교 입교 예식인 세례가 행해졌고, 금세기 예배갱신의 핵심은 파스카 철야에서 세례적인 요소를 회복하는 것이라고 여겨왔다. 이러한 것이 가톨릭 성년을 위한 기독교 입교예식의 주요한 취지였는데, 아무도 세례 받는 이가 없다 하여도 예전은 참석한 회중에게 세례의 언약을 갱신하도록 인도하기 때문이다. 이 예전에서 세례예식은 바로 성만찬예식으로 이어졌고 이것이 파스카 축제의 결론을 가져온다. 그리고 여러 장소에서 이어지는 부활절기는 신비Mystagogia를 전하였는데, 이는 파스카 밤에 새롭게 세례 받은 사람들에게 성례를 가르치는 일이었다.

오순절/성령강림절

2세기에서 3세기로 넘어가는 즈음에 파스카 세례를 명백하게 언급한 초기 작가는 터툴리안이었다. 그는 자신의 세례론에서 이것은 세례만을 위한 것이 아니라는 점을 강조하며 예수 그리스도의 죽음과 연관되는 유월절, 그리고 50일 여정의 오순절과 성령강림절이 시작되는 부활주일과의 상호관련성을 밝히고 있다. 그가 말하기를 "유월절은 세례로서 가장 장엄한 날인데 그것은 이 날에 우리 주님의 고난이 완성되었고 그리고 그 가운데 우리가 세례를 받았기 때문…"이라고 했다. 그 이후로 성령강림절은 세례를 수세하기에 가장 경사스러운 기간이 되었는데, 그 기간 동안 우리 주님의 부활은 제자들에게 여러 번 알려졌으며 성령의 은혜가 처음으로 부어졌다.[11] 그러나 그는 세례가 언제든지 베풀어질 수 있으며 신성함의 표현이 다르더라도 은혜 또한 마찬가지로 아무 때나 주어질 수 있음을 확인한다.

50일 동안 계속하여 이어지는 부활의 기념은 구약성서에서 유월절과 다른 축제의 주간

11. *De baptismo* 19. E. C. Whitaker의 *Documents of the Baptismal Liturgy* (London: S.P.C.K., 1970), 9에서 인용되었다.

들 사이의 유사한 시기를 반영하는데, 우리 시대 초기에 다양한 유대인 그룹들은 50일을 다르게 셈하고 있다. 그 중 일부는 유월절 다음 아침부터, 또 다른 그룹은 유월절이 지난 안식일 다음날을 시작으로 셈하였다. "7일의 한 주일이 7번"과 마지막 잔치의 날 하루를 더한 50일의 기간은 유대교의 음력단위보다 앞서는 고대 서아시아의 기본 단위였다고 믿어 왔다. 이는 아마도 유대교의 중요한 명절인 유월절 혹은 초막절과는 다르게 칠칠절Feast of Weeks(출 34:22) 만큼은 단 하루만 지켜진 사실을 증명한다.

2세기의 증언들은 기독교인이 이 부활의 기념기간인 50일을 지켰고, 그리고 이 기간 동안 그들이 기도할 때 무릎을 꿇지 않고 금식을 하지도 않았다는 것을 보여준다. 4세기 말에 이르러 50일째 마지막 시간에 예배하는 자들이 다시 무릎을 꿇는 특별한 참회의 모임이 예루살렘에 있었다는 기록이 있다. 흔히 보편적으로, 보통의 금식 수행은 50일 후의 날에 다시 시작되었다.

비록 터툴리안이 위에 언급한 것처럼 50일 기간을 모두 오순절/성령강림절로 말하였지만, 4세기가 시작되면서 마지막 50일째의 날이 오순절 축제의 날로 홀로 존재하게 되었다. 참으로, 어떤 지역에서 사용한 구약성서의 그리스어 번역서에 나온 희랍어 펜테코스테pentekoste는 칠칠절 축연을 의미한다. 한 독특한 축제로서 성령강림절은 우리 주님의 승천과 교회에 내려오신 성령의 임재를 기념했다. 그러나 4세기 말엽에는 부활절 이후 40일째를 예수님께서 40일 동안 그의 추종자들에게 나타나신 사도행전 1장 3절의 내용이 기초해서 예수님의 승천을 기념하기 시작하였다. 이탈리아 북쪽에 브레스키아Brescia가 이와 같은 경우인데 이곳의 필라스트리우스Filastrius 주교는 위에서 언급한 권위자들의 가르침과는 반대로 승천일을 준비하기 위한 금식을 요구하였다. 그가 금식의 기간을 말한 것은 아니었지만 이어지는 다음 세기에 비엔Vienne의 맴머투스Mammertus가 승천일 이전에 3일간 금식하는 연도기도문을 작성하였다고 알려졌다.[12] 40일째의 승천일 기념은 5세기 중도에 보편화되었으며 이날 파스카 초의 불을 끄는 의식으로 파스카 절기를 마침을 표하는 모습이 증가하였다. 점차적으로 사람들은 파스카 50일간의 기쁨에 대한 것 보다는 "대 40일"The Great Forty Days에 관해 더 많이 듣기 시작했다.

니케아 공의회 20번째 조항에서 부활절 시간경 50일 기간 동안 기도는 서서 해야 한다고

12. 이 날들은 예수 승천 3일 전의 기도하는 날(rogation days)로 알려지게 되었다.

정해졌는데 그 법규 자체는 그 당시에 이렇게 하는 것이 일반적이지 않았다는 것을 뜻한다. 어쨌든 기도의 자세와 같은 문제와는 별개로 금세기 예전적인 개혁의 핵심적 내용은 부활절 50일 기간의 보전 및 복구였다. 성령강림절의 축연은 복구되어 왔지만 단 하루만으로 준수됨에 머물러 8일의 축연은 결코 아니며, 이전엔 승천일에 복음서 봉독 후 꺼진 파스카 촛불은 지금도 성령강림절 내내 타고 있다. 1년에 네 번 3일간씩 단식 및 기도를 올리는 사계 재일(四季齋日, ember days)을 지키는 곳에서는 파스카 절기 후에 보통 하던 금식기도를 다시 엄숙하게 지킨다. 일반적으로, 우리는 아마도 오늘의 부활절이 고대의 끝 무렵에 형성된 모양들을 많이 지키고 있다고 말할 것이다.

성령강림절 후의 축일들

성령강림일로서 부활절기를 마친다면 우리는 예배력에 의한 한 해의 독창적인 패턴이 끝났다고 말할 것이다. 그러나 사실 우리가 고찰해 온 이 절기들은 단지 한 해의 절반 정도만 차지하고 있다. 그렇지만 절기 순환의 부분이 아닌 다른 날들은 성령강림절 이후의 시간을 통하여 성장해 왔다. 이 중 가장 처음 사항은 모든 순교자들을 기념하는 최초의 만성절All Saint's Day인데 우리는 이날에 대해 4세기 후반 안디옥에서 전해진 성 요한 크리소스톰St. John Chrysostom이 전한 설교가 있다. 이것은 또한 4세기 후반 시리아교회 규례서인 *Apostolic Constitutions* (V.20.14)를 따라 성령강림절 이후 주일에 걸친 금식을 중지함을 볼 수 있다. 여전히 비잔틴 의식을 통하여 유지된 만성절인 이날은 서방에서도 준수되는 시간이었고, 6세기의 실제를 반영하는 한 오래된 로마의 서신서 목록인 WÜrzburg의 *Comes*에서도 만성절을 첨가하여 제안하고 있다. 이 목록은 독특하게도 확장된 서방측 증거물이기에 이 날을 얼마나 오래 혹은 폭넓게 지켜왔는지 확인하는 것은 불가능하다. 그러나 부활절 이후 일반적인 금식수행의 복귀를 표시하는 성령강림절 사계절기의 서신서 목록은 4세기 후반 *Apostolic Constitutions*에서 언급한대로 시리아에서 한 주 동안 미루었던 금식을 같은 방법으로 성령강림절 후 주일Dominica in natale sanctorum서부터 따르도록 하고 있다.

7세기 초 포카스Phocas 제왕은 2세기에 하드리안Hadrian에 의해 설립된 거대한 신전이며 마르크스 아그리파Marcus Agrippa에 의해 초기 설립된 장소에 있는 판테온Pantheon을 기독교가 사용하도록 허용하는 것을 용인하였는데 이는 로마에서의 이교도 신전 중 진행된 첫 번째 전환이었다. "하나님의 성모와 모든 기독교 순교자들의 교회"로서 그 제정은 보니파세 4세Boniface IV에 의해 명백하게 609년 3월 13일에 이뤄졌다. 이 기념적인 날짜는 로마에서 모든 순교자들의 기념을 위한 예로써 성령강림절 이후의 주일로 빠르게 대체하여 갔으며, 후에 한 증언에 따르면 많은 수의 순례자들이 이 날을 중심으로 도시로 여행하면서 지난 추수의 음식을 바닥나게 하였다고 한다. 적어도 이러한 이유로 그레고리 4세가 추수가 끝난 후 바로인 11월 1일을 만성절로 새롭게 제정한 것이다. 바로 이것이 요크York의 알쿠인Alcuin에 의해서 8세기 말 독일을 중심으로 널리 소개된 기독교적 재해석인 죽은 자를 위한 드루이드Druid 축제인 삼하인Samhain인 것이다.

실제로, 성령강림절 사계절기Embertide는 축제의 8일이 그곳에서 발달하였음에도 불구하고 성령강림절을 잇따르는 주중으로 옮겨졌다. 그 사계절기 토요일은 성 베드로성당에서 온 밤을 지새우는 철야로 지켜졌지만 이것 또한 파스카 철야에서 우리가 보았듯이 토요일로 이동하기 시작했다. 그것은 주일 아침에 철야를 마치는 성만찬을 포함하고 있기 대문에, 그 주일(사계절기의 토요일에 잇따르는 다른 날과 같이)은 예배서에서 즉흥Improvisation을 요구하는 Dominica vacat으로 책정되었다. 11세기 말 일부 장소에서는 성삼위일체 봉헌미사가 이 주일로 지정되었으며, 성삼위일체의 축일과 같이 그 주일의 설립은 일부 반대에도 불구하고 정착되어갔다. 영국에서 그리고 일부 규례서에서 잇따르는 주일들의 명칭을 "성령강림 후"보다는 "삼위일체 후"로 이름지어졌고, 그 사용은 1979년 개정 때까지 공동기도서Book of Common Prayer에서 계속되었다.

성삼위일체 축일이(1334년 요한 22세에 의해) 전 세계적으로 공표되었을 때 성령강림절 8일 이후 첫 목요일을 코르푸스 크리스티Corpus Christi의 축일로서 성만찬 제정사의 축하를 위해 지정되었다. 이는 1264년 우르반 4세Urban IV에 의해 교회가 준수하도록 규정되었음에도 불구하고 전 세계적으로 지켜지게 된 것은 다음 세기에 가서 이루어졌다. 또한, 목요일로 지정된 것은 성만찬 제정이 거룩한 주간의 목요일에 기념되지 않았고 고난절의 신성함에 의해 아마도 미리 배정되지 않았으며, 위에서 제시한 바와 같이 목요일과 금요일 전통에 따라 지정된 요한복음의 마지막 만찬사건이 성만찬 제정을 언급하지 않고 있기 때문이다.

그 해의 남는 주일들은 두 가지 중립적인 영역인 주현절 이후의 주일들과 성령강림절 이후의 주일들로 남는다. 라틴 전통에서 이 주일들은 평주일anni circuli 이라는 단일한 연속 주일로 진행되는데, 영어에서 쉽게 번역하면 대체로 "평주일들Sundays in ordinary time"이라고 한다. 이 주현절 이후 주일들은 재의 수요일까지 지정되고 그 연속들은 성령강림절 이후에 다시 시작된다. 미국성공회Episcopal Church는 이전부터 성 안드레St. Andrew축일(11월 30일)에 가장 가까운 주일로써 대림절 첫 번째 주일을 지정해 왔는데, 그 축일 이전이거나 이후 가장 가깝게 고정된 주일에 그날의 기도와 봉독들을 배당하고 같은 논리에 의해 성령강림절 이후 주일들의 본문과 기도문을 조절한다. 주현절 이후의 주일들은 명백하게 재의 수요일 이전 주일인 산상변모 주일을 인한 봉독들로 안내하며 이는 루터교를 포함한 여러 교단의 전통이다.

오늘날 이 나라의 모든 서방 전통들은 성령강림절 이후 주일들이 대림절에 접근할 때 종말론적인 주제들을 반영하기 시작했고 성령강림절 이후 시간 중 마지막 주일은 그리스도 왕의 축일로 지킨다. 비오Pius1 1세에 의해 10월의 마지막 주일로 그 날이 지정된 것은 다시 1970년부터 교회력liturgical year의 마지막 주일로 다시 지정되었고, 한 해의 적절한 결론과 대림절의 시작으로 종말론적인 주제를 가져온다.

그리스도 안에서의 구원을 기념하는 복음이 선포되어질 때, 그리스도께서 우리를 구속하신 신비를 드러내는 것이 바로 이러한 절기의 순환이다. 이 절기적인 순환을 따르는 것이 그리스도의 섬김 가운데 그들의 삶을 드리는 형제들과 자매들의 축일인 성자들의 달력이다. 처음에는 단지 순교자들이었으며 그 후에는 주교들과 다른 사람들, 성도들의 이 무리는 모든 기독교 역사에서 십자가의 권능을 나타내고, 이 세대가 완성될 때 이미 오시었고, 함께 하시며, 다시 오심을 약속하는 구속자의 파스카 신비의 살아계심을 기억하면서, 우리의 모든 거룩한 시간과 모든 시간들의 중심으로 돌아감을 가리킨다.

제3장

예전적 회중: 누가 예전의 주체인가?

Liturgical Assembly: Who Is the Subject of Liturgy?

| 조이스 앤 짐머맨 Joyce Ann Zimmermann C.P.P.S |

제2차 바티칸공의회 문헌인 전례헌장Sacrosanctum Concilium이 발표된 그 이후 예전갱신운동의 큰 영향력은 예전적 회중의 활동적 역할에 대해 강조해왔음에도 불구하고 예전적 회중의 본질과 기능에 관하여 더 많은 저술이 나오지 않았다는 것은 매우 충격적인 일이다. 아마도 그 이유는 무엇이 "활동적active"이냐에 대한 우리의 해석을 무엇을 어떻게 하느냐(노래, 화답, 진행과정, 목회, 등)에 그치는 해석으로 제한을 두고 있기 때문일 수도 있다. 이러한 양상만큼이나 중요한 것은, 단 한 번의 희생으로 봉헌된 그리스도와의 연합을 대표하는 사회자와 더불어 "공동-집례자"로서의 회중의 더욱 풍부한 역할에 대해 우리는 과연 길을 열어놓고 있는가? 우리는 이번 장에서 더욱 풍부한 예전회중의 참여에 대하여 탐구해보길 원한다.

나의 관찰들은 네 가지 주요 부분으로 나뉜다: (1) 최근의 문헌과 문제적 진술에 대한 재검토; (2) 프랑스 철학자 폴 리꾀르Paul Ricoeur의 주체에 관한 해석학의 개요설명; (3) 리꾀르의 이론을 예전의 범위로 적용, 즉 "누가 예전의 주체인가?"라는 질문으로 향하게 한 후; 그리고 (4) 우리의 설명과 분석으로부터 만들어진 예전회중의 본질과 기능 이해를 위한 새로운 방향 등이다. 가운데 두 사항들은 폴 리꾀르에 숙달되어 있지 않거나 또는 예전연구에 철학적인 접근을 취해오지 않던 사람들에게는 어쩌면 어렵고 다소 더디게 보일 것이다. 물론 문헌을 정독함으로 확인하는 것이 주체에 대해 탐구하는 유일한 방법은 결코 아니다. 리꾀르를 다룸으로 얻어지는 유익은 해석학적 접근의 귀중함을 보게 된다는 것, 그리고 후기 비평적 방법을 사용하는 취지에 관한 예전적 문제 분석을 하게 됨에 있다. 다시 말하면 예전의 내용과 영향만큼이나 방법론적 영향 또한 중요하다는 것이다.

1. 문헌과 문제적 사항

제2차 바티칸 공의회 이후로 출간된 예전적 회중에 관한 소수의 문헌자료들은 공의회 직전과 바로 이어지는 십여 년 동안 작업한 학자들만의 업적에 거의 해당된다. 캐서린 빈치 Catherine Vincie는 이 작업을 훌륭하게 요약하고 있다.[1] 그녀는 금세기 중간시대에 있었던 예전 운동의 목표는 예전적 기도의 회중적인 성격을 회복함에 주목하고 있다. 이러한 목적으로 저자들은 3가지 논점에 초점을 맞춘다: 예전적 회중의 실제, 회중의 예전적 참여 방식들, 그리고 성서적이며 신학적 토대에 근거를 둔 회중의 신학을 발전시키는 것이다.[2]

특별히 마티모트Martimort와 매어텐스Maertens의 작업에 근접하면서[3], 빈치는 예전적 회중의 본질과 기능에 관한 이해에 접근하는 이러한 사상가들의 주요 윤곽을 지적한다. 교회의 회중의 주체성은 성서와 신학의 가장 초기적인 표현이었지만, 그러나 이것은 소규모 회중 모임들(대부분 농촌지역)이 실천적인 개념을 잘못 전할 때 빗나가게 된다. 전체의 회중이 감독episcopi을 중심으로 모이는 것은 "한 장소에 다 같이 모이는" 구체적인 방법이었다. 그러나 숫자적 성장 때문에 이 일이 더 이상 가능하지 않을 때 눈으로 보기에 함께 모이는 것은 사라지게 되었고, 각 지역을 전체와 연결시켜야 하는 문제 사항이 드러난 것이다. 시간이 경

1. "The Liturgical Assembly: Review and Reassessment," *Worship* 67 (1993) 123-144 and *The Role of the Assembly in Christian Initiation*, Forum Essays No. 1 (Chicago: Liturgy Training Publications in cooperation with the North American Forum on the Catechumenate, 1993)을 보라.

2. Vincie, "The Liturgical Assembly," 125를 보라.

3. 그녀의 논문 "The Liturgical Assembly: Review and Reassessment"의 각주 그리고 *The Role of the Assembly in Christian Initiation*, 119-22에 수록된 참고문헌을 보라.

과함에 따라, 교회의 구체화로서의 회중은 "사회를 보는 성직자 한 사람이라는 상징적 실체로 축소"되었다.[4] 이러한 풍조는 예전적 운동으로 이어지게 되었고, 그리고 그들의 목적은 자기 이해와 목회적 실천의 수준에서 회중 자체의 상징적 의미를 되찾기 위한 것이었다.[5] 모임을 통하여 교회는 하나님의 회중과도 같은 자신의 정체성을 주입하고 또한 강화한다. 즉 예전적 회중은 행동^in act^의 교회, 스스로 세워지는^becoming itself^ 교회, 그리고 그 존재의 충만함을 나타내는^manifesting^ 교회인 것이다.[6]

이 예전적 흐름 안에서 공의회 사제들은 성령에 인도되어 자유롭게 그들의 결정을 내린 것이다. 전례헌장^Sacrosanctum Concilium^에 진술되어 있는 예전적 회중의 세 가지 독특한 책임들은 앞선 작업과 일치하는데, 그 중에서도 특히, 예전은 –개인적이지 않은– 공동의 기능을 가진다, 회중은 연합된 일체지만 그들의 사역으로 나누어진다(SC§ 26), 그리고 온전하고 깨어있으며 또한 활동적인 회중의 참여는 육성돼야 한다(SC§ 14)는 것이다.[7] 공의회 이후 출판된 모든 작업들은 본질적으로 같은 문제를 취급하고 있다. 이는 교회라는 회중의 정체성에 관한 것이다.

세르게 하이츠^Serge Heitz^는[8] 과감하게 "회중이란 무엇인가?"라는 질문을 던지며 그의 대답에서 다음과 같은 세 가지 구성을 제시한다: 회중은 교회를 포함하며, 회중은 그리스도에 의해 소집되었고, 그리고 회중은 우리로 하여금 재림^eschaton^을 공유하는 자^sharer^가 되게 한다.[9] 그는 다음과 같이 기술하면서 문제의 핵심을 찌르는데, "내가 보기에 예전적 회중은 존재의 근원이라는 특징으로 불린다. 이것은 개인적인 것이든 혹은 사회적인 것이든 비록 그것이 이러한 모든 것을 하나로 모으고 그들을 존재론적 영역으로 통합한다고 할지라도, 그것은 정신적, 지적, 의지적, 감정적 단계를 초월한다."[10] 하이츠는 결코 예전적 회중의 존재론으로

---

4. Vincie, "The Liturgical Assembly," 126.

5. *Ibid.*, 128.

6. *Ibid.*, 129-34, passim.

7. Vincie, *The Role of the Assembly*, 2를 보라.

8. Serge Heitz, "Reflections on the Contemporary Liturgical Assembly," in *Roles in the Liturgical Assembly*, The Twenty-third Liturgical Conference at Saint-Serge, trans. Matthew J.O' Connell (New York: Pueblo Publishing Company, 1981) 155-66을 보라.

9. *Ibid.*, 156.

10. *Ibid.*, 160.

들어가지 않고, 존재론적 접근으로 열어놓는 그의 밀접한 관계에 대한 이해를 넌지시 비춘다. 그는 전승Tradition의 개념을 사용하면서 그의 관찰점을 진전시킨다. "신비divine mysteries"를 전수해주는 전체적 전승(대문자 'T')은, "그것을 표현하는 역사적 전통(소문자 't')들로" 예전적 회중을 구체화시켰다.[11] 기독교 전승은 의미의 무게를 부여한다. 여기에서부터 두 가지 추론이 나온다. 첫째로, 전체는 부분들 안에 있고 전체로 향하는 창window도 부분들 안에 있다고 단언하며, 그리고 둘째로, 현재의 예전적 회중은 지금 이곳에 그리스도의 신비를 구체화한다는 것을 하이츠는 주장한다.[12]

존 갤런John Gallen[13] 또한 회중이 곧 교회라고 주장한다, 더 나아가 "회중은 예전적 공동체로의 모임을 기술하기 위해 일반적으로 사용되는 전문적 단어이다."라고 한다.[14] 그는 회중의 기독론적 성격과 교회론적 성격 모두에 대해 언급하며,[15] 나머지 그의 글을 실용적이고, 목회적인 고려사항들(예를 들면 예전적 사역)을 중심으로 발전시키고, 그리고 존재론적 질문들을 그대로 둔다. 다시 한번 그는 존재론적 주체성을 주장하고는 있지만 그러나 밀접한 관계에 이르게 하는 어떠한 실마리도 주지 않고 있다.

비평. 이러한 대표적인 학자들과 그들의 통찰력은 매우 칭찬할 만하다. 이제 간략하게 그들의 강점과 약점에 대해서 평가해보도록 하자.

캐서린 빈치는 공의회 이전 문서작성자들의 세 가지 주요 공헌들을 언급하고 있다. 그녀는 그들이 회중 스스로의 움직임 혹은 기능으로부터 멀어진 모습 그 자체를 고찰했다고 적고 있다; 이것은 회중이 교회의 표징sign(이는 공의회 이전에 사용된 언어이고 이제는 "상징symbol"을 사용한다.)으로 고려되게 하였고 또한 예전적 주체로서의 회중에 대한 질문을 제기한다. 둘째로, 이러한 저자들은 예전적 회중에 관한 신학과 교회론 사이의 밀접한 관계를

11. *Ibid.*, 161.

12. *Ibid.*, 161-62.

13. John Gallen, S.J., "Assembly," in *The New Dictionary of Sacramental Worship*, ed. Peter E. Fink, S.J. (Collegeville: The Liturgical Press, 1990) 71-90을 보라.

14. *Ibid.*, 72.

15. *Ibid.*, 73.

뒷받침하고 있다.[16] 셋째로, 이들은 예전적 회중의 특징을 조사하였는데, 차별성을 인지하여 사역을 규례화시키며 동시에 회중의 총괄적이고 공동적인 성격을 포함하였다.[17] 빈치는 또한 세 가지 비판을 시도한다. 첫째로, 공의회 이전 문서작성자들은 간학문적 접근법을 고려하지 않은 관계로 사회학, 정치학, 의례연구, 문화 인류학, 그리고 심리학 등 토론에 참여할 수 있는 중요한 부분들을 제외시킨다. 둘째로, 그녀의 의견에 따르면, 이러한 저자들은 비평적인 관점이 부족하다; 그들은 회중에 대한 그들만의 신학을 관념론적으로 진술했는데, 다뤄지는 현실을 반영하기에는 신학적 용어들만으로는 부족한 것이었다. 셋째로(두 번째 비평으로부터 흘러나온 것으로), 그들은 교회에서의 남녀 간의 차별을 무분별적으로 수용했는데, 사역 선상에 있는 여성들을 무시한 처사이다.[18] 그녀의 기사를 결론짓는 부분에서, 빈치는 북미교회와 그들의 예전적 관례에 맞서서 그녀가 생각하는 몇 가지 질문들을 제기한다:

> [1] 예전적 회중으로 모이는 것조차 우리가 귀찮아한다면 대체 무슨 목적으로 모이는가? [2] 예전적 회중에 있어서 얼마나 많은 다양성이 가능하며 우리가 이룰 수 있는 일치의 모습은 어떤 것인가? [3] 다양성의 조명하에 예전의 토착화를 위한 밀접한 관계는 무엇인가? [4] 교회와 회중들의 역할과 관계에서 나타나는 갈등을 우리는 어떻게 해결하는가? [5] 이러한 갈등과 노력은 우리에게 무슨 의미와 가치를 지니고 있는 것인가? [6] 지역적 회중들(예를 들어 교구)은 다른 집단과의 관계를 맺는데 있어서 어떻게 해야만 하는가? 그리고 지역 교회들(예를 들어, 교구 주교 혹은 지역교회)은 다른 교회와의 관계를 맺는데 있어서 어떻게 해야만 하는가?[19]

나는 이러한 질문들에 관한 의도와 가치를 쉽게 이해하지만, 그러나 그들이 지난날의 시대적 사고방식으로 매우 다른 현대적 관심사와 통찰력을 계획함에 있어 두렵기간 하다. 이처럼 예리하게 집중된 현대적 문제들은 –그리고 아마 가능하지 않았겠지만– 50년 전과 같

---

16. 의회원들이 처음으로 확인한 문서는 *Sacrosanctum Concilium*으로서 그 결과물로서 *Lumen Gentium*의 첫 번째 윤곽을 통한 개정판이 제공된 것은 중요한 사실이다.

17. Vincie, "The Liturgical Assembly," 138-39. 여기에서 언급된 바와 같이 예전운동의 처음은 목회적 방향과 의도에 있었다. 위의 저자들은 바로 이 시대의 사항을 잘 설명하고 있다.

18. *Ibid*., 140-41.

19. *Ibid*., 141.

지 않다. 이것은 마찬가지로 오늘의 우리가 주후 2050년의 교회에 관한 질문을 던지는 것과 같다고 본다. 본문을 부적절하게 해석하는 비평적 방법의 유혹은 항상 있는 일이다. 사실 빈치의 비평은 그녀가 원하는 방향대로 그녀의 전임자들을 이끌어 왔을 법한 연구를 겨냥한 것이지 오히려 그들 시대의 교회적 상황에서 그들이 나타낸 사실적 자료를 겨냥한 것은 아니다. 주어진 상황 속에서 그들의 회중신학은 통찰력이 있고 매우 설득력이 있다. 또 한편으로, 빈치의 질문들과 비평은 우리 교회와 상황에 어울리는 것이다. 현실적으로 우리의 이러한 중요한 질문들과 도전들에 있어서 어떤 괄목할 만한 진행 없이 "공식적" 인 행동이 취하여지지 않기에 가까운 미래에 신학자들의 비평과 의견이 뒤따를 것임을 믿어 의심치 않는 바이다.

빈치는 지역적이고 동시대적인 교회와 연관시키는 작업이 필요하며 또한 종말론적 현실로서의 예전적 회중에 관한 반응이 좀 더 명료하기를 적절하게 지적한다.[20] 그러나 전체적으로 논의되어야 할 가장 중요한 점은 구체적으로 존재론적인 질문들을 언급하지 않고 있는 그녀의 실수에 있다는 것이다. 사실 그녀는 그녀가 분석 중인 저자들과 같은 식의 비평적 방법론적 한계에 묶여 있다. 회중신학의 새로운 방향과 지평을 확실히 얻기 위해서는 –다시 말하면, 회중과 교회의 예상되는 정체성에 관한 존재론적 의의를 측량해보기 위해서는– 우리는 방법론적 한계를 뛰어넘는 다른 방법들을 찾아보아야 한다. 빈치의 작업은 사용할 수 있는 자료(그녀의 전임자들이 했던 것들)들을 분석하고 그것들로부터 결론을 끌어내기에 아주 강하지만, 그러나 그녀도 역시 한계를 가지고 있다. 두 가지 질문인데, 즉 우리 자신의 상황을 위하여 어떻게 과거의 통찰력을 이용할 것인가? 그리고 어떻게 우리 자신의 상황이 과거의 통찰력들을 해석하고 있는가? 이다

문제적 사항. 공의회 이전과 이후 양쪽의 문헌들은 우리를 중심적 쟁점으로 안내한다: 그것은 교회로서의 예전적 회중의 정체성과 그러한 정체성 가운데 공존하는 존재론적 질문들이다. 모든 핵심 쟁점들이 제기되었다: 정체성, 부분들과 전체와의 관계, 예전적 참여의 성격과 사역자들의 성직자 계급제도, 시간과 공간에 대한 질문과 우리가 미래의 종말이 현재인 동시에 과거 시제인 파스카 신비를 만드는 방법, 그리고 존재[being]와 행동[action]과의 연관

20. Vincie, *The Role of the Assembly*, 95를 보라.

성이 그것이다. 이 모든 쟁점들은 적절하게 제기되는데–그리고 이것은 예민한 통찰력을 증명한다–저자들은 해답 혹은 새 방향들을 제시함에 있어서 얼마나 멀리 갈 수 있는가라는 방법론적 한계에 직면하고 있다.

역사 비평적 방법을 사용하여 본문으로부터 복구된 자료는 매우 귀중한 것이다. 그것은 항상 우리의 손끝이 중심적 문제들과 쟁점들 위에 있도록 이끌어준다. 그러나 때때로 이러한 방법론들을 통하여 우리 자신들의 역사적 상황으로부터 떠오르는 문제들이 해결되는 것을 기대하지는 못한다. 그러기에 후기–비평적 방법을 차용하여 새로운 방향에서 문제에 다가서는 두 명의 작가에 대한 기록은 매우 흥미로울 것이다.

게일 램쇼Gail Ramshaw는[21] 인류 정체성의 메타포에 관하여 말하는데; 이러한 언어는 존재론적 영역이 간접적으로만 접근될 수 있다는 것을 제시한다. 언어 그 자체는 의미와 정체성을 나타낸다. 그래서 예를 들면, 그녀는 예전은 공동적corporate이라는 진술을 수렴하는데, 그 진술은 예전의 본문 안에 몇몇 자기반영적self-reflexive인 언급들이 있다는 증거에 근거한 것이다. 알란 스미스W. Alan Smith는[22] 비록 그가 예전에 대해서 말하지 않고 종교교육으로 말한다 할지라도, 우리에게 해석을 위한 몇 가지 실마리를 제공하는데 그는 "참된 대화적 공동체는 불평등, 부정, 비인간화에 바탕을 둘 수 없다"[23]고 한다. 예전적 회중의 아름다운 연합된 모습이 드러남은 예전이란 동등한 입장에서의 대화dialogue이기 때문이다.

우리는 놀림을 받고 있다. 우리는 여태껏 심각한 착각에 빠져 있는 것이다. 이러한 저자들은 우리 자신을 돌아보게끔 귀중한 통찰을 하게 한다: 그것은 예전적 회중이 곧 교회의 현현epiphany이라는 것이다. 회중이 모였을 때, 교회가 보인다. 신학이 그곳에 있다. 추가적인 논리가 우리를 설명하여줄 것이다. 우리는 다른 방법론적 도구가 필요하고 그리고 후기–비평론적 방법이 지금 준비되어 있다. 구체적으로 폴 리쾨르의 주체에 관한 해석학[24]작업이 우리의 길잡이가 되어줄 것이다.

---

21. Gail Ramshaw, *Christ in Sacred Speech: The Meaning of Liturgical Language* (Philadelphia: Fortress Press, 1986); 특별히 제9장 "Sacred Speech About the Assembly," 93-102를 보라.

22. W. Alan Smith, "Intersubjectivity and Community: Some Implications from Gadamer's Philosophy for Religious Education," *Religious Education* 88 (1993) 378-93.

23. *Ibid*., 389.

24. Paul Ricoeur, *Oneself As Another*, trans. Kathleen Blamey (Chicago/London: The University of Chicago Press, 1992).

2. 리꾀르의 주체 해석학

이번 장 두 번째 부분에 대한 나의 목적은 리꾀르의 주체 해석학을 요약하고자 함이 아니다; 이 일은 지루하고 따분하기만 할 것이며, 대부분은 당장 다루어야 할 작업과 관련되어 있지도 않다. 오히려 나는 내가 신뢰하는 그의 사상의 양상들을 함께 엮으려고 의도하는데, 이러한 그의 사상의 양상들은 예전적 회중에 대한 신학을 다루게 하는 데 도움을 준다. 리꾀르의 주체 해석학은 몇 개의 난해한 문제들로 이끄는데 이러한 문제들은 예전적 회중신학으로 향하는 어떤 필수적인 접근들을 방해하고 있다. 이는 예전적 회중의 존재론적 토대, 그것의 본질과 기능, 이원론dualism, 그리고 예전과 생명의 관계 등을 말한다. 더 나아가, "예전은 어느 범위domain에 속하는가?"라는 질문 역시 서로 다른 시각을 전개한다.

그의 초기 저술에서, 리꾀르는 주체에 대한 개념에 역점을 둔다.[25] 그러므로 주체 해석학은 리꾀르에게 있어서 전혀 새로운 테마가 아니다. 아주 다행히, 그러나 그것은 리꾀르에 대해 충분히 발전성 있는 주제로서 그의 후기 사상의 풍성함을 얻게 하는 체계적 질량을 보증하게 한다.[26] 나는 『또 다른 한 사람으로서의 자신Oneself As Another』에 대한 논쟁을 상세히 설명하고자 함이 아니다; 이는 우리로 하여금 이번 장의 목표에서 너무 멀리 길을 잃게 한다.[27] 오히려, 나는 리꾀르가 사용한 방법론의 주요 윤곽과 이러한 접근의 중요한 결과를 대략 그려 보고자 하는 것이다. 이번 소론의 세 번째 부분에서 나는 예전을 위한 밀접한 관계에 대해, 특별히 예전의 주체에 대한 질문에 관하여 설명해 볼 것이다.

그가 존재론에 간접적으로 접근하는 방법을 병행하면서[28], 리꾀르는 또한 주체에 대해

---

25. "Heidegger and the Question of the Subject" in *The Conflict of Interpretations: Essays in Hermeneutics*, ed. Don Ihde (Evanston, Ill: Northwestern University Press, 1974)223-35; also in the same volume, "The Question of the Subject: The Challenge of Semiology," 278-91; and "The Human Being as the Subject Matter of Philosophy" in *The Narrative Path: The Later Works of Paul Ricoeur*, eds. T. Peter Kemp and David Rasmussen (Cambridge/London: The MIT Press, 1989) 89-101. 일반적으로 말하자면 리꾀르의 전반적인 철학적 세계는 주체를 탐구하며 will and action을 시작으로 text theory를 전개하였고 narrativity를 다루었다.

26. Paul Ricoeur, *Oneself as Another*를 보라. 이 책에 대한 인용구는 본문에 페이지 번호를 삽입하였다.

27. 필자의 의견은 다소 시험적(tentative)이며 탐구적(exploratory)임을 밝힌다. 그러나 중요한 사항 하나는 리꾀르가 철학과 신학의 결합을 기피한 사실이다 (*Oneself as Another*, p.24를 보라). 그러나 그도 드러난 관계성과 적용성을 부정하지는 않는다. 필자는 예전의 텍스트를 그리며 리꾀르의 방법론에 전적으로 의지하지 않고 있음을 밝힌다. 그의 주체에 대한 해석학은 우리에게는 하나의 도구일 뿐이며 이 연구논문에서 그의 철학과 방법론을 다룸이 주요 목적이 아님을 분명히 한다.

28. "Existence and Hermeneutics" in Paul Ricoeur, *The Conflict of Interpretations: Essays in Hermeneutics*, 6-11; and "Metaphor and Philosophical Discourse" in Paul Ricoeur, *The Rule of Metaphor: Multi-disciplinary Studies of the Creation of Meaning*

어떠한 즉각적인 단정 지음, 즉 그것이 하이데거가 말하는 "고귀한exalted 주체"이거나 혹은 니체가 말하는 "굴욕humiliated의 주체"라는 것(pp. 1과 16)을 거절함으로써 주체에 대한 그의 해석학에 접근한다. 대신에, 리꾀르는 부차적인 것으로 기술scribes(첫 4연구 장]), 서술rarrates(5–6연구), 처방술prescribes(7–9 연구)이라는 3중적 방법을 빌려온다. 그는 그리하여 "누가?"라는 질문에 대한 대답을 4가지 다른 방식으로 제시하는데, "누가 말하는가?" "누가 행동하는가?" "누가 그의 이야기를 말하는가?" "누가 선과 악을 인간에게 귀여imputed하게한 도덕적 주체인가?"(pp. 16–169). 리꾀르는 주체(언어와 행위로 부터 하나씩 조사된)에 대한 원문 확인 작업을 지적하면서 그의 분석을 통하여 개인적인 정체성을 단정짓는다; 그러고 나서 그는 내러티브 정체성에 대한 일시적 특징이 말하거나 행동하는 주체에 대해 얼마나 인정되었는지를 보여주고, 그리고 마지막으로 그는 윤리적이고 도덕적 행동 결정을 분석하여 주체를 제어하기bear back 위한 주체 해석학을 가져온다. 이것이 바로 리꾀르에게 있어서 그렇게도 중요한 주체를 향한 되돌림return이며, 기호학 홀로 전달할 수 없는 주체에 대한 철학적 태도에서의 마지막 움직임이다. 주체를 향한 되돌림은 리꾀르의 주체 해석학이 전적으로 변증법적dialectical이라는 등의 그러한 유아론solipsism을 산산조각 낼 것이라고 主장한다 자아self는 언제든지 다른 사람에 의해 중재되기 마련이다.

세 가지 "철학적 의도들"은 책 전체에 걸쳐 그들의 길을 꿰어주고 그의 방법에 명석한 구조를 선사하는데, 그것은: (1) "주체를 즉시 단정하게 하는 비판적 고찰의 중요성을 지시하기 위한 것"(p. 1); (2) '정체성'의 두 가지 주요 의미들을 구분하기 위한 것: 즉 ipse(자아)로서의 정체성과 idem(같은)으로서의 정체성(p. 2); 그리고 (3) "한 개인의 자아 됨은 타인 없이 생각될 수 없는 한 사람이라는 친밀한 관계성에서 타인을 암시한다는" 것을 강하게 제안하면서, "자아 정체성ipse-identity은 그것의 자아 됨selfhood과 동일함sameness에 대해 변증법적 내용을 포함한다"는, 즉 다시 말하면 자아self와 타자other than self에 대한 변증법을" 보여주기 위한 것이다(p. 3). 비록 이 세 가지 철학적 의도 중 각각의 것은 『또 다른 한사람으로서의 자신』을 구성하는 10개의 연구들 중 각자 몇 단계 안에 포함된 것으로, 그것들은 그의 책에서 세 개의 주요한 구분을 틀림없이 그려낸다: 연구 1~4는 개인적인 자아에 초점을 둔 언어

---

in Language, trans. Robert Czerny with Kathleen McLaughlin and John Costello, S.J. (Toronto/Buffalo/London: University of Toronto Press, 1977) 295-313.

와 행동의 분석을 다룬다; 연구 5~6은 서술Narrative적 분석과 서술적 정체성의 우회도를 통해, 자아 됨과 동일함에 관한 변증법에 초점을 갖고 다룬다; 그리고 연구 7~9는 자아와 타인에 대한 변증법에 초점을 둔다. 마지막으로 10번째 연구는 주체에 대한 리꾀르의 해석학의 존재론적인 방향을 대략 그려낸다. 우리는 이제 이러한 3가지의 방법론적 순간들을 좀 더 자세하게 대해보려 한다.

1. **기술description: 언어와 행동에 관한 분석.** 리꾀르는 근거reference를 확인하는 시각을 통하여 인간분석을 시작한다. "확인identify"이라는 최초의 단계에서, 리꾀르는 단순히 "어떤 것을 확인한다는 것은 다른 사람들에게 한 사람이 말하려고 의도하는 것을, 같은 유형을 가진 개별적인 것의 범위에서, 또렷이 보이게 할 수 있다는 것이다"라고 의미 짓는다(27). 다시 말하여, 이 첫 번째 단계는 다른 모든 것들로부터 "이것"을 구별짓는 것이다. 출발점은 언어인데, 언어 그 자체는 기준을 확인하여 단정짓게 하는 확실한 "지표indicators"를 갖고 있기 때문이다. 이러한 지표는 분명한 기술(예를 들면, 예전에서 사회를 보는 사람, 칸토), 적합한 이름(주님, 예수 그리스도), 또는 대명사와 지시대명사(나, 너, 이것, 여기, 지금, 등등; 28~30)를 포함한다. 리꾀르는 그가 "기본적인 특성basic particular"이라고 부르는(31, P.F. Strawson을 따름) "축소할 수 없는 개념irreducible concept"의 전략을 채용한다. 기준을 확인함에 신경 쓰며, 리꾀르는 "기본적인 특성"을 "인간person"의 개념과 동일시한다. 이러한 분석의 초기 단계에서 언어적 사용을 지적함과 같이 우리가 확인하고자 하는 것은 말한 내용의 대상person spoken about이다. 우리는 아직 말하는speaking 주체에 대해서 어떤 것도 언급하지 않았다(31과 32). 더 나아가, "인간"은 두 개의 속성을 수반하는 단일 지시대상referent인데, 즉 다시 말하면, "몸을 가지고 있는 개인으로서의 신체적 속성과 몸으로부터 구분되는 정신적 속성"을 말한다(36). 이렇게 하여 리꾀르는 "하나 그리고 동일한 존재를 향한 연속된 두 개의 속성들"(36)을 전제로 이중의 기준을 갖지 않고 이중의 속성을 지닐 수 있다는 식의 의미론적 분석을 사용하여 설명함으로써 정신–육체의 이원론을 쉽게 일소dispels하고 있다.

리꾀르의 첫 번째 연구에서는 인간에 대한 어떠한 반사적 접근도 피하기 위해 조심한다. 그러나 두 번째 연구에서 그는 실용적 접근을 소개하고 상황이 만드는 차이점으로 이동한다(40). 그것은 발언utterance, 곧 말하는 동작인데, "반사적으로 발언자를 가리키는 것"이다

(40). 스피치speech행동 이론은 바로 그 말하기 행동에서 발언자와 대화상대자 사이의 관계를 수립한다. 전통적인 예를 취해보자면, "나는 약속한다"라는 것은 단순히 사실에 관한 진술 이상의 것이다; 발언이라는 것 바로 그 자체는 발언자를 행동의 진행과 함께 묶어줄 뿐 아니라(약속을 충족시키는 것) 발언자를 청취자(약속의 대상자)와도 묶어준다.[29] 두 번째 연구는 무엇에 관해 이미 말한spoken about 어떤 사람에 대해 단순히 단정 지음으로 나타난 주체에 관한 우리의 탐구를 양쪽 발언자와 청취자를 구성하는 한 쌍으로서의 주체에 관한 탐구로 이동시킨다(52). 리꾀르는 이것들에 대한 최초의 분석들을, 이름을 붙이자면(54), "나"(발언의 주체)라는 것이 인간으로(기본적인 특성; 52) 동화되는 바로 그 지점에서 교차시킨다.

3, 4번째 연구는 행동이론의 관점으로 행동과 행동력agent의 관계를 추적한다. 리꾀르는 이러한 두 가지 연구를 행동에 대한 분석 위에서 처음 두 가지 연구에서 취했던 의미론적이고 실용적인 분석들과 비교시킨다. 이제 리꾀르는 "누가 행동했는가?"라는 질문에 대해 다른 분석적 철학자들이 초점을 맞춰왔던 두 가지 질문의 범위("무엇을?" 그리고 "왜?")에서부터 접근한다. "행동력 없는 행동의 의미론"이란 비평으로 시작할 때, 리꾀르는 "'누가'에 대한 관계를 주제화하지 않은 채 행동에 대한 '무엇'"에만 집중하는 자들에게 논리적 결함이 있음을 보여준다(62). 그는 행동의 기술에 대한 진실에 관한 철학자들의 지나친 관심은 "행동의 주체에 대해 행동을 지정하는 것에 관한 어떠한 흥미"도 빛을 잃게 한다(72). 심지어 개념상의 분석에 의해 의도성이라는 개념을 소개할 때에 있어서, "무엇을?" 그리고 "왜?" 사이의 잔여분surplus은 여전히 착각하기 쉬운 채로 남겨진다. 리꾀르는 증거적 현상학phenomenology of attestation이 "무엇을?"이라는 질문을 "누가?"라는 질문으로 이끈다는 것을 제안하는데 이것이 바로 그의 분석적 접근에 있어서의 문제점이다.

네 번째 연구, "행동으로부터 행동력에게"에서 리꾀르는 시작점으로 되돌려 "우리의 연구를 이야기의 어용론pragmatics of discourse에 근거해 반대되는 방향에 있는 연속적인 질문을 따르는 것이 가능한가? —즉 다른 말로 하자면, 한 쌍의 '무엇을'? – '왜?'에서부터 전환점의 질문인 '누가?'라는 것으로 옮기는 것이 가능한가?"라는 질문을 던진다(88). 이처럼 뒤로 향하는 움직임의 요소가 바로 귀속적ascription자원에 대한(그리고 증언attestation이라는 인식

29. 본서의 제9장 "선포로서의 설교"를 보며 스피치와 연주이론에 대한 자세한 논의를 참고하라.

론적인 역할이 맨 앞으로 이동하는 것에 대한) 리꾀르의 사용 방법이다. 이러한 자원은 다음과 같은 이해를 포함하는데 (1) "연관성 있는 방법으로 같은 속성이 만들어지게 함에는 진정한 타자other가 있음을 반드시 행동력 스스로 가리킬designate 수 있어야 한다"는 것은 귀속ascription을 의미하는데(98), 그렇게 함으로써 우리는 "나"와 "너"를 포함한 특정한 스피치 상황에 따라 변화하는 진술의 뜻에 의해 의미론에서 행동의 화용론pragmatics of action으로 이동하게 된다; (2) 귀속ascription은 기술description과 동일하지 않은데 왜냐하면 귀속한다는 것은 행동력agent이 "그들 스스로 허용할 수 있거나 혹은 그렇지 않다고 고려된 행동에 대한 책임을 가지고 있다" 는 사실에 의해 처방술prescription과 관계가 있기 때문이다(99; 우리는 아래에서 "전가imputation"의 개념이 리꾀르의 윤리학과 도덕에 대한 토론에서 중요하게 모습을 드러내는 것을 볼 것이다); 다음으로 (3) "행동하게 하는 힘power to act"은 그것이 행동력의 힘 안에 있어서 행동하게 한다는 것을 의미한다는 것인데(101), 그것에 의해 효과적인 인과관계의 개념이 "기본적 행동"에 대한 개념 즉 "기본적인 특성은 기준을 확인하는 이론에 대한 것이라는 행동이론에 대한 것"이 되게 한다(103). 마지막으로 행동하게 하는 힘에 대한 것인데 즉 그것은 행동에 있어 "누가?"라는 것은 행동에 있어서 "무엇을?"이라는 것을 통해 "왜?"라는 것과 연관시킬 수 있다는 것이다(110). 행동의 이론을 다른 사건의 특징적인 행동으로 연결짓지 않음에 의해(행동은 사건의 부분집합이 아니라는 것을 기록하면서), 리꾀르는 자아에 대한 물음과 관련된 행동의 이론을 자유롭게 탐험한다.

이러한 4가지 연구의 마지막에서, 리꾀르는 단지 자아 됨에 대한 부분적이고 추상적인 해답을 보이는–그 방향으로 지시하는–것만 할 수 있었을 뿐이다. 그는 주체에 대한 더욱 구체화된(현상학적으로) 해답을 찾고 있다. 그리하여 우리는 서술적 정체성을 탐구하는 두 가지의 중추적 연구를 수행하기 위해 인간적 정체성에 두었던 초점과 함께 (인간과 행동 양쪽에 대한) 그의 의미론과 화용론의 내적인 비평으로부터 떠난다. 우리의 간략한 요약은 리꾀르의 3중적 방법론의 초기 단계에 관한 결론을 끌어내는데, 곧 기술하는 것에 대한 결론이다. 우리는 이제 리꾀르의 3중적 방법의 중간 용어로 향하는데, 그것은 서술하는 것이다(즉 그것은 "만약 서술의 행동 구조 그 자체 안에서 실용적 범위의 확장됨과 윤리적 고려들의 기대가 조건이 된다면" 기술[무엇이다]과 처방술[무엇이어야 한다] 사이의 중재하는 용어로 쓰일 수 있는 것을 말한다[115]).

2. 서술Narrativity: 일시성과 역사성에 대한 분석. 우리가 우리의 말하는 것을 듣는 사람에 대해 고려하지 않거나 혹은 행동을 의존케 하는 행동력에 대해서 고려하지 않다고 하더라도, 말하는 주체와 행동하는 행동력 둘 다 그들만의 역사를 가지고 있다(113). 이것은 리꾀르가 일찍이 소개했던 두 가지 정체성에 대한 개념, 즉 동일함으로서의 자아(동일idem정체성)와 그리고 자아 됨(자아ipse정체성;116)으로서의 정체성의 중심으로 이동하게 한다. 서술성은 그것의 선천적인 일시성 그리고 역사성과 더불어, 시간의 영속성permanence in time에 대한 가능성을 던지는데, 그것은 결론적으로 동일함과 연관되어 있는 것이다(116). 리꾀르는 역시 또 다른 질문을 던지고 있다: "'내가 누구인가?' 라는 질문에 관한 대답인 시간의 영속성에 대하여 어떤 형태가 있는가?"(118). 5번째 연구는, "개인적 정체성과 서술적 정체성"에서, 이 질문에 관한 최초의 대답이다. 그는 영속성의 두 가지 모형을 단정 짓는다: 성격("인간 개개인을 재확인함에 있어 같은 존재라는 것을 허용하는 구별되는 특징의 설정"119)과 그리고 말에 대한 보존keeping one's word(118)이다. 이 연구는 성격, 즉 동일정체성과 자아정체성이 거의 동시에 일어나는 것(118)과, 개인의 말에 대한 지킴, 즉 동일함으로부터 자유로운 자아에 의한 것(119) 사이의 변증법을 명료하게 한다.

6번 연구에서, "자아 그리고 이야기적 정체성,"은 "이야기적 정체성의 개념이 은연 중에 함유된 동일함과 자아 됨의 보다 높은 변증법적 단계를" 가지고 있다. 서술의 구조는 사건의 플롯 구성에 의하여, 시간의 영속성뿐만 아니라 혁신, 다양성, 차이의 가능성까지도 통합함을 허용한다(140을 보라). 리꾀르는 놀랄 만한 진술을 하는데 즉 "성격은, 우리가 말할 수 있다면, 그것 자체가 플롯이다"(143). 서술은 "행동의 플롯구성에 의해 발전된 일치와 불일치"를 병행시키는 행동과 성격 사이의 변증법을 전개한다(147). 충분히 흥미롭게, "모든 행동은 그것의 행동력agents과 그리고 그것의 수동자patients를 가지고 있고" 그래서 "행동에 관한 이론은 행동하는 것으로부터 고난과 함께 하는 존재로까지 확장된다"(157). 마지막으로, 리꾀르는 문학적 서술이 인식할 수 있는 시작과 끝을 가지고 있다고 기록하는데,[30] 인생사life histories는 문학적인 그것과 다르다. 우리는 우리의 시작을 기억하지 못하거나 또는 우리

30. 이야기성의 성격 중 하나는 독자들이 그 이야기가 어디로 가고 있음을 감지하고 있음으로써 독자를 행동으로 안내하며 연결시킴에 있다. 리꾀르는 Frank Kermode로부터 "sense of an ending"을 인용하며 이러한 상황을 이어지는 다음의 마지막 부분에서 설명하고 있다.

의 마지막을 예측할 수 없다; 그러나 많은 선택과 재선택(말하자면 우리의 더 큰 인생 이야기 안에 있는 이야기)에도 불구하고, 우리의 인생은 전적으로 하나의 통전적인 개체unity이다(160–61). 그리고 서술은 인생에서 나오고 인생으로 돌아가기 때문에(163), "좋다"와 "의무적이다"라는 것에 대한 질문이 필연적으로 제기되는데, 그것은 우리의 분석을 다음의 세 가지 연구방향으로 이동시킨다.

3. **처방술prescription: 윤리와 도덕에 대한 분석.** 다음의 세 가지 연구는 자아에 대한 질문으로 되돌아오는데, 즉 그것의 윤리적인 목표(연구 7), 그것의 도덕적 기준(연구 8), 그리고 실제적인 지혜 또는 이런 것들을 중재할 수 있는 확신(연구 9)에 대해서이다. 리꾀르는 윤리("좋은 사람"을 목표로 하는 것)와 도덕(의무 그리고 기준들에 대한 강조articulation와 관련된 것;170) 사이의 구별로 시작한다. 자아에 대한 존중에 있어서, 윤리적 목표는 자부심self-esteem과 직결되어 있으며 도덕적 의무는 자존감self-respect과 관련되어 있다(171). 리꾀르는 도덕성 위에 있는 윤리의 탁월함은 "무엇이다"와 "무엇이어야 한다" 사이의 간격을 최소화하는 데 있다고 주장한다. 윤리적인 의도는, 다른 사람들을 위하고 함께 하면서(배려solicitude), 올바른 기관에서(공의justice), 좋은 삶(자부심)을 목표로 한다(172). 이런 식으로 리꾀르는 어떠한 주체에 대한 해석들이 반드시 다른 사람들과 묶여야 한다는 것을 보여주려 하는 것이다. 사실 타자란 자아의 중재되어있는 상태인데, 그것은 주체로의 되돌림을 확실히 하는 것이다. 리꾀르가 여기에서 사용하는 용어는 "귀속가능성imputability"인데, 그것은 "옳고, 바르게, 의무에 따르는 것, 의무를 수행하는 것 그리고, 끝으로 상충적인 상황의 경우에서 현명해지는 것과 같은 행동의 특징을 지니는 윤리적이고 도덕적인 속성의 조건 아래서, 행동력을 향하게 하는 행동의 귀속을 말한다"(292). 이러한 윤리, 도덕, 그리고 확신에 걸친 3가지의 연구는 자아와 타자 사이의 변증법에 대해 예리하게 집중할 수 있도록 만든다. 9번째 연구에서 설명을 맺으면서, 리꾀르는 인식recognition이라는 용어에 대해 부합하는 범주에서 귀속가능성과 책임의 범주들까지 지정하기로 선택하고 말하기를 "인식은 배려를 향하는 자부심과 공의를 향한 배려를 수반하는 움직임 위에 있는 자아 반사적인 구조이다"라고 한다(296).

결론적으로, 열 번째 연구는 "어떤 존재론이 기대되는가?"라는 질문을 향하게 한다. 그의 존재론에 대한 초기 작업과 일치하게, 그는 존재에 대한 직접적인 어떠한 길을 단정짓기를 거부하고 그리고, 오히려, 반영과 분석의 간접적인 길을 포용한다. 자아 됨의 증명은 양쪽 모두 존재론적인 열정이 있는데, 그렇지만 그것은 자아에 대한 해석들로부터 부상되는 어떠한 존재론상의 범위도 "내던져진 것" 같다고 결론내리는 리쾨르의 타자에 대한 관념 안에 있는 것인데(327), 즉 자신에게 전달한 행위나, 그럼에도 불구하고, 수동적인 사람의 행위라고 할지라도, 그것은 자아로서 움직이도록 다른 행위를 위해 길을 열어주는 것이다. 그러므로 리쾨르의 타자에 대한 관념은 두 갈래의 포크[two-pronged] 모양으로서 "본인의 탁월한 자부심에 의한 정의와 그리고 다른 이의 요청에 의하여 소집된 정의"(331)인 것이다. 궁극적으로 이는 리쾨르가 전체에 걸쳐 추적해왔던 정체성에 대한 두 가지 개념을 묶어주는데, 그것은 바로 idem이라는 같음과 그리고 ipse라는 자아에 대한 것이다.

리쾨르는 여러 페이지에 걸쳐서 주체에 대한 그의 현상학적 분석을 완성하기 위해 사용했던 긴 분석적 우회도[detours]를 통해 신중하고 또 철저하게 그가 진행했던 곳으로 우리를 안내한다. 리쾨르는 그의 독자에게 대단한 요구를 하는데 그 이유는, 고대 철학자들인 플라톤과 아리스토텔레스, 중세의 철학자들로부터 독일의 초월론자까지, 그리고 현대 분석적 철학자들에 걸쳐 정리된 대화 상대의 넓은 잔상을 그리고 있기 때문이다. 그리고 주의 깊은 분석을 통한 10개의 연구 이후에, 주체에 대한 해석에 대하여 우리는 무엇을 얻었는가? 리쾨르는 자아 됨은 본문에 대한 현상학적 분석을 통해 복구될 수 있다는 것을; 현상학적 분석이 동일함과 자아 됨에 대한 변증학의 덮개를 열었다는 것을; 자아 됨에 대한 회복은 타자에 의해 중재되었다는 것을 보여준다. 예전적 본문으로부터 예전의 주체를 회복하는 것에 대해 이것이 무엇을 말하는지를 찾기 위한 우리의 작업이 남은 셈이다.

3. 누가 예전의 주체인가?

"누가 예전의 주체인가?"라는 질문이 비록 예전적 역사에 걸쳐 다양하게 대답되었을지라도 첫눈에 볼 수 있듯이 이것은 직선적인 하나의 질문이다. 일찍이(히브리서를 보라) 우리는 아마도 "대제사장이신 그리스도" 라고 답해왔을 것이다. 중세시대 동안에는 우리는 아마 "물론 성직자입니다!"라고 주장했을지 모른다. 예전운동과 제2차 바티칸 공의회의 비전은 우리로 하여금 예전적 회중을 바라보며 대답하도록 요구하였다. 사실 우리의 현대적 성만찬예식에 있어서 예전적 행동의 행동력에 관한 세 가지 제시–그리스도, 인도자, 예전적 회중–는 다양하게 지지된다. 그러나 예전의 주체에 대해 섣불리 단정짓는 것을 리꾀르처럼 피해보길 원한다. 우리는 리꾀르가 한 것처럼, "누가 예전의 주체인가?"라는 질문에 대한 대답을 시도하기 위해 사려 깊은 우회도를 따를 것이다.

1. 기술: 언어와 행동에 대한 분석. 예전의 본문 그 자체는 예전의 주체에 대한 후보가 될 듯한 사람들의 많은 가능성을 뒷받침하는데, 그것은 확인하는 기준을 단정하게 하는 다양한 본문적 "지표"에 의해 입증됨을 따른 것이다. 우리는 위에서 역사적 문헌으로부터 수집할 수 있는 예전의 주체에 대한 세 가지 기준들을 기록하였다. 본문들 그 자체에 대한 고찰은 우리의 분석에 도움이 되는 자료들을 가져다준다.

전례헌장Sacrosanctum Concilium에서 그리스도는 그분 말씀 안에 계신다라고 주장하고(§ 7), 그리고 복음서에서의 선포적 마침과 시작인 대화("당신께 영광을, 오 주여"; "당신께 찬양을, 주 예수 그리스도여")는 선포 그 자체에 있는 임재를 제시한다. 더욱이 1인칭 단수를 주제로 그리고 2인층을 대상으로 하는 독자적인 평화의 상징적 교환을 다룬 인사말(평안을 너희에게 끼치노니 곧 나의 평안을 너희에게 주노라) 사용은 또 다른 대화상대자interlocutor로서의 그리스도에 관한 본문적 지표일 수 있다. 더 나아가 예식을 여는 시작으로서의 사도적 삼위일체 인사는 적어도 대화상대자로서의 (성삼위)하나님에 대한 간접적인 기준일 것이다.

대화상대자로서의 인도자(성직자)에 대한 예시는 수없이 많다. 특별히 인도자가 독자적인 1인칭 단수로서 조용히 기도할 때(예를 들면, 제단Altar과 봉헌Gift을 위한 준비기도를 하며 손을 씻을 때: "주님, 나의 부정을 씻어주소서; 나의 죄로부터 나를 깨끗케 하소서", 그리고 집례자가 성만찬을 위해 개인준비를 하는 동안: "주 예수 그리스도여, 믿음으로 당신의 사랑과 자비 안에서 내가 당신의 몸을 먹고 당신의 피를 마십니다…."), 인도자가 또한 예전적 회중을 향하여 특별한 대화를 나눌 때(예를 들어 "주께서 여러분과 함께 하실길…."), 설교를 선포할 때, 회중을 대표하여 기도할 때(예를 들어 대표presidential기도와 성만찬기도가 진행되는 동안), 그리고 인사를 나누고 회중이 해산할 때를 말한다.

마지막으로 대화상대자interlocutor로서의 예전적 회중의 예를 들어본다면 아마도 1인칭 단수로 진행되는 고백기도Confiteor 혹은 사도신조, 환호송과 응답송들, 그리고 의식에 걸쳐 산재되어 있는 수많은 시간의 침묵기도를 들 수 있다. 더 나아가 성만찬적인 의식은 또한 대화 상대자들로서의 다른 사역자들(직접적으로 말하자면 부제들, 봉독자들, 음악가들, 그리고 복사들을 가리키며, 간접적으로는 입례를 도와 참여하는 자들, 예전을 준비하는 자들 등)을 위한 본문적인 지시들을 포함한다.

만약 우리가 너무 급하게 이러한 세 가지(혹은 그 이상) 중에서 아니면 전혀 다른 후보를 내세워 예전의 주체로 선택하려는 잘못을 범치 않기를 바란다면, 우리는 "누가 예전의 주체인가?"라는 물음에 대한 비판적인 자료들을 좀 더 자세히 분석해볼 필요가 있다. 이러한 의미론적이고 실용적인 분석의 단계에서, 리꾀르가 말한 "기본적 특성"으로서의 인간, 즉 하나의 지시대상물과 두 개의 속성predicate(물질적이고 정신적인)[31]이라는 개념의 발전이 그 핵심에 깔려 있다. 만약 세 가지(혹은 그 이상)의 예전적 주체가 있다고 한다면, 의식의 어떤 통일성도 유지하기 매우 어려울 것이다. 예전을 위한 주체의 본문적 지시자들을 모두 품을 수 있는 이름(즉 관련성을 동일시할 수 있게 하는)이 있는가(예를 들면, 그리스도, 인도자, 회중)?

나는 다음에 나오는 이론을 제안한다: 만약 우리가 "예전적 회중"을 하나의 지시대상물과 두 개의 속성들(하나님 그리고 예전적 사역자들)로 여긴다면, 예전적 회중이 예전의 주체자가 되는 것을 이해할 수 있게 된다. 이 이론은 우리에게 두 가지 업무들을 설정해주는데 그것은 바로: 지시자들에 의해 밝혀지지 않은 모든 행위소actants들을 위한 설명을 해주는 것, 그리고 이러한 지시자들이 어떻게 하나의 지시 대상물을 위한 속성들, 즉 예전적 회중들을 구별해내는지를 보여주는 것이다.

성만찬 의식이 지니고 있는 모든 본문들의 정독(기도서 혹은 다른 예배서, 성서정과, 일반 달력, 로마 미사를 위한 일반 지침서, 목회적 문서들 등.)은 심지어 우리가 간략하게 위에서 언급한 것 이상으로 더욱 장황한 지표indicators 리스트를 뽑아낼 것이다. 우리는 이미 하나

31. 리꾀르의 혼-육 이분법의 소멸은 그의 인류학을 위해서 만큼이나 우리의 예전적 신학을 위해서도 중요하다. 계속되는 긴 이원론이 일어남에 따라, 예전과 삶 사이의 와해를 극복하는 것은 불가능하다. 이원론의 극복과 더불어, 예전과 삶의 관계에 대한 이해의 길이 닦여지는 것이다. 이 주제에 대해서는, 나의 다음의 책을 보라. 『살아있는 신앙으로서의 예전: 예전적 영성 *Liturgy as Living Faith: A Liturgical Spirituality*』(Scranton: University of Scranton Press and London/Toronto: Associated University Presses, 1993), *passim*

님을 언급했지만, 세목별로 나눈 이름들은(의식 그 자체에서부터): 하나님, 주님, 주 하나님, 주 예수 그리스도, 성령님, 하나님 아버지, 전능하신 하나님, 주 예수, 그리스도, 우리의 아버지 등이다. (적어도) 인도자, 봉독자, 칸토, 반주자, 음악가, 성가대, 복사, 안내위원, 그리고 성만찬 사역자를 포함한 예전적 사역자들은 본문에 의해 지시된다. 더욱이, 회중 그 자체는 대화상대자로서 지시되거나, "회중"으로서 불리며, 형제들, 친구들, 사랑하는 자들, 형제자매들, 혹은 인도자의 재량에 맡겨지는 적합한 다른 이름으로 불린다. 사실 본문들과 우리의 실제 예전적 거행은 둘 다 대화상대자의 다양성을 입증한다. 여기서 몇 가지의 질문을 제기할 수 있다: 우리가 "예전적 회중"이라고 명명한 모든 대화상대자들을 향한 단독적인 지시대상물을 식별하는 것은 가능한가? 예전적 회중은 "예전적 인간", "기본적 특성"으로 더 이상 축소될 수 없는가? 우리의 많은 대화대상자들을 향한 지시자들에 대한 설명은 어떠한 단독적 지시 대상물로도 불가능할 만큼 너무도 많은 주체들로 분파되는 예전이라는 것인가?

초견으로 본다면 그것은 아마도 마치 우리가 예전적 회중을 기본적 특성화(곧 개별화에 의해 특성화시킨) 하지 않고 등급분류(곧 단수를 제거시키는)의 실수를 범한 것처럼 보일지 모른다.[32] 확실히 예전적 회중은 많은 개개인들로(본문 그 자체에 의해 지시되는 것으로서) 구성된다. 그러나 그것은 우리의 연구에 대한 문제점이 아니다. 우리는 예전이 독특한 주체, 하나의 "예전적 사람" 말하자면, 기본적 특성에 의해 경축된다는 점을 유지한다. 우리의 이러한 주장을 위한 현상적 정당화는 예전이 단독적 동작으로서 펼쳐진다는 사실에 놓여 있는데, 비록 요소들 혹은 사건들(그러나 위에서부터 회상해볼 때, 우리는 그러한 동작이 사건의 부분집합은 아니라고 말하였다)을 구분할지라도 말이다. 비록 몇 특수 요소들/사건들이 일시에 생략된다고 할지라도(예를 들어 영광송 혹은 사도신조), 내부적으로 깊은 구조는 그러한 하나의 행동으로서의 예전적 형태를 유지할 것이다.[33] 우리는 그리고 나서, 전체로서 간주되는 이러한 행동의 주체를 찾을 것이다. 우리는 예전적 회중이 예전의 주체라는 것, 곧 단독적 지시대상물이 그것에 배당된 다양한 속성들과 함께 있는 것이라고 주장한다. 만약 본문적 지시자들이 우리가 위에서 구획지은 속성들이라는 점을 인정한다면, 어떤 지시자들이 기본적 특성으로서의 예전적 회중을 바라보게 되며, 그리고 그런 까닭에 회중이 예전의

32. 리쾨르의, *Oneself As Another*, 28 을 보라.

33. *살아있는 신앙으로서의 예전 : 예전적 영성 Liturgy as Living Faith: A Liturgical Spirituality*를 보라.

주체라는 우리의 주장을 지탱해주겠는가? 가장 강렬한 지시자indicator들은 성단찬 의례이며, 특별히 성물의 입례(그리고 그것의 메시아적 만찬으로 향하게 하는 여정의 상징성), 믿음의 행위("그리스도의 몸", "아멘"), 그리고 실제적인 그리스도의 몸과 피를 먹고 마심은 우리와 더불어 있음을 제시한다. 이 두 가지 속성(그리스도, 예전적 사역자들[34])의 "함께 하는 교제com-union"는 유효하게 회중을 공적 지시 대상물로서 선언한다.[35]

예전의 주체로서의 예전적 회중을 인식하기 위한 열쇠는 그것의 정체성에 깔려 있다. 이 경우 전체는 부분들의 합친 것보다 더 많다. 우리는 여기에서 예전적 회중은 하나님의 독특한 임재이며, 모여졌을 때, 지금 여기에 모인 속성predicate들의 공통적인 지시 대상물로 구체화되며 인간과 신의 컴뮤니언이라는 것을 제시하고 있다. 예전적 회중은 하나님과 사람들의 상관성이라는 특권적인 위치이다. 우리는 속성들이 하나님과 예전적 사역자들이라는 것을 제시해왔다.[36] 어떻게 그들이 예전적 사람을 공통된 지시 대상물로서 지적하는가? 예전은 명백하게 다양한 대화자의 행위로서 펼쳐놓는데, 심지어 화자(들)와 말한 이(들)가 의식적 과정들로서 바뀔 수 있을지라도 말이다. 그러나 그곳에는 어떠한 대화자의 행동들도 서로 의지하지 않는다는 것을 제시하는 상관성(주관성)이 있다. 예전에서의 "나"는, 그렇다면 양쪽 하나님과 예전적 사역자들과 더불어 동시에 동화될 수 있다.[37] 명명된 주체 —예전적 회중— 는 대화자들로 구성된 짝couple이다.

우리의 방향을 행위의 실용주의로부터 끌어오면서, 우리는 어쩌면 "누가?"라는 중추적 질문으로 돌아오는 것을 확실히 하기 위해 예전의 "무엇을?" 그리고 "왜?"에 관해 물을 것

---

34. 여기에서 나는 "예전적 사역자들"을 인식되어진 사역자들(낭독자, 복사, 성만찬 사역자, 등) 이상의 확장된 의미에서 사용하였다. 보다 진정한 의미에서, 모인 모든 사람들은 사역자이다.

35. 이것은 또 하나의 위치에 대한 논쟁인데, 즉 성만찬을 받는 것은 전체적인 성만찬 의식의 정황에서 그것의 진정한 의미에 대한 충돌을 행하지 않고서는 취해질 수 없다는 것이다. 또한, 이것은 존재론적 토대들의 첫 번째 지적이기도 하다. 이 분석은 예전적 회중, 즉 "예전적 개인"은 특별히 인간과 신적인 것 양쪽을 속성으로 삼는다는 점에서 독특하다.

36. 우리는 리꾀르가 두 개의 개인을 향한 속성인 물질적 술어와 정신적 술어의 언급을 상기시킨다. 우리는 두 개의 예전적 개인을 위한 속성인 하나님과 예전적 사역자들을 언급했다. 이것은 이러한 두 개의 전혀 다른 영역들의 속성들 사이에 있는 어떤 병렬들을 끌어오기 위한 시도이다. 예전적 사역자들은 보이고, 물질적인 존재이며, 하나님은 반면에 확실히 만나게 되지만, 그러나 다른 상태에서 존재하는 분이시다.

37. 현대 로마 가톨릭의 성만찬 의식은 이러한 것을 지적하기 위한 어떠한 의식적 규정도 없다는 것은 매우 불행한 일이다. 다른 곳에서 논의한 것처럼(*liturgical notes in liturgical ministry* 3[Winter 1994] 35~46;을 보라; 다른 기여자들이 이 입문적 의식의 이슈에 대해서 어떤 동일한 점들을 만든다), 입문의식의 하나의 목적은 다른 개인들이 그들 스스로를 의식적 동작(즉, 그들 스스로를 예전적 개인으로 넘어서게 하는 것)에 대해 내던질 수 있도록(*to surrender*) 하기 위한, 그리고 그들이 한남의 임재 속으로 부르심을 입었다는 것을 확인하게 하는 시간을 제공하기 위한 것이다. *Liturgy as Living Faith*, 103-4를 보라.

이다. 모든 표준적인 예전본문들은 하나님의 임재를 사람들 그리고 하나님의 구원사–창조에서부터, 율법과 예언자를 걸쳐, 복음의 새로운 섭리 속으로 가는–에서의 전능하신 행위들로 거슬러 올라가 우리에게 "무엇을?" 에 대한 실마리를 준다. "왜?" 는 동일하게 바로 가까이에 있다: 인류가 계약을 신실하게 지켜오지 못했기 때문에, 스스로를 우리에게 드러내시는 하나님을 알기 위해 더듬어 찾는 인간에 따라 다양하고 깊게 임하시는 임재(내재하는 개인적인 임재를 향한 계약적 임재)를 지니신 가장 신실하신 분이다. 예전은 우리의 역사에 걸쳐 그리고 경축 곧 우리의 회복되게 하는 그러한 동작들을 통해 하나님의 행위의 자취들을 향하도록 함을 수반한다. 예전의 "무엇을?" 그리고 "왜?"는 행위의 동작인으로서의 "누가?"라는 질문으로 이끌어준다.

2. 서술: 일시성과 역사성의 분석. 우리는 위에서 어떻게 우리가 말하는 대상인 사람 혹은 그들 자신의 역사를 의미하는 행위의 의존들에 놓여있는 동력인 모두에 대해서 언급했다. 서술성은 그것의 일시성 그리고 역사성과 더불어, 시간의 영속성이라는 가능성을 불쑥 끼워 넣는다. 예전에 대한 관점에서 이것은 원초적 관념이다. 예전은 전통에서부터 파생했고 전통을 일어나게 하는데, 곧 그것은 우리가 나타내는 부활의 신비에 대한 존중과의 동일한 연속성을 세우는 것이다. 예전의 서술은 우리를 예수께서 오래 전에 행하신 것으로 "되돌아 감" 혹은 "재현하는[re-enacting]"것으로부터 보호해준다. 시간의 영속성은 우리에게 동일성을 확증해 준다; 즉 우리가 경축하는 예전은 그러한 기원적 사건들을 재현하는 것이다.

예전의 서술이 시간의 영속성을 확증해 주는 것과 동시에, 차이[difference]의 변증법이 또한 효력을 발휘한다. 이것의 특정한 예전적 인간에 의한 이러한 특정한 경축은 또한 그것이 예전적 회중이 하나님의 임재의 보다 완벽한 위치가 되게 하는 곳으로 재형상화하는 동작으로서 독특하다. 이러한 동일성과 자아(차이)의 변증은 항상 우리를 주체에 대해 이끌어주는 것이다. 행동[action]은 대행인[agents]에 의해 누가 행위소들[actants]인지를 정의해준다.

예전적 서술은 두 면의 얼굴을 지닌다: 하나는 예전 그 자체의 전체는 하나님의 임재의 서술성이라는 것이며, 다른 하나는 예전적 본문은 매우 분명하게 일시성과 역사성을 새겨 넣는 서술성 장르(특별히 성만찬 기도)의 거대한 부분들을 포함한다는 것이다. 예전은 부활의 신비 사건들에 대한 이야기를 구성하지만, 동시에 지금–여기에 경축하는 회중들을 위한 혁신도 가능하게 한다. 여기에서 다시 동일성과 자아 사이의 –전통과 예전적 회중 사이의– 변증법은 그 스스로를 보여주며 또한 하나님의 구속적 신비의 진행을 재생한다. 왜냐하면 예전은 경축하는 회중에 대해서는 특유하기specific 때문에, 그것은 삶에서 나와 삶으로 돌아간다;[38] 그러므로 예전은 또한 "하면 좋은 것"과 "의무적인 것obligatory"의 질문을 일으킨다.

3. 처방술: 윤리와 도덕성의 분석. 주체에 대해서 되돌아가는 것은 오직 다른 것을 통해서 가능하다. 예전에서 주체의 어떠한 현상학도, 그런 까닭에 무엇인가와 무엇이어야 하는가 사이의 가까움 혹은 멀음에 대한 질문을 필연적으로 제기한다. 부활의 신비를 예전적 개인에게 생생하게 귀속시키는 것은 예전적 개인을 다른 이들에게 연결시키는 것이다. 다른 이들이란 무엇인가? 파송Dismissal의 C형태 기도문은 "서로 사랑하며 주님을 섬기기 위해 평안히 가십시오"이다. 암시하는 바는 "다른 이들 가운데 계신 주님"이다. 예전적 개인의 "다른 이"는 그러므로 예전적 회중 그 자체 너머로 확장되며 또한 진실로 제의적cultic 울타리 너머로까지 전개된다.

예전은 우리의 최종 목적을 향하도록 지도 강습해주며, 메시아적 향연에 하나로 모이게 하기 위한 필수적인 목적론이다. 그러나 이러한 좋은 삶을 위한 목적은 오직 (다른 이들을 향한, 즉 다른 사람을 섬기는) 배려와 (올바른 관습 안에 있는) 정의에 의해서만 손에 넣을 수 있는 것이다. 유일한 주체로의 되돌아감은 다른 이들을 통하여야 한다. 이러한 최종 방법론적 순간에, 우리는 예전을 삶 그리고 옳은 관계를 규정하는 것 사이의 연결지음으로 보게 한다. 이러한 상관성 없이 예전은 주체로 되돌아감 없이 유아론적sol psistic[39]이 되는 위험을 초래하는데, 즉 이것은 예전적 인간이(속성 중 한 부분으로서 하나님은 배려와 정의의 하나님

---

38. *Oneself As Another*(158-63)에서, 리꾀르는 어떻게 소설의 서술적인 것이 실재 삶의 서술적인 것에 연결될 수 있는가; 삶의 역사들은 문학적인 것과 어떻게 구별하는가? 라는 질문을 제기한다. 그는 더 나아가 실제 삶에서 저자, 서술자, 그리고 등장인물은 구분되는지 아닌지, 혹은, 자서전적 서술의 경우로서, 그들 세 가지는 한 명인가? 를 또한 묻는다(160). 소설적 서술은 그것의 "끝맺음의 인지"라는 이유로 종지부를 갖는다; 실제 삶은 종지부의 인지가 없다(149). 그러나 예전은 종말의 인지를 주는데 (왜냐하면 그것은 전적인 목적론이기 때문이다; 그것은 우리로 하여금 메시아적 만찬으로 향하도록 안내한다), 곧 그것은 왜 이것이 그렇게도 전환(transformation; 의식의 기능)을 유발해야 하는지에 대한 이유이다. 예전의 끝맺음에 대한 인지는 저자, 서술자, 그리고 예전의 등장인물들이 정말로 그렇게 뚜렷하지 않다는 것을 제시한다. 예전은 우리가 우리자신의 자리인 우리 구원사의 저자(하나님과 더불어)로서의 기독교 전통 안에 있는 자서전이다.

39. 유아론은 다른 이들을 통해 주체로 되돌아옴을 보증하는 상호관계성에 의해 극복된다. 이 상호관계성은 "공동체"가 때로 우리의 예전적 회중들을 귀찮게 한다는 약하고 감상적인 관념과 더불어 혼란스럽게 하지 않는다. 더 나아가 그것은, 정확하게, 이 상호관계성은 개인적 경건들을 위한 시간이 되도록 허락하지 않는다.

이신 까닭에) 붕괴되는 경우인 것이다. 다른 이들을 위한 배려와 정의를 통해, 예전적 회중은 그들이 경축하고 실제적으로 명시하는 예전적 인간으로서의 정체성인 삶에 대한 지상명령mandate을 수행한다.

4. 새로운 방향들

예전적 회중을 예전의 주체로 보는 이러한 해석학적 결과들ramifications은 다채로우며 더 진보된 분석들을 위한 풍부한 방향들을 약속한다. 첫째로 우리는 몇 가지 목회적 영향들을 비평적으로 해석해보고 그 후 예전적 회중의 신학적 틀을 정립하려 한다.

1. **목회적인 영향들.** 이렇게 제출된 비평들로서 아마도 가장 도전적인 목회적 예전 문제들 중 하나는 예전적 사역자들(인도자를 포함하여)과 상대 파트너인 회중의 역할이다. 종종 행동적인 목회적 실천은 예전적 회중 그 자체의 진정한 형태에 의해 전체는 단지 몇 개의 부분들로 구성된다는 점을 제시한다. 두 가지의 속성(하나님과 예전적 사역자들)을 수반하는 예전적 인간으로서의 예전적 회중에 관한 우리의 서술은 누가 회중의 "부분"인지 아닌지의 전체적 개념에 도전을 준다. 현상학적으로 각 예전적 사역자는 그가 공헌하는 기준을 확인하는 행동의 대행인이다. 이것은 예전적 사역자로서의 회중 그 자체를 강조한다. 너무도 자주 회중석에 앉은 사람들은 사역자로서의 그들 자신의 역할을 이해하지 못하고 있다. 이러한 접근은 더욱 사역자의 성직계급보다는 사역의 동등성을 강조하기 위한 의도이다. 각 회중의 교인들은 오직 공동의 기준referent 대상물인 예전적 인간 혹은 예전적 주체로서의 회중이라는 직분을 담당한다. 이러한 방침과 상반되는 어떠한 역할이나 기능은 또한 예전적 현장venue의 외부에 머물게 된다. 이러한 경우 아마도 개개인의 직분은 수행 할지 모르나 그는 결코 사역하는 것은 아니다.

또 다른 의견은 이미 위에서 언급한 추론corollary들과 거기서 나오는 질문으로서 즉 어떻게 인도자가 회중을 위해서 혹은 회중의 이름으로 기도/말하는지에 대한 것이다. 만약 예전적 사역자로서의 인도자가 예전적 회중의 속성predicate이라고 한다면, 사회자가 기도하는 것은 그들이 공통된 정체성을 공유한다는 점에서 그것은 전체 회중의 기도인 것이다.[40] 만약 인도자가 회중과는 분리되어 고려된다면, 교인들이 행동하는 대행인이기 보다는 수동적인 수용자들recipients이 된다는 큰 위험이 있을 것이다(이것은 최근의 일이 아닌 예전역사에서 있어왔던 문제였다). 모든 예전적 사역자들에게도 적용됨은 같은 의견이다. 이러한 상황에서의 거룩한 공간은 다양한 예전적 사역자들이 목회를 수행함에 있어 이러한 범위를 정하게 됨으로 분명하게 정의된다. 이것은 무엇보다도 회중 그 자체를 (전체로서) 포함한다. 관련된 이슈는 예전적 사역자들이 가시적으로 위임되고, 안수받은, 등등의 사람들뿐이냐는 것이다. 넓게 보아서 예전적 회중의 대부분은 특정하게 명시된 그들의 역할을 갖고 있지 않다. 그렇다고 그들이 수동적인 역할만 한다고 가정하는 것은 아니다. 사실 회중의 사역은 중요하고 우선적이다; 그것은 교회의 보이는 몸이다; 몸이 없이 교회는 경축할 수 없다. 회중의 사역은 행동적인 확인 작업의 하나이다. 이것은 일차원적이다. 달리 명시된 모든 예전적 사역자들은 이러한 일차원적 사역 안에서 모든 것을 공유하며 종속되는 것이다.

제2차 바티칸 공의회 이후로 교회는 정체성의 부유함을 측량하려고 몸부림쳐왔다. 전례헌장Lumen Gentium은 교회가 하나님의 백성이라는 점을 선언한다. 만약 우리가 예전적 회중이 예전의 주체라는 입장을 취한다면, 우리는 보다 쉽게 이 풍성한 의미를 인식할 수 있을 것이다. 사실상 교회는 단지 하나님의 백성일 뿐만 아니라, 하나님 안에 있는 백성들이다(왜냐하면 공유된 지시대상물의 두 가지 속성이, 하나님과 예전적 사역자들이기 때문이다). 우리는 위에서 어떻게 예전적 주체가 연설자와 청취자의 한 쌍임을 언급했다. 이것은 하나님과 대화하는 교회의 관념에 있어 새로운 의미를 제시하는데, 양쪽 모두는 한 주체의 속성들이며 예전적 동작 안에서 대화자로 참여한다는 이유에서이다. 그리고 나서 예전(그리고 특별히 예전적 회중)은 교회의 명백한 정체성을 표현함이다.

공동체의 개념들을 위한 여러 가지 모습들ramifications이 있다. "공동체"는 속성들의 공유된 정체성에 의해 표현된 실체이다. 다른 말로 하자면 공동체는 "한 몸"의 결과consequence이다. 공동체는 지체들과 그리고 지체들 간의 상호연결성과 옳은 관계(정의)를 의미하며, 이는

---

40. 담화적으로, 어떤 다른 예전적 사역자가 그의 사역자로서의 기능을 완수할 때, 그것은 전체 회중 안에서 그리고 회중을 위한 것이다. 예를 들면, 환대적인 사역자의 환영은 정말로 회중에 대하여 전체 회중에 의하여 환경하는 것이다. 예전적으로 한 사람은 절대로 유아독존적으로 행동할 수 없다.

원인이 아닌 공동체의 요구와 결과이다. 공동체는 정체성의 단계에서 처음이자 최초의 개념이다; 단지 우리는 올바르게 사랑함과 옳은 행동들에 대해 말할 수 있을 뿐이다. 후자는 정체성으로부터 흘러올 뿐이지 그것의 원인은 아니다. 참된 "경축"은 이러한 정체성을 확인하는 것이다. 대중적인 개념에서의 파티나 멋진 시간과는 거리가 멀게, 예전적 경축은 가장 깊은 의미에서의 우리는 누구이며 누가 될 수 있는지에 대해서 내맡기는surrender것이다. 경축과 적합한 관념인 기쁨과 평화는 삶과 역동성의 가장 근본인 하나님과 우리 사이의 서로서로 연결됨을 분명히 이해함으로서 도출된다.

2. **예전적 회중의 신학에 대하여.** 분석의 목적이 항상 새로운 어떤 것을 끌어내는 것은 아니다. 그것은 아마도 직관적으로 이해했던 바와 같이 다른 모양의 개념적 구조를 줄 것이다. 그러나 이 새로운 구조는 깊이 있고도 풍성함을 더할 것이다. 우리 자신들의 분석은 예전적 회중과 교회 사이의 밀접한 관계를 인식했던 공의회 이전pre-conciliar 신학자들의 통찰력과 상반되지 않는다. 우리는 이것을 강화하고 지지하길 희망한다. 그러나 우리는 그 통찰력이 이제 더 뛰어난 방법론적 정확도와 더불어 보다 더 분명히 집중돼야 한다고 믿는다.

처음이자 가장 기본적인 사항은 예전적 회중의 신학을 형성하는 것인데 즉 그것은 공통된 목표를 위해 모인 사람들의 집회 그 이상이라는 것이다. 그것의 본성nature은 공동체에 대해서 그리고 공동체 안에서 하나님의 임재의 특권화된 장소가 되어야 하며, 그러한 임재로서 교회의 현현epiphany이 되어야 한다. 그러므로 예전적 회중의 본성은 그것의 기능에서보다는 정체성에서부터 흘러나온다. 여기에서는 예전적 회중신학과 교회론 사이의 내재적 관계에 대한 암시가 있다. 교회의 가장 구체적인 표현은 그것의 가장 기초적인 행동으로부터 나온다: 즉 그것은 예배의 행동에 있어서 각각 다른 사람들과 하나님과의 상관성(상호주관성intersubjectivity)이다. 교회의 다른 어떤 개념도(예를 들면 제도로서의) 오로지 이러한 근본적인 정체성으로부터 그 의미가 파생된다.

더 나아가, 그리고 정체성의 질문에 무관하지 않게, 예전의 서술적 기능은 "종말을 감지"하게 한다. 우리는 위에서 예전의 목적론teleology은 메시아적 향연으로 우리를 안내한다고 했다. 진실로 우리는 그 이상을 말할 수 있는데: 즉 예전은 우리가 기다리고 사모하는 지금의 현재성을 이미 만들어주는 완전한 모습의 종말론적인 것이다. 예전은 이미 성취되고 있는 약속과 연계된 예전적 회중을 드러내는 경축의 소망을 전달하는 것이다. 이 종말론적 차원을 강조하지 않을 수 없다. 이것은 교회 정체성에 있어서 독특한 요소이며 주목할 만한 주장이다.

> 만약 예전적 회중의 본성이 교회의 현현이요 하나님 임재의 특권화된 장소가 되는 것이라면, 예전적 회중의 기능은 하나님의 임재를 충실하게 증언하기 위해 모이는 것이다. 그러나 이러한 모임은 보다 단순하게 사람들이 그저 기도나 예배를 드리기 위해 모이러 오는 것은 아니다. 예전적 회중은 최상의 행동을 위해 모인다: 즉, 전통 안에서 그리고 전통을 통한 부활의 파스카 신비를 경축하기 위하여 모인다. 예전적 회중의 기능은 교회 전통을 따라 그동안 충실하게 이행해온 것을 옮기는 것이다. 그러므로 어떠한 모습으로나 특이한 요소들(예배 준비팀의 부분적 모습 혹은 예전적 사역자들)을 통합하거나 혹은 받아들이는 예전은 유아독존적인 위험 그리고 주체, 즉 통전적인 예전적 회중으로서의 회복을 방해하는 위험을 무릅쓰게 된다. 권위 있게 경축된 의례는 모임 그 자체가 진실로 예전적 회중이라는 것을 확증한다.

어떤 개인적 의도로서 자신에게 집중하게 하는 것 혹은 예전의 통전성을 희생하여 어느 예전적 요소가 다른 예전적 요소보다 더 중요하게 만드는 것은 잘못된 것이다. 회중의 지체들은 –심지어 인도자들이나 음악가들, 복사들과 성만찬 집례자들까지도– 그들 스스로 예전 그 자체의 진정한 주체를 감소시키지 않기 위해서 그들 스스로 투명해져야 한다. 옳다, 인도자는 회중을 이끈다; 그러나 드러나지 않게 하여야 한다. 맞다, 성가대의 성만찬 찬양은 적합하지만, 그러나 신/인간 사이의 컴뮤니언을 조성하기 위한 것이지 아름다운 음악을 연주하기 위한 것은 아니다.

이러한 예전적 회중의 본성과 기능에 대한 고려는 여전히 우리가 회복하여야 하는 한 가지 요점을 남겨준다: 즉 이것들은 항상 주체를 향한 돌아옴이 있어야 하며, 이러한 회귀는 오직 타자를 통하여 발생한다는 점이다. 그러므로 예전은 닫힌 의식이 될 수 없고 반대로 항상 예전적 회중을 올바른 관례[institution]로 향하게 하는 배려의 모습이다. 결론으로서 예전은 항상 우리 일상의 삶에서 부활 신비를 경축하거나 그것에 대해 말하고 있다. 비록 예전적 회중이 교회의 특권화된 장소일지라도, 예전적 회중이 해산될 때 교회가 끝남을 암시하지는 않는다. 반면에 예전은 사실상 기독교인의 삶에 관한 모든 것을 의례화하는 것이다. 만약 회중의 각 구성원이 그들의 삶에서 의례적 순간을 살지 않는다면 경축의 항목은 감소될 것이다. 이것은 예전의 지시대상물인 부활절 신비가 회중이 수동적으로 연결된 과거의 사건이 아니라는 점을 제시한다; 오히려 부활절 신비는 역동적으로 경축되기도 하고 또한 살아가는 것이다. 구약의 예언자들이 올바른 희생제사에 앞서 올바른 관계가 더 중요함을 지속적으로 주장함은 이것을 모두 알고 있었기 때문이다. 이것은 우리 시대만을 위한 진실이 아니다. 우리는 미가 예언자가 말한 대로 어떻게 하나님 앞으로 나아가야 하는지에 대해서 다시 생각하게 된다: "… 오직 공의를 행하며 인자를 사랑하며 겸손히 네 하나님과 함께 행하는 것이 아니냐."(미 6:8).

제**4**장

예전의 참여

Putting Heart into Liturgy

| 윌리엄 시에스락 William Cieslak. O.F.M.Cap. |

교회는 모든 신자가 전례거행에 의식적이고, 능동적이고, 완전한 참여를 하도록 인도되기를 간절히 바란다. 그러한 참여는 전례 자체의 본질에서 요구되는 것이다. "택하신 족속이요, 왕 같은 제사장들이요, 거룩한 나라요 그의 소유된 백성"(베드로전서 2:9; 2:4–5를 보라)인 그리스도인은 세례의 힘으로 그 참여에 대한 권리와 의무를 가진다. (§ 14)

저자가 이 내용을 정확하게 이해하고 있다면, 전례헌장Sacrosanctum Concilium의 이 내용은 전 미국의 많은 예전적 회중에게 핵심적인 도전을 주고 있다. 무엇이 의식적conscious이고 능동적active이고 완전한full 참여participation를 말하는가? 이 참여의 모습이 성만찬 예전에 참여하는 사람들의 방식과 어떻게 다른가? 대다수의 사람들이 참여하는 현재의 방법과 이것은 어떻게 구별되는가? 지역 회중들이 이 목적을 이룰 수 있도록 도울 방법은 없는가?

제2차 바티칸 공의회 이전 미사에서의 참여

연령이 지긋한 독자들은 제2차 바티칸 공의회를 기점으로 온갖 변화가 있기 전 교회에서의 사제가 집례하는 미사의 기도와 참여의 방법들을 기억하고 있을 것이다. 회중석의 사람들은 지금과는 다른 방식으로 기도에 참여하였다: 어떤 이들은 기도서prayer books를 사용하여 살아있거나 돌아가신 이웃과 친지들의 필요와 간구를 위해 기도하였다; 또 어떤 이들은 지정된 내용 없이 오직 그들의 마음속의 기억에만 의존하여 하나님과 대화하거나 침묵 가운데 무릎을 꿇어 기도하였다. 로마 가톨릭 모임에서는 묵주기도rosary를 하였고, 어떤 사람들은 사제가 말하고 사용하는 미사전서missals의 기도를 따라하였다. 하지만 상투스 벨소리가 그들을 축성consecration으로 집중하도록 부를 때, 아마도 성체와 성배를 올려다보며 대부분 하던 일을 멈추고 경배하며 심지어는 그들의 가슴을 때렸을 것이다. 그들이 회중석에서 일어나 성만찬을 받고 돌아가 개인적인 경배와 감사를 드림과 함께 이와 같은 행동은 다시 미사로 집중되었다.

고교회High Church 미사나 장엄solemn미사에서, 미사의 음악과 의례적 행동은 예전을 통한 진정으로 거룩한 모습들로 회중의 눈앞에 펼쳐진다. 성가대의 단선율성가Chant와 합창에는 엄숙함과 축제적 감각이 가미되었다. 가톨릭에서의 공식기도 언어인 라틴어의 소리는 교회에 경외스러움과 신비감을 더해주었다. 부제deacon와 차부제subdeacon 두 성직의 추가적인 등장은 상상력을 붙잡고 종교적 반응을 요구하는 새로이 조화된 움직임들로 창조되었다. 향로의 향기와 분향을 위하여 쇠사슬의 줄과 향로가 흔들리며 부딪힐 때마다 '철컥' 대는 소리, 그리고 성만찬기도 중 타는 횃불을 나르는 추가 복사acolytes들의 움직임들이 진행되는 드라마로 첨가되었다.

미사에서 특히 저교회Low Church 미사에서는 무릎을 꿇는 것이 널리 보급된 자세였다. 여기에 앉고 일어서는 짧은 순간들이 첨가되었다. 이 전체적인 모습에서 경배, 존경, 회개, 청원 등을 균형있게 표현하는 신체에 주의를 가져왔다. 기도시에 손은 보편적으로 모으거나 포개었고, 머리는 숙였다. 예배자들에게 침묵은 기대되는 사항이었고; 다른 사람들을 산만하게 하는 것은 기피되었다.

누군가 회중이 가득 찬 교회에 걸어 들어가며 느끼는 어떤 전반적인 효과는 무언가 성스럽고 위엄있는 일이 진행됨을 감지하는 것이었다. 비록 예배자들이 말로 전해지는 언어, 조용하게 드리는 기도소리, 그리고 사제들이 행하는 복잡한 행동들을 바라보며 이해하지 못함에도 불구하고 그들은 거룩한 행위와 거룩한 사건을 경험하였다. 전반적인 분위기나 전체 환경은 성스러움의 현존으로 채워졌고, 기도하는 분위기는 이러한 환경에 기여하는 예배자 자신들에 의해 만들어졌다.

이러한 "의식적이고, 능동적이고, 완전한 참여"가 공의회가 바라던 것이었는가? 이러한 사항들이 이미 진행되고 있었다면 왜 그들은 구태여 이것을 요구하도록 강요하였는가? 물론, 위에서 기술한 것 이상으로 아주 긍정적인 것들이 교회에 자리잡고 있다. 예배자들은 분명히 기도에 열심이고, 감동있는 예배가 진행되고 있다. 그러나 이러한 유형이 공의회가 바라던 예배인 것인가?

아마도 이것은 사제, 복사, 성가대에 의한 교회의 공중기도 상황 안에 있는 개인기도의 좋은 예가 아닌가 한다. 왜냐하면 회중석에 앉아있는 대부분의 사람들은 이러한 관점에서 어떠한 모습으로든 예배에 적극적으로 활동하거나 참여하는 것으로 보이기 때문이다. 진실로 교회 안에서 예전이 진행될 때 그들의 기도하는 모습은 전반적인 기도의 분위기나 미사 자체의 성스러움을 예배자들이 느끼는 것에 기여하였다.

경건: 마음을 다해 기도하기

무슨 일이 일어났는지 다른 말로 기술하자면 어쩌면 미사에서 기도하는 자들의 모습은 "경건"devotion함이라고 말할 수 있다. 다른 말로 사제가 회중을 위해 미사를 집례하고, 복사들이 그들을 섬기고, 성가대가 찬양하는 동안 사람들은 하나님께 정성을 드렸고, 그들의 마음을 하나님께 집중하였다. 이처럼 하나님께 중심centering을 두는 것이 "경건"을 의미한다. 이 단어는 인간의 마음이 하나님께로 향하는 것을 말한다. 그것은 경건의 요소(기도하는 자), 경건의 초점(하나님), 경건의 방향(자아에서 하나님)을 정의하고 있다. "경건"은 전인격을 내포한다: 마음, 정신, 감성들, 느낌들을 말한다. 신학자들이 경건을 고려하면서 의지와 느낌들을 종종 분리했는데 이런 분리들은 실제적이기보다는 오히려 이론적인 것이다. 하지만 느낌 하나로는 경건을 불러일으킬 수 없으며, 경건은 느낌, 적어도 여기서 언급되는 느낌과는 전적으로 연결된 것은 아니다.

만약 경건의 이런 설명을 받아들인다면, 우리는 "전례헌장"이 실제로 풍성하고 완전한 경건함인 참여로의 부름임을 알게 된다. 이러한 감각으로 "의식"conscious을 이해함이 필요하다. 거기에는 우리가 예전에 그저 참석하는 것을 인식하는 존재와 예전적 기도에 깊이 들어감을 인식하는 존재 사이의 차이가 있다. 하지만 예배자가 모든 말과 종교적 제스처, 행동의 의미와 기능을 인식하여야 함이 의식을 말하는 것은 아니다. 사실 이러한 요소들에 신경 쓰는 일이 종종 예전적 사건에 깊게 몰입하는 것을 방해할 때가 있다. 우리가 찾고 있는 의식의 질이라는 것은 심오한 기본적 인지, 확신, 그리고 공동체적 기도가 드려지는 곳으로 가능한 깊게 그리고 완전히 입문하는 열정을 말한다.

개인적 경건과 예전적 경건

제2차 바티칸 공의회 이전 경건의 정신과 "전례헌장"이 요구하는 정신 사이의 차이는 무엇인가? 위에서 본 설명 안에서 우리는 많은 예배자들의 "경건"의 정신을 실제로 행해지는 미사에서의 기도의 형식과 종교적 행동의 표현으로 종종 발견하는 것을 볼 수 있다. 이런 종교적 "경건"(실천)은 경건(정신)의 매개가 된다. 미사가 드려지는 것은 사제의 책임과 권한처럼 보였기 때문에 사람들이 미사에 "참석"하는 방법은 사제들의 행위인 기도와 종교적 실천사항들을 돕는 것이었다. 결국에는 가슴으로 익히거나 혹은 기도서에 적힌 기도들을 드리며; 다양한 목적으로 묵주기도를 드리거나 자리에 앉아 묵상을 하였다. 하지만 이러한 경건의 초점은 필연적으로 미사에서의 다음과 같은 성인들을 향한 초점은 아니었다; 성모 마리아, 파두아의 성 안토니오스, 성 유다, 혹은 다른 성인들을 말한다. 사람들은 종교적 행동이 진행되는 옆에서 각각 개인적인 기도를 드리며 종교적 경건의 모습에 능동적으로 관계된 것이지 진행되는 미사에 직접적으로 참여한 것은 아니다.

한 가지 예외는 사제가 말하는 것을 따라 함께 기도했던 사람들이다. 이 사람들은 교회의 예전정신에 따라 사제와 호흡을 맞추어 기도했다. 하지만 그들의 참여는 절대로 인정되거나 장려되지 않았다; 이러한 형식의 참여는 필수적이거나 중요하지 않게 여긴 것이다. 사실 성가대의 역할마저도 미사에서 우발적인 것으로 보였다: 사제는 성가대의 노래가 중요하지 않은 것처럼 보이게끔 성가대에서 부른 모든 내용들을 동시에 읽어야만 한 것이다. 요약해서 말하자면 사제와 함께 미사를 드리던 사람들은 미사 자체의 행위보다는 미사의 정신에 더 크게 동참하였다는 것이다.

"예전적 경건"은 미사를 따라하는 사람들의 기도의 정신을 묘사한다. 그것은 교회의 예전을 섬기는 성가대원들이 노래 안에서 그들의 목소리들을 섞는[blending]것과 같이 표현된다. 예배자들이 교회 예전의 정신과 행위 안으로 들어가려고 시도하는 범위만큼 그들의 경건은 예전적이다. 예전적 경건은 공동체의 경건이요, 경건은 하나 되는 것을 수행하고, 경건은 이상적으로 같은 말들과 제스처를 사용하며 하나의 정신으로 어울러진다. 예전적 경건은 제2차 바티칸 공의회 노력들의 포커스가 되었다; 양육되어진[fostered] 기도뿐 아니라 함께 기도하는 것, 공동 기도는 의례[rite]의 핵심이었다. 그 의도는 믿음의 회중이 모여서 교회 성만찬의 실제적인 행위에 참여함으로써 회중 모두가 각각의 지위와 역할에 따라 진실로 성만찬 축제를 거행하는 것이다. 교회는 예전적 회중에 대한 새로운 역할들(그리고 따라서 사회자에 대한 새로운 역할), 그리고 예전적 경건의 표현을 위한 형식들이 필요하게 되었다.

제2차 바티칸 공의회 이후 성만찬의 참여

성만찬은 더 이상 사제 혼자만의 독점적인 책임이 아니다. 이것은 교회의 책임이며 기도하는 지역회중 전체에 명백하게 나타난다. "전례헌장"은 언급하기를 "그러므로 교회는 그리스도 신자들이 이 신앙의 신비에 마치 곡예사나 말없는 구경꾼처럼 끼여 있지 않고, 예식과 기도를 통하여 이 신비를 잘 이해하고 거룩한 행위에 의식적으로 경건하게 능동적으로 참여하도록 깊은 관심과 배려를 기울인다"(§ 48). 이 문서는 계속하여 신자들이 성만찬 제물[sacrifice]에 "사제의 두 손뿐 아니라, 그와 함께 함"[1]을 말하고 있다. 이러한 성만찬의 이해는

1. 비슷한 사항들은 이 책에서 발견된다. *General Instruction of the Roman Missal*, 4th ed., March 1975, § 5.

회중석의 사람들에게는 혁명적인 것이다. 그것은 개인적 기도의 역할을 지지하기보다는 의례 그 자체 속에 능동적으로 포함되도록 요구한다. 이는 성가대와 음악 사역자들에게도 동일한 이해로 부른다. 하지만 이러한 혁신적인 성만찬에 대한 접근은 성만찬적 회중 전체가 준비되도록 요구한다: 모두는 이행할 역할을 가지고, 그 역할들은 서로에게 상호작용한다. 부제와 차부제의 경우 장엄미사 예식에 맞는 그들의 역할들을 연습해야 했고, 또한 성만찬을 위해 모인 공동체도 그들의 역할과 연습을 통해 의례가 지시하는 것에 따라 성만찬이 진행되었다.

예배자들의 마음 안에 예전적 정신의 발전에 필수적인 것은 무엇인가? 성만찬은 전체 회중의 행동이기에 회중석의 사람들이 그들의 "의식적이고, 능동적이고, 완전한 참여"를 표현할 수 있는 새로운 방법들의 발굴이 필요하다. 이러한 뜻에서 새로운 미사전례를 소개하도록 책임이 주어진 자들은 예전적 회중 전체가 그들의 경건한 목소리를 반영하도록 환호송acclamations, 응답송responses, 공동기도문, 자세와 제스처, 그리고 입례송들을 만들었다. 이런 문서들의 많은 부분은 음악적인데 이는 단순히 말보다는 음악이 마음을 움직이고 예배자들의 마음을 강하게 묶어주기 때문이다. 계획된 바는 심포니의 구성과 마찬가지로 솔로악기들(인도자, 봉독자, 칸토), 섹션들(성만찬 사역팀, 안내팀, 환대팀, 성가대, 음악가들), 그리고 합창단(회중석의 사람들) 등으로 나누어진다. 목적은 예수 그리스도 안에서, 예수 그리스도를 통하여, 예수 그리스도와 함께, 성령의 감동하심으로 하나님께 향하는 연주performance인 것이다.

무엇이 잘못된 것인가?

모든 예전적 변화들이 일어났을 때 예배자들은 익숙하지는 않았지만 이제는 필수가 된 새로운 미사의 형식을 맞이했다. 그들은 생소한 노래들을 부름에 참여하며, 새로이 작곡된 기도로 응답하고, 그리고 이것에 관한 모든 것을 배울 수 있도록 집중하는 것을 기대하였다. 동시에 그들은 그들의 개인적 경건들과 기도들을 제쳐놓도록 강하게 장려되었다. 포기함으로서 끝나버린 수많은 것들은 기도의 실제 정신인 경건적 자세였다. 개인적인 기도는 기도로 삽입되는 대신 그들은 관중, 관찰자, 구경꾼이 되었다. 미사가 진행되는 동안 (개인적으로) 기도할 시간이 너무 적거나 아예 시간이 없던지, 아니면 겨우 기도를 앉아서, 들으면서, 보면서 경험하는 정도였다. 음악이나 공동말씀이나 제스처들 모두 그동안 각자 했던 경건의 방식과는 다르게 마음을 움직이지 못하였다. 대부분 어색해 하였고 새로운 배움을 필요로 하게 되었다.

사제들과 인도자들, 그리고 음악가들은 최선을 다해 "가르치기를" 다하였다. 하지만 종종 그들은 그들의 예전기도 그 자체를 가르치기 보다는 예전에 대하여서 가르쳤다. 그들은 왜 그것들이 그렇게 되었는지에 대한 영적 이유들보다는 사람들의 기능적 부분을 제공했다. 사람들은 예전에 대해서는 조금 알게 되었지만, 예전에 의해 양육되지 못하였고, 심지어 그 이전보다 뒤떨어졌다.

어려운 점은 의례의 새로움에 있다. 새로운 기도들과 제스처들, 그리고 새로운 자세들은 하루아침에 익숙해지는 것이 아님에도 불구도 의례와의 친밀감은 예전적 기드로서 그 의례를 사용하는데 선행조건이 되고 있다. 진정한 경건은 오직 그 형식들이 알려지고 심지어 예상될 때 의례적 형식들을 통하여 표현된다. 형식이 형식 자체에 대한 집중을 요구하지 않을 시에 표현의 수단으로 전락한다. 오직 이 때에 기도는 비로소 기도스러워 진다.

어려운 점은 새로운 형식으로의 빠른 적용을 바라는 기대 안에 놓여 있음이다. 비록 미사의 새로운 규례들이 교회의 여러 모습의 중요한 변화를 상징하지만, 고유의 교회론적이고 예전적인 도전들은 그 개혁을 지휘하도록 책임을 맡은 많은 감독들과 목회자들에 의해 제대로 이해받지 못한 것으로 보인다. 회중석의 사람들만이 교회에 일어난 모든 것들로 들떠 있었지, 예배를 향한 그들의 자세와 예배 패턴들을 그런 급진적 방식으로 변화하고자 준비되어 있었는가? 하루아침이나 혹은 몇 달 만에 변화되기를 기대하는 것 보다는 지도자들에게는 장기적인 계획이 요구된다: 몇 년 심지어 새로운 패턴들과 형식들이 생기는데 한 세대의 기간이 걸린다. 우리는 단지 교회 안에서 세례자들의 실제적 역할들과 그것으로부터 파생된 권리와 의무들을 이해하기 시작하는 데 수십 년이 걸린 것을 기억할 따름이다. 교회 예전과 관련되어 이러한 개념들이 "그리스도의 신실함의 사제직"이나 "만인 제사장직"으로서 동일시됨이 사실이다.

어려운 점은 성만찬예전 자체의 구조 안에 있다. 입문의례[introductory rite]가 풍성한 경건적 응답의 가능성을 열어주는 동안, 말씀의 예전 대부분은 계몽적edificational이어서 예를 들면 청중들의 믿음을 불러일으킨다. 이 뜻은 의례의 아주 초기에 오랫동안 예배자들은 읽혀지고, 불려지고, 전해진 말씀의 청취자요 수용자였다는 것을 의미한다. 만약 회중들이 이런 말씀들을 받아들이는 어떤 영성을 알지 못하고, 말하거나 불린 말씀들 자체가 영감을 주지 못하며, 응답시편이나 알렐루야가 찬양으로서의 감동을 전달하지 못한다면, 이 긴 기간의 기다림은 예전적 경건에 비생산적인 방식으로 적용될 것이다. 이어서 진행되는 봉헌과 식탁을 준비함이 경건의 순간이 되지 못한다면, 그 때 집례목사에 의하여 외쳐지고 대부분의 회중은 (무릎 꿇은) 자세로서 드려지는 성만찬 기도문이 진지하게 진행되더라도 과연 예전 어디에 경건적 요소가 있는 것인지 묻지 않을 수가 없을 것이다.

하지만 이 모든 것이 공식적 구조로서 시작됨은 아니다; 말씀의 예전이 구조적으로 명백하게 계몽적이지만, 성만찬 예전은 광범위하게 의도된 경건의 모습이다: 성만찬 기도, 성만찬 희생, 그리고 컴뮤니온 교제에 온 회중은 포함된다. 여기서 어려운 점은 어떻게 예전이 상상되며, 계획되며, 그리고 수행되느냐는 것이다. 만약 예배를 만들고 그 방향성을 제시하는 힘을 가진 사람들이 그들의 역할과 관계성들을 제대로 인식하지 못한다면, 나머지 회중들은 그들의 혼합된 표징들과 애매함들을 받아들여야 하는 것이다. 기도의 인도자들은 반드시 그 의례의 구조를 이해하여 신비적인mystagogogical 교리문답catechesis을 가르쳐 따라오는 예배자들로부터 믿음의 응답들을 불러일으키는 풍성하며 경건한 제스처들, 거짓 없는 현존, 그리고 신실한 목소리를 통해 회중들이 거룩한 경험을 하도록 이끌어야 한다. 음악 사역자들은 음악을 통하여 회중의 마음을 정돈시키며 그 음악을 갖고 예배자들이 집으로 향하였다가 다시 돌아오도록 인도하는 음악을 선정하는 역할을 찾을 수 있어야 한다. 중요한 사항은 노래함이란 제사장직 역할, 권리, 그리고 책임을 아는 것이다. 예전 기획자들은 의례를 존중함을 배워야 하고, 의례의 변화와 관련된 주의사항을 배워야한다. 그들은 이 제사장적 사람들이 공동기도로 들어가기 위한 올바른 자세와 제스처들을 찾아내야 한다.

감동적인 예전적 경건

비록 다수는 아니지만, 예전적 형식 안에서 경건 그 자체를 표현하는 공동의 기도를 배워 사제적 역할을 수행할 줄 아는 회중들이 있는 지역 교회들이 있다. 시카고, 워싱턴, 오클랜드, 샌프란시스코 등의 흑인미국 회중들은 심오하게 경건한 예배를 구성하는 음악, 리듬, 그리고 제스처들을 발굴해왔다. 좀처럼 악보가 필요하지 않는 이유는 이 노래들은 교회와 가정에서 노래되었기 때문이다. 가사는 거룩한 말씀으로 살아있고 역동적으로 이웃과 나라에 도전적인 모습으로 설교된다.

라스 베가스, 밀워키, 보스턴, 그리고 브루클린의 교회들은 교회 예전과 그들의 회중들이 예전적 경건의 증인으로서 세워지는 정신을 발견했다. 사람들은 희망과 기대를 갖고 예배에 참여하는 에너지에 사로잡혔다. 그들은 공동 기도로 인도되어지면서 앞자리부터 그 교회들을 채운다. 고요한 들음과 선포된 기도에 의지한 환영과 환대가 여기에 있다. 헌금봉헌에서 교제 공동체의 예의까지 모든 것은 그들 자신의 스타일을 통하서 생각되어지고 구성되어진다. 사람들은 그 자리에 있음을 감사하게 여긴다: 그들의 얼굴과 목소리는 그것을 보여주고 공유한다. 선교에 동참함으로 그들은 교회의 문을 뛰어넘어 멀리 전해진다.

감동적인 예전적 경건을 촉진하는 의제는 무엇인가? 자세와 이해가 변하여야 한다. 제사장적 회중들은 반드시 그 자신을 확인하고 행동을 위한 책임들을 수반하여야 한다. 신비의 교리문답은 여기서 도움을 주는데, 그것의 초점이 영성 이해와 묵상에 있기 때문이다. 예전을 준비하고 이끄는 사람들은 모든 회중들이 예전적 기도로 들어가기 위해 준비하도록 돕는 방법들을 찾아야 한다. 말씀의 예전은 계몽적이고 경건적인 차원이 주어지도록 더욱 신경 써야 한다. 성만찬기도는 새롭게 보일 필요가 있다: 소수자를 향한 그것의 범위, 자세, 제스처 그리고 더 발전된 대화적 구조(현재 오직 주기도문만이 예전적 경건의 순간이 된 것으로 보인다)를 말한다. 회중들이 받아들이고 공유한 컴뮤니언의 방식을 반영하는 것은 유용할 것이다.

이러한 일을 통하여 감동적인 예전이 일어난다. 믿음의 회중들이 그들의 전적이고 실제적인 역할을 이해하는 일이 일어나는 것이다. 의례적 구조가 굳건해지고 그들의 행동이 뒷바쳐 진다. 인간의 진심에 "딱 맞는" 기도, 노래, 제스처, 그리고 자세들이 일어난다. 사람들의 모임의 신성함과 그들 행동의 성스러움을 환경이 지지하고 인정함이 일어난다. 안내자, 환영자, 성가대, 칸토, 봉독자, 복사, 설교자, 예전인도자, 그리고 성만찬 집례자는 모두의 예배에서 귀하게 다루어지고 나누어진 믿음의 증인이 된다.

개인적 경건의 자리는 있는가?

이 질문은 우리를 다시 원점으로 안내한다. 먼저 주제를 객관적 관점에서 볼 때에 예전적 경건은 개인적 경건과 다르다. 예전적 경건에서 그 주제는 그룹이고, 신앙인들의 회중이다; 개인적 경건에서 그 주제는 개인에 있다. 이러한 기본적 차이에서 다른 것들이 유래된다; 개인적 경건은 하나님, 마리아, 혹은 성자 중 한 사람에게 향함(비록 궁극적으로는 하나님을 향함)에 반하여, 예전적 경건은 하나님만을 향한다; 예전적 경건은 공중 예배를 위하여 교회가 선택한 텍스트와 제스처를 통하여 드러나며, 개인적 경건은 성도에 대한 기도, 개인적 계시, 종교–문화적 실천, 가족의 풍습 등 교회의 간섭을 받지 않는 개방적인 사항들을 말한다. 어떤 개인적 경건은 예전이나 교회의 예배력과 특정 그룹이나 상황을 위해 "맞추어진" 특성에 의해 영감을 얻는다.

이 질문은 실제로 개인적 경건의 자리가 있냐 없냐의 문제가 아니다. 역사는 개인적 경건이 정기적으로 그리스도인들 사이에서 일어났으며, 미래에도 드러날 것이며, 어떤 시대든지 개인적 경건을 실천하는 현존이 모습이 성령의 표징이 될 수 있음을 말해준다. 하지만 개인적 경건의 증가는 또한 종종 교회가 세례받은 신실한 신도의 경건적 정신을 포용하지 못한 표징이기도 하고, 한두 가지 이유로 예전적 리더십을 제공하지 못했다는 것을 의미한다.

물론 그러한 경건적 실천들은 교회의 관점에서 볼 때에 그들이 그들의 초점을 잃거나 마술적 능력이 있는 사람들, 제스처들, 사물들에게 맞추어 주기 시작하며 타락한다. 이 세상에 신앙인들이 존재하는 한 거룩함의 확증은 때때로 잘못 이해되고 잘못 소개될 것이다. 이 일은 경건에 대한 반대론은 결코 아니고 오히려 분별력의 필요성을 강조할 뿐이다.

경건의 실천은 종종 종교적 토착화의 산물이다. 종교적 상상력을 통해, 한 종교 문화적 전통의 실천들과 믿음들은 다른 것들과 결합된다. 이러한 결과적 실천은 양 문화 안에 현존하는 성령의 증거가 될 수 있다. 게다가 이러한 실천의 부분들은 교회의 예전적 예배 자체에서 그들의 방법을 찾을 것이며, 개인적 경건처럼 예전의 표현이 될 것이다.

그래서 이 변증법은 계속된다: 개인적 경건은 믿음의 응답으로서 일어나고, 일부는 예전적 경건으로 변화되며, 예전적 경건은 아마 개인적인 어떤 것을 양육하고 형성한다. 만약 그 멤버들이 경건적 정신을 조성한다면 교회는 보존될 것이다. 교회의 경건적 정신을 위해 꼭 맞는 예전적 형식을 발견함으로 확장하는 교회의 집단적 혹은 공동체적 정체성 안에서 교회는 성장할 것이다. 하지만 세례 신자들은 오직 예전적 기도를 위한 기회로 모이기 때문에, 신자들은 매일의 영적 삶은 성경, 영감있는 봉독, 그리고 믿음의 나눔 등을 통한 계몽, 개인 및 가족의 기도들, 그리고 예전적 실천의 다른 소리들을 통한 경건 두 가지 모두의 서로 다른 형식들을 요구하게 될 것이다.

제5장

기독교 예배의 상징적 행동

Symbolic Actions in Christian Worship

| 패트릭 번 Patrick Byrne |

이번 장은 왜 예배에서 상징과 상징적 행동을 이용하는지 그 이유를 이해하도록 도와준다. 우리는 인간이기 때문에, 그리고 완전하게 포착할 수 없고 설명할 수 없는 신비를 다루기 때문에, 상징을 이용한다. 인간의 언어는 하나님에 대해 동일하게 또는 정확하게 표현할 수 없으며 더욱이 인간이 사용하는 건축물의 규격, 컴퓨터의 표준, 또는 입방단위cubic measures와 같은 실제적인 용어로 설명할 수 없다. 우리의 삶과 예배 가운데서 하나님과 하나님의 지속적인 행위에 대해 말하기 위해 성서를 통해 우리에게 말씀하시는 하나님 언어의 한 종류인 직유simile와 은유metaphor를 사용할 필요가 있다. 예배를 통해 우리의 신앙을 표현하기 위해서, 우리는 우리의 존재와 믿음과 행동을 실존의 깊은 차원 안에서 행동으로서 말하는 상징을 사용할 필요가 있다. 좀 더 자세히 말하자면, 이러한 상징은 하나님이 우리 안에서 무엇을 행하고 계신지 그리고 하나님 은혜에 우리가 어떻게 응답하고 있는지를 표현해준다.

Ⅰ. 예배에서 이미지와 상징의 사용

히브리 성서와 기독교 성서는 우리가 성서의 말씀을 받아들이고 매일의 삶에 적극적인 영향을 받도록 우리의 삶을 하나님의 말씀으로 이끄는 다양한 이미지를 사용한다. 이러한 이미지는 말words과 행동actions이다.

A. 말

어떤 이미지는 기술적인 말과 구절로 되어 있다. 성서는 더 깊은 신앙을 설명하기 위해 직유와 은유 둘 다 사용한다:

직유적 표현에 의하면, 천국은 마치 왕과 왕비가 자식의 결혼을 위해 열어 준 피로연과 같은 것(마태복음 22:2–14을 보라)이라고 말한다. 직유는 은유보다 이해하기가 훨씬 쉽고 이미지에 대해 해명을 요구하지 않는다.

은유적 표현에 의하면, '천국은 피로연이다'(시23:5–6) 혹은 '하나님은 구원의 반석이다'(시18:31–32, 지브롤터Gibraltar와 같은 견고한 요새), 혹은 '예수님은 하나님의 어린양이다'(요1:29, 계5:6)라고 말한다. 은유는 두 가지 명백한 실재를 한 단계 한 단계 놓아가면서, 그리고 적절한 유사성과 대조를 사용하며, 듣는 이나 독자의 마음과 가슴에 긴장감을 안겨주어 깊은 신앙을 설명하도록 도와주는 비유라 할 수 있다. 하지만 은유는 직유보다 듣는 이 혹은 독자의 더 많은 노력을 요구한다.

B. 행동

하나님의 말씀으로 기술되는 어떤 행동들은 상징적이다. 만일 우리에게 이러한 의사소통의 방식에 열려 있다면, 그것들은 말을 뛰어넘는 능력으로 말하고, 우리의 가슴과 마음 판에 그것들의 메시지를 새길 수 있다. 몇 가지 예는 이것을 분명히 이해하도록 도울 것이다.

예수님께서 거리낌 없이 죄인들과 함께 음식을 나눌 때, 예수님은 하나님의 사랑에서 의도적으로 돌아서거나, 단순하게 헤매거나, 신실하게 남아있는 모든 사람들을 구원코자 하시는 자신의 사명을 강조하셨다. 우리 주님이 나병환자들과 담소를 나누시고, 만지시고, 그들을 고쳐주셨을 때 –그 사회로부터 버림받았다고 생각했던 사람들은 하나님에 의해 저주받고 버려졌다고 생각했었는데– 우리의 사랑과 용서의 아버지는 결코 누구도 버리시지 않으신다고 예수님은 말씀하셨다. 마지막 식사 자리에서 우리의 구세주는 제자들의 발을 씻기시면서, 지도자는 실천적이고 겸손한 방법으로 그의 교회 안에서 다른 사람들을 섬겨야 할 사람으로 보냄을 받았다고 본을 보여주셨다. 첫 번째 세족목요일Maundy Thursday에 세 번이나 부인했던 베드로를 초청하셨을 때, 그는 예수님을 사랑한다고 세 번 고백하였고, 우리 주님께서는 베드로가 용서받았고, 반석으로서 회복되었으며, 선한 목자의 양떼를 지키도록 보내졌다고 선언하셨다.

C. 상징

예전에서 상징은 하나님의 영감으로부터 온 의미로서의 행동actions과 표징signs이다.[1] 상징은 행동 안에서의 이미지이다.

상징이란 공허한 이미지 혹은 시적인 비유일 뿐인가? 상징은 다 써서 고장난 전구에 불과한가? 상징은 텅 빈 약속에 불과할까? 아니다! 예전에서 상징은 이미지와 생생한 말씀과 희망 가득한 믿음을 잉태하고 있다. 상징은 비음성적nonverbal이 아니라 오히려 음성을 넘어서는preverbal 우리 신앙의 표현이다. 상징은 우리가 예수 그리스도의 제자로서 무엇을 믿고 행할 것인지를 선전하는 구체적인 방식이다.

예전에서의 상징은 관직에 있는 사람들이 꾸미고 부여한 무엇이 현재나 미래의 취향에 합당한지 혹은 성가신지를 우리에게 말해주는 그런 독단적인 이미지가 아니다. 예전적 상징은 성령으로부터 영감을 받은 성서로부터 전달된다. 그러므로 예전적 상징은 온 세상 어느 곳에든지 우리의 현재 상황 안에서 그리고 우리 삶의 그 밖의 모든 곳에서 우리의 삶에 생명을 공급한다.

동시에 상징은 언제나 불분명하다. 왜냐하면 상징은 배우지 못한 사람들도 쉽게 접근할 수 있고 신학자에게도 도전을 주는 복합적인 층layers을 제공하기 때문이다.

---

1. 기독교회의 예전에서 성서는 중요하다. 예배 안의 많은 행동들에 대해 하나님의 말씀이 그 원천이며 영감이다. 우리는 하나님의 말씀을 봉독하고 펼치고 설교로서 설명한다. 우리는 시편과 아가를 노래한다. 우리의 기도와 찬송은 종종 성서의 이미지와 단락을 기초로 한다. 성서는 우리에게 예배에서 사용되는 다양한 행동과 상징의 의미를 제공해 준다.

D. 상징은 우리의 감각을 자극한다

기독교의 상징은 생각으로만 이해되는 애매모호한 지적인 이미지가 아니다. 오히려 상징은 우리가 보는 시각(움직임, 빛, 색깔)이며, 우리가 듣는 청각(노래, 음악, 기도)이며, 냄새를 맡는 후각(향, 성유, 밀랍)이며, 우리가 맛보는 미각(갓 구운 빵, 와인)이며, 우리가 느끼는 촉각(안수, 악수)이다 (아래 III단원 F의 "몸으로 드리는 예배"를 참조하라).

E. 산문과 시

주일 예배에서 사용하는 언어는 우리를 평범함을 극복하게 하고, 새로운 이미지와 신비의 영역 안으로 들어오도록 요청한다. 우리는 평범한 산문의 이미지를 떠나 뒤로 하고(그것은 기찻길처럼 여러분을 곧장 거기에 이르게 한다) 시의 세계로 들어오라고(그것은 마치 한가로운 나비처럼) 초대받는다. 만일 우리가 다양한 방식으로 우리에게 접근하시는 하나님의 목소리에 마음을 열어놓는다면, 이미지는 성서 안에, 예전 안에, 기도 안에, 우리의 감성 안에, 그리고 매일의 삶 가운데 하나님이 우리에게 말씀하시는 방식이 될 것이다.

F. 기독교 상징의 수용

어떤 신앙 공동체들은 몇몇의 혹은 많은 전통적인 상징에 대해 편하게 느끼지 못할 수도 있다. 기독교 2천년사에서, 많은 공동체들은 서로 다른 역사적 상황 때문에 하나 혹은 또 다른 상징과의 접촉을 잃어버렸다. 이번 장에서는 예전에서 상징의 주된 관점을 고찰하고, 모든 신앙 공동체들로 하여금 더욱 역동적인 삶을 살고 그것을 발견하기 위하여 기독교 2천년사를 더 넓게 볼 수 있도록 격려하고자 한다.

G. 매 주일 상징을 잘 기념하는 것

예전적 상징 안에 있는 깊은 의미를 발견하기 위한 가장 좋은 방법은 신앙 공동체 안에서 매 주일마다 충실히 상징을 잘 기념하는 것이다. 신앙인은 매 주마다 드리는 그들의 예배 가운데 상징을 충실히 기념함으로써 이러한 상징을 체험하고 그들의 성서적 기초를 받아들이며 충만한 기도로 상징을 묵상한다. 그들은 상징이 감추거나 드러내는 더 풍부한 신비의 핵심을 포착할 수 있게 될 것이다.

Ⅱ. 주일예배에서 상징을 인식하고 기념하기

오늘날의 주일예배를 이해하기 위해서는 과거 20세기가 넘는 기독교회의 전통과 실천을 물려받았다는 사실을 인식해야 할 것이다.

A. 주일은 예배의 날이다

사도시대에 기독교는 거룩한 날로서 유대교의 안식일Sabbath(토요일)이 아닌 주님의 날 혹은 한 주의 첫 날(일요일)을 기념하기 시작했다.[2]

B. 그 중심에 있는 성만찬

그 시작부터 오늘날까지, 가톨릭과 정교회 그리고 동방교회는 주일 성만찬을 기념하는 일관된 전통을 가져왔다. 16세기 개혁교회는 이 실천에 대해 적극적이고 대담한 노력으로 각 회중의 교인들에게 매 주일마다 성만찬을 지키는 것을 회복하도록 힘썼다.

C. 이탈

죄에 대한 압도적인 느낌은 중세시대의 모든 그리스도인에 의해 전수되었고, 사람들이 성만찬으로 나오지 않았기 때문에 프로테스탄트 교회는 매주 성만찬을 중지하도록 강요받았다. 그들은 매주 말씀의 예배를 사용하기 시작했고 성만찬은 일 년, 분기, 혹은 월별로 가끔씩 시행되었다. 로마 가톨릭과 정교회에서, 주일 성만찬이 남아있기는 하지만 회중이 참여하는 성만찬은 아니다. 두 가지 실천 모두 이상적인 것은 아니다. 그러나 서로 기독교 예배 전통의 중요한 부분을 지키려고 노력했다.

---

2. 기독교 첫 1세기 동안에, 초대교회는 주의 첫날인 유대 안식일로부터 주의 거룩한 날인 일요일로 옮겼다. 창조는 주의 첫날에 시작(창세기1:1-5) 되었고 예수님은 주의 첫날에 부활(마가복음16:9)하셨다. 주의 첫날에 대한 성서의 다른 참고자료는 사도행전 20:7, 그리고 고린도전서 16:1-2에 있다. 요한계시록 1:10에는 그것을 주님의 날이라고 부른다. 100년까지 디다케(14:1)에서는 "그의 특별한 날-주님의 날" 로 말한다. *Sacrosanctum Concilium* ("The Constitution on the Sacred Liturgy") 106; 2장과 3장 위를 보라.

D. 완전한 기독교 전통의 회복

최근 수십 년 동안, 중심적인 개혁교회는 초대 기독교 뿌리를 되찾는 시간과 주일예배의 정식 틀로서 성만찬을 회복하는 일을 시작해왔다. 1950년대 이래로 가톨릭교회는 성만찬을 매우 자주 하였고 참석한 사람들 대부분이 성체를 받게 되었다. 더 많은 가톨릭 공동체들은 수세기 동안 무시되어왔던 거룩한 잔chalice을 사용한 성만찬으로 회복되였다. 그러나 주님께서 우리에게 주신 이상을 포용하기엔 아직 많은 숙제가 남아 있다. 점차적으로 대부분의 기독교회는 초대교회의 이상으로 회복 되어가고 있는 중이다.[3]

E. 상징의 영속성

예전에서 상징을 통해 물체의 용어(가령 물, 빵과 와인, 혹은 기름)뿐만 아니라 행동(물을 가지고 닦거나 붓거나 하는 행동, 또는 주 예수 그리스도를 기념하면서 빵과 와인을 가지고 함께 먹거나 마시는 행동, 또는 안수를 함으로써 강건하게 하고 치료하는 행동)을 잘 이해하게 된다. 주일 예배에서의 상징은 언제나 행동이 따른다. 우리는 주일마다 새로운 상징들을 발명할 필요는 없다. 이러한 상징들은 하나님의 말씀으로부터 그 형태와 의미를 전달하게 된다. 상징을 잘 사용한다면, 우리는 상징의 본질과 이러한 상징의 저변에 있는 성서로 고취된 하나님의 영을 경외하게 된다. 상징은 회중들에게 우리가 말로만 하는 것 보다 더 깊은 차원으로 말할 수 있게 한다. 상징이 종종 잘 사용될 때, 그 친밀감은 회중들로 하여금 상징을 더 완전하게 꿰뚫어보도록 돕고 상징의 의미를 점진적으로 새로운 통찰로 열려지도록 도와준다. 교회 예전에는 많은 상징들이 포함되어 있다. 이번 장에서 상징적 행동이 기독교 회중의 주일예배(때로는 주중)에 다양한 방식으로 현재 역동하는 몇 가지를 간략하게 보여줄 것이다. 우리가 상징을 잘 기념하고 잘 사용할 때, 우리는 이러한 상징을 인식할 수 있으며 높이 평가할 수 있다. 이러한 방식으로 우리는 회중들이 상징에 대해 더 열리도록 도울 것이며 우리는 우리 교구의 가족들을 공적인 예배와 일상의 삶 가운데 그들의 마음과 심령

---

3. *Baptism, Eucharist and Ministry* (Geneva: World Council of Churches, 1982)에는 이 영역의 많은 기본적 요점에 대해 동의하는 많은 기독교 전통으로부터 100명 이상 신학자의 시리즈로 된 언급이 있다. 그들은 세례와 성만찬의 일반적인 형태와 전통적 요소들을 개괄한다. 또한 그들은 이론과 실천에 있어서 아직 교회들이 합의하지 못하고 있다는 점과 그 문제의 모든 면에서 더 많은 연구와 토론에 참여해야 한다는 점을 지적한다. 이 언급이 이슈가 되었기 때문에, 많은 교회들은 예전적인 그리고 에큐메니칼적인 도전에 적극적으로 응답하고 있다.

을 다독이도록, 이러한 상징의 세워진 힘을 인정한다.

F. 예전적 상징

이번 글의 다음 두 단락에서 몇 가지 일차적이고 이차적인 예전적 상징들을 간단히 살펴보았다. 우리의 이러한 각각의 상징의 이해는 여기서 허락하는 공간 이상으로 더 자세하게 발전시킬 필요가 있다. 우리의 소견들은 도래하는 시대의 각각의 믿음의 공동체 안에서 더 넓은 생각과 발전을 위해 단순하게 이러한 영역으로 열린 것이다.[4] 확실히 예전을 준비하고 이끄는 사람들은 예전적 상징과 상징적 행동을 더욱 풍부하게 하기위해 충분한 기도와 반성을 하게 된다.

Ⅲ. 일차적 상징의 탐구

A. 하나님에 의해 모인, 하나님의 백성으로서의 회중 인식

여기에 상징이 있다: 하나님의 초대에 응답한 이 공동체 안에 모인 그리고 함께 모인 사람들이다.

매주 주님의 날에, 우리는 우리의 형제자매들과 함께 오라는, 그리고 거룩한 한 가족, 그 현장 안에서 하나님 백성인 회중의 인식을 하라는 하나님의 초대에 응한다. 하나님은 이스라엘을 거룩하고 성별된 제사장, 그리고 왕족인 백성이라 부르시기를 계속하셨다. 하나님의 카할[qahal] 혹은 회중(출19:5~8을 보라)을 비롯한 그들의 응답은 수세기를 통하여 다양했다. 이 초대는 우리를 위해 기독교 성서 안에서 다시 새로워졌다.(벧전2:5, 9–10, 계5:9–10) 우리가 교회의 일원이 된다는 것과 기독교 카할이 된다는 것, 그리고 그 자리에서 하나님 백성으로서의 회중이 된다는 것은 (오늘날 세례로, 많은 교회에서 견진으로, 그리고 성만찬으로 이해되는) 기독교 입교[initiation]이다. 그래서 우리는 주님을 향한 온전한 생명으로 들어갈 수

---

4. 서로 다른 교회들은 서로 다른 예배를 드린다. 그러나 구성요소는 거의 같거나 똑같다. 여는 기도는 그 구조와 의미에 있어서 본기도collect 혹은 연설oration이다. 성만찬기도는 다른 교회에서 위대한 감사 혹은 감사 기도라 불린다. 설교, 교훈 그리고 메시지는 같은 영역에 속한다. 이번 장에서 우리는 이 책을 읽는 다양한 사람들의 다양한 교단적 배경을 숙고하기 위해 용어의 다양성을 사용한다.

있게 된다. 제2차 바티칸공의회(1962–1965) 이래로 로마 가톨릭의 가르침은 매 주일마다 아버지의 초청에 응답하는 공동체의 일원으로 함께 모이는 것과, 전 세계적으로 모인 회중은 교회의 이미지가 되는 것을 강조했다.

> 세세토록 당신께로 백성을 모으시사
> 동쪽에서 서쪽까지 만들어진
> 완전한 봉헌은 당신 이름의 영광을 향해
> 영원할 것입니다.[5]

우리는 매주 하나님께 호감을 갖기 위해 모이는 것이 아니다. 오히려 우리의 순종과 경외, 그리고 사랑을 가지고 하나님의 초대에 응답하는 것이다. 예수님처럼 우리는 "내가 여기 있나이다. 주님, 하나님의 뜻을 행하러 왔나이다"(히10:7, 시40:7–8, 또한 삼상3:3–10을 보라)를 고백한다. 지역 회중의 기능적 차원에서 볼 때에 모이는 회중의 이러한 상징적 의미는 이러한 흐름을 따라 공동체의 일원들에게 열려있는 것이다.

1. 환대하는 공동체

예수님께서는 우리에게 보내신 여러 역할의 사람들을 환대하도록 우리를 초대하고 계신다. 우리가 믿음과 사랑으로 그들을 영접할 때, 우리는 그들을 보내신 예수님을 그리고 예수님을 보내신 하나님을 영접하는 것이다(마10:40–42을 보라). 이 원리와 그것의 거절은 마태복음 25:31–46에 아주 생생하게 기술되어 있다.

우리는 예배 전후에 자신의 행동으로써 환영의 태도를 보여주는데, 이는 우리의 의례적 환대의 확실한 기초를 다지는 것이다. 공동체 회원들은 다양한 방식으로 그들이 갖고 있는 환대의 마음을 표현하도록 요청받을 필요가 있다. 어떤 교회에서는 매주 다른 가족들이 돌아가며 주일 예배를 드리러 교회로 들어오는 사람들을 환영하게 한다. 다른 이들은 안내위원을 설정하여 등록카드를 작성하게 한다. 여러 교회에서는 한 두 사람의 목사나 직분자들

---

5. 로마의 미사전서: 성사, 성만찬 기도 III; *Sacrosanctum Concilium* 41-42를 보라.; 그리고 *General Instruction of the Roman Missal* 74-75를 보라.

이 문 앞에 서서 환영인사를 담당한다. 이처럼 다양한 모습으로서의 예배 전 환영하는 방식은 우리를 환대의 예전적 행동으로 준비시켜 준다.

2. 예전적 환대

잔치를 열어주는 개회의례의 모습은 우리를 교회로서, 하나님 백성의 공동체의 일원으로서, 개인 혹은 가족으로서 우리 자신을 인식하도록 도와준다. 그 결과 하나님은 바로 오늘 이 회중이 예배로 모이도록 부르시는 것이다. 예배가 시작되기 전 사람들을 환영하는 신실한 태도는 환대의 예전적 행동으로 우리 모두를 준비시킬 수 있다. 예전적 의궤는 이것을 표현함에 다소 형식적일 수 있다. 그러나 이것들은 매주 하나님과 사람들을 위해 이 공동체가 행하는 삶의 확실한 기초를 놓아준다.

우리는 한 공동체 안으로 우리를 묶어주는 입례송에 의해, 그리고 하나님 말씀의 성서를 높이 들면서 노래하는 회중을 통과하는 성직자들의 행렬에 의해, 그리고 예전적 인사와 환대에 의해, 그리고 조용한 가운데 개인으로서 기도에 초대하고 "아멘"하며 화답하는 공동체로서 응답하는 개회기도에 의해 이 예전적 환대를 경축한다.

실수에 대한 주의: 만일 공동체가 환영을 잘 못한다면 두 가지 실수 중 하나가 곧 그 예전 안으로 스며들 것이다. (1) 교회의 입구에서나 하는 자유스러운 인사(예를 들면, 친구여 안녕? 안녕하세요, 목사님?)들이 예전적 인사의 중요한 역할에 그림자를 드리울 것이다. 혹은 (2) 사교적인 방법(예를 들면, 여러분 돌아서서 옆의 사람에게 누구인지, 어디서 왔는지, 그리고 건강은 어떤지 말해 봅시다)들은 이미 꽉 채워진 개회의례에 부담을 준다. 두 가지 경우 모두 전통적인 기독교 상징에 대한 무감각이 사람들을 모으고 이러한 초대에 응답하게 하는 하나님의 예전적 상징을 무력하게 할 수도 있다.

B. 회중에게 하나님 말씀 선포하기

여기에 상징이 있다: 하나님은 모인 회중에게 말씀하신다. 그리고 우리는 우리의 묵상으로, 침묵과 공동기도로, 공동체의 노래, 그리고 한 주간 하나님을 향한 일상의 삶을 사는 방식으로서 믿음의 응답을 한다.

1. 하나님의 말씀은 믿음으로 선포된다.

신실한 신앙인은 봉독할 주일말씀을 한 주 동안에 읽고, 묵상하고, 그리고 기도하는 시간을 갖는다. 봉독자는 그들의 마음 안에 있는 하나님의 목소리와 말씀을 삶에 전하도록 공동체에 의해서 선택받았다고 인식한다. 의식이 있는 봉독자는 그들이 할 수 있는 최선의 모습으로 하나님의 메시지가 잘 선포되고 잘 받아들여지도록 성령님께 그들의 믿음이 더욱 깊어지게 해달라고 요청한다.

2. 하나님의 말씀은 믿음으로 듣고 받는다.

공동체의 어떤 사람들은 한 주 동안 성경을 읽고 그것을 묵상하는 시간을 가질 것이다. 일요일에 그들이 함께 모일 때, 하나님의 말씀이 그들에게 무엇을 말하고 있는지 더 많이 알게 될 것이다. 믿음으로 말씀을 듣는 모든 사람은 지금 여기, 이 회중을 향해 말씀하시는 하나님의 말씀을 성령에 의해 듣도록 도움을 받게 될 것이다. 이것이 바로 살아있는 말씀의 예전으로 인한 성령의 역사이다. 바로 이것이 이러한 본문을 썼던 저자들에게 영감을 주고, 읽는 자와 듣는 자의 믿음을 인도하시며, 우리 인간의 목소리와 말을 하나님의 목소리와 말씀으로 변화시키는 성령님이시다.

3. 상징의 힘으로 들어감.

우리는 어떻게 주일 예전을 더 생동감 있게 하도록 이러한 상징을 고려할 수 있을까? 좋은 음향시설, 적절한 마이크 장치, 그리고 적당한 조명의 토대를 넘어서서, 우리는 더 멀리 있는 아이디어들을 제안할 수 있다: (1) 주중에 기도와 묵상으로 하나님의 말씀에 그들의 마음이 잘 조율되어 예전에 역동성을 더할 수 있도록 회중의 모든 사람들을 초대하라. 만일 회중의 25 퍼센트만이라도 그들에게 선포되는 하나님의 말씀을 들을 준비가 되어있다면 어떤 일이 일어날 수 있는지 상상해보라! (2) 다음 주말의 봉독자와 설교자를 위하여 주중에 기도하자고 사람들에게 요청하라. (3) 성경은 보지 않는 안일한 원고설교를 하지 말고 오히려 하나님 말씀을 열고 설교하도록 설교자를 초청하라. (4) 하나님의 거룩한 말씀을 듣거나 읽거나 설교하는 사람들을 위하여 매주 기도하도록 아프거나 집에 틀어박혀 있는 공동체 일원들에게 격려하라. (5) 가능하다면 오는 주일의 말씀을 소그룹으로 묵상하도록 시작하라. 그리고 거기에 설교자가 참석하도록 초대하라. 목회자들은 돌아오는 주일의 본문과 예배력에서의 위치 그리고 신앙 공동체의 삶을 가능한 일찍 기도하며 나누기를 소망한다.

C. 교회와 세상을 위한 기도

여기에 상징이 있다: 천국과 지상에 있는 교회의 연합인 하나님의 제사장적 백성으로서 이 회중은 교회와 세상의 필요에 대해 기도하도록 하나님께 부름 받고, 우리는 우리의 정성어린 청원으로 응답한다.

가톨릭에서는 신앙인들의 중보기도를 회복하기 위해서 제2차 바티칸공의회는 각 회중의 일원들에게 교회, 정치인들, 다양한 필요 때문에 억눌린 사람들, 온 인류 가족, 그리고 전 세계의 구원을 위해 기도하도록 요청하였다(행28:28). 교회는 이 청원의 그룹을 목회적 기도, 중보기도, 연도[litany], 혹은 또 다른 이름으로 부르고 있다.

매주 이 기도를 준비하면서 신앙인들이 조용하고 평안한 삶으로 이끌리도록 높은 지위에 있는 왕과 권세자들을 위해 기도와 감사를 요청하는 디모데전서 2:1–2를 묵상한다. 3–4절은 이러한 중보를 준비하고 기도하는 사람들을 위하여 읽혀진다. 매주 지역별로 목회적 기도를 준비하면서 중언부언하지 말 것에 대한 예수님의 가르침(마6:7–8)을 언제나 기억할 필요가 있다.

D. 회개와 용서의 표현

여기에 상징이 있다: 공동체로서 우리는 하나님께서 세례를 통하여 우리를 죄에서 씻어주셨다는 것을 인식한다. 그것은 주님 앞에서 우리가 약하고 타락했다는 뜻이다. 그것은 우리가 언제나 예수님의 능력을 필요로 한다는 것이다. 우리는 계속해서 주 예수님께 나아감과 그의 자비와 용서를 구하도록 초대 받았다. 바울의 위대한 비전(엡1:3–14)은 용서를 필요로 하는 우리에게 주 예수 그리스도를 통하여 모든 사람들을 구원하시고자 하는 하나님의 계획을 심어준다.

어떤 사람의 집에 들어갈 때, 우리가 현관 매트에 발을 터는 것은 실질적인 행동으로서 그리고 우리를 환영하는 사람에 대한 예절의 표현으로서 당연한 제스처이다. 어떤 문화권에서는 건물에 들어가기 전에 사람들은 그들의 신발을 벗는다. 우리에게 우리 교회 건물은 공동체 신앙의 표시이며 언제나 우리 가운데 하나님의 임재를 기억하게 하는 곳이다. 하나님의 임재 안에 우리가 있다는 것을 기억하면서 무릎을 꿇고, 가슴을 치며(눅18:3), 십자가의 표시를 만들고, 엎드린다. 성전 맨 뒤쪽에 있는 사람처럼, 우리는 때로 개인적인 자비와 용서의 기도를 드린다(눅18:13–14). 이사야와 베드로처럼, 하나님의 거룩함 앞에 직면할 때 우리는 우리의 결점을 인식하게 된다(사6:1–7; 눅5:8을 보라).

세상에 그리고 커뮤니티에 있는 교회는 때때로 예전 안에 있는 다양한 시간에 회개와 용서의 요소를 포함한다.[6]

1. 회개의 기도

지역교회의 지체로서 그들의 기독교적 삶에 실패하고 하나님께 불순종한 자들이 있다. 이제 하나님의 은혜로, 그들은 그들의 죄악을 인정하고, 용서를 구하고, 더욱 잘 살도록 능력을 구한다. "하나님, 자비를 베푸소서"(Kyrie)와 같은 기도들은 제창으로 불리거나 암송된다. 그것을 관장하는 목사는 하나님의 이름과 교회 안에서 사죄와 용서 그리고 확신의 말씀을 봉독한다(요20:21–23을 보라).

주일예전 여러 부분에서 우리는 회개의 기도를 발견한다: 개회의례, 말씀의 예전 끝부분, "하늘에 계신 우리 아버지여" 주기도문 중 그리고 후, 성만찬 바로 전을 말한다. 어떤 전통들에서는 애통을 표현하며 용서를 구하는 시간이 한 번 이상 진행된다.

2. 제스처

평화의 표시sign는 가장 일반적인 제스처인데, 이는 기독교 공동체에 의해 용서하시는 하나님의 사랑을 즐거이 수용함을 표현하는데 사용된다(IV단원 C, 아래를 보라). 또 다른 표시는 찬양과 감사, 믿음과 즐거움의 환호송acclamation으로 이어진다. 어떤 교회들은 평화의 신호와 공동체의 의례 사이에 있는 전이transition로서 "하나님의 어린양"(Agnus Dei, 요1:29에 근거한)을 노래한다.

6. 제10장 "주일예배와 중보기도"를 보라.

3. 회개를 표현하는 다른 시간들

주후 100년 즈음, 시리아의 그리스도인들은 한 주에 두 번, 즉 수요일과 금요일에 금식을 하였다.[7] 회개에 대한 전통적인 시간은 사순절 주간을 포함하는데, 특히 재의 수요일과 성금요일이 그렇다. 대강절은 기대와 기쁨의 기간이다. 그러나 우리의 마음이 "주의 길을 예비하고 평탄케 하라"고 요청받는다(누가복음 3:4–6을 보라). 로마 가톨릭은 아직까지 금요일이 개인과 가족에게 자발적 고해성사의 날 또는 경건과 자비를 위한 특별한 노동의 날이다.

지역 커뮤니티는 지역과 세상에 대한 관심을 가지고 기도와 금식의 날에 참여하도록 항상 그들의 지체와 다른 이들을 초청한다. 전통적으로 속죄의 훈련은 주 중에 하는데, 주일은 죽음에서 부활하신 주 예수님으로 인해 언제나 즐거운 날이기 때문이다.

4. 우리의 회개를 표현하는 전통적인 방법

기도, 금식, 그리고 자선은 예수님이 그를 따르는 이들에게 제안한 유대인들의 훈련이었다(마6:1–18을 보라). 각 지역교회 공동체는 다음과 같은 몇 가지 방식으로 기도와 묵상을 통해 함께 가기를 원하고 있다.

7개의 참회시로 기도하기: 수 백 년 동안, 그리스도 교회는 속죄의 시기와 상황에 가장 적합한 참회시 7개를 선별했다. 이것들은 시편 6편, 32편, 38편, 51편, 102편, 130편, 그리고 143편이다. 이러한 시편들은 사순절을 비롯하여 참회, 수양회, 혹은 갱신을 위한 회개의 노래 및 기도로 적합하다. 이러한 시편들의 음악적 해석은 우리의 찬송가에 그리고 다른 자료에 포함되어 있다. 상황에 따라 하나, 더 많이, 혹은 7가지 시편 전부를 부를 수 있다. 적어도 몇 개의 시편은 운율 혹은 응답송의 본문으로 사용함으로써 회중의 사람들을 포함시킴이 바람직하다.

회개와 용서의 예배: 특별히 사순절과 대림절 기간 동안 하나님께로 돌아오라고 부르시는 그분의 말씀을 듣도록; 우리가 존재하고, 행하고, 그리고 피하도록 부르신 것에 대해 말

7. 디다케, 8:1, 또 마태복음 6:16-18; 9:14-15; 누가복음 18:12을 보라.

씀 안에서 묵상하도록; 우리를 위한 그리고 이웃을 위한 하나님의 자비를 기도하도록; 하나님과 하나님 백성에 대해 어떤 실제적이고 적극적인 행동으로 문제를 풀기 위해 초대받도록; 하나님의 사랑과 자비와 용서의 확언을 듣도록; 그리고 성령의 인도하심으로 매일 주 예수와 함께 앞을 향해 걷도록 지역공동체는 초대되어야 한다. 우리 찬송가 안에 있는 많은 시편과 찬송들로부터 그들의 영적 성장 안에서 이 회중과 이 시간에 대해 적절한 몇 가지를 우리는 선별할 수 있다.

성전에서의 세리와 같이, 우리 하나님의 무한하신 사랑 때문에 우리는 자비를 구하고 또한 받는다(눅18:9–14). 세리 삭게오와 같이, 우리는 음식을 함께 나누기 위하여 우리를 초대하시는 예수님의 소리를 듣는다(눅19:1–10). 그리스도인에게 이것은 성만찬으로의 동행을 의미하며 또한 천국에서 영원한 잔치를 미리 맛봄을 의미한다.

E. 그리스도 공동체로서의 감사하기

여기에 상징이 있다: 이 믿음 공동체 사람들은 하늘의 천사와 성도들과 함께 그리고 땅위의 모든 신자들과 함께 그리스도를 통해 그리고 그리스도와 함께 감사와 찬양을 드리는 아버지의 초대에 함께 한다.

1. 하나님의 제사장적 백성이 되도록 세례로 부르심

에베소서 1:3–14, 베드로전서 2:5, 9–10, 계시록 5:10을 몇 분간 묵상하면서 기도하는 것은 유익하다. 개인적으로 우리는 하나님을 경배하는 가족으로 부르심을 받았다. 하늘의 천사들과 성도들이 연합하여, 그리고 "하늘 아래 모든 창조물의 이름으로, 우리도 하나님의 영광을 찬미한다."[8]

2. 주님의 날에 모임

주간의 첫째 날, 창조 시작의 날, 예수 부활의 날, 성령이 보내어진 날, 하나님은 우리를 그의 가족으로서 삶의 샘font과 가까운 말씀과 성만찬의 식탁 주위로 모으신다. 우리는 지상

8. 성만찬 기도 IV장, 서론

에서 교회라는 매우 명백한 이미지로 존재하도록 그리고 봉사하도록 부름받았다.[9]

우리의 모임에서, 하나님의 말씀을 듣고 응답한 이후에, 우리는 기억하고, 감사하고, 그리고 헌신한다. 우리는 창조 때의 하나님의 역사와 예수 그리스도 구속의 역사와 우리 가운데 거하시는 성령의 지속적인 역사를 기억한다. 우리는 이러한 놀라운 역사에 대하여 하나님께 감사한다. 우리는 우리 자신을 헌신하고 하나님 아버지께 전적으로 자기를 내어 맡기신 예수님과 함께한다. 우리는 아버지께 이 모든 것들을 오직 아들 예수만을 통하여, 함께 성령 안에서, 그리고 거룩한 교회를 통하여 드린다(엡 3:21).

3. 전 공동체의 기도

성만찬 기도(대감사, 대감사 기도)는 대표적인 기도로서, 함께 모인 온 회중의 기도이기 때문에 모든 이름들을 대표한 집례 목사에 의해 큰 소리로 기도된다. 모든 이들은 그들의 마음을 높이 들도록, 그리고 감사와 찬양을 드리도록 초대받는다. 기도자인 "우리"는 이 모임의 일원들 또는 천상의 천사와 성도들과 지상의 하나님 백성 둘 다에 속한다. 전 공동체는 기도 안에 있는 환호송acclamation과 성만찬서식preface dialogue에 대한 응답을 노래하도록 초대받는다. 참석자들은 듣고 봄으로써, 그리고 특별히 예수님과 그의 백성들의 연합을 통한 헌신으로써 참여한다.

4. 상징성의 강화

성만찬 대감사기도를 드림이 대부분의 공동체에서 그리 환영받는 것은 아니다. 대부분의 사람들은 듣기, 아마도 혼자서 읽기, 가끔씩 보기 등 다소 수동적인 역할로 되돌아간다. 강력한 교리문답catechesis을 통하여 대감사기도에서 부르는 환호송과 예수님 그리고 그의 교회 안에 연합된 각각의 헌신의 역할로서의 공동체적 특성을 강조할 필요가 있다. 기도가 더 이상 노래로 불리지 않는다면, 상징적 행동으로서 기도의 효과는 적어진다.

사회자는 사람들이 기도 안으로 들어오도록 초대하는 것을 배워야만 한다. 목회자는 본문을 명확히 선포해야 한다. 왜냐하면 성만찬 기도는 교회의 신앙고백이기 때문이다. 설교

---

9. 앞쪽 2와 5 참조를 보라.

와 주보, 회중 조직과 교회학교, 신앙공동체의 모든 사람들은 그들의 찬양과 감사와 헌신이 우리와 같이 "아멘"으로 최고조에 이르는 기도를 통해서 계속해서 성장하고 확장될 수 있도록 도전 받을 필요가 있다. 그리하여 기도의 마침과 함께 높이 솟은 노래가 그들 자신의 기도의 고백이 되는 것이다.

F. 몸으로 드리는 예배

상징이 여기 있다: 당신의 형상으로 우리를 창조하신 하나님(창1:26–27)은, 우리를 몸을 가진 사람으로 만드셨고 예수 그리스도(골1:16)를 통해, 그리고 그를 위하여 창조하셨다. 하나님은 우리의 영혼과 마음뿐 아니라 우리의 몸으로 기도하도록 초대하신다.

그리스도인으로서 우리는 구체화된 영혼embodied souls임을 인정한다. 우리는 자신을 몸으로 구체화(우리 조상, 가계도로부터 전수된)되고 영혼(이 시간 이 자리에 하나님에 의해 선택되고 창조되고 인정된 개인으로서)의 살아있는 연합으로서만 알 수 있는 개인적 인간으로 이해한다. 그 결과 우리 각자는 하나님의 아름다움과 영광과 사랑과 경건과 지혜의 성품으로서의 특별한 조명인 것이며, 이것이 특별한 사람으로 구체화된 것이다. 우리들 각자는 하나님의 아름다움과 사랑과 관심과 지혜를 아주 독특하고 신비한 방식으로 조명한다. 그리고 모든 창조물처럼, 하나님은 우리를 매우 "보기 좋다"고 보셨다(창1:31).

1. 예수

성육신하신 하나님의 아들, 우리의 형제며 우리의 주님이신 예수 그리스도는 우리 아버지 하나님에 대한 복종으로 삶과, 고난과, 죽음과, 그리고 살아나심을 통해 우리를 구원하셨다. 진짜 인간의 몸으로, 그 몸을 통한 그의 완전한 자기 헌신은 하나님을 향한 그의 인성personal의 선물이었다.

2. 회중의 행동

이 회중 가운데, 예수님의 자매와 형제들은 그들의 인간적 행위 –듣고 말하고, 노래하고 침묵하고, 한 목소리로 소리 내어 혹은 마음속으로 조용하게 기도하고, 몸을 움직이거나 자세를 잡고, 빛과 동작과 움직임과 예복vesture과 향과 색깔을 사용하여– 를 통해 예배를 드린다.

3. 예수님은 우리와 그의 선물을 드리신다

우리의 주님은 이 예배를 그리스도 온 몸의 희생제물로서 머리와 지체를 하나님께 드리신다.[10]

4. 상징의 향상

우리는 하나님께서 오랫동안 이 시간과 이 장소에서, 우리를 구체화된 영으로서 계획하셨다는 것을 알고 있다. 우리는 예수 그리스도를 통하여 그리고 그를 위하여 계획되었다(골 1:16). 하나님은 우리 각자의 개인적인 재능을 알고 계셨다(시139:13–16을 보라). 하나님은 우리를 찬양의 사람들이 되도록 선택하셨다. 그리고 예수님은 그의 찬송과 영광으로 하나님께 우리의 삶과 예배를 통해 노래하며 헌신한다.

5. 우리는 환대하고 있는가?

신앙 공동체는 예배 장소를 둘러보기를 원할 것이다. 그리고 진실로 하나님의 아름다움을 비춰주는 아름다운 장소인지를 확인할 것이다. 사람들이 공동예배와 개인적인 기도를 드리기 위하여 자유롭게 오도록 하는 곳이 환대의 장소인가? 그곳은 장애문제를 가진 사람들이 쉽게 접근할 수 있는가? 청각장애인들에게 도움을 주고 주는가? 우리는 지역신문, 전화번호부, 그리고 다른 주소록에 환대의 모습을 실고 있는가?

6. 예전의 특별한 순간에 있는 춤

다윗은 언약궤가 예루살렘으로 돌아올 때 춤을 추었다(삼하6장). 오늘날 어떤 유대인들도 토라[Simchat Torah]의식 동안에 춤을 춘다고 한다. 종교적인 춤은 다양한 문화에서 받아들여졌다. 비록 이것이 북미, 영국, 북유럽, 또는 청교도 배경의 부분이 아닐지라도, 그것은 오늘날 모자이크의 부분이 되어가는 다양한 나라와 문화의 부분이다. 비록 우리 중 많은 이들이 예배 시간에 춤을 추거나 박수 칠 준비가 되어 있지 않더라도, 이러한 제스처는 새로운 시대에 우리의 예배 안에서 우리의 몸을 사용할 수 있는 방법이 될 수 있다.

---

10. 성만찬기도문 III에서는 아버지께 찬송하면서 "우리를 당신에게 드리는 영원한 선물로 만드소서"라고 한다.

G. 크게 그리고 침묵으로 기도하기

여기에 상징이 있다: 개인이 신앙공동체 입문으로 세례받을 때, 우리는 기도 가운데 우리의 마음과 우리의 목소리를 높이도록 요청받는다. 또한 그때에 우리는 회중의 모든 지체와 연합하여 침묵으로 기도하기를 요청받는다. 예수님은 우리 안에서 그리고 우리를 통하여 기도하기를 계속하신다(히7:25, 마18:20).

한목소리Unison의 기도는 공동체의 행동으로 개인의 행동을 연합한다. 우리는 이 장소 안에서 그리스도의 몸으로서 우리 자신을 인식한다. 동시에 우리를 둘러싸고 있는 사람들의 믿음과 기도는 우리를 강하게 하고 격려한다. 예수님은 우리가 요청하는 것이 무엇인지에 동의하도록 우리를 초대하신다. 그리고 예수님은 그의 이름으로 둘 혹은 그 이상이 모인 자리에 현재하신다(마18:19–20). 그는 우리의 기도 가운데 우리를 돕기 위해서 그의 영을 보내 주셨다(롬8:26–27). 예수님은 성령의 선물을 위해 아버지께 구하라고 우리를 가르치신다(눅 11:13).

기도는 예배 인도자와 공동체 사이에 혹은 회중의 두 그룹 사이에, 시편이나 다른 본문의 양쪽 단락을 대화의 형식으로 취한다. 이때에, 그 대화는 칸토cantor 또는 성가대 그리고 회중 사이에 있다.

1. 기도의 세 가지 스타일

잘 균형잡힌 기독교 예전에서는 적어도 기도에 대한 세 가지 스타일의 여지가 필요하다.

모두가 말 혹은 노래로 하는 기도: 주님의 기도와 "높은 곳에서 하나님께 영광"(영광송)은 보통 사회자와 사람들에 의해 함께 불리거나 기도된다. 많은 찬송들은 하나님 또는 예수님을 향한 기도이다.

모든 사람을 대표한 인도자의 기도: 이것은 인도자가 말하거나 노래하며, 모두는 말과 노래로 응답한다. 대감사기도가 그예이며 그 외로 본기도, 연설, 또는 다른 목회적 기도들이 있다.

침묵 또는 묵상의 시간: 이것들은 "다 같이 기도합시다"와 같은 초청으로 이어지며 또는 봉독, 기도, 설교 후에 포함된다. 예수님의 어머니처럼, 우리는 마음으로 하나님의 말씀과 행동을 숙고할 수 있다(눅2:19, 31). 침묵을 사용한 어떤 여백이 없는 예배는 압박적일 수 있다. 각 회중은 예배 가운데 적절한 침묵을 편안하게 느낄 줄 알아야 한다.

2. 양방향식 기도

여기엔 공중기도와 개인기도 사이의 중요한 연결이 있다. 다른 이들과 함께 하는 기도로 우리를 초대하시는 하나님(마18:19–20, 요14:13–14, 15:7, 16, 16:23–24, 26–27)은 우리를 역시 개인적으로 기도하도록 초대하시는 분이시다(마6:5–7). 그는 우리가 중언부언하지 않도록 가르치신다(마6:9–13). 그리고 우리에게 모범으로 따르도록 주님의 기도를 주신다(마6:9–13, 눅11:2–4).

3. 개인기도는 공중기도에 생명을 준다

만일 공중기도를 맡은 사람이 한 주간 동안에 개인적인 기도가 없다면, 주일 공중기도의 영과 힘은 약해질 것이다. 회중의 각 일원들은 하나님과 매일 대화하는 신실한 여성, 남성, 또는 어린이 기도 자가 될 필요가 있다. 규칙적으로 기도하지 않는 사람들에 의해 제공된 공적인 예배는 형식적이 되거나 무의미하게 될 수 있다. 주중에 규칙적이고 신실한 기도는 우리의 주일 예배를 생명과 기쁨과 빛으로 충만하게 한다.

개인적인 기도는 큰 소리로 혹은 침묵으로, 혼자서 혹은 다른 사람과 함께, 성경에서 온 기독교 전승, 시편, 찬송을 사용하거나 우리 자신이 쓴 기도 혹은 다른 사람이 쓴 기도를 사용함으로써 기도할 수 있다. 이러한 몇 가지 혹은 모두의 균형 잡힌 결합은 많은 사람들에게 도움이 될 수 있다.

4. 공중기도는 개인기도를 안내한다

공동체의 주일 예배 안에서 정기적인 나눔이 없는 개인적인 기도는 약하거나 변형된 기도의 삶으로 이끌 수 있다. 개인 그리고 가족은 교회 예전의 정신 안에서 기도하도록 안내받을 필요가 있다. 교회의 기도정신은 적극적이고 구성적[formative]이어야 한다. 그것의 질적인 모습은 우리의 개인적인 매일기도 안에서 우리에게 도움을 줄 수 있다.

우리는 예수 그리스도의 한 지체로서 기도한다. 우리는 태초부터 그리스도 안에 선택된 특별한 개인이며, 용서받은 죄인으로서의 공동체 일원이 되기 위해 세례 가운데로 초대받았다(엡1:3-14). 우리가 혼자 기도하는 것은 더 크고 넓은 교회의 한 개인으로서이다. 우리가 다른 사람들과 기도하는 것은 그리스도의 몸으로 모이라고 부름받은 일원으로서이다.

찬양과 감사의 사람들이 되라는 부르심: 하나님은 우리를 선택하셨고, 찬양과 감사의 임무를 주셨다(엡1:12). 하나님의 사랑받는 자녀로서, 우리는 하나님, 우리 구원자 예수님의 말씀과 함께, 그리고 말씀을 통해 우주의 노래를 부르면서 모든 창조물의 찬양을 말하기 위해 부르심을 받았다. 시편 저자와 함께 우리는 찬양과 감사 안에서 우리와 더불어 모든 나라(시117)와 모든 우주(시148)를 초대한다.

기도의 넓은 지평: 그리스도인은 하나님이 사랑하시는 온 세상과 모든 사람들(요3:16을 보라)과 하나님이 보시기에 "심히 좋았더라" 했던 모든 창조물(창1:31)에 대해 기도할 필요가 있다. 세상 가운데, 재난의 희생자들, 분단되어 있는 사람들, 환경파괴, 홍수로 죽어가는, 멸종의 위기에 있는 종들… 기도에서 우리의 관심은 평화를 포함해야 한다. 개인기도와 가족기도는 고생하거나 가난한 사람들을 도울 수 있는 어떤 실제적인 행동으로 이끌어야 한다. (나는 종종 가족과 개인으로 식사 기도를 할 때 세상의 평화를 위한 기도를 더하라고 독려한다) 개인, 가족, 혹은 신앙공동체로서 그리스도인을 향한 기도의 지평은 한계가 없다.

공동체를 위한 기도: 홍수와 화산 폭발과 전쟁에 영향을 받은 수천, 수백만을 위하여 기도하고, 또한 질병, 재난, 차별, 실직, 가난, 마약 중독, 혹은 그 밖의 문제들에 영향을 받고 있는 사람들을 기억해야만 한다. 우리는 또한 공동체 안에서 무언가 더 좋게 하려고 일하는 사람들 또는 긍정적인 운동을 진행하는 사람들을 기억해야만 한다. 매일의 개인기도에서 우리 공동체의 목회적 기도 혹은 지난주일 중보기도에서 언급된 모든 것을 기억하는 것은 좋은 일이다.

용서를 위한 기도: 우리는 개인적인 죄(눅15:18-19, 21; 18:13), 우리에게 상처를 준 자들의 죄(마18:21-22; 6:12; 5:23-24; 18:13), 그리고 그리스도인과 인류 공동체의 죄(마6:12; 눅11:4)의 용서를 위한 기도를 할 필요가 있다. 주일 예전에서, 대부분의 교회들은 그러한 용서를 위한 기도를 한다. 각 개인은 주일 예전의 영적 조화 가운데 용서를 위한 그들의 개인적 기도를 할 필요가 있다.

관대한 기도: 우리는 특별한 사람 혹은 관심을 위해 기도한다. 그러나 우리의 마음은 우리에게 매일 혹은 매주, 이것들이 명백하게 되는 모든 필요성에 항상 열려 있어야 한다. 우리의 기도는 관대해야만 하고 모든 것을 품을 준비가 되어 있어야 한다. 만일 우리가 매일 기도하고 있는 사람들을 기억하는데 몇 분의 시간을 할애한다면, 우리는 주 예수께서 우리에게 나누어 주신 그 사랑을 그들에게 확장할 준비가 항상 되어 있을 것이다.

기도의 시간: 아주 이른 세기까지 거슬러 올라가는 그리스도인을 위한 공적인 기도의 전통적인 시간은 아침과 저녁에 있다. 이러한 시간들은 그리스도의 시간 안에 있는 유대적 실천에 그 뿌리가 있다. 가톨릭 제2차 바티칸공의회에서는 "시간전례"라 불리는 교회의 공중기도에 대해 "시요hinge" 혹은 주요 시간으로 기술하고 있다.[11]

교회 기도의 흐름에 조화로서, 개인은 개인과 가족과 공동체의 기도로서 그 날 일의 시작과 끝으로 초대 받는다. 아침에, 우리는 주 예수님의 부활로, 하나님께 찬양함으로, 전 세계의 교회를 위한 기도로, 그리고 하루 종일 예수와 함께 걷도록 도와달라는 요청으로 기도한다. 저녁에, 식사 전이나 후에, 우리는 십자가 위에 계신 예수님의 고난과 죽음을 다시 부르며, 그분이 오늘 우리에게 하신 선한 일들에 대해 감사하며, 긴 밤 동안 그분의 보호하심을 구한다.

여러 방식으로, 교회 예전의 기도와 실천은 개인기도와 가족기도 안에서 우리를 돕고 안내할 수 있다.

H. 예전에서 노래하기와 연주하기

여기에 상징이 있다: 신앙공동체를 모으는 정신, 마음, 목소리, 생명, 재능, 그리고 악기를 통해 가수이신 그리스도는 하나님을 향한 감사와 찬양의 노래를 계속하신다. 예수님은 우리를 향한 하나님의 말씀이며 하나님을 향한 우리의 고백이다(요1:1-5, 9-14, 16-18; 또한 히1:1-4을 보라).

1. 음악과 노래는 천국의 상징이며 미리 맛봄이다

찬양과 감사의 천국 예전은 노래하며 악기를 연주하는 천사들과 성도들로 자주 기술된

---

11. *Sacrosanctum Concilium § 89a.* 그 "시요hinge" 시간은 그 날의 공중기도의 안식이 의식되는 주변의 중심적인 시간이다.

다. 현재 우리의 예전은 사랑의 하나님을 경배함으로써 천상의 축제를 미리 맛보는 것이다.[12] 회중 안에서 우리의 노래와 음악은 작지만 우리가 지상에서 우리의 삶과 예배의 목적으로 모이게 될 위대한 축제의 중요한 표징이다. 우리는 그리스도의 유월절 신비 안으로 완전히 들어간다. 그 천국 예전은 영원히 지속될 것이다.

거기서 우리 영원히 주님의 은혜로
해처럼 밝게 살면서 주찬양 하리라.[13]

2. 현대예전음악의 중요한 역할

16세기의 개혁 교회는 매 주일 축제에서 회중 모든 사람들이 노래하는 것을 인정했다. 그로부터 4세기 후 제2차 바티칸 공의회에서는 가톨릭도 예전적 축제 동안에 노래하는 것을 독려했다.[14] 이것은 기독교 영성의 주요하고도 필수적인 원천이기 때문에, 사람들의 전적인 참여는 가장 중요한 것이다.[15] 찬양 예전은 주일 축제를 위한 모범인 것이다.

성 어거스틴은 우리에게 말한다. "노래는 사랑하는 자들의 것이다." 옛 격언이 기억된다, "노래를 잘 하는 사람들은 두 번 기도하는 것이다."[16] 예전에서의 노래와 음악의 상징은 이 책의 다음 장에서 더 자세히 다룰 것이다.

Ⅳ. 이차적인 상징에 대한 고찰

이차적인 상징은 일차적 상징을 "지지하는 역할"로 작용하는 또 다른 적절한 행동과 표징으로서 기술될 수 있다. 그것들 중 몇 가지는 성경에서 그리고 기독교 예배의 전통적인 요

12. 계시록 4:1-11; 5:9-14. 시편 149-150에서, 노래와 찬송 그리고 많은 악기들은 우리 인간의 모방과 천국 성가대의 반향으로 간주될 수 있다. 또한 *Sacrosanctum Concilium §8*을 보라.

13. 존 뉴턴(1725-1807)의 "나같은 죄인 살리신" 찬송가 가사, 5절은 존 리스(1828-1900)가 작사함.

14. *Sacrosanctum Concilium*에서 많은 단락에서 음악을 언급한다. §§ 8, 24, 29-30, 33, 39, 44, 46, 54, 91, 93, 99, and 112-121.

15. *Ibid.* §§ 14, 31, and 118.

16. 둘 다 General Instruction of the Roman Missal §19에서 인용되었다. 어거스틴의 설교 336, 1:PL38, 1472.

소로부터 유래한다.

일차적 상징이 주일 예배 동안에 잘 지켜질 때, 이차적 상징은 그들의 의미와 중요성을 고양시키고 강조한다. 그리하여 복음이 잘 선포되어질 때, 선포하는 동안 하나님의 말씀에 경외를 표하는 초와 향의 사용은 아마도 기쁨과 존경으로 복음을 받기며 듣는 우리의 감각을 고양시킬 것이다.

그러나 일차적 상징이 생략되거나 약화되거나 빈약하게 축하된다면, 이차적 상징의 사용과 확장은 상황으로 발전하지 못할 것이다. 만일 복음이 빈약하게 선포되거나 설교가 잘 준비되지 못했다면, 향의 사용은 이것을 보충하거나 수습하는데 심각한 부족함을 자아낼 것이다. 만일 세례에서 침례나 적당한 물을 붓는 대신, 몇 방울의 물로 의식을 거행한다면, 아무리 좋은 예전적 몸짓이라도 그 가치와 중요성을 드러내지 못할 것이다.

A. 하나님, 교회, 그리고 가난한 자들을 위한 선물주기

여기에 상징이 있다. 감사와 관대(하나님께서 우리에게 주신 은혜)함으로, 하나님께, 그리스도의 몸께, 가난한 사람들에게, 그리고 삶 가운데 필요한 이들에게 선물을 나눌 수 있다. 이러한 선물을 하나님이 우리와 나누셨던 그 풍성함으로 얻을 수 있다.

1. 신약에서의 몇 가지 알림

신약성서는 관대한 선물의 유형에 대한 많은 참조가 된다: 과부의 봉헌(눅21:1–4), 자선의 태도(마6:1–4, 19–21), 돈을 나누고 음식을 분배함(행4:32–37; 5:1–6), 예루살렘의 가난한 자들을 위한 바울의 모금(고전 16:1–4, 고후 9:1–15) 등이다. 예수님은 우리가 도움이 필요한 다른 사람을 위해 행한 무엇이든지, 우리가 예수님 그 분을 의해 한 것이라고 말씀하신다(마25:31–46).

2. 초대 교회

약 150년경, 로마의 평신도 전도자인 저스틴은 빵과 포도주가 성만찬에 사용되기 위해 앞으로 옮겨지는 주일 성만찬에 대해 기술하고 있다. 그는 또한 불쌍한 사람들 중에 분배를 위해 주교에게 기부금을 가져오는 사람들에 대해 언급한다.[17] 1387년경에, 차우서Chaucer는 바쓰Bath에서 온 한 부인을 기술하였다. 그때 그녀는 자랑스럽게 선물을 가지고 행렬에 나아간다.

전 교구 안에서 어느 누구도
제단을 향한 그녀 앞을 앞지르지 못하였다.
만일 정말 누군가 그랬다면, 사랑에서 밀려난 것처럼
분노의 그녀가 될 것이다.[18]

3. 오늘

우리는 보통 주일축제에 교회로 헌금을 가지고 간다. 어떤 이는 우편으로 송금하는 것을 더 좋아할 수도 있겠지만, 대부분의 사람들은 매주 그들의 봉헌을 가져온다. 대부분의 회중들은 제3세계 사람들과 선교사들을 위해 음식은행food bank을 운영한다. 다른 이들은 가난한 사람들을 위해 일하는 기관 혹은 불쌍한 사람들을 돕는 다른 교회 기관들을 후원한다.

성만찬 축제시 대감사 기도를 올리기 전 성만찬상과 제단에 회중 가운데 몇 사람이 봉헌물을 가지고 나오는 것이 일상적이다. 빵과 포도주는 성만찬에서 사용되며, 나중에 그것을 불쌍한 사람들을 위해 헌금하거나, 때로는 음식이 분배를 위해 가까운 상에 놓여진다. 주님의 날 예배 동안에, 우리가 봉헌을 전달할 때 우리는 실제로 하나님의 관대하신 사랑으로 많은 선물을 받았다는 것을 깨닫게 된다. 이제 이 봉헌한 헌금은 하나님의 예배를 위해 사용된 이러한 선물의 나눔으로, 교회 공동체와 사역의 후원으로, 그리고 우리의 주변과 다른 곳의 가난하고 불쌍한 사람들을 돕는 일로 쓰이게 된다. 하나님과 이웃을 향한 우리의 사랑은 특별히 다른 사람들을 위해 실제적인 행동으로 승화된다.

B. 의례에서 귀중한 예전서 사용하기

여기에 상징이 있다: 가능한 최고의 예배를 드리려고 노력하는 공동체는 예전 가운데 봉

---

17. 시릴 리처드슨에 의해 번역 출판된 *The First Apology of Justine, the Martyr*, 67장, 287쪽, *Early Christian Fathers*를 보라. (New York: Macmillan, 1970, 1975)

18. Geoffrey Chaucer, The Canterbury Tales, translated into modern English by Nevill Coghill(Harmonsworth: Penguin, 1951, 1959); 서문을 보라.

독하고 기도하고 노래하는 모든 사람들에게 가치 있고 존귀한 책의 사용을 격려해야 할 것이다.

1. 하나님의 말씀

거의 4세기 말에 정경으로 받아들여진 책들을 교회가 인식했을 때, 그 중요한 기준으로 사용된 것은 그 책이 교회 예전에 선포되었는가를 묻는 것이었다. 전통적으로 예배 동안에 사람들에게 읽혀지는 것들은 하나님의 말씀으로 인정되었다. 다른 초대 본문들, 예를 들어 디다케Didache 혹은 헤르마스의 목자Shepherd by Hermas는 성서가 아니라고 간주한다.

중세 초기 동안에 많이 드러난 사본들은 진정 존경의 마음으르 하나님의 말씀을 안치enshrine하기 위하여 제출함으로써 산출되었던 것이다. 풍부하게 기술되고 호화롭게 채색된 본문, 켈Kells의 책은 서방에서의 선포를 위해 예전에서 네 개의 복음을 포함하고 있다. 그것의 아름다움을 고취하는 것은 더블린Dublin의 트리니티Trinity대학에 전시됨으로 지속되고 있다.

그러한 시기에 집사deacon가 입장행렬 동안에 교회 안으로 채색되고 장식된 복음서를 운반했다. 이 가치 있는 책으로 안치된 하나님의 거룩한 말씀은 회중 공동체를 통과하여 듣는 것에 대한 존경의 표징으로서 경건하게 옮겨졌다.

과거에는 위엄 있는 강대상 성경책을 실제로 사용하며 하나님의 말씀에 대한 공동체의 존경을 표현하는 한 가지 방식이 존재했다. 오늘날의 많은 공동체들에게는 예배의 인도자로서 집사 혹은 다른 봉독자가 하나님 말씀의 책을 들고 말씀의 상과 제단상을 향해 회중을 통과하면서 경건하게 움직이는 것은 실제적인 것이다. 이 책은 강대상 성경이나 성구집처럼 크고 위엄 있는 것이 좋다.[19] 이 상징적 행동으로서, 모든 맡은 부분이 그들에게 선포된 하나님의 말씀을 위해 이 믿음의 공동체의 존경을 인식하도록 도울 것이다.

비잔틴 교회는 그들의 복음서에 화려한 표지를 사용하는 것이 오랜 전통이다.

---

19. "성구집"은 두 가지 관련된 의미를 가지고 있다. 먼저 그것은 일 년 혹은 긴 기간 동안 읽도록 배정된 목록이다. 다음으로 그것은 목록 안에서 지적해 주는 발췌된 읽을거리(periscopes)를 포함한 책을 의미했다. 첫 번째 형태의 최근의 예는 일반 본문의 참고에 의해 주어진 읽기표로서 *The revised Common Lectionary* (Winfield, BC: Wood Lake Books, 1992)가 있다.

2. 기도서

초대 기독교 공동체에서, 성만찬을 집례했던 감독은 그들 지역에서 일반적으로 사용되는 방법을 따랐고 기도의 말들을 즉흥적으로 했다. 다른 사람 보다 재능이 덜한 사람이 있었으므로, 더 품위 있는 단어와 구절을 따라 하기 시작했고, 자신의 기도에도 그것들을 사용했다. 이러한 소책자는 상당히 높은 수준으로 기독교 공동체 기도의 형식적 기준을 지키도록 도와주었다. 약 390년에 북 아프리카의 교회들은 모든 감독과 장로들에게 오직 공인된 기도 형식들만을 사용하도록 요구하기 시작했다.

교황과 교구 예전의 본문을 사용하는 로마에서의 기도문들은 북유럽에서 몇 세기에 걸쳐 그들이 손으로 복사한 이유로 많은 변동과 추가된 사본으로 순환되기 시작했다. 타이프 세팅이 가능한 형식의 인쇄는 약 1445년까지 유럽에서 발명되지 않았다.[20]

오늘날 많은 교회들은 그들의 예전에 사용하기 위해 공식적인 혹은 준공식적인 책자들을 제공한다. 또 다른 시도는 지역 회중이 받아들일 수 있는 윤곽 혹은 모형을 제공하고 있다.

존엄성dignity의 문제: 때때로 특별한 봉독, 기도, 또는 찬송은 귀중한 소책자 안에 포함되지 않고 있다. 그것을 입력하거나 인쇄하여 클립으로 끼워 책 안에 넣는 것이 더 좋다. 예전에서 인도자는 결코 낱개 종이에 적힌 자료를 사용하면 안 된다.

3. 노래를 위한 책

대부분의 회중들은 사람들을 찬양에 참여시키기 위해 하나 또는 두 개의 찬송가를 제공한다. 낡은 책들의 페이지들은 빠지거나 틀어져서 수리와 대체를 필요로 한다. 많은 교단들은 지난 몇 년 동안 새로운 찬송가를 소개한 바 있다. 회중들에게 그들이 사용할 수 있는 좀 더 좋은 것을 제공하려는 이유는 가능한 그들의 구성원들이 새로운 통찰력으로 좀 더 깊은 사회적 인식과 또 다른 폭넓은 교회 생활을 개발하기 위해서이다.

20. S. H. Steinberg, *Five Hundred Years of Printing*, 3rd ed. (Harmondsworth:Penguin, 1974)를 보라.

C. 평화의 표징 나누기

여기에 상징이 있다: 이것은 참회의 의식을 통해 깨끗하게 되고, 믿음을 갖고 하나님의 말씀을 듣고, 성만찬기도를 통하여 그리스도와 그들 자신의 희생을 드리고, 열정적으로 주님의 기도를 드리고, 하나님 백성으로 주 안에서 그들의 자매요 형제인 자들이 공동체의 평화와 사랑을 나눈다. 이 상징은 우리에게 지상에서의 그리스도의 목표인 "진실과 생명의 왕국, 거룩하고 은혜로운 왕국, 정의와 사랑과 평화의 왕국"을 상기시킨다.[21]

1. 성경적 실천

평화의 표징을 나눔은 유대 전통으로부터 받은 유산이다(창27:26–27을 보라. 에서로 변장한 야곱에게 이삭은 입을 맞춘다; 왕상19:20). 예수님은 입맞춤이 주인에게 가장 일상적인 인사임을 언급한다(눅7:45). 서신서에서 그리스도인들은 사랑의 입맞춤(롬16:16, 고전16:20, 고후13:12, 딤전2:26, 벧전5:14)인 거룩한 입맞춤과 함께 다른 이들과 인사를 나눈다.

2. 성만찬에서의 위치

원래 말씀의 예전 끝에 위치한 "인침seal과 보증guarantee"이 약 416년에 교황인 이노센트 1세에 의하여 평화의 표시로서 성만찬 기도문의 마지막으로 옮겨진다. 그레고리(590–604) 대왕은 주님의 기도를 대아멘 뒤에 배치하였고 평화의 입맞춤은 "우리가 우리의 죄를 용서하는 것과 같이"의 방법 중의 한 가지로서 즉각적인 실천으로 행하여졌다.[22]

오늘날 로마 가톨릭 성만찬에서 평화의 표징의 위치는 주기도문 뒤에 짧게 있다 (기도서 개정의 제안은 말씀예전의 종결부분에 위치하는 선택을 제공하게 된다). 다른 기독교 교회들의 개정된 예식서는 평화의 표징을 위한 적당한 장소로서 우리의 일반적인 전통으로 돌아가기도 하고, 용서의 선언으로 시작하는 개회예식을 하며, 또는 말씀예전의 끝을 선택하고 있다. 이 세 가지 형태 중 그 어떤 것도 하나같이 동일한 평화의 표징으로 표현된다.

---

21. 서론 51, 왕이신 그리스도의 위엄.

22. *The Mass of the Roman Rite: Its Origines and Development* ("Missarum Sollemnia"), by Joseph A. Jungmann, S.J.(New York: Benziger Brothers, 1955) vol. II, pp. 321-32.

3. 오늘날 평화 표징의 의미

북미에서 영어를 사용하는 사람들은 1960년대 말과 1970년대 초에 그들의 가식shells을 깨뜨리고 편안하게 평화의 인사를 나누기 위한 과도기를 거쳤다. "평화의 키스"는 라틴문화에서는 익숙한 일이겠지만 대부분 과도한 접촉을 요구하기에 평화의 "표징" 혹은 "인사"로 대체되었다.

오늘날 우리는 여전히 그 시대에 사용된 언어를 좋아하지만 그 행위는 좀 더 자연적이고 편하게 받아들여졌다. 현재 결혼 혹은 약혼한 커플의 키스, 가족 구성원과 절친한 친구들의 포옹 또는 껴안음, 그리고 낯선 이에게 보내는 미소, 악수 그리고 좀 더 편안한 인사가 있다. 특별한 구성원들이–조직 또는 종교적인 공동체의 멤버로서 사람들은 피정 또는 수양회 및 컨퍼런스에서–함께 하는 이 시간에 그들의 감정을 투영함으로써 통상적인 집회보다 더 풍성함 속에 놓여진다.

그러나 때때로, 예배 밖에서나 행하여야 할 수다의 영향으로 그리스도 사랑의 표시로부터 사람들이 표류할 때, 평화의 인사는 조금씩 멀리 떨어져 역동성이 떨어지게 된다: 예를 들면 '조' 아저씨의 맹장수술에 대해, 아니면 자녀들의 나이와 직업을 묻는 것과 같은 인사를 말한다. 그러나 대부분의 사람들은 이 행동에 대해 우리를 구원하신 주님이시요 사랑하는 형제인 예수 그리스도 안에서의 사랑의 모습을 표현하기 위한 방법으로 긍정적인 자세를 취하고 있다.

보통 집례목사는 가까운 곳에 있는 사람들과 인사를 하게 된다. 일반적으로 그들은 평화의 인사를 회중 속으로 들어가서 하지 않는다. 이는 이 표시가 우리의 보편적인 세례를 기초한 것이지 안수식과 임명을 기초로 한 것이 아니기 때문이다. 그러나 장례식에서 집례자가 고인의 가족들과 함께 평화의 인사를 나누고, 결혼식에서 갓 결혼한 부부와 그들의 친지들과 함께 나누고, 또한 다른 예식에서도 관련된 사람들과 인사함이 적절하다.

D. 두 가지 방식으로 성만찬 받기

여기에 상징이 있다: 예수님은 이 공동체의 잔치를 통하여 성별되고, 봉헌되며, 또한 받으신 그의 살과 피로 우리를 양육하여 주신다.

1. 최후의 만찬에서

예수님은 떡을 가지사 하나님께 축사하시고 떼어 제자들에게 나누어 주시며 "이것은 너희를 위하여 찢은 나의 몸이니 받아먹으라." 그리고 잔을 드시사 하나님께 축사하시고 그들에게 주시며 "이잔은 나의 피, 죄를 용서하기 위하여 흘린 새로운 언약의 피이니 받아 마셔라." 그리고 예수님은 그들에게 지금 행한 것을 계속 기억하라고 명하신다, "너희가 이를 행하여 나를 기념하라."

2. 중세 시대

첫 몇 세기 동안 그리스도인들은 예수님이 명하신 것을 계속하여 실행하였다. 후에 점차적으로 구성원이 늘어 천 년이 지난 후 교회의 성만찬 실제와 신앙에 영향을 주게 된다.

그리스도에 대한 두려움은 우리의 형제 우리의 자비로운 주님이시기 보다는 오히려 엄하고 냉정한 재판관이신 그리스도에 대한 두려움으로 니케아 회의 이후 수세기 동안 동방교회로부터 서방교회까지 널리 퍼졌다. "거룩"하게 구별된 사람에 의해 구워지던 두교병은 집에서 일반인에 의해 만들어지고 교회로 운반된 평범한 유교병으로 대치되기 시작했다. 사람들은 무가치하게 여겼고 미사를 드릴 때마다 성만찬 참여를 그만 두었다. 1215년까지 제4차 라테란 에큐메니칼 회의에서 부활절 즈음에 일 년에 한 번 성만찬을 받는 최소한의 실행을 법제화해야만 했다.

사람들은 더 이상 성배[chalice]로부터 성만찬을 받지 않았다: 점차적으로 그들은 이것을 행하는 것이 금지되었다. 13세기 중간 후반에 미사 밖에서 성만찬을 하는 경건의 형식이 발전되었고, 그것은 성만찬에서 그리스도의 살과 피를 받는 것 보다는 오히려 축성된 전병을 보는 것을 더욱 강조했다("나누는 것이 아니라 보는 것"). 로마 가톨릭 교회 가운데, 점차적으로 감실에 보관된 성체로 성만찬을 거행함이 특별한 경우가 아닌 보편적인 모습으로 받아들여졌다.

로마 가톨릭 교회의 경우, 이러한 부정적인 흐름은 20세기 초에 고쳐지기 시작하였다. 교황 비오10세는 아주 잦은 성만찬을 강조했고 어린이의 첫 성만찬을 장려했다(1880년대와 1890년대에 널리 퍼진 11-12세보다 어리게).

3. 제2차 바티칸 공의회

1963년에 공의회는 성만찬을 받는 전통으로서 먹고 마시는 식사의 표징이 회복되도록 가톨릭 회중을 장려하였다.[23]

4. 상징의 회복

예수님은 최후의 만찬에서 그의 제자들에게 무교병과 하나의 잔을 주었다. 바울은 한 덩이 떡과 한 잔이라고 말했다(고전10:16–17, 11:23–29). 수세기를 통하여, 한 가지 혹은 몇 가지 이유로 성례전의 잔치로서 다양한 실행들이 함께 이루어졌다.

빵: 누룩 있는, 없는, 한 덩이, 여러 덩이, 전병, 입방체; 밀가루로 만든, 다른 형태로 만든(요6:9을 보라);

포도주: 포도주, 술이 될 수 있는 포도주스, 저온 살균된 포도주스;

분병: 손에, 혀에;

분즙: 한 컵으로, 작은 잔, 적시기; 수저로 함께 주어지는 양쪽 형태

지금의 교회는 (성서 안에 포함된) 전통을 직시하고, 다른 교회들과 대화하며, 에큐메니칼 시대의 예전적 집중convergence안에서 무엇이 최선인가를 분별할 시간에 있다. 우리는 열린 자세로 우리 가운데 임하시는 성령의 움직임을 받아들이고 있는가?

E. 조명과 예복의 사용

여기에 상징이 있다: 신약성경은 예수님에 대해 세상의 빛이라고 말한다. 또한 천국에서의 기술에서 특별한 옷, 예복, 혹은 의복을 언급하고 있다. 우리는 초를 통해 빛 되신 그리스도를 기억한다. 예전에서의 특별한 예복은 사람들이 아름다움과 위엄으로 드리는 예배를 원하는 표징으로서 이해될 수 있다.

23. *Sacrosanctum Concilium* §55. 성만찬 의식에서 개선된 다른 주요 사항들은 § § 50-54에 설명되어 있다.

1. 빛과 등불

예수님은 자신을 가리켜 "세상의 빛"(요8:12, 9:5)이라 불렀다. 그는 이 세상에 오신 진정한 빛이다(요1:9). 우리 주님은 그를 따르는 우리에게 "세상의 빛"이 되라고, 우리의 선행을 통해서 빛을 비추라고, 하나님 아버지께 영광을 돌려 다른 사람들을 이끌라(마5:14–16)고 우리를 초대하신다.

우리의 세례 안에서 예수님은 우리를 어둠의 권세에서 구원하셨고, 우리를 빛의 권세로 이끄셨다(골1:13–14). 이제 우리는 빛의 자녀로서 그리스도의 빛 가운데로 걷기를 요청받았다(엡5:8–14, 살전5:5). 새로운 예루살렘에서, 아버지 하나님과 예수님은 영원한 빛으로 기술되었다(계21:22–27, 22:5). (우리는 또한 니케아 신조의 내용, "하나님으로부터 하나님, 빛으로부터 빛"을 기억한다.)

우리의 문화에서 초와 등불은 잔치나 특별한 경우에 사용된다. 생일이나 기념일 케이크 위에 초가 없다면 어떻게 될까? 혹은 등불 없는 성탄목은 어떨까?

몇몇 교회들은 그들의 예배에서 초를 사용한다. 그들은 특별한 부활절 초의 전통을 지킨다. 성탄절 전 4주 동안에, 많은 공동체들은 성탄절 전 카운트다운 형식으로 대림절 화관 위에 초를 밝힌다. 촛불에 의한 예전은 몇몇 공동체에서 매우 잘 쓰인다.

2. 예복

구약성경은 아론과 그의 아들(레8:5–9, 출28:1–43, 39:1–43) 그리고 대제사장(슥6:9–14)을 위한 정교한 의복에 대해 기술했다. 신약성경은 천국에서 하얀 옷을 입은 사람들에 대해 말하고 있다. 그들의 옷은 어린양의 피로 깨끗이 씻긴바 되었다(계7:13–14). 흰 옷에 대한 다른 참조들도 있다(계4:4, 6:11, 7:9–10, 19:14). 예수님은 스스로 그의 허리에 금띠를 두른 긴 예복을 입은 것으로 기술되었다(계1:13).

중세 초기 동안, 기독교 공동체와 교회가 크게 성장할 때에, 감독, 성직자, 집사 그리고 다른 예전적 교역자들의 실제에 있어서 특별한 예복을 입게 되었는데, 이는 그 전 시대에서 사용한 형태의 의복 또는 표준적인(형식적인) 의복을 입게 된 것이다. (오늘날과 유사한 형태는 장례식장 대표들의 모닝코트 모습이고, 또 하나는 미국에서 몇몇 그룹들이 1776년 스타일의 제복을 입고 고적대행진[fife and drum]을 하는 것이다.)

폭넓은 다양성: 1500년대 종교개혁 이후에, 예복의 다른 전통의 다양성이 시작되었는데, 그 영향력은 아직도 남아 있다. 오늘날의 교회에서, 우리는 고대 지중해의 세속 스타일에 기초한 전통적인 로마 혹은 동방 예복을 본다; 그것은 제네바 가운, 학위 복장 그리고 근대 사업가의 양복을 말한다. 각 공동체 회원들은 왜 그들의 전통이 그것을 행함으로 인도자와 다른 사역자들에게 차려입도록 하는지, 그리고 왜 다른 교회들의 회원들이 이것을 공유하는지 이해할 필요가 있다.

등불과 예복은 기독교 예배 전통의 한 부분이다. 주님의 날, 여러분의 공동체 예배 안에서 그것들이 얼마나 잘 어울리고 있는가?

F. 향내 나는 예배

여기에 상징이 있다: 방향제를 태울 때에 일어나는 향내는 지상에 있는 성도들의 기도의 이미지이다. 이 의미는 성서에 기초한 것이다. 이 상징은 하나님을 향한 존경과 기도를 우리에게 말해준다.

1. 하나님의 말씀 안에 우리는 향이 희생제사와 기도에 관계되어 있다는 것을 알고 있다:

희생제사와 더불어: 매일 아침과 저녁에 향은 언약궤의 앞쪽으로 베일을 넘어서 타올랐다(출30:1–8, 왕상6:19–22). 천사장 가브리엘이 세례요한으로 알고 있는 예언자의 탄생을 고지했을 때, 스가랴는 이 "향을 피우는 시간" 중이었다(눅1:8–23). 타오르는 향료의 냄새가 구약의 희생제사의 유쾌한 향기를 불러일으킨다. (창8:21, 출29:18).

기도와 더불어: 시편 141편의 이미지와 함께 기독교 성경의 마지막 책은 타오르는 향료 연기는 지상 교회의 일원인 성도의 기도라고 말한다(계5:8). 천국이 "땅 위 저 공중에" 있다고 여겨지던 때(계3:12, 13:13, 마7:34, 16:19)에 기록되었기 때문에, 부활이란 천국에 있는 하나님께 올라가는 지상의 사람들을 상징화하고 동반하여 적합하게 증발하는 것이다(계8:3–4).

그 외 참조들: 우리는 기도와 희생제사 둘 다의 의미를 가진 한 구절을 발견한다(시41:2). 이 시는 전통적으로 기도 가운데 되도록 향기로 그리고 마음의 일어남으로 저녁 기도를 위해 선택된 것이다. 이때에, 현자들은 새로 나신 왕께 드릴 선물 가운데 유향을 포함시켰다(마2:11).

하나님의 임재: 더 발전된 이미지는 향내 나는 연기에 의해 특별한 방식으로 하나님의 임재를 상징하는 구름, 신현현shekinah을 제시했다(출40:34–38, 왕상8:10–11). 다볼Tabor에서 변모 가운데 있는 구름은 같은 의미이다(막9:7). 축제에서 향의 사용은 하나님이 우리 가운데 계속해서 임재 하신다는 것과 우리의 기도가 하나님께 상달되었음을 떠올리게 한다.

2. 이교도 로마

처음 3세기 동안, 향은 기독교 예배의 한 부분은 아니었다. 이교도 로마에서, 향기를 피우는 경우는 3가지였다: 시체를 도시 밖에 있는 무덤으로 옮길 때 악취를 덮기 위한 실질적 방법으로, 원로원이 거리를 통과하며 이동할 때 존경의 표시로, 하나 혹은 여러 신께 제사할 때(황제를 포함하여)의 경우이다. 그리스도인들에게 있어서는, 이미지 전에는, 향을 태우는 것은 신앙을 포기하고 예수님으로부터 돌아서는 배교의 상징이었다.

3. 기독교 예배 안에서

313년 콘스탄틴이 공식적인 박해를 끝낸 후에, 향은 더 이상 예수님과 교회에 대한 배교의 상징은 아니었다. 장례 행렬에서 향을 피우는 중립적이고 실제적인 가치는 기독교 예전 안으로 향기의 사용이 점차적으로 들어온다는 의미였다. 감독들에게 원로원에 상응하는 존경이 주어졌기 때문에, 향기의 사용은 그들의 특권의 하나가 되었다.

몇 가지 의미를 가진 표징: 이 향기의 성경적 의미는 희생, 기도, 하나님 현존의 인식, 그리고 하나님을 향한 경외와 존경을 포함한다. 타오르는 향기의 사용은 중요한 사람 (교황, 황제)을 기리는 방법이 되었다. 그리고 예배 공동체와 존경의 표시로서의 몸짓 그리고 공식적인 예배에서 사용되는 장소와 대상(가령 이콘)에 대한 배려의 차원이었다.

4. 공중기도에서 향 피우기

과거 수십 년 전 향의 사용은 히피들, 뉴에이지 그룹, 그리고 열광주의자들에 의해 독점 당하였다. 우리는 유대교적 그리고 기독교적 전통 둘 다를 돌아볼 뿐이지 그 지평을 양도할 필요는 없다. 향기는 성경에서 그리고 예배 실천에서 존경받을 만한 자리를 차지하고 있다.

숙고의 시간:

*예전에서 향기를 사용하는 교회와 회중은 왜, 언제, 어떻게 그들이 향기를 사용해야 하는지 숙고할 필요가 있다. 그것이 풍성하고 은혜롭게 사용되고 있는가? 개선할 여지는 없는가? 그들은 향기를 사용하지 않는 다른 기독교 공동체에게 이 상징에 대해 그것을 명확하게 설명할 수 있도록 충분히 생각하고 있는가?

*향기를 사용하지 않거나 멀리하는 사람들은 우리의 유대교적 그리고 기독교적 전통, 성서, 그리고 예전에 대해 숙고할 필요가 있다. 왜 그들이 향기를 무시하거나 거부하는지 생각해 보았는가? 만일 그들이 아직 향기를 사용할 준비가 되지 않았다면, 공중 예배에서 그 가치에 대하여 어떤 신선한 논의에 대한 여지가 있지 않겠는가? 그들은 정기적으로 혹은 가끔씩 향기를 사용하는 다른 교회와 더불어 이것을 논의할 수 있지 않겠는가?

*관심: 그러나 오늘날 교회 건물 안에서 향기의 일상적인 사용에 대하여, 한 가지 문제는 심각한 알레르기를 가진 사람들이 있다는 것이다. 그들은 연기 안에 있는 화학성에 극도로 민감한 사람들이다. 한 가지 가능한 해결은 향기를 더욱 중성적으로 개발하는 것이다. 그러나 야외에서의 축제에서, 향기의 사용은 적절히 계속될 수 있을 것이다.
향을 태우는 것은 중요한 의례에서, 그리고 크거나 작은 그룹의 저녁 기도에서 묵상과 기도의 환경에 장엄함과 축제성을 더할 수 있다.

G. 세족

여기에 상징이 있다: 사랑, 실천의 방식으로 보여준 사랑을 말한다. 예수님은 제자들의

발을 씻기셨다. 그리고 그가 어떻게 다른 사람들을 섬기는지 보여주는 것이라고 그들에게 말씀하셨다(요13:1-17, 20).

1. **독특한 접근** 최후의 만찬에 대한 요한의 소개(요13:1-17:26)는 신약성경에서 독특하다. 처음 세 복음서는 낯익은 성만찬 이야기를 예수님이 제자들에게 그의 살과 피를 주면서 그들에게 이것을 행할 것을 명하심(마26:17-30, 막14:12-26, 눅22:1, 7-38; 고전11:23-26, 17-30을 보라)으로 보여준다. 그러나 요한은 마태복음 25:31-46의 정신 안에서, 성만찬의 예식의 열매인 실천적인 사랑에 대해 집중하는 것 같다. 마지막 만찬의 의례에 대한 집중 대신에, 그는 그들의 진심이 무엇인가를 강조한다: 그리스도 안에서 우리의 이웃과 자매와 형제를 향한 실천적 사랑을 보여줌으로써 하나님을 향한 사랑을 보여준다. 그 같은 메시지는 요한의 첫 번째 서신에도 포함되어 있다.

신약성경의 다른 참조: 세족은 또한 몇 가지 다른 참조로 언급된다 (눅7:38, 44; 요11:2; 12:3; 딤전5:10).

2. **로마 가톨릭 예전에서의 갱신** 1956년 봄, 가톨릭교회는 고난주간 예전의 주요 개혁을 완성했을 때, 그것은 공동체가 그들 가운데 있는 가난한 사람들과 약한 사람들을 위해 보여줄 필요가 있는 실천적인 사랑에 대한 시각적이고 극적인 표징으로서 성목요일 세족식을 회복시켰다. 공동체 12명의 회원들은 예수님의 제자들을 기억하며, 이 지역에서의 하나님 가족의 모습을 대표하고 있다. 이 사랑의 표징은 공동체의 목사를 비롯한 모든 회원들에게 설득력을 갖고 있다. 의례를 수반하는 노래와 찬송의 본문은 이 예식을 위해 읽는 복음서인 요한복음 13장의 메시지를 반향한다.

1956년 이전에는 세족식은 회중들을 위함이 아니라 12명의 신학생과 더불어 보통 점심시간 때에 단지 대성당이나 신학교의 성물실 안에서나 있었던 일이다. 어떤 수도원에서는 이것의 완전한 의미를 가지고 의례에 사용했다. 1956년 갱신은 각 교구와 신앙 공동체 안에 하나님의 백성의 공적 예배 생활에 이 상징적 실천의 가능성을 공헌하였다.

3. **교리문답** 세족은 요한복음서에 기술되어 있다. 지역 공동체 안에서 12명의 사람들 –

여자와 남자, 조부모들, 부모들, 그리고 자녀들—은 설교 후에 앞으로 초대된다. 교구 목사나 장로 그리고 집사는 그들의 사역을 통하여 공동체의 예수님의 섬김의 표징으로서 12명의 발을 씻는다 "너희 주와 선생인 내가…"(요13:14–15), 예수님의 말씀은 하나님의 사랑하는 자녀들인 회원들 가운데 지속해서 기억된다.

4. **대체용은 없다** 고난주간 의식이 갱신된 이래로 40년이 지나서 몇몇 교구와 공동체에서 세족의 상징을 거부하고 손을 씻어주든지 신을 닦아주는 다른 행동으로 대체하려고 했다.

하나님의 말씀에 기록되지 않은 것에 대한 비성서적 행동의 대체용은 현명하지 못하다. 왜냐하면 이러한 행동들은 생명을 주지 못하기 때문이다. 예수님의 영은 성경 안에서 세족에 대해 말씀하신다. 그리고 예수님은 그를 따르는 사람들에게 말과 행동으로 권유하셨다. 우리는 감히 듣기를 거부할 것인가?

5. **신앙공동체 안에서** 만일 우리가 예전에 세족식을 포함한다면, 우리에게 그것은 무엇을 의미할까? 만일 우리가 그것을 하지 않는다면, 가능성으로서 그것을 논의할 여지가 있는가?

두 가지 경우에 있어서, 우리는 우리의 사랑을 방법으로서 착수하여 실천으로 옮기는 것에 도전을 받는가? 세족의 연례예식은 이웃을 돌보며, 우리 주위의 필요에 관심하며, 어떤 실천적 행동을 하도록 부르신 소명에 대해 논의하도록 우리를 촉발시키는가?

H. 다른 기독교 상징 탐구

우리는 성경 안에 언급되었거나 교회와 공동체의 예배 생활의 부분이 되어왔던 다른 이차적인 상징적 행동들을 탐구할 것이다. 여기에 이러한 상징들이 포함된다.

1. **안수** 이 제스처는 다양한 방식으로 사용된다. 사람을 축복할 때(창48:14, 마19:15, 막10:16), 성령을 전달할 때(행8:17), 사명이나 성직을 줄 때(행6:6, 13:3, 딤전4:14, 딤후1:6) 이다.

2. **살수** 모세는 하나님께서 백성들과 정하신 계약을 보증하기 위해 그들에게 피를 흩뿌렸다(출24:7–8). 물은 희생 제사를 드리기 전 사람들을 정화하기 위해 사용된다. 놋대야는

제단과 현관문 사이에 위치했다(출30:19, 21; 40:30–32). 그리고 제사장들은 희생 제사를 드리기 전에 그들의 손과 발을 씻었다. 시편 기자는 영혼의 씻김을 위해 기도했다(시51:2, 7, 10).

기독교 성경 안에서, 물은 세례(요3:5, 행8:36, 38)와 세족(앞의 IV단원을 보라)에 사용된다. 후세기에, 그 실행은 세례를 기념하며 축복의 물로 사람들에게 흩뿌리는 것으로 발전했다. 그리고 신앙인들은 죄에 대하여 그리스도와 함께 죽었다는 그리고 하나님이 그들과 함께 살고 계시다는 세례의 약속을 기억하고 갱신하도록 기회를 제공해 준다(롬6:3–11을 보라). (이러한 살수는 출애굽에서의 계약의 피를 뿌리던 것을 반향할 수도 있다.)

3. **야외 행렬에 참여하기** 마태복음 21:1–17과 평행본문을 보라.

4. **기름 부음** 이것은 손님을 환대하는 표시였다(시23:5, 눅7:46). 히브리 성경에 보면, 예언자(왕상19:16), 제사장(출29:7–9, 그리고 왕(삼상9:16, 10:1)이 기름부음을 받았다. 예수님은 메시아로서 기름부음 받은 분이시다. 이것은 "그리스도"라는 그리스 말의 의미이다(시2:2, 눅4:18, 요1:41, 행9:22, 17:2–3). 그리스도인은 성령으로 기름부음 받는다(고후1:21–22, 엡1:13, 요일2:20, 27; 롬5:5). 선한 사마리아인은 부상당한 낯선 사람을 치료하기 위해 기름과 포도주를 사용하는 것으로 기술되어 있다(눅10:33). 예수님은 제자들에게 병든 사람들을 치료하고 기름 부으라고 보내셨다(막6:13, 약5:14–15). 가톨릭, 정교회, 그리고 동방교회에서는 세례예식과 견진예식(성유식chrismation), 안수식, 그리고 병자성사 시에 기름부음의 오랜 전통을 가지고 있다.

5. **예배 동안의 춤** 앞의 III단원 F. 6을 보라.

6. **그 밖의 상징적 행동들** 성경 안에서 그리고 기독교 예배 전통 안에서 발견되는 다른 상징적 행동들이 있는가? 음악가, 예전학자, 목회자, 그리고 1970년 이후 세계적으로 그리스도의 몸으로 경축되는 예전적 예배의 완전한 파악을 원하는 모든 사람들은 성경과 기독교 예전 역사 안에 있는 이러한 상징적 행동의 의미를 연구함으로써 매우 큰 유익을 얻을 수 있다. 거기서 발견되는 그 풍성함은 우리 시대의 많은 교회와 회중들에게 큰 유익을 안겨줄 것이다.

Ⅴ. 미래적 동향

성서와 예전 안에서, 하나님은 우리에게 다양한 방식으로 말씀하신다. 우리가 주일 예배 가운데 전통적인 상징적 행동들을 사용할 때, 우리는 우리를 향하신 하나님의 구속적 사랑의 신비, 선택된 백성들, 그리고 예수 그리스도와 그의 몸인 교회의 예배 안에서 최선의 삶의 방식에 참여하는 것에 좀 더 깊이 감동받도록 매주 초대받는다.

그러나 일차적 상징들이 생략되거나 삭감되거나 형편없이 시행된다면, 이차적 상징의 사용과 확장은 상황을 향상시킬 수 없을 것이다. 만일 복음이 형편없이 선포되거나, 설교가 잘 준비되지 못한다면 향의 사용은 이 심각한 결핍을 고칠 수 없을 것이다. 좋은 예전적 춤 역시 가치와 우선권의 반대를 위장할 수 없을 것이다.

목회자 팀과 회중의 예배 위원회는 그 때에 이러한 상징을 탐구하고 싶어 한다. 그리고 이 지역에 주일 예배를 향상시킬 여지가 어디에 있는지 찾게 된다. 매년 혹은 격년으로, 교회의 여러 회원들(교구 주교 혹은 장로 혹은 교구 예배위원 혹은 또 다른 예전 전문가)에게 그들의 주일 예전의 표준적인 주말을 위해 출석하도록 요청한다. 그때에 이 사람들은 주일 예배의 오랜 교회 전통의 견지에서 그리고 그들 교단의 동향에서 좋은 의식을 안내해 주는 관점에서 이러한 의식 가운데 그들이 보고 경험하는 것이 무엇인지에 대해 솔직한 의견을 제시하는 교구 예배위원회와 만나게 된다. 더욱이 이 사람들은 많고 풍성한 상징의 사용으로 예전 예식의 향상을 위한 긍정적인 제안들의 다양성을 제공한다.

제6장

예전과 의례

Ritual: Straight Jacket or Dancing Shoes?

| 조셉 포르튜나 Joseph J. Fortunar |

위원들이 예배위원회로서의 경험을 나누기 시작하자 그들의 당황스러움과 즐거움은 명백해졌다. 두말할 것 없이 그들이 얘기하는 어조를 볼 때 그들이 그 의례rite를 매우 혼란스러워함이 확실했다. 그들은 성아가타St. Agatha교회의 세족목요일 의식을 준비하기 위해 많은 심혈을 기울였다. 세족식을 할 단상의 공간이 작았기 때문에 특별히 신경을 썼다. 발을 씻게 될 12명은 둘로 나뉘어 6명을 하나의 세트로 두 팀을 준비하였다. 설교 후, 먼저 6명이 제단 앞의 넓은 층계 위에 놓인 의자에 나와 앉게 된다. 목사는 그들의 발을 씻어주고 그들은 다시 제자리로 돌아간다. 두 번째 6명이 나오게 된다. 모든 일은 두 번째 6명이 제자리로 돌아갈 때까지 계획에 따라 진행되었다. 그러나 위원회가 놀랐던 것은, 회중의 많은 다른–연령, 경제적, 문화적 배경이 다른–사람들도 단상으로 나와 세족을 받았던 것이다. 그 중에는 세족을 도와준 사람들도 있었다. 실제로 일어난 일은 계획된 것과는 매우 다른 것이었다.

실제 일어난 일이 계획된 것과 매우 다른 것이라고 보고하는 것은 쉬운 일이다. 그러나 실제로 일어난 것을 설명하기는 훨씬 어려운 일이다. 왜 그 많은 사람들이 세족을 받으려고 나왔던가? 왜 어떤 사람들은 제자리에 남아 있었던 것일까? 이 의례에 잘못되었던 점은 무엇이었는가? 아니면 아무것도 잘못된 것이 없는 것일까? 오히려 무엇이 좋았는가를 묻는 것이 나을지 모르겠다. 참여자들은 무엇을 생각했고 무엇을 하고 있었던가? 이 잔치에 관련된 사람들과 집단에 일어난 일은 무엇이었는가? 그들은 어떻게 관여되었으며 어떻게 그런 방법을 사용하였는가? 어떻게 해서 성아가타 교회의 지난날의 세족목요일 예배에서가 아니라 이 특별한 예배에 이런 사건이 일어났는가?

이 의식에서 일어난 일에 대한 질문의 목록을 계속 나열해도 부족하기만 하다. 이 사건은 처음의 질문으로부터 파생된 더 많은 추가적 질문을 할 수 있는 성격의 것이다. 의례에 관한 최근의 문헌을 조사해 보면 여러 가지 관찰, 질문과 답, 그리고 가장 주목받는 의례의 특정 이론에 상당히 의존함이 명확하게 드러난다. 다시 말해, 여기에서 무슨 일이 있었는가에 대해 우리가 말하게 되는 것은 의례에 관한 우리의 이해에 기초한다는 것이다. 그러나 이게 전부는 아니다. 우리는 또한, 의례와 의례의 참여자들에 대하여 우리가 생각하는 바에 따라 이 사건을 "잘못된 것"으로서 또는 "잘된 것"으로서 평가할 수 있을 것 같다.

이 장에서 이 특수한 의례와 일반적인 의례에 대해 더 잘 이해하기 위해, 그 세족목요일에 있었던 일에 대해 탐구하고자 한다. 궁극적으로는 의례로서의 기독교 예전에 대한 이해를 높이고, 의례 참여자들–신도, 목사, 예배 위원회, 기획자, 음악감독, 인도자–이 예배에서 거룩함을 맞이할 수 있는 기회를 최대화하기 위해 일할 수 있는 요소들parameters을 제공하기 위한 것이다.

들어가기에 앞서 한 가지 전제를 두는 것이 필요하다. 위에서 기술된 세족 사건event은 기독교 의례라는 것이다. 이것은 재론의 여지가 없는 아래 논의의 출발점이다. 의례에 관한 현대적 이론의 식견과 주장은 항상 이 구체적 사례와 관련하여 제시된다. 현대적 이론들이 주장하는 의례의 성격과 의례의 기독교 예배와의 연관성에 대한 내용들은 어떤 면에서 이 특별한 경우와 함께 제공되어야 한다.

동물적 본성으로서의 의례

왜 12명 이외의 다른 많은 사람들이 세족을 받기 위해 단상을 향하였는가 하는 질문에 대해 가장 명확한 대답중 하나는 단순히 모두들 그렇게 해야만 하는 것 같았기 때문이다. 사람들은 그들이 하고 있던 것, 또는 그것의 중요성에 대해 생각하지 않고 단지 그 시간에 하기에 적합하다고 생각되는 것을 하였다. 그들은 처음 12명이 발을 씻는 동안 반사적으로 또는 본능적으로 하듯이, 또는 마치 유효하게 된 무언의 규칙을 따라서 하듯 생각 없이 행동을 한 것이다.

이러한 반응이 독립적인maverick 의례 이론가 프리츠 스타알Frits Staal[1]에게는 만족스러울 것이다. 그의 주장은 이처럼 수행된 활동을 근거로 의례의 의미를 찾으면 안 된다는 것이다. 그에게 의례는 일차적으로 소리와 행위이며, "소리"는 언어를 전해주고 "행위"는 간단하게 보이기에 우리는 소리와 행위의 의미를 찾는 의미론적semantic 모델에 따라 의례를 해석하는 경향이 있다고 한다.[2] 어떤 의례는 우연히 발생한다는 것을 보여주는 너무 많은 증거들이 있다고 그는 믿고 있다.[3] 그러므로 의례를 구문론적syntactically으로 즉 규칙지배적rule_governed 활동으로 생각하는 게 더 낫다. 원어민이 자신의 언어를 구사할 때 그문 규칙을 가지고 말하듯이, 이러한 규칙들이 (비록 참여자가 명확히 표현하더라도) 관찰자에게는 항상 분명하지 않을 수도 있다. 이러한 행동을 유발하는 규칙을 발견하는 것이 사회과학자들의 임무이다. 스타알은 이러한 관점에 의해, 의례가 언어적 모델보다는 생물학적 모델에 따라 움직이는 것으로 생각한다.[4] 따라서 오리들이 연못을 서로 줄지어 건너가는 것과 사람들이 세족을 하기 위해 지성소로 줄지어 들어가는 것을 의례로 생각하는 것은 지나친 추론이 아닌 것 같다. 각자는 의례로서, 본래적으로 의미가 있는 것이 아닌(그러나 단지 사람들이 계속해서 의미를 부여할 수는 있다), 규칙지배적 활동의 예인 것이다.

잠시 오리의 비유를 염두에 둔 채, 기본적으로 의례를 의미 있는 활동으로 보는 의식 이

---

1. 이 논문에 대한 Staal의 주요 설명은 그의 책 *Rules without Meaning: Ritual Mantras and the Human Sciences*에 있다. 일부 반응은 *Religion 21* (1991)207-25 연구의 심포지엄에서 찾아볼 수 있다.

2. Frits Staal, "The Sound of Religion," *Numen* 33(1986) 213.

3. *Ibid*., 216.

4. *Ibid*., 217.

론가들의 물결을 스타알이 헤엄쳐 거슬러 올라가고 있다고 볼 수 있다. 그러나 동물도 의례를 지킨다는 점을 그만이 지적하고 있는 것은 아니다. 많은 사람들이 사람의 의례활동과 다른 동물들의 의례화 사이에 많은 공통점이 있다고 지적하고 있다.[5] 이러한 동물의 의례화가 용어의 적절한 의미에서 의례라고 부를 수 있는가에 대해서는 의견이 갈리고 있지만, 공통성에 대한 반론은 없는 것 같다.

이러한 관점에서 볼 때, 성목요일의 세족을 동물세계에서의 일반적인 쓰다듬기 습관과 유사한 것으로 볼 수 있는 것이다. 사실 고양이나 동물들[primates]이 서로 다듬어주는 것을 보는 것은 흔히 있는 일이다. 인간 구조 안 깊은 어디선가에서 세족이 사람과 나머지 자연세계를 이어주는 동물성의 공통 감정을 건드리고 있다.

사람이라는 동물 활동으로서의 의례

모두가 그것을 하여야 한다는 것이 세족식에 참여하기 위해 단상에 올라올 수 있었던 그 다른 사람들의 가장 명백한 이유 중 하나이다. 그럼에도 불구하고, 가장 명백한 것이 항상 옳은 것은 아니다. 다른 설명도 가능하다. 일어났던 일이 사람에 따라서는 듣는 사람들이 문자 그대로 먼저 선포되었던 말과 함께 행위의 의미를 통해서 참여하게 되었던 것이라고 주장할 수도 있다. 다른 사람들은 의식에서 감지된 연대감과 평등주의의 경험을 지적할 수도 있다. 게다가 다른 사람들은, 이전에 다른 교회에서의 유사한 세족의 경험을 얘기할 수도 있다. 또는 일어났던 일은 사람들이 공유하고 있는 관계의 자연적 표현이자 강화였다고 하며 그 의미를 초월하여 공동체가 서로를 신경 써 준 것이라고 함도 가능하다. 반대로 목사가 발을 씻겨주었다는 생각이, 계층적으로 구성되어 있는 교회의 낮은 계층에 있는 사람들에게 잠재적인 호소를 하였을 수도 있다. 그러나 어떠한 것이든 그 의식에서 있었던 일을 설명하

5. 예를 들어, Ronald L. Grimes의 *Beginnings in Ritual Studies*(Lanham, Md.: University Press of America, 1982), 특히 제3장 pp.35-51 참조하면 거기에서 그는 6가지 형태의 의례 감각(ritual sensibility) - 의식화(ritualization), 단정함(decorum), 의식(ceremony), 예배(liturgy), 마술(magic), 의식(ceremony) - 을 구별한다. 또한 Tom F. Driver, *The Magic of Ritual* (San Francisco: Harper Collins, 1991), 특별히 2장 "Ritualizing: The Animals Do It and So Do We," 12-31을 보라.

려는 시도가 사람의 동물 본능적인 수준에 도달했던 것은 분명하다.[6]

이러한 다양한 설명 중 한 가지 이상을 뒷받침하는 여러 가지 의례이론의 분류법을 만드는 것은 가능하지 않다. 이러한 설명들에 관련되는 여러 가지 이론들이 분명한 인간적 활동으로서의 의례의 정의를 내리는 것을 아주 어렵게 하고 있다. 각 이론가들은 의례의 정의에 대해 자기 자신의 미묘한 의미를 내놓는다. 예를 들어, 빅터 터너는 의례를 아래와 같이 정의하였다.

> …격리된 장소에서 수행되는, 제스처, 말, 사물이 포함되는 정형화된 연속적 활동으로서, 행위자의 목표와 관심을 위하여 초자연적 실체entity 또는 힘force에 영향을 미치게 하려고 하는 것…[7]

다른 인류학자 로이 래파포트Roy Rappaport는 이러한 정의를 하고 있다.

> 나는 의례가 수행자performer에 의해 암호화되지 않은, 어느 정도 변하지 않는 지속적인 공식행위와 언사를 나타내는 퍼포먼스라고 생각한다.[8]

이 두 인류학자의 정의의 차이 중 하나는, 터너Turner의 정의는 기능적이며, 의례의 목적을 나타내고 있는 반면에, 래파포트의 정의는 구조적이며, 단순히 의례의 구성부분과 서로간의 관계를 지적하고 있다는 것이다. 래파포트의 정의보다 좀 더 명확한 터너의 정의는 초인적 힘이나 실체에 대해 언급하고 있다. 이러한 초인적 지칭은 다음과 같은 블라시Blasi의 정의에서 좀 더 명확하게 드러난다.

의례는 세속적인 것의 반복도 아니며 신성한 것의 유폐도 아니라, 초월적으로 신성한 것

---

6. Staal은 의례활동이 인간적일 수 있다는 점을 부정하는 것은 아님에 주의해야 한다. 그보다는, 그의 생각으로는 그의 이론이, 인간문화의 상징이론보다는 훨씬 더 자연과 직접적으로 관련을 짓는 인간문화에 대한 정의를 함축하고 있다고 본다. (Frits Staal, "The Sound of Religion," 219)

7. Mathieu Deflem, "Ritual, Anti-Structure, and Religion: A Discussion of Victor Turner's Processual Symbolic Analysis," *Journal for the Scientific Study of Religion* 30 (1991) 5 에서 인용됨.

8. Roy A. Rappaport, "Ritual, Time, and Eternity," *Zygon* 27 (1992) 5.

에 귀속시키고, 그 방향으로 향하고, 그에 집중을 하는 것이다. 의례에 참여하는데 있어서 사람은 세속적이지도 신성한 것도 아닌 것으로서, 오히려 종교적인 것이다.[9]

블라시의 정의가 중요한 것은, 그것은 의례를 인간 활동으로서 못박지 않을 뿐 아니라 특별히 사람의 종교적 활동으로 보고 있다는 것이다.

세족식과 관련하여 이러한 정의를 살펴보면, 의례를 정의하는 것의 어려움이 쉽게 드러난다. 각 정의가 일어났던 일의 일정한 부분을 이야기하고 있지만 어떠한 정의도 모두를 나타내고 있지는 않다. 터너의 정의는 세족에는 말, 제스처, 사물이 관련된 신성한 장소에서 수행되고 있는 정형화된 일련의 이벤트가 있음을 확인할 수 있다. 그러나 그러한 의례가 어떠한 방법으로 초자연적 힘에게 영향을 주려고 하는가에 있어서는 명확하지 않다. 래파포트의 정의는 세족식이 개별적 참가자들에 의해 암호화되지 않는 활동이라는 점은 확인할 수 있지만, 다른 이, 즉 예수 그리스도는, "내가 한 것과 같이 너희도 해야 한다"라고 암호화 하고 있다. 그럼에도 불구하고, 이러한 이벤트의 특징은, 지속적인 공식행위와 언사[utterance]가 이전의 세족식과는 달랐다는 것이다. 블라시의 정의는 이러한 의식에는 다른 사람을 향한 개방성이 있음을 확인할 수 있지만, 그러나 우리가 개방하고 있는 대상의 다른 이는 신성한 초월적 타자인 만큼 인간의 본질과는 다른 것이다.

정의를 통하여 의례의 본질을 이해하는 것의 어려움은, 의식을 행하는 데에 있어서는 정의를 내리기보다는 의례의 특징을 설명하는 경우가 많다는 것이 그 한 가지 이유이다. 그러한 설명의 한 예는, 전통적 의미[10]에서 관례화된 행위들을 의례로 정의해야 한다고 하는 제임스 맥클로이드[James McCleod]에 의하면 의례는 아래의 내용을 담고 있어야 한다는 것이다.[11]

1. 의례는 관례화[conventionalized]되어야 한다. 즉 의례를 행하는 사람들이 널리 이해하고 있는 규칙에 따라 행해져야 한다. 변화를 주는 것은 오직 행하는 사람들이 인정하는 범위 내에

---

9. Anthony J. Blasi, "Ritual as a form of the Religious Mentality," *Sociological Analysis* 46 (1985) 63.

10. McCleod가 의례의 "전통적 의미"를 언급한 것은, 이 장이 필연적으로 다루고 있지 않는 의례에 관한 선입견이 있음을 나타낸다.

11. 아래의 특성들은 McCleod가 "Ritual in Corporate Culture Studies: An Anthropological Approach," *Journal of Ritual Studies 4* (1990) 92-93 에서 쓰고 있다. 세족 행사를 적용한 것은 나의 작업이다.

서만 가능하다. 세족의 경우, 세족식의 방법이 처음 6명의 발을 씻어줄 때 드러난 규칙에 따라 수행되었다. 중대한 변화는 의식에 적극적으로 참여한 사람들을 포괄한 가운데 일어났다. 위원회 위원들의 반응으로부터 판단하건데, 이러한 변화는 참을 수 있는 것이었지만, 참을 수 없는 한계점 근처에 있었다.

2. 의례는 드라마틱해야 한다. 즉 의례는 해당 단체로부터의 감정이입을 이끌어 내거나 그러한 감정이입을 필요로 해야 한다. 그러한 감정이입은 세족에 참여한 사람들 가운데에서 합리적으로 추론이 가능하다. 사실 이러한 감정이입이 행사에 참여하기로 미리 선택되지 않은 사람들에게 동기를 제공했을 수 있다.

3. 행위가 반복적이어야 한다. 반복은 의례의 수행을 위하여 필요한 조건이다. 세족식에 있어서, 6명의 2차 그룹에 대한 행위의 반복이 그 집회에 모였던 다른 사람들에게 자극이 되어 그들로 하여금 똑같이 반복되는 행위에 참여하도록 했는지 모른다. 행위의 반복이 참가자들로 하여금 그 행위에 어떻게 참여할지에 대한 필요한 실마리가 되는 조건이 되었을지 모른다. 그렇다면 반복을 통해서 그들은 자유롭게 그러한 행위에 동참했고, 무엇이 허용되고 무엇이 허용되지 않는지에 대한 걱정을 하지 않게 되었던 것이다. 너무 많은 변화는 의례에의 참여에 반작용이 될 수도 있었다.

4. 행위가 공유적이어야 한다. 즉, 한 사람 개인의 경험 이상의 것이 관련되어야 한다. 명백한 것은, 세족 의식은 이러한 점에서 공유적인 것이었다. 발을 씻어준 사람이나 발 씻김을 당한 사람이나 참여자들이 직접적으로 신체적 접촉을 했을 뿐 아니라, 의례행위를 극적으로 소유할 수 있는 집회의 일부로서 자신들을 쉽게 생각할 수 있었다.

5. 행위가 의례에 관련되는 신체적 대상이나 행위에 의해 정상적으로 전달되는 의미보다, 의례를 실제로 수행하는 것과 관련하여 더 높은 수준의 의미를 지녀야 한다. 이게 바로 세족에서 일어난 것에 해당한다. 발을 씻어주는 게 하루만의 일이었다 하더라도, 우리가 유아, 또는 아픈 사람이나 장애인을 돌보는 것이 아닌 한, 다른 사람의 발을 씻어주는 일은 드문 일이다. 세족을 한다 해도 보통은 사적인 상황에서 이루어진다. 보통은 돌보는 사람이 잘 모르는 사람이거나 위엄이 있는 사람이라기보다는 부모, 형제자매, 일 해주는 사람(예를 들어 유모), 친구 등이다. 게다가, 의례가 아닌 상황에서 일어나는 세족은 보통 순수한 기능을 한다. 즉, 더러운 발을 씻어주는 것이다. 의례 활동에서는 대개 참여자들이 기본적으로 깨

끗한 발로 나온다. 이 모든 차이들이 유사한 신체적 세족 행위에 더 고상한 의미를 부여하게 되는 것이다.[12]

의례활동 자체의 이러한 특성 외에, 맥클로이드는 일련의 행위자들이 달성해야 하는 몇 가지 기능을 파악하고 있다. 의례활동은, (1) 관련된 단체나 개인들에게 기대했던 성과를 주어야 하며, (2) 개인적 갱신 또는 해당 집단의 갱신을 이루는 사건이 되어야 하며, (3) 사회적 질서의 측면을 입증하고, 시간의 경과에 따라 영구화되어야 하며, (4) 그 수행을 통하여 사회적 질서가 과거 및 미래 모두와 연결이 되도록 해야 하며, (5) 상징적으로 내부집단이 무엇인가를 입증하고, 외부집단이 무엇인가를 확인해야 하며, (6) 해당 개인 및 단체를 신화론적 또는 우주론적 기초에서 예견되는 특정한 상징들과 연결시켜주어야 한다.[13] 일반적 의례와 세족이 이러한 기능을 하는지의 여부를 알아보기 위해서는, 가장 중요한 현대 의례이론가로 주장되는 빅토 터너의 작업을 살펴볼 필요가 있다.

터너 자신은, 이제야 유명한 저서가 된 『통과의례』[14]를 20세기 초에 출판했던 다른 인류학자 아놀드 밴게넵Arnold van Gennep에게 신세를 지고 있다. 폭넓게 얘기해서, 통과의례는 어떤 사람이 하나의 국가, 장소, 사회적 위치에서 다른 곳으로 옮겼을 때 일어나는 것이다.[15] 밴게넵은 이러한 의식이 모든 사람들이나 모든 의식ceremony에 의해 같은 방법으로 전개되지는 않지만, 통과의례는 일반적으로 세 가지 특징적 단계를 이룬다. 이것은 이전 상태나 조건의 통상적 관계 및 양쪽으로부터의 격리separation, 이전의 상태에서 새로운 상태로의 전이transition 기간, 해당 집단으로의 집합aggregation, 편입incorporation, 또는 재편입re_incorporation을 가리키고 있다.[16] 터너는 밴게넵의 세 단계의 설명을 받아들이고 역동성과 한 단계로부터 다음 단계로의 이동을 강조하고 있다. 그는 특히 의례는 하나의 과정이라고 하는 것을 입증하는 데 관심을 두었다.

---

12. Catherine Bell은, 의례를 다른 행위방법과 구별하는 의례에서의 행위방법이 의례의 특징이라는 점을 지적하고 있다. Catherine Bell의 "Ritual, Change, and Changing Rituals," *Worship* 63 (1989) 34-35 참조.

13. James McCleod, "Ritual in Corporate Culture Studies," 93-94.

14. Arnold van Gennep, *Rites of Passage*, trans. Monika B. Vizedom and Gabrielle L. Caffee, with an introduction by Solon T. Kimball (Chicago: University of Chicago Press, 1960).

15. Mathieu Deflem의 "Ritual, Anti-Sturucture, and Religion," 7 참조.

16. Arnold van Gennep, "통과의례, 11" "… 완전한 통과의례의 모습이 이론적으로는 예비중간적 의식(분리의 의식), 중간적 의식(이행의 의식), 사후중간적 의식(편입의 의식)을 포함하지만, 어떤 경우에는 이러한 세 가지 종류의 의식이 항상 똑같이 중요하거나 강조되는 것은 아니다."

터너의 중요한 기여 중 하나는, 그가 중간단계, 이행단계, 또는 중간단계liminal phase에 관심을 두었다는 것이다. (중간이란 단어는 "문턱"threshold이라는 라틴어 리멘Limen에서 온 것이며, 이 중간 기간은 가로질러서 새로운 공간으로 가는 문턱이다.) 그는 이 중간단계 동안 의례 참여자들이 옛 상태에 있는 것도 아니고 새로운 상태에 있는 것도 아니라고 설명한다. 그들은 규칙이나 상황 어느 쪽에도 따르지 않는다. 그들은 의식에서 자신들에게 열려진 세계에 존재하며, "만일", "전제, 희망, 가설, 가능성 등이 모두 합법적으로 된다면"[17]이라는 가정법 속에 살고 있다.

터너는 이 중간기간 동안 참여자들 간의 관계를 반구조적이라 했으며, 그룹 자체를 커뮤니타스communitas라고 설명하였다. 이러한 용어들은 명확하게 정의하기가 매우 어려우며, 터너는 모호하다거나 부정확하며, 종족사회로부터 도출한 분류를 산업사회에 적용하고 있다는 지적을 받고 있다.[18] 그럼에도 불구하고, 의례 과정에 대한 식견을 얻기 위해서, 그가 말하고 있는 것에 대해 충분한 감각이나 느낌을 가지는 게 가능하다.[19]

인간사회의 일반적 특성은 구조이다.[20] 사회적 관계는 명확하게 이해가 되는 관습, 양식, 제도에 따라 진전된다. 사회적 갈등과 같은 것이 일어나서 구조의 원활한 기능을 저해하게 될 때, 흔히 그러한 긴장을 다루기 위해 의식을 시행한다. (예를 들어, 터너가 일을 했던 은뎀부Ndembu 사회에서, 정상적인 재생산 과정이 반복되는 자발적 낙태나 쌍둥이 출산을 통해 왜곡되고, 분열적 사회적 결과가 발생했을 때, 그러한 상황을 다루기 위해 의례를 행한다.[21]) 이러한 의식을 하는 동안, 참여자들은 그 구조로부터 격리되어 반구조 단계인 중간적liminat 사이in–between로 들어간다. 반구조 속에서, 분명하게 이해되는 그 구조의 관습, 양식, 제도가 정지된다. 관계의 거리와 형식이 변한다. 계급적 관계가 상호관계와 평등관계에게 길을 내준다. 구별되는 복장과 같이, 성(性) 간의 일반적 구별은 최소화된다.[22] 사람들은 구조가 허

---

17. Victor Turner, *The Ritual Process: Structure and Anti-Sturucture* (Ithaca, N.Y.: Cornell University Press, 1977) vii.

18. 예를 들어, Tom F. Driver의 *The Magic of Ritual*, 227-38 을 보라.

19. Turner는, 이러한 비판을 인정하지만, 단지 "증거는 푸딩 안에 있다(백문이 불여일견)" 이라는 말로 반응하고 있다. 그의 분류는, 의례에 관한 분석을 고집하기 위해 여러 분야의 학자들이 사용하고 있다. (*The Ritual Process*, vi).

20. 아래의 몇 문장에서 서술하고 있는 구조, 반구조, 커뮤니타스, 중간경계성(liminality)에 대한 논의는 *The Ritual Process*의 제3장 "Liminality and Communitas," 94-130에 기초하고 있다.

21. *Ibid.*, 1-93.

22. *Ibid.*, 128.

용하지 않는 방법으로 자유롭게 함께 있게 된다. 어느 의미에서, 사람들은 새로운 잠재적 존재방법을 발견하기 위해 관계를 실험할 수 있다. 반구조에서 일어나는 일은 흔히 신성한 것으로서 경험된다.[23]

터너는 반구조적으로 관련되는 그룹을 명명하기 위해 커뮤니타스communitas라는 단어를 사용한다. 그에게 있어, 커뮤니타스는 사회구조가 없는 곳에서 출현한다.[24] 그는 커뮤니티community라는 단어를 분명하게 회피한다. 커뮤니티라는 말은 커뮤니타스에 존재하는 핵심적이고 일반적인 인간의 굴레bond라는 의미를 포착하기에는 불충분하기 때문이다.[25] 커뮤니타스는 추상적, 제도화, 규칙지배에 반대되는 구체적, 자발적, 즉시성 등을 특징으로 한다.

터너의 구별category이 어떤 점에서 현재 문제가 되고 있는 세족식에서 일어난 일을 설명하는데 도움이 될까? 여러 가지 점에서, 참여자들이 통상적 구조와 양식으로 자신들을 분리한 것은 확실하다. 그들은, 통상적인 장소와는 건축적으로 명백하게 구별되는 예배실로 들어갔다. 또한 성목요일 예배가 진행된 장소는 차별적 모양을 갖추었을 것이다: 예를 들어, 꽃, 보라색이 아닌 하얀 린넨, 특별한 의자들, 물주전자, 그리고 타월 등을 말한다.

참여자들의 대부분이 보통은 예배liturgy를 드리지 않는 목요일 밤에 모인 것이다. 이 집회는 이미 분리된 시즌, 즉 더 집중적으로 기도를 하고 금식을 하고 자선행위를 하는 경건한 참회의 기간 끝에 일어났다. 그리고 성목요일에 대한 지난날의 경험, 추억, 그리고 전통은 특별히 강하였다. 이러한 것이 기독교의 귀중하고도 거룩한 날들인 것이다. 거기에 있는 사람들은 제도적으로 규정된 의무를 이행하는 것이 아니라, 그곳에 있고자 했기 때문에 거기에 있는 것이다. 이 또한 이러한 모임과 이벤트가 다른 것들과의 차이를 구별시켜 주는 점이다.

통상적인 것과의 구별 이외에, 예배, 특히 세족이 시작되면, 누가 무엇을 하고, 누가 어디로 이동하게 되며, 누가 누구를 맡는가 등에 대한 친숙한 관습은 정지되는 것 같다. 목사는 의식을 하는 데 사용하는 통상적인 예복을 벗어버리고 타월을 집어 든다. 단상으부터 어느 정도 떨어진 거리의 회중석에 있는 사람들이 이제 이 거룩한 곳으로 다가간다. 다른 때에는 축복 또는 용서를 빌기 위해 목사 앞에서 무릎을 꿇던 사람들, 크리스마스에는 목사에게 쿠

23. *Ibid.*, 128.

24. *Ibid.*, 126.

25. *Ibid.*, 96.

키를 보내던 사람들, 목사를 존경하고 목사를 멀리서 보던 이미지를 가지고 있는 사람들, 영적 문제에 있어서 목사의 권위에 복종하던 사람들이 이제 목사 앞에 다가 앉는다. 목사가 의례의 관례로 보아서는 너무도 자상하고 매우 공적인 자세로 그들 앞에서 무릎을 꿇고 세월에 의해 풍화된 그들의 벗은 발을 씻겨준다. 그 모습의 온기가 물의 찬 기운을 이겨낸다.

이 사건에서 두 가지 더 주목할 만한 것이 있다. 첫째는, 커뮤니타스의 특징이라 할 수 있는 자발성이다. 그 집회는 일상적 질서의 정지에 주목했다. 그들은 그 사건의 친밀함과 힘에 빨려 들어갔다. 그들은 "단상으로 올라오시오"라는 표지나 안내, 혹은 규정rubric을 찾지 않았다. 그들은 단지 넋을 잃고 집회에 있던 자신들의 자리에서 단상으로 올라가 그러한 행위를 하였다. 두 번째는, 성적 역할의 구별이 정지되었다. 세족을 받아야 할 사람은 남자라고 하는 규정에도 불구하고,[26] 남자든 여자든 자발적으로 지성소로 나아갔다. 교회 건물 밖, 또는 교회 안에서도 그들 사이에 거리를 주었던 어떤 속박이 풀어졌는지, 그들은 던스용 신발을 집어 들고 모든 사람들이 따르고 있는 공동 댄스에 손과 발과 온 몸을 맡겼다. 그들은 이 춤을 통하여 그리스도의 스텝을 자유롭게 밟은 것이다.

그 의식에서 일어났던 일에 대한 시적poetic 설명과 함께, 의례라고 불릴 수 있기 위해서는 그러한 일련의 행위들이 달성해야 하는 역할로서 매클로이드가 거론하고 있는 것으로 다시 돌아갈 필요가 있다. 이러한 각 역할들은 의례 참여자들이 반구조로부터 구조 속으로, 중간liminal의 단계로부터 편입incorporation의 단계로 다시 이동한 후의 상태와 관계가 있다. 맥클로이드가 기술하고 있는 바와 같은 각 역할들을 달성하는 데 있어서, 의례가 하는 것은 개인적, 사회적, 우주적 지향점orientation과 구조를 강화하고 활성화시키는 것이다. 의례는 사회적으로 받아들일 만한 방법으로 상충하는 사회적 에너지의 상호작용과 소멸을 가능케 함으로써 현 상태를 지지하고 부양한다.

이러한 방법으로 세족식을 설명함이 가능하다. 평신도와 목사, 권위를 행사하는 사람과 그에 순종하는 사람, 여성과 남성, 보수파와 자유파, 오래된 교인과 새신도, 한 인종과 다른 인종 사이에서 그 집회에서 존재했던 사회적 긴장은 모두 일시적 진출에 의해 사회적 관계가 "만일~이랬다면"as if이라는 가정법으로 완화된다. 이전에는 긴장을 다루는 데로 쓰였던

26. *The Sacramentary* (New York: Catholic Book Publishing Co., 1985) 136.

에너지가 이제는 보편적 사회적, 교회적 질서, 그리고 우주론적 질서로 다시 집중하는 데에 온전히 쓸 수 있다.

사실, 성 아가타 교회에서 그 의식을 행했던 것이 보편적 사회적, 교회적 질서, 그리고 우주론적 질서에 다시 집중하는 것이었다면, 위의 설명은 정곡을 찌르는 것이었다고 하는 주장도 있을 수 있다. 그러나 이러한 재실행이 따른다면 그 의례는 사실상 효과가 없었을지 모른다고 보는 것도 가능하다. 일은 단지 전처럼 계속되었다. 반면에, 의례 후 그 교회의 관계성과 지향점에 변화가 있다면, 그 의례가 그러한 변화에 도움이 되었을지 모른다.

의례가 어떻게 성아가타 교회 변화의 행동력agent이 되었을까 하는 것을 상상하는 데에는 여러 가지 가능성이 있지만, 의례과정의 중간적 단계에서, 예를 들어 발을 실제로 씻어주는 동안, 서로에 대한, 교회에 대한, 그리고 하나님에 대한 참여자들의 새로운 관계와 새로운 지향점의 가능성이 계시되었다고 하는 생각이 가장 설득력이 있다.[27] 이러한 계시가 지적이든, 감성적이든, 관계적이든, 영적이든 참여자들에게 힘을 주었고, 변화를 주었던 것이라고 볼 수도 있는 것이다. 궁극적 결과는, 참여자들이 변화된 사람으로서의 구조에 다시 돌아와서, 의례 후의 그들의 관계와 지향점이 변화되었다는 것이다.[28]

그리스도인 활동으로서의 의례

의례가 의례에 참여하는 사람들에게 얼마나 중요한가에 대해서 위에서 한 논의가 기독교 신자들에게 어느 것이 가장 중요한가에 대한, 즉 의례가 주는 신학적 중요성에 대해서 충분하고 확실한 주의를 끈 것은 아니다. 참여자들과 하나님 사이의 관계가 의식에 의해 어떻게 영향을 받으며 그 관계가 어떻게 형성되는가? 근본적으로, 이러한 질문에 대한 반응이 단지 의례이론과 관련되는 게 아니라, 우리가 인간과 신 사이의 만남의 가능성을 어떻게 이해

---

27. Turner는 그의 말년에도 의식의 신경생리학적 요소와 결과에 대해 탐구하고 있었다. Edith Turner의 "The Genesis of an Idea: Remembering Victor Turner," *Zygon* 21 (1986) 7-8 참조. 의식적 변형의 신경생리학에 대한 유사한 탐구는 Eugene G. d' Aquill, "Myth, Ritual, and the Archetypal Hypothesis," *Zygon* 21 (1986) 141-60 에서 수행했다.

28. 세족이 어떻게 변화 동인이 될 수 있는가에 대한 설명은 Jeffrey VanderWilt의 "Rites of Passage: Ludic Recombination and the Formation of Ecclesial Being," *Worship* 66 (1992) 398-416에서 찾아볼 수 있다.

하는가와 관련되는 것이다. 예를 들어 자연은 하나님이 발견되는 주요 장소라고 생각하는 사람에게는, 한 해의 각 절기나 다른 자연의 주기를 축하하는 의식이 가장 중요할 수도 있다. 자연의 주기와 조화를 이루는 것은 하나님과 조화를 이루는 것이다. 이와 같이 우리가 이러한 주기와 조화를 이루는 데 도움을 주는 의식은 우리의 하나님과의 관계에 중요하다.

그리스도인은, 하나님을 만날 수 있는 곳이 자연이라는 것을 부인하지는 않지만, 하나님을 만날 수 있는 주요 기회가 예수 그리스도의 사건[event]에서 발생한다고 믿는다. 이것은 의례가 참여자와 하나님 사이의 관계에 있어서 가장 중요한 의미를 가지려면, 자연에만 뿌리를 둘 것이 아니라, 더 중요한 것은 전체적으로 예수 그리스도와 관련을 맺어야 한다는 것을 의미한다. 예수님에 대한 이러한 관계는 수 세기 동안 내내 그리스도인들이 여러 가지 방법으로 생각해왔지만, 궁극적으로는 기억과 언어가 개입된다.[29] 따라서, 위에서 논한 의례의 다른 특징들 외에, 기독교 의례에는 필수적 특징 중에 언어와 기억이 포함될 것이다.

기억과 언어를 기독교 의식의 필수적 요소라고 하는 것은, 기독교 의례가 얼마나 중요한가 하는 것에 대한 논의를 진전시키지만, 여전히 여러 가지 해석의 여지를 남긴다. 예를 들어, 우리는 예수님의 말과 행동이 기독교 성경의 언어에서 다루어질 때 예수님의 말과 행동에 대한 기억에 우선권을 주면서 아래 요한복음 13:14–15의 복음서에서 예수님이 한 명령에 집중할 수 있다.

> 내가 주와 또는 선생이 되어 너희 발을 씻겼으니
> 너희도 서로 발을 씻기는 것이 옳으니라.
> 내가 너희에게 행한 것 같이
> 너희도 행하게 하려 하여 본을 보였노라.

그럼으로써 우리는, 서로의 세족식이 참여자의 하나님 관계에서 중요하다고 주장할 수 있다. 왜냐하면, 참여자들은 그리스도의 명령에 따라 충실하게 행동하는 것이기 때문이다.

---

29. Ronald Grimes는 기독교 의례에서 언어의 사용에 대해 정당화할 수 있는 의심을 가졌다. 특히, 그는 기독교식 서술성에 대해 제기한 주장이 부풀려져서 사람들이 그들 인간성의 다른 모습과 그들 삶에서의 다른 표현 양식을 무시할 수 있음을 우려했다. "Of words the Speaker, of Deeds the Doer," *Journal of Religion* 66 (1986) 1-17.

나아가 우리는, 집회에 있던 다른 사람들이 자발적으로 단상에 나아간 것은 사실 12명의 발을 씻어주는 목사의 의례 행위보다 복음적 명령에 더 충실한 것이라고 주장할 수 있다. 그리스도의 명령이 서로의 발을 씻어주라는 것이었기 때문이다. 의례의 관점에서, 이러한 접근방법에 대한 어려움은, 중요한 것은 실제로 발씻어주기를 하는 게 아니라는 것이다. 중요한 것은, 어떠한 것이든 그리스도의 명령에 충실하여야 한다는 것과 동일한 방법으로, 이 특수한 언어 속에서 주어진 대로 그리스도의 기억에 충실해야 한다는 것이다.

이러한 접근방식에서의 변화는, 수 세기에 걸친 기독교 전통에서 내려왔듯이 예수 그리스도 사건에 대한 기억을 포함시키기 위해서 기억의 개념을 확장하는 것이다. 이러한 전통에는 믿을 만한 기억이 보전되어 내려져 왔다는 것을 보장할 수 있는 권위 있는 스승들이 필요하다. 이러한 권위는 전체적으로 교회에 부여된다. 이와 같이, 수 세기에 걸쳐서 교회의 권위 있는 사람들은 책임을 맡은 사람들에게 예수사건[event]에 대해서 충실히 해석을 해오고 있으며, 그 과정에서 성례전이라 하는 주요 또는 특별 기독교 예식을 정하였다. 이러한 의례가 교회가 의도한 대로 수행되면, 기독교 의식이 믿음이 있는 참여자들의 삶 속에서 매우 중요한 역할을 할 수 있다.[30]

세족과 관련하여 이러한 접근방식은 몇 가지 추가적 문제를 제기한다. 왜냐하면, 세족의식은 예수 그리스도 기억에 대한 권위 있는 해석자들이 성례전으로 불리는 특별 의식과의 만남 중의 하나로서 정한 것이 아니기 때문이다. 또한 이 세족이 일어난 방법, 즉 집회에 있던 남녀 모두가 자발적으로 단상으로 올라간 것은 현재의 로마 기도서 편집자들이 의도한 것과는 차이가 있다. 다른 말로 하면, 이 의례 행사는 이러한 접근방법에 따를 때, 엄격한 의미에서의 성만찬도 아니고, 예수 그리스도에 대한 기억을 후세에 전하는 일을 맡은 사람들의 언어에 충실한 것도 아니다. 그렇다면 우리는, 하나님과 참여자들 간의 관계에 중요한 것인 한, 이 세족식의 이벤트가 기독교 사회의 가장 풍성한 사건[event] 중의 하나가 될 수 없다고 결론을 내릴 수 있다.

이러한 접근방법과 결론은 편안하지 않다. 이는 자발성을 해치며, 위에서 언급한 경계적 단계의 특성을 무시하는 것과 같다. 또한 이 세족 의례에 관련된 사람들의 경험에는 최소한

---

30. 이러한 접근방법은 Dr. Lynne C. Boughton이 "Sacramental Theology and Rituall Studies: The Influence and Inadequacies of Structuralist and Mythographic Approaches," *Divinitas* 36 (1992) 52-76 에서 우려를 반영하고 있다.

맞을 가능성이 없는 방법으로 인간과 신 사이의 풍성한 만남의 가능성에 제한을 두고 있는 것 같다.

기독교 의례에 필수적인 것으로서의 기억과 언어에 대한 다른 접근방법을 데이비드 파워David Power가 취하고 있다.[31] 그의 접근방법에서는, 의례에 있어서의 언어와 기억의 기능을, 후세대들이 이행해야 할 예수님의 명령을 후세에 전하는 것으로 보는 것은 충분하지 않다. 또한, 언어와 기억의 기능을 예수 그리스도 사건의 기억을 오늘날에도 생생하게 하기 위한 단순한 의식으로 보는 것도 충분하지 않다. 그보다는, 역사적 예수 그리스도의 사건을 상세하게 말하는 언어와 기억이, 이 사건의 약속을 다른 시대와 연관시키는 창조적 재해석에 의해 완성될 필요가 있다.[32] 기독교 의식에서 중요한 언어와 기억은 기독교 전통에서 다른 사람들에 의해 내려왔던 것일 뿐 아니라, 의식 자체 참여자들의 언어와 기억이다. 이것은 중요하다. 왜냐하면, 파워의 접근방법에서는, 예수 그리스도 사건의 약속은, 참여자들 자신의 구별되는 삶의 경험적 관점에서 참여자들이 말하는 가운데 나타나기 때문이다.[33] 기독교 의식에서 발생하는 말은 주로 구두로 하는 것이지만, 그렇기만 한 것은 아니다. 말로 하는 기억과 의식의 행위는 모두 참여자들이 예수 그리스도 사건에서 한 약속의 하나님을 만나는 의식의 사건이다.

세족 의식과 관련하여, 중요한 것은, 예수님 자신이 한 것을 따라하라고 하는 예수님의 명령을 그대로 이행하는 게 아니다. 또한, 교회의 권위 있는 해석자가 정한 바대로의 의식을 충실하게 이행하라는 것도 아니다. 그보다 더 중요한 것은, 하나님의 약속이 믿음 있는 참여자들의 삶 속에서 오늘날 분명해지는 방법에 주목하고 관심을 갖는 것이다. 중요한 것은, 신자들에게 아주 새로운 방법으로 오시는 하나님이 여전히 다른 새로운 방법으로 예수 그리스도의 기억 속에서 이루어지는 의례행위의 참여자들에게 오신다는 것이다.

이러한 접근방법에 따를 때, 이 세족 사건은 단지 예수님이 마지막 만찬에서 했던 일을

31. David N. Power, "Ritual and Verbal Image," and "Myth, Narrative, Metaphor," chapters four and five in *Unsearchable Riches: The Symbolic Nature of Liturgy* (New York: Pueblo Publishing Company, 1984) 83-143. 특히 David N. Power의 "Sacrament: Event Eventing," in *A Promise of Presence: Studies in Honor of David N. Power*, OM.., eds. Michael Downey and Richard Fragomeni (Washington, D.C.: The Pastoral Press, 1992) 271-99 참조.

32. David Power, "Sacrament: Event Eventing," 288.

33. 불행하게도, Power의 접근방법이 함유하고 있는 것을 충분히 인정한다고 하더라도 그의 철학적, 신학적 전제를 여기에서 논할 수는 없다.

재현하는 게 아니다. 특히, 집회에 있던 많은 사람들이 자발적으로 지성소로 가서 의식행위에 들어갔기 때문에, 그것은 사건이었다. 그것은, 아주 새롭고 인간 역사에 있어서 가장 경건적인 방법으로, 참여자들을 위해 하나님이 나타나시는 약속을 다시 알게 하는 예수 그리스도 사건이었다. 참여자들에게 있어서 사회적, 개인적 변화는 동시에 계속해서 그들과 함께 있을 것이며, 그들의 이러한 변화가 요구하는 바에 따라 살아가는 것을 지지하겠다는 하나님 약속의 나타나심이었다.

기독교 의례 참여자들을 위한 결론적 제언

보편적인 현대적 용어로서의 의례는 흔히 나쁜 이름으로 불린다. 의례는 지루하고 활기가 없는 기독교 예배에 대한 책임으로 여기고 있다. 의례는 본질이 아닌 지루한 반복을 의미하고 있다. 의례는 참여자들의 경험으로부터 기독교 예배를 멀리하는 것 같은 형식주의의 이미지를 자아낸다. 의례는 적절하지도 못하며, 마치 참여자들이 전례법규에 따라 디자인한 스트레이트 재킷straightjacket을 입고 있는 것처럼, 참여자들의 자유로운 표현과 반응을 억제하는 것처럼 보인다.

너무도 일반화된 의례에 대한 이러한 경험에 반응하여, 의례의 관여자들 –즉 참여자들과 기획자들– 은 흔히 반복, 형식성, 틀에 박힌 것 등을 제거함으로써 그러한 상황을 개선하려고 한다. 그들은 자극을 주는 다양하고 새로운 시도로써 이러한 것들을 대체하려고 한다. 그러나 위에서 언급한 세족식의 경험은 이러한 적용에서의 주의사항을 암시하고 있다. 즉, 많은 사람들이 자발적으로 단상에 접근한 이유는 참여자들이 자유롭게 상상력을 가지고 신앙적으로 다른 사람들과의 관계 및 하나님과의 관계에 대한 가능성을 탐험할 수 있는 "사이" 공간을 만드는 데 도움이 되는 의례의 반복성, 틀에 박힌 것, 그리고 형식성의 능력과 관계가 있다는 것이다. 기독교 의례에 대한 한 적용은, 세족식과 같은 경험 즉 인정된 의례의 형식을 이행함이란 자연스럽게 움직이는 춤과 같이 경험에 대한 중요한 감성으로부터 넘쳐나는 것이어야 한다. 이러한 의례는 의례의 작용에 대해 의례가 드러내는 것뿐만 아니라 의례가 우리 사회에서 "사건의 이벤트화Event Eventing"가 될 수 있고, 신도들에게 하나님 실재의 약속을 알리고 그 약속에 빨려들 수 있도록 하기에 의례를 기획하고 준비하는 출발점이 되어야 한다.

제7장

성만찬의 위상

Must Eucharist Do Everything?

| 존 발도빈 John F. Baldovin, S.J. |

꼭 성만찬Eucharist이 전부인가? 라는 물음에 대한 대답은 분명히 "아니다"이다. 그러나 그것을 묻는 것부터가 그 질문이 주일 성만찬과 관련된 문제에 연결되어 있음을 암시한다.

제2차 바티칸공의회 이후 25년 동안 주의를 끄는 수많은 주일 예배의 문제점malaise을 파악하기란 매우 어려운 일이다. 60년대 후반의 대학생활과 70년대의 젊은 종교인으로서 나는 개혁이 시작되는 시점의 그 풍성exuberance한 모습을 매우 잘 기억하고 있다. 그러나 최근에 적어도 여러 장소에서 나타난 주일 성만찬 예전의 모습은 증기처럼 김이 빠진 듯하다. 아마도 개혁의 성급한 흥미는 공의회 후기시대의 같은 관심사였던 교회연합일치운동ecumenism에 대한 열정처럼 점점 사라져갔다. 그러나 아마도 여기에는 예전적 개혁이 그리 성공적인 것 같지 않은 더 깊은 –예전적 개혁의 타당성과 관련된– 이유가 있다.

예전과 관련된 현대적 근심disquiet 몇 가지는 제2차 바티칸 공의회 전례헌장Sacrosanctum Concilium의 25주년 기념을 알리는 1988년 콜로키움에서 발표된 논문들로 이루어진 한 권의 책을 통하여 분석되었다.[1] 책이 출판되었을 때 엄청난 인기몰이를 하여 히트작으로 보이던

1. Lawrence J. Madden, ed., *The Awaking Church: 25 years of Liturgical Renewal* (Collegeville: The Liturgical Press, 1992).

『왜 가톨릭은 노래를 못 부르는가?』에서는 조금은 불공평하게도 가톨릭 교회음악과 예전을 매우 꾸짖고lambast 있다.[2] 예전신학자 테레사 코언키Teresa Koernke는 과거 몇 십 년의 과다하게 포장된 모습에서 벗어나서 보다 더 건전한 신학적 그리고 문화 인류학적 원리들에 기초하여 갱신된 예전의 방향으로 이동할 때라고 제안하고 있다.[3]

확신하기는 주일 예배의 매우 "단조로움flatness"은 많은 요인들(그러나 결코 모두는 아니지만) 때문이다. (그렇다고 이것이 로마 가톨릭만의 특별한 문제라고 생각하지는 않는다.) 그러나 나는 이번 장(章)에서 그것들 중 하나만을 다룰 것이다. 왜냐하면 내 생각에 그것은 예전 그 자체의 본질nature과 관련된 근본적인 잘못을 말해주기 때문이다. 말하자면, 예전이 모든 것의 전부는 아니라는 사실이다. 나는 먼저 제2차 바티칸공의회에서 기획envision했던 성만찬의 중심성centrality에 대해 토론할 것과, 둘째로 주일 예전이 할 수 없는 것을 기술하고, 그리고 마지막으로 "성공적인" 주일 성만찬 예전의 모습을 소개함으로 우리의 문제를 분석할 것을 제안하고자 한다.

Ⅰ. 주일 성만찬의 중심성

제2차 바티칸공의회의 예전개혁의 가장 중요한 공헌 중 하나는 주일 성만찬에 대한 탁월성pre-eminence과 중심성에 대한 강조에 있다. 갱신의 위대한 설계자인 안니발 부그니니 Annibale Bugnini는 규범미사Missa normativa(주일과 축제일을 의도하여 다수의 성직자들과 함께 노래하는 성만찬의 규범적 의식)의 가치에 대한 밑그림을 그렸다. 이러한 참여적 예배의 개념은 강력한 저항을 거쳐 로마 가톨릭에 의해 사용된 (그리고 유사한 기도서로 다른 주류 교단들에 의해 출판된) 바오로 6세 미사의 최종적 모델로 발전되었다.[4] 우리는 성만찬 모델에서 이러한 변화가 의미하는 진정한 양상의 변화를 과소평가해서는 안 된다. 이것은 성만찬

---

2. Thomas Day, *Why Catholics Can't Sing: The Culture of Catholicism and the Triumph of Bad Taste* (New York: Crossroads, 1990).

3. Teresa F. Koernke, "Toward an Ethics of Liturgical Behavior," Worship 66 (1992) 25-38.

4. Annibale Bugnini, *The Reform of the Liturgy 1948-1975*, English Trans. by Matthew J. O' connell (Collegeville: The Liturgical Press, 1990) 337-53, esp. 340.

이 주로 사제만의 활동, 그리고 빵과 포도주만의 관점에서 이해함을 떠나 성만찬은 세상을 구원하기 위한 그리스도의 죽음과 부활에 대한 심오한 신비를 거행하는 세례받은 회중의 연합된 활동으로 이해함을 말한다. 그러므로 성만찬의 모범적인 거행은 General Instruction of the Roman Missal에 처음 제시된 것과 같이 집사들, 복사들, 그리고 봉독자들이 노래하며 행동으로 참여하는 주일 성만찬에 있다.[5] 추가적으로, 주일을 다른 축제로 대치하기 어렵게 만든 교회력을 기준으로 하여 "모든 날 중의 가장 거룩한 날"인 주님의 날로 지킨다.[6]

그러므로 이론상으로 주일 성만찬이 교회 생활의 중심에 있음에 대한 의문은 거의 없다. 실질적으로 말해서, 교회 다니는 그리스도인들이 모이는 주된 시간이 거의 주일이라는 것은 맞는 말이다. 사실 후기-산업 사회에서 삶의 열광적인 행보 가운데 주어진 주일은 대부분의 그리스도인들이 교회로서 교회에 형식적으로 접하게 되는 거의 유일한 시간이었다. 그것을 볼 때에, 과거 20년의 시험[temptation]은 이론상 성만찬의 중심성을 주일 아침 (혹은 현재 많은 로마 가톨릭에 해당하는 토요일 저녁) 1시간 안에 그리스도인의 삶과 예배로 간주되는 "모든 것을 얻는" 실용적인 기회로서 만들어 버린 것이다.

이러한 혼란의 또 다른 요인은 예전적 활동의 본질을 음미하는데 실패했기 때문이다. 예전이 다른 (즉 그 자체 안에서 그리고 그 자체로서 이해될 수 없는) 목적을 위한 도구가 된다면 그것의 근본적인 존재 이유[raison d'etre]를 잃게 된다는 것이 나의 주장이다. 그러므로 이러한 입장에서 정의된 예전은 의례적 활동으로서 존재하지 않는 어떤 것으로 성만찬을 몰아간다면 의례의 본질은 어려움에 처하게 된다.

이제 의례는 소문나게 복잡한 논의의 여지가 있는 주제일 뿐이다. 우선 그것은 문화와 개인적인 삶에 있어서 의례가 -아니면 더 좋은 선택으로 의례들- 어떤 기능을 하는지 정확하게 분별하기란 쉽지 않다. 신화와 의례에 대한 연구 조사에서 윌리엄 도티[Will am Doty]는 의례가 개인 혹은 그룹의 정체성을 강화시켜주는 역할로 시작해서, 사회적 긴장에 대한 극적인 해결, 그리고 아주 소박한 기쁨을 증진시키는 역할까지 12가지 다른 기능으로 분류하고

---

5. General Instruction of the Roman Missal, §§ 7-57, in *The Liturgy Documents*: A Parish Resource, 3rd ed. Chicago: Liturgy Training Publications, 1991) 50-62. *Sacrosanctum Concilium*에서 주일 성만찬에 동일한 이전의 탁월함이 주어졌음을 주의하라. (The "Constitution on the Sacred Liturgy") § 49 (*The Liturgy Documents*, 19).

6. *General Norms for the Liturgical Year and Calender*, § 4 (The Liturgy Documents, 173-74).

있다.[7] 어떤 문화 안에서의 어떤 의례는 현상status quo을 더욱 강화시킨다. 반면에 다른 곳에서는 같은 현상을 비판하고 사회적 변화를 위한 행동력의 역할을 감당한다. 대부분의 (아마도 모든) 의례는 어떤 힘과 권력의 관계성에 대하여 말하고 있다. 같은 기본적 의례라 할지라도 오랜 세월을 통하여 다소 상이한 것들을 의미하는 기능의 다양성을 실행할 수 있다. 공동체의 연합에 대한 다양한 역사적인 강조점들, 성직자의 역할, 그리고 빵을 성별함으로써 그리스도의 현현을 구하는 성만찬의 거행은 확실히 중요한 사례이다.

나는 오늘날의 성만찬은 많은 의례적 기능을 충족시킨다고 생각한다. 행동적인 성만찬의 기능성 정의를 소개한다. 이러한 정의가 어떤 의미에서 완전한 정의로서 충분하지는 않다. 성만찬은 진행형이며 기독교입교로서의 반복적인 잔치이다. 성만찬을 기독교입교의 상황에서 이해함은 그것의 의례적 행동으로서의 진가를 인정하는데 필수적이다. 기독교입교는 그리스도인으로서 기도하고 행동하는 것을 배우고 훈련함으로써 개인을 신자들의 공동체 안으로 통합시킨다. 이러한 통합은 개인을 그리스도의 죽음과 부활에 순응시키는 다음과 같은 상징적 성례전적 행동으로 의례화된다: 세례반baptismal bath, 기름 부음과 안수기도(견신례confirmation)를 통한 죽음과 부활에 대한 교회의 공식적인 선언, 그리고 말 그대로 거룩한 성만찬으로 그리스도와 연합됨을 말한다. 다른 두 가지 의례적 순간과 달리, 이러한 정점의 행동은 한 순간의 행사가 아니라 오히려 그리스도께 연합하는 삶의 전 과정을 상징화하도록 돕는 것이다.

우리는 매년 부활절마다 우리의 세례 약속을 갱신한다. 그러나 성만찬이 거행되는 만남의 매 순간마다 우리의 입교는 실제적으로 은연 중에 갱신된다.

성만찬에 대한 이러한 접근은 두 가지 중요한 의례적 기능의 씨앗을 포함하고 있다. 첫째로, 이미 그리스도의 몸이 존재하는 것으로서, 의례의 반복은 개인의 갱신과 회중의 연합된 정체성을 지탱하고 강화하고 경축한다. 그러나 둘째로, 어거스틴의 유명한 말을 인용하자면, 이러한 행위는 우리가 받은 사물이 되어지는to be what we receive 것으로서 공동체와 개인으로서 그리스도의 형상을 더욱 더 닮아가도록 성장하는 것이다. 이러한 통찰로서 성만찬은 형식적formative이며 동시에 변화적transformative인 것이다.

7. William G. Doty, *Mythography: The Study of Myths and Rituals* (Tuscaloosa: University of Alabama Press, 1986) 104-06.

즉 의례는 그것의 영향력을 다음과 같은 두 가지 기본적인 의례 구조상에서 한사함을 제안하고자 한다: 선포와 행동의 상호작용, 그리고 성만찬행위의 4중모형이다. 역동적인 선포와 응답(혹은 행위)은 회중을 위한 하나님 활동의 선취권에 대한 증인으로서 행한다. 우리는 단지 희생적 행동을 수행할 뿐이고 또한 우리는 하나님의 은혜로운 초대에 대한 응답과 우리 삶과 인류의 역사 가운데 계시는 하나님의 능력에 대한 응답으로 형식적인 예전적 기도로 보증할 뿐이다. 이는 기독교의 본질로서 성만찬의 네 가지 모형(가지사=봉헌을 드림; 축사=성만찬기도문; 떼어=빵을 뗌; 나눔=분병분잔)은 최후의 만찬에서의 예수님의 행동을 하나님에 대한 믿음으로 자신을 포기하신 사랑과 자기 나눔을 그리스도의 고난, 죽음, 그리고 부활을 연출하는 의례로 요약한 것이다. 다시 말해서, 성만찬의 행동은 그리스도가 누구인지, 또는 우리가 누구인지(혹은 생성[becoming]되는 과정으로서 우리가 누구인지) 둘 다를 구현[embody]하여 준다. 이러한 의례의 지속적인 반복은 그리스도의 몸으로서 개인과 공동체의 점진적인 변화를 유도하는데 필수적인 것이라 생각한다.

나는 여기서 분명한 반론을 짚고 넘어가겠다. 의례는 정확히 말해서 평판이 안 좋다. 왜냐하면 그러한 반복적인 행동은 습관화 그리고 공허, 무의미, 심지어 위선적으로 보일 수 있기 때문이다. 더욱 나쁘게 의례는 사람들을 무감각하게 만들고 그들의 두려감조차 느끼지 못하게 한다. 이스라엘의 예언자들과 예수님이 이것을 민감하게 지적한바 대로 의례적 행동의 오용은 면역성이 전혀 없다는 사실이다. 마치 독일 나치의 의례화 된 섬득한 집회의 인상처럼, 의례가 악한 목적을 위해 사용된다면 그 의례는 악마적인 것이 될 수 있다. 의례만으론 결코 충분하지 않다. 그것은 왜 성만찬이 언제나 신앙의 성만찬이어야 하는 이유와 같다. 성만찬은 믿음과 경건 둘 다 성장되기를 요구하고 있다. 만일 어떤 의례가, 특별히 기독교 의례가 그것의 의도된 효과를 원한다면 믿음 그리고 그와 관계된 실천[praxis]이 요구된다.

그러나 의례의 상황 대신 의례를 문제시함은 잘못된 문제에 착수하는 일이다. 나는 의례에 대한 부정적인 평가만 취하는 태도를 의례적 장애[embarrassment]라고 부르고 싶다. 만일 기성교단에서 행동된 상징으로서의 풍성한 의례적 유산, 그것의 흘러차고 넘치는 창조물의 기쁨을 잃어버린다면, 그것은 재난을 당함과 같은 불쌍한 일이 될 것이다. 이처럼 의례적 장애는 귀중한 유산을 종교성의 토크쇼와 같은 것과 바꾸어 버리는 위험을 안겨준다.

II. 성만찬이 정말 할 수 없는 것

주일 성만찬은 그 의례적 행동이 어떤 것인지 명확하게 고려돼야만 한다. 의례적 행동으로서 성만찬에 직면하여, 나는 세 가지 근본적인 문제를 열거하였다:

1) 실제적인 유혹: 여기 사람들이 다 모였으니 모든 교회 업무를 요구한다.
2) 기계적인 오류: 예전은 어떤 명백한 결과를 산출해내야 한다.
3) 의례적 장애(혹은 예전에 대한 알레르기 반응): 모든 형식은 위선을 초래한다.

적어도 가끔은 잠재적으로, 이러한 세 가지 요인들이 결합될 때 치명적인 결합을 갖게 된다. 나는 성만찬에 너무 많은 것을 요구하는 네 가지 방식을 알고 있고 결과적으로 아무것도 존재할 수 없게 된다.

첫째, 예전은 모든 교회 업무를 행하는 시간이 된다. 만일 재정보고를 받아야 한다든지 교구 학교운영이 도움을 필요로 한다면 설교시간은 생략될 수 있다. 그렇다고 사람들이 아쉬워하지도 않는다. 교구 광고시간조차 설교의 자리를 대신할 수 있다. 가톨릭에서는 아직도 주일과 축제 예전에서 설교의 예전적 중요성에 대해 다소 낮은 비중을 갖고 있음을 의심할 여지가 없다. 그 이유는 설교를 대충 하였기 때문이다. 그러나 예전은 교구의 회의시간은 아닌 것이다. 애이든 카바나프Aidan Kavanagh는 언급하기를 예전은 방식에 있어서 업무의 처리transaction라고 한다.[8] 그러나 그가 의미하는 업무란 성스러운 업무이다 – 구원의 생명을 주시는 상징을 통하여 세상을 살리기 위한 처리이다. 교구 재정 혹은 교구 학교를 논하기 위하여 따로 소집된 모임에 오는 사람들의 비율을 우리가 감히 예측할 수 없다는 것은 교구 생활에 있어서 사람들이 교구에 대한 애착심을 확신하지 못함을 말해준다.

둘째, 예전이 종교 교육을 위한 일차적 시간으로 되어간다. 이것은 몇 가지 방식에서 일어난다. 아주 분명하게, 어린이들의 말씀 예전(이것이 실행되는 교구 안에서)은 말씀의 진정한 축제라기보다 오히려 교리문답catechesis에 대한 대안이다. 확실히 어린이의 말씀 예전은

8. Aidan Kavanagh, *On Liturgical Theology* (New York: Pueblo Publishing Company, 1984).

그들의 수용능력에 적당해야 한다. 그러나 그것은 아직 예전이며 소품props과 함께 카테케시스의 한 종류로서 사용돼서는 안 된다. 어른들의 예전조차도 정보 편향적인 카테케시스를 위한 기회가 될 수 있다. 요즘 말씀의 예전은 말씀을 읽을 때, 설교에서, 심지어 일반적인 중보를 위한 기도에서 조차도 분명히 정보를 전달한다. 그러나 생각과 정보의 이해소통은 예전의 이러한 면의 일차적 목적은 아니다. 여기서 중요한 목적은 그리스도 안에 있는 하나님 행동의 경축인 것이다. 그것은 그리스도 안에서 하나님의 역사와 성령 안에서 확실한 희망을 회상하고 기억하는 의미에서, 결국 하나님은 우리와 세상을 은총으로 계속 역사하실 것이다.

주의 설명 없이 되풀이되는 몇 번의 반복을 통하여 예전은 그 자체 최고의 교리 교수catechesis가 된다. 의례적 장애가 주는 실제적으로 해로운 한 가지 사항은, 모든 의례적 상징이 설명되어야 한다는 확신이다. 그러므로 상징은 죽을 때까지 설명되어진다. 혹은 다소 자주 일어나는 모습으로 하나의 특정한 주제가 예전에 부과되어져 더 깊은 의미를 유도한다. “우리 교구 예전 위원회는 이번 사순절의 주제를 사막으로 결정하였습니다. 그러므로 재ash 혹은 자주색깔이 우리의 계획에 맞는지 확실하지 않습니다.” 분명하게 그러나 아주 조금 과장하여 말한 것이다. 만일 예전이 메시지 전달에 관한 것이라면, 매주 메시지가 같을 것이다: 이는 그리스도의 몸과 연합하는 개인과 공동체로서 (고통스럽게) 천천히 점진적인 성장을 말한다. 이런 경우, 부활절Paschal 신비로의 입문인 성만찬 예전의 주된 목적에 비하여 축제의 날을 위해 봉독 혹은 본문에서 주제를 끌어냄은 이차적인 것이다. 예배 계획팀은 “테마” 예전의 함정을 피하여 그날의 메시지를 찾기 위해 성서 혹은 기도문을 고려하게 된다. 그러나 다른 이들과 같이 예전은 관념ideas이라는 생각의 똑같은 근본적인 실수를 범하게 된다: 그러므로 다른 사람들의 안건에 의하여 조작된 기회를 제공하는 예전의 모습을 두려워하는 매우 많은 회중들에 의해 지루함ennui이 경험된다. 실제적으로 이는 보통 성직자에 의해서가 아니라 “예전적인 지각conscious”의 새로운 계층에 의해서 약속되어진 새로운 교권주의clericalism임을 조심스러이 주장한다.

반론objection: 매 주일 예전은 파스카신비에 “관한” 것이라는 개념은 다소 지루하게 들린다. 응답response: 만일 예전이 활기가 없고 활기찬 교구의 바깥 생활이 없다면, 음악이 제대로 선곡되지 않거나 연주되지 않는다면, 설교가 열정이 없고 상상력이 없다면, 그리고 회중의 일원이 늘상 제단 안쪽에서 벌어지는 모습을 바라보며 무언의 목격자가 되어야만 한다면 그것은 지루한 일일 뿐이다.

셋째, 주일 성만찬에 무게가 너무 가중된 방식은 예전에서 사회적 행동에 대한 대체를 요구할 때이다. 이러한 방식으로 이것은 주제 혹은 메시지 편향적인 변형된 예전이 된다. 그러나 주일 성만찬의 회중은 사회 정의를 –회중의 각 지체가 나누는 목회적 선물을 존중하고, 모든 인류를 존엄성으로 대우함– 반영해야 한다. 동시에 예배는 사회적 행동을 대체할 수 없다. 물론 예전 자체의 실행과 설교가 사람들을 정의와 평화를 위한 행동으로 고취시켜야 하지만, 예전은 엄밀히 말해서 그것을 의도하는 자리도 아니고 태만했던 그들의 죄에 대해 죄책감을 느끼도록 만드는 자리도 아니다. 정죄함보다는 더 많은 것을 영감과 초대로 얻을 수 있다.

넷째, 주일 예전에 무게가 너무 가중되어 있다고 생각하는 마지막 네 번째 사항이 가장 민감한데, 왜냐하면 비판할 수 없는 신성한 것sacred cow으로 보이기 때문이다. 이것은 사람들이 서로를 잘 사귈 수 있도록 해 주는 기회로서의 예전이다. 예전 안에서 이러한 실수는 매우 근본적이고, 그것을 이해하는데 극히 상이한 현대 북미문화에 깊은 뿌리를 두고 있다. 만일 그것이 최고가 아니라 할지라도 적어도 인류의 삶의 최고 가치 중의 하나는 친밀감intimacy이라는 개념에 기초한다. 프란시스 매니언Francis Mannion은 예전과 현대문화에 관한 논문에서 이것을 잘 다루었다.[9] 그는 오직 친밀한 관계란 신뢰하고 의미 있다는 개념으로 그 문제를 "사회의 친밀화"로 명명했다. 그 문제는 많은 사람들이 참여하는 의례적 행동으로서의 예전이 친밀감이라고 하는 심각한 의미의 용어와 거리가 멀다는 것이다. 우리는 항상 듣는다: "나는 모든 사람이 익명으로 남아있는 그러한 큰 예전을 좋아하지 않습니다." 내가 정말 두려워하는 것은 다음과 같은 진술 밑에 숨겨져 있다. "나는 나와는 다른 사람들과 상관하고 싶지 않습니다." 친밀감과 다정함에는 잘못된 것이 없다. 왜 기독교 예배가 경직되어야 하는지 세상에 그런 이유란 없다. 그러나 동시에 의례는 언제나 형식적 요소를 갖는다. 만일 우리가 단지 진실한 관계란 친근한 것이 아니라고 생각한다면, 친밀감과 형식 사이에 어떤 충돌도 필요하지 않다. 나에게 있어서 진정한 친밀감이란 매우 제한된 사람들과 얻어지

9. A. Francis Mannion, "Liturgy and Crisis of Culture," in Eleanor Bernstein, ed., *Liturgy and Spirituality in Context: Perspectives on Prayer and Culture* (Collegeville: The Liturgical Press, 1990) 1-25.

는 것이며, 그러한 친밀감을 촉진하기 위한 예전을 기대하는 것은 잘못된 바람이라고 생각한다. 진정한 참여적 예전은 한 사람 한 사람 알아가는 예전 밖에서 일어나는 공동체의 상황과 함께 촉진될 필요가 있다.

어쨌든 예배에 대한 일차적 전제는 우리의 계몽edification으로서 예전을 통하여 얻는 수확임을 뼈 속 깊게 체험한다. 그러나 로버트 태프트Robert Taft는 아주 여리하게 지적하는데, 예전에서의 일차적인 수확은 "영광의 하나님의 헤아릴 수 없는 특권"이라는 것이다.[10] 내가 두려워하는 것은 자기중심성에서 시작된 종교적 신앙은 그 길에서 끝나는 것이다. 아마도 의무duty의 요소로서 멀리 있거나 무서운 하나님의 명령으로서의 의무가 아니라 오히려 우리를 위하신 하나님과 그리스도 안에서 우리를 위하여 하나님이 행하신 일의 깨달음에서 온 내적 의무감으로 설교와 교육catechesis에 더욱 강조점을 둘 필요가 있다. 나는 오늘날 예배에서 주된 문제는 우리가 예배로 모여서 행하는 것은 정말 "세상의 삶을 위한" 것으로서 신앙의 결핍함을 채우기 위한 목적으로서의 예배가 되어서는 안 된다고 생각한다.

역설적으로 교육, 사회 행동, 그리고 공동체 형성을 위한 예전을 사용하는 시도로서의 일반적 요소는 그들의 개별적 능력에 따라 사람들이 예배에 참여하도록 허락하는데 실패작이다. 우리는 얼마나 자주 인도자가 "좋은 아침입니다"라는 진지한 인사에 회중이 응답하지 않음을 부드럽게 꾸짖는 것을 보았는가? 첫째로, 그러한 인사는 현대 기독교 예배에 현저하게 (지나치게 현저한) 집중된 사람인 인도자 자신에게 잘못된 예배의 초점을 두게 하는 것이다. 둘째로, 비록 회중이 예전과 설교 자체를 통하여 공동체의 일원으로 성장되도록 장려한다 할지라도, 그 날 상호관계를 맺을 능력이 없는 사람들을 꾸짖음은 오히려 역효과를 만들 뿐이다. 모든 의례와 같이 성만찬도 사람들이 그들 자신의 필요와 편견을 반영할 수 있도록 공백이 되어야 한다는 것이다. 나는 주장하기를 유아론solipsism(감각의 탐닉)을 권하기보다는 오히려 사람들은 언제나 다른 태도를 가지고 의례적 행동을 대한다는 사실에 직면하길 바란다. 미리 루빈Miri Rubin은 이것을 중세기 성만찬에 대한 책으로 아주 훌륭하게 주장한다.[11] 의례적 행동의 공식적인 설명과 예상까지도 개인과 소집단에 의한 그들 자신의 방식으로 작

10. Robert F. Taft, *Beyond East and West: Problems in Liturgical Understanding* (Washington, D.C.: The Pastoral Press, 1984) 33.

11. Miri Rubin, *Corpus Christi: The Eucharist in Late Medieval Culture* (Cambridge: University Press, 1991) esp. 3-11, 243-71.

용된다. 어떠한 위협과 속임도 이것을 변화시킬 수 없다. 결국 살아있는 상징을 지키는 것은 다양한 방식으로 해석하고 살리는 그들의 능력이다. 이것이 그들의 풍성한 유산의 몫이다.

III. 주일 성만찬은 어떠한 모습인가?

주일 성만찬 예전에서 어떤 일들이 일어나는가에 대해 부정적으로 비판하기는 매우 쉬운 일이다. 오히려 건설적임이 더 더욱 어렵다. 만일 매주 성만찬을 지키는 회중에게 교구 광고, 교육, 사회 활동, 혹은 공동체 형성을 위한 내용들을 다룸이 잘못된 것이라면, 적절한 혹은 속임수가 아닌non_manipulative 주일 성만찬 모습은 과연 어떤 것인가?

이번 장 머리에, 주일 성만찬은 기독교 입교의 지속된 의례 경험이며 그것의 영향력은 천천히 그리고 축적된 것이라 주장하였다. 그러므로 매주 성만찬 거행의 첫 번째 요청은 어떤 한 번의 성만찬 예전으로부터 너무 많이 기대하여서는 안 된다는 것이다. 의례는 공동체 형성을 조성하지만 미묘한subtle 방식을 갖고 있다. 공동체가 매주 성만찬 가운데 기독교 생명과 성만찬 거행에 대해 그것의 잠재력을 깨닫는 데는 몇 년이 걸릴 수 있다고 생각한다. 그리고 어려운 작업에 대한 추가로 예배 공동체의 한 방식으로서 제2차 바티칸 예전이 계획했던 것을 형식화하는 데에는 더 많은 인내심이 필요하다. 이것은 매우 빠른 결과를 기대하는 풍토에서는 어려운 말이라는 것은 의심할 여지가 없다.

먼저 선포/응답, 그리고 가지사/축사하고/떼어서/나누는 의례적 형태의 성장은 무엇보다도 이러한 잔치의 구조적 요소들의 성실성과 그것들과 대립되지 않는 규례를 요구한다. 다시 말해서, 매 주일 같은 의례 형태를 가지는 성만찬 거행에는 문제가 없다는 말이다. 반대로, 그러한 반복은 의례 경험의 본질이다. 위에서 지적한 것처럼 많은 사람들에게 이것이 지루하게 들리겠지만, 만일 역동적인 목회적 삶의 풍성한 현장에서 거행된다면 그것은 전혀 지루한 것이 아니다.

더욱이, 성만찬 거행에서 음악, 성경봉독, 대표기도, 그리고 설교를 통한 내용의 많은 면에서 매 주일 마다 변화를 주고 있다. 안정된 구조는 신선한 방식으로 집중되고 경험되는 내용의 새로운 요소들에 필수적인 틀을 제공한다. 만일 구조가 안정적이라면(그리고 지속적으로 상징과 동작을 통하여 모든 성만찬 거행의 기본적인, 이를테면 파스카 신비같은 내용이 언급된다면), 성만찬 거행의 내용은 회중들에게 매주 그리스도(그리고 그리스도인)의 삶의 기본적 형태인 새로운 접근으로 열려질 것이다. 예전의 공동체는 이것을 흔들어 줄 자격이 있다. 만일 주일 예배가 전문가(안수받은 성직자, 음악가, 예전가)에 기초한 영역이라면, 회중이 그것에 응한다 할지라도 그들은 예전에서 소외되고 말 것이다.

내가 지금 여기서 주장하는 것이 교회 다니는 대부분의 그리스도인들보다는 예전 준비에 자주 참여하는 전문적인 예전가에게 점점 더 의심쩍어 보이는 것 같다. 예전은 전문가들이 언제나 "실현하려고" 시도해 왔던 그리스도인의 삶을 나누는 그러한 역동적인 힘이다.

첫째, 예전 기획가planner는 예전을 실현하려는 노력에 최고의 의지를 발휘해야 한다고 나는 확신한다. 나아가, 회중은 책 안에 있는 것을 새롭게 펼칠 수 있는 예전 기획가를 정말로 필요로 한다. 결국, 각 교단의 공식적인 텍스트에 의해 제공받는 의례서는 마치 극작가의 드라마처럼 해석을 필요로 하고, 연출가의 해석을 필요로 하는, 그리고 상연되기 위해 계획된 의례서이다. 서로 다른 예전적 환경 안에 있는 각각의 공동체는 성만찬의 의례적 경험을 살려내는 그것의 방식을 찾을 필요가 있다. 최악의 접근은 다양한 예전적 회중에게 앞에서 설명한 두 가지 기본적인 구조를 주장하는 대신 스타일적 해석(예를 들어 어떤 특정의 음악)을 부과impose시키는 것이다. 성만찬 기도에 대해서도 같은 주장을 하고 있다고 생각하는데, 그것의 구조는 같으나 내용은 다양하다. 예를 들어 로마 가톨릭의 성만찬기도의 서문Preface이 성만찬거행을 거듭하며 변해왔음을 볼 수 있다.

둘째, 주일 성만찬은 하나의 잔치로서 우리가 그것을 요청하는 것처럼 보이고 느끼도록 해야 한다. 사실, 어떤 성만찬 거행은 임의로 계획 없이, 그리고 어떤 사람들은 많은 계획과 준비를 하였어도 단조로움에 빠진다. 만일 많은 계획과 준비가 없이 진행된다면 매주일 예전은 성만찬 거행에 있어서 성공적일 수 없다. 물론 공동체의 의례적 구조가 매주 바뀌지 않는다면, 이것은 덜 요구되는 사항이다; 다시 말해, 공동체가 그들에게 적합한 성만찬의 기본 구조를 제정하는 방식을 찾은 경우를 일컫는다. 이것은 계절적 변화—예를 들면 사순절 기간에 다른 양식으로의 입례—를 고려하지 않는 것을 의미하는 것은 아니다.

셋째, 너무 많은 것을 시도하려고 하지 않는 성공적인 주일 성만찬의 요인은 특히 일 년의 사분의 일, 13주에 해당하는 입교initiation와 파스카절기(사순절과 부활절)의 관계로서 간주되는 예배력에 대한 존중을 포함한다. 이것은 오래된 논쟁으로서, 예전이 엄숙할수록 고대의 형식이 더 많이 유지된다는 것이다.[12] 이 "예전법"은 탁월한 보편적 센스를 표현한다. 기억이란 동일한 냄새, 색깔, 동작, 음색, 또는 의례적 행동과 물건의 어떤 장식들이 여전히 남아있는 것과 관계있다. 대림절마다 혹은 재의수요일마다 혹은 부활절마다 새로운 예배를 창조할 필요는 없다. 비록 예배력이 원형 보다는 나선형과 같기에 –다시 말해, 세상과 함께 우리의 삶 가운데 그리고 세상 가운데, 우리는 천국의 위대한 수용을 향해 움직여야 하는 데– 우리의 준비는 예배 가운데 안정과 변화의 요소 사이의 상호작용과 그것들을 균형잡는 방식을 아는 식별 능력의 감각을 요구한다. 더불어, 예배력을 구성하는 계절적인 요인의 모든 것은 회중이 성만찬을 향해 모일 때에 동일한 실재가 거행되는 예수님의 죽으심과 부활하심의 관점에서 높이 평가되어야 한다.

마지막으로, 예전은 결코 충분히 채워지지 않는다고 나는 확신한다. 우리가 이번 장의 두 번째 단락에서 말한 예전에서 하도록 시도 되어서는 안 되는 모든 것들은 –교육, 사회활동, 공동체 만들기– 성공적인 목회적 삶의 필요한 성분이다. 주일 성만찬은 그것들을 세워주며 또한 장려하고 있다. 이러한 모든 것들은 열정적인 목회적 지도력과 깊은 확신을 가진 공동체의 발전을 요구하며 거기에는 매주일 마다 무엇인가 거행되는 잔치가 있다.

결론

이 논문의 주장은, 만일 매주 성만찬이 성공적이 되려면, 그리스도의 죽으심과 부활하심의 의례적 성만찬 거행이 무엇인가에 대해 명확하게 고려되어야 한다는 점이다. 우리는 오락[entertainment]이 지배하는 시대에 산다. 그러나 의례적 경험을 지탱함으로써, 비록 그것이 즐거울지라도, 우리는 언제나 단순한 오락의 유혹을 피해야만 한다. 그것은 그리스도의 죽으심과 살아나심의 의례 거행이 세상을 살리는 결정적인 것이라는 확신에 기초해 있어야만 한다. 만일 이것이 나에게 있어서 그 경우라면 하나의 역설로 끝맺고자 한다. 주일 성만찬이 너무 많은 것을 시도하지 않는다면 결론적으로 좋은 열매를 맺을 것이다.

---

12. Anton Baumstark, *Comparative Liturgy*, 3rd ed. by B. Botte, trans. by F.L. Cross (London, 1958) 15-30을 보라.

제8장

시간전례의 신학, 양식, 그리고 구조

Theology, Styles, and Structure of the Liturgy of the Hours

| 어스틴 H. 플레밍 Austin H. Fleming |

우리 교회 본당의 파스카 초는 예전적인 예배에서 진실로 예술적 가치가 있다. 그것은 멋지고도 단단한 참나무oak 받침대 위에 150센티미터 이상 되는 크기로 세워져 있는데, 두께는 10센티미터이고 무게는 10킬로그램이다. 초의 새겨진 문양은 간단하다: 십자가, 년도, 그리고 기둥을 파서 알파와 오메가를 바깥에 새겨놓았다. 이 옮겨진 밀랍은 틀에 붓고 색을 입혀 만들어진 것이다. 우리가 이렇게 큰 초를 입례시간에 옮긴다는 것은 매우 어려운 일이라 생각된다! 이 초의 높이와 무게는 들어올리기에 너무나 엄청나다. 우리는 부활절 철야에 위엄스러운 초의 등장을 위해 넓은 어깨들과 강한 팔을 가진 장정들을 찾겠지만 나머지 기간 동안에는 그것을 그저 받침대에 놓아두기 쉽상이다.

주일 밤 기도회 때 우리의 파스카 초는 입례와 함께 옮겨지지 않는다. 그보다 사람들이 저녁 찬미의 제사를 드리려고 도착할 때 불을 밝히기 위하여 어두컴컴한 교회 중앙에 세워져 있다. 교회 입구에는 개인용 가는 초들이 담긴 바구니가 있다. 남녀노소는 해질녘 침묵속에 도착하여, 그 바구니에서 가는 초를 하나씩 꺼내가지고 그리스도의 빛 곁에 앉아서 예배 인도자가 이 성별된 빛을 선포하고 그들의 가는 초가 그 초의 불꽃으로 점화되기를, 그리고 그들의 마음이 주님 사랑의 따뜻함으로 만져지기를 기다린다. 나는 주일저녁 이러한 침묵 가운데 앉아서 빛에 몸을 녹이고 파스카 빛이 투영되어 움직이는 그림자를 바라보는 기회를 가질 수 있음에 대한 깊은 감사를 느꼈다. 우리 시대의 많은 사람들이 파스카 초를 단지 부활절 기간의 성만찬 때, 그리고 평생 동안 세례식과 장례식과 같은 낮 시간에만 빛을 경험한다는 것이 나를 슬프게 한다. 오직 저녁 기도회에서만 우리가 부활절 철야 때 아는 것을 정기적으로 다시 경험할 기회를 갖는다. 교회가 저녁 찬미의 제사로 신성한 봉헌을 드릴 때에 그리스도의 빛이 밤의 어두움을 몰아내는 것이다.

나는 그날 저녁 교회에 앉아 있으며 이 예전이 우리 공동체 기도생활에 얼마나 큰 역할을 시작하여 왔는지에 대해 강하게 느낄 수 있었다. 사순절 기간 동안 우리교회의 매주일 수요기도와 일요일 저녁기도의 일정을 통하여 약 50명의 사람들을 부활주일 저녁시간의 파스카 만과로 이끌기에 충분하였다. 성삼일Triduum을 함께 하였던 6명 중의 한 명은 이 저녁예전으로 돌아온 것이다. 그간 교회에 등록한 300명 모두가 함께 하려나 했지만 모든 일에는 시간이 걸리기 마련이다. 지난 11년이 넘는 기간 동안 나는 세 교구의 공동체에게 이 시간경의 기도를 소개하려고 애써왔다. 나는 이것의 의미, 가치와 그 깊이를 깊게 확신해왔다. 나는 사람들이 이 기도회를 빠르게 받아들이고, 그들의 것으로 만들고, 그 안에서 주님 구원의 현존의 신비를 발견하는 것을 보아왔다. 이 짧은 장에서 나의 임무는 이 기도회를 지지하는 신학, 이 예전을 기념하기 위한 다양한 양식들, 그리고 시간전례 체계를 제시하고자 하는 것이다. 나는 독자들이 여기에서 우리의 예배 공동체의 아름다운 기도회를 소개하고 조성하는 약간의 지지와 용기를 발견하기를 바란다.

시간전례의 신학

> 새롭고 영원한 계약의 대사제이신 예수 그리스도께서는 인성을 받아들이시어, 천상에서 영원토록 읊어지고 있는 저 찬미가를 이 지상 유배지에 가져오셨다. 그 분께서는 온 인류 공동체를 친히 당신께 모아들이시고, 이렇게 하느님을 찬양하는 그 공동체를 찬미의 노래로 당신과 결합시키신다.

저 사제 임무를 바로 당신 교회를 통하여 수행하시므로, 교회는 성찬례의 거행만이 아니라 다른 방법으로도 특히 성무일도를 바침으로써 주님을 끊임없이 찬미하며 온 세상의 구원을 위하여 간청한다. (SC§ 83-85)

제2차 바티칸공의회 전례헌장에 소개된 예배에 대한 지혜의 귀중한 보물은 제시하는 바와는 다르게 첫 장에 있는 것은 아니다. 비록 부활하신 예수님을 노래하고, 찬양하고, 노래하며 모이는 이미지가 소개되는 듯한 소리로 들릴지 모르지만 이 헌장의 독자는 반드시 그 문서의 처음 82개의 단락과 4장을 읽어야만 주옥같은 부분을 접할 수 있게 된다. 이러한 언급은 보편적 예배의 더 넓은 상황 가운데 매일기도의 예전적 역할을 이해하는데 열쇠가 되는 "성무일도"Divine Office라는 부분을 열어준다.

시간전례Liturgy of the Hours의 신학은 이 특정한 기도 형태의 연구로부터 시작하지 않고 교회의 생활에서 예전적인 기도의 이해로 시작된다. 로버트 태프트Robert Taft, S.J.는 그의 글 "빛에 대한 감사: 만과vespers신학을 향하여"[1]에서, 먼저 의례의 의미를 개관하는 것으로 우리를 이끌고, 그런 후에 예전과 영성에 대한 어떤 생각들 위에 기독교 예전을 스케치하고, 그리고 구체적인 시간전례로 안내한다. 달리 말하자면, 여기에 모든 문제들이 예전적으로 고려되어야만 하지만 그에 반해 예전적인 모든 것들이 측량되어야만 하는 더 넓은 상황에 놓여 있는 것이다.

나는 그리스도인들에게 다음과 같은 질문을 하는 것을 좋아한다, "당신은 예수님께서 하늘로 올라가신 이후에 무엇을 하고 계실 거라고 생각합니까?" 내가 들은 대부분의 응답은 예수님께서 아버지가 그의 이름으로(요14:25-26 참조) 보내실 것이라고 약속하신 보혜사 성령님의 사역을 더욱 정확하게 반영하고 있다. 사도신경을 기억하는 그 사람들은 다시 사신 구세주께서 "하나님 아버지의 오른편에 앉아 계신" 상상을 불러일으킬 것이다. 그러나 구원자가 영원한 보좌에 앉아있는 것을 지나치게 부정적으로 보는 사람들도 있다. 히브리서와 예수님의 하늘나라 제사장에 대한 기술은 (히브리서 4, 8, 9장 참조) 부활의 사건보다 더욱 중대하게 승천-이후의 사역을 제공한다. 그는 아버지의 보좌 앞에서 영원토록 모두를

---

1. Robert Taft, S.J., *Beyond East and West: Problems in Liturgical Understanding*(Washington, D.C.: The Pastoral Press, 1984) 127-49.

위한 중재를 하시고 계신다.

전례헌장Sacrosanctum Concilium이 출판된 지 30년이 지난 이 시점에서 얼마나 추측할 수 없는 많은 예배 인구가 (경험 혹은 교리교육을 통하여) 어떻게 기도하는지에 대한 방법과 우리가 무엇을 하거나 무엇을 기도하는지를 연구하는 이 기본적인 기독론적 가르침을 파악하고 있는지 모르겠다. 우리의 기도에 대한 이런 기본적인 진리가 기독교 입문의 의례를 우리가 경험하는데 있어서 안내하고 형성하는 요소이며 과연 모든 것을 그것들로 이끌고 있는가? 그리스도인으로서의 이런 신학적 마음이 담긴 기도가 우리에게 예전을 지키도록 준비시켜 주는가? 이러한 생각들이 우리의 설교를 통하여 선포되어지고 현실화되어지는가? 예수님께서 신성한 찬양으로 그의 찬가들은 노래하시고 그 노래에 우리를 참여시키시는 이미지가 전하여 지고 있는가? – 이러한 합창을 하는 전체 회중과 교회음악인들이 그들이 하는 찬양이 섬기는 사역을 위한 것이라는 엄선된 교리교육을 실행하고 있는가? 우리의 성만찬과 다른 성례전의 경험이 우리를 이 찬양의 기도, 감사, 그리고 그리스도를 통해, 그리스도와 함께, 그리고 그리스도 안에서, 성령의 힘으로 아버지께 드려지는 중보의 기도임을 이해하도록 이끌어 주는가?

우리가 여기에서 붙잡아야 할 것은 부활하신 예수님의 새롭고 영원한 언약의 대제사장으로서의 사역이다.

그의 삶의 가장 마지막에, 그의 고난의 시간에 임박한 최후의 만찬 때, 그의 고뇌를 통해 그리고 십자가 위에서, 신성한 주님은 그의 메시아적 사역과 부활신비의 배후에 기도가 생명의 힘이라는 것을 보여주셨다. "그는 육체에 계실 때에 자기를 죽음에서 능히 구원하실 이에게 심한 통곡과 눈물로 간구와 소원을 올렸고 그의 경외하심으로 인하여 들으심을 얻었느니라."(히브리서 5:7) 그리고 십자가의 제단 위에서 그의 완벽한 봉헌을 통해 "저가 한 제물로 거룩하게 된 자들을 영원히 온전케 하셨느니라."(히브리서 10:14); 죽은 자 가운데서 다시 살아나시사 그는 이제 우리를 위해 중보하시며 영원히 거하신다.(시간전례에 관한 General Instruction, 4장에서)

참으로 우리는 더 이상 예수님을 사망 가운데에서 찾을 수 없다! 그는 살아나셨다! 또한 그는 삼위일체의 가려진 모습으로 은퇴하신 것이 아니다. 육체로서 그가 시작하셨던 것과 마찬가지로 그의 사역은 그의 아버지의 영역에서 계속된다. 그리고 그는 기도이며, 오직 그 기도만을 아버지께서 들으신다. 만약 우리가 우리의 찬양과 기도, 근심과 걱정, 그리고 필요 사항들을 하나님께 올린다면 거기에는 그의 죽으심으로 우리를 살게하신 오직 한 분께서 그의 마음과 그의 목소리로 아버지께 중보의 기도를 하신다. 아버지께서는 예수님의 소리에 맞추어 조율하시고, 그리고 그의 소리에 만민이 그의 것과 함께 하나가 된다.

태프트Taft는 다음과 같이 정리하고 있다:

> 그래서 예전은 바로 기독교 실재의 잔치이다. 영원히 현존하시는 그리스도의 사건은 아버지의 보좌 앞에서 찬양과 영광의 영원한 찬송이다. 이 구원 사역은 찬양과 영광의 제사장과 같은 그리스도의 삶, 교회, 그리고 머리되신 영원한 제사장의 기도와 함께 감사함으로 그의 신비한 몸과 함께 사는 것이 우리의 사명이기 때문이다. 이러함으로 교회는 그리스도의 구원찬송에 신실히 참여하였다.

이러한 관점으로 보면, 예수님은 단순히 그리스도인들의 기도하는 방법에 대한 모델이 전부는 아니다. 이보다 그는 기도 그 자체이시고(기도하시는 그 분), 그리그 그의 기도를 공유하는 우리인 것이다. 그의 기도에서 우리가 공유하는 것은 교회가 "무거운 책임"을 짊어지는 것이다. 단지 교회가 그리스도를 선포하고 구원의 신비에 영향을 미치는 사명을 공유함에 그치는 것이 아니고, 끊임없는 찬양과 감사를 아버지께 드리는 기쁨의 사역에 함께 하는 것이다.[2]

나는 이 모든 것을 부분적으로 시연해 왔는데 기독교 예전적 기도의 어떤 이해에 있어서도 이것은 매우 기본적인 것이지만, 그러나 대체로 시간전례를 이해함에 있어서 이것은 매우 결정적이기 때문이다. 시간경Hours은 험난한 역사를 가지고 있는데 이처럼 귀중한 신학적 가치를 향유하는 기도가 곤란한 때를 빈번하게도 겪어 왔다는 것은 정말로 부끄러운 일이다. 시간경이 그 시간들을 기념하는anamnetic 역동성과 기능을 나타낼 때 교회는 주저하지 않고 그 사명을 명백하게 드러내는 것이다.

---

2. *The Liturgy of the Hours: Study Text VII* (Washington, D.C,: United States Catholic Conference 1981) 18.

> [시간전례]는 "신비에 대한 회상……"(『시간전례설명서』 12장)이다. 성만찬 때와 같이 시간전례의 잔치에서도 공동체는 하나님의 –신비로움들– 구원사역들을 기억하도록 요청받아 모인다. 기억하는 가운데, 이 사건은 그 시간과 그 장소에서 그 공동체에게 현재적 그리고 효과적으로 실행된다. 그 공동체가 기도하기 위해 모여서 이 기억의 과정을 조성할 때에 교회는 이것을 돕는 성경구절들을 그 가운데에서 봉독한다. 이 시간들 가운데 성경구절의 본문의 가장 기본적인 내용은 "시편가Psalmody"의 형태로 불려진다. 기도의 행동 가운데, 이 시편은 소리가 되고 그 공동체 자체의 기도가 된다. 그 자신의 목적을 위해…… 하나님께서는 존재하시고 찬양받으신다. 사실 성만찬 예전의 언급에 사용된 " 찬미의 제사"라는 제목은 또한 시간경Hours에도 적용된다. [3]

이것은 참으로 힘있는 발언이다. 놀랍게도 이처럼 언급된 내용에 근거하면 사적(홀로 드리는) 성만찬 "기념celebrations"은 법에 의해 금지되었고, 시간전례의 홀로 드리는solitary "기도celebration"는 이론과 실제에서 허락된다고 믿어왔다.

이 『시간전례 설명서』는 시간경과 성만찬 사이의 연결을 매우 분명하게 한다. 이 시간들의 신학적인 밑바탕을 고려하면서 우리는 이전에 지켜봤던 것 모두에게 주어진 것은 시간경과 성만찬이 같은 신학적인 실재, 즉 그리스도의 기도에 근간을 두고 있다는 분명한 점이다. 물론 성만찬은 그리스도의 기도에 대한 우리의 가장 주된 기념이고 참여이다. 그러나 시간경의 기념은 성만찬에서 교회의 기념을 발전시킨 것이거나 혹은 응답하거나 반응한 것이 아니다. 시간경과 성만찬이 일부 중요한 요인들을 공유하고 있음에도 불구하고 만약 그것들이 낮과 밤의 과정에서 다른 순간들에 적응하기 위해 나뉘어져서 어떤 전체를 형성했다면 이 두 가지는 구조적으로 연관되어 있지 않다. 성만찬과 시간경은 같은 영적인 실재, 즉 아버지 앞에서 모두를 중재하는 다시 산 그리스도의 사역에서 우리가 공유하는 것을 영원토록 명백하게 한다는 점에서 가장 연관이 있다고 이해된다.

그러나 시간경을 지킴은 "다양한 시간대의 찬양과 감사, 구원의 신비를 기억함, 그리고 성만찬에서 발견되는 하늘 영광을 미리 맛봄과 기도로 확장되어 가는데, 이것은 그리스도인

---

3. *Ibid.*, 20 (강조해서 첨가됨).

공동체의 모든 삶의 최고점이고 중심적 사항이다."(『시간전례 설명서』 12장) 이는 아마도 예전적 기도의 영역에서 시간경의 비중을 감소시키는 경우에 도움을 줄 수 있는 내용이다.

시간경과 삶의 순간이 따로 분리되는 관계를 고려하면서, 태프트는 시간경이 "시간의 성화"를 위한 의도라는 개념에 대해 약간의 반대 이견을 보이고 있다. 그는 "가장 초기 성만찬이 없는 일반 기도의 전통이 '시간의 성화'의 이론과 카이로스와 크로노스, 그리고 '종말론적' 성만찬으로부터 명백해지듯이 '시간' 혹은 '역사'의 예전과 아무 관련이 없다"는 증거를 제시한다. 그는 "초기 그리스도인의 아침기도와 저녁기도 시간 모두 그리스도라는 같은 이유로서 같은 하나님을 '찬양하던 원래의 순수한 의미가 모호해지는 것'을 경고하고 있다.[4]

『시간전례 설명서』에서 제공하는 진지한 안내는 "성만찬 거행은 시간전례에 의해 가장 잘 준비되는 것이다"라고 전한다. 우리는 성만찬을 매주(때로는 매일) 기념하지만 이것이 그리스도의 기도를 위한 우리의 갈망이나 요구를 소모시키지 않을 뿐 아니라, 이는 "쉬지 말고 기도하라"(살전 5:17)는 성서적 명령을 단 한 번의 기념으로 만족시키지도 못한다.

성만찬과 시간경은 우리가 그리스도 기도의 사역을 나눌 때 서로를 비추어 보완하여 준다. 시간경을 지키는 신학은 우리에게 있어서 그리스도의 기도에 근간을 두고 있고, 그가 직접 부르시는 찬가[canticle]와 신령한 노래들과 함께 우리와 관련되어져 있으며 우리의 집중을 요구하고 있다.

시간전례의 기도 양식들

시간전례를 목회적으로 이해하는 열쇠는 그것의 기원, 역사 그리고 발전의 이해에 있다. 그 이유는 로마 가톨릭 성만찬의 시간경을 위한 현재의 예전 기도서가 동시대적인 목회적 상황의 관점에서 문제가 되는 점들을 제시하기 때문이다. (나는 로마 가톨릭의 의례에 중점을 두는데 그 이유는 목회적인 상황에서 시간경을 적용함으로부터 오는 목회적 긴장과 풍성

4. Taft, *Beyond East and West*, 135, 144.

한 신학, 이 두 가지 모두 아마도 가장 확연히 예증될 수 있는 것이기 때문이다. 다른 교단들의 시간을 기념함은 아래에 "주교좌성당cathedral"의 양식을 언급함과 같이 확연하게, 아침과 저녁 기도 시간으로 기념하고 있다.) 시간전례의 라틴본이 영어로 번역되기 몇 해 전에 윌리엄 스토레이William Storey는 개혁이 가져온 후기–공의회의 효과들을 다음과 같이 언급하였다. "이는 감사함으로 받은 귀중한 선물임과 동시에 가능한 공손하게, 적극적으로, 그리고 실제적으로 쥐어지는 영문 모를 문제들이다." 비록 (공의회문헌보다 더 먼저 발행된) 『시간전례 설명서』가 온 교회의 시간경의 회복을 요청하고, 기도의 시간을 우리에게 상기시키며, 그것은 엘리트에 의한 소유가 아님을 주장하였음에도 불구하고 마침내 우리의 손에 쥐어진 4권의 방대한 책들은 스토레이의 언어에 의하면 "풍성함의 창피embarrassment of riches" 라고 표현하였다. 이는 스토레이가 몇 년 뒤에 기술하였듯이 "대성당(교구)"과 "수도원" 사이의 전통적인 시간경의 차이를 구분하여 기술하지 못함이 개혁이 실패한 이유임을 알리는 "공손한" 표현이었다. 여기에서 스토레이의 도움과 함께 시간경 기도가 발달된 행로를 추적하는 것이 우리에게 도움이 될 것이다. 시간경의 초기 기원은 교회 공동체보다 앞서며 성전과 회당의 매일 기도에 그 뿌리를 두고 있다. 기도를 위한 시간은 성전에서 봉헌된 매일 제사와 관련되어 있으며 회당의 실제는 물리적인 제사행위 시간을 빼고 유사한 일정과 기도들을 따랐다. 여기에서 하루에도 수차례의 제사가 이루어졌겠지만 동이 틀 때와 해질 때의 제사는 특별히 중요하였다. 이러한 매일 기도의 모습이 예수님과 제자들이 익숙하였을 것이고, 이 기도 패턴이 초대교회의 실천으로 전하여졌다. 고전 자료들은 이미 고착된 공중 매일 기도를 분명히 가리키고 있다. 이러한 예배의 내용과 형식에 대한 고증은 만족스럽지 못하지만 스토레이는 이 예전들에 대한 다음과 같은 5가지 구조를 제공하고 있다.[5]

1) **초대교회는 항상 기도하라는 성서적 명령을 중요하게 여겼었다.** 터툴리안의 글에서: "기도의 시간을 고려할 때 모든 시간과 장소에서 기도하라는 것을 제외하면 아무런 규칙도 정립되어 있지 않다"고 한다. 경험적인 수준에서 이는 최소한 공동체의 모든 구성원들에게 요구되는 매일 공동기도인 오라티오네스 레기티매orationes legitimae를 의

5. William Storey, "The Liturgy of the Hours: Cathedral vs. Monastery," in John Gallen, ed., *Christians at Prayer* (Notre Dame, Ind.:UND Press, 1977)

미한다. 이것은 온 교회의 기도이지 그들의 인도자나 혹은 어떤 특정한 그룹의 기도는 아닌 것이다.

2) 시간경은 "그 의도와 내용에 있어서 전적으로 기독론적이었다. 아침 기도회는 주의 부활에 대한 매일 기념이었고, 저녁 기도회는 그의 죽음과 음부에 내려가심을 매일 기리는 것이었다." 기도의 시간은 항상 같았지만 이러한 시간들에 대한 공동체의 이해는 그들의 부활 신앙에 따라 변화되어 왔다.

3) "기독론적 시편과 찬송, 또한 대개 기독론적으로 선택된 소수의 구약 시편, 그리고 확대된 범위의 중보기도를 중심으로 시간경은 만들어졌다."

4) 예배는 매우 구조적이며 거의 전적으로 불변하는 두 가지 모두이다. 이 시대의 기도형태는 자발성과 변화가 가능하지 않았다.

5) 시간경의 목적은 교육적이거나 교리적이지 않았다. 기도는 "찬양, 감사, 경배, 그리고 간구를 위한 예배 그 자체였다."

4–5세기를 통해서 이 기도의 형태는 더욱 확증되고 널리 퍼지게 되었다. 공동체를 위한 매일기도(아침과 저녁)는 이미 주어진 것이었다. 그것에 참여하는 모든 이들이 잘 아는 기도, 배우기에 간단한 기도(반복성), 지속적인 기도(매일), 그리고 그리스도의 삶의 리듬이 되는 기도가 드러나며[emerges] 형성되었다. 시편들, 찬가들 그리고 찬송들은 분명히 그 날에 드려지는 시간경을 맞추기 위해 선택되었다. 이것은 또한 매우 간단했고, 의미가 있으며, 회중을 움직이는 힘이 있었다.

대조적으로 수도원에서는 지켜지는 시간경의 숫자와 기도 시편의 숫자를 늘렸고, 성경으로부터 연속되는 성서정과[lectio continua]의 상당한 부분을 소개하였다. 사실상 교구의 상황으로는 그 무게와 짐을 지지하기에 불가능함에도 불구하고 오래 전부터 수도원의 생활은 대성당과 교구에 영향을 주었고 시간경을 지키는 기준이 되었다. 규례와 서약에 의해 시간경을 지켜야 하는 자들은 이러한 예전적 짐들을 다른 사람들이 대신하도록 임명함으로써 그들의 절대적 책임을 면제받는 방법을 행하였다. 수도원 바깥에서 개혁을 주장하는 공동체의 현상도 마찬가지로서 시간경을 지킴으로써 얻을 수 있는 공동 혹은 음악적[choral] 부재는 개인적인 암송으로 이끌고, 개인적인 암송이 일상화됨은 시간경을 더 이상 공동으로 지켜야 할 필요성이 없게 된다. (현재 예전적 갱신운동의 영향으로 대부분 시간경을 버리고 특별히 아침기도를 성만찬으로 대치하는 추세이다.)

이것은 모두 슬픈 이야기다. 그리고 아직 만족할 만한 좋은 결론이 없다. 예를 들어 "개정된" 로마 시간전례는 여전히 수도원적 상황을 따르는 것이다. 4주간 동안 시편 전체를 기도함은 확실한 발전으로서 개인적인 기도를 하는 사람들에게는 이익이지만 시간경의 목표나 형태가 개인적인 기도를 추구하는 것은 아니니다. 오히려 반대가 아닌가! 개정된 기도서는 너무 많은 것을 교구 공동체에게 요구하고 있다. 심지어 성무일도를 지키는 로마 가톨릭 사제들과 종교적 (수도원 공동체가 아닌) 공동체에서 생활하는 자들도 개정된 시간경을 지킴이 무척 어려움을 때때로 발견한다. 시간경에 대한 한 권의 간행본인 『그리스도인의 기도 Christian Prayer』의 출현과 수용은 현실을 말하고 있다. 우리에게 축소판을 발행할 필요가 있다는 것은 우리의 모습을 재평가할 필요가 있는 것이다.

스토레이는 교회를 이러한 상황에서 구하기 위한 절대적 방법으로서 "전체의 시편집과 성경의 연속적인 성서정과를 암송하는 수도회 원칙을 의도적으로 포기할 것… 정하여진 시편과 불연속의 성경봉독을 회복하기… 성직자가 시간경을 회복시키고, 그들을 인도해야 하며, 그들에게 설교하고 가르치며, 사람들이 '기독교적인 방법으로 시편을 이해'하도록 돕는 책임을 지는 분명한 원칙을 회복하기…" 등을 제안하는데 이는 가능한 어디든지 전통적인 교구의 시간경을 회복함을 말한다.[6]

이 글의 마지막 부분에서 우리는 그가 제안하는 한 예로써 "전통적 대성당"의 저녁기도의 구조를 바라볼 것이다.

6. *Ibid.*, 75-76.

<table>
<tr><th colspan="4">구조의 개요 : 아침기도와 저녁기도</th></tr>
<tr><th></th><th>1971년 개정된 의례서</th><th>성공회 공동기도서</th><th>대안예배서</th></tr>
<tr><td>아침 기도 시간</td><td>입례성구(Introductory Verse)
영광송(Gloria Patri)
찬양(Hymn)
시편(교창, 기도)
구약찬가
두 번째 시편
봉독
응답
사가랴 찬가(Benedictus)
중보기도(Intercessions)
주기도문
기도
축도(Blessing)
파송(Dismissal)</td><td>단시 혹은 성경봉독
(Versicle or Sacred Scripture)
죄의 고백(Confession)
예배의 부름(95, 96, 100쪽)
시편(3)
성서시간경(2) (Lessons)
찬가
사도신경
주기도문
대도(Suffrages)
본기도(Collect)
찬양
중보기도
감사기도
축도</td><td>참회 의례(Penitential Rite)
입례성구(Introductory Verse)
예배의 부름(Invitatory)
봉독
시편
응답
침묵
찬가
응답
성가(Anthem)
찬양
설교(Sermon)
신앙고백(Affirmation of Faith)
중보기도
감사기도
본기도(Collect)
주기도문
파송(Dismissal)</td></tr>
<tr><td>저녁 기도 시간</td><td>입례성구(Introductory Verse)
글로리아 파트라(Gloria Patri)
찬양
두 개의 시편(고창, 기도)
신약의 찬가
봉독
응답
설교(Homily)
마리아 찬가(Magnificat)
중보기도
주기도문
기도
축도
파송</td><td>성경봉독 혹은 빛의 순서
혹은 단시
죄의 고백
입례성구
영광송
빛의 노래(Phos Hilaron)
시편(3)
성서시간경
찬가
사도신경
주기도문
대도(Suffrages)
본기도(Collect)
찬양
중보기도
감사기도
축도</td><td>참회의 의례(Penitential Rite)
입례성구(Introductory Verse)
예배의 부름(Invitatory Verse)
빛의 노래(Phos Hilaron)
혹은 시편 134편
시편
봉독
설교
믿음의 확신
중보기도
감사기도
본기도
주기도문
파송</td></tr>
</table>

시간전례의 구조

앞서 명시했듯이, 시간경에 대한 대성당의 전통이 어떤 단순하고 고정된 것을 제공하는 반면에 수도원 전통은 더욱 복잡하고 다양한 예전을 제공한다. 여기에서 우리의 목표는 현재 로마 예전서에 나타는 저녁기도를 아래의 표 1에 나타난 대성당에 기초한 형태인 『노래로 하나님 찬양: 에큐메니칼 매일기도』[7]와 비교 분석하는 일이다.

〈표 1〉

시간전례	노래로 하나님 찬양
구절(verse)	빛의 선언(light proclamation)
찬양	찬양*
	감사*
시편(시편기도)	시편 141편과 향을 봉헌함(시편기도*)
	시편 (시편기도)
시편(시편기도)	시편 116편
신약의 찬가	*짧은 봉독*
짧은 봉독	묵상
화답송(responsory)	
교창(antiphon)	마리아 찬가와 향
마리아 찬가(Magnificat)	기도들*
기도들	주기도문
주기도문	예배의 마침*
종결 기도	축도/평화의 인사

이탤릭체로 된 항목들은 매일 혹은 4주간 순환되는 형태로 변용될 수 있다.
*이러한 항목들은 절기에 따라 변용될 수 있다.

단순한 가변성에 그 기초를 두고 두 가지 의례 사이에 큰 차이점을 확인할 수 있다. 그 중심에는 시편가Psalmody가 자리잡고 있다.

> 시간전례에서 교회는 성령의 감동으로 선별된 구약의 작가들이 만든 훌륭한 곡들을 많이 사용한다. (성령이) 그들의 근원이기에 그들은 (우리의) 마음을 하나님께로 일으키고, 경건과 거룩함에 대한 생각들을 자극하며, (우리의) 필요들에 대한 하나님의 은혜를 입는 것을 도우며, 그리고 문제에 직면할 때 용기와 힘을 제공한다. 시편이 예시하는 것은, 그리스도 예수님이 나타나신 시간의 충만함이고, 그리고 그것의 효과가 있는 것이 교회의 기도이다. 웬만한 그리스도인들이 시편을 가장 귀하게 여김에도 불구하고, 이 선별된 노래들을 기도로서 사용하기에 어려움이 있음을 믿어 의심치 않는다. (『시간전례 설명서』 100, 101장)

7. William Storey and John Melloh, eds., *Praise God in song: Ecumenical Daily Prayer* (Chicago: GIA, 1979).

만약 시간경을 위한 우리의 모델이 실질적으로 한 주 혹은 심지어 한 달 안에 전체 시편집을 포함한다면, 『시간전례 설명서』의 경고는 옳은 것이다. 여기에 두가지 부담이 있다. 한 가지 부담은 시편이 히브리교와 기독교의 성서 모두를 위한 것이라는 짐이고, 또 한 가지는 시편을 사용하는 자들이 빠른 진행을 하면서 기도해야만 하는 부담이다. 물론 시편은 시간경을 지키는 훌륭한 도구가 되고 마땅히 기도 학교로 불릴 만하다. 그러나 성례전과 같이 시편은 우리를 위해 있는 것이지, 우리가 시편(혹은 시편가 전체)을 위해 존재하는 것은 아니다!

하나님을 향한 우리의 마음을 높이고, 우리 가운데 경건과 거룩함을 자극하며, 그리고 어려운 시간들을 통해 우리를 돕는 용기와 힘을 발견하는 — 이 모든 것이 시간경을 지키는 자들에게 다가 올 것이다. 그러나 그것은 특정한 시편이나 찬가의 단어들이 우리에게 확신을 주기 때문이 아니라, 그보다 이 모든 것은 우리를 위해 드러난 이 예전에서 그리스도의 기도를 공유하는 참여를 통해 우리의 것이 되는 것이다. 물론 우리가 시간경에서 노래하고 기도하고 선포되는 말은 구원적 요소로서 절대적으로 필요한 용어이다. 그러나 여기에서 첫 번째 단계는 메시지를 듣는 것이 아니라 그보다 참여하고, 그 안으로 뛰어 들고, 그리스도의 기도와 그의 교회에 우리 스스로 몰두하는 것이다. 통상 우리에게 익숙한 노래들과 기도들은 이것을 가능하게 한다. 계속하여 변하는 본문의 행렬은 이것을 좌절시킬 뿐이다. 명백하게 기독론적인 해석이 허용된 시편, 그리고 현대의 시사적 관심과 공명하는 시편은 가장 훌륭한 도구로서 여기에서 열망되는 역동을 향상시킬 것이다.

다른 요소들

주교 위원회의 예전 연구 본문 VII: 『시간전례』의 표지는 석양의 배경에 파스카 초와 향로를 아름답게 스케치한 홍미로운 그림이다. 같은 문서의 4장은 "시간전례 지키기"라는 제목의 설명서이다. 이 설명서는 『시간전례 설명서』의 내용보다 더 잘 되어 있다. 상당히 응집력 있게 기도를 위한 장소, 그것의 물리적인 윤곽 그리고 준비, 환경, 독희자, 그리고 다음과 같은 진술을 포함한다.

각 요소와 본문의 움직임을 제공하는 [시간경]의 구조에 추가하여 지역적 상황과 경우에 따라 삽입된 다른 예전적인 행위들과 표징들이 있다. 또한 예전의 흐름이 증폭되는 적절한 시간에 입례, 향, 그리고 빛을 사용할 수 있다. 심지어 참가자들의 자세 또한 의례의 모습으로 다루어지고 준비되어야 한다. 서기, 앉기, 절하기, 그리고 무릎 꿇기는 모두 예식의 효과에 공헌할 수 있으므로 주의 깊게 연구되고 준비되어야 한다.[8]

여기서 고민되는 것은 이러한 중요한 요소들이 "가능한 추가사항들"로 다루어지고 "흐름의 증폭"과 "효과의 공헌"으로 고안되었다는 것이다. 대성당의 견해에서 보면, 빛과 향 그리고 회중의 자세는 특별한 시간과 절기에 붙여지는 익살스런 장식품이 아니라, 그보다 그것들은 예전적인 행동 전체의 한 부분이다. 다시 한 번, 미니멀리즘의 문은 그 자체의 교육으로 인해 열려져 있는 것처럼 보이는데, 표징과 상징이 가득한 예전, 그리고 그것에 굶주려 있는 사람들이 함께 잔치에 임할 때를 말한다.

초대 교회는 그 날 저녁의 조명을 위해서 램프에 불을 태우는 일이 필요했다. 이는 기독교 성서봉독을 기초로 기독론적인 이해의 순간을 빠르게 하여 주었다. 오늘날 이 빛의 예전은 파스카 초의 입장과 선포의 노래 ("그리스도의 빛!" — "하나님께 감사를!") 그리고 가는 초tapers를 포함할 것이다. 이 저녁 찬송을 뒤따르는 것은 이 시간을 위해 준비된 고전찬송인 포스 힐라론Phos Hilaron("오 밝은 빛O Radiant Light")이다. 절기의 대안은 또한 선택될 것이다. 이 빛의 예배는 사도전승Apostolic Tradition에서 로마의 히폴리투스에 의해 증언된 것과 같은 감사의 노래로 마친다.

주교가 참석한 가운데, 저녁이 오면 사제는 램프를 가져온다; 그리고 참석한 모든 신앙인들은 한가운데에 서서 (주교는)감사를 드릴 것이며 이어서 그는 기도하면서 말하기를, "주님, 감사를 드립니다. 당신의 아들 예수 그리스도를 통해, 당신이 우리에게 비추심과 꺼지지 않는 빛을 우리에게 보이심을 통해...." (25장)

---

8. *The Liturgy of the Hours: Study Text VII*, 37. (강조되어 첨부됨.)

이 정형화된 감사의 선포는 시간경을 진정한 예전적인 행위로 이해하도록 공헌한다. 이것은 회중의 "아멘"으로 종결된다.

고전적인 저녁시편인 141편은 만과의 예전으로 자리 잡음이 "나의 기도가 주의 앞에 분향함과 같이 되며 나의 손드는 것이 저녁 제사 같이 되게 하소서"라는 후렴으로 인해서가 아니라, 또한 시편의 회개적 요소와 하루의 마지막 시간에 그날의 어떤 잘못이라도 용서를 구하는 필요로 인함이다. 이 시간 점화된 석탄위에 향 알갱이들이 던져짐은 단순한 "흐름의 증폭" 보다 더욱 심오한 예전으로 안내하다. 이러한 분향은 그것의 향기와 감도는 연기 안에서 회중의 행동을 인도하는 필수적인 부분이 되었다. 복음의 진실한 선언으로서의 또 다른 향의 사용(회중을 기념하여, 파스카 초, 그리고 제단)은 마리아의 찬가[Magnificat]를 노래할 때에 가장 두드러진다.

청원의 형태로 이러한 중보는 노래 불러지고 지역 교회의 필요 뿐 아니라 교회와 세계의 필요들을 포함한다. 대성당 양식에서의 중보기도는 보통 변하지 않는데, 그것들은 참으로 회중의 기도가 되었고 회중의 기도는 그들 자신을 형성한다고 볼 수 있다. 나 자신의 경험을 비추어 보면 시간경을 지키는 사람들이 저녁기도에서 "배운" 간구를 사용하여 어떻게 빨리 그리고 쉽게 중보기도에 몰입할 수 있는지 알 수 있다. 어떤 공동체들은 저녁기도 에서 중보기도를 노래하는 경험이 주일 성만찬 예전의 중보기도를 또한 노래로 안내하는 쉬운 방법임을 발견하였다.

우리는 중보기도를 통하여 아버지 전에 영원히 계시며, 우리를 위하여 중보하시고, 우리를 신성한 찬양과 그의 찬가를 노래함에 참여하도록 초대하시는 부활하신 예수님의 이미지와 우리 자신을 다시 발견한다. 이것은 아버지께서 들으시는 기도이다. 그리스도의 몸인 교회가 주님의 이름으로 성령의 힘에 의해 모인 이것이 시간전례이다.

시간경이 대부분의 교구들 그리고 심지어 규례와 서약에 의해 이 기도로 묶여진 많은 생명들로부터 한쪽으로 물러나게 된 것은 안타까운 일이다. 이런 훌륭한 기도가 그것에 의해 영적으로 번영할 수 있는 많은 사람들로부터 멀리 떨어져 있다는 것은 안타까운 일이다. 그러나 희망은 있다. 교구 및 신앙 공동체, 그리고 대학교의 채플들은 대성당의 시간경에 묻어있는 먼지를 털고 회복하여 그들의 삶으로 적용하였다. 많은 사람들이 최고의 성무일도가 가장 긴 것 혹은 가장 짧은 것 혹은 가장 새로운 것이 아니라는 것을 알게 되었다. 그 보다 최고의 성무일도는 교회 전통을 귀중히 여겨 지역교회의 필요를 채우고 하나님의 명예와 영광, 그리고 하나님의 거룩한 교회의 성화를 위해 그리스도의 기도에 그들을 참여시키는 것이다.

제 9 장

선포로서의 설교

Homily as Proclamation

| 조이스 앤 짐머맨 Joyce Ann Zimmerman. C.PP.S |

"선포 proclamation"는 주로 성경의 하나님 말씀과 연계되는 활동이다. "설교 homily"는 예전에서 인도자(혹은 다른 누군가가)가 본문을 오늘 우리의 삶에 "적용"시키는 "감미로운 시간 soft time"을 위해 비축해두는 활동이다. 종종 이러한 삶으로의 적용이란 도덕적 훈계의 형식을 취하거나, 설교자의 삶으로부터 나오는 이야기들, 집중시키기 위한 농담들, 사회정의를 위한 플랫폼, 위태로운 재정을 생생하게 표현하여 더 많은 교회 헌금을 요청하며, 그리고 약 10분 정도 회중의 시간과 집중을 위한 또 다른 몇 가지의 상상적 활용들의 취함을 말한다. 그러나 이러한 상황에서 설교가 좀처럼 "신성한" 활동으로 여겨지지 않는다는 것이다. 이번 9장에서 설교 자체가 선포의 한 종류이며 그러하기에 신성한 활동이라는 것을 제시하는 것은 설교활동의 통속적인 값싼 인식과 그것의 내용과 전달에 대한 도전을 하기 위함이다.

에드워드 쉴레빅 Edward Schillebeechx 은, 그의 1985년 작업인 『인간의 얼굴로서의 교회: 목회신학 개정보증판』[1]의 서문과 도입부 양쪽에서, 아주 개인적인 번민에도 불구하고 목양적 민

1. Edward Shillebeechx, *The Church with a Human Face: A New and Expanded Theology of Ministry*, trans,, John Bowden (New York: The Crossroad Publishing company, 1985).

감성을 전하고 있다. 특히 그의 책에서 두 가지 목표 즉 (1) 신앙faith과 실천praxis 사이의 초자연적/자연적 이원론에 관한 어떠한 힌트조차도 파괴하는 것(p.5); 그리고 (2) 실천이란 복음의 내용을 드러냄을 분명하게 하는 것으로서 이를 이끌어 내는 그것이 바로 해석이다(p. 10)라고 한다. 이러한 두 가지의 연관된 목표들, 무타티스 무탄디mutatis mutandi는 설교에 관한 우리의 연구와 밀접한 관계가 있다.

가장 첫 번째로 신앙과 실천 사이의 이원론은 그리스도를 통한 하나님의 희생관계, 즉 시공간을 넘어서 예전적 의식의 전통을 통해 드러난 관계라는 이유로 인해 도전을 받고 있다. 설교가 "이는 구원의 역사 곧 그리스도의 신비 안에서 이루어진 하나님의 놀라운 일들을 선포하는 것이다. 그 신비는 우리 가운데에 특히 예전을 거행함에 언제나 현존하고 또 작용한다."[2]는 것으로 여겨지므로, 설교는 하나님 구속사건의 상황이 설명되어지는 특권적인 순간인 것이다. 설교는 신앙 전통이 기독교 실천에 뿌리내리도록 이끌어 주는 것이다.

둘째로, 성경에 대한 이차적 규례로서의 설교는 항상 해석이지만, 동시에 그것은 일상생활에 대한 단순한 적용 그 이상인 것이다. 설교가 수반하는 경전에 대한 해석은 생생한lived 해석이다. 다시 말하면, 설교는 현재 신앙과 실천을 위한 방향과 의미를 찾기 위해 전통에 의해 증거된 그리스도인의 신앙과 실천의 경험을 이끌어내는 것이다.

이번 9장의 목표는 어떻게 설교가 신앙과 실천 사이의 이원론을 극복해내며 특별한 역사적, 사회적 상황에 적절하게 기독교 전통을 해석하는지에 대해 기술하는 것이다. 우리는 이것을 언어이론을 이용함으로써 이뤄낼 것인데 이 언어 이론은 우리에게 설교의 역할을 기독교 예전에서 나타나는 두 가지 활동인 복음의 선포와 회중의 환호송의 평행 구조로 볼 수 있도록 도와준다. 이 안에서 명백한 것은, 성서를 오늘날의 사회–역사적 상황에 단순히 적용시키는 설교는 본질적으로 이원론적인데 왜냐하면 그것이 기원적인 사건과 오늘날 그러한 사건들의 생생한 경험 사이의 단절을 암시하기 때문이라는 것이다. 그런 까닭에, 오늘날 어떤 설교적 접근도, 진행하는 하나님 말씀의 계시는 오직 진정한 기독교의 실천과 전통 안에서 그러한 기원적인 사건의 잔류 의미를 구성하여 성립하는 것을 통해 알려진다는 전제와 함께 시작되어야 한다. 이러한 반전reversal은 –즉 정통적 실천을 가리키는 절대적인 정통파적 관행

2. 제2차 바티칸 공의회 문헌 전례헌장, § 35.2.

에서부터 신앙을 밝히는 진정한 실천으로서의- 의미 있는 모든 설교활동에 적용된다.

우리는 이번 장에서 3단락으로 나누어 정리한다. 첫째, 이곳에는 설교의 일반적 기술로서 무엇이 설교이며 설교는 무엇을 해야 하는 가에 대한 더욱 적절한 표현에 접근할 때 우리가 고려해야할 어떤 부분들이 있다. 둘째, 분석에서는 수행적 언어이론을 서술하며 언어적 영역으로부터 기독교 예전의 구조 안에 있는 설교의 역할을 해석한다. 셋째, 평가적 기준들에서는 진정한 선포로 판단되어질 수 있는 것으로서의 설교가 제안된다.

기술 Description

이미 사도적 시대의 교회에는, 설교 활동이 예수 그리스도의 기쁜 소식에 거하는 삶에 있어서 가장 중요한 부분이라는 가정을 뒷받침하는 충분한 증거가 있다. 적어도 복음에 대한 독자적인 들음과 사유 appropriation 는 기쁜 소식을 전하기 위하여 혀가 풀리는 그리스도인의 인격으로서의 의무인 것이다.

사도행전에는 유일하게 그곳에 기록된 많은 설교의 예 가운데서 다섯 가지 "스타일"을 조명하고 있다.[3] 비록 환경들과 의도들이 개별적 방식의 활용에 대해 충고하고 있긴 하지만, 그들 모두는 매우 같은 내용의 공통점을 가지고 있는 듯하다: 부활신비, 예수 그리스도를 통한 하나님 구원 현현의 기쁜 소식. 좀 더 강조하자면, 누가복음은 예수님 자신이 진정한 설교 내용이라는 부분에 초점을 맞추는데, 그곳에 "이 글이 오늘 너희 귀에 응하였느니라"라고 기록하고 있다 (눅4:21, 개역개정판).

더 나아가, 초기 기독교 설교의 일반적 특징을 감지하는 것은 어렵지 않은 일이다. 그것은 기독론적이고, 교회론적이며, 시간과 상황에 대해 적절하며, 근본적이고, 그리고 개인적이다. 각자의 선상에 있는 이러한 개별적 특징은 독특한 것으로서의 기독교 설교를 특색있게 하는데 공헌한다. 왜냐하면 그 내용은 예수 그리스도 개인과 그의 구원 사역에 있으며(사

3. 즉, 선포적(kerygmatic)(행2:14-35; 4:8下-22; 5:29-32; 14:15-17); 권고적(parenetic)(행3:12-26; 13:46-47; 27:21-26); 교육(리)적(catechetical)(행7:2-53; 10:34-43; 13:16-41); 복음적(evangelistic)(행17:22-31; 20:18-35); 변증적(apologetic)(행22:3-21; 24:10-21; 26:2-29; 28:17-20; 28:25-29).

실 기독교 설교는 선천적으로 기독론적이다), 설교는 항상 교회론적이기 때문이다(바울의 이미지를 빌리자면, 교회는 그리스도의 몸 그 이외에는 아무것도 아니기 때문이다). 더욱이, 예수님 사건event에 대한 우리의 기억은 그것이 가지는 (이러한 역사적 상황인) '지금 여기에' 임하는 예전적 제정enactment과 한편으로 동시에 잔재물remaining이 그러한 기원적 이벤트(근본적radical)에 근거를 둔 그 사건은 역사적 시간과 공간을 초월하게 된다. 기독교 설교는 항상 개인적인데 왜냐하면 세례는 부활 신비에 거하기 위한 공약이기 때문이다.[4]

기독교 설교의 초기 증거는 완전히 역동적인 것으로서 하나님 말씀에 관한 히브리 관념과 전적으로 일치한다. 다바르Dabar, 히브리어로 "말word"은 신적 활동과 자기를 드러내는 영향력을 가진 능력에 대한 내용임을 암시한다. 하나님의 말씀은 단지 "듣는 것"이 아니다. 오히려 하나님의 말씀은 이미 발언되어진 말씀 그 자체의 실제적인 구성요소라고 할 수 있는 반응을 청취자로부터 불러일으킨다.[5]

이런 모든 내용들이 일상생활로서의 적용에서 훨씬 더 복잡한 것으로서 설교 활동을 가리키고 있다. 사실 설교와 설교학의 주제에 역점을 두어 다루는 많은 현대 철학자의 같은 사항을 넌지시 비추는데, 이는 특별히 그들이 설교를 "선포"로서 언급할 때이다.[6] 설교는, 무엇보다도, 한 종류의 정보전달이기에, 우리는 아마 그것의 언어에 관한 분석은 연구의 새로운 번화가를 여는 것으로 가정할지 모른다. 설교는 어떤 종류의 언어학 사건인가? 수행적 언어 이론가들은 이 질문에 대답할 수 있는 가능한 방법을 제시하는 한 실마리를 제공한다.

---

4. 공간 제약들은 초대 기독교 설교의 이러한 특징의 예를 보여주는 것을 금한다. 독자는 이러한 다섯가지 특징의 문헌적 증거를 위해 사도행전(위의 주석 3을 보라)에 있는 설교의 예들을 고려하도록 초청된다.

5. "구약성경의 신학 사전, ed. Gerhard Kittel, trans. and ed. Geoffrey W. Bromiley, vol.4(Grand Rapids, Mich: Eerdmans publishing Company, 1967) 802~27" 에서 "dabar"를 보라.

6 예를 들어, Mary Catherine Hikert의 "Naming Grace : A Theology of Proclamation," *Worship* 60 (1986) 434-49를 보라.

분석Analytic

오늘날 세기 동안에 언어 이론이 등장한 이후, 종교 학자들은 이러한 범위로부터 일어나는 종교적 사건들을 해독하려고 애썼다.[7] 설교학자들이 새로운 설교 방법과 종류를 고안하기위해 다양한 언어 이론에 의하여 얻으려고 한 것을 어렵지 않게 발견할 수 있다.[8]

만약 우리가 설교는 선포라는 위치를 고수한다면, 정보전달 자료에서의 일상 언어적 관점에서, 우리는 말하는 것과 듣는 것 이상의 어떤 것이 나타나는 중이고 말할 수 있다. 그것은 분명 복음 그 자체의 선포에 대해서도이다. 만약 단순히 사실에 입각한 정보가 모두 중요하게 된다면(at stake), 독서의 반복적 주기는 아무쓸모 없어지는 것이다. 아무래도 발언자와 청취자 간의 만남으로서의 양쪽 말하기와 듣기는 언어 사건에 의해 지정되어지는 것이다. 그럼 선포로서의 설교에 관한 분석적 서술을 추적해보자.

1. 선포

오늘날 "선포"는 우리의 종교적/예전적 어휘에서 일반적인 용어이다. 특별히 "낭독"보다는 "선포"를 사용하려는 경향성은 보다 더 큰 활동에 대한 민감성을 보이는 것이다. 그러나 모든 새로운 통찰력같이, 이러한 선포적 활동이 정말로 수반하는 것이 무엇인지에 대한 분명한 서술에 이르는 데는 시간이 걸린다.[9]

"언어"는, 일반적인 이해대로, 어구적 정보전달의 한계를 넘지 못하는 경향이 있다. 그러나 이것은 단지 언어사용의 한 가지 방법만을 기술하는 것이다. 심지어는 그것과 더불어서, "문장들lines 사이를 읽는" 우리의 경향성은 어휘의 외연적인 의미에 의해 주어지는 것보다 더 이상의 것이 종종 발생함에 관한 우리의 인식에 대해 넌지시 말하는 것이다. 몇 언어

---

7. 3개의 예만 들어보자면, Donald D. Evans의 The Logic of *Self-involvement: A Philosophical Study of Everyday Language whith Special Reference to the Christian Use of Language about God as Creator* (New York: Herder and Herder, 1969)와 Jean Ladriere의 "The Performativity of Liturgical Language" trans. J. Griffiths, Concilium 9-2(1973) 50-62; 그리고 Roger Lundin, Anthony C. Thiselton,과 Clarence Walhout의 *The Responsibility of Hermeneutics*(Grand Rapids, Mich.: Wm. B. Eerdmans Publishing Co., 1985)를 보라.

8. 한 가지 예를 들면, James M. Schmitmeyer의 *the Words of Worship: Presiding and Preaching at the Rites* (New York: Alba House, 1988)보라. 그는 독자-반응 이론 사용을 통한 설교의 예들을 연구하고 제시한다.

9. Schillebeechkx의 작업에 있어 두 번째 목표가 좋은 예가 될 수 있는데, 선포의 경험(전통)은 그것에 대한 어떤 서술보다(해석)도 선행된다는 것이다.

이론가들은 보다 더 이해가 빠른 언어 사건에 대해 언급할 때에 "서술성discourse"을 거론한다.[10] "언어 사건"을 말하는 것은 정보전달에서의 모든 동작의 단편과 부분인 의미의 과잉분을 인정하는 것이다.

선포는 그것이 정보를 교류한다는 점에서 언어이다.[11] 선포는 그것이 쏜살같이 지나가는 순간이기보다는 회중의 제식 변형에 의해 지속되는 의미를 가지고 있다는 점에서 하나의 "이벤트"이다; 즉 복음에 대한 그들의 생생한 경험이라는 것이다. 분명히 그것은 회중을 그리스도의 몸으로 성립시키는 언어 사건으로서의 선포이다.

선포는 발언자의 설득행위conviction가 하나님의 사랑이 임재하게 하면서 청취자도 역시 사랑으로 이동되는 그러한 진행이 있을 때 생기는 것이다. 선포는 궁극적으로 부활절 신비의 실재적 임재를 만들어 내는 것이다. 그것은 변화시키는 힘을 가지고 있는데 왜냐하면 그것은 회중으로 하여금 자기 참여적self-involving 반응을 시작하게 하기 때문이다. 다른 말로 말하면 선포는 그것의 진정한 본성에 따라 제의적 순간을 뛰어넘는 변증적 활동 안에서 발언자와 청취자 양쪽과 연관된 것이다.

설교학 학자들은 아마 다른 어휘를 사용할지 모르지만, 그러나 그들의 시도는 설교가 무엇을 하는 것인지(또는 무엇을 해야 하는지)를 말하기 위한 것이며, 그럼에도 불구하고 그들은 같은 언어적 연관점들을 해결하려고 고심한다. 발터 부르크하르트Walter Burghardt는 경험, 설교자, 그리고 회중을 함께 모은다: "만약 당신이 성서 주석자나 신학자를 앵무새처럼 따라하는 것 이상을 하는 자라면, 만약 당신이 살아있는 사람들에게 하나님의 살아계신 말씀을 접하게 하는 자라면, 당신은 그 말씀을 당신 자신의 귀로 듣고, 부활하신 그리스도를 당신 자신의 눈으로 보아야하고, 당신 스스로 주 하나님과 그의 손으로 하시는 사랑의 역사를 경험해야만 한다."[12] 부르크하르트에 따르면, 설교자의 말들은 설교자가 생동력 있게 전할 때 생동감을 얻게 된다(40). 이것은 비옥한 설교들은 일화 그리고 집중을 잘 시키는 발명

---

10. 그 예로 폴 리쾨르의 *Interpretation Theory: Discourse and the Surplus of Meaning* (Ft. Worth: The Texas Christian university Press, 1976)와 특별히 첫 번째 에세이, "Language as Discourse" 1-23을 보라.

11. Mary Catherine Hilkert "Naming Grace," 445 : "궁극적으로 설교는 은혜의 경험 - 즉 평범한 인간의 삶 속에 있는 하나님의 임재 - 이 교류되는 것과 같은 방법을 통해 기독교의 이야기가 전달되는 수단이다."

12. 발터 J. 부르크하르트, S.J., "From Study to Proclamation" in *A New Look at Preaching*, ed. Jon Burke, O.P., Good News Studies 7 (Wilmington: Michael Glazier, Inc., 1983) 37.

들이 보다 덜 이뤄지고, 생동력 있게 되고 뿐만 아니라 회중에게 명명naming하고 도전을 주는 기독교 경험같은, 설교자가 마음을 움직이는 방법으로서의 진정한 기독교 경험을 통해 이뤄져야한다는 것을 제안하는 것이다. 설교자는 귀중한 시간을 가지며 설교의 선포가 있는 동안 말씀을 생동력 있게 불러일으키는 그녀 혹은 그의 살아있는 경험과 더불어 또한 상호작용을 가진다. 만약 진정한 선포가 있게 된다면, 설교는 정말 진실하게 울려 퍼지게 되고 또한 너무도 생생해서 회중이 같은 말씀 속으로 빠져들게 되는 참여의 힘을 갖게 될 것이다. 그리고 나서는 오직 그곳에는 선포의 추진력 즉 회중이, 차례로, 선포와 그들의 생생한 경험 사이의 교차점으로 빠져들게 되는 것 같은 것이 있게 될 것이다. 선포의 맛을 보게 되는 회중의 고귀한 시간은 정확하게 그들의 삶 안에 오게 될 것이다.

다른 이들은, 또한, 경험의 동일한 상호교류 그리고 대담자들에 대해 주장했다. 예를 들면, 로버트 바즈닉Robert P. Waznak은 말하길, "나는 왜 설교들이 실패하는가에 대한 이유가 우리 설교자들이 우리의 시간 안에서 하나님에 대한 우리 자신의 경험에 집중하지 않았기 때문이 아닌가라고 의심한다." 그는 또한 말하길, "설교는 사람들이 믿고 행동하는 방식을 변화시킬 것을 찾는다."[13]고 한다. 조셉 피츠마이어Joseph Fitzmyer는 바울을 분석하면서, 유사한 주목점을 만들어낸다: "왜냐하면 바울이 그 선포에 대해 반응한 것은 단순히 들음으로부터 나는 결과로서의 믿음이 아니라... 혹은 그리스도의 주되심에 대한 입술과 마음의 인정이 아니기 때문이다. 그것은 과연 이러한 방식으로 시작 되었어야만 했다. 그러나 그것은 결국에는... '헌신' 즉 그리스도 예수 안에서 하나님께 전인격적인 경건이 수반되어야 했던 것이다."[14]

발언자, 청취자, 그리고 설교의 내용은 설교가, 실로, 선포일 때 교차 되는 것이다. 수행적 언어 이론은 기독교 설교가 근-생명적 활동이라는 것을 명료하게 정리함으로써 이것을 구체화시키는 길을 제공한다.

2. 수행성Performativity

비록 우리의 일상대화 중 수많은 부분이 정보를 제공하거나 또는 사실이라 하더라도(예

---

13. "The Homily Fulfilled in Our Hearing," Worship 65 (1991) 34 and 35, 각각에.

14. "Preaching in the Apostolic and Subapostolic Age" in Preaching in *the Patristic Age: Studies in Honor of Walter J. Burghardt, S.J.*, ed. David G. Hunter(New York: Paulist Press, 1989) 25.

를 들면, "오늘은 비가 내린다"), 모든 정보교류가 이렇게 간단하다고 단정 지음은 엄청난 오해를 불러오기 마련이다. 대부분의 사람들은 다음의 세 가지 진술간의 차이를 인식할 수 있다: "오늘 비가 내리고 있다," "나는 오늘 비가 오길 원한다," 그리고 "비야, 비야 그쳐라." J. L 오스틴은 이러한 차이들을 구분 지었고 몇몇 정보교류 발언들과 그리고 어떤 동작을 수반하거나 또는 "수행"하는 뚜렷한 힘 사이의 가까운 관계를 지적하기 위해 그것들을 "수행문들"이라고 불렀다; 그러므로, "화행론speech_act theory" 또는 "수행적" 언어라고 부른다.[15]

화행론 또는 수행적 언어 이론은 정보교류 발언들의 세 가지 종류 사이에 구분된다. "발어locutionary"라고 불리는 진술proposition이 있는데, 그것은 사실에 대한 간단한 진술이다; 여기에서, 내용과 회화—동작의 힘은 매우 동일하다. 모든 정보교류는 발어적인데 즉 그것은 그것의 목표하는 바의 정보를 단순히 운반하는 것이다. 어떤 예전적 언어 (비록 균형 잡힐 정도의 작은 양이지만)는 발어되는 것이다; 예를 들면, 성서 문헌 인용은 ("봉독은 ...로부터") 말씀의 예전에서 봉독자나 부제(副祭)(또는 사회자)에 의해서 전달되었다.

또한 분명히 내용 이상으로 표현하기 위해 의미되었던 발언들도 있다. 어떤 경우에는, 정보교류의 힘이 발언자에게 발생하기도 한다. 이러한 정보교류의 경우를 "발화 수반illocutionary"이라고 한다. 믿는 바를 바라다, '약속하다, 참여하다, 진술하다'라고 하는 것은 모두 발화 수반의 예이다. 칭찬 그리고/또는 감사로서의 기도는 발화 수반적 정보교류에 해당하는 예전적 용어의 예가 될 수 있다. 환호송(acclamation)은 예전이 진행되는 동안 아마도 발화 수반 발어의 가장 중요한 것이며 그러한 이유로 이것은 가장 자주 노래되어지는 것이다. 발화 수반 발어는 예전에 있어서 매우 의미심장한 것인데 왜냐하면 그들은 예전(제의)에 적합한 변형으로 밀접하게 정렬되기 때문이다. 발화수반 서술성은 발언자의 의도를 강하게 하는 것이다.

또 다른 경우에서, 정보교류의 힘은 청취자에게 영향을 끼친다. 이 세 번째 정보교류의 방식은 "발화 후 행위perlocutionary"라고 불린다. 호격인 명령이 가장 보편적인 예이다. 간청 기도petitionary prayer는 발화 후 행위인데 왜냐하면 언어 발언자의 취지는 우리의 기도에 하나

15. J.L. Austin의 *How to Do Things With Words*, The William James Lectrues Delivered at Harvard University in 1955 (Oxford: Clarendon Press, 1963). John R. Searle refined the theory in Speech Acts: An Essay in the Philosophy of Language (Cambridge: University Press, 1969)를 보라.

님이 응답하도록 "움직이게 하기 위한 것"이기 때문이다. "주님을 사랑하며 섬기기 위하여 평안히 가십시오"는 또 다른 예전적 발화 후 행위의 언급에 대한 예이다. 예전적 정보교류에서 발화 후 행위는 의식celebration을 강제로 여는 것을 의도하는 데 그렇게 함으로써 그것은 의례적 행사 이상의 의미를 갖게 된다. 그것은 발화 후 행위 서술성은 가장 빈번하게 우리의 매일 생활에 관계된 방향을 가지고 있는 면에서 목회적 사역과 비슷하게 정렬된다.

물론 동사는 화행론에 있는 발언의 방식을 결정하게 하는 데 많은 부담을 안고 있다. 동사들은 "행위적 단어들action words"이므로, 이것은 전적으로 이해된다. 그러나 감탄사들과 대명사들 그리고 또 다른 서술성의 요소들은 발생하는 이러한 정보교류의 방식을 파악하게 하는 중요한 실마리를 제공하여 준다.

예전적으로 사용된 것으로서의 선포는 독특한 화용speech-act법이다. 평범한 언어가 발화 행위와 발화 수반 또는 발화 후 행위 중 어느 한쪽으로 파악되긴 하지만, 나는 선포가 홀로 모든 정보교류에 있는 이러한 세 가지 양상의 의미를 수많은 순간 중 하나의 단결된 행동력으로 통합한다고 믿는다. 진정한 선포는 발언자와 청취자뿐 아니라 내용까지도 그들 중 어떠한 자기-참여적 힘을 축소함 없이 분명하게 포함시키는 화용법의 힘을 요구한다.

선포는 내용과 양-지향적bi-directional 행동력, 등장인물과 동작의 혼합이다. 선포는 동일한 언어 사건이 일어나는 동안 발생하는 발화 행위, 발화 수반, 그리고 발화 후 행위의 의미를 하나의 행동력으로 종합한다. 다른 말로 하면, 예전적 선포는 발언자와 청취자가 서로 내용을 주고받으면서 정보교류 활동의 힘을 그들에게 동시에 배치시키는데, 그것은 다름 아닌 예수 그리스도와 그의 구원적 메시지이다. 선포란 개별적임과 등시에 발화 행위, 발화 수반, 그리고 발화 후 행위의 함께함을 말한다.

우리는 아마 선포로서의 설교는 그리스도의 인격 안에서 설교자와 회중이 만나는 교차점이라고 할 수 있을 것이다. 다른 말로, 설교자—발언자—는 그의 복음에 대한 경험 그리고 복음으로의 참여로부터 설교하는 것이며(발화 수반) 또한 동시에 설교자는 청중 —청취자—에게 말씀으로의 반응을 이끌어 내는 것이다(발화 후 행동). 그 결과는 그리스도 안에서 성령을 통한 하나님의 임재의 만남이며(내용), 그것은 곧 설교자와 회중의 그리스도의 몸이라는 더욱 완벽한 형태로의 정체성으로 가는 변화를 말한다(발화 행위).

설교자는 상호관계가 있는 연대성을 찾지만, 이것은 결코 여흥이 아니며 또한 진정한 설교 활동은 회중의 집중을 붙드는 것 혹은 흥미를 돋우는 것과는 거리가 멀다. 그것은 감동적인 웅변 혹은 열정적 서술성 그 이상의 것이다. 가장 중요한 점은 바로 구속사역 안에 있는 우리 신앙의 표현과 풍성한 협력인 것이다. 수행 이론은 필수적인 예전적 주제들에 있어서 그것들이 각각의 사역을 실행할 때의 상호관계를 인지하기 위한 이론적인 틀을 제공한다. 우리는 이제 이러한 주제들의 실제적인 예전적 수행을 위해 설명하는 분석으로 전환하고자 한다.

3. 분석적 도표analytic schema.

예전적 선포는 사회자와 회중이 정보 교류하는 힘의 교차점 안에서, 그리스도 예수 안에서 성령을 통한 하나님의 구원하시는 사역이 지금 여기에 임하게 하는 독특한 활동이다. 단지 한 가지 형태의 예전적 선포만 있을 때, 설교는 전체 예전적 활동과 분리될 수 없다. 설교는 사실 그 자체의 가장 풍부한 의미를 전체 의식celebration의 행동력 안에서 이끌어낸다. 같은 예전 활동의 모습 안에 있는 또 다른 두 가지의 선포들은 선포라는 설교의 의미를 강제로 열도록 돕는다.

우리는 이미 복음 역시 선포라는 것에 대해 거론했다. 복음을 선포하는 사역자는 보통 부제deacon이고,[16] 상기시켜서 말하자면 초대교회에서 참석자와 결석자에게 성만찬을 배분하는 것과 가난한 자들에게 회중의 음식선물을 나눠주는 것 역시 부제의 역할이었다.[17] 그리하여 복음의 선포는 결석자나 가난한 자를 위한 행동을 구체화하도록 이끌었는데, 그 행동은 의례적 시간외의 삶의 예전적 활동을 지니고 있으며 우리에게 기독교 공동체 안에서의 관계가 어때야 하는지를 상기시켜 주는 것이다. 진정으로 전달된 복음은 살아있는 것이다.

만약 복음의 선포가 가난한 자들의 (예전적)예배를 이끈다고 하면, 선포로서의 설교는 무엇으로 이끄는가? 여기에서 설교로 선포하는 것만이 아니라, 사회를 보는 사제의 다른 예전적 역할로서 성만찬 기도를 선포하는 것이다. 이 대감사 성만찬기도는 그리스도 예수의

---

16. the General Instruction of the Roman Missal의 §34를 보라. 사회자는 부제 또는 다른 규정된 사역자의 결석의 경우에만(불행하게도, 자주 지역교구의 일요일 상황에서만) 복음서를 읽었다(분명하게, "선포했다").

17. 저스틴 마터의 First Apology, §65를 보라. 비록 이것의 후반 단락에서 말하길 선물들은 의장(president)에게 넘겨졌고 그가 필요한 자들에게 배분하는 것을 관리했다고 하고 있지만, 다른 곳에서는(예를 들어 Trallians에게 보내는 이그나티우스의 편지 2:3) 선물의 실제적 분배에 책임이 있는 자는 부자였다는 암시가 있다.

구원 행위들을 요약하고, 그리고 그 안에서 순전한 선포는 기독교 성만찬을 위한 살아있는 빵에 참여하는 것이다.

그리스도 예수 안에 있는 기쁜 소식으로서 오직 하나의 기독교적 선포만이 있으므로 우리는 이러한 사역들의 예전적 수행 사이의 평행선을 제안한다. 그런 까닭에 설교의 선포가 성만찬 기도를 올려드리는 것으로 여김과 같이 복음의 선포는 다른 사람들을 위한 것이다. 우리는 이것을 다음에 나오는 것처럼 도표화 할 수 있다:

복음 선포: 다른 사람들을 위한 행위Doing for others:: 설교 선포: 성만찬 기도를 드리는 것Offering the Eucharistic Prayer

복음의 선포를 가난한 자를 위한 돌봄으로 객관화 하는 것은 설교의 선포를 성만찬 기도를 올려드림으로 객관화 시키는 것에 비교되는 활동이다. 분할된 정보 교류적 활동들은 서로를 보완하고 그리고 기독교 사역 활동의 나눔은 그들 모두가 같은 내용을 공유하기 때문이다: 그것은 그리스도 예수님의 임재를 증명하기 위한 것이다.

지금까지 우리의 분석은 두 명의 예전적 사역자들, 부제와 사회자인 사제에 초점을 두었다. 최근의 학자들은 회중의 예전적 사역[18]에 강조를 두고 있고, 그러므로 우리는 우리가 목적하는 도표를 조명하되 추가적으로 회중의 예전적 수행에 대해 고려해야 할 것이다. 가장 뚜렷한 예전적 회중의 자기 참여적 활동은 환호송의 "선포"이다. 회중에 의한 이러한 예전적 활동에서 수용을 반복함은 성만찬으로 이어지는데, 그것은 그리스도인의 삶의 궁극적 목표인 그리스도를 향한 변화의 깊은 표시이다. 그리스도의 몸과 피를 먹고 마시는 것은 우리가 누구인지를 선포하는 것이며 그리고 이뤄질 마지막을 초래하는 그리스도께서 최후 영광으로 다시 오시는 그 날까지 우리는 보다 더 완전하게 되어져 가고 있는 중이라는 것을 선포하는 것이다. 성만찬은 기독교 선포에 있어서 그 내용의 표시가 가장 완벽한 것이다: 즉 그것은 그리스도의 몸이다. 만약 우리가 위에서처럼 이것을 우리의 도식으로 덧붙여 본다면, 우리는 다음 행동 비교의 삼중 묶음을 취할 수 있다.

---

18. 예를 들면, 두 번째 에세이 "The People Shout Amen: The Ministry of the Liturgical Assembly" in James Empereur, S.J., *Worship: Exploring the Sacred* (Washington, D.C.: The Pastoral Press, 1987)11-19를 보라.

복음 선포: 다른 사람들을 위한 행위Doing for others:: 설교 선포: 성만찬 기도를 드리는 것Offering the Eucharistic Prayer:: 환호송: 성만찬

그러나 이러한 예전적 수행들, 성만찬 행동을 설명함, 그리고 이를 집행하는 목회자들을 포함한 그 어떤 것도 하나님의 구원, 인격적, 그리고 삼위일체적 임재의 깊은 신비를 제대로 증언하지 못한다.

우리의 분석적 도표는 사역자들이 행하는 예전적 역할들의 상호 교류성을 논증한다. 우리가 역사적 발전으로부터 물려받은 기독교의 예전적 사역은 "서로 비교되는" 계급적 사회이기보다는 공동체를 향한 그리고 공동체를 위한 하나님의 다양한 임재하심의 지속되는 의미를 보여주는 생생한 전통과 그리고 기원적 경험이 교차되는 복합체인 것이다. 그것은 모든 예전적 수행은 예전적 행동을 예전적 회중이라는 주체들의 매일의 삶 속에 이르게 하는 또 다른 상대적인 활동을 지니고 있다는 것을 강조한다. 그것은 또한 공동체가 공유하는 상호의존을 강조 한다; 즉 단일의 회원은 하나님의 활동의 표시가 아니라는 것이다. 그래서 회중은 함께 이스라엘의 하나님과 예수 그리스도의 구제와 구속 사역을 실행하는 사명을, 그리고 그 작업을 수행하기 위해 요구되는 사역의 모든 은사들을 활용하는 사명을 구체화한다.

주어진 주체에 대한 독특한 점은, 선포로서의 설교는 설교자가 청취자를 위하여 그저 "적용"의 작업을 하는 "추가적add-on" 요소가 아니라는 것이다. 대신 설교는 참여자들이 지금 여기에서 직면하게 하고 그들을 동전 양면처럼 같은 내용으로서의 기원적 사건들과 생생한 전통을 연관시키도록 초대하는 제의적 구성요소를 만들어내는 것이다. 즉 그것은 부활 신비인 것이다.

평가적인 표준들

첫 식견glance으로는 공통점이 없거나 있을법하지 않은 요소들로 나타나겠지만 우리가 만든 분석적 도표의 제안은 이들 사이의 연결점을 형성하고 관계성을 인식함을 촉진할 수 있도록 도움을 제공하고 있다. 우리는 선포로서의 설교에 관한 인식을 추적했고, 그리고 그

것을 예전적 행동력으로서 펼쳐진 선포적 활동의 큰 지체body적 상황 안에 두려고 노력했다.[19]

우리의 관심사는 선포로서의 설교로 접근하는 것이 신앙과 실천으로 가는 이분법적인 길을 부수는 데 도움이 되는지를, 그러면서 분명한 선포적 활동은 정보교류의 발화 행위, 발화 수반, 발화 후 행위라는 양상들을 연결시키는지를 보았다. 이러한 수행적 활동의 종합체는, 설교자의 생생한 신앙 경험을 통해, 예수 그리스도와 기쁜 소식과의 만남으로서의 전통적 경험의 내용으로 우리를 이끄는 설교의 모델을 제시한다. 이러한 인격적 만남은 회중으로 하여금 도전을 주고 그들의 신앙적 참여의 새로운 지평선을 향해 시선을 돌리게 한다. 설교는 아마도 말씀의 행동력/설교자의 생생한 신앙경험, 예수 그리스도와의 인격적인 만남, 말씀/회중의 생생한 신앙경험의 관계로 설명될 것이다. 신앙과 실천은 말씀과 생생한 경험의 담화 사이에서 그리고 예수그리스도와 예전의 주체 사이의 만남 안에서 만나는 것이다.

더 나아가 우리의 관심사는 설교가 어떻게 항상 해석적인 화법인지를 살펴보았다. 여기에서 해석은 주석 혹은 선택한 성서본문의 이해를 지니고 있는 다른 어떤 연구와 관련하지 않는데, 비록 그것이 설교자의 의미심장한 한 부분을 차지하는 — 그리고, 이론적으로, 또한 회중에게도 역시 중요한 — 준비라 할지라도 말이다. 설교에 적용했을 때, 해석은 생생한 경험의 의미에 영향을 주는 말씀의 빛을 잡아채는 것과, 어떻게 생생한 경험이 말씀의 직접성을 향한 통찰력을 산출하는지를 움켜쥐는 것을 의미한다.

명백하게, 설교를 준비하는 것은 쉬운 일이 아니다. 설교가가 순전한 신앙의 핵심에 이르게 하는 것은 꼭 필요한 자기 참여적 작업이다. 현실적으로, 효과적인 설교가 되기 위해서는 설교자가 그의 순전한 신앙의 삶을 그대로 드러내 보이는 것이 요청된다. 그것은 이러한 시간과 장소를 위한 이러한 생생한 말씀과의 그저 몇 시간이 아닌 수일간을 연구하는 참여를 요구한다.

말씀을 참으로 생생한 말씀으로 전하는 많은 설교자들처럼 많은 설교방식이 있을 것이다. 몇 설교자들은 "편안하고" 진술하며, 그들의 생생한 신앙의 예를 들어 비유의 언어와

---

19. 우리의 분석은 성만찬 예전에서 그것의 구성요소들을 정렬시켰다. 비슷한 도표로 세례 혹은 다른 예전적 의례들을 보는 것은 어렵지 않을 것이다. 나는 설교가 다른 곳에서 활용되기 보다 예전적 상황 안에서 선포 되었을 때 다르게 작용하는 것을 제안한다. 이것은 수신인이 없는 채로 남은 중요한 질문을 일으킨다: 누가 설교하게 될 것이며 어제 그럴 것인가? 단수례를 위해 요구되는 적합성은 무엇인가? 무엇이 예전을 구성하며, 다른 유사-예전적, 성례전적 행동은 무엇인가? 예전의 주체는 누구인가? 설교는 예선의 선택사항인가 필수사항인가?

같지 않은 쉽게 인식할 수 있는 단순한 언어로부터 올 것이다. 마가복음의 몇몇 내용은 편안한 방식을 보여 준다; 예를 들어 마가복음 14장 51절은 우리가 "한 청년"이 예수께서 잡히시던 광야에서 너무도 급해서 그가 "벗은 몸에...도망쳤던" 장면을 상상할 때, 우리의 얼굴에 웃음이 깃들게 한다. 어떤 설교자들은 서정적이고 시적이며 그들이 사용하는 순수하고도 아름답게 묘사된 언어는 우리에게 고상한 기대를 불러일으킨다. 예를 들면, 매 크리스마스마다 우리는 누가의 수태고지와 성육신의 아름다운 설명 앞에서 전율을 느낀다. 어떤 설교자들은 심오한 표현과 그들의 깊은 용어 사용으로 우리로 하여금 신비함에 대해 흔들림 없는 중심을 갖게 한다. 요한은 예를 들어, (6장 35절)을 읽을 때 우리의 냉냉함을 멈추게 한다: "내가 곧 생명의 떡이니 내게 오는 자는 결코 주리지 아니할 터이요 나를 믿는 자는 영원히 목마르지 아니하리라." 멈추는 지점과 침묵의 효과적인 활용, 질문들, 도전들, 의식의 흐름, 문학작품과 극예술로부터의 삽화들 — 이런 모든 것은 설교자들이 세우는 방식의 주변적인 기술들이 될 수 있다. 어느 만큼의 범위까지는, 그 날을 위한 선택된 본문(들)이 방식을 제안한다. 그러나 대부분의 설교자들은, 시간과 실습의 기간을 넘어, 그들의 말씀과 생생한 경험 사이의 만남이 최고로 잘 교류하는 개인적 방식을 발전시키려는 의도를 가진다.

회중석에 있는 모든 개개인의 기대와 필요를 채우는 설교방식을 발전시키는 것은 불가능할 것이다. 그럼에도 불구하고 현실주의적 기대가 되게 하는 방법은 설교가 설교자의 생생한 신앙으로 더불어 진실하게 울리게 하는 것이다. 만약 이러한 방법을 통해 설교가 나온다면 비록 방법이 어떠하다 할지라도 말씀/생생한 경험/설교 서술성의 역동적 만남은 활짝 펼쳐질 것이다.

아래 줄에서 어느 정도의 관찰들은 기본적으로 그리고 측량될 수 있는 모든 선포적 활동에 대한 배경을 형성한다. 비록 문장들이 다소 분명하지 않더라도, 우리는 정보교류의 가능한 힘에 따라 표준을 나눴다.

발화 행위 표준

* 신적 임재의 계시
* 구원의 예고
* 기원적 사건/현재 기억의 변증법

* 부활신비의 역동설과 그것의 생생한 주기적 반복
* 회중이 몰입되는 신성한 만남

발화 수반 표준

* 이 시간과 장소에서 이 회중에 대한 하나님의 말씀
* 감사와 찬양의 선포를 향한 추진력
* 애착에 대한 환기와 개념상의 명료에 대한 자유함
* 종말적 성취의 약속

발화 後 행위 표준

* 그리스도의 몸으로서의 자아 정체성 변화
* 신적인 활동과 인간적인 활동의 교차점
* 예전과 삶의 연결
* 신앙적 결정으로의 요구
* 제한적이고 잘못 지도된 선택들에 관한 비평
* 반응에 대한 인간의 단호한 성실성의 기대
* 우리가 다르게 살 수 있도록 만드는 것

분명, 이 평가적인 표준 항목은 거의 총망라한 것이 아니며, 대부분 비슷하지만, 모든 설교가 이러한 것들의 모든 관련을 이룰 수 있는 것도 아니다. 또한 이 항목의 요구들은 설교를 준비할 때의 좋은 시작점이 아닌 것도 알게 된다. 평가적 표준은 보다 적절하게 말씀을 전하는 자와 듣는 자 모두의 주의 깊음을 측정하는 목표를 추구한다. 그것은 설교적 선포는 더 이상 무시되고 간과되어서는 안 되며, 혹은 말씀의 선포에서 무관계한 강요로 여겨져서는 안 된다는 것을 제시한다. 선포로서의 설교는 하나의 빵이 온 회중의 기독교적 삶을 살찌우게 하고 변화시키는 것과 같이 바로 부활하신 그리스도와의 만남이며 그것은 설교자들의 생생한 신앙적 경험이 깨지고 열림으로서 인식되어지는 것이다.

제 10 장

주일예배와 중보기도

General Intercessions

| 조이스 앤 짐머맨 Mary M. Schaefer |

영적 삶의 성장에 대한 지침서에서는 찬양, 감사, 예배, 그리고 청원이라는 기도의 4가지 방식에 대해 설명한다. 개인적인 기도는 기도의 이러한 4가지 방식 사이에 균형이 있어야 한다고 지침서는 설명한다. 그러나 기도에 대한 비공식적인 토론에 의하면 우리들 대부분은 이러한 균형을 이루는 것에 대하여 어려움을 겪고 있다. 청원petition이 우리 기도의 상당수를 차지하고 있으며 경우에 따라 감사의 기도가 약간 있을 뿐이다. 찬양과 예배는 우리에게 있어서 단지 형식에 지나지 않는다. 중보기도는 자연스런 인간의 행위라고 본다. "비신자"를 비롯하여 스스로 신앙이 없다고 생각하는 사람들조차 자주 자신들이 필요할 때에는 하나님을 찾는다. 로마 가톨릭 신자 이외에도 많은 사람들이 성 안토니St. Anthony에게 자신들이 잃어버린 물건을 찾을 수 있도록 기도하고 또한 자동차에 성 크리스토퍼St. Christopher의 메달을 달고 다닌다. 어려움에 빠진 이들을 위한 성 유다St. Jude의 보살핌은 교단 간의 경계를 자유롭게 넘나드는 것처럼 보인다.

예전은 필연적으로 찬양과 감사의 기도이며 때로는 우리를 위한 하나님의 구원역사를 고백함을 포함하고 있다. 그러므로 우리는 유대교나 기독교의 모든 예전의 일부로서 중보기도를 발견하는 것과 청원, 찬양, 및 감사 사이에 밀접한 관계가 있다는 것을 접하는 것은 놀라운 일이 아니다. 이러한 밀접한 관계를 우리가 분명하게 볼 수 있는 많은 사례들이 있다.

유대교의 예전 및 영성으로서의 대축복기도인 베라콧berakot을 보면 감사에서 중보의 기도로 분명히 전개되며 결국에는 송영(찬양)의 절정에 이르는 것을 볼 수 있다.[1] 유대교 회당에서의 아침과 저녁의 기도시간에는 베라콧을 시작으로 신앙고백(쉐마)이 이어지고 그 다음으로 베라콧 시리즈로 소개되고 마치는 청원의 기도인 대18복(테필라tefillah)으로 이어진다. 또 다른 예를 들어보자. 기독교의 주기도문(디다케Didache §8:2에서 그 문헌을 확인할 수 있듯이 3개의 찬양을 시작으로 4개의 청원을 포함하며 송영으로 끝난다)과 회당예배의 성경 봉독[2]의 마지막 순서인 유대교의 카디쉬kaddish 사이에는 찬양–청원–송영의 순서를 따르는 것을 포함하여 상당한 유사성이 있다.

기독교의 중보기도 관행의 등장에 대해서 (2세기 중반의)순교자 저스틴Justin은 세례나 설교 이후의 공동기도를 언급하고 있다(§§ 65,67). 성만찬기도는 기독교에 있어서 찬양과 감사의 대기도이다. 현존하는 가장 오래된 예배 형식에도 (대개는 연도의 형태를 띠지만) 청원의 기도가 포함되어 있다. "성 야고보St. James(예루살렘, 5세기)의 예전"에 있는 아나포라anaphora(성만찬 기도나 교회법)는 매우 광범위한 중보기도를 기록하고 있으며, 종교지도자나 목회자로부터 일반 시민에 이르기까지 스캔들의 확산이나 전쟁의 종결 또는 좋은 날씨 및 풍성한 추수에 이르는 다양한 필요와 기도를 하는 사람들을 기억하여 기도하고 있다.[3] 이러한 기도가 아나포라의 일부분인 이상 그들은 감사 – 청원 – 찬양이라는 유대교식 패턴을 유지하였다. 이러한 패턴은 젤라시우스Gelasius(5세기 후반)가 서유럽에서 연도 형태를 처음 소개하고 중보기도를 예배의 전반부로 옮김에 따라 깨어지게 되었다(그 뒤에는 '주여 자비를 베푸소서'라는 말을 9번 반복하게 되었다가 현재는 6번만 반복하고 있다). 그러므로 수세기 동안 로마 교회법Canon에 잠깐 등장하는 산자와 죽은자를 위한 기도 외에는 우리의 성만

1. Louis Bouyer의 *Eucharist: Theology and Spirituality of the Eucharistic Prayer* 참조. Charles Underhill Quinn 번역(런던/노트르담, 노트르담대학교 출판부, 1969). 유대교와 기독교의 기도의 관계에 대한 훌륭한 입문서로는 Camine DiSante의 Jewish Prayer: *The Origins of Christian Liturgy* 참조. 번역(Mattew J.O' Connell(New York/Mahwah, N.J. Paulist 출판부. 1991). 또한 Eugene J. Fisher의 The Jewish Roots of Christian Liturgy 참조.(New York/Mahwah, N.J. Paulist 출판부. 1990)

2. Bouyer의 Eucharist, 78페이지 참조.

3. R.C.D Jasper와 G.I Cuming의 *Prayers of the Eucharist : Early and Reformed*, 제3판(뉴욕 파블로출판사, 1987) 94-98페이지 참조.

찬중보기도에 대해 서구 교회는 모두 잊고 있었다.[4]

감사, 청원, 그리고 찬양 사이의 구조적인 관계는 신학상의 특색을 가지고 있다. 우리가 지속적으로 하나님에 대한 필요성을 고양시키는 것은 우리 스스로가 하나님의 피조물이며 우리가 가지고 있는 모든 것을 위해 창조자인 하나님에 대한 우리의 의존성을 일깨워주는 강력한 요소이다. 궁극적으로 세계의 주인은 우리 인간이 아니라 하나님이시다. 하나님에 대한 청원은 우리에게 주어진 모든 것에 대해 하나님께 감사하는 간접적인 방식이며 이러한 선물에 대해 하나님께 감사하는 방식이다. 하나님은 우리에게 필요한 것을 우리보다 더욱 잘 알고 있음에도 불구하고 왜 우리는 우리가 필요한 것을 하나님께 물어야 하는가 하는 의문이 제기되어 왔다. 이에 대한 하나의 해답으로 청원은 하나님과 우리 즉 창조주와 피조물과의 첫 번째 관계를 표현할 수 있는 기회가 된다는 점이다. 더 나아가 공적인 중보기도는 때때로 "신자들의 기도"(General Instruction of the Roman Missal[이하 GIRM으로 명명] §45 참조)로 불리며, 이것은 더 깊은 신학적 통찰력을 제공한다. 이러한 기도는 기독교 신앙에 대한 우리의 참여를 표현한 것일 뿐만 아니라 모든 교회 더 나아가 전 세계와의 간결을 표현하기도 한다.

말씀예전의 마지막을 장식하는 중보기도의 재발견은 전례헌장[Sacrosanctum Concilium]을 공표한 이후 예전의식의 개정판에 통합된 "개혁" 중 가장 쉽게 받아들였을 것이다. 그러나 그들의 결론은 목회적인 문제와 오해를 제외하고는 아무런 성과가 없었다. 본 장의 나머지 부분은 일부 목회적인 문제에 대해 논의하고자 한다.

공적인 중보기도에 대한 목회적 접근방식

아마도 공적인 중보기도를 광범위하게 받아들이게 된 이유 중의 하나는 그들이 너무 자주 형식적이고 동떨어진 것으로 보이는 예전을 "개인화" 시켜주는 기회를 제공해온데서 기인한다. 한 교구에서 주일 아침에 지난 주 동안에 죽은 교인들의 이름을 호명하는 것을 듣거

4. 중보기도의 기원에 대한 보다 상세한 내용은 Richard Mazziotta의 "The General Intercessions," *Liturgical Ministry 2*(1993년 겨울) 2-14페이지 참조. 이 책자는 모두 일반적 중보기도에 관한 것이다.

나 아픈 교인(대개는 병원 진단과 병명이 알려지며)의 이름을 호명하는 것을 듣는 것이 이상한 일은 아니다.

이러한 종류의 정보는 확실히 우리의 통합된 관심을 끄는 데 가치가 있다. 더 나아가 우리 인간은 자신과 가까운 사람에 대해 기도해 줄 필요성을 느끼며 이들에 대한 개인적인 관심을 공유한다. 문제는 주일 감사기도에서 공적인 중보기도가 모두 무엇에 대한 것인가 하는 것이다. 이 문제는 서로 다른 형태의 문제를 제기하고 우리의 삶에 있어서 중보기도의 필요성을 제기한다. 우리들 중 상당수는 부모, 형제자매, 애완동물, 새 자전거 그리고 그 당시에 우리의 마음속에 있는 무언가를 위해 기도하며 자란다. 그러나 우리의 기도에서 매우 개인적인 성향들은 결코 변하지 않는다. 우리는 아직도 늙으신 부모님과 속 썩이는 십대들 또는 취업에 대해 기도한다. 기도하는 동안에 하나님 앞에서 우리가 원하는 것을 늘어놓는 것은 기도할 대상을 선택하는 것만큼이나 올바른 것으로 보인다.

중보기도는 개인적 기도와 예전적 기도 모두에 있어서 중요한 요소다. 그럼에도 불구하고 예전상의 공적인 중보기도에 대한 역사적이고 다큐멘터리적인 설명은 이것들이 정말로 서로 매우 다르게 기능하며 우리가 무언가를 필요로 할 때 간구하는 청원의 기도에도 다른 형태가 있다. 개인적 중보기도는 우리가 이루고자 하는 것만큼이나 구체적으로 될 수 있다. 이것은 우리가 필요로 하는 것을 지명하고 이러한 말들 속에서 우리는 개인적인 방식으로 듣게 되기를 원하는 우리의 희망을 표현하게 된다. 한편으로 주일 감사기도에서의 공적인 중보기도는 개인적인 기도가 아니라 집단적인 기도가 된다. 문제는 이러한 특별한 집단의식을 전체 교회로 통합시키기 충분할 정도로 일반화시키고 동시에 이러한 특정한 집단의식을 의미 있는 기도로 유도할 수 있도록 충분하게 특정화시키는 것이다. 다음의 몇 문단에서는 주일 감사기도에서의 공적인 중보기도에 대한 목회적인 이해를 향상시키고 실질적인 이행을 위한 몇몇 논의에 대한 청사진을 제공한다. 우리는 우리의 논의를 주일예배 성만찬기도문의 일반적인 중보기도로 제한한다. 개인적/개별적 중보기도와 성무일과의 기도는 각자의 독특한 형태를 가지고 있지만 다음의 내용에서는 다루지 않을 것이다.

의미

공적인 중보기도는 예전적 기도의 한 형태이다. 왜냐하면 이들은 필연적으로 찬양과 감사의 기도이며 모두가 예전적 기도이기 때문이다. 앞에서 언급하였듯이 하나님께 대한 우리의 의존성을 인정함으로써 우리는 하나님을 우리에게 필요한 모든 것을 제공해주는 유일한 존재로서 숭배한다. 그러므로 일반적인 예전적 기도의 목적은 우리가 필요로 하는 것을 신 앞에 간구하는 것보다 훨씬 의미 있는 것이다. 이것이야말로 진실로 우리 자신을 하나님 앞에 바치는 것이다. 이러한 경건은 우리가 받은 세례와 성직의 실천이며 전체 교회와 세계의 통일을 향한 주문을 실천하는 것이다. 이것들은 공적 중보기도라고 불리는데 이는 모든 인류를 위하여 우리가 하나님께 기도하기 때문이다. 이는 전적으로 우리와 하나님 그리고 우리 자신들과의 독특한 관계를 우리에게 보여주는 예전적 행위이다.

일반적인 중보기도에 대한 참여는 복음을 위해 살기 위한 우리의 세례적 행위를 진지하게 받아들이는 하나의 방식이다. 그래서 기독교적 삶은 '착하게 사는 것' 이나 '주일에 교회에 참석하는 것' 이상의 의미를 가진다. 우리의 세례의식은 대화와 타인을 필요로 하는 것에 대한 진정한 관심을 포함하여 타인과 더불어 사는 새로운 삶의 방식을 의미한다. 초기 교회의 집사들은 3가지의 예전적 역할을 가지고 있었다고 전해진다. 그들은 복음을 전파하고, 공동기도에 대한 목표를 설정하고, 그리고 노약자들에게 성만찬을 제공하며 제물로 거두어들인 음식을 빈곤한 사람들에게 나누어주는 역할을 담당하였다. 우리는 이러한 3가지 행위들이 지금 이곳에서 복음을 구체적으로 실천하는 행위로 해석한다. 먼저 성도들에게 전하는 선포, 둘째로 성도들이 전체 교회와 세계에 스스로를 통합시키는 일종의 신앙에 대한 응답으로 구체화시키는 것, 그리고 셋째로 자선활동에 대한 실천이다. 달리 표현한다면 복음의 공표는 타인(특히 곤궁에 처한)을 위한 행위와 직접적으로 연결된다.

형태와 구조

우리가 앞에서 간략하게 설명한 바와 같이 주일 성만찬 예식에서의 중보기도는 그 장구하고 풍부한 역사를 통해 다른 형태를 띠어 왔다. 둘로 접는 기록판Diptychs(명단, 성만찬기도 1에 사용된 산자와 죽은 자의 이름)과 연도litanies(키리에, 하나님의 어린양, 그리고 성도들을 위한 기도 이 3가지는 오늘날의 예전에서도 중요한 부분으로 남아 있다)는 초기 기도문의 형태였다. 현대적인 형태의 일반적인 중보기도는 성 금요일 예전의 기도문에 나타난 원시적 형태의 중보기도와 가장 밀접한 관련성이 있다. 이 중보기도의 구조는 다음과 같은 초기 중보기도의 형태에서 기원한다. (1) 기도하도록 인도자가 초청 함 (2) 신도들의 상황과 그들이 부탁하는 내용의 발표 (3) 무릎을 꿇고 (4) 참석한 모두가 침묵 기도를 함 (5) 모두 일어서서 (6) 인도자의 종결 기도로 마무리.

여기서 우리가 무릎을 꿇고 일어서는 과정을 생략한다면 다음과 같은 공적인 주일 성만찬 예전에서의 중보기도의 형태와 동일함을 볼 수있다. (1) 인도자에 의한 기도초청 (2) (집사, 칸토, 또는 평신도가; GIRM §47참조)발표하는 기도제목 (3) (공동 응답 및/또는 묵상기도를 포함한; GIRM §47참조) 기도 (4) 인도자에 의한 마침기도이다. 현실적으로는 대부분의 교구에서 중보기도에 대한 공통적인 응답을 활용하지만 공동 기도문을 하기 전에 잠시 동안의 묵상기도의 시간을 주는 것이 효과적일 수도 있다. 묵상기도 동안에는 예전적 중보기도에서 기대되는 보편적인 제목과 개인적 특정한 요구를 동시에 기원할 수 있는 여지를 제공한다.

카테고리

GIRM은 우리의 중보기도에 대해 다음과 같은 4개의 범주를 제시하고 있다: (a) 교회가 필요로 하는 것 (b) 공적 권력과 세상에 대한 구원을 위해 (c) 빈곤으로 고통 받는 자들을 위해 (d) 지역적 공동체를 위한 중보기도로 나누었다(§46). 비록 다른 범주에 속하는 목적이나 각 범주에 속하는 두 가지 이상의 목적을 기도에 포함시키는 것을 금하는 것은 아니지만 이 4가지 범주 중에서 적어도 각 한 가지의 목적이 포함되어야 한다. 그러나 상식적으로 생각해보아도 기도의 목적을 적은 목록이 많을수록 기도의 절실함은 점차 줄어든다. 그럼 이러한 범주에 대해 보다 자세하게 살펴보자.[5]

우리는 우선적으로 이 세상의 하나님의 사람들이 모인 – 모든 기독교 교단을 포함하여– 모든 교회를 위해 기도한다. 세례를 받은 모든 이와 세례를 받고자 하는 모든 사람은 예수 그리스도 안에서 모두 우리의 형제자매로 인식된다. 우리는 모든 그리스도인들 사이에 단결력이 커지는 것을 위해 기도한다. 그들은 모두 '하나님 가족' 의 일부이다(에베소서 2:19). 우리는 박해받는 모든 믿음의 형제와 그들을 박해하는 자들을 위해 기도한다(마태복음

5. 나는 이 책의 범주에 관한 부분의 일부는 Msgr. Patrick Byrne의 도움을 받았다.

5:44). 우리는 세상 모든 교회의 신도와 우리의 모든 지도자 및 행정관들을 위해 기도한다. 뿐만 아니라 우리는 전국적 및 지역적 차원의 모든 교회를 위해 기도할 필요가 있다. 우리는 또한 우리 지역사회의 다른 그리스도인들을 위해 기도한다. 이러한 목적은 각 지역적 특성에 따라 더욱 구체화될 수 있다. 우리의 지역 공동체와 전 세계의 기독교도들 사이의 단결력이 보다 공고해지도록 기도하는 것은 언제나 중요하다(요한복음 17:20-23). 결혼식이나 장례식과 같은 특별한 의식에서도 이러한 특별한 상황과 관련된 많은 청원이 포함될 수 있다.

둘째로 우리는 정치인들과 국가 그리고 전 세계의 구원을 위해 기도해야 한다. 디모데전서 2:1-4을 보면 그리스도인은 로마 제국의 통치하에서 우상을 숭배하지 않는다는 이유로 박해를 받은 초기 그리스도인들이 평화롭고 안전하게 살아갈 수 있도록 민주적 통치자를 위해 기도하라고 설교하고 있다(오늘날에도 기독교를 믿기 위해서는 우리의 기도가 필요한 나라들이 아직 있다). 이러한 영역에 대한 우리의 기도는 시청에서부터 학교, 보건소, 경찰 및 군대, 그리고 치안과 안보를 제공해주는 기타 공적 서비스에 이르기까지 모든 형태의 정부와 공적 서비스에 종사하는 모두에게 언제든지 확산될 수 있다. 우리는 국가적 및 지역적 공적 서비스에 종사하는 모든 사람들뿐만 아니라 유엔 기구에 종사하는 사람들을 위해 기도할 필요가 있다. 1월 1일의 평화를 위한 세계기도의 날은 세계를 위한 우리의 예전적 기도에 포함된다. 지역 사회를 위한 기도와 유사한 경우로는 그리스도인의 일치를 위한 기도주간(1월), 3월 세계기도의 날, 지구의 날 그리고 히로시마 원폭기념일(8월 6일) 등이 포함될 수 있다. 대부분의 교회들은 특별한 목적이나 이유를 위해 기도회에 참여할 날을 표시한 달력을 배포하고 있다. 이러한 날의 상당수는 다른 교단의 교회들도 같이 참여할 수 있다.

셋째로 우리는 특별히 필요한 것이 있는 사람들을 위해 기도한다. 우리는 자연재해(태풍, 홍수, 눈사태, 지진 등)로 인한 희생자들이나 인간이 저지른 일(전쟁, 환경오염, 열악한 식량배급)로 인한 희생자를 위해 기도할 수 있다. 우리는 지역적 재난(화재, 전염병, 실업 등)과 중대한 사고로 인해 고통 받는 사람들을 위해 기도할 수 있다. 진정한 기독교 정신은 우리 자신을 경건함으로써, 다른 실질적인 방법으로 자발적인 도움을 줌으로써, 그리고 그 주간 내내 계속적으로 기도를 함으로써 타인의 도움을 필요로 하는 사람들을 위해 우리의 기도가 이루어지도록 인도함에 있다.

넷째로 우리는 지역사회를 위해 기도한다. 기도회에 참석한 회원들은 자기 자신과 자신들이 속한 지역사회 및 교회가 필요로 하는 것을 위해 기도한다. 구역별 목회자협회를 통해 그 지역의 모든 교회집회는 지정된 주일에 저마다의 목적과 필요를 위한 기도를 하러 집회에 참석할 수 있도록 하고 있다.

기도제목의 수는 선택된 형식과 경우에 따라 다르다. 기도제목의 수는 일반적으로 각 카테고리 별로 하나를 넘지 않도록 한다. 이러한 제한은 각 목적별 기도 이후에 잠시 동안의 침묵의 순서가 있는 경우에는 특히 중요하다. 이 기도의 보편적 성격을 준수하기 위해서는 적어도 4개의 카테고리가 포함되어야 한다. 이러한 카테고리는 자신과 타인과의 관계에서의 4가지 중요한 측면 즉 교회, 세상, 가난한 자 그리고 자기 자신을 다루어야 한다. 우리는 어떠한 목적이든 이 4가지 범주 중 하나는 부합되어야 한다고 주장할 수 있다. 분명히 우리는 우리의 모든 기도제목을 한 번의 예배에 포함시킬 수는 없다. 병렬적으로 여러 가지를 늘어놓아 지루함만을 주는 기도보다는 진정한 기도가 될 수 있도록 한두 가지의 목적만을 집중적으로 기도하는 것이 더욱 바람직하다.

결혼식이나 장례식 또는 기념일과 같은 특별한 일이 있는 경우에는 적어도 그 특별한 시간과 그 일에 관련된 사람들을 언급하는 다섯 번째 목적을 포함시키는 것이 언제나 바람직한 목회적 배려이다. 예를 들어 결혼을 축하하기 위한 기도에는 다음과 같은 사항들을 말한다(이러한 사례는 필수적으로 포괄적인 것이다. 실제적인 것으로는 성서의 내용으로부터 나온 이미지를 포함한다). (1) 신랑과 신부는 하나님이 우리 인간을 사랑하신다는 하나님의 약속을 모두에게 증거하는 삶을 산다. (2) 모든 부부는 서로에 대한 신뢰를 키워나간다. (3) 부정한 행위를 유혹 받는 이들은 자신들이 한 약속을 지켜야 한다는 신념을 강화시켜야 한다. (4) 신랑과 신부의 가족과 친구들은 이러한 축하 장소에 참석하여 가정의 의미와 서로 간의 사랑을 확인한다. (5) 신랑과 신부는 앞으로 살아가면서도 서로 간의 사랑을 키워나갈 것이다. 예수님은 우리 안에서 우리를 통하여 앞으로도 계속 기도하실 것이다(히브리서 7:25; 마태18:20을 보라).

유형화

기본적으로 일반적인 중보기도의 목적을 유형화 하는 방법에는 통상 3가지의 방법이 있다. 먼저 "누구를 위한 기도인가"(교회, 세상의 모든 사람들, 가난한 사람들 또는 우리 자신등과 같이 대상을 선정한다). 두 번째 "무엇을 위한 것인가"(하나님의 뜻이 보다 멀리 퍼져나가는 것과 같은 기도의 목적). 세 번째 (이 세상에 하나님의 뜻이 이루어지기를 기원하는 것과 같이) 가장 공통적인 형태인 "누구를 위해 무엇을....."이라는 3가지 방식이 있다. 일반적으로 잘 쓰인 기도문은 형태상 일관적이고 간결하며 모든 사람들의 기도의 마음을 열어준다. 이러한 3가지 공식화 중 어느 하나라도 사람들의 응답을 이끌어 낼 수 있거나(예를 들어 "하나님께 기도합시다..... 주여, 우리의 기도를 들어 주소서") 아니면 묵상기도로 인도할 수 있다. 열거된 기도제목과 함께 진행되는 묵상기도 후에도 "기도합시다... 주여, 우리의 기도를 들어 주소서"라고 응답할 수 있다.

어떠한 유형을 기도에서 사용할 것인지는 기도의 목적 그 자체의 형태에 따라 결정된다. 기도의 내용과 그 심상은 일차적으로 복음서로부터 나오며 이차적으로 제1봉독과 시편 교독에서 나온다. 달리 표현한다면 일반적인 중보기도는 '말씀의 예전'에 의해 형성되며 이는 필수적으로 각 주일마다 매번 다르다. 우리가 성서의 의미를 찾아내고자 할 때 우리는 하나님의 말씀을 선포하는 것이 항상 타인을 위한 이타적 행위로 인도한다는 사실을 반영하지 못하는 것 같다. 일반적인 중보기도는 개인화된 신앙을 모든 타인과 연결된 신앙으로 바꿔준다.[6]

일부 복음서에서는 이와는 전혀 다른 유형화를 보여주기도 한다. 예를 들어 최후의 심판에 대한 마태복음 25장("주여, 우리가 어느 때에 주의 주리신 것이나 목마르신 것을 ..... 공양치 아니하더이까?")의 내용은 그 자체로 훌륭한 청원기도의 형태를 띤다. 복음서에 있는 청원(굶주림, 목마름, 헐벗음, 병고, 투옥...)은 부정의 희생자, 폭력, 평화 등에 대한 목적을 포함시키기 위해 확대될 수 있다. 이러한 종류의 청원기도의 형태는 선창자와 회중 사이의 대화로서 부를 때 가장 효과적이다. 또한 잠시의 침묵이 청원기도가 끝나고 결론적인 기도를 하기 전에 추가될 수도 있다.

우리는 중보기도를 직접 써야 하는가?

설교 자료집으로 활용할 수 있는 공적 중보기도에 대한 많은 책들이 있으며 이들 중 일

---

6. 일반적 중보기도의 언어적 중요성과 유형화에 대해서는 본인이 쓴 "The General Intercessions: Yet Another Visit" *Worship* 65(1991년 7월호) 306-319 페이지 참조.

부는 아주 훌륭하지만 일부는 의심스러운 책도 있으므로 이들 중에서 어느 것을 채택하여 정기적으로 활용한다는 것은 목회자에게는 매우 유혹적인 일이다. 특히 우리는 이러한 예전적 중보기도의 '보편성'이라는 성격을 강조하기 때문에 "그 차이가 무엇이지? 이 책들은 일반적인 것이기 때문에 우리 모두가 똑같은 것을 사용해도 분명히 괜찮을 거라고 생각되는데"라고 생각하기 쉽다. 비록 잘 쓰인 설교집에서 따온 기도문이 우리 자신이 쓴 잘 다듬어지지 않은 기도문을 사용하는 것보다 나을 수도 있겠지만 각 목회자나 교구마다 자기 자신의 공적인 중보기도문을 만들어 사용하는 것이 가장 이상적이다. 여기에는 2가지의 이유가 있다.

먼저 기도문이 일반적이라 할지라도 각 예배의 목적이 서로 다르기 때문이다. 시간이 지나면 관행적으로 영혼적 깊이와 교세의 성장을 보여주는 기도문에 일정한 패턴이 형성된다. 만약에 미리 쓰인 기도문이 규칙적으로 사용된다면 영적 통합을 탐구하려는 도전성이 사라질 뿐만 아니라 교회 공동체의 깊이와 성장에 대한 장기간의 기록에 대한 평가가 용이하지 않게 된다.

두 번째로 각 예배의 특정한 목적이 기도문의 일반적 성격으로 인해 상실될 필요가 없다. 만약에 한 신도가 자신의 기도문을 만들고 있다면 그 기도문은 이러한 기도문의 공적 성격을 훼손시키지 않으면서도 개별성을 가질 수 있다. 다른 한편으로 공적인 중보기도는 신문의 헤드라인을 장식하거나 저녁 뉴스의 기사거리가 될 수는 없다. 한편으로 일반적인 중보기도는 이 기도하는 공동체의 진실 된 생각을 반영하여야 한다.

일반적인 기도문은 누가 만드는가?

대부분의 신도들은 한 주일에 여러 예배에 참석하고 예배에 참석한 다양한 사람들을 존중하기 위해 각각 다른 예배 형식을 취한다 할지라도 모든 주일 성만찬예배에 대해 공적인 중보기도는 동일해야 한다. 그 이유는 한 명의 신도(이상적으로)는 그 만의 하나의 성만찬예배를 드리기 때문이다. 이것이 의미하는 것은 각 주일마다 한 부류의 기도 목적만을 위해 만들어져야 하며 이는 기도문을 만드는 아주 소수의 집단(기도문 작성을 아주 신속하게 할 수 있을 정도의 인원 즉 3명에서 5명 정도면 충분하다)만 필요하다. 이러한 집단은 예배위원회의 부속 위원회가 될 수도 있고 주일성서 봉독인 그룹이나 주일성서 봉독에 진심으로 참여할 기회로 생각하고 이를 사용하기를 원하는 다른 집단이 될 수도 있다. 어느 정도의 일관성을 가지기 위해 동일한 그룹이 하나의 예전 시즌 이상의 일정한 기간 동안에는 기도문을 작성해야 한다. 하나의 그룹은 다른 그룹의 작성 문을 참고할 수 있으며 이로서 모든 기도문이 풍성해진다.

주의사항

주일 성만찬예배의 구조, 의미 및 기능과 형식과 카테고리의 의미를 충분히 이해하는 것이 중요하다. 이러한 점을 잘 알고 있다 할지라도 다음 몇 가지의 주의사항은 항상 염두에 두어야 한다.

1. 너무 일반적인 기도(예를 들어 "가난한 모든 사람들을 위해 기도합시다"와 같은 기도), 너무 개인적인 기도(예를 들어 "스미스씨가 청원하는 바를 위해 우리 모두 기도합시다"와 같은 기도) 또는 너무 특정적인 기도(예를 들어 "신도회 회장인 스미스 여사가 오늘 아침 갑작스럽게 쓰러지셨습니다. 그를 위해 기도합시다"와 같은 기도)는 피해야 한다.
2. 필요한 것들을 늘어놓는 기도
3. 정죄적인 기도(예를 들어 "우리의 모든 십대 아이들이 마약을 끊도록 기도합시다." 이는 모든 십대들이 약물을 복용하는 것으로 비춰질 수 있다).
4. 정보 제공의 성격이 강한 기도(병원 명단, 공지사항, 사례문 등)

도전목표

공적 중보기도를 작성할 때는 다음과 같은 점을 지향한다.

1. 기도문은 시적이며 개방적 종결형이며 상징적으로 작성한다. 기도문은 기도 목적의 유형화에 있어서 대화체 보다는 시적으로 표현한다. 기도문은 지시적이기 보다는 설득적이고, 파악하기 보다는 깨닫도록 하고, 데이터를 분석하기 보다는 기도가 떠오르도록 해야 하고, 만족을 주기 보다는 행동하도록 이끌어야 하며 자기만족을 주입시키기 보다는 적합하게 행동하도록 해야 한다.

2. 기도의 제목은 복음서(그리고 제1봉독, 시편교독)로부터 발현된 이미지를 통합시켜야 한다. 어느 특정한 주일에 하나의 그룹이 일반적인 중보기도문을 작성할 때 소재가 되는 데이터는 주일 성구집에 이미 제시되어 있다. 이러한 이미지는 기도 목적을 구체화하는데 도움이 된다. 기도의 목적은 공동체 전체에 해당되어야 하고 단지 작성자의 관심사항에만 국한되어서는 안 된다. 성서로부터의 인용 또한 우리가 지나치게 반복적으로 되는 것을 예방하는데 도움이 된다. 성서로부터 기도문에 대한 새로운 아이디어가 나온다.
3. 일정한 기간 동안에는 동일한 유형화와 응답을 유지한다. (예를 들어 교회력기간을 지키는 경우) 보다 큰 의례의 일부로서 공적인 중보기도는 독특한 의례적 성격을 유지한다. 여기서 반복 및 이에 따른 친숙함은 중요한 요소다. 만약에 예배에서 자신들이 맡은 응답을 기억해내는데 있어서 실수를 한다면(특히 길고 복잡한 응답의 경우에) 그들은 거의 기도를 할 수 없게 된다. 일정한 예전 시즌 동안에 일관되게 동일한 응답("주여, 우리의 기도를 들어 주소서"나 아니면 잠시 동안의 묵상 기도와 같은 공식화를 시킨다)을 유지하면 전례기도의 형식을 통일화 시키기고 동시에 친숙도를 높이는데 도움이 될 수 있다. 응답을 변경하는 것은 전례시간의 변경을 초래할 수도 있다. 지나치게 새로운 것을 추구하면 예배 순서의 친숙도를 해치는 경향이 있으므로 이는 피한다.
4. 이상적인 것은 기도문과 화답이 노래의 형식이 되는 것이다. 노래 형식으로 하면 중보기도의 청원기도 형태가 나오게 될 뿐만 아니라 모든 사람의 참여도의 정도가 높아진다. 일반적 중보기도를 노래로 하는 것은 이 기도의 중요성을 강조하고 예배의 결말부를 엄숙하게 장식할 수 있도록 해준다.

공동 중보기도의 작성 절차

예배를 진행시키는 사람들은 자신만의 멋진 공동 중보기도를 만들어야겠다는 생각에 너무 많은 시간을 끌게 되어 시간만 낭비하게 된다. 다양한 사람들과 공동 중보기도를 작성해 본 내 경험으로는 기도하는 분위기가 충만하고 절차만 분명하다면 그 주일에 필요한 중보기도의 작성에 소요되는 시간은 30분이면 충분하다고 생각한다. 나는 공적인 중보기도를 작성하기 위한 다음과 같은 단순한 방법을 만들어냈고 성격이 다른 다양한 집단과 함께 이 방법으로 중보기도를 만들어왔다.

1. 한 사람이 복음서, 제1봉독 그리고 시편 교독의 순서로 크게 봉독한다. 만약에 한 사람만이 중보기도를 준비하고 있을 경우에도 성서를 크게 봉독하는 것이 좋다.
2. 성서를 두 번째 크게 봉독한다. 두 번째 봉독 중에는 중보기도 작성자 그룹의 구성원들이 한 목소리로 따라하도록 한다. 때때로 나는 이들이 성서의 내용과 이미지에 대해 조용히 묵상하도록 시키거나 아니면 이들에게 봉독해준 복음서를 받아 적도록 시키기도 한다. 때때로 나는 봉독하면서 실제로 떠오르는 단어나 구절만을 적도록 한다.
3. 칠판이나 차트, 종이(만약에 한 두 사람만이 중보기도를 받아 적고 있는 경우)에 공동 중보기도에 대한 4개의 항목을 각각 여백을 많이 두고 서로 띄워서 적는다. 4개의 항목은 교회, 세상, 가난한 자, 우리 자신이다.
4. 성서에 표시된 중요한 단어나 구절에 반영시킨다. 마음속에 떠오르는 중요한 단어나 구절을 떠올리며 각 사람에게 4가지 항목 중 하나에 대한 기도의 목적을 제안하도록 시킨다. 이 과정에서는 어떠한 언어나 형식 등을 의식하지 말 것을 강조한다. 단순히 자신의 생각을 부담 없이 표현한다. 그러면 기록자는 이를 설명을 붙이거나 정리하지 않고 그대로 받아 적는다.
5. 다음으로 최종적인 기도 문안을 정리하여 유형화하는 작업을 시작한다. 이 과정에서는 일정한 형식(누구누구를 위해 ....을, 누구누구를 위해 .....을)에 대해 결정한다. 대개는 미리 주어진 4개의 처음 기도 목적으로 결정된다. 만약에 각 항목에 관련된 사람보다는 기도의 목적을 보다 강조하고자 한다면 "...을 위해"라는 형식을 따른다. 그렇지 않으면 "누구누구를 위해"의 형식을 따른다. 만약에 "누구누구를 위해 .....을"의 형식을 사용한다면 불필요한 반복이 없어진다는 점을 주의한다.(예를 들어 "교회를 위해 교회는 ...와 같은 경우)
6. 최종적인 문안을 다듬는다. 이 과정은 기도문을 사람들 앞에서 크게 봉독하여 그것들이 어떻게 들리는지 즉 은유적인지, 시적인지 그리고 기도로 이어질 수 있는 개방

형 종결인지를 평가한다(이 기도문이 와일드한 이미지를 준다면 보다 가다듬을 필요가 있다). 그리고 기도문의 제목으로 포함될 수 있는 '숨겨진 논제'와 판단을 확인한다. 마지막으로 최종적 기도 문안을 봉독하는 것이 도움이 된다. 만약에 기도목적이 분명하지 않거나 듣는 사람들이 잘 알아듣지 못하는 경우에는 잘 알아들을 수 있을 때까지 문안을 수정한다. 이것이 마쳐지면 작성자 그룹은 기도문을 읽는 것이 아니라 듣게 한다.

7. 응답에 대한 결정(짧은 형식이든 아니면 묵상기도든). 대부분의 경우에 이 과정은 예전 시즌의 변경에서 가장 중요하다.
8. 성만찬예전이 시작하기 전에 미리 이 기도 문안을 부제(집사)나 선창자 또는 기도문을 읽을 사람에게 배포한다. 모든 공적활동과 마찬가지로 일반적 중보기도의 목적에 대한 발표가 이루어져야만 한다. (특히 이들이 노래로 불릴 경우). 예배 참석자들을 응답으로 유도하는 수단으로써 몸짓에 주의를 기울이는 것이 중요하다. 사회자에게 기도목적의 리스트를 주는 것도 그가 기도로의 인도를 유형화시킬 수 있게 하고 특정한 기도 목적의 내용과 이미지에 따라 기도를 종결시킬 수 있어서 도움이 된다.

여기서 중요한 것은 지나치게 절차에 얽매이지 않아야 한다는 점이다. 일단 중보기도의 작성 절차에 익숙해지면 이들이 개인화되고 이들 스스로 이 과정을 단순화시키게 된다.

시작하기

때때로 우리가 필요한 것은 하나의 과제를 잘 완수하기 위한 단순한 지침과 이를 시작하기 위한 약간의 빌미이다. 성도들이 각자 자신의 공적 중보기도를 만들도록 유도하기 위한 관용적인 방법 중의 하나는 예배 진행자들로 하여금 공적인 중보기도의 목적과 한계를 검토하도록 하는 것이다. 그러면 그들은 위에서 대략적으로 설명한 절차를 따라 자신들이 직접 따라하게 된다. 각자의 특성에 따라 위의 과정을 얼마든지 수정할 수 있다. 이러한 절차에 익숙해지면 아마 각자가 위의 절차 중 일부를 생략하거나 조합시킬 수 있게 될 것이다. 때때로 성서를 읽으면서 생기는 어떠한 이미지가 놀라워서 기도 제목이 저절로 기록되는 것처럼 보일 때가 있다. 모두가 이러한 과정에 익숙해질 때까지 함께 기도 목적을 쓰는 습관을 들인다. 예배 진행자가 더 이상 기도문 작성을 위해 종이에 절차의 개요를 적을 필요가 없어질 정도가 되면, 그들은 그 과정을 대부분 아주 잘 이해하게 될 것이다. 이 정도가 되면 그들도 주일예배의 공적 중보기도를 작성할 수 있도록 다른 사람들을 가르쳐 주게 된다. 나는 한두 개의 소그룹에서부터 중보기도의 작성을 시작하는 것이 보다 바람직하다는 것을 발견하였다. 작성 과정이 보다 쉬워지면 그 주는 개인별로 나누어질 수 있다. 2개 이상의 그룹에서 기도문을 작성하게 되면 이로 인한 장점 중의 하나는 이 시간이 서로의 신앙을 공유할 수 있게 된다는 점이다.

결 론

우리가 공적 중보기도의 역사적 기원, 신학적 의미 그리고 목회적 풍부함을 생각해보면 중보기도는 하나님의 말씀을 선포할 때(공적이든 개인적이든) 언제나 포함되어야 한다는 판단을 내리는 것이 바람직한 것으로 보인다. 분명히 이것은 우리 주일 예배를 위한 규범이다. 이들을 포함시키는 것과 마찬가지로 중요한 것은 공적인 중보기도는 그 신앙 공동체의 중대한 사항을 반영하기 위해 교회 구성원들에 의해 최상으로 만들어져야 한다는 규범이다. 이러한 방식으로 각 작성자 집단은 자신들의 영향력을 타인에게도 미칠 수 있게 된다.

때때로 작성자 집단의 구성원으로 하여금 자발적으로 기도의 목적을 말하도록 하는 것에 대해 의문이 제기된다. 이것은 좋은 관례가 될 수도 있고 그렇지 않은 관례가 될 수도 있다. 만약에 (1)작성자 집단이 너무 커서 모두가 말하는 사람을 볼 수 없거나 기도 목적을 들을 수 없거나 (2)4개의 항목이 제대로 지켜지지 않거나 (3)기도 목적의 보편적 특성이 제대로 지켜지지 않거나 하는 경우에는 목회적으로 도움이 되지 않는다. 너무 자주 작성자 집단에게 기도 제목을 공개하는 것은 '세탁물 목록'과 같이 단순 나열의 길을 닦아 놓는 것이 될 수도 있다. 다른 한편으로는 이것이 좋은 관행이 될 수도 있는데 먼저 (1)작성자 집단이 너무 작아 말하는 사람을 보고 들을 수 있는 경우 (2)소규모의 작성자 집단이 목적에 대해 잘 알 수 있으며 4개의 항목에서 보편적인 성격을 띠는 경우가 그러하다. 그러나 나의 목회 경험으로는 준비된 기도 제목을 갖는 것이 최선임을 항상 보여주었다.

공적인 중보기도는 예전적 용어로 결말을 맺는다. 자체의 의식적 형태 안에서 이들은 다가오는 주에는 우리가 어떻게 성서에 대한 도전을 해결하는지를 유형화하기 시작하는데 도움이 된다. 공적인 중보기도는 하나님의 말씀은 언제나 살아 움직이는 말씀이며 언제나 역동적이며 타인을 위한 우리의 행동에서 형상화 되는 말씀이라는 것을 우리가 기억하도록 해준다. 예레미야(20:9) 말씀과 같이 이러한 기도가 우리의 마음속에 살아 숨 쉬게 하고 하나님의 말씀은 타오르는 불꽃같아서 우리는 그것을 잡을 수가 없다. 우리는 반드시 실천해야 한다. 우리는 반드시 하나님의 말씀을 전해야 한다. 우리가 하나님의 말씀을 전달하는 것은 타인을 위한 것이다. 공적인 중보기도는 하나님의 말씀을 우리의 일상생활에서 실천하기 위한 도전이다.

제11장

예전과 영성

Liturgical Spirituality: Living What We Sing About

| 제임스 댈른 James Dallen |

선생이자 예전학자인 시프리아노 바가기니Cipriano Vagaggini는 고대의 두 팔레스타인 수도사들 사이의 대화, 한 사람이 그의 영적 삶의 슬픈 상태를 다른 한사람에게 드러내는 대화에 대해서 말한다. 반복해서 그는 시편의 구절들을 인용하며 그가 무엇을 기도하는지와 어떻게 살고 있는지를 대조시킨다. 수사들이 여지를 남겼던 이런 모순 때문에 그의 예전과 기도는 그의 부끄러움이 되었다. 그의 절친한 친구는 시편작가 다윗이 그 자신의 이러한 것들 모두를 말하고 있었다는 것에 대해 반대를 한다. 하지만 그 수도사는 "형제여, 형제는 무엇을 말하고 있나? 진실로 우리가 노래하는 것을 행하지 못한다면, 우리는 지옥에 갈 결세"라고 결론짓고 있다.[1]

그 수사의 신념은 예전적 영성에 집중하고 있다. 삶과 예전은 동전의 양면이 되어야한다. 광범위하게 공적 예배와 조화되는 영성은 예전적인 것으로 간주된다. 하지만 보통은 예

1. *Theological Dimensions of the Liturgy : A General Treatise on the theology of the Liturgy*, trans. Leonard J. Doyle and W. A. Jurgens (Collegeville: the Liturgical Press, 1976) 703. Vagaggini는 이 이야기를 여기서 가져왔다. 1. Hausherr, *Penthos. La Doctrine de la componction dans l' Orient chrétien* (Rome: 1994).

전이 그 교회의 영성을 행하는 것처럼 그 예전이 개인적 영성을 형성하고 방향을 설정해 줌에 따라 행해지는 파스카 신비에서 그 관계성은 명백하고 두드러진다. 이러한 관점에서, 기독교 예전적 영성은 파스카 신비에 참여하는 공동체적 의례에 의해 영성이 형성되고, 알려지고, 지향하는 것으로서 정의되어 질 수 있다. 최근 어떤 영성은 대학연구에서 주제가 되고 있지만 그것과는 다른 것으로 예전과 영성의 상호관계성은 기독교에 있어서 오래된 것이다.

역사 속의 예전적 영성

기독교 초기 1세기 동안 공동체는 예배를 위해 특별히 성만찬을 위해 모였고, 이것은 기독교 영성의 기초적 "학교" 였다. 개종자는 예배 공동체로 들어가는 입문initiation에 의해 형성되고 변화되었다. 충실한 신자들은 공동 예배의 반복되는 경험을 통해 기도자로서 형성되었다.

계속되는 세기동안 기도의법칙/믿음의 법칙Lex orandi, Lex credendi–이것은 예전과 영성 사이의 유사한 상호작용을 내포한다–에 대한 토론만 계속되었을 뿐 영성의 예전적 기초는 4, 5세기 후에 결과적으로 감소되었다. 중세 후기 예전은 더 이상 기독교의 형성과 영성의 중심으로 인식되지 않았고 영성은 예전과 독자적으로 발전했다. 대부분의 영역에서 예전은 성직자에 의해 수행되는 그리고 평신도에 의해 섬겨지는 강제적인 의식으로 간주되었다.

대부분 바로크 시대의 생산물[2]과 같은 잘못된 개념으로 인하여 예전과 영성의 분리를 강화하였다. 적어도 그것은 성직자의 예전적 영성을 만들었고, 평신도와는 거의 상관없는 종교적 영성을 만들었다. 비록 예전과 삶이 지속적으로 상호작용했더라도–사실 거의 드물게 인식되었지만–그것들의 친밀한 관계성은 대체로 인식되지 못했는데, 그것은 총괄적인 참여의 불충분한 수준 때문이었다.[3]

---

2. 바로크의 영향에 대한 분석은 이 자료를 보라 Louis Bouyer, *Liturgical Piety* (Notre Dame, Ind.: University of Notre Dame Press, 1995) 1-9.

3. 공통적 가정은 후기 중세시대에 그리고 반종교개혁기간에는 예전적 영성은 없었고, 예전과 삶 사이의 약간의 상호작용만 있었다는 것이다. 사회사학자로서 후기 중세와 조치근대시대에 집중했던 John Bossy는 예전은 늘 매일의 종교적 삶의 열쇠를 가지고 있었다는 것을 보여준다. 그의 자료를 보라 "The Mass as social institution, 1200-1700" *in Past and Present*, no. 100 (1983) 29-61, 그리고 *Christianity in the West*, 1400-1700 (New York: Oxford University Press, 1985) 그리고 Paul Post, Jjohn Bossy and the Study of Liturgy" in *Omnes Circumadstantes: Contributions toward a History of the Role of the People in Liturgy, Festschrift Presented to Herman Wegman*, eds. Charles Caspers and Mae Schneiders (Kampen: Kok, 1990) 31-

예전적 영성의 인식

예전적 영성은 예전운동의 결과로 알려졌다. 예전과 영성의 재통합은 19세기에 시작된 운동으로부터 암시적으로 유발된 주요한 힘이었다. 그것들의 관계는 결과적으로 예전적 작품들의 두드러지는 주제가 되었다. 예전적 영성의 부흥을 향한 운동의 방향성은 그것이 진행됨에 따라 더욱 명확해지었고 공식적으로 받아들여지었으며 예전적 개혁을 촉구함에 따라 더욱 세분화되었다. 바티칸 제2공의회가 요구하는 부흥의 결과와 공의회 이후 개혁의 경험으로서, 예전적 영성은 예전문학에 있어서 핵심이 되었고, 연구 영역에서 인식되었다.

첫 국면에서는, 예전적 운동은 수도원생활에 의해 지배되었고, 중세의 낭만적이고 감상적인 관점에서 특징지어졌다. 예를 들어, 게랑저Prosper Gueranger(1805–1875)는 솔렘Solesmes 대수도원에 영성센터를 만들고, 중세 로마의식을 모델로 한 수도원예전을 부활시켰다. 명상의 원천으로서의 예전에 대한 그의 주목과 수도원 삶의 마음은 영적 생활 안의 예전적 공간에서의 흥미로운 창조 안에서 중대한 의미가 되었다. 그럼에도 불구하고 그의 작업과 그 당시 행해지던 작업의 골동품 수집적이고 수도생활적인 특성은 이것을 광범위한 영향을 가지는 것으로부터 보호하였다. 낭만적이고 감상적이며 의식적인 심미주의aestheticism는 예전과 영성은 엉성한 조합인 것으로 의미했다. 영성과 예전에 대한 이 진술은 중세가 포커스가 되는 동안 가까운 관계성에 대한 인식을 방해했다.

두 번째 국면으로, 비오Pius10세에서 제2차 세계대전 전까지의 운동은 여전히 오도 카셀Odo Casel, 램버트 보이두인Lambert Beauduin, 비오 파쉬Pius Parsch, 그리고 헤르베건Ildephonse Herwegen 등과 같은 수도사들에 의해 주도되었으며 더 신학적이고 목회적으로 바뀌었다. 이 운동의 리더들은 사람들을 예전으로 되돌리려는 신학적 기초를 제공하려는 것에 관심을 기울였다. 그들의 관심이였던 예전적 부흥의 목회적 관심은 예전과 영성을 재통합하는 예전 개혁의 요구와 현실화로 성장했다. 교회음악에 관한 1903년 선언motu proprio Tra le sollecitudini에서 비오 10세는 근본적인 원리에 대해 다음과 같이 진술하였다: 진정한 기독교 영성은 예전에 역동적으로 참여함으로부터 나온다.

---

50. 같은 분량으로 Th. Clemens, "Liturgy and Piety in the Netherlands during the Seventeenth and Eighteenth Centuries," 197-217.

오도 카셀Odo Casel(1886–1948)은 필수적인 전환점을 제공한 중요한 사람이다. 그의 주장은 신비–현존 사상의 관점으로부터 영성은 그리그도의 신비의 예전적 실제화 안에서 그리스도와 동화되는 것이지, 지성, 의지, 상상력, 감상에 의한 개인적인 모색이나 탐험이 아니라는 것이다.[4] 파스카 신비를 중심으로 복원할 때, 그 신비의 예전적 거행으로부터 따라오는 기독교적 삶과 함께 역사적으로나 신학적으로 그의 이론이 결점을 가질지라도 카셀은 예전적 영성의 굳건한 기초를 제공하였다.

예전적 영성의 작품들은 카셀의 교부 연구와 같은 시기에 나타나기 시작했다. 비록 헤르베건Herwegen이 객관적인 것에서 주관적인 경건으로의 변화에서 중세의 실수를 먼저 보았지만, 영성의 객관적으로 확립된 기준으로서의 예전에 대한 첫 번째 논쟁자는 구아르디니Romano Guardini였다.[5] 두드러지는 영성작가인 언더힐Evelyn Underhill은 기독교의 자각과 의무의 형성으로서, 대다수의 그리스도인들을 위한 영적 지침으로서 예전에 대해 제안했는데, 그 이유는 그것이 하나님을 향한 인간 공동의 응답이기 때문이다.[6] 힐데브랜드Dietrich von Hildebrand는 예전과 접촉함을 통한 예전을 형성시키고 변화시키는 힘에 대해 탐구했는데, 그것은 기독교의 가치를 가능하게 한다. 예를 들어, 성만찬과 경배[7] 각각은 그것의 역사적, 신학적, 실천적 기초를 제공하는 것 같이 예전적 영성을 대중화시키는 것을 도와주었다.

이 예전적 운동의 세 번째 국면은, 제2차 세계대전부터 현재에 이르는 시기로, 심오한 목회적 강조로서의 예전개혁의 하나가 되어왔다. 예전적 영성은 예전 개혁의 명백한 근거가 되었다. 이것은 비오12세의 개혁의 관심[8] 안에서, 그리고 그의 회칙(Mediator Dei로마교황이 전성직자에게 보내는)안에서 명백하게 된다. 그것은 기독교적 삶을 소생시키려는 제2바티칸 공의회의 예전 개혁과 부흥의 요청에서 더욱 명백해진다.[9] 이 과정은 예전이 기독교 영성에

---

4. 그의 책을 보라 *The Mystery of Christian Worship* (Westminster, Md.: Newman, 1962). Die *Liturgie als Mysterienfeier* first appeared in 1922.

5. *The Spirit of the Liturgy* (New York: Seed and Ward, 1953). 이 저서는 독일어로 1920도에 처음 발행되었다.

6. *Worship* (London: James Nisbet, 1936)

7. *Liturgy and Personality* (New York: Longmans, Green, 1943)

8. Annibale Bugnini, *The Reform of the Liturgy*, 1948-1975 (Collegeville: The Liturgical Press, 1990) 7ff. Pius XII first stated his interest in such a reform in May 1946 and work began in October of that year. A commission established in May 1948 continued its work in secrecy for twelve years.

9. Sacrosanctum Concilium ("The Constitution on the Sacred Liturgy") § 1.

대한 패러다임을 제공한다는 확신에서 유발되었다.[10] 이것을 수반하는 연구와 문답은 이러한 확신에서 명백하게 되었다.

그들이 강한 목회적 관심 때문에, 공의회 이후에 저작했던 소수의 예전학자들은 이 예전의 삶에 대한 관계성과 예전적 영성에 대해 다루는데 실패했다. 역사적 연구들은 빈번히 예전의 상태와 그리스도인의 영성을 상호 연관시켰다.[11] 예전적인 신학 작품들은 종종 예전적 영성의 논의로부터 사실상 구별될 수 없다.[12] 실로 의식을 충당하는 실제적 지침은 그들의 근본적 이유로서 영성과의 충돌로 사용되었다.[13] 역사상 첫 번째 시도로서 가장 중요한 것은, 공식적 예전 기도서의 전례법규들이 모인 회중들의 존재와 참여에 대해 인정해왔고, 적절한 의례 퍼포먼스보다 더한 것을 요구해왔고,[14] 의식들과 요소들의 목회적 목적들에 대해 지적해왔으며, 효과적인 거행을 위한 가이드라인과 선택들을 제공해왔다는 것이다.[15]

예전적 영성을 다룬 유명한 저작들은 이런 개혁의 코스 안에서 나타났다. 저자들은 예전의 영성들을 제공할 뿐 아니라 예전과 영성 사이의 본질적인 관계와 예전적 영성의 성격을 체계적으로 반영해왔다. 이러한 내용을 다룬 첫 번 째 책이 1950년대에 출판되었다. 우리는 이러한 역사적인 저서들을 들여다보고, 그 다음으로 최근의 저자들을 논하며, 마지막으로 예전적 영성에 대한 주요한 논의들을 다룸으로 마칠 것이다.

10. *Ibid.*, §§2, 10-12.

11. 예를 들어 Theodor Klauser, A Short History of the Western Liturgy: *An Account and Some Reflection*, 2nd Edition (New York: Oxford University Press, 1979); J. A. Jungmann, *Public Prayer Through the Centuries* (New York: Paulist Press, 1978).

12. 예를 들어 Gordon W. Lathrop, *Holy Things: A Liturgical Theology* (Minneapolis: Fortress, 1993).

13. 예를 들어 Gilbert Ostdeik, *Catechesis for Liturgy: A Program for Parish Involvement* (Washington D. C.: Pastoral Press, 1986).

14. This was Already explicitly stated in Sacrosanctum Concilium, § 11.

15. Thomas Richstatter, *Liturgical Law: New Style, New Spirit* (Chicago: Franciscan Herald Press, 1977); R. Kevin Seasoltz, *New Liturgy, New Laws* (Collegeville: The Liturgical Press, 1980). This has been more evident in the Sacramentary than in the rituals. However, the new arrangement of the official liturgical books being prepared by ICEL make this clearer.

루이스 부예[Louis Bouyer], Liturgical Piety

부예의 예전적 영성의 접근은 역사, 특별히 교부연구에 근간한 카젤의 신비-현존 사상에서 기초적인 영감을 얻는다. 그는 그 신비의 조직신학적 이해를 발전시키고, 그 초점은 후기 저술가들에 의해 두드러지게 나타난다. 비록 그가 신비의 예전적 경험이 그리스도인들의 삶에 어떻게 적용되는지에 대한 설명은 빈약할지라도 그의 목회적 관심은 이를 통하여 분명히 드러난다. 그의 저서가 출판되었을 때 논쟁거리였지만 그 정수에 있어서는 시기적절한 것이었고 공의회가 시작한 여러 개혁들을 예고하고 있었다.

부예의 초점은 그리스도의 신비이다. 그러나 바로크 시기의 예전을 잘못 이해함과 중세주의를 회복하려는 초기 예전운동의 불명확함으로 인해 만들어진 일그러진 해석 때문에 그의 관점을 잃었다는 것이다. 그는 파스카 신비가 -교회 안에, 교회에 의해서, 그리고 교회를 위하여 제장된[enactment] 그리스도 구원의 행위[16]- 예전의 중심이라는 것을 보여주는 카셀과 교부시대를 연구한 저서들을 활용한다. "잘못된 전통주의"와 "급진적 현대주의"를 피하면서, 그는 신비에 의해 깊이 침투된 성만찬, 희생, 감사, 그리고 기억들의 요소들 안에서 영구한 예전의 모습을 발견한다. 이러한 신비는 교회의 신념으로 구체화[embody]되는데, 그것의 거행은 그리스도의 현존과 구원을 향한 그리스도의 행위, 즉 "역사를 통해서 그리스도 안에 있는 하나님의 구원행위인 것이다."[17] 신비는 우리의 구원을 위한 하나님의 계획이고, 그리스도의 한 번에 모두를 위한 트랜시투스[transitus]가 -절대 되풀이 될 수 없는 완벽한 과거 행위- 십자가에서 완수되었고, 예전적 의식 안에서 구체화 되었으며, 우리 안에서 실제화 되었다.

부예에게 있어서 예전은 명백하게 하나님의 부르심에 함께 만나는, 하나님 사람들의 작업인 것이다. 회중의 "계급적" 성격은 회중의 신약 사도성의 근원적인 영향이고, 모든 참여의 개인적인 예전들은 함께 어우러진다. 그는 기독교 예전의 유대교 유래를 조사하는데, 말씀의 예전과 성만찬예전 안에서 그 신비가 선포된다. 그 신비는 하나님의 말씀과 하나님께 드리는 인간의 감사가 함께 그의 온전한 지체가 되고 그를 인간으로 이루심이다. 이 신비는

16. Bouyer, *Liturgical Piety*, 18. Casel' s Theory is further examine in chapter 7.

17. *Ibid.*, 79-80.

안수 사역에 보급; 세례와 견진과 참회를 통한 입교의 과정으로; (결혼예식, 환자를 위한 도유, 봉헌)미사로부터 흘러나오는 축복을 통한 신비의 확장; 교회력; 그리고 성무일과 예전에서의 신비의 찬양을 말한다.

부예는 초기 그리스도인들에 대해 강조한다, "이 예전은 교회의 그리고 모든 그리스도인들의 기도생활 전부로 이해되었다... [그것은] 하나의 기도수양이 아니라, 기도수양의 전부였고, 그들의 기도였다."[18] 희석화된 예전을 회복시키고자 노력한 프란시스코 그리고 도미니칸 영성론의 후기 발전사항을 들여다보면서 그는 "사람들이 예전의 진정한 영성과 멀어질 때" 예전은 더욱 죽어가고 여러 가지 개인적인 기도유형이 부각됨을 지적한다.[19] 그는 그리스도인의 삶의 중심에 예전의 확실한 영을 회복하는 예전적 부흥을 요청하였다.

가브리엘 브라소Gabriel Braso, Liturgy and Spirituality[20]

브라소는 영성을 조직신학적 방법론, 오히려 부예보다 더 조직신학적으로 직접적인 영성을 다루고 있다. 그는 먼저 기독교 영성의 특징인 그 의미와 진수를 설명하고 – "기독교적 삶의 이상을 마음에 품고 실현하는 특별한 방법"[21]– 그리고 교회의 영성으로서 예전적 영성을 동일시한다. 그는 "그것의 방법과 개인의 고결(주관적인 경건, 수도사적 수행, 도덕의 훈련)의 형식 안에서 찾을 수 있는"[22] 영성으로서의 그것이 교회의 공식적인 하나님과의 관계와 예전 안에서 교회에 의해 사용되는 방법과 형식을 전체적으로 그리고 독점적으로 모방한다고 정의한다. 그는 이것이 거룩함을 얻는 영성으로 가장 적합하고 효과적이라고 생각한다.

브라소는 예전과 영성 사이의 관계에 대한 그의 역사적인 조사에서 부예보다 더 체계적이다(3장). 그는 순교자의 시대의 예전적 영성의 광범위한 일화적 증거를 한다. 그리고 그는 콘스탄틴 시대와 초기 중세 기간의 외부적 화려함과 내부적 퇴보에 대해 기술한다. 마지막으로 그는 현대의 예전적 영성의 부흥을 말하기 이전에 후기 중세와 초기현대의 예전적 운

18. *Ibid.*, 243.

19. *Ibid.*, 248.

20. Gabriel Braso, *Liturgy and Spirituality* (Collegeville: The Liturgical Press, 1971) is revised and expanded second edition of *Liturgia y Espiritualidad* (Barcelona: 1956).

21. Braso, *Liturgy and Spirituality*, 3; emphasis in the original.

22. *Ibid.*, 17.

동의 쇠퇴를 이야기한다.

4장은 교회의 공적 예배에 대한 교리적 기초의 체계적 분석을 한다. 하지만, 신학은 가끔 예전으로부터 파생되었던 것처럼 예전을 강요한다. 예상했던 대로, 그의 신학은 비록 구원사의 자각과 교부시대로부터 파생된 정신이지만, 그의 신학은 토마스Thomistic식 부흥이다. 예배는 참여한 사람들이 한 번에 영화롭고 성화롭게 할 때, 그 영광을 하나님께 돌리는 것이다. 이런 예배는 내적이며 동시에 외적이고, 개인적이며 동시에 공적이다. 기독교에서는 구속자요, 성화롭게 하는 자요, 인류의 머리되신 그리스도와 그리스도의 신비적 몸인 교회가 중심이 된다. 예전은 진심으로 그리스도의 성직을 교회 안에서 영존시키는 행동exercise이다.

5장에서 그는 예전적 행동의 특징은 유사한 패션 안에서 분석하고 있다. 그는 공동체주의자들과 예전과 그것의 성례전의 계급적 성격에 강조한다. 그에게 있어서 예전은 "성스러운 계획을 위한 연합의 현세적 중심"[23] 이고, 그것의 "표현의 객관성"[24]은 기독교 형성과 영성의 중심적인 역할의 기초이다.

6장은 교회의 공적 예배에 대한 개인적인 기여를 분석한다. 브라소는 말하기를 비록 객관적인 요소들이 예전을 지시하고 이끌지라도 주관적인(예를 들어 개인적인) 요소들은 예전적 기도를 형성한다고 주장한다. 부예처럼 브라소는 기독교적 삶을 향한 예전적 영성의 관계에 대해 논쟁하면서(7장), 예전적 충돌에 대한 구체적인 예들을 제시한다. 그는 예전적 영성은 기독교적 삶의 예전적 참여를 감소시키지 않는다고 분명히 한다. 개인적인 영적 활동은 예전을 준비하고, 예전의 생생한 동화작용을 가능하게 한다. 개인적인 경건은 예전과의 하모니를 보여주기 위한 것으로 보인다.[25]

8장은 미국 판에 추가된 것으로, 객관적인 경건, 주관적인 경건, 그리고 예전적 영성의 상호연관성을 검토한다. 객관적 요소의 탁월함은 신비가 구원의 섭리를 현실화하고 믿음의 목적이라는 사실에 기인한다. 그래서 예전적 경건은 예전적 영성에 따라 기독교적 삶을 살아가고 교회와 함께 기도하는 것이다. 9장은 목회적 행위와 예배의 삶에서 파스카 신비가 기독교적 삶의 중심이라는 것을 다시 한번 강조한다(그러나 몇 개의 구체적인 효과의 예를 주고 있다).

---

23. *Ibid.*, 126.

24. *Ibid.*, 134-48.

25. *Ibid.*, 194-208.

시프리아노 바가기니Cipriano Vagaggini, Theological Dimensions of the Liturgy[26]

비록 이 기념비적인 작품이 예전적 영성에 배타적이지 않더라도, 그 주제는 명확하게 저자의 관심을 중심에 둔다. 제5부는 예전과 삶과 바가기니의 예전적 영성에 대한 관점을 종합한 그 처음 챕터(648–739)에 집중되고 있다.

브라소처럼 바가기니는 영성에 대한 의미를 명확하게 함으로서 그의 반응을 시도한다. 그에게 있어서 영성은 기독교적 삶의 완전을 향한 경향과 관련된 근본적인 것이다. 다양한 요소들은 영성의 다양성을 높여주지만, 이러한 영성들은 전적으로 개별적 필요와 취향에 따른 같은 요소들의 다른 배열들이다. "예전적 영성은 기독교적 완벽을 향한 의미로서의 모든 가톨릭 영성에 대한 다양한 공통의 요소들의 적당하고 종합되고 관계적인 순서와 그 특별한 응결인데, 이것은 예전 자체에 의해 결정된다."[27] 바가기니에게는, 예전적 영성은 예전에 참여함 이상이지만, 모든 것은 "예전의 정신에 조화되고, 그것과 관계를 맺으며, 그것의 양적이고 질적인 것에 의해 조절된다."[28]

바가기니의 예전적 영성의 일반적 특징에 대한 기술은 브라소와 비슷하지만, 더 역동적이고 덜 완고하며, 더 인간적이다. 그가 말하기를 모든 인지할 수 있는 특징은 구원의 공동체적이며 공동체주의자적인 양상에 강조점을 둔다. (그는 브라소가 그랬듯이 계급적 요소들을 강조하지 않는다.) 브라소와 마찬가지로, 그는 객관적이거나 "외향적인" 예전적 영성의 성격을 강조했는데, 그것의 초점은 자신이 아닌 하나님에게 있다. 하지만 브라소와 다르게, 바가기니는 분명한 특징으로 심리학적 능력 안에서 그것의 전체적인 특징과 균형을 잡으려고 시도하는 것을 강조한다. 성례전적 시작점은 신 중심, 그리스도 중심, 교리적, 공동체적, 그리고 성서적 시각을 통합한다. 결국 예전적 영성은 성만찬이다.

바가기니의 개인적 경건에 대한 논의("경건의 예전을 넘어서는 형식')는 비록 부예만큼 비판적이지는 않지만, 브라소 보다는 분명하다. 비판적 표준의 중심은 예전과의 "조화"이다. 개인적 경건은 예전 예하에 있고, 예전의 정신에 의해 정의된다.

바가기니는 예전적 영성에 대해 완전을 향한 노력으로 수도원적이고 신비적인 두 양상

---

26. Vagaggini, *Theological Dimensions*, 648-803.

27. *Ibid.*, 661.

28. *Ibid.*, 663.

의 관계 안에서 논의한다. 수도사적 노력을 논의하는 상황에서, 그는 광범위한 명상(예전적 행위의 안과 밖에서, 예전적 영성의 풍토 안에서)이 "예전에 대한 본질적인 성격의 개인화의 실제 가능성"을 보여주는 것이라고 특별하게 주의를 준다.[29] 영적 훈련들과 도덕적으로 살려는 노력들은 예전적 영성이 예전의 제한에서 좀 떨어져서 전생에로 예전의 정신을 확장한다는 것을 보여주는 것으로 자세하게 논의된다. 바가기니는 브라소보다 더하게, 기독교적 삶에 대한 예전의 실천적 관련을 보여준다. 그의 방법론에서, 특히 도덕에 대한 부분에서, 스콜라식 구법schema의 출처를 조사하는데, 그것은 브라소의 것보다 전체적으로 더 훌륭하다.

예전적 신학자들과 영감적 작가들 사이의 논쟁 안의 기본 적 이슈들은 예전적 경험들의–개인적이고 내적인–예전적 영성과의 공동체적이고 감각적인– 호환성에 있었다. 십자가 요한John of the Cross과 아빌라의 테레사Teresa of Avila를 포함한 16세기 신비주의자들의 작품들은 예전을 행할 장소가 거의 없다는 것을 보여준다. 하지만 바가기니는 예전적 기도를 명백하게 다루었던 신비주의자들(Cassian, Marie of the Incarnation, Gertrude the Great)의 저작으로부터 비록 본질적인 상호관계이지만 침묵과 명상을 동반하는 예전적 영성과 신비적 경험의 기초적 호환성을 보여주는 광범위한 증거를 우리에게 제공한다. "내적 합일이 이루어질 때, 예전 안의 모든 진실과 행동적 참여는 현실화되고, 완전에 도달하며, 동시에 명상 혹은 명상적 참여가 될 것이다."[30]

브라소보다 더 명백하게 바가기니는 예전적 영성이 수많은 영성 중 단지 하나가 아니라 교회의 바로 그 영성이며 다른 것들로부터 명백하게 구분 짓는다. 그것의 예전이 교회의 기도이기 때문이다. 또한 "예전은 완전한 영적 교리의 중심으로 존재할 수 있고, 한 사람을 완전의 가장 높은 단계로 이끄는 목적에 잘 부합하는 기독교적 삶의 한 형식으로 중추적인 초점을 제공한다."[31]

29. *Ibid.*, 690.

30. *Ibid.*, 734-735.

31. *Ibid.*, 738.

예전적 영성에 대한 최근의 저자들

1980년대, 1990년대의 수많은 저자들의 저작들은 연구영역으로서 예전적 영성의 성장한 원숙함을 보여준다. 다른 사람들도 여러 있지만 우리는 실천적인 이유로 6명의 미국 가톨릭 학자들을 집중할 것이다.[32]

마이클 다우니Michael Downey

비록 그가 예전적 영성에 대해 명백하게 언급한 것은 드물지만 그의 저작은 영성을 만들어가는 규칙을 강조하는 특성으로서 예전과 영성사이의 관계를 건드리고 있다. 그의 언급에서 그 관계를 다음과 같은 사이에 두고 있다: "우리는 성령의 표현이 그리스도인의 도덕적 삶이 될 때 기도와 예전의 삶은 성령에게 넘겨진다고 말할 수 있다."[33] 따라서 예전과 영성의 합일은 성령의 현존이다. 하지만 그의 관점은 그 관계의 영성적 측면에 있다. 명백하게도 성령의 역동은 비록 이것이 차례로 예배 안으로 요청하고 예배 안으로 순종하도륵 인도할 지라도 삶의 표현이 필수적이라는 것을 의미한다.

그래서 예전적 영성은 기도와 예배[34]의 실천적 암시를 포함하지만 예전으로부터 영성을 끌어내는 방식을 포함하지는 않는다. 예전과 영성 사이의 관계는 상호호환적인 것이고, 비판적 상호관련성이다.[35] 이러한 관계에서 성례전적 예전은 특별한 것의 모음이 아닌 하나의 비전과 관점을 제공한다.

---

32. This is not meant to deny significant contributions from outside the Catholic communion, even from churches not normally regarded as "liturgical." In particular, Eastern churches have generally maintained a spirituality centered on the liturgy and Eastern authors have made major contribution. Nevertheless, space restrictions require limitation. For representative Protestant and Eastern perspective, see Don E. Saliers, Worship and Spirituality (Philadelphia: Westminster, 1984); Alexander Schmemann, *Liturgy and Life: Lecture and Essays on Christian Development through Liturgical Experience* (New York: Orthodoxy Church in America, 1974); Louis Weil, *Gathered to Pray: Understanding Liturgical Prayer* (Cambridge, Mass.: Cowley Publications, 1986); W. Jardine Grisbrooke, "Toward a Liturgical Spirituality," *Peformed Liturgy and Music20* (1986) 67-71. Philip H. Pfatteicher, Liturgical Spirituality (Valley Forge, Pa.: Trinity Press International 1997). For surveys, with bibliography, see the essays by Niels K. Rasmussen and Boris Bobrinskoy in *Liturgie et Vie Spirituelle*, 83-87 and 88-107.

33. Michael Downey, *Clothed in Christ: The Sacraments and Christian Living* (New York: Crossroad, 1987) 128.

34. See especially Michael Downey, "Widening Contexts of Sacramental Worship" in *At the Margins: Spirituality and Liturgy* (Washington, D. C.: Pastoral Press, 1994) 187-208. This essay is a concise restatement of the thesis of *Clothed in Christ*.

35. Michael Downey, *At the Margins*. 211. The essay is "Liturgy' s Form: Work of the Spirit.

다우니에게 가장 흥미로워 보이는 것은 예전의 영적 충돌이다. 하지만, 그가 말하는 영성은 삶의 성례전적 비전으로부터 나왔기에 적어도 공감대안의 예전적임을 말한다. 바니어Jean Vanier와 라쉬l'Arche의 영성[36]에 대한 다우니의 연구는 중요한 관점을 제시하는데, 그것은 약한자, 상처받은 자, 사회의 잊혀져버린 구성요소들과 자아 그리고 어떻게 이들을 기도와 예배 안에서 하나님 앞으로 인도할 것인 가에 관한 것이다.[37] 그가 드러낸 것은 성례전적으로 마음속에 그렸던 삶의 약함과 상처, 고통과 "삶의 끝"을 직면함 안에 계시하시는 하나님의 비전이었다. 그래서 그의 저술에서 반복되는 주제는 홀로코스트(유대인 대학살, 핵무기 대학살의 공포), 그리스도의 죽음, 예전과 정의 사이의 관계, 그리고 탄원에 대한 필요성들이 예전에서 강조되기를 말함이다.

레지스 더피Regis Duffy

비록 레지스 더피의 저작 Real Presence: Worship, Sacraments, and Comitment[38]가 예전과 영성의 관계성을 분석하려고 시도하지 않고 있어도 그것은 예전적 영성의 중심적 이슈들을 다루고 있음을 피할 수 없다. 세부적으로, 더피는 예전적 상징들이 진정한 기독교적 삶의 책임성으로부터 종종 분리되어 있다는 사실에 관심을 가진다. 그는 성례전적 의례와 공동체 예배가 변화와 새로운 수행으로서의 기능을 수행해야하고, 참여의 질은 삶의 책임성에 의해 측정되어야 한다고 주장한다.

상징들은 실제적 현존의real presence 참여를 요구한다. 하지만 그들은 역시 경험을 명확하게 해주며 통찰력과 변화를 추구한다. "하나님의 의인화justification의 선물 안에 뿌리박은 예배는 공동체적이고 종말론적인 책임에 의해 평가된다."[39]이것은 예배가 성스러운 존재와 그를 향한 우리의 응답 둘 다를 상징화하기 때문이고, 그에 의해서 거의 개인적이 아닌 공동체적인 책임으로 우리를 부르기 때문이다. 예전에서 하나님의 현존은 우리 존재의 부족과 경험을 잘못 해석하고 그곳에 구원의 선물을 인식하지 못했던 실천의 부족함에 도전한다. 이

---

36. Michael Downey, *A Blessed Weakness: The Spirit of Jean Vanier and l' Arche* (San Francisco: Harper and Row, 1986)

37. Michael Downey, At the Margins, vii-viii.

38. Regis Duffy, *Real Presence: Worship, Sacraments, and Commitment* (San Francisco: Harper and Row, 1982)

39. *Ibid*., 78; emphasis in the original.

것은 다른 말로 우리를 도전함에 있다. 우리의 삶 안에 하나님의 현존하심을 인식하고, 사명과 봉사를 향한 새로워진 수행 안에 우리 자신을 드러내는 것을 말한다. 그래서 예전적 의도는 다른 이들을 향한 우리 삶에서 하나님 행위의 의미를 찾는 길이라는 것이다.[40]

피터 핑크Peter E. Fink

핑크의 대부분의 저술은 이모저모로 예전적 영성과 크게 관련된 것들이다. 다음 두 개의 논문은 특별히 예전과 영성의 상호관계를 명확하게 하는데 도움을 준다.

"Liturgical Prayer and Spiritual Growth"[41]에서 핑크는 먼저 기도로서의 예전은 어떤 산물이 아니라 하나님과 대화하는 어떤 일정한 것들을 행하는 사람들의 모임이라는 것이다. 그 사람들이 행하는 모든 인간의 행동들은 그것의 영향을 받은 것이다. 우리는 우리가 행하는 그대로 만들어진다. 예전과 기도 안에서 일어나는 것은 보이는 그리고 확인되는 은혜와 구원의 측면이다. 하지만 그것은 순간적으로 일어나지 않는다. 성례전은 나타나는 과정으로서 효과적이다. 표시에서 효과로의 경과는 결과적으로 사고의 새로운 방법으로 우리를 도전하고 우리가 그렇게 살도록 하는 영적인 성장의 과정을 의미한다. 우리가 자주 그리고 장기적으로 행할 때 우리에게 일어나는 일은 우리가 참여하는 행동의 범위에 의해 결정되는데, 예전에 있어서 그것은 많은 구성요소로 이루어진다. 가장 중요한 것은 예전적 기도의 길은 관념과 영향과 감정과 행동을 변화시키고 하나님과 그리스도와 우리 자신에 대한 생각을 확장시킨다. 궁극적으로 우리는 그리스도 안에 있음으로 해서 그리스도가 보는 것을 보게 된다.

"Liturgy and Spirituality: A Timely Intersection"[42]에서는 각각이 다른 것에게 제공하는 것들을 다루고 있다. 먼저 영성의 의미를 명확히 하면서, 그는 자아와 자아의 성장과 완성에 집중하는 지배적인 심리학적 패러다임을 이슈로 가져온다. 그가 말하길 예전은 입문부터 매

---

40. Duffy also develops this in his "Formative Experience and Intentional Liturgy," *Studies in Formative Spirituality 3*, no. 3 (November 1982) 351-51. He uses the examples of Francis of Assisi and Thérèse of Lisieux to show how honest intentionality enables liturgical participation to be formative for holiness despite the inadequacy of the ritual participated in. See also Christopher Kiesling, "The Formative Influence of Liturgy," *Studies in Formative Spirituality 3*, no. 3 (November 1982) 377-85.

41. Peter E. Fink, worship 55 (1981) 386-98.

42. Peter E. Fink, "Liturgical Spirituality: A Timely Intersection" in *Liturgy and Spirituality in Context: Perspectives on Prayer and Culture*, ed. Eleanor Bernstein (Collegeville, The Liturgical Press, 1990) 47-61. The two articles have been combined as Chapter 9 in Fink' s Worship: *Praying the Sacraments* (Washington, D. C.: Pastoral Press, 1991).

장까지 "우리가 타자를 향하도록 하는"것이며, 예전은 우리를 심리학적 패러다임이 다다를 수 없는, "성육화 되신 하나님 중심이 되는 하나님의 신비로 그리고 성스러움으로 변화되는... 인간의 삶으로"[43] 데려다 준다. 기독교 영성의 예전적 발전의 측면에서, 그는 첫째로 주장한다. "모든 진정한 기독교 영성의 언어는 공동의 언어이고, 이것은 결코 사유화될 수 없다" 그리고 "모든 영성은 교회의 예전에 교차할 수 있고 교차되어야한다."[44] 핑크는 두 가지 결론을 제시한다. 첫째로, 예전은 모든 영성의 패러다임을 제공한다. "교회예전 안의 제시된 비전은 진정한 기독교 영성을 구성해야하는 근본적 비전이고, 어떤 특별한 영성도 예전 안에서 이해되어야하는 근본적인 상황이다." 둘째로 "교회의 예전은 정하여진 비전 그 자체가 영성이며, 인간을 창조하시며 남자와 여자를 거룩하게 하신 신비로의 여정이다."[45]

케빈 어윈Kevin W. Irwin

어윈의 저술 Liturgy, Prayer, and Spirituality[46]의 첫 번째 부분은 예전과 기도와 영성 사이의 구분들과 관계들에 집중한다. 어윈은 믿음에 대하여 논쟁을 시작하며, "믿음 안에서 하나님과 우리 관계의 경험과 우리의 믿음대로 살아가는 방법들"[47]로서의 영성을 기술한다. 예전은 "모든 그리스도인들의 삶을 어루만지기 때문에", 그리고 그것은 "그리스도 안에서 완성된 모두에 대한 믿음 공동체의 고백"[48]이기 때문에 예전은 교회의 영성이다. 예전적 기도는 우리의 삶을 품어 안아주는 성육신적 영성을 형성하고, 우리를 도와주는 예전적 영성은 우리의 삶 속에서 하나님을 명확하게 드러내고 우리 자신을 드러낸다.

두 번째 부분에서 어윈은 예전적 기도의 다양한 요소들과 예전적 영성에 대한 기여들에 대해서 논의한다. 그는 예전이 믿음 안에서 행해진 공동의 작업인 진실로서 시작한다. 회심과 교회론이 이 논의에 속한다. 그리고 그는 말씀의 선포(봉독, 응답, 설교, 그리고 중보기도); 기

---

43. Peter E. Fink, "Liturgical Spirituality," 51-52.

44. *Ibid.*, 56; emphasis in the original. Fink also speaks of what happens to liturgy when spiritual depth is not brought to it and how in can be taken over by a political paradigm: the spiritual side of the liturgy is that it is prayer.

45. *Ibid.*, 61.

46. Kevin W. Irwin, Liturgy, Prayer, and Spirituality (New York: Paulist Press, 1984). See also his "Liturgy" in *The New Dictionary of Catholic Spirituality*, ed. Machael Downey (Collegeville: The Liturgical Press, 1993) 602-10.

47. Irwin, *Liturgy*, Prayer, and Spirituality, 13.

48. *Ibid.*, 14-15.

억으로서의 공동체적 참여와 과거와 현재와 미래의 예수님의 파스카 신비의 소망; 그리고 예전은 의례적 기도의 준비된 경험이라는 사실(말하기, 듣기, 움직임, 노래, 그리고 침묵)에 집중한다. 마지막 두 장은 예전적 시간(특별히 축제와 절기)과 삼위일체적 기도(기도의 대상과 그리고 어떻게 삼위일체가 예전적 행위를 실현하고 영향을 주는지)의 리듬에 대하여 집중한다.

세 번째 부분은 예전적 영성을 위해 개혁된 예전의 내포된 것들을 설명한다. 첫째로, 그리고 가장 중요한 것은 예수님 안에 성육신된 하나님의 신비의 선포와 제정인 예전이 기도의 경험이며, 더 명확해져야한다는 것이다. 두 번째는 영성이 예전보다 더 포괄적인 것같이 예전 안에서 수행된 것은 삶으로 옮겨지고, 그리고 예전적 기도가 개인적 기도로 확장되어야한다. 세 번째는 삶과 예전의 상호관계성은 선교에 대한 책임성, 특별히 정의를 향한 행동을 요구한다는 것이다.

숀 매디간Shawn Madigan

매디간에게 있어서 예전은 삶에 방향과 의미를 제공하며, 예전적 영성은 예전보다 더 광범위하고, 우리의 삶을 끌어안는다. 매디간의 예전적 영성의 접근은 그녀가 언급한 "예전적 영성으로 사는 그리스도인들은 영적 방향성direction의 근원으로서 교회의 예전적 삶을 경험한다"[49]로 요약될 수 있다. 영적 방향성은 양육과 비평 둘 다의 근원으로서의 근본적 기능을 나타내고, 그리고 Spirituality Rooted in Liturgy[50]의 첫 장은 기독교 영성이 "[파스카] 신비의 예전적 수행을 통해 그것이 시작되고 늘 새롭게 되기" 때문에 기독교 영성이 어떻게 본질적으로 예전적 영성인지를 탐구하고 있다.[51] 영적 시도의 예전적 모델에서 공동체는 그 주제이며, 예전은 그 공동체가 변화되기를 요구한다. 예전 안의 많은 요소들은 그리스도의 현존을 묵상한다. 그러나 중심적인 실체는 예전이 언제나 포커스인 파스카 신비로 공동체를 형성한다는 것이다. 그래서 예전은 기독교적 삶을 형성하고 기초하며, 그리스도 안에서 세상의 변화를 위하여 살게 된다.

공동체, 그 예배, 그리고 예전적 영성은 언제나 문화적 상황 안에 있다. 매디간은 다양한

---

49. Shawn Madigan, "Spirituality, Liturgical," in The new Dictionary of Sacramental Worship ed. Peter E. Fink (Collegeville: The Liturgical Press, 1990), 1224. Curiously, neither Madigan' s article nor Irwin' s (cited above, note 41) Provides an overview of field, either the history or the literature.

50. Shawn Madigan, *Spirituality Rooted in Liturgy* (Washington, D.C.: Pastoral Press, 1988).

51. *Ibid.*, 2.

세계관들과 동시대적인 미국 상황을 논의함으로써 이런 콘텍스트의 양상들을 탐구하고 있다. 5장은 관계성들의 조직화(성숙한 상관관계 vs. 상징적 친족이나 계급적 명령), 이상의 지각(이상주의 vs. 경험주의), 그리고 시간과 역사의 지각(윤회적 vs. 직선적)의 관심들에 의해 특성화된 두 가지 세계관속의 두 가지 모델들을 정의하고 있다. 6장의 제목인 "Liturgical Spirituality: Conciliar Foundation"은 제2차 바티칸 공의회의 문서들 안의 이런 두 가지 세계관과 모델들의 존재를 조사하고, 예전적 영성을 찾는 두 가지 다른 방식으로 결론짓는다.

7장의 "Christian Memory and Life Direction"은 동시대 미국적 컨텍스트에서 어떻게 공동체적 기억이 미래를 그려나가는데 영향을 주는지 논의하고, 8장은 가정교회의 상호관계성으로서 미국의 가정들을 중요시하게 보는 가정영성의 논의로 결론지으면서 이러한 미래에 대한 비전을 궁극성의 차원으로 옮겨준다. 9장의 "House Church: Yesterday, Today, Tomorrow"는 고대 그리고 현대의 의도적 공동체나 가정교회들의 예전, 그리고 이러한 상황 안에서의 예전적 영성의 특수화를 주시한다. 비록 매디간의 분석이 엉성하게 그려졌고, 몇몇 부분들이 명확하게 되어야할 필요가 있지만, 그의 분석은 가정과 의도적 공동체들의 상황 안에서 더욱 발전하는 예전적 영성을 위한 흥미로운 질문들을 제기한다.

조이스 앤 짐머맨Joyce Ann Zimmerman [52]

짐머맨은 (영성)의 의미를 묻는 질문을 기초로서 예전과 삶과의 관계의 존재론적 배경을 시도하며, 예전적 영성 안의 예전과 삶 사이의 확립된 고리를 세워준다. 구체적인 기독교 사역의 구성요소로서 정의를 향한 예전과 행동 사이의 결속에 대하여 이 분야 최근 동향의 움직임을 안내한다. 그녀는 예전과 기독교적 삶을 갈라서 바라보는 이원론적 입장을 부정하고, 예전과 기독교적 삶을 삶아감의 깊고 역동적인 구조는 파스카 신비를 표현함에서 일치한다고 강력히 주장한다. 그녀의 연구는 아주 철학적이며 아카데믹하지만 그것은 예전적 영성이 신학적 성숙을 성취하며 그저 목회적 문답catechesis의 유용한 형식에 머무르지 않고 있음을 설명한다.

이 책의 첫 번째 부분은 신학적이고 방법론적인 뼈대를 서술한다. 첫째로, 짐머맨은

52. Joyce Ann Zimmerman, C.PP.S, Liturgy as Living Faith: A Liturgical Spirituality (Scranton: University of Scranton Press and London & Toronto: Associated University Presses, 1933).

"기억함"과 억눌린자(1장) 사이의 성서적 연결점들과 예전과 가난한 자(2장)에 대한 후기 신약과의 일치적 관심을 비판적으로 탐구함으로써 예전과 삶 사이의 연결고리를 보여준다.

그리고 나서 그녀는 본문의 깊은 구조를 보고 저면의 역동성을 동일시하는 시도를 하는 프랑스 철학자 리꾀르[Paul Ricoeur]의 저술로부터 파생된 후기비평주의 방법을 사용하면서, 그녀의 관심을 왜 이것이 그런지에 대한 깊은 질문으로 돌린다. 2장은 리꾀르의 본문해석학과 그의 "의미 깊은 인간 행동" 개념의 방법론을 설명한다. 해석은 참여를 요구하며 해석되는 것과의 연결을 요구한다(여기서 기독교적 살아감의 전통은 파스카 신비의 근원적 사건과 대화한다). 그녀는 이를 객관적으로 분석하기위해 전통으로부터의 분리, 거리감[distanciation]을 요구한다. (짐머맨은 예전이란 이렇게 거리감을 두고 떨어져 있는 이상적인 기독교적 삶의 거울이라고 제안한다. 예전을 우리가 어떻게 사느냐에 대해 말해주는 이론적 관점으로 보기 보다는 예전의 내용으로서 기독교적 삶을 살아감에 주목한다). 셋째로 해석은 할당[appropriation]을 요구하고 이러한 단계에서 예전은 파스카 신비를 살아감에 있어 자기이해를 위한 새로운 가능성들을 받아들이도록 우리를 도전한다. 의미심장한 기독교적 삶은 파스카 신비를 살아가는 것이라는 게 그녀의 주장이다. 예전은 비전을 제공하고, 우리의 선택들을 지도하며, 성육신의 파스카신비를 살아가는 모든 이들과 상호작용하도록 우리를 이끈다.

4장에서는 파스카 신비를 기록한 누가복음의 성만찬에 리꾀르의 해석학적 방법을 적용한다. 그녀는 고난과 부활의 관계 안에서 누가가 던지는 그 식사의 의미, 즉 "식탁 대화"에 집중한다. 그녀는 두 가지 관점에서 이 텍스트를 직선적 역동성, 구조, 그리고 동심원적 역동성과 구조 둘 다를 가져다주는 것으로 분석한다. 그녀는 구원론적 초점과 종말론적 관점 그리고 "이미"와 "아직" 사이의 변증법적 관점을 동일시한다. 그래서 파스카 신비의 의미는 과거가 아니가 변증법적으로서 구속적 긴장, 구원론[soteriology]과 종말론[eschatology]사이, 그리고 이미와 아직 사이에서 발견된다. 그리스도인들은 예수의 사건 안에서 그들 자신을 인식하기 위해서 이러한 변증법으로 살아간다.

두 번째 부분, "Pastoral Interpretations,"에서는 첫 번째 부분의 방법론을 등시대적 그리스도인들의 살아감을 위해 파스카 신비를 해석하는 예전적 경험에 적용한다. 여기서 짐머맨은 일관된 방법론으로 지지되는 목회적 기원의 예전적 영성과 신학적 배경의 예전적 영성을 표현하기위해 예전적 범주들을 재고한다. 리꾀르의 3가지 단계[moments]들이 해석학적 과정을 조직화한다.

참여Participation: 그리스도인들은 나눔의 전통으로서 우리들의 정체성을 드러내며 그 전통을 구성한다. 5장은 파스카 신비(예수의 죽음, 부활, 승천, 그리고 성령의 보내심, 여기서 성령의 보내심을 특별히 강조한다), 세례, 그리스도의 몸, 회중의 사역(신자들의 제사장직과 성령의 은사를 내포하는), 공동체(예전적과 사회적 모두), 그리고 기도(예전적 기도문과 개인적 경건의 기도 모두)의 참여를 통하여 그리스도인으로서의 자기이해의 기초적 요소를 설명한다. 예전은 그 정체성을 축하하고 삶은 예전을 해석한다.

거리감Distantiation: 다음의 세 장은 개별적인 예전적 단계moments의 거리감을 통해 기독교적 삶의 중요한 차원들을 탐구함으로써 이러한 참여들을 비평한다. 짐머맨은 공간적인 조직적 원리들 보다는 시간적인 원리들을 사용한다. 시간예전인 성무일과는 파스카 신비의 변증법으로서 매일의 표현이다(6장). 주일 성만찬은 우리 매일 삶의 예전적 수행의 성취이다(7장). 예배력의 리듬은 파스카 신비의 통합하는 표현이다(8장). 매일, 주간, 연간이라는 시간의 틀은 각각 서로가 연계되어 우리를 파스카신비에 더욱 집중되고 단순화된 역설적paradoxical인 경험 안으로 안내하는 전체적인 체험을 안겨준다.

할당Appropriation: 9장에서 짐머맨은 예전적 영성은 그리스도인의 자기 –이해라는 언급을 하면서, 그것은 거리감의 전 단계에서 보인 가능성들을 선택한다고 표현한다. "그리스도인이 된다는 것은 그것이 어떻게 우리 자신들을 정의하는지를 향한 예전적 영성으로 살아감을 의미한다."[53] 예전적 영성은 모든 기독교적인 삶을 통합하는데, 예전과 삶은 파스카 신비의 현존을 만들어내고, 예전과 삶은 파스카 신비의 구원–종말론적 역동을 표현한다. 이 변증법은 의례적으로 그리고 시간적으로 경험된다. 이것은 결론이 아니라 살아가는 과정이고, 그 포인트는 우리가 즉각적으로 경험하는 것보다 변증법적 양극이 살아있음을 우리가 깨달을 때 그것은 파스카 신비의 현존을 객관화하고 만들어낸다는 것이다. 여기에 동일한 삶과 예전의 변증법이 있다. 예전 안에서 우리는 삶 속으로 더 깊이 들어가기 위해 우리 자신을 삶과 거리를 둔다. 동시에 우리는 우리 자신의 삶 속에서 더 깊이 파스카 신비를 표현하고 더 깊이 예전적 수행으로 들어간다. 그래서 예전과 정의 사이의 이분법은 없다. 정의를 행하는

---

53. *Ibid.*, 129.

것은 우리의 정체성의 핵심이며, 파스카 신비를 살아가는 것은 우리의 정체성을 수행하는 것으로서 바른 관계와 예전이 되는 것이고 그것은 우리가 정의를 확립하도록 이끌어 준다.

짐머맨은 예전적 영성 안에 효력 있는 기본적인 원리들을 설명하면서 결론짓는다. (1) 예전적영성은 해석학적 단계들의 변증법이다. (2) 기독교적 살아감의 깊이 있는 구조는 기독교 예전의 깊이 있는 구조와 같다. (3) 예수님 사건은 우리 전통의 통상적인 것이다. (4) 예수님 사건은 권위(성령)를 공동체에 둠으로써 전통을 통해서 대화한다. (5) 코이노니아는 예전적 영성의 구성요소[constitutive]이다. (6) 케리그마는 예전적 영성의 구성요소이다. (7) 메타노이아는 예전적 영성의 구성요소이다(짐머맨은 다른 곳에서 정의를 위한 봉사와 사역을 강조하였기에 이번에는 놀랍게도 봉사와 증거, 디아코니아나 마르티리아[martyria]에 대해서 언급하지 않고 있다). 예전과 삶은 양면으로 분리된 것이 아니라 하나님의 삶으로 접합된 것이다. “예전적 영성은 안에 거하시는 그분의 깊이로부터 파스카 신비의 의미를 알고 행함을 통해 해석하는 것이다.”[54]

최근의 주제

제2차 세계대전 이후로 소수의 예배학 저자들은 예전적 영성과 삶에 대한 예전관계의 범위를 다루는 것을 실패하였다. 이것은 특별히 제2바티칸 공의회 이후의 일이다.[55] 1950년대부터의 예전적 영성의 대표적 작업은 굳건한 역사적, 신학적 그리고 목회적 기초 위에 세워졌다. 그들은 예전은 기독교 영성의 기초적 양성이며, 예전적 영성은 교회의 공식적 영성인 것을 설득력 있게 주장했다. 그들은 예전적 영성이 다른 영성들보다 더 완전하고 포괄적임을 암시했다. 그들은 예전적 영성의 객관성 안에서 예전적 영성이 예전적 수행안의 공동체적이고 개인적으로 경험되는 파스카신비에 집중함으로 예전적영성의 특수한 성격을 보았다.

---

54. *Ibid*., 140.

55. Much of this literature is concerned with liturgical spirituality in a pastoral rather than academic manner or with developing a liturgical spirituality rather than reflecting on its nature. See, for example, Lawrence E. Mick, To Live as We Worship (Collegeville, The Liturgical Press, 1984) and Austin Fleming, *Preparing Liturgy: A Theology and Spirituality* (Washington, D. C.: Pastoral Press, 1985)

비록 스콜라적 사고방식의 신학으로 형성되었지만, 이 저자들은 스콜라적 접근과 범주들은–예전적 쇠퇴 시대 안의 발전과 예전적 공동체의 붕괴–예전과 예전적 경험을 성공적으로 다루는데 불충분한 것으로 인식하고 있다. 스콜라 사고형식을 넘어서 이를 확장하려는 그들의 노력은–더 적합한 자료를 위한 교부시대 문서 발굴 작업과 성서 운동으로부터의 구원사적 접근을 통합하려는 것– 전적으로 성공한 것은 아니었다. 매일 삶의 존재론적 가치와 예전의 영향력을 다루는 것에 대하여서 그들은 부분적으로 불충분했다. 전통적 가치에 대하여 논의함을 제외하곤 다른 특별한 언급은 없었지만 이들은 기독교적 삶과 선교를 향한 예전의 형성적인 가치를 확인하여 주었다.

하지만, 미첼[Vigil Michel]같은 리더들은 그들의 사람들안에 예전을 향한 그리고 사회적 정의를 향한 열정을 보여주었다.[56] 1970년대에 예전과 윤리, 특별히 예전과 정의의 교차들이 주요한 영역의 관심으로 드러난 이후, 중요한 점들을 교정하는 것은 초기 예전적 영성과 전례헌장[Sacrosanctum Concilium]의 부족함을 채우기 위함이었다. 여기서 다루기에는 너무 광범위하지만 이런 문학들은 예전적 영성의 일반적인 범위로서 확대되었다. 특별히 언어, 성문제, 가부장제를 다루는 특별한 정의적 이슈들은 강렬한 관심과 광범위한 문학작품들을 남겼는데, 그 대부분은 예전적 영성과 밀접히 연관되어있다. 일반적으로 예전적 영성의 소수 해결책들은 예전과 사회정의에 탁월함을 주는 것에 실패한 것이다.

후기바티칸 저자들은 고전적 저자들의 그룹으로서 그들을 구별하는 예전과 영성의 관계와 예전적 영성의 본성이 가지는 공통적인 몇 가지 특성을 명백하게 다루었다. 비록 그들이 역사적 조사를 미리가정하고 세웠지만, 최근 저자들의 역사적 접근을 시도함은 드물었다. 대중적인 영성은 단지 연구되는 시작에 있었고, 그러하기에 예전적 영성의 포괄적인 역사는 아직도 기록되어야 하는 숙제를 안고 있다.

비록 그들이 조직신학적 접근을 하더라도, 최근의 저자들은 스콜라 신학으로부터의 영향을 아주 적게 보여준다. 예전적 영성에 대한 그들의 이론적 설명과 예전과 삶 사이의 연결은 따라서 경험에 더 전적으로, 더 굳건히 기초를 두는 경향이 있지만, 때로는 그들도 조직적이지 못하다. 목회적 관심과 더 동시대적인 철학적 그리고 신학적 범주들의 사용은, 사회

56. See, for example, Kenneth Himes, "Eucharist and Justice: Assessing the Legacy of Vigil Michel," *Worship* 62 (1988) 201-24.

과학이 잘 된 것처럼, 기독교적 삶의 매일의 삶을 살아가기 안의 예전을 형성하는 규칙과 함께 더 성공적으로 다루어져서 그들에게 힘을 실어주었다. 그들은 평화와 정의의 삶의 이슈들로 예전과의 연관성을 보여주는데 특히 집중했다.

예전을 변화시키는 힘과 예전적 상징안의 관심은 사회과학과 풍성한 대화를 하면서 진행되었다. 더글라스[Mary Douglas]와 터너[Victor Turner]와 그라임즈[Ronald Grimes]를 대표로 하는 의례 연구의 새로운 장들과 같이 인류학자들의 작업은 개인과 사회의 변화 안에서 의례의 룰과 인간 삶에 대한 의례의 중심성을 보여주는 데 특별히 효과적이었다.[57] 이것은 기독교 예전이 기독교적 삶을 살아감에 모범이 된다는 논쟁에 확실성과 타당성을 제공했다.

최근의 저자들 역시 공동체적 그리고 개인적 영성에 대한 특별한 예전적 과정, 요소, 상징들의 관계성을 탐구했다. 기독교 영성의 세례의 기초와 그리스도인을 형성하는 입교의 규례는 관심의 영역이 되었다.[58] 말씀의 예전과 본문 선포를 들음의 형성되는 특성이 조사되어 왔다.[59] 성만찬[60]과 성만찬 기도[61]의 관계와 기독교 영성의 성만찬의 부재[62]는, 특별히 정의의 이슈를 고려하면서, 자주 등장하는 주제가 되었다. 결혼[63]과 고백성사[penance64]를 포함하는 다른 성례전들은 환경과 예술[65]과 예배력[66]과 함께 같은 주목을 받았다. 음악, 침묵, 춤과 같이

57. See, for example, Tom F. Driver, *The Magic of Ritual: Our Need for Liberating Rites that Transform Our Lives and Our Communities* (San Francisco: Harper San Francisco, 1991).

58. Examples include Ronald Lewinski, "Roots of initiation and Christian Spirituality" in *Spirituality and Prayer: Jewish and Christian Understandings*, eds. Leon Klenicki and Gabe Huck (New York: Paulist Press, 1983) 106-27; Frank C. Quinn, "The Sacraments of Initiation and Christian Life," *Spirituality Today* 34 (1982) 27-38; Richard E. Trutte "A Paradigm for Christian Living: The Catechumenate," *Spirituality Today* 34 (1982) 18-26. Not directly concerned with iturgical spirituality but very helpful is Kilian McDonnell and George T. Montague, *Christian Initiation and Baptism in the Holy Spirit: Evidence from the First Centuries* (Collegeville: The Liturgical Press, 1991).

59. Among others, see Gerard Austin, "Spirit Through Word" in *Called to Prayer: Liturgical Spirituality Today* (Collegeville: The Liturgical Press, 1986).

60. E.g., Monika Hellwig, *The Eucharist and Hunger of the World* (New York: Paulist Press, 1976); Roger Mahony, "The Eucharist and Social Justice," *Worship* 57 (1983) 52-61; R. Kevin Seasoltz, "Justice and Eucharist," *Worship* 58 (1984) 507-25; Thomas Hopko, "Upon us and Upon These Gifts: A Spirituality of the Eucharist," *Spiritual Life* 12 (1966) 87-94.

61. James Dallen, "Spirituality of Eucharistic Prayer," *Worship* 58 (1984) 359-72.

62. James Dallen, *The Dilemma of Priestless Sunday* (Chicago: Liturgy Training Publications, 1994).

63. Christopher Kiesling, "The Liturgy of Christian Marriage: Introduction to Marital Spirituality," *Spirituality Today* 34 (1982) 48-59.

64. James DaRen, "The Absence of a Ritual of Reconciliation in Celtic Penance" in The *Journey of Western Spirituality*, ed. A. W. Sadler, Annual Publication of the College Theology Society, 1980 (Chico, Calif.: Scholars Press, 1981) 79-105.

65. E.g., Louis Weil, "The Arts: Language of the Spirit" in *Called to Prayer*, 69-81.

66. E.g., Thomas Keatinf, The Mystery of Chris: *The Liturgy ad Spiritual Experience* (New York: Amity House, 1987); Mark G. Boyer, Mystagogy: *Liturgical Paschal Spirituality for Lent and Easter* (New York: Alba House, 1990) The periodical literature is abundant.

다양한 상징들 역시 탐구되었다. 일반적으로 성례전과 예전에 관한 가장 중요한 연구들은 영성에 주의를 기울여왔다.

예전과 윤리, 예전과 정의, 의도적 공동체들[67]과 같은 새로운 관심들이 더해가고, "고전적" 주제들의 대부분은 동시대적 문학 속에서 다시 발견되었다. 그러나 토착화에 대한 관심과 다원주의와 다문화주의에 기초한 긍정적 가치들은 대중적인 경건과 경건[68]의 묵인 이상을 의미하고, 거기에는 다양한 개인적 기도[69]의 형식의 새로운 평가가 있다. 기도의 묵상과 신비주의와 전통적 단계에 대한 예전의 관계성은 삶에 대한 예전적 관계성의 일반적 주제로[70] 여전히 흥미롭게 그려진다.[71] 가장 중요한 것은, 저자들이 기독교 예배의 정수로서 그리고 예전적 영성의 통합의 원리[72]로서 신비를 반영하는 것을 지속하고, 어떻게 예전이 교회 영성 "학교"[73]인지 반영하기를 지속한다는 것이다.

---

67. Paul J. Philibert, "Human development and Sacramental Transformation," *Worship* 65 (1991) 522-39. See also Shawn Madigan, *Spirituality Rooted in Liturgy*, Chapters 7-9.

68. See, for example, Mary Collins, "Devotions and Renewal Movements: Spiritual Cousins of the Liturgy" in *Called to Prayer*, 47-68; Timothy Matovina, "Liturgy, Popular Rites, and Popular Spirituality", *Worship* 63 (1989) 351-61; Lawrence S. Cunningham, "Worship, Spirituality and Inculturation, American Style: Some Theses and Reflections," *Assembly* 17, no. 3 (April, 1991) 518-521; Regis A. Duffy, "*Devotio Futura*: the need for Post-Conciliar Devotions?" in *A Promise of Presence: Studies in Honor of David N. Power*, eds. Michael Downey and Richard Fragomeni (Washington, D. C.:Pastoral Press 1992) 163-83.

69 Mark Searle, "On the Art of Lifting Up the Heart: Liturgical Prayer Today," Studies in Formative Spirituality 3, no. 3 (November, 1982) 399-410.

70. E.g., Louis John Cameli, "The Spirituality of Celebration," *Chicago Studies* 16 (1977) 63-74; Mary Collins, *Contemplative Participation: Sacrosanctum Concilium Twenty-Five Years Later* (Collegeville, The Liturgical Press, 1990), especially75-85; Odilo Lechner, "*Mystik und Liturgie*" in *Liturgie zwischen Mystik und Politik: Österreichische Pastoraltagung 22-29 December* 1990 (Wien: Herdel, 1991) 81-89; Paul Grammont, Liturgie et contemplation in Pierre Grelot et al., *Liturgie et Vie Spirituelle* (Paris: Beauchesne, 1977) 188-27; Emilie Griffin, "The Challenge to Interiority" in *Liturgy and Spirituality in Context*, 83-98.

71. Nathan Mitchell, "Spirituality of Christian worship," *Spirituality Today* 34 (1982) 5-17.

72. Jean Corbon, *The Wellspring of Worship* (New York: Paulist Press, 1988); Robert Taft, "What Does Liturgy Do? Towards a Soteriology of liturgical Celebration: Some Theses," *Worship* 66 (1992) 194-211; German Martinez, "Sacramental Mystery and Christian Spirituality," *Studies in Formative Spirituality 3*, no. 3 (November, 1982) 387-97

73. Gordon E. Truitt, "Liturgy as a School of Prayer: A Question," *Spiritual Life* 27, no. 1 (Spring, 1981) 3-13; Ray Reed, "Liturgy as a School of Prayer: A Prologomenon," *Spiritual Life* 27, no. 1 (Spring, 1981) 24-34.

현재 그리고 미래의 방향들

20세기 예전 개혁은 예전과 영성을 재통합하고자 하는 요구에 의해 시작된 것이다. 비록 개인의 영성이 예전적 경험의 변화로 인해 어느 정도 혼란스러웠을지라도, 목회적 민감성과 넓은 의미로서의 예전회복에 대한 관심이 증가할 때 개혁은 일반적으로 이루어졌다.[74] 부분적인 개혁들은 –예전의 탈신비화, 남성 및 여성 평신도사역, 자국어 및 포괄적 언어사용, 문답식 예전– 다르게 상상된 하나님과의 관계 안에서 성스러운 현존의 상상의 재배치와 우리 자신의 다른 재평가를 위한 전제조건이 되어 왔다. 전반적인 효과로서 모든 지체들에게 예전과 삶의 대 교차점이 아니었다면, 적어도 그것을 감추고자 하는 분명한 양심적 요소들을 열망하는 것으로 나타났다.[75] 동시에 기독교와 미국문화 사이의 대조와 대립의 주제에 대한 대각성이 일어났고, 요소들은 예전적 영성 안에 중대한 이슈가 되었다.[76] 다시 말해서 예전 개혁의 작업은 오직 교회회복 과정의 일부분으로서 그리고 예전과 영성의 재통합의 일부분인 것이다.

그 재통합은 어느 정도 성취되었고, 오래된 이분법적인 사고방식과 이원론들은 감소되었고 심지어는 사라져갔다. 예전은 모인 기독교 공동체의 사역이요 놀이이므로, 모든 그리스도인들은 단지 성직자 혹은 종교적 특권들만이 아니라, 그들의 규칙과 삶의 상식들의 다양함을 통하여 신성함으로 부름을 받는다. 이는 공동체적 영성으로서 예전은 개인적이 아닌 타자를 위한 것으로서 예전 공동체의 멤버들이 개별적이며 동시에 다양하듯 예전은 회중을 내향적으로 또한 외향적으로 안내한다. 예전은 교회의 기도이기 때문에 예전적 기도는 본질적으로 교회적이다. 그 기도가 하늘에서처럼 땅에서의 하나님 통치의 임하심이기 때문에, 예전적 영성은 성화와 은혜를 향한 분투와 같이, 특별히 정의와 평화를 향한 작업으로, 예전적 영성은 교회의 공동체적 목표에 기인한다. 그 기도가 삼위일체적이기에, 기독교적 삶

---

74. See Robert Duggan, "Liturgical Spirituality and Liturgical Reform," *Spiritual Life* 27, no. 1 (Spring, 1981) 46-53.

75. See especially Sandra Schneiders, "Liturgy and Spirituality-The Widening Gap," *Spirituality Today* 30 (1978) 196-210.

76. For excellent perspectives, see M. Francis Mannion, "Liturgy and Present Crisis of Culture," and Mark Searle, "Private Religion, Individualistic society, and Common Worship," both in *Liturgy and Spirituality in Context*, 1-26 and 27-46; and Richard R. Gaillardetz, "North American Culture and the Liturgical Life of the Church: The Separation of the Quests for Transcendence and Community," *Worship* 68 (1994) 403-10.

은 성령 안의 그리스도를 통한 하나님을 향한 이동이다. 예전적 영성은 내부의 참여를 요구하는 육체적 행동 그 자체이기 때문에 예전적 영성은 다른 많은 전통적 영성보다 더 전체적이고, 그래서 인간 존재의 모든 차원들과 능력들을 통합한다. 그 태생과 표현 안의 성육신적 그리고 성례전적 예전적 영성은 모든 실재의 성례전적 특성을 인식하면서, 삶의 전부를 끌어안는다. 십자가는 그것이 파스카 신비에 집중하기 때문에 그 중심에 있으며, 그래서 예전적 영성으로 살아가는 사람들은 그들이 하나님을 찬양함과 감사드림 속에서 사랑과 가치의 삶으로 이 죄악 된 세상에서 하나님 영광에 이르신 그리스도의 사역에 함께 동참함으로 지속적인 부름을 받는다는 것을 인식한다.

예전적 영성의 이러한 특징화된 모습의 각각은 목회적으로 그리고 학문적으로 이미 완성된 작업이다. 예전은 포괄적 공동체의 자기-표현으로서 아직 전적으로 경험되지는 않고 있다. 예전은 여전히 계급적, 남성 우월적, 엘리트적 사고방식의 모습을 유지하고 있다. 예전적 영성은 역학들, 기능들, 사명과 소명, 그리고 삶의 방식들의 다양성을 예전과 공동체 안에서 정성을 기울일 필요가 있고, 예를 들어, 가정과 공공장소에서 지향적으로 발전될 필요가 있다.

예전은 온 세계적 친교를 유지하면서, 더 지역적으로 창조적이고, 더 개인적인 표현을 허용할 필요가 있다. 영성은 전통을 동반한 지속성 안에서 혁신적일 필요가 있다. 따라서 예전적 영성은 그것의 다문화주의의 첫 번째 승인을 통해서 그리고 토착화의 필요에 따라 따라갈 필요가 있고, 공동체주의 안에서 개인의 자리를 발전시킬 필요가 있다.

예전과 삶 안의 교회론적인 자각은 반드시 성숙한 협력과 친교를 통하여 제도적 일치보다 더 깊이 들어가야 한다. 예전적 영성은 예전적 참여가 어떻게 공동체적 인식을 불러일으키고 공동체적 영적방향성의 의미로서 개인을 섬기는지에 대한 연구를 포함하면서, 예전적 영성은 유사한 공유된 책임성 안에서 반드시 움직여야 한다.

최근에 예전적 영성은 예배 안의 수행된 믿음과 정의와 평화를 위해 일하는 믿음 사이의 고리들을 발전시켜 왔다. 그것은 소외된 자들을 연결시켜 주었고, 예배를 위해 모인 사람들은 또한 선교를 위해 모일 수 있고, 그 두 모임 안에서 하나님의 성스러운 현존이 경험되는 방법들을 제안함으로서 이러한 연결고리들을 반드시 강화시킨다. 그것은 전도, 증거, 세례문답, 리더십 형성, 그리고 개인적 사역의 형식들과 같은 다른 선교의 요소들을 잘 인식해야

할 필요가 있다. 현존하는 실재처럼 미래 회복으로서의 하나님의 역할과 통치에 대한 주의는 새로운 시대에 문화적 특성들이 부각되며, 자기편견과 자기만족을 향하는 경향성에 반대함을 도울 것이다.

어떻게 이 둘이 인간 삶과 행동의 의미 깊은 실천적 기초인지를 보여주는 기독교의 하나님과 기독교 기도의 삼위일체적 본성은 끊임없이 탐구되고 대화되어야 한다. 삼위일체 하나님의 유사함 안에서 예전과 삶은 성숙과 자기은사를 통해 완전을 향한 그리고 개인들의 공동체 안으로의 전적인, 자각하는, 행동적인 참여에 조정된다. 삼위일제에 의해 조율된 예전적 영성은 하나님께 도달하는 것은 오직 자신으로의 하강을 통해서이고, 그것은 개인적 모험이라는 믿음의 경향성에 대항할 수 있어야 한다.

비록 영성은 더 경험적이고 전체적이 되었어도 개혁된 예전은 점차적으로 언어가 장황해졌다. 예전적 영성은 기독교 예배와 기독교적 살아감 안의 정서적, 친밀감, 그리고 성에 대한 주의를 기울임으로서 그것의 전체적 특성을 발전시키고 예전과 영성을 결합시켜 줄 필요를 소개한다. 그것은 또한 어린이들의 특수한 성격과 역할, 정신적과 신체적 장애자, 노인들, 성적 소수자들, 그리고 타자들을 포함하는, 믿음 안에서, 개인의 성장 안에서 발달적인 요소들의 동시대적인 인식을 통합할 필요가 있다. 예전 안의 침묵과 삶의 고독한 공간은 탐험되고 불러일으켜질 필요가 있다.

예전적 영성의 성육신적 그리고 성례전적 특성은 이론적으로 잘 발전되어 왔지만, 또한 그 수행에 있어서 상징들과 의례들을 향상시킬 필요가 있다. 또한 매일 삶의 예전적 특성과 예전의 세속적인 특성의 자각과 발전을 장려할 필요가 있다.

물론 남아있는 작업들 중 가장 중요한 것은 어떻게 파스카신비가 삶과 예전 안에서 경험될 수 있는지에 주의를 끌어내는 것이며, 또한 개인과 교회 공동체 안에서 그리고 삶과 예전 안에서 둘 다를 변화시키는 그것의 힘을 방해하는 장애물들을 제거하는 것이다. 파스카신비가 주어진 공간은 언제나 기독교적 영성들을 평가하는 일차적인 비판기준이지만, 예전적 영성 안의 신비로서의 의례적 참여는 종교적 경험과 개인적 변화의 일차적인 근원이 된다. 이것은 많은 다른 영성들의 특징적 분열과 표류를 예방하는 공동적 중심을 제공한다. 그러나 교회의 권위가 주님의 날 성만찬을 거행함에서 신자들이 성례전에 참여할 권리를 거부하는 것처럼 아직도 이러한 위험한 경험은 우리를 위축시키고 있다. 동시에 문화적 개인주의와 자기중심주의는 그리스도인들을 파스카신비로부터 외면하게 한다. 그래서 예전적영성은 교회공동체적 그리고 문화적 경향, 둘 다의 유행성을 반대할 특별한 책임을 가진다.

예전은 의식으로서 그리고 그들의 정체성을 표현하는 기도로서 이러한 것들을 행하는 사람들의 모임이다. 예전적 영성은 예전으로부터 흘러 나와 예전에 이끌 뿐 아니라, 예전의 정신에 의해 형성된다. 그것은 본성적으로 공동체적이고, 성서에 기초하며, 찬양과 감사에 집중되고, 축제 안에서 연습된 바른 관계성들을 확립하는 세상으로의 행동에 기인한다. 그것은 종종 예전의 잔향, 부분적으로는 예전의 시간적 리듬들에 어울리는 찬양을 형성한다. 삶 안에서와 같이 예전 안에서 성령은 우리를 안과 바깥으로, 통해서, 함께, 그리고 그리스도 안에서 삼위일체 하나님의 신비 안으로 옮겨준다. 우리는 예전과 삶 모두 다, 공동체로서 그리고 개인적으로, 행동적으로, 자각적으로, 전적으로 관여함으로 일어난 것들의 행동에 대해 반드시 열려 있어야 한다. 이것이 예전적 영성이 우리를 부르는 소명인 것이다.

제 12 장

예전과 예배: 참고문헌

Liturgy and Worship: A Select Pastoral Bibliography

| 조이스 앤 짐머맨 Joyce Ann Zimmerman, C.PP.S. |

어떤 주제들은 완성된 참고문헌을 쉽게 만들어낼 수 있다. 그러나 어떤 범위는 너무 방대하여 다루기가 쉽지 않은데 예전Liturgy과 예배Worship가 그러하다. 가장 완성도가 높은 예배학 참고문헌서는 벨기에Leuven, Belgium에 위치한 예전학 문헌연구소Institut de Bibliographie Liturgique가 작성한 것인데 미국에 몇 개의 도서관에서만 소장하고 있다(예로서 Catholic University in Washington, D.C.와 University of Notre Dame in Indiana). 학자들에게는 아쉽게도 1987년도부터 색인카드index card 사용이 중단되었다. 그 이후로 Leuven의 Mont Césqr 수도원 수도사들은 Katholieke Universiteit te Leuven과 Université Catholique de Louvain 교수진들과 힘을 합하여 "Elenchus Bibliographicus" in *Ephemerides theologicae Lovanienses*와 "Bulletin bibliographique" in *Questions liturgiques*를 작성하였다. 이 두 개의 학지는 많은 신학교 도서관에 비치되어있다. 추가로 대부분의 예배학 서적들은 충분한 참고문헌을 담고 있다. 그러나 현실적으로 이러한 참고문헌들은 예배학자 자신의 개인적인 성향에 맞춘 것이다. 예배를 인도하는 실천자들에게는 도서관 자료도 없고 이러한 학문적인 발행물 들을 들여다 볼 시간적 여유도 없을뿐더러 적용면에서도 별로 도움이 되지 않는다.

여기에 수록된 예전과 예배에 대한 목회적 문헌들은 수천 개의 자료들 중 조심히 선별하여 유용하게 쓰이도록 모은 것이다. 선택된 항목들이 이 책의 첫 부분에 해당되는 챕터의 주제들을 따라가도록 배려하였다. 그렇다고 제1부 11장에 수록된 모든 문헌들을 총망라하려는 시도는 아니다. 오히려 각 장의 문헌들은 추가적인 제언으로 삼으면 된다. 이 참고문헌은 필자가 생각하는 목회예전으로 섬기는 자들에게 도움이 되는 기본적인 자료이고, 혹은 이 자료들과 친숙하게 지내며 내용을 즐길 수 있기를 바라는 마음이다. 대부분의 선별된 자료들이 학문적이지 않을 수 있으나 선택된 이유는 예배학의 기본정신을 견고하게 다루고 있기 때문이다. 대부분의 책들은 "어떻게" 종류의 자료는 아니다. 반대로 바라기는 독자들에게 예배와 예전에 대한 신학적 그리고 목회적 이해를 돕길 기대한다. 이 참고문헌은 지역교회 도서관의 예배에 관한 훌륭한 도서목록이 될 수도 있다. 그러기에 각 교단적 기도서나 예배서 및 안내서는 여기에 포함하지 않고 있다. 그 이유는 예전에 관심을 갖고 있는 독자들은 이미 본인교단의 예배서를 갖고 있음은 물론이고 어떻게 사용하는지도 알고 있다고 믿기 때문이다.

저작권에 대하여

모든 자료들을 포함하여 이 사항은 특별히 다루어야 한다. (이미 많은 양의 법률사항과 여기에 관련된 안내문들이 심각성을 경고하고 밝힘에도 불구하고) 예전적 음악인들은 저작권을 가장 많이 침해하는 자들 중 하나로 인식되어 있다. (많은 찬송가를 포함하여)저작권에 위배되는 내용으로서 마땅히 저작권을 소유한자의 허락을 받지 않은 인쇄물은 마땅히 불법의 행위인 것이다 (이는 단 한 장의 복사된 악보나 가사, 그리고 OHP 슬라이드 한 장이라도 이에 해당된다). 대부분의 음악출판사들이 소량의 복사를 허락하는 허가증을 적당한 가격에 팔고 있고 매년 갱신할 수 있도록 안내하고 있다. 한 번 복사에 사용하는 허가증(예를 들어 결혼식 예배자료 등)은 음악출판사를 직접 연결하여 사용하되 비용은 상당히 저렴하고 어떤 때는 무료로 사용하도록 허락하기도 한다. 도움이 되는 자료로 FDLC의 *copyright update: reprint permission policies of publishers of liturgical music and sacred scripture* (이 참고문헌의 참고서 조항의 첫 부분을 보라)가 있다. 이 작업은 아직 최신정보로 수정되진 않았지만 대부분 출판사들의 방침은 비슷하거나 거의 같다. 수정된 출판사 정보와 주소 및 전화번호 목록은 다음에서 구입할 수 있다: Church Music Publishers Association, P.O. Box 158992, Nashville, TN 37215, (615)791-0173, $2.00.

전문적인 독서

모든 교회의 예배예산은 전문지 자료구입비를 항목으로 만들어야 한다. 매 년마다 예배/예전 도서목록으로 새로운 책과 자료들이 구입되어야 한다. 이와 같은 전문적인 자료의 필요성은 두 가지 목적을 가지고 있다. 첫째, 교회의 예배도서실은 예전과 예배를 준비하고 계획하는 자료들을 제공하기 때문이다. 또한 예전과 예배에 대한 질문들이 생겨질 때에 그 답을 찾을 수 있어야 한다. 더욱 나아가서 이러한 자료들은 교회가 예전과 예배의 신학을 형성하고 표현하며 그에 따른 모든 결정을 돕기 때문이다.

둘째로, 교회 예배도서관은 예전을 준비하는 인력에게 전문적인 지식을 제공한다. 우리는 새로운 것을 소개하면서 교인들이 예배에 대한 이해를 넓혀가기를 기대한다. 그러나 전문인임을 자처하는 예배인도자 우리 자신들은 공식적인 교육의 틀 그 이상을 뛰어넘지 못하고 있다. 교회가 그 본질을 깊이 알게 되면 그에 따른 예배 또한 깊이를 더하여 성장하고 바뀌게 된다. 예전신학의 발달과 함께 하기 위하여서는 계속적인 독서가 필요하다 (전문성을 개발해주는 워크숍을 다니는 것으로 만족하지 말고 계속 독서한다!). 대부분 전문 예배인도자들은 이미 하루에 48시간 양의 일을 소화하고 있다. 그러나 매 주마다 (적어도 한 시간 이상을 배정하여) 시간을 정해놓고 진지하고 깊이 있는 전문도서를 읽어야 함이 마땅하다.

이미 밝힌바 대로 다음의 참고문헌은 오직 책들만 소개하고 있다. 정기 간행물 또한 전문성을 개발하기 위한 훌륭한 자료이다. 그리고 교회마다 이러한 간행물들을 구독하여야 한다. 간행물들은 정기적으로 배달되는 만큼 독자들은 받자마다 이틀 안에 모두 읽는 습관이 필요하다. 대부분의 교회들이 한정된 예산을 갖고 있기에 도전을 줄 수 있는 학문적인 잡지 하나, 그리고 목회적 혹은 자료중심으로 절기를 포함한 연중행사계획을 짤 수 있는 잡지 하나, 그리고 교단의 변하는 규례와 소식을 접할 수 있는 잡지를 권하고 싶다.

목회적 참고문헌

여기 선택된 예전적 관심의 16개의 영역들에 대한 더 많은 언급들 또한 많이 필요하다. 이 참고목록은 리스트 형식으로 제공해 줄 것이다: 소망하기는, 이것이 독자들에게 비록 제공된 "체크리스트"로서도 도와줄 수 있는, 자료들을 취득할 수 있도록 많은 도움이 되길 바란다.

1. 참고서 종류

Cantalamessa, Raniero, O.F.M. Cap. *Easter in the Early Church: An Anthology of Jewish and Early Christian Texts.* Translated by James M. Quigley, S.J., and Joseph T. Lienhard, S.J. Collegeville: The Liturgical Press, 1993.

Davies, J.G., ed. *The New Westminster Dictionary of Liturgy and Worship*. Philadelphia: The Westminster Press, 1986.

Federation of Diocesan Liturgical Commissions (FDLC). *copyright update: reprint permission policies of publishers of liturgical music and sacred scripture*. Washington, D.C.: FDLC, 1989.

Fink, Peter E., S.J., ed. *The New Dictionary Sacramental Worship*. Collegeville: The Liturgical Press, 1990.

Flannery, Austin, O.P., gen. ed. *Vatican Council Ⅱ: The conciliar and Post Conciliar Documents*, New Revised Edition 1992. Northport, N.Y.: Costello Publishing Company, 1988.

ICEL. Documents on the Liturgy 1963-1979: *Conciliar, Papal, and Curial Texts. Collegeville*: The Liturgical Press, 1982.

Jasper, R.C.D. and Cuming, G.J., eds. *Prayers of the Eucharist: Early and Reformed*. New York: Pueblo, 1987.

Lang, Jovian P. O.F.M. *Dictionary of the Liturgy*. New York: Catholic Book Publishing Company, 1989.

Smolarski, Dennis C., S.J. *Liturgical Literacy: From Anamnesis to Worship*. New York/ Mahwah, N.J.: Paulist Press, 1990.

Stuhlmueller, Carroll, gen. ed. The Collegeville Pastoral Dictionary of *Biblical Theology*. Collegeville: The Liturgical Press, 1996.

The Liturgy Documents: A Parish Resource. 3rd Edition. Chicago: Liturgy Training Publications, 1991.

Vatican Council II : The Conciliar and Post conciliar Documents. Gen. ed. Austin Flannery, O.P. New revised edition. Northport, N.Y.: Costello Publishing Company, 1992.

2. 예전에 대한 기초적인 안내

Bell, Catherine. *Ritual Theory, Ritual Practice*. New York/Oxford: Oxford University Press, 1992.

Burkhart, John E. *Worship*. Philadelphia: Westminster, 1982.

Burson, Malcom C., ed. *Worship Points the Way: Celebration of the Life and Work of Massey H. Shepherd, Jr*. New York: The Seabury Press, 1981.

Casel, Odo. *The Mystery of Christian Worship*. Trans. B. Neunheuser. Westminster, Md.: Newman Press, 1962.

Cillins, Mary, O.S.B. *Worship: Renewal to Practice*. Washington, D.C.: The Pastoral Press, 1987.

Crichton, J.D. *The Once and Future Liturgy*. Dublin: Veritas, 1977.

DiSante, Carmine. *Jewish Prayer: The Origins of Christian Liturgy*. New York/Mahwah, N.J.: Paulist Press, 1985.

Empereur, James, S.J. *Worship: Exploring the Sacred*. Washington, D.C. : The Pastoral Press, 1987.

Fink, Peter E., S.J. *Worship: Praying the Sacraments*. Washington, D.C. : The Pastoral Press, 1991.

Fisher, Eugune J., ed. *The Jewish Roots of Christian Liturgy*. New York/Mahwah, N.J.: Paulist Press, 1990.

Freburger, William J. *Liturgy: Work of the People*. Mystic, Ct: Twenty-Third Publications, 1984.

Frederick, John. *The Future of Liturgical Reform*. Wilton, Ct.: Morehouse-Barlow, 1987.

Gelineau, Joseph. *The Liturgy Today and Tomorrow*, Trans. Dinah Livingstone. London:

Darton, Longman & Todd, 1978.

Irwin, Kevin W. *Liturgical Theology*: A Primer. American Essays in Liturgy. Collegeville: The Liturgical Press, 1990.

Kavanagh, Aidan. *Elements of Rite: A Handbook of Liturgical Style*. New York: Pueblo, 1982.

Kavanagh, Aidan. *On Liturgical Theology*. New York: Pueblo, 1985.

Lathrop, Gordon. *Holy Things: An Ecumenical Liturgical Theology*. Minneapolis: Fortress Press, 1993.

Lebon, Jean. *How to Understand the Liturgy*. Preface J.D. Crichton. New York: Crossroad, 1988.

Martimort, G.A.. *The Church at Prayer*. Four vols. Trans. M.J. O'Connell. Collegeville: The Liturgical Press, 1986.

Mitchell, Leonel L. *The Meaning of Ritual*. New York: Paulist, 1977.

Newman, David R. *Worship as Praise and Empowerment*. New York: The Pilgrim Press. 1988.

Sailers, Don E. *Worship Come to Its Senses*. Nashville: Abingdon Press, 1996.

Schauss, Hayyim. *The Jewish Festivals: History & Observance*. Trans Samuel Jaffe. New York: Schocken Books, 1977 [1938].

Schmemann, Alexander. *Introduction to Liturgical Theology*. Trans Asheleigh E. Moorhouse. London: Faith Press, 1966.

Searle, mark. *Liturgy Made Simpl*e. Collegeville: The Liturgical Press, 1981.

Smolarski, Dennis C., *Sacred Mysteries: Sacramental Principles and Liturgical Practice.* New York/Mahwah N.J.: Paulist Press, 1995.

Taft, Robert, S.J. *Beyond East and West: Principles in Liturgical Understanding.* Washington, D.C.: The Pastoral Press, 1984.

Underhill, Evelyn, *Worship*. New York: Crossroad, 1989 [1936].

White, James F. *Christian Worship in North America: A Retrospective: 1955-1995. Collegeville*: The Liturgical Press/A Pueblo Book. 1997.

White, James F. *Documents of Christian Worship: Descriptive and Interpretive Sources,* Louisville: Westminster/John Knox Press, 1992.

White, James F. *Introduction to Christian Worship*. Revised Edition. Nashville: Abingdon, 1990.

White, James F. *Protestant Worship: Tradition in Transition*. Louisville: Westminster/ John Knox Press, 1989.

Willimon, W.H. *The Service of God: Christian Work and Worship*. Nashville: Abingdon Press, 1983.

3. 예전역사

Adam, Adolf. *Foundation of Liturgy*: An Introduction to Its History and Practice. Collegeville. The Liturgical Press, 1992.

Botte, Bernard. *From Silence to Participation: An Insider's View of Liturgical Renewal.* Trans. John Sullivan, O.C.D. Washington, D.C.: The Pastoral Press, 1988.

Cooke, Bernard. *Ministry to Word and Sacraments: History and theology*. Philadelphia: Fortress Press, 1976.

Dix, Gregory. *The Shape of the Liturgy*. Additional notes P.V. Marshall. new York: The Seabury Press, 1982.

Jones, Cheslyn. Wainwright, Geoffrey, Yarnold, Edward, S.J., and Bradshaw, Paul, eds. *The Study of Liturgy*, Revised Edition. London: SPCK/New York: Oxford university Press, 1992. [1978].

Jungman, Josef A., S.J. *The Early Liturgy: To the Time of Gregory the Great.* Trans. Francis A. Brunner, C.SS.R. Notre Dame, Ind.: University of Notre Dame Press, 1959.

Jungman, Josef A., S.J. *The Mass of Roman Rites: Its Origin and Development.* Trans. Francis A. Brunner, C.SS.R. 2 vols. Westminster, Md.: Christian Classics, Inc., 1986 [1951].

Klauser, Theodor. *A Short History of the Western Liturgy: An Account and Some Reflections*. Second edition. Trans. John Halliburton. Oxford: Oxford University Press, 1979.

Martos, Joseph. *Doors to the Sacred: A Historical Introduction to Sacraments in the Catholic Church*. Garden City, N.Y.: Image Double-day, 1982; expanded edition: Ligouri, Mo.: Triumph Books, 1991.

Maxwell, W. *A History of Christian Worship: An Outline of Its Development and Forms.* Foreword Robert G. Rayburn. Grand Rapids: Baker Book House, 1982.

Stevenson, Kenneth. *The First Rites: Worship in Early Church*. Collegeville: The Liturgical Press, 1990.

Wegman, Herman. Christian Worship in East and West: *A Study Guide to Liturgical History. Trans*. Gordon W. Lathrop. New York: Pueblo, 1985.

White, James F. *A Brief History of Christian Worship*. Nashville: Abingdon Press, 1993.

4. 공간, 상징, 및 시간

Boyer, Mark G. *The Liturgical Environment: What the Documents Say*. Collegeville: The Liturgical Press. 1990.

Buscemi, John. *Places for Devotion*. Meeting House Essays 4. Chicago: Liturgy Training Publications, 1993.

Clark, Keith. *Make Space Make Symbols.* Notre Dame, Ind.: Ave Maria Press, 1979.

Debuyst, Frederic. Modern *Architecture and Christian Celebration.* Ecumenical Studies in Worship 18. Richmond, Va.: John Knox Press, 1968.

Dillistone, F.W. *Myth and Symbol*. London: SPCK, 1966.

Dunne, John S. *A Search for God in Time and Memory.* Notre Dame, Ind.: University of Notre Dame Press, 1977.

Environment and Art in Catholic Worship. Washington, D.C.: USCC, 1978.

Hatchett, Marion S. Sanctifying Life, Time and Space: *An Introduction to Liturgical Study*, New York: The Seabury Press, 1976.

Mauck, Marchita B. *Place for Worship: A Guide to Building and Renovating.* American Essay in Liturgy. Collegeville: The Liturgical Press. 1995.

Phillippart, David. *Saving Signs*, Wondrous Words. Chicago: Liturgy Training Publications, 1996.

Richter, Klemens, *The Meaning of the Sacramental Symbols: Answers to Today's Questions.* Trans. L.M. Maloney, Collegeville: The Liturgical Press, 1990.

Rouet, Albert, *Liturgy and the Arts*. Collegeville: The Liturgical Press, 1997.

Ryanm John Barry. *Symbolism: The Language of Liturgy.* Washington, D.C.: FDLC,

1982.

Vosko, Richard S. *Designing Future Worship Spaces: The Mystery of a Common Vision.* Meeting House Essays 8. Chicago: Liturgy Training Publications, 1996.

5. 교회력

Adam, Adolf. *The Liturgical Year: Its History and Its Meaning after the Reform of the Liturgy*. New York: Pueblo, 1981.

Berger, Rupert and Hollerweger, Hans, eds, *Celebrating the Easter Vigil*. Trans. Mattew J. O'Connell. New York: Pueblo, 1983.

Edwards, Tilden, *Sabbath Time: Understanding and Practice for Contemporary Christians.* Minneapolis: Seabury Press, 1982.

Guthrie, Clifton F., ed. *For All the Saints: A Calender of Commemorations for United Methodists*. Akron, Ohio: OSL Publications, 1996.

Halmo, Joan. *Celebrating the Church Year with Young Children*. Collegeville: the Liturgical Press/Ottawa: Novalis, 1988.

Hickman, Hoyt L:, Saliers, Don E., Stookey, Laurence Hull, and White, James F. *The New handbook of the Christian Year*. nashville: Abingdon Press, 1996.

Huck, Gabe. T*he Three Days: Parish Prayer in the Paschal Triduum*. Chicago: Liturgy Training Publication, 1981.

Irwin, Kevin W. Sunday Worship: *A Planning Guide to Celebration*. New York: Paulist, 1983.

Martimort, A.G. *The Church at Prayer.* Vol. Ⅳ, *The Liturgy and time*. Trans. M.J. O'Connell. Collegeville: The Liturgical Press, 1986.

Nocent A. *The Liturgical yea*r. Four Volumes. Collegeville: The Liturgical Press, 1977.

Onley, Dan F. *Ordinary Time in the Parish*. Old Hickory, Tn.: Pastoral Arts Associates, 1982.

Onley, Dan F. *The Great Sunday: Fifth Days of Easter in Your Parish*. Old Hickory, Tn.: Pastoral Arts Associates, 1982.

Searle, Mark. *Sunday Morning: A Time for Worship*. Collegeville: The Liturgical Press, 1982.

Stookey, Laurence Hull. *Calendar: Christ's Time for the Year*. Nashville: Abingdon Press, 1996.

Talley, Thomas J. *The Origins of the Liturgical Year*. New York: Pueblo, 1986.

The Liturgical year: Celebrating the Mystery of Chris and His Saints. Study Text 9. Secretariat: Bishops' Committee on the Liturgy. Washington, D.C.: United States Catholic Conference, 1985.

Wilde, Ja, es A., ed. *At That time: Cycles and Season in the Life of the Christian.* Chicago: Liturgy Training Publications, 1989.

Winter Festivals, San Jose, Calif.: Resource Publications, 1986.

6. 입교

Austin, Gerard. *The Rite of Confirmation: Anointing with the Spirit*. New York: Pueblo, 1985.

Christian Initiation Resources Reader: Volume Ⅲ, Purification and Enlightenment,. New York: William H. Sadlier, Inc., 1984.

Duggan, Robert D. and Kelly, Maureen A. *The Christian Initiation of Children: Hope for the Future*. New York/Mahwah, N.J.: Paulist Press, 1991.

Dujarier, Michel. *The Rites of Christian Initiation: Historical and Pastoral Reflections*. New York: Sadlier, 1979.

Huels, John M. *Catechumenate and the Law: A Pastoral and Canonical Commentary for the Church in the United States*. Chicago: Liturgy Training Publications, 1994.

Johnson, L.J. *Initiation and Conversion.* Collegeville: The Liturgical Press, 1985.

Johnson, M.E., ed. *Living Water, Sealing Spirit: Readings on Christian Initiation.* Collegeville: The Liturgical Press, 1995.

Kavanagh, Aidan. *The Baptismal Rites*. New York: Pueblo, 1982.

Kavanagh, Aidan. *Confirmation: Origins and Reform*. New York: Pueblo, 1988.

Larere, Philippe. *Baptism in Water and Baptism in the Spirit: A Biblical, Liturgical, and Theological Exposition*. Trans. Patrick Madigan, O.S.B. Collegeville: The Liturgical Press, 1993.

Made, Not Born: *New Perspectives on Christian Initiation and the Catechumenate*. Notre

Dame, Ind.: University of Notre Dame Press, 1976.

Maldonado, Luis, and Power, David. *Structures of Initiation in Crisis*. Concilium 122. new York: Seabury, 1979.

Mitchell, Leonel L. *Worship: Initiation and the Churches*. Washington, D.C.: The Pastoral press, 1991.

Osborne, Kenan B., O.F.M. *The Christian Sacraments of Initiation: Baptism, Confirmation, Eucharist*. New York/Mahwah, N.J.: Paulist Press, 1987.

Regan, David. *Experience the Mystery: Pastoral Possibilities for Christian Mystagogy,* Collegeville: The Liturgical Press, 1994.

RCIA and the Period of Postbaptismal Catechesis. Edited by National Liturgy Office. Canadian Studies in Liturgy 7. Ottawa: Canadian Conference of Catholic Bishops, 1996.

Searle, Mark. *Christening: The making of Christians*. Leigh-on-Sea: Kevin Mayhew, 1977.

Stasiak, Kurt, O.S.B. *Return to Grace: A Theology for infant Baptism. Collegeville*: The Liturgical Press, 1996.

Stookey, Laurence Hull, *Baptism: Christ's Ant in the Church. Nashville*: Abingdon Press, 1982.

Tufano, Victoria M., ed. *Readings in Christian Initiation of Children*. Introduction James W. Moudry. Chicago: Liturgy Training Publications, 1994.

Turner, Paul. *Sources of Confirmation from the Fathers through the Reformers*. Collegeville: The Liturgical Press, 1993.

Vincie, Catherine. *The Role of the Assembly in Christian Initiation*. Forum Essays Series. Chicago: Liturgy Training Publications, 1993.

Whitaker, E .C. *Documents of Baptismal Liturgy*. London SPCK, 1970.

Wilde, James A., ed. *Before and After Baptism: The Work of Teachers and Catechists.* Chicago: Liturgy Training Publications, 1988.

Yarnold, E. J. The *Awe-Inspiring Rite of Initiation: The Origins of the RCIA.* Collegeville: The Liturgical Press, 1995.

7. 성만찬

Emminghaus, J.H. *The Eucharist: Essence, Form, Celebration*. Collegeville: The Liturgical Press, 1978.

FDLC. *The Mystery of Faith: A Study of the Structural Elements of the Order of Mass.* Washington, D.C. : FDLC, 1994 [1981].

Fitzsimmons, John H. *Guide to the Lectionary*. Great Wakering, Essex, England: Mayhew-McCrimmon, 1981.

Griffiths, Alan. *Focus on the Eucharistic Prayer.* Leigh-on-Sea: Kevin-Mayhew Publishers, 1988.

Johnson, Lawrence J. *The Word & Eucharist Handbook.* San Jose, Calif.: Resource Publications, Inc., 1986.

Kwatera, michael, O.S.B. *Preparing the General Intercessions.* Collegeville: The Liturgical Press, 1996.

LaVerdiere, Eugene, S.S.S. *The Eucharist in the New Testament and the Early Church.* Collegeville: The Liturgical Press, 1996.

Mazza, Enrico. *The Origins of the Eucharistic Prayer*. Trans. R.E. Lane. Collegeville: The Liturgical Press, 1995.

Mitchell, Nathan. *Cult and Controversy: The Worship of the Eucharist Outside Mass.* New York: Pueblo, 1982.

Powers, Joseph M., S.J. *Eucharistic Theology*. New York: Herder & Herder, 1967. 특별히 Chapter1, "The Eucharist in the History of Doctrine and theology."를 보라.

Schmemann, Alexander. *The Eucharist: Sacrament of the Kingdom*. Crestwood, N.Y.: St. Vladimir's Seminary Press, 1988.

Seasoltz, R. Kevin. O.S.B., ed. *Living Bread, Saving Cup: Readings on the Eucharist*. Collegeville: The Liturgical Press, 1982.

Senn, Frank C., ed. *New Eucharistic Prayers: An Ecumenical Study of their Development and Structure*. New York/Mahwah, N.J.: Paulist Press, 1987.

Smolarski, Dennis C., S.J. Eucharistia: *A Study of Eucharistic Prayer*. New York: Paulist Press 1982.

Smolarski, Dennis C. *How Not to Say Mass*. New York: Paulist Press, 1986.

Stookey, Laurence Hull. *Eucharist: Christ's Feast with the Church*. Nashville: Abingdon Press, 1993.

8. 화해

Dallen, James. *The Reconciling Community: The Rite of Penance*. New York: Pueblo, 1986.

Dudley, Martin and Rowell. Geoffrey, eds. *Confession and Absolution*. London: SPCK/ Collegeville: The Liturgical Press, 1990.

Favazza, J.A. *The Order of Penitents: Historical Roots and Pastoral Future*. Collegeville: The Liturgical Press, 1988.

Gula, Richard M. *To Walk Together Again: The Sacrament of Reconciliation.* New York/ Mahwah, N.J.: Paulist Press, 1984.

Guzie, Tad and Mcllhon, J. *The Forgiveness of Sins*. Chicago: Thomas More Press, 1979.

Hellwig, Monika K. *Sign of Reconciliation and Conversion: The Sacrament of Penance for Our Times*. Message of the Sacraments 4. Wilmington: Michael Glazier, 1982.

Hencahl, Michael J., ed. *Repentance and Reconciliation in the Church*. Collegeville: The Liturgical Press, 1987.

Kennedy, Robert J., ed. *Reconciliation: The Continuing Agenda*. Collegeville: The Liturgical Press, 1987.

Lopresti, James. *Penence: A Reform Proposal for the Rite*. American Essays in Liturgy 6. Washington, D.C.: The Pastoral Press, 1987.

Osborne, Kenan B. *Reconciliation and Justification: The Sacrament and Its Theology.* New York/Mahwah, N.J.: Paulist Press, 1990.

9. 치유와 죽음/장례

Cuschieri, Andrew. *Anointing of Sick: A Theological and Canonical Study*. Lanham Md./ London: University Press of America, 1992.

Dudley, Martin and Rowell, Geoffrey, eds. *The Oil of Gladness: Anointing in the Christian Tradition*. London. SPCK/Collegeville: The Liturgical Press, 1993.

Empereur, James L. *Prophetic Anointing: God's Call to the Sick, the Elderly and the*

Dying. message of the Sacraments 7. Wilmington: Michael Glazier, 1982.

Fournier, William, and O'Malley, Sarah. *Age and Grace: Handbook of Programs for the Ministry to the Aging*. Collegeville: The Liturgical Press, 1980.

Gusmer, Charles W. And You *Visited Me: Sacramental Ministry to the Sick and Dying.* New York: Pueblo, 1984.

Marchal, Michael. *Parish Funerals*. Chicago: Liturgy Training Publications, 1987.

Oates, Wayne E. *Grief, Transition, and Loss: A Pastor's Practical Guide.* Minneapolis: Fortress Press, 1997.

Rutherford, Richard. *The Death of Christian*: The Rite of Funerals. New York:Pueblo, 1980.

Ziegler, John J. *Let Them Anoint the Sick.* Collegeville: The Liturgical Press, 1987.

10. 결혼

Kasper, Walter. *Theology of Christian Marriage.* New York: Seabury Press/Crossroad, 1980.

Lawler, Michael G. *Secular Marriage, Christian Sacrament*. Mystic, Ct.: Twenty-Third Publications, 1985.

Mayendorff, J. *Marriage: An Orthodox Perspective*. New York: St: Vladimir's Seminary Press, 1971.

Schillebeeckx, Edward. *Marriage: Human Reality and Saving Mystery*. New York: Sheed & Ward, 1965.

Searle, Mark and Stevenson, Kenneth W. *Documents of the Marriage Liturgy*. Collegeville: The Liturgical Press, 1992.

Stevenson, Kenneth W. *Nuptial Blessing: A Study of Christian Marriage Rites*. Alcuin Club Collections 64. London: SPCK, 1982/New York: Oxford University Press, 1983.

Stevenson, Kenneth W. *To Join Together: The Rite of Marriage.* Studies in the Reformed Rites of the Catholic Church 5. New York: Pueblo, 1987.

Thomas, D.M. *Christian Marriage: A Journey Together*. Message of the Sacraments 5. Wilmington: Michael Glazier, 1983.

11. 규례/목회

Bausch, William J. Ministry: *Traditions, Tensions, Transitions*. Foreword Anthony Padovano. Mystic, Ct.: Twenty-Third Publications, 1982.

BradShaw, Paul F. *Ordination Rites of the Ancient Churches of East and West*. New York: Pueblo, 1990.

Dunn, P.J. Priesthood: *A Re-examination of the Roman Catholic Theology of the Presbyterate*. New York: Alba House, 1990.

Echlin, E.P. *The Deacon in the Church: Past and Future*. New York: Alba House, 1971.

Hanson, Anthony. *Church, Sacraments and Ministry*. Mowbrays Library of Theology. Oxford: Alden Press, 1975.

Hovda, Robert W. *Strong, Loving and Wise: Presiding in the Liturgy*. Foreword Godfrey Diekmann, O.S.B. Collegeville: The Liturgical Press, 1976.

Lawler, M.G. *A Theology of Ministry*. Kansas City, Mo.: Sheed & Ward

Miguens, Manuel, O.F.M. *Church Ministries in New Testament Times*. Westminster, Md.: Christian Classics, 1976.

Mitchell, Nathan. *Mission and Missionary: History and Theology in the Sacrament of Order. Message* of the Sacraments 6. Wilmington: Michael Glazier, 1982.

O'meara, Thomas F. *Theology of Ministry*. New York: Paulist Press, 1983.

Osborne, Kenan B. Ministry. *Lay Ministry in the Roman Catholic Church: Its History and Theology*. New York/Mahwah, N.J.: Paulist Press, 1993.

Porter, H. Boone. *Ordinary Prayer of the Ancient Western Churches*. Alcuin Club Collection 39. London: SPCK, 1967.

Power, David N. *Minister of Christ and His Church*: The Theology of Priesthood. London: G. Chapman, 1969.

Power, David N. *Gifts that Differ: Lay Ministries Established and Unestablished*. New York: Pueblo, 1985.

Rademacher, W.J. Lay Ministry: *A Theological, Spiritual and Pastoral Handbook*. New York: Crossroad, 1983.

Roles in the *Liturgical Assembly*. The Twenty-Third Liturgical Conference, Serge. Trans. Matthew J. O'Connell. New York: Pueblo, 1981.

Schillebeeckx, Edward. *The Church with a Human Face: A New and Expanded Theology of Ministry*. New York: Crossroad, 1985.

Schreiter, Robert J. Reconciliation: *Mission and Missionary in changing Social Order.* Maryknoll, N.Y.: Obris Books, 1992.

Whitehead, James D. and White, Evelyn E. *Method in Ministry: Theological Reflection and Christian Ministry*. Minneapolis: Seabury Press, 1980.

Wicks, R.J., ed. *Handbook of Spirituality for Ministers.* New York/Mahwah, N.J.: Paulist Press, 1995.

12. 설교

Burghhardt, Walter, S.J. *Preaching: The Art & the craft*. New York: Paulist Press, 1987.

Burke, John, O.P. *A New Look at Preaching*. Wilmington: Michael Gazier, Inc., 1983.

Foley, Nadine, O.P., ed. *Preaching and the Non-Ordained: An Interdisciplinary Study.* Collegeville: The Liturgical Press, 1983.

McNulty, Frank J. *Preaching Better*. New York: Paulist Press, 1985.

Rueter, Alvin C. Making *Good Preaching Better: A Step-by-Step Guide to Scripture-Based, People-Centered Preaching*. Collegeville: The Liturgical Press, 1997.

Schmitmeyer, William. *The Word in Worship: Preaching in a Liturgical Context.* Nashville: Abingdon Press, 1980.

Sloyan, Gerard S. *Worshipful Preaching*. Philadelphia: Fortress Press, 1984.

Tisdale, Leonora Tubbs. *Preaching As Local Theology and Folk Art*. Minneapolis: Fortress Press, 1997.

13. 매일기도

Bradshaw, Paul F. *Daily Prayer in the Early Church: A Study of the Origin and Early Development of the Divine Office*. New York: Oxford University Press, 1982.

Campbell, Stanislaus, F.S.C. *From Breviary to Liturgy of the Hours: The Structural Reform of the Roman Office, 1964-1971*. Collegeville: The Liturgical Press, 1997.

Crichton, J.D. *Christian Celebration: The Prayer of the Church*. London: Geoffrey Cahpman, 1976.

Scotto, Dominic F., T.O.R. *Liturgy of the Hours: Its History and Its Importance as the Communal Prayer of the Church after the Liturgical Reformed of Vatican Ⅱ*. Petersham, Mass.: St. Bede's Publications, 1087.

Taft, Robert, S.J. *The Liturgy of the hours in East and West: The Origins of the Divine Office and Its Meaning for Today*. Collegeville: The Liturgical Press, 1986.

Zimmerman, Joyce Ann, C.PP.S. *Morning and Evening: A Parish Celebration*. Chicago: Liturgy Training Publications, 1996.

14. 예전적 영성학

Austin, Gerard, O.P., et. al. *Called to Prayer: Liturgical Spirituality Today*. Collegeville: The Liturgical Press, 1986.

Bernstein, Eleanor, C.S.J. ed., *Liturgy and Spirituality in Context: Perspectives on Prayer and Culture*. Collegeville: The Liturgical Press, 1990.

Irwin, Kevin. Liturgy, *Prayer and Spirituality*. New York: Paulist Press, 1984.

Madigan, Shawn. *Spirituality Rooted in Liturgy*. Washington, D.C.: The Pastoral Press, 1988.

Saliers, don E. *Worship and Spirituality*. 2nd Edition, Akron, Ohio: OSL Publications, 1994.

Zimmerman, Joyce Ann, C.PP.S. *Liturgy as Living Faith: A Liturgical Spirituality*. Scranton: University of Scranton Press/London and Toronto: Associated University Presses, 1993.

15. 토착화

Chupungco, Anscar J. *Cultural Adaption of the Liturgy*. New York: Paulist Press, 1982.

Chupungco, Anscar J. *Liturgical Inculturation: Sacramentals, Religiosity, and Cathechesis*. Collegeville: The Liturgical Press, 1992.

Costen, Melva Wilson. *African American Worship*. Nashville: Abingdon Press, 1993.

Francis, Mark R., C.S.V. *Liturgy in Multicultural Community*. Collegeville: The Liturgical Press, 1991.

Power, David N., O.M.I. *Worship: Culture and Theology*. Washington, D.C.: The

Pastoral Press, 1990.

Senn, Frank. *Christian Worship and Its Cultural Setting*. Philadelphia: Fortress Press, 1983.

16. 예전적 이슈들

A Blessing To Each Other: Cardinal Joseph Bernardin and Jewish-Catholic Dialogue. Foreword Cardinal Edward Cassidy. Introductions Herman Schaalman, Theomas A. Aima, John T. Pawlikowski, Daniel F. Montalbano. Chicago: Liturgy Training Publications, 1996.

Baldovin, John F., S.J. *Worship: City, Church and Renewal*. Washington, D.C.: The Pastoral press, 1991.

Baptism, Eucharist and Ministry. Faith and Order Paper 111. Geneva: World Council of Churches, 1982. (The "BEM document.")

Dallen, james. *The Dilemma of Priestless Sundays*. Foreword Bishop William E. McManus. Chicago: Liturgy Training Publications, 1994.

Empereur, James L., S.J. and Kiesling, Christopher G., O.P. *The Liturgy that Does Justice*. Theology and Life Series 33. Collegeville: The Liturgical Press, 1990.

Foley, Edward, ed. *Developmental disabilities and Sacramental Access: New Paradigms for Sacramental Encounters*. Collegeville: The Liturgical Press, 1994.

Gagne, Ronald, Kane, Thomas, VerEecke, Robert. *Introducing Dance in Christian Worship*. Intro, Carla DeSola. Bibliography by Gloria Weyman. Laurel, Md.: The Pastoral Press, 1984.

Hackett, Charles D. and Sailers, Don E. *The Lord Be With You: A Visual Manual for Presiding in Christian Worship*. Akron, Ohio: OSL Publication, 1990.

Henderson, J. Frank, Quinn, Kathleen, and Larson, Stephen. *Liturgy, Justice and Reign of God: Integrating Version and Practice*. New York/Mahwah, N.J.: Paulist Press, 1989.

Hellwig, Monika. *The Eucharist and the Hunger of the World*. New York: Paulist, 1976.

Huck, Gabe. *Liturgy Needs Community Needs Liturgy*. New York: Paulist, 1973.

Huels, John M. *Disputed Questions in the Liturgy Today*. Chicago: Liturgy Training Publications, 1988.

Huels, John M. *More Disputed Questions in the Liturgy*. Chicago: Liturgy Training Publications, 1996.

Hughes, Kathleen, R.C.S.J. and Francis, Mark R. C.S.V., eds. *Living No Longer For Ourselves: Liturgy and Justice in the Nineties.* Collegeville: The Liturgical Press, 1991.

Leonard, John K. and Mitchell, Nathan D. *The Postures of the Assembly during the Eucharistic Prayer*. Introduction John F. Baldovin. Chicago: Liturgy Training Publications, 1994.

Osborn, Linda. *Good Liturgy, Small Parishes*. Chicago: Liturgy Training Publications, 1996.

Pottebaum, Gerard A., Freeburg, Sister Paule, D.C., and Kellenher, Joyce M. *A Child Shall Lead Them: A Guide to Celebrating the World with* Children. Cincinnati: Treehaus Communications, Inc., 1992.

Proctor-Smith, Marjorie. *In Her Own Rite: Constructing Feminist Liturgical Tradition.* Nashvills: Abingdon Press, 1990.

Ramshaw, Gail. *Liturgical Language: Keeping It Metaphoric, Making It Inclusive.* American Essays in Liturgy. Collegeville: The Liturgical Press, 1996.

Searle, Mark. *Liturgy and Social Justice.* Collegeville: The Liturgical Press, 1980.

Uzukwu, Elochukwu E. C.S.Sp. *Worship As Body Language: Introduction to Christian Worship: An African Perspective.* Collegeville: The Liturgical Press, 1997.

Witherup, Ronald D., S.S. *A Liturgist's Guide to Inclusive Language*. Collegeville: The Liturgical Press, 1996.

제 II 부

예전음악
Liturgical Music

제13장

예전음악이란 무엇인가?

What is Liturgical Music?

| 로빈 리버 Robin A. Leaver |

"예전음악"이란 유대-기독교 전통에서 행하여진 예배의 음악으로 예배를 위하여 모인 회중synagoge and ecclesia의 기능음악Gebrauchsmusik이 명명되는 것을 받아들이면서 유래된 용어이다. 이러한 확장된 의미를 가진 용어의 사용은 최근의 발전이다. 예를 들어, *The New Grove Dictionary of Music and Musician*(1980)과 *The New Harvard Dictionary of Music*(1986)[1]에서는 예전음악이라는 표제어가 실려 있지 않은 반면, *The New Dictionary of Sacramental Worship*(1990)[2]에서는 "예전음악Liturgical Music"에 관해 언급하고 있다. 이는 New Grove와 New Harvard라는 사전 및 참고 문헌들이 "예전음악Liturgical Music"이라는 소재에 대하여 논하지 않았다는 것이 아니라, 이 소재를 다룬 기록들, 가장 일반적인 "교회음악Church Music"이라는 카테고리 아래에 포함하였다. 또한 *New Dictionary of Sacramental Worship*은 교회적이고 신학적인 사전인 반면에 *New Grove*와 *New Harvard*와 같은 사전들은 음악학적인 참

1. *The New Grove Dictionary of Music and Musicians*, ed. Stanley Sadie, 20 vols. (London and New York: Macmillan, 1980), and *The New Harvard Dictionary of Music*, ed. Don Michael Randel (Cambridge, Mass.: Harvard University Press, 1986)

2. Edward Foley, "Liturgical Music," *The New Dictionary of Sacramental Worship*, ed. Peter Fink (Collegeville: The Liturgical Press, 1990), 854-70.

조 사전이라는 점이 중요하다. 이렇게 용어가 변할 수밖에 없는 사실은, 거의 대부분 과거와 현재의 예배 공동체에 대해 근본적인 관심을 갖고 있는 사람들로부터 비롯된다. 용어학(Terminology)은 이전에 현상학, 언어학, 역사학 그리고 음악학과 관련되어 이야기되던 것이데, 기능, 형식 그리고 예전적인 중요성과 같은 질문들이 형성되면서 패러다임(Paradigm; 시간의 흐름을 나누어 놓는 특정한 구분)의 전환을 반영하고 있다. 다시 말하면, 이것은 "예전음악"이 이론적이고 역사적인 연구를 배제한 예배 가운데 음악의 실제에만 관계하고 있다는 것을 의미하는 것이 아니다. 사실 "예전음악"이라는 용어는 같은 기원의 전문 용어인 "예전음악학Liturgical Musicology"을 낳았다. 이 용어는 최근 출판물[3]에서 나타날 뿐만 아니라 또한 일반적으로 계획되는 대학원 수업 프로그램들을 설명하는 데도 사용된다. 그러나 이러한 변화는 의미론적인 재해석(Semantic Reinterpretation)보다 더욱 본질적으로 제시하는 것이다. 정의에 대한 질문에 있어서 예배음악Worship Music이란 무엇인가?"라는 물음은 이차적 질문이 되었고, "무엇을 위한 예배음악인가"라는 물음이 첫 번째 질문이 되었다. 기능과 맥락은 형태와 내용을 결정한다. 그러므로 예배음악의 요점과 장르는 그것의 목적과 용도가 성립되기 전까지는 완전히 이해될 수 없다. "예전음악"이라는 용어를 제한하고 있는 "예전"이라는 말은 확실히 그 특성과 내용을 결정하는 예배음악의 첫 번째 기능을 규정짓는다. "예전음악"과 같은 말이 그 상황과 용도의 범위 밖에서 들리고 연구될 때에는 본래의 모습과 중요성 그리고 핵심을 상당 부분 잃어버리게 된다. 왜냐하면 예배음악은 그것을 의도하고 있는 예배(넓은 용어로서는 예전) 밖에서는 완전하게 이해될 수 없기 때문이다.

성서에서의 음악의 기능(The Function of Music in the Bible)

예전음악 기능에 대한 관심은, 음악과 관련된 성서 연구들에서도 동일하게 찾아낼 수 있다. 아주 최근까지도 이러한 연구들은 철학이나 역사학 분야에서 중시되었다. 그러나 성서적 표현의 음악적 기능에 대한 관심이 점점 증가될 조짐이 보이고 있다.

---

3. Edward Foley의 *Ritual Music: Studies in Liturgical Musicology* (Beltsville, Md.: Pastoral Press, 1995)와 같은 책이나, Scarecrow Press에 의해 간행된 "Studies in Liturgical Musicology," 현재 저자가 편집 중인 시리즈를 보라.

영어권에서 전통적인 연구는 1879년에 최초로 존 스테이너Sir John Stainer경에 의해 *The Music of the Bible*이라는 책으로 출판되었다. 이것은 고대 악기 연구에서 저명한 권위를 가지고 있으며, 후에 수메르[4] 음악에 대해 집필했던 프란시스 윌티엄 갤핀Fancis William Galpin[5]에 의해 보완되어 1914년 재출간되었다. 스테이너의 책은 거의 전적으로 악기와 그것들의 도해(圖解) 및 연주 방법 그리고 다양한 성서적 용어들에 대한 언어학적 조사를 포괄하고 있다. 그러나 성서적 음악 기능(들)에 대해서는 거의 주의를 기울이지 않았다. 스테이너는 이후 성경에 관한 사전이나 핸드북에서 음악 용어를 다루고자 하며, 성서적인 악기들에 대한 설명에 주안점을 두고자 하는 집필자들에게 중요한 자료가 되었다. 이러한 경향은 최근 문헌에서 많이 나타난다. 한 가지 예로 칼 숄크Carl Schalk에 의해서 편집된 *Key Words in Church Music*(1978)은 "성서적인 악기"[6]에 대한 용어는 포함하고 있지만 성서적인 음악 기능에 대하여서는 싣고 있지 않다. 그러나 소주제인 "교회음악 역사 –유대교"에서는, 다시 악기에 대해서는 강조하고 기능에 대해서는 참고문헌만 제시하여 역사적으로 개괄하고 있다.[7] 또 다른 예는 에릭 워너Eric Werner가 쓴 *The Interpreter's Dictionary of the Bible*에 있는 "음악"에 대한 항목이다.[8] 이 사전에서는 다시 악기들에 주안점을 두어서 역사적인 부분을 강조하고 있다. 그러나 간략하게 예전음악의 기능에 대해 소개한다. 더 최근의 *Anchor Bible Dictionary*(1992)는 성서적인 음악과 관련된 두 개의 항목을 보여주고 있는데, "악기"[9]는 더 많은 내용을 다루었고, 다른 "성서 속의 음악"[10]은 성서적인 음악의 "신앙적인 목적들"이라는 짧은 단락을 포함하고 있다. 이러한 책들이 씌어졌다는 사실은, 성서 안에서의 음악적

---

4. Francis W. Gilpin, *The Music of the Sumerians and their Immediate Successors, the Babylonians and Assyrians* (Cambridge: Cambridge University Press, 1937; reprints: Strasbourg University Press, 1955: New York: Da Capo, 1970; Freeport, N.Y.: Books for Libraries, 1970; Westport, Ct.: Greenwood, 1970; Baden-Baden: Koerner 1972).

5. John Stainer, *The Music of the Bible*, with an Account of the Development of Modern Musical Instruments from Ancient Types, new edition with additional illustrations and supplementary notes by Francis W. Galpin (London: Novello, 1914; reprint New York: Da Capo, 1970).

6. *Key Words in Church Music: Definition Essays on Concepts, Practices, and Movements of Thought in Church Music*, ed. Carl Schalk (St. Louis: Concordia, 1978) 26-29.

7. Ibid., 87-91.

8. Eric Werner,"Music," *The Interpreter's Dictionary of the Bible* (New York: Abingdor, 1962) 3:457-69; 워너(Werner)의 최근 논문"Jewish Music Ⅰ. Liturgical,"특히 section 3-6, *New Grove* 9:616-23.

9. Ivor H. Jones,"Musical Instruments,"*The Anchor Bible Dictionary* (New York: Doubleday, 1992) 4:934-39.

10. Victor H. Matthews, "Music in the Bible," Ibid., 4: 930-34, 특히 932-33.

인 기능을 확인하고 묘사하려는 '관심'들이 점차 증가하고 있음을 나타낸다.[11]

음악의 기능적인 면과 예전적인 것보다 역사와 언어학적인 것에 대한 이전의 논의들은 성서 시대의 회당이 일반적이고 정규적으로 시편을 불렀다는 '잘못된 믿음'이 계속되게 했다. 예를 들어, 숄크Schalk와 워너Werner는 회당의 예배는 시편송을 포함하고 있고 따라서 초기 기독교 교회 찬송의 요람이었다는 통념을 되풀이한다. 그러나 그 재료들은 이론을 제공하기보다는 반대가 된다. 최근의 연구는 유대교 회당이 본질적으로 교육 기관이었음을 보여준다. 그 기관에서 주후 70년 성전의 파괴 이후, 어떤 시기까지 시편송을 불렀다는 증거는 없었고, 아마도 200년이 되기 전에는 기독교 시편송의 근원은 회당에 있었던 것이 아니라, 제사의 중요한 부분이었던 성전의 예전 시편송에 있었을 것이다.[12]

이러한 역사적 증거에 대한 재조사는 단순히 언어학적이며 현상적인 진술에서 벗어나, 성서적 음악의 예전적이며 기능적인 분석으로 옮겨가게 하는데 공헌하였다. '그것은 무엇인가'를 아는 것만으로는 더 이상 충분치 않고, '그것은 왜 만들어졌고 언제 그리고 어떻게 사용되었는가?'를 아는 것이 필요하다. 성서에 나타난 예전음악의 실상은 오늘날 예전음악을 포함해 그 어떤 역사적인 시기의 음악도 포괄하는 것이다.

용어의 변천(Changes in Terminology)

예배음악에 대한 가장 공통된 용어는 "교회음악"이다. 그러나 이 용어는 통용 가치를

---

11. 현재까지 성서용어에서 음악의 기능에 대한 최고의 개요는 "Funktion der Musik in der Bibel,"Freiburger Zeitschrift fur Philosophie und Theologie 24(1977) 366-89에서 P. Casetti에 의해 포괄적으로 개관되어진 것이다. 영어번역은 1998년에 출판되어진 The Hymnology Annual 4에 나타난다. 제사의 예전적 행위안에서의 음악의 중요기능에 대해 실제적으로 처음 논의된 것은 John W. Kleinig, The Lord's Song: The Basis, Function and Significance of Choral Music in Chronicles (Sheffield: JSOTS Press, 1993)에서 이다. 또한 John W. Kleining,"The Divine Instament of The Lord's Song in Chronicles," Journal for the Study of the Old Testament 55(1992) 75-83을 보라. 진술은 또한 Hans Seidel의해 Musik in Altisraels: Untersuchungen zur Musikgeschichte und Musikpraxis Altisraels anhand biblischer und auberbiblisxher Texte (Frankfurt: Lang, 1989)에서 되어진다.

12. 기본적인 문학작품을 포함한다. J.A. Smith, "The Ancient Synagogue, the Early Church, and Singing," Music and Letters 65 (1984): 1-16; J.A. Smith, "First-Century Christian Singing and its Relationship to Contemporary Jewish Song," Music and Letters 75 (1994) 1-15; James W. Mckinnon, "On the Question of Psalmody in the Ancient Synagogue," Early Music History 6 (1986): 159-91; Paul F. Bradshaw, The Search for the Origin of Christian Worship: Sources and Methods for the Study of Early Liturgy (New York: Oxford University Press, 1992); and Heather A. Mckay, Sabbath and Synagogue: The Question of Sabbath Worship in Ancient Israel (Leiden: E. J. Brill, 1994).

상실했다. 많은 이들은 이 용어가 서로 다른 예배음악의 다양한 측면들을 포용하기에는, 너무 제한적이고 배타적이라고 보기 때문이다. 따라서 가장 자주 사용되어 온 "종교 음악 Religious Music", "신성 음악Sacred Music", "목회 음악Pastoral Music", "의례 음악Ritual Music", "기독교 예식 음악Christian Ritual Music", "예전음악Liturgical Music"과 같은 다양한 대안적 용어들이 통용되어 왔다. 그러나 각각의 대안들이 "교회음악"이라는 용어가 가지고 있는 협소한 함축내용을 피하려 했으나, 그럼에도 불구하고 그것들 자체가 문제점들을 만들었다.

"**교회음악**Church Music", 이 용어가 가지고 있는 한계에도 불구하고, "교회음악"이란 용어는 예배음악에 있어 여전히 일반적으로 사용되는 용어이다. 이 용어가 계속해서 사용되는 이유 중 하나는 그러한 음악을 이끄는 사람들과 관계된 용어이기 때문이다. "교회 음악가", "신앙심이 깊은 음악가"와 같은 것은 우연한 표현들이 아니다. 왜냐하면 누군가 한 명이 예배음악의 모든 지도자들은 신앙적이길 바란다면, 그와 동시에 다른 음악들은 비신앙적이라는 개념을 동반하는 셈이기 때문이다. 이처럼 "신성한 음악가"는 '상대방보다 더 신성하다'는 말을 함축하고 있다. 비록 어떤 교회들은 '음악 목사'나 '음악 감독'이라는 칭호를 사용하지만, '교회음악가'라는 용어는 거의 사용되지 않는다. 예를 들어, 폴 웨스터마이어Paul Westermeyer는 그의 매우 유용한 책에서 '칸토르cantor'라고 부르길 원했다. 이 용어는 독일 루터교회 안에서 오랜 동안 사용되었고, 그보다 더 오래된 서방 가톨릭교회와 동방 정교회 모두가 사용해왔던 탓이다. 그러나 "교회음악-교회음악가"의 일반적 용례 때문에 그는 마지못해 "교회 음악가"[13]라는 말을 받아들였다.

위의 설명처럼, 지금까지 많은 참고 문헌들이 "교회음악"이라는 용어를 계속해서 사용하였다. *The New Harvard Dictionary of Music*에는 "교회음악"이라는 표제어와 "영국 교회음악 (Anglican Church Music)"이라는 항목이 각각 나타나고 있으나, 다른 교파에 대해서는 싣고 있지 않다. *The New Grove Dictionary of Music and Musician*에는 "기독교 교회, 교회 초기의 음악"[14]이라는 항목이 포함되어 있다. 그러나 후기 시대나 교파적 전통 음악에 대해

13. Paul Westermeyer, *The Church Musician*: Revised Edition (Minneapolis, Minn.; Augsburg Fortress, 1997). Originally published in 1988.

14. New Grove 4: 363-71, Christian Hannick에 의해 쓰임.

서는 싣지 않았다. 부족한 것을 개정한 *The New Grove Dictionary of American Music*[15]과 곧 바로 개정판이 나온 *New Grove*에도 마찬가지다. *AmeriGrove*에 들어있는 교파 항목은 "교회음악"이라는 용어를 선호하고 있다. 왜냐하면 그것은 교파 내지는 "교인들"의 전통을 정의하는데 더 유용하게 쓰일 수 있기 때문이다. 예를 들어 "침례교회 음악", "성공회 음악", "루터교 음악", "감리교회 음악", "모라비안 교회 음악", "로마 가톨릭 음악" 등이다. 이 용어는 역사학적인 관점을 포함하는 전통에 초점을 맞출 때 실행될 수 있지만, 기능과 상황, 실제와 관계를 표할 때는, 포괄하기 힘들다. *The New Harvard Dictionary of Music*에 수록된 리차드 프랜치Richard French의 "교회음악"이라는 항목은 다음과 같은 정의로 시작된다.

> [교회음악이란:] 공적이나 사적으로 기독교의 찬양, 기도, 묵상, 감사 혹은 기념식을 위해서, 또는 교회에서 사용하기에 적절하다고 여겨지는 작곡 또는 편곡. 서양 교회의 음악은 차별화된 다른 교회 음악이나, 유대 전통적 기독교 음악에 뿌리를 둔 것들과 차별화되어 있다. 좋은 정의이긴 하지만, "교회음악"이라는 용어가 쓰일 때 그 자체가 일부 약점을 드러낸다.[16]

무엇보다도, 두 번째 문장은 은연중에 "교회 음악"이 동방정교회와 유대교의 예배 전통을 배제하고 있음을 인정하고 있다. 이것은 심각한 결함이다. 서양의 예배음악이 차별적으로 발전되어 왔을지는 모르지만 유대교 성가와 비잔틴 성가 모두와 같은 뿌리를 가지고 있기 때문이다. 숄크의 *Key Words in Church Music*과 관련하여 위에서 지적했듯이 "교회"는 유대교 전통을 포용할 수 있을 만큼 포괄적인 용어가 아니며, 이러한 방법으로 사용하려고 하면 서로 조화가 되지 않는다. 그러나 또한 고유한 예배음악 형태를 가지고 있지만 신도들이 "교회"라는 용어를 사용하지 않는 쉐이커, 형제단이나 구세군과 같은 그룹의 전통을 배제하고 있다. "교회 음악"은 영어를 사용하는 개신교도들에게는 선호되는 용어지만, 로마 가톨릭에서는 덜 선호되었기 때문에[17], 최근에는 많은 사람들이 개신교의 "교회 음악"으로

---

15. *The New Grove Dictionary of American Music*, ed. H. Wiley Hitchcock and Stanley Sadie (New York: Macmillan, 1986), commonly designated *AmeriGrove*.

16. *New Harvard Dictionary of Music*, 166-69, 이 부분은 166.

17 In German-speaking areas "Kirchenmusik" has not developed this Protestant connotation. It is either used as a general term of qualified thus: "Katholische Kirchenmusik" (Roman Catholic), "Evangelische Kirchenmusik" (Lutheran),

인식하고 있다.[18] 나아가, "교회"는 그러한 예배음악의 기능, 맥락, 특성을 나타내지 않는 일반적 용어이다. 위에 나열된 근거들이, 교회음악이라는 정의가 갖고 있는 문제점들을 피하기 위하여 다른 정의를 찾게 만드는 이유들이다.

"**종교음악**Religious Music"이라는 용어는 소수의 사람들에 의해 선호된다. 물론 이 용어는 '교회'라는 용어가 갖는 배타성을 피할 수 있으며, 또한 유대 예배 전통을 포용할 수 있다. 그러나 "종교적"이라는 말은 너무 광범위한 뜻을 가지기에 나름대로 어려움이 있다. 종교라는 우산 안에 모든 형식의 종교가 포괄되며, 이것은 유대-기독교 전통에만 있는 것은 아니다. "종교 음악"은 예배를 의도하고 있는지의 여부를 떠나서 모든 형태의 종교 음악을 동등하고 폭넓게 포함한다. 이 용어는 구스타브 홀스트Gustav Holst의 릭 베다Rig Veda로부터 유래한 힌두교 찬송과, 그의 영지주의적인 *Hymn of Jesus*를 포괄한다. 에드먼드 루브라Edmund Rubbra에 의한 수많은 작품들도 포함되는데 불교와 도교를 연구하여 영향을 받아 쓴 것과, 또한 수많은 작곡가들, 모차르트와 베토벤에서부터 메시앙, 티펫Tippett 등 종교적 주제들의 다양한 표현을 추구한 것 등이다.[19] 그러나 이러한 작업의 대부분은 의심할 여지없이 종교적인 것이었고, 예배음악의 기능을 고려하지는 않았다.

"**신성음악**Sacred Music"은 꽤 일반적인 용어이다. 그것은 "종교음악"의 방대한 의미와 "교회음악"의 협소한 의미를 피해보려는 대안을 찾기 위한 노력이다. 그러나 부적절한 이 용어는 "종교음악"과 마찬가지로 비판을 면할 수 없다. "신성한Sacred"은 "종교적인"의 동의어이다. 그러나 "신성 음악"은 보통 예전음악 또는 보편적인 유대 기독교 전통 하에 있는 신성한 주제를 탐구한 음악으로 제한된다. 그리하여 펜데레츠키Penderecki, 고레키Gorecki, 타버너Tavener, 그리고 패르트Pärt 등 많은 작곡가들은 예전적으로 사용하기 위한 의도가 없었음에도 불구하고 신성음악으로 분류된다.[20] 중요한 점은, 많은 비예전적 신성음악 작품들은 예

"Reformierte Kifchenmusik" (Reformed/Calvinist). However, "Kirche" has the same the same exclusivity as the English "Church."

18. Although there is hesitation in Catholic usage, the term continues to be employed; see, for example, Virgil C. Funk, "The Future of Church Music," *Sung Liturgy: Toward 2000 AD*, ed. Virgil C. Funk (Washington, D.C.: Pastoral Press, 1991) 95-109.

19. See Robert William Sigismund Mendl, *The Divine Quest in Music* (New York: Philosophical Library, 1957).

20. These composers, especially Tavener and Pärt, have, of course, written liturgical music, but some of their concert pieces, even when based on chant forms, were not intended for performance within the context of worship.

전에 기원을 가지고 있다는 것이다. 예를 들어, 요즘은 거의 종종 음악회 곡으로 들을 수 있는 수난곡passion music은 수난주간[21] 동안 미사에서 불렸던 복음송에 그 뿌리를 두고 있고, 오라토리오는 기도실의 기도에서 발전되었으며[22], 당연히 미사곡은 예전적 미사 세팅에 직접 기원을 두고 있다. 용어가 애매하기는 하지만, "신성음악"은 많은 이들에게는, "교회음악" –유대교적 전통 뿐 아니라 넌지시 천주교 등 비개신교 음악을 배제하고 있는–보다는 듣기 좋은 용어이다. 교파적으로 다양하게 음악교육을 하고 있는 많은 학문 기관들이 "교회음악"보다는 "신성음악"을 선호하는 이유가 바로 여기에 있다. 이러한 예로서, 예일대학 '신성' 음악 연구소Institute of Sacred Music와 웨스트민스터 콰이어 칼리지의 '신성' 음악 학부Sacred Music Department에도 '신성'이라는 단어가 사용되었다. "교회음악"이라는 용어 대신에 "신성음악"이라는 용어가 더 선호되어 간다. 이와 같이, 바흐의 "교회 칸타타Church Cantata" 대신에 "신성 칸타타Sacred Cantata"[23]라는 표현을 사용하는 경향이 있고, 과거에 "교회 음악"으로 표기되었을 장르가 "신성 음악"[24]으로 분류되고 있다. 그러나 "교회"와 마찬가지로, "신성"이라는 용어 자체가 기능을 나타내는 것은 아니기 때문에 다른 표현을 찾을 수밖에 없다.

"**목회음악**Pastoral Music"은 로마 가톨릭에서 널리 사용되는 용어이다. 미국에서는, '전국 목회 음악인 협회(National Pastoral Musician Association)'의 '목회음악'이라는 잡지가 있다. "목회적"이라는 수식어는 명백히 지방 교구에서의 음악의 기능을 강조하고 있다. 성직자는 성도들의 다양한 요구에 대하여 봉사하는 사제인 것처럼, 목회 음악은 성도들의 예배적인 요구에 봉사한다. 이 용어의 장점은 그 자체로서의 예배음악이 중요한 것이 아니고, 교회의 봉사에 참여한다는 것이 중요하다고 제시하는 것이다. 이 표현의 약점은 "목회적"이라는 용어가 교회 예배를 포용하고 있는 일반적인 표현이지만 그 맥락에만 제한되는 것이 아니라는 것이다.

"**의례 음악**Ritual Music"은 목회음악의 대안으로 채택되었다. 왜냐하면 그것은 교회에서 행했던 예전적행위로서 의식에서 사용하였던 음악과 확실하게 관련되기 때문이다. 거듭 강조

---

21. Robin A. Leaver, "Passion Music," *Passover and Lawrence and Easter: The Liturgical Structuring of a Sacred Season,* eds. Paul F. Bradshaw and Lawrence A. Hoffman, University of Notre Dame Press, forthcoming.

22. Howard E. Smither, *A History of the Oratorio*, vol. 1 (Chapel Hill: University of North Carolina Press, 1977) 19-76을 보라.

23. 예를 들어, Melvin P. Unger, *Handbook to Bach's Sacred Cantata Texts* (Lanham, Md.: Scarecrow, 1996).

24. 예를 들어, Allen Perdue Britton, Irving Lowens and Richard Crawford, *American Sacred Music Imprints* 1698-1810: A Bibliography (Worcester: American Antiquarian Society, 1990).

하여 이러한 음악의 기능은 매우 중요하다. 바로 의식에 사용되는 음악이기 때문이다. 그러나 검증 되지 않은, 단순한 용어 측면에서는 매우 넓고, 힌두교 제례에 사용되는 노래[25]와 같이 어떠한 종교의 제례 음악도 예외 없이 포함된다. 그와 같은 연구는 탄생과 죽음에 대한 기독교 의례 음악처럼 같은 맥락에서 조명될 수 있다. 그럼에도 불구하고, 주된 의도를 벗어난, 피상적인 뜻을 내포하고 있다.

"**기독교 예식 음악**Christian Ritual music"은 보다 더 일반적인 용어인 "의례 음악"[26]을 대신하여 자주 사용된다. 이 용어는 라우스Laus 대학의 문헌 *Music in Christian Celebration*[27]과 *The Milwaukee Symposia for Church Composers*[28]의 "10년 연구 보고서"에서 발견되었던 용어이다. 그러나 그 사용에 대한 광범위한 컨텐츠 없이 다소 좁게 접근하고 있다. 에드워드 폴리Edward Foley는 "나는 '기독교 예식 음악'이 교회에서 찬양 음악을 논함에 있어 가장 정확한 기술적 용어라고 믿고 있는 반면, 여전히 학계 외에서는 크게 통용되지 않고 있다"라고 말한다. 그는 넓은 관점에서 보고자 할 때, "예전음악"이라는 용어가 우선되어야 한다고 제안한다. 그 이유는 그것은 필수적으로 통용 가치를 가지고 있고, 더욱 포괄적이며 기독교와 유대교 모두를 포용하고 있기 때문이다.[29]

"**예전음악**Liturgical music"이라는 용어는 점점 폭넓게 유대-기독교 전통의 예배음악 범위 전체를 포함하는데 사용된다. 그러나 여기서 "예전"이 예배에서 사용되는 '예문'들로 이해되는 것은 매우 위험하며, 이 경우 예전음악은 과거의 단성 찬트monodic chant로만 이해될 수 있다. 왜냐하면 이 용어가 예전의 예식만을 강조하기보다는, 예배 전체-언어, 행동, 공동체, 공간과 음악-를 강조하기 때문이다. 그러나 현대적인 "예전"은 예문에 한정되지 않고 "예배"에 의해서 규정되는 모든 것을 수용한다. 그러한 방법으로 사용되는 "예전음악"은 예배음악을 표현하는 데 적절한 용어이다.

---

25. 예를 들어Stuart H. Blackburn, *Singing of Birth and Death: Texts in Performance* (Philadelphia University of Pennsylvania Press, 1988)를 보라.

26. Notice how Edward Foley qualifies the term in the title cited in note 3 above.

27. Claude Duchesneau and Michel Veuthey, *Music and Liturgy: The Universa Laus Document and Commentary,* trans. Paul Inwood (Washington, D.C.: Pastoral Press, 1992)를 보라.

28. *The Milwaukee Symposia for Church Composers: A Ten-Year Report* (Washington, D.C.: Pastoral Press, and Chicago: Liturgy Training Publications, 1992).

29. Edward Foley, "Liturgical Music: A Bibliographic Introduction to the Field," *Liturgical Ministry* 3 (1994) 130, n.2.

계속 이어지는 장chapter들에서 예전음악에 대한 연구와 설명들, 즉 그것의 특성, 형식, 장르, 상황 그리고 예배의 우선적이고 필수적인 구성요소로서 그 특징을 이야기할 것이다.

제 14 장

음악으로서의 예전음악; 인문 과학의 공헌

Liturgical Music as Music: The Contribution of the Human Sciences

| 얀 미카엘 용카스 Jan Michael Joncas |

학자들은 음악과 언어 사이의 상호소통에 관해 일련의 기록들을 남겨왔다. 이 두 가지는 상징적인 형태로 세계를 구성하는 근본적인 인간의 역량을 활성화시키며, 실질적인 시간 속에서 발생하기도 하고(음악을 연주한다거나 언어를 말할 때) 또는 가시적 표현의 형태들(음악을 기보하거나 언어를 기록하는 것)[1]에 의해 고정되기도 한다. 이 두 가지는 문화적으로 기호화 되고, 또한 언어학 그리고 음악적인 이벤트 때, '말하는 이(Speaker)'나 음악 연주자(Music Performer)들에 의해 특정한 시점에 선택되고 창조된 것들이, 체계적으로 구성된 '보고'(Reservoir)임을 전제한다. 한 단어가 그것이 의미하는 요소(Component)로 나뉠 수 있는 것처럼, 음악적 음(Notes)들은 청각적 특성들을 지니는 용어로 분석될 수 있다. 마치 단어들이 문장의 다른 형태들을 만들기 위해 다양한 조합들로 묶일 수 있고, 문장들은 문단을 만들기 위해 묶일 수 있고, 또 문단들은 하나의 주제를 만들기 위해 묶일 수 있는 것처럼, 마찬가지로 음악의 음들도 선율을 만들기 위해 묶일 수 있고, 차례대로 더 복잡한 구성들을 만들기

1. 이것은 Richard Taruskin의 본문(Text)과 논문(Act)의 제목(Title)의 예로 반영되었다: *Essays on Music and Performance* (New York: Oxford University Press, 1995).

위해 묶일 수 있다. 마치 언어가 사회적인 세계를 기호화 하고 표출해내듯이 음악은 문화적 가치를 정식으로 기술하고 상징화한다.

현들의 떨림에 의해서 시작되는 공기 미립자의 진동 패턴이나, 인간들에 의해 차례대로 인지되고 해석되는 공기층들 또는 진동표면의 진동 패턴과 같은 음악적인 현상들은 소리가 생산해내는 물리적 특성의 분석을 통해 학습될 수 있다. 예를 들어 음정pitch, 음량volume, 음의 지속duration, 그리고 음색timbre이 그것이다. 보다 복잡한 구조들로 차례로 발전하는 음악적 소리들의 구성은 선율, 화음, 대위법, 구조, 그리고 형식과 같은 말로 분석될 수 있다. 심리학, 사회학, 인류학(민속음악학), 그리고 기호론과 같은 인문 과학들은 문화적인 현상으로서 이러한 소리와 침묵의 구조를 이해하기 위한 이론적인 표본들을 차례대로 제공한다. 이것들과 관련하여 분석적 요인들과 분석적 훈련들은 예전음악가들이 음악적 경험과 문화적 소통이 예배에 영향을 미친다는 것을 이해하도록 도울 수 있다.

1. 음향적 현상으로서의 음악적 소리 (Musical Sounds as Acoustic Phenomena)

음정Pitch은 매 시간 단위마다 자체적으로 반복되는 진동 횟수의 빈도에 의한 기능이다. 과학적으로, 진동수는 매 초마다 순환주기로 측정되거나 "헤르츠Hertz"(약어: Hz)로 측정된다; 순환 패턴의 반복이 빠를수록 진동수도 높아진다. 빈도는 음정으로서 우리 귀에 의해 식별된다. 빈도가 높을수록 음정도 높아진다. 서구식 표준으로 "A−440"은 440Hz의 빈도가 "가온 다"A above middle C의 음 높이를 만들어냄을 의미한다. 전체적인 진동의 길이에 더하여, 현이나 공기층은 다양한 여운의 진동을 만들어 내기도 한다.(1:2, 2:3, 4:3등) 이런 부차적인 진동들은 부분음Partials 혹은 배음overtones이라고 불리는 일련의 음정들을 만들어 낸다. 이것들은 일종의 합성된 소리로 우리 귀에 감지된다. 인간의 청력은 c.20에서 c.20,000Hz 사이의 진동수를 들을 수 있는 능력을 지닌다.

음량Volume은 현의 진동, 공기층, 혹은 표면의 진동에 의해 만들어진 공기 미립자의 변위의 폭을 나타내는 '진폭'amplitude의 기능이다. 변위가 크면 클수록, 음량은 커진다. 진동수와 진폭은 서로 다른 청각적 현상의 측면을 나타낸다는 것을 알아야 한다; 진폭의 변화에 따라 음량이 커지거나 작아지는 동안에도 같은 진동수를 유지함으로 일정한 음정을 유지할 수 있는 한편, 다른 진동수로 인해 음정이 다양하게 변한다하더라도 일정한 진폭을 유지하면서 같은 음량을 지속할 수 있다.

음악적 **소리의 지속**은 박자meter와 리듬의 패턴에 의해서 개념화된다. 박자는 강하고 약한 박들이나 진동pulses들의 되풀이되는 패턴을 표현한다. 대칭Symmetrical박자는 16~19세기 공통 관행 시대(Common Practice Period) 서양음악의 특징이라고 할 수 있다. 그것은 각 음악적 단위마다 두 박자 계통duple meter, 세 박자 계통triple meter, 또는 둘과 셋의 조합된compound meter 진동의 짜임 속에서 조정된, 강하고 약한 악센트들의 규칙적인 반복의 패턴을 포함한다. 비대칭Non-Symmetrical박자는 강하고 약한 박자들의 반복 패턴들을 피한다. 그것은 몇몇 현대화된 서양 고전음악과 다양한 단선율 성가의 양식들을 특징짓는다. 리듬은 박자 안에서 음정 지속의 다양한 배열들을 구분한다. 3박자 구성의 변화 방식들로써 여섯 가지 리듬 형태mode는 13세기 유럽의 작곡형태에서 나타난다. 14세기의 아이소리듬isorhythm은 악곡을 통틀어 독립된 부분 안에서 하나의 리듬 패턴을 반복하는 리듬 형태의 원리를 수행한다. 다양한 춤과 연결된 음악은 박자들의 짜임 안에서 특성화된 리듬들을 드러낸다. (예를 들어, 왈츠, 미뉴에트, 마주르카, 또는 폴로네이즈 리듬)

앞서 살펴 본 것처럼, 하나의 주어진 음정(진동수에 의해서 결정된)은 다양한 진동 패턴들을 만들어 낸다. 같은 음정, 음폭, 그리고 음의 지속을 지녔으나 다른 매개체들에 의해 만들어진 소리들은 음색 또는 음질의 색깔tone color에 근거하여 구별될 수 있다. 왜냐하면 다른 소리매체는 일련의 화음들을 제거하고 각각의 근원적인 소리들을 확장하는 가운데 특성상 다른 음정들을 발생시키기 때문이다. 즉 각각의 목소리 그리고 악기는 주어진 음정, 진폭, 그리고 음의 지속에 대하여 다른 진동패턴을 만드는 가운데 특징적인 음색을 드러내는 것이다.

서로 다른 문화들은 이런 매개변수들이 예배에 적합한지 부적합한지에 대해 각각의 입장들을 구분 짓는다는 것을 알아야 한다. 높은 음을 내는 여성의 울레이션ullation 또는 소음계microtonal 칸틸레이션cantillation의 패턴들은 아프리카 또는 시리아의 몇몇 예배에 적합한 것으로 간주되나, 영국 성공회의 저녁기도에서는 예배를 방해하는 것으로 고려될 수 있다. 회중찬송을 이끄는데 있어서, 오르간 사용은 북미 루터교인들에게는 매우 만족스럽게 여겨지는 반면, 그들의 '가톨릭 동료들'에게는 너무 크고 귀에 거슬리는 것으로 간주되기도 한다. 어떤 이들은 대칭적으로 되풀이하는 박자 패턴들이 신성을 모독하는 활동과 결부된 감정적, 육체적 반응들을 야기하므로, 오직 비대칭적인 박자만이 기독교 예배에 적합하다고 주장해 왔다. 마찬가지로 가스펠 독창자의 열창은 그레고리안 성가를 부르는데 있어 부적합한 것으로 고려된다.

2. 음악적 소리들의 구조화(The Structuring of Musical Sounds)

선율(Melody)은 매우 복잡하고 미묘한 요소들의 조합이기 때문에 현실적으로 선명하게 정의하기 어렵다. 음이 지속되는 패턴 안에서 음정들의 배열(음의 길이와 높이를 배열하는 것)은 다양한 선율적 요소들을 만들어낸다; 음들tunes(민요나 팝송과 같은 선율들을 쉽게 인식하거나 기억한다), Theme(소나타곡들, 교향곡들, 표제 음악들, 그리고 변주곡들 그리고 다른 단선율의 작곡 형식들에서 쓰이는 음정 변화), 주제subject 9인벤션, 푸가, 그리고 대위법에 의한 작곡형태들 안에서 사용되는 음정 변화), 동기들motives(곡의 변화와 발전에 이바지하는 짧은 음정변화), 악구phrases(보통 두개나 네 개, 혹은 여덟 개의 마디들로 구성되고 하나의 완성된 느낌을 주는 음정변화의 기본적인 단위들), 그리고 악절periods(두개 혹은 더 많은 악구들의 조합들). 선율들의 흐름contour(범위, 방향)과 움직임motion(템포, 리듬구조)은 다음과 같은 방법들을 통해 선율 요소들의 섬세한 모습과 함께 분석될 수 있다: 반복진행sequence (하나의 새로운 음의 높이에서 선율 패턴을 반복), 전위inversion(선율 음정들의 방향을 바꿈), 역진행retrograde motion(하나의 주어진 선율단위의 음들을 역방향의 순서로 연주), 역전위retrograde inversion(도치와 역진행의 조합), 확장과 축소augmentation & diminution(본래의 선율단위의 지속들을 증가시키거나 감소시키는 것)등이 그 방법이다.

화성(Harmony)은 동시에 일어나는 소리현상이다. 즉 수직적 성격으로 고려할 수 있는 음들의 조합이다. 화성적인 악장은 코드chords(동시적으로 수행되는 음들의 조합)들의 연속을 포함한다. 스칼라scalar의 음pitch들과 그 구성의 다양성이 주어지면서, 우리는 음계modal scale(사용되는 음계와 그것의 화성적 구성을 결정하는 음들을 포함하고 있는 코드들을 사용), 원음계diatonic scale(시행중인 장음계 또는 단음계 안에서 사용되는 음들을 결정하는 코드들을 사용), 반음계chromatic scale(시행중인 장음계와 단음계 이외의 어떤 음들 안에서, 그렇지만 근음을 바탕으로 하는 어떤 근거를 가지고 사용되는 음들 가운데서 코드를 사용), 중조음계bitonal scale(두 가지 선율들 또는 다른 조들로 진행하는 코드의 연속들 안에서), 무조atonal scale(중심이 되는 조가 없는 가운데), 그리고 소음계microtonal(반음계가 사용되는 것보다 더 작은 음정 안에서)들과 화음들을 구별할 수 있다.

대위법(Counterpoint)은 수평적인 성격으로 고려될 수 있는 선율 또는 화성 흐름들의 동시적인 소리현상이다. 대위법이란 말은 라틴어 *punctus contra punctum*에서 유래되었는데, 문자적으로는 대입point against point이고 내용상으로는 "음 대(對) 음"의 의미를 지니고 있다. 다성Organum은 주어진 선율과 각각의 음이 고정된 음정에서 하나의 음을 소리 내는 것에 의하여 어우러지는 대위법의 한 종류이다. 대위법은 평행진행parallel(보통 4도나 5도의 고정된 음정에서 서로 반영하는 선율들), 역진행contrary(하나의 선율이 올라갈 때 또 다른 선율은 내려오거나 반대로 진행한다), 그리고 사선 진행oblique(지속저음을 넘는 음정들의 다양함을 만들어 내는 선율) 등의 선율진행에 의해 특징지워진다. 다성음악polyphony은 각 선율 또는 코드 진행이 다른 것들로부터 독립적으로 움직일 때 생겨난다. 모방imitative적인 대위법 안에서 다양한 선율 또는 코드라인들은 윤창rounds이나, 카논, 그리고 푸가들처럼 서로 서로 반영하면서 공통의 패턴들을 공유한다. 반대로 비모방nonimitative 대위법은 그와 같이 공유하는 패턴들을 사용하지 않는다.

서양음악 전통에서 음악은 네 가지 구조들로 구분되어 왔다. 단성음악monophony은 한 사람 또는 여러 사람들 내지는 단체들이 같은 음정으로 단선율을 노래할 때 생겨난다. 이성음악heterophony은 둘 또는 여러 사람들, 또는 단체들이 같은 선율을 동시적으로 다른 소리로 노래할 때 생겨난다. 무엇보다도 대위법과 가장 관련 깊은 다성음악polyphony은 둘 또는 더 많은 선율들이 평행리듬이나 선율곡선을 동시에 사용하는 것을 피하면서 조합될 때 생겨난다. 화성과 밀접하게 관계있는 화성음악homophony은 주선율이 부차적인 특성의 소리를 내는 다른 음들과 함께 놓일 때, 그 주선율에 초점을 맞추어줌으로 생겨 난다.

음악 **형식(Form)**은 주어진 시간 안에, 독특한 음악적 사건이 일어나는 것을 구조적으로 인식하는 것이다. 앞의 어떤 규정들이나 또는 그것들의 종합은 음악 형식을 구성하기 위한 토대들로써 봉사한다. 반복repetition과 대조contrast는 음악 형식을 구분짓는 데 있어서 두 가지 근본적인 특성을 가져다준다. 반복은 듣는 이로 하여금 이미 들은 것이 무엇인지에 대한 기억과, 그리고 앞으로 어떤 선율을 들을 것인지에 대한 기대감을 고조시킨다. 대조는 듣는 이들의 기대감들을 확인시키기도 하고 또는 좌절시키기도 함으로써 그들의 주의를 자극한다. 복잡한 문화적 약정들 속에서 반복과 대조, 두 가지 기능은 청각적인 사건event들을 구성하고 있다.

반복과 대조의 관계를 분석하기 위한 네 가지 근본적인 범주는 음악 형식을 분석하는 것에 기초를 두고 있다. 엄격한 반복진행Exact repetition은 단순히 원래의 청각적 사건을 재생산한다. 만트라창법Mantra-singing은 엄격한 반복진행을 사용함으로 뚜렷한 종교적 성격을 띤다. 변주곡Variation은 원래의 청각적 사건의 구성요소에 있어서 하나의 정교한 면을 제공한다(예를 들어, 선율을 꾸며준다거나 화성을 바꾼다거나 리듬을 바꾸는 것이 그것이다). 교리를 암송하고 찬송가를 부르기 위해 종교적인 예식서를 사용하는 영창은 예배음악에서 사용되는 변주곡의 예들이다: 예식서는 바뀌는 반면 선율의 패턴들은 고정된 채로 남는다. 전개부Development는 원래의 청각적 사건의 확실한 요소들을 뽑아내고 새로운 재료들과 새로운 방식으로 그것들을 묶는다. 찬송가 가락은 각각의 절수verse가 다른 목소리로 불리고 다른 방식들로 화성을 이루는 가운데 이런 범주의 하나의 예배음악양식을 나타낸다. 마지막으로 대조contrast는 원래의 청각적 사건에 관계되지 않은 요소를 제공한다. "지극히 높은 곳에서 호산나Hosanna in excelsis"를, 로마가톨릭 미사 의식의 '상투스Sanctus'를 연주하는 가운데 한 독창자의 아리아와 마찬가지로 "주의 이름으로 오시는이여benedictus qui venit in nomine Domini"에 대비되는 합창 악장으로서 취급하는 것은 이런 음악적 형식의 범주를 증명해준다.

음악 형식들은 또한 때때로 자유롭게 혹은 고정된 형태로 특징 지워진다. 자유로운 음악형식들은 규칙적인 반복진행 형태와 대비를 드러내지 않는다. 서양 고전 음악에서 하나의 자유로운 음악 형식은 자주 "연작"through-composed이라고 불리며 판타지아, 랩소디, 야상곡, 그리고 로망스들과 같은 형식들에 의해 표현되어진다. 많은 층계송들graduals, 봉헌송들offertories, 그리고 그레고리안 성가 전통 안의 단체들은 이와 같은 "자유로운" 형식들을 나타낸다. 고정된 음악 형식들은 보통 두 박자binary, 세 박자ternary로 한정되거나, 또는 구조적인 대비의 토대위에 혼합되어 있다. 두 박자 바이너리형식은 두 개의 균형 잡힌 악구들 또는 악절들로 구성되는데, 이것은 진술과 응답으로 불려진다(A–B). 이런 악구들이나 악절들은 반복되거나 변경될 수 있다(AAB/AABB/AA1BB1). 3박자 터너리형식은 시작되는 악구 또는 악절, 뒤따라서 대비되는 악구 또는 악절 그리고 처음 시작한 악구 또는 악절의 포함으로 구성된다(ABA). 변경되는 악구들 또는 악절들은 다양한 론도rondo양식을 만들어낸다(ABA1/ABACA/ ABACADA/ABACABA). 소나타–알레그로sonata-allegro 형식은 두 개의 대비되는 테마들의 주제 제시부exposition, 자유로운 양식 속에서 이런 테마들의 몇 가지 국면의 전개부development, 몇 가지 변화와 함께 주제 제시부를 재현하는 재현부recapitulation, 그리고 코다coda로 구성된다.

많은 음악들이 예배 안에서 의식적인 요구들과 예식서의 패턴을 따르도록 사용되기 위하여 만들어진 이후로, 서양 고전 음악의 분석에서 발견되어진 형식들이 예배음악의 형식적인 분석에 항상 적용되는 것은 아니다. 물로 예외들이 있지만 말이다. 예를 들어, 연도(litany 사제가 읊는 기도문을 신자들도 따라 읊는 기도형태)는 최소한의 반복진행을 포함하는 바이너리양식으로 생각할 수 있고 "키리에 엘레이손Kyrie eleison"의 음악적 구성들은 론도 형식으로 나타난다.

3. 문화적 현상으로서 구조화된 음악적 소리 (Structured Musical Sound as Cultural Phenomena)

음악만들기music-making는 문화의 유물로서 발생한 이후에 다양한 인간 과학에 의해 분석할 수 있는 인류의 산물이다. 그러한 분석으로부터 얻어진 자료data는 효과적인 예전의식에서 음악제조의 공헌이 분명하게 예전학자와 예전음악가를 도와주었다. 여기에서 우리는 네 가지 인간 과학(심리학, 사회학, 인류학[민족 음악학], 기호학)에 따른 음악 연구를 고찰할 것이다.

음악심리학의 연구는 청각 현상을 감지하고 해석하는 인간 능력을 탐구한다. 그것들은 인간 청력을 통해 인식되어지는 음정과 음량의 구별, 음색과 기조의 성질, 템포와 리듬의 경향, 억양과 강약의 범위를 측정한다. 그것들은 음악적 인식을 조직하기 위해 인간 능력을 기술한다. 즉 작은악절을 구성하는 것과 선율을 동일시, 화성과 화성의 선율을 인지, 대위법과 대위법 경향의 출처를 조사, 작품의 구조를 인지함 등이다. 그것들은 개인이 음악적 인식, 실행, 작곡의 기술을 개발할 때 교섭하는 다양한 발달상의 단계를 조사한다.

이 연구는 예전에서 음악의 용도에 관하여 다양한 적용을 제안한다. 기독교 예배 안에 자리잡은 음악 기능 이후에 청각적 환경은 그보다 오히려 향상되어야 했다. 소리의 생산과 확충의 기술적 측면은 음악적 예배의 수행과 인지에 관여하였다. 만약 관계자가 의식의 행위를 통합하려 한다면 선율, 화성 그리고 음악적 구조는 예배 텍스트와 활동하기에 적합하다. 예배자의 다양한 소질은 일반적인 예배를 위한 음악적 프로그램을 고안할 때 존중받아야 한다.

음악심리학에 대한 참고자료(Select Bibliography on Musical Psycology)

M. Clynes, ed., Music, Mind and Brain: *The Neuropsychology of Music* (New York: Plenum, 1982).

J. B. Davies, *The Psychology of Music* (Stanford: Stanford University Press, 1978).

D. Deutsch, ed., *The Psychology of Music* (New York: Academic, 1982).

C. Dreisoemer, *The Psychology of Liturgical Music* (Kirkwood, Mass.: Maryhurst, 1942).

S. Handel, *Listening: An Introduction to the Perception of Auditory Events* (Cambridge, Mass.: MIT Press, 1989).

M. R. Joned, and S. Holleran, eds., *Cognitive Bases of Musical Communication* (Washington, D. C.: American Psychological Association, 1991).

D. Raffman, *Language, Music, and Mind* (Cambridge, Mass.: MIT Press, 1993).

M. L. Serafine, *Music as Cognition: The Development of Thought in Sound* (New York: Columbia University Press, 1988).

R. Shuter–Dyson and C. Gabriel, *The Psychology of Musical Ability*, 2nd ed. (London: Methuen, 1981).

J. A. Sloboda, The Musical Mind: *The Cognitive Psychology of Music* (Oxford: Clarendon, 1985).

N. Spender and R, Shuter–Dyson, "Psychology and Music," *The New Grove Dictionary of Music and Musicians*, Stanley Sadie, ed., 20 vols. (London: Macmillan, 1980) 15:388–427.

T. J. Tighe and W. J. Dowling, eds., *Psychology and Music: The Understanding of Melody and Rhythm* (Hillsdale, N.J.: Erlbaum, 1992).

A. Storr, *Music and the Mind* (New York: Free Press, 1992).

음악사회학의 연구는 다양한 사회적 그룹의 음악적 기능을 탐구한다. 때때로 음악은 "그것 자신의 이익을 위해" 들려지고 연주된다(예를 들면, 음악회 설정에서). 때때로 그것은 관계된 행동의 반주로서 들리게 된다(예를 들면, 춤, 영화, 시). 때때로 그것은 관계없는 행동의 배경음악으로서 일어난다(예를 들면, 공부나 쇼핑을 하는 동안 "배경음악"으로서 연주되어진다). 음악은 사회적 엘리트와 일반 대중 양쪽 모두를 즐겁게 한다. 음악은 그룹의 정체성을 수여하고 유지하는 것을 도우면서 확실한 문화적 확신과 가치를 떠받치는 기능을 할 수도 있다(예를 들어, 애국가를 통한 애국심 강화). 음악은 또한 사회적 변화의 과정을 표현하고 촉진하는, 문화적 확신과 가치를 비판하고 전복하는 기능을 할 수도 있다(예를 들면, 미국이나 남아프리카의 시민 권리 운동에서 "운동권노래protest song"의 이용). 음악은 사회화(예를 들면, 많은 아이들의 운rhymes과 노래chants는 정보와 적절한 행동을 암호화한다)를 도우며 사회적 계층화(예를 들면, 엘리트들과 관련된 "예술음악art music", 하층 계급들과 관련된 "민속음악folk music")를 반영할 수도 있다.

이러한 연구는 예전에서 음악의 용례에 다양한 적용을 제안한다. 예전에서 독특한 음악의 사용은 종교적 정체성을 증진시킬 수도 있지만 또한 종교적 정체성은 폭 넓은 문화와 관계가 없거나 내지는 거의 없음을 시사하는 것일 수도 있다. 이와 반대로 예배에서 문화를 둘러싼 음악적 스타일의 사용은 예전 행위의 특수성을 둔감하게 할 수도 있다. 서로 다른 사회 그룹에서 음악의 사용을 둘러싼 문화 코드들codes(예를 들면, 자장가, 바닷가 선술집, 결혼식 춤)은 예배에서 음악 생산을 촉발하거나 중개한다. 몇몇 사회(특히 선진국에서)들 속에서 음악 생산으로부터 음악소비까지 문화적 변천은 예전음악 실행을 위한 중대한 함축들과 함께 진보한다. 다양한 세대, 성, 사회경제 계급의 예배자의 참석, 그리고 같은 예전 의식상의 민족적인 유산은 진정한 교회의 문화적 변화 경험을 위한 기회를 제공하지만 또한 음악적 프로그램의 일관성과 표현 문제를 제기한다.

음악사회학에 대한 참고자료(Select Bibliography on Musical Sociology)

T. W. Adorno, *Introduction to the Sociology of Music*, trans. E. B. Ashton (New York: Continuum, 1976).

H. Eisler, *Musik und Politik*, ed. G. Mayer (Munich: Rogner and Bernhard, 1973).

P. R. Farnsworth, *The Social Psychology of Music*, 2nd ed. (Ames, Iowa: Iowa State University Press, 1968).

K. G. Fellerer, *Sociologie der Kirchenmusik: Materialen zur Musik und Religionssozilolgie* (Köln: Westdeustcher Verlag, 1963).

P. J. Martin, Sounds and Society: *Themes in the Sociology of Music* (Manchester: Manchester University Press, 1995).

J. Shepherd, P. Virden, G. Vulliamy, and T. Wishart, Whose *Music? A Sociology of Musical Language* (London: Latimer, 1977).

I. Supicic, *Music in Society: A Guide to the Sociology of Music* (New York: Pendragon, 1987).

M. Weber, *The Rational and Social Foundations of Music [orig. Die rationalen un soziologischen Grundlagen der Musik,* 1921] (Carbondale, II: Southern Illinois University Press, 1958).

음악인류학과 **민족음악학** 연구는 몇몇 문화에 있는 음악적 언어와 세 가지 음악적 "자기 표현dialects"을 동일시한다. 훈련받은 전문 음악가에 의해 작곡되고 연주된 "고전적이고Classical" "진지하며serious" "예술적인art" 음악은 '음악 해독 능력'(musical literacy)을 요하는 기보법에 의해 전해졌다. 이러한 '음악적 자기 표현'은 원래 궁정이나 종교 지도자들의 후원 하에 발전되었으나, 최근에 들어서는 정부 보조금, 교육 제도, 음악 애호가들의 공헌에 의해 발전되곤 한다. 반면에 무명의 개인에 의해 작곡되고 공공의 노작(勞作) 과정에서 재창조된 "민속" 음악은 기보법에 의해 기록되기보다는 구전으로 전해진다. 민속 음악은 고도로 훈련받은 전문 음악인이 아닌, 공동체의 일원에 의해 상업성을 띠지 않은 상태에서 연주되었다. 결국 잘 알려진 개인에 의해 작곡된 '인기있고', '가볍고', '즐거운' 음악은 훈련받은 몇몇 사람들에 의해서만 연주될 수 있었지만, 클래식 연주를 위한 훈련만큼의 깊이는 요구되지 않았다. 즉 이러한 음악적 자기표현은 상업 시장에 발매되고 대중매체에 의해 유포되었다. 이러한 음악적 자기 표현들 사이의 경계는 문화에 따라 다변화(Vary)되며, 그 작품 역시 하나의 범주 이상으로 나타날 수 있음은 명백한 사실이다(예를 들어, '예술 음악'의 클래식 작품인 모리스 라벨Maurice Ravel's의 "볼레로Bolero"처럼 영화작품에 포함되거나 상업적인 텔레비전 방송의 배경 음악으로 이용되면서 "오락적인"가치와 관련된다).

민속음악학 연구는 음악학 이론의 문화적 편향성에 도전한다. 음악이 5음계, 선법, 온음계[diatonic], 반음계[chromatic], 소음조[microtonal] 스칼라[scalar] 구조까지 또는 단성부곡(monody)으로부터 오르가눔[organum], 폴리포니, 대위법, 멜로디에 딸린 화성[melody-cumharmony]으로 발전되었을 것이라고 전제하는 것은 편견이다. "진지한 예술성"과 "오락적인 유행" 음악 사이의 구별은 존재론적인 범주로서가 아니라 독특한 문화의 기호화로서 민속 음악학 연구에 의해 정체가 드러난다. 교차 문화적[Cross-cultural] 음악 연구는 하나의 기원 내지는 전승이 모든 예전음악에 대한 규범으로서 주어지지는 않는다는 사실을 확증한다. 오히려 각각의 시대에 음악에 나타난 중요한 사건(Epoch)은, 예배자가 예전 기도에 관여할 수 있는지 가능성에 따라 평가되어야 한다.[2]

음악인류학과 민족음악학에 대한 참고문헌(Select Bibliography on Musical Anthropology and Ethnomusicology)

J. Blacking, *How Musical Is Man?* (London: Faber, 1976).

J. E. Kaemmer, *Music in Human Life: Anthropological Perspectives on Music* (Austin: University of Texas Press, 1993).

J. Kunst, *Ethnomusicology* (The Hague: Nijhoff, 1959).

A. Merriam, *The Anthropology of Music* (Evanston: Northwestern University Press, 1964).

H. Myers, *Ethnomusicology: An Introduction* (New York: Norton, 1992)

B. Nettl, and P. V. Bohlman, des., *Comparative Musicology and Anthropology of Music: Essays on the History of Ethnomusicology* (Chicago: University of Chicago Press, 1991).

B. Nettl, The Study of Ethnomusicology: *Twenty-nine Issues and Concepts* (New York: Garland, 1992).

A. B. Schuursma, *Ethnomusicology Research: A Select Annotated Bibliography* (New York: Garland, 1992).

M. Stokes, ed., *Ethnicity, Identity, and Music: The Musical Construction of Place* (Providence, R.I.: Berg, 1994).

기호학은 문화적인 현상으로서 음악 연구에 공헌해 왔다. 장 자크 나티에[Jean-Jacques Nattiez]는 기호체계[sign-system]로서 음악 탐구를 위한 기호학 구조를 개발했다. 그는 연구자가 음

2. 22장을 더 보라.

악이 생성되는 과정(포이에틱스, Poietics), 음악이 쓰이는 과정(에스테식스, Esthesics), 혹은 이러한 과정들로부터 추출된 나머지 부분들(내재적 접근, Immanent analysis)에 주안점을 두어야 한다고 제안한다. 기호 체계로서 음악의 "전체적인 분석"은 다음을 수반해야 한다. (1) 기록된 음악의 상관 관계 속에서 또는 일기, 인터뷰, 기타 등과 같이 실천적인 의도의 외형적 증거로 녹음된 공연으로(연역적 포이에틱스), 또는 멜로디, 화성, 음색, 음량, 리듬, 기타 등의 되풀이되는 경향으로부터 작곡가/연주가의 의도를 추정함으로서 작곡가/연주가의 의도를 분석함(귀납적 포이에틱스). (2) 인터뷰, 기타 등을 통해 청취자[auditor]의 생각과 감정의 외형적 증거로 음악이 인식되는 관계에 의해(연역적인 에스테틱스, deductive esthesics), 또는 청취자의 인지를 위해 기대되고 기록되거나 녹음된 작업으로서 청취자가 받는 것을 분석하는 것(귀납적인 에스테틱스). (3) 작곡가/연주가 또는 청취자의 의향에 관계없이 음악적 문화유산을 분석. 즉 음정, 음조, 화성, 음색, 볼륨, 기타 등의 관계를 분석(Neutral Level, 중립적 수준). (4) 그리고 다른 세 가지 연구의 결과들을 상호 연관시키는 것.

음악을 위한 기호학 이론의 적용이 초기 수준에 머무를 동안, 스필만[Willem Marie Speelman]은 예전 노래에 결합하게 되는 음악과 문학적인 이야기에 그라이마스[Algirdas Julien Greimas](1917–1992)와 그의 음악을 위해 파리 연구소에 의해 개발된 의미 이론을 사용했다. 스필만은 음악적 내용 형태에서의 음악적 표현 형태를 구별여 그들의 관계를 분석했다. 마찬가지로 그는 문학 내용 형태에서도 문학 표현 형식을 구별하며 그들의 관계를 분석했다. 최종적으로 그는 새로운 의미의 텍스트 음악이 결합되는 방법을 탐구한다. 그것이 감당하게 되는 기술적 전문용어와 음악적 기호학의 복잡성은 감소된다. 그러나 그것은 특정 예전사건에 작용하는 수많은 코드의 이해와 확인을 위해 가능한 접근을 제공한다.

음악기호학에 대한 참고문헌(Select Bibliography on Musical Semiotics)

C. Boilès, "Processes of Musical Semiosis," *Yearbook of Traditional Music* 14 (1982) 24-44.

J. M. Joncas, "Liturgical Musicology and Musical Semiotics: Theoretical Foundations and Analytic Techniques," *Ecclesia Orans* 8/2 (1991) 181-206.

J. M. Jonca, "Semiotics and the Analysis of Liturgical Music," *liturgical ministry 3* (1994) 144-54.

D. Lidov, "Music," *Encyclopedic Dictionary of Semiotics*, ed. T. A. Sebeok, 3vols. (Berlin-New York-Amsterdam: Mouton de Gruyter, 1986) 1:577-87.

R. Monelle, *Linguistics and Semiotics in Music* (Reading, U.K.: Harwood, 1992).

J.-J. Nattiez, Reflections on the Development of Semiology in Music," *Music Analysis* 8 (1989) 21-75.

J.-J. Nattiez, *Musical Discourse: Toward a Semiology of Music* (Princeton: Princeton University Press, 1990).

N. Ruwet, "Methods of Analysis in Musicology," trans. and introduced by Mark Everist, *Music Analysis* 6 (1987) 3-36.

W. M. Speelman, *The Generation of Meaning in Liturgical Song: A Semiotic Analysis of Five Liturgical Songs as Syncretic Discourses* (Kampen: Kok, 1995).

G. Stefani, *Introduzione alla semiotica della musica* (Palermo: Sellerio, 1976).

G. Stefani, *L' espressione vocale e musicale nella liturgia:* gesti-riti-repertori (Torino-Leumann: ElleDiCi, 1967).

근본적으로 인문 과학은 음악적 사건과 이러한 사건들이 인간 사회에서 어떻게 기능하는지 설명하는 프레임웍을 제시한다. 그것들은 기독교 예배와 음악적 사건 간에 일어나는 적절성adequacy, 적정성Appropriateness, 상호 일치성Congruence, 조화성Coherence에 대해 규범적으로 명시하지는 않는다. 그러한 기준을 확립하는 것은 역사적, 철학적 작업과 인문 과학의 공헌에 의해 성립된 신학적 디시플린discipline을 구축하는 일이다.

제15장

예배음악의 형식과 기능

Liturgical Music: Its Forms and Functions

| 래이몬드 글로버 Raymond F. Glover |

예전음악의 형식과 기능을 이해하려면, 예전적 교회의 두 가지 주요한 예배 형식인 성무일과Daily Office와 성만찬Eucharist, Holy Communion을 고찰해 봄으로써 알 수 있다. 역사적 모델을 기초로 한 현대 예배 형식들은 많은 공통적인 특성들을 가지고 있다. 여기서는 영국 국교/성공회Anglican/Episcopal의 관점에서 재검토하려고 하는데, 성공회 공동기도문(1979)과 찬송가(The Hymnal 1982 또는 1985)를 예전적, 음악적 기초 자료로 사용하고자 한다.

영국 국교 예배의 뿌리는 옛날 가톨릭 즉, 초기 셀틱Celtic과 영국교회의 예전 전통에서 찾을 수 있다. 모든 20세기 예전적 교회와 마찬가지로, 현대 영국 국교의 예전 예배 형식은 적어도 최근 100년 동안 시대를 풍미했던 예전 운동에 의한 개혁과 개정이 뚜렷하게 반영되어 있다. 이 예배 형식은, 비록 수정되었을지라도, 다른 예전적 교회에서 사용된 형식들과 양립되었을 것이다.[1]

주 : 예배 의식에 쓰여 지는 텍스트들은 역사적으로 두 개의 카테고리로 나뉘어진다. 즉, 절기,

1. 더 자세한 정보를 얻으려면, 다음의 자료를 보라. *Raymond F, Glover, ed. The Hymnal 1982 Companion, vol 2: Service Music and Biographies* (New York: Church Hymnal Corporation, 1994).

축일, 주중 또는 특별한 예배가 있는 날의 시간에 따라 텍스트들이 변하는 고유문propers이고, 고정되어 있거나 일상적인 텍스트들인 통상문ordinary이다. 고유문Propers은 특정 기도, 성경 봉독, 성만찬Eucharist의 첫 감사기도, 찬송가 등이며, 통상문Ordinary은 성무일과의 소창(Canticle), Kyrie, 대영광송Gloria in excelsis, Credo, Sanctus, 성만찬Holy Communion 혹은 미사의 Agnus Dei 등이다. 성공회 Sanctus를 제외한 성무일과와 성만찬 통상문의 텍스트들은 가변적이다. (예; Holy Eucharist, Entrance Rite를 참조하기 바람)

성무일과(The Daily Office)

현대 서양의 예전적 교회에서 성무 일과나 매일 예배Daily Service는 그들의 수도원 공동체, 누르시아Nursia(ca.540)의 베네딕트에 의해 세워진 베네딕트 수도회에서 그 뿌리를 찾을 수 있다. 성 베네딕트의 규칙Rule of St. Benedict은 아홉 개의 부분으로 나뉘어지는데, 각각 고유의 의식을 가지고 있다. Office나 Hour라고 불리워지는 아홉 가지 의식들은 철야과Vigil, 조과Matin, 찬과Lauds, 1시과Prime, 3시과Terce, 6시과Sext, 9시과None, 만과Vespers, 그리고 종과(Compline)이다.

철야과Vigil: 해뜨기 전 미명에 드리는 예배이다.

조과Martin: 첫 아침 예배로 수탉이 울 때 시작하였다. 그러나 그것은 역사적으로 사용된 장소와 시간에 따라 몇몇 다른 것을 의미할 수 있다. 중세 텍스트에서 철야Vigil는 아침을 의미한다. 베네딕트 의식에서는 철야 후에 드리는 예배로, 어떤 때에는 철야Vigil예배와 찬과Lauds예배, 그리고 한 때는 1시과Prime예배도 함께 암송되었다.

찬과Lauds: 조과Martin예배 후에 찬과Lauds예배를 드렸는데, 새벽 동틀 녘에 시작된다. 찬과라는 이름은 시편 148편, 149편, 150편에서 인용되었으며 라틴어서두는Latin incipits 라우다테 도미눔Laudate Dominum이 있다.

1시과Prime: 하루의 첫 시간Prima Hora에서 기원한다. 현대 시간의 기준으로 대략 오전 6시에 찬과Laudes 다음에 첫 예배이며, "Little Hour"(수도사에 의해 만들어진 예배이며, 유대인과 초대 기독교인들이 구별해 놓은 시간에 하는 개인 기도시간이다)의 첫 번째가 1시과이다. 각각 이러한 예배들에 쓰이는 텍스트 규정은 동일하다.

1시과[Prime]: 다음으로 세 가지 다른 "Little Hour"(대략 오전 9시, 정오 12시, 그리고 오후 3시)가 있다. 그것은 세 번째 시간인 3시과[hora terce], 여섯 번째 시간인 6시과[hora sexta], 그리고 아홉 번째 시간인 9시과[hora nona]가 그것이다.

만과[Vesper]: 이것은 중세 수도원 의식에서 가장 중요한 저녁 예배이다.

종과[Compline]: 이 예배는 잠자기[Retiring]전에 암송된다.

위의 예배들은, 다음 세 가지를 공유한다; 시편, 소창[Canticle], 단구[Versicles], 찬송[A Hymn From Bible]으로 만들어진 찬양, 그 후의 성경 봉독, 그리고 기도.

오늘날 위에 진술된 예전적 교회의 매일 예배들은 초기 수도원 성무일과[Office]에 근거되고, 예전적/음악적 요소들을 포함한다. 그것은 바로 성서, 기도, 시편, 소창[Canticle 2] 그리고 찬송이다.

아침기도회, 저녁기도회(Morning and Evening Prayer)

영국 종교 개혁 시대에 토마스 크랜머[Thomas Cranmer, 1485-1556)] 대주교가 하루에 드리는 예배의 수를 두 개의 예배로 축소시켰는데, 그것이 바로 아침기도회(Morning Prayer, 또는 matins)와 저녁기도회(Evening Prayer, 또는 versper)이다. 그는 아침기도회[Morning Prayer]에 조과[matins], 찬과[laude] 그리고 1시과[prime]의 라틴 의식에서 가져온 요소들을 사용하였다. 저녁 예배[Evening Office]에는 만과[vespers] 그리고 종과[compline]의 요소들을 사용하였다. 영국과 미국 양쪽 모두에서 기도문(Prayer Book)이 점진적으로 교정되어 갔는데, 비록 각각의 예배에서 여러 가지 성분이 변화되었을지라도, 영국 국교도를 위한 하루의 예배 구조는 근본적으로 동일하게 남아 있다. 예를 들어, 성공회 기도문[Prayer Book of the Episcopal Church]의 가장 최근 교정본에, 종교 개혁에서 대주교 크랜머에 의하여 없어진 3시과[terce], 6시과[sext], 그리고 9시과[none]의 예배를 바탕

---

2. 소창, 칸티클이라 함은 보통 로마 가톨릭 교회와 성공회 예배에서 찬과 때에 드려지는 7가지 예전 성가를 의미한다. 주일이나 축일에는 다니엘의 '세 아이들의' 소창, 월요일에는 이사야에 의한 이사야와 예언자들의 소창, 화요일에는 에스겔의 소창, 수요일에는 사무엘상,하의 한나의 소창, 목요일에는 출애굽기의 모세의 소창, 금요일에는 하박국의 노래, 그리고 토요일에는 모세의 소창이 불렸다.

으로 만들어진 정오예배Noonday Office와 취침 전 기도예배Office of Compline가 복원되었다.

목회적인 이유로 현대 성공회 공동 기도문Book of Common Prayer of the Episcopal Church)에는 아침과 저녁 기도 예배에 두 가지 의식이 포함되어 있다. 의식 1Rite I은 전통적인 엘리자베스 시대의 언어 형식을 지속하는 한편, 의식 2Rite II는 현대적인 언어 형식으로 제공하고 있다. 정오예배와 종과는 오직 현대 언어 형식으로만 남아있을 뿐이다.

예비기원Preces 공동 기도서에 따르면 예배Office 예문에 첫 번째 음악 셋팅은 Opening Preces(라틴 Preces에서 회개petition를 의미하는)이다. Preces는 단구들versicles과 응답구들responses 그리고 시편 시구들인데, 그것은 때로는 선창자(precentor, 즉, 라틴어로 먼저 인도하거나 노래 부르는 사람을 의미. 또는 선창자를 의미하는 Cantor라고도 함)라고 불리는 집례자와 회중 사이에 대화 형식으로 부르는 것들이다. 아침기도회와 저녁기도회에서 각각 맨 처음 시작하는 기원문으로 그날에 맞는 시편 성가가 소개된다. 공동기도문에서 저녁기도회의 초대 부분은 아침기도회와는 다른 텍스트를 사용한다. 그러나 두 가지 모두 주님을 찬양하고 난 후에는 "성부, 성자, 성령께 영광"이라는 Gloria Patri가 따라온다. 사순절 기간을 제외하고 Gloria Patri 다음에는 Alleluia(주님께 찬양!)가 따라온다. 특히 영국의 권위적 전통이 있는 영국국교회에서는 이런 음악 세팅들이 매우 화려하게 만들어졌을 것인데, 이 경우 회중을 대신해서 성가대가 응답송을 불렀다. 성도들이 사용하기에 적합한 세팅들은 1982년 찬송가The Hymnal 1982에 나와 있다.

초대시편Invitatory Psalm **또는 소창**canticle 성무일과에서 기원문 다음에는 초대시편Invitatory Psalm 혹은 소창Canticle이 따라오거나, 저녁기도회 시간에는 찬송이 따라온다. 아침 기도회 시간에는 다음 두 개의 시편 중에 하나를 선택할 수 있다. 즉 시편 95편Venite "오라, 다함께 주님을 찬양하세" 또는 시편 100(Jubilate Deo "온 땅이여 주 안에서 기뻐하라"이다. 혹은 초대소창의 일종인 Pascha nostrum "그리스도는 우리를 위해 희생된 유월절 어린양"인데, 그것은 시편과는 구별되는 성서에서 나온 노래로 소창canticle이라 부른다. 저녁기도회 시간에는 초대시편이나 소창보다는 오히려 고대 그리스에서 점등 예절 때 부르는 찬송가인 Phos Hilaron, "오 은혜의 빛, 영원히 살아계신 하늘의 아버지, 순결한 밝은 빛이시여"를 불렀다. 1982년 찬송가The Hymnal 1982에는 단선율성가plainsong와 현대적 세팅들로 된 기도서곡이 각각 나와 있다. 그리고 위의 고대 그리스 음률의 세팅들 외에 다른 찬송들이 있으며, "다른 적절한 찬송들"도 사용을 허락한다는 예배규정이 나타나 있다.

교창Antiphone 비록 시편 95편과 100편의 텍스트들이 사실상 보편적으로 쓰일지라도, 정해진 특별한 날이나 또는 절기 때 시편의 처음이나 끝부분에 응답송, 후렴 등으로 사용하도록 만들어 졌다. 즉, 시편 95편의 경우 시작과 끝, 그리고 그룹으로 묶인 절구 후에, 그리고 시편 100편의 경우에는 처음과 매 절구 후에 사용하도록 되어 있다. 예를 들어, 강림절 초대 교창에 쓰이는 본문은 "우리의 왕, 구원자 지금 가까이 오셨네 : 와서 하나님을 찬양하자"인데, 시편 95편이 이 절기에 사용하기에 더욱 정확한 텍스트가 되고 있다. 기도 교창문 가운데에 있는 단선율 성가(plainsong)나 영국 찬트(Anglican chante)들로 세팅된 음악이, 아침기도회 초대시편과 함께, 반주자를 위한 찬송가(The Hymnal 1982)[3] 1권 부록에 실려 있다. (이 소창에 대한 교창을 노래하는 방법은 Antiphonal and Responsorial Recitation을 참조바람.)

시편가The Psalter 아침, 저녁기도회의 성무일과Offices에 선택되는 시편, 성경봉독, 기도는 그것들이 사용되었던 예전적인 해Liturgical Year의 특정한 날마다 변한다. 이러한 예배를 위해 적절한 시편과 성경 봉독 목록은 특정한 때나 날에 읽혀지기 의해 2년 마다 시편과 일과를 조정했던 성무 일과The Daily Office Lectionary에 근거한다.

1549년에 제작된 공동기도문 이후 많은 개정이 있어 왔다. 성공회인(聖公會人)들에 의해 사용되는 현대의 성구집은 7주 기간마다 시편의 차례를 조정했다. 일반적으로 그 시편들은 숫자대로 차례로 읽혔다. 그러나 그 날의 특정한 때, 한 주의 특정한 날, 한 해의 절기에 맞추어 읽혀졌다. 예를 들어, 밤에 대한 언급을 포함한 시편은 아침예배에서는 선정하지 않았다. 그러나, 전통적인 그 달(當月) 시편 읽기는 허용하였다. 이 사용을 위한 설명서는 기도문 시편가에 근거한다. 회중들을 위해 단순화된 성공회 찬트라고 불리는 시편 기도문 음악 세팅들은 1982년 찬송가The Hymnal 1982 [4]에 근거한다. 다른 세팅들은 단선율 성가 시편가The Plainsong Psalter에서 찾을 수 있으며, 이 시편가에는 고유한 날과 절기를 위한 교창과 보통 사용할 수 있도록 쓰여진 시편들이 있으며, 영국 시편 찬트The Anglicar Chant Psalter [5] 가 있다.

---

3. Anglican chant: S 289, Rite I and S 293, Rite II. Plainsong: S290-292, Rite I and S 294, Rite II.

4. The Hymnal : Service Music, 반주부 ,S 408-S416.

5. The Plainsong Psalter(New York: Church Hymnal Corporation, 1988), The Anglican Chante Psalter(New York: Church Hymnal Corporation, 1987). 시편찬송 사용을 위한 텍스트는 *The Office Book*, ed. Howard Galley(New York: Seabury 1980)을 보면 된다.

예배에서 시편은 몇 가지의 방법으로 불릴 수 있다. 공동기도문에 근거한 설명서는 다음과 같다.

Direct Recitation : 시편 전체, 혹은 부분을 읽거나, 낭송하거나, 제창한다. 기도문에는 성만찬 예배 중에 읽혀지는 성경봉독들 사이에 사용될 적절한 시편들이 지시되어 있으며, 시편 성구들이 읽혀질 때는 노래보다는 낭송하는 것이 더 낫다고 제안하고 있다.

Antiphone Recitation : 성구절과 절의 노래하는 그룹들이나 봉독자, 예를 들어, 성가대와 회중 사이, 또한 나뉘어진 두 회중 사이에 서로 번갈아가며 낭송 하는 것이다. 이 낭송은 Gloria Patri 또는 후렴으로 마친다. 이 방법이 성무일과 중 시편을 낭송하는 가장 좋은 방법이다.

Responsorial Recitation : 찬양의 수단으로 이름이 주어졌으며, 시편 성구들이 독창자에 의해 불려지고 성가대와 회중에서 각 시나, 시 그룹(Group of Verces)이 끝난 후 후렴을 노래한다. 이것이 전통적으로 Venite를 노래하는 방법이었다. 그리고 Venite 시편가를 초대 Antiphone으로 복귀시킬 때 성무일과에서 이러한 성스러운 찬송 방식이 함께 회복되었다. 이 방법은 성만찬에서 성경봉독 순서들 사이에 시편을 찬양하는 전통적인 방법이었다. 그리고 이것은 근대 작곡가들에 의해 점점 더 호감을 주고 있다.

Responsive Recitation : 성공회에서 가장 많이 사용하는 방법으로 성직자는 시와 시 절수를 회중과 함께 번갈아 부른다.

소창^Canticle : 수도원 전통에 고유문 소창들은 특별한 날에, 특별한 의식에서 사용될 때 성경봉독에 대한 응답용으로 사용되었으며, 음악 세팅은 그 말씀을 숙고하거나, 명상케 하는 요소로 쓰였다. 비록 현대 성공회 교회 기도문이 예배에서 소창을 사용할 수 있게 허용하였어도, 그들의 기능은 여전히 성경봉독 응답 기능으로 고려되고 있고, 1982년 찬송가^The Hymnal 1982^의 곡들은 일반적으로 그 말씀에 대한 반영^Reflect^과 명상을 이끌어내는 역할을 한다. 신학교 채플^Chaple^이나, 학교와 같은 장소에서는 예배 소창이 매일 불렸으며 아침기도회는 공동 기도문에서 제시된 소창들[6]과 저녁기도회에서 제시된 소창들의 목록이 포함되어 있다. 이런 사용은 고대 수도원 의식에 가깝다. 고대 수도원 의식에서는 특별한 소창의 사용은 특

6. *The Book of Common Prayer*, 144-145.

별한 예배, 일주일의 특별한 날과 확고한 관계가 있다. 이와 같이 진술된 소창은 성서적 찬송이며, 두 가지 예외를 가지고 있다. 이 예외는 사실상 산문인데 "우리는 당신을 찬양합니다. 오 하나님"(전통적인 번역) 혹은 "당신은 하나님입니다" (현대적인 번역)인 Te Deum과 "높이 계신 하나님께 영광을"(전통적인 번역) 혹은 "가장 높으신 하나님께 영광"(현대적인 번역)인 영광송Gloria in excelsis이 그것이다.[7]

공동기도문 예배 규정은 성무일과[8]의 각 의식에 어떠한 소창이라도 교창할 수 있도록 허용하였다. 그러나 마리아의 노래Magnificat와 시므온의 노래Nunc dimittis와 같은 전통 저녁기도 소창들은 1549년 이래 '저녁예배'Evening Prayer'와 함께 인쇄되었던 것으로 1979년 공동기도문 출판 준비 때에도 선택되었다. 1982년 찬송가The Hymnal 1982는 단선율 성가, 성공회 찬트, 그리고 현대적인 스타일의 소창 텍스트 기도문 형식을 위해, 다양한 음악 세팅들을 풍성하게 제공하고 있다. 게다가 세기를 지나며 영국을 중심으로 영국 작곡가들은 소창 찬송가 세팅들을 많이 작곡하였다. 주로 Te Deum Laudamus, 대영광송Gloria in Excelsis, 마리아의 노래Magnificat, 그리고 시므온의 노래Nunc dimittis 이다. 예비기원preces 합창 세팅처럼, 이러한 소창 찬송가 세팅들은 회중 대신 성가대가 불렀다. 현대 미국 작곡가들도 역시 소창 찬송가 세팅들과 같은 곡들을 작곡하였는데, 그것들 중에는 성가대와 회중들이 오르간 외에 다양한 악기를 사용할 수 있게 되어 있는 것도 많았다.

---

7. 다음의 목록들은 두 개의 번역본으로 되어 있는데, 처음 것은 전통적인 번역이고, 두 번째 것은 현대적인 번역이다. 현재 공동기도문(Prayer Book)에 있는 교창들 중에서 5개는 전 개혁수도원 때부터 계속 사용되어져 왔다.: *Te Deum Laudamus, Benedicite Omnia opera*(창조의 노래(Song of Creation), "당신의 모든 행하신 일들을 찬양합니다" 또는 "주님께 영광, 당신의 모든 행하신 일"),*Benedictus Dominus deus*(사가랴의 노래(Song of Zechariah), "이스라엘 주 하나님께 경배"), *Magnificat*(마리아의 노래(Song of Mary), "내 영혼이 주를 찬송하리로다" 그리고 "내 영혼이 주의 영광을 선포하리로다") and *Nunc dimittis*(시므온의 노래(Song of Simeon), "주여 이제 당신의 종을 평강 가운데 놓아 주십시오", 그리고 "주여 당신의 언약이 성취되었나이다"). 공동기도문 (The Book of Common Prayer, 1549)에는 아침기도회를 위해 이런 교창들을 3개 정해 주었다.: 즉, *Te Deum Laudamus*와, 사순절동안 대치되는 *Benedicite Omnia opera*와 *Benedictus Dominus Deus*이다. 그리고 저녁기도회를 위해서는 *Magnificat*과 *Nunc dimittis*로 2개를 정해주었다. 수 세기를 지나며 개정되어 온 기도서(Pryer Book)에서, 예배에서의 교창의 수와 위치는 바뀌어져 왔다. 현재 영국성공회의 기도서(Prayer Book of the Episcopal Church)에서는 21개의 텍스트들을 인정하고 있다.: 1-7까지의 텍스트들은 Great Bible of Miles Coverdale(1488-1569)역으로 전통적인 기도서 텍스트들이고, 그것들 사이에 반복되는 현대역의 12-21의 텍스트들이 있다. 8-11, 14, 18, 19의 텍스트들은 공동기도문(Book of Common Prayer)에서 새로운 것이다. 이것은 다음과 같다. 모세의 노래(Song of Moses), *Cantemus Domino*, "내 주를 찬양하리"; 이사야 첫 노래 (First Song of Isaiah), *Ecce Deus*, "나를 구원해 주신 하나님"; 이사야의 두 번째 노래 (Second Song of Isaiah), *Quaerite Dominum*, "주를 만날만한 때에 찾으라"; 이사야의 세 번째 노래 (Third Song of Isaiah) Surge, Illuminare, "일어나라, 빛을 발하라, 너의 빛이 가까이 왔다." 회개의 노래 (Song of Penitence), *Kyrie Pantokrator*, "주되시고, 하늘의 지배자시여" 어린 양의 노래(Song of the Lamb), *Dignus es*, "영광과 존귀와 왕권"; 그리고 구세주의 노래(Song of Redeemed), *Magna et mirabilia*, "온 우주를 다스리시는 하나님".

8. *The Book of Common Prayer*, 47, 65, 84, and 119.

비록 역사적으로 기도문에 있는 시편과 소창의 형식은 사실상 비운율체였지만, 스트로픽(Strophic)과 운율적 세팅들도 사용할 수 있게 허용되었다.[9] 이러한 운율의 음악세팅들은 찬송가, 1982(The Hymnal 1982), 다른 출판물 안에 있는 찬송들에서 찾을 수 있다.[10]

사도신경The Apostles Creed **낭송, 주의 기도**Lord's Prayer**, 기도서**Collects 성무일과에 쓰여지는 코랄 세팅(Choral Setting)의 순서는 사도신경 암송으로 이어지고, 사도신경은 보통 단조음으로 불렸으며, 고정된 성무일과(Offices) 기도가 이어졌다. 이 모든 것은 "주님은 당신과 함께 하십니다, 성령님도 함께 하십니다" 혹은 의식 II(Rite II)에서 "그리고 당신과도 함께 하십니다"와 같은 역사적인 인사의 단구Versicle와 응답 형식의 노래로 시작되었다. 집례자는 초대하는 기도로 예배를 진행한다. "다 같이 기도합시다" 바로 뒤에 이어 '주의 기도'가 단조음으로 불려지거나, 가톨릭 전통 아래 작곡된 코랄 세팅으로 불린다. preces 형식의 중보기도(Suffrages : 시리즈 식으로 된 짧은 중보기도), 혹은 단구들과 응답구들이 그 뒤에 이어진다. 그것들은 예배의 시작을 알리는 preces 같은 기도들로, 시편 텍스트들을 사용한 기원(petitions)들이다. 역사적 단선율 성가Plainsong를 현대적 형식에 접목시킨 몇몇 세팅들은 1982년 찬송가(The Hymnal 1982), 혹은 현대 미국 작곡가들에 의한 화성 합창곡에서 찾아볼 수 있다. 이 찬송가The Hymnal에는 저녁기도회를 위한 중보기도Suffrages, B의 두 가지 다른 곡들이 제공되었다. 그 곡들은 두 가지 음(Chant를 부르기 위해 선별된 선율들)을 이용하였으며, 이것은 성무일과 기도문을 노래하기 위해 이용할 수 있도록 지어진 음(선율들)이다.[11] Tone I은 몇 개의 로마 미사 예문Roman Missal에 근거한 현대적인 찬트 형식을 기초로 사용하였다. Tone II는 노래로 기도할 수 있도록 준비된 공동기도문(1928)[12]에 사용되었다. 기도 노래를 위해 사용된 음은 중보기도Suffrages 노래를 위한 음으로 결정되었다. 예를 들어 Tone II로 불렀다면 중보기도Suffrages, B도 같은 Tone II로 불린다. 각 아침과 저녁기도에 불려지는 고정된 기도 노래 후에는 찬송 혹은 성가(anthem)를 부르도록 예배규정에 의해 허용되었으며, 승인

9. 추가적인 지침서는 The Book of Common Prayer, 141를 보라. 거기에는 산문체 찬송을 대신하여 시편송가와 교창의 운율 양식을 사용하는 것을 허용하고 있다.

10. 시편찬송과 교창의 음율 양식 사용을 용이하게 하기 위해 *The Hymnal* 반주부: Service Music, vol. 1:679-81에서는 두 가지 실제적인 방법을 제시하고 있다. 즉, "시편찬송을 바탕으로 한 시편찬송 운율과 찬송가", 그리고 "교창들과 다른 예전 텍스트들을 바탕으로 한 찬송가"들이 그것이다.

11. 기도문을 노래하는 방법은 *The Hymnal 반주부 : Service Music*, S 447 과 S448.를 보라.

12. *The Choral Service*의 초판(New York: H. W. Gray, 1927).

된 중보기도Intercessions와 감사기도Thanksgivings 후에는 "우리 주님을 송축합시다. 하나님께 감사합니다"라고 마치는 단구와 응답구의 사용, 또한 은혜송Grace도 허용되었다. 이러한 보편적인 사용을 위한 후반부 음악 세팅들과 성무일과 예배의 각 의식에서, 부활절 기간에 사용하기 위한 두 형식의 곡들은 1982년 찬송가The Hymnal 1982[13]에 근거한다. 그 텍스트는 각 예배에 같이 사용되었으며, 전통적인 플레인송으로 작곡되었다.

정오예배The Noonday Office. 성공회 교회 공동 기도문의 가장 최근 개정본은 세 가지 고대 예배를 포함하는 것으로 내용이 풍성해졌다. 첫 번째는 3시과(terce), 6시과(sext) 그리고 9시과(none)의 중세 "Little hours"의 기초적인 구조를 존속시키면서 근거가 된 "정오 예배 의식"[14]이다. 정오에 사용하기 위해, 주의 깊게 택한 찬송, 시편, 성경봉독 그리고 기도를 가지고 구상했다 하더라도, 이것들 "little hours"(오전 9시, 정오, 혹은 오후 4시)[15] 모두에 적절히 사용될 수 있다.

저녁 예배 규정 An Order of Service for the Evening. 이 예배는 성공회 교회 기도문에 새롭게 생긴 부분으로 4, 5세기에 행하였던 회중 예배 모델의 기초가 되었다. 이 예배는 캄캄한 교회의 점등 예절로 인사, 짧은 성경 문구, 빛을 위한 기도, 은혜로운 빛이여Phos Hilaron 또는 다른 적합한 찬송가 등, 그리고 점등예절lucernarium에서 초를 켜기 위한 성가곡이 선별되어 있다. 이러한 단선율 성가Plainsong는 1982년 찬송가(The Hymnal 1982)의 반주집 제1권[16]에서 발견할 수 있다.

영국 국교Anglican Church에서의 중세적 예배규정의 부활과 종과(Compline)를 포함한 고대 예배 예전의 재사용, 그리고 2차 대전이 일어나기 전 오랫 동안 큰 집회나 수련회들 가운데 즐겨 사용되었기에, 이 저녁예배규정이 1979년 성공회 교회에서 공동기도문 가운데에 포함되었다. "정오(Noonday)를 위한 예배의 규정"과 같이 종과(Compline) 예배 기도문은 고전적 규정으로 만들어진 의식을 이어갔고, 본문의 역사적인 단선율 성가들의 현대적인 개작

---

13. *The Hymnal* 1982, S 24, S 25, S 31, S 32, S 54, S 55, S 65, 그리고 S66.

14. *The Book of Common Prayer*, 103-7.

15. *The Hymnal: Service Music*, 반주부 부록편, S 296-S 304을 보면, 예배에 불려지는 텍스트들을 의한 곡들이, Compline에 사용되는 곡으로부터 유래된 전통적인 플레인송 멜로디로 시작되고 있음을 알 수 있다.

16. Ibid., S 305-S 320. 기도서(Prayer Book) 규정에는 예배를 마치기 위해 여러가지 선택할 수 있는 방법 있음을 나타내고 있다.: *The Book of Common Prayer*, 112.

성과를 사용하였다.[17]

예배찬송The Office Hymn. 비록 회중 찬송은 로마 가톨릭 예전 전통에 사용되지 않았지만, 2차 바티칸 공의회 이후부터 회중 찬송이 쓰였으며, 로마 가톨릭 예전 전통의 일부가 아닐지라도, 찬송은 수도원 성무일과에서 사용된, 오랜 역사를 지니고 있다.[18]

비록 정해진 텍스트가 목록에 기록되어 있지 않다 하더라도, 성 베네딕트 규정Rule of St. Benedict에서 각 예배에서 불리도록 정하였다. 시간이 지나며 특정한 날과 시기에 사용된 여러 다른 수도원 의식 안에 이러한 찬송의 배치들이 정해졌고 그러한 패턴이 지금까지 사용되고 있다. 수많은 성무일과 찬송들과 제한된 음률만이 작곡되었기 때문에 이들 중 많은 텍스트가 같은 곡조(tune)를 적용하여 쓰는 것이 보편화되어 있다.

19세기의 존 메이슨 닐John Mason Neal 및 다른 작곡가들에 의한 초기 라틴 찬송의 재발견으로 인해, 이러한 고대 찬송은 현재 많은 현대 찬송가에 포함되어 있다. 중요한 사실은 고대 라틴 텍스트들 중에 여러 성구가 마틴 루터가 회중을 위해 쓴 합창곡chorales에 사용되었다는 것이다. 를 들어, 그의 "열방의 구세주여. 오소서!"는 Ambrose의 출처로 추정되는 강림절을 위한 텍스트 "인류의 구원자여, 오소서 Veni redemptor gentium"[19]에 근거하고 있다.

다른 예전적 교회에서 성무일과의 사용을 위한 자료(Resources for Use of the Daily Offices in Other Litrgical Churches)

루터교The Lutheran Church. 루터교 예배서The Lutheran Book of Worship, 1978에는 아침기도회, 저녁기도회, 하루를 마치는 기도회를 위한 예전적 텍스트들과 현대 음악 세팅들이 있다. 3년 동안 쓰일 성무일과, 시편 그리고 성서정과가 포함되었으며, 참회의 기도, 중보기도 그리고 감사기도가 이어진다.[20]

시편들은 특별하게 회중들이 사용하도록, 현대적인 단선율 세팅으로 불리게 만들어졌으

---

17. *The Hymnal: Service Music*, 반주집, 부록편, S 321-S 337.

18. 19장과 20장을 보라.

19. *The Hymnal 1982*, Nos. 54-55.

20. *The Lutheran Book of Workshop* (Minneapolis: Augsburg, 1978) 13-53.

며, "시편 찬양하기"Singing the Psalms에 그 방법을 제시해 놓았다.[2] 여덟 개의 다른 음과, 단일 찬트(각 단일 시편성구의 사용을 위해 만들어진)와 이중 찬트(시편의 연속된 한 쌍의 성구 사용을 위한)의 멜로디를 위해 음악이 주어졌다. 이 찬트들은 부르기에 알맞도록 텍스트 분위기에 적합하게 톤tone들이 선별되어야 하는 중요성을 제시하고 있으며, 이것을 사용하도록 제시한 소창canticle에 맞도록 사용될 tone들이 제시되어 있다. 그리고 이러한 음악 세팅들은 매우 좋은 평을 받고 있으며, 다른 개신교 교파의 출판물에도 포함되어 왔다.

성공회 대주교 토마스 크랜머Thomas Cranmer의 목적은, 성만찬이 주일과 매일 예배를 위한 아침과 저녁기도회의 중요한 예배로써 드려지게 하는 것이었다. 매일 예배처럼 성무일과에서는 헌금이나 설교가 필요가 없다. 크랜머의 의도가 현재 거정된 성공회 기도문 양식에도 잘 나타나 있다. 그러나 루터교회의 성무일과 형식은 주일 예배에 도 적합하며, 찬송, 시편, 또는 성가대가 찬양할 때 헌금이 허용되기도 한다. 그 후 찬송, 설교와 기도, 그리고 축도Benediction가 이어졌다.

로마 가톨릭 교회The Roman Catholic Church. 비록 로마 가톨릭 교회에서 공식적으로 쓰이는 찬송가가 없을 지라도, 이 교단의 구성원들이 사용하기 위한 찬송가가 출판되어 왔다.[22] 여기에는 찬송가와 성만찬을 위한 곡이 대부분을 차지하고, 그 외에 아침과 저녁기도회를 위한 현대 음악, 또한 예배에 쓸 수 있는 역사적 찬트, 단구Versicles와 응답구Responses, 시편송Psalms, 소창Canticle, 그리고 기도가 있다.

성만찬(The Holy Eucharist)

매일 예배 형식은 신, 구약 성서에서 찾아볼 수 있다. 예를 들어, 구약의 시편 안에는 특정한 시간에 드리는 기도가 언급돼 있으며, 신약성서에서는 성체성사Holy Communion, 미사Mass, 주님의 만찬Lord's Supper 등으로 불리우는 성만찬 제도Instituiton of Holy Eucharist가 예수 그리스도

21. *Ibid.*, 215-91.

22. 최근에는 다음과 같은 예들이 있다.: *Worship: Third Edition* (Chicago: GIA, 1986), *Hymns, Psalms and Spiritual Canticles* (Boston: Archdiocesan Choir School Publishing, 1983) *and The Catholic Liturgy Book* (Baltimore: Helicon, 1975).

에 의해 명백하게, 공관 복음서인 마태복음(26:2–30), 마가복음(14:22–26), 누가복음(22:14–20) 그리고 바울 서신 고린도 전서(11:23–26)에 설명되어 있다. 그리고 성만찬의 전통적인 형태는 유대교 예배 양식들과 유월절Passover 식사와 관계된 식사에 뿌리를 두고 있으며 적어도 4세기의 기간 동안 발전되어 왔다.

말씀예전 (The Liturgy of the Word). 성만찬 첫 부분인 말씀 예전, 즉 시낙시스(Synaxis의 도입부분은 유대교 회당 전통에 깊이 뿌리를 두고 있다. 그리고 초기 기독교인들은 저녁 때 거행된 성만찬 예식과 분리시켜 주일 아침에 행하였다. 예를 들어, 초창기 말씀 예전은 유대교 기원의 인사인 "주님께서 당신과 함께(Ruth 2: 4)" 또는 "당신에게 평화(Shalom : 샬롬)"라는 말로 인사하며 시작했다. 사람들은 오늘날과 마찬가지로, "그리고 또한 당신과 함께"라는 말로 응답하였다. 이것은 오늘날에도 계속되고 있는 양식이다. 인사 후, 성경 말씀이 시편 읽기와 교차하며 읽혀졌다. 주교는 입교 지원자(Catechumens: 예비자, 세례를 예비하는 사람들)를 위해 설교를 했으며, 그 후 입교자는 바로 해산하였다. 다음엔 신자Faithful들의 중보기도가 이어졌으며, 만약 시낙시스가 분리된 의식이라면, 중보기도 후에 바로 '파송'Dismissal으로 미사를 마치게 된다.

초대교회의 소박한 말씀 예전의 단순함은 변하기 시작했는데 로마 제국에 속해 있는 기독교인 예배가 장소와 때를 따라 변화하기 시작했다. 그러나 가장 큰 변화는 콘스탄틴 교회Constantinian Church의 설립, 로마제국의 점차적인 멸망, 그리고 5세기에 두 개의 교회, 즉 동방교회와 서방교회로 대분열이 일어나면서Greate Schism, 나타나기 시작했다.

8세기에 로마 의식의 시낙시스Synaxis 양식, 또는 구조가 우리가 쉽게 이해할 수 있도록 이루어졌다.

입례송Entrance chant : 대략 340년 경, 시편 교창이나, 후렴, 입당송(Introit)

연도Litany와 자비 응답송Kyrie reponses : 그레고리 교황에 의해 다음과 같이 대체되었다; '주여 자비를 베푸소서' Kyrie eleison, '그리스도여 자비를 베푸소서'Christ eleison, '주여 자비를 베푸소서'Kyrie eleison

찬송Hymn, 영광송Gloria in excelsis : 500년 경, 처음에는 주교를 위하여 예비

인사와 기도Greeting and prayer, Collect)

성경말씀Lections, 4세기 때의 세 성구로 됨 : 구약, 서신서, 복음서(구약성서는 5세기 때 동방교회에서, 7세기 때 서방교회에서 사라짐)

성경 봉독 사이의 찬트Chants between readings): 시편(Gradual : 층계송),

구약과 서신서 사이에 불렸으며, Allelluia는 복음서 전에 불려졌다. 4세기초 사순절Lent의 성립 후 Allelluia는 Tract(영창, 교창이나 후렴없는 노래 시편)로 대체됨

설교Sermon

파송Dissmissals : 5세기에서 6세기 사이 사라짐

기도들Prayers

사도신조The Creed : 8세기에 샤를마뉴Charlemagne에 의하여 도입되었으나, 11세기 전 까지는 로마 예전에 포함되지 않았다. 그 후 주일 예배와 축일을 위한 예배에 보존되었다.

중세의 성만찬 의식은 계속해서 변해 갔다. 의식 속의 많은 부분은 왜곡되어 종교개혁시대인 15, 16세기에 새롭게 변화하였으며, 그들은 지난 7, 8세기 동안 변질된 예전 요소들과 신학의 세속화를 없애려 했다. 20세기는 19세기 후반 유럽에서 시작하였던 예전 운동의 동향에서 기인하는 변화의 시간이었다. 예전을 새롭게 함으로 온 세계의 각기 다른 교파의 교회들은 주로 로마의 3세기 주교 히폴리투스Hippolytus의 사도전승, 초대교회 형식을 반영한 성만찬을 복원하기 위해 노력하였다. 이 움직임의 목적은 초대교회 예전Liturgy의 생명력을 회복하고, 20세기 교회 예전과 영적 삶에 새로운 생동감을 불어 넣기 위함이었다. 예전 운동은 전 세계 그리스도교인Ecumenical들의 노력으로 시작되었다: 그 결과로써 세계 고든 예전적 교회들은 공통으로 개정된 성만찬 의식을 사용하고 있다. 성만찬의 가장 최근 교정본은 영국 성공회 기도서에서 찾아볼 수 있으며, 그 구조가 위에 논의된 역사적 모형을 따르기에 아래와 같이 그 모델을 살펴보고자 한다.

입당의식(The Entrance Rite). 비록 예전은 교정되어 가고 있지만, 몇몇 예전 학자들은 입당의식에 포함된 요소들이 반복적이기에 혼란스럽다고 표현했다. 예를 들어, 시작 시편송(Introit: 입당송), 찬송, 또는 성가amthem 뒤에 바로 고대 찬송과 대영광송(Gloria in excelsis, 사순절을 제외하고)이나 다른 찬송이 불려진다. 위에 서술한 것처럼, 입당송이라고 불리는 입당 시편은 4세기 때 말씀예전the liturgy of the word에 덧붙여졌다. 시편은 회중 교창 또는 후렴

과 함께 교창식으로 불려졌다.

그것은 교회 제단으로 나아가는 예전 사역자Liturgical Ministers들의 행진시간에 불려졌다. 시간이 지나며, 찬송가의 시 절수들은 수적으로 줄어들고, 반면 그 시구verse에 맞게 작곡된 곡들과 교창들은, 아름답지만 어렵게 작곡되어 회중들에 의해 불리지 못하게 되었다. 예전 운동의 목표중 하나가 회중 참여 회복이었기에 현대 기도문 예배규정은 시편 대신에 찬송가 사용을 허용했다. 찬송가가 사용되는 때에는 텍스트는 교회력에 따른 것이거나, 특정한 날에 행하여지는 성만찬에 맞는 것이어야 했다. 예를 들어, 주요한 축제; 부활절, 성탄절, 주현절 또는 승천절에 쓰이는 찬송가 텍스트는 축제의 주제를 잘 드러내야 한다. 예배 규정은 성가의 텍스트도 특정한 날 또는 그 절기에 맞아야한다고 했다.[23]

의식 IRite I에 속한 절기 개회 선포(Seasonal Opening Acclamation)와 기도 후에 "주여 우리에게 자비를 베푸소서"(그리스어; Kyrie eleison, 영어; Lord, have mercy upon us)와 Trisagion에 있는, "거룩한 하나님, 거룩한 신이시여 우리에게 자비를 베푸소서"라는 말이나 노래를 불렀다(아래의 곡에 대하여 보라). 찬송, 대영광송Gloria in excelsis은, "다른 찬양의 노래를 부른 뒤, 또는 그 전 찬송을 대신하여 부름"이라고 예배규정에 씌어 있다. 의식 I(Rite II 있는 예배 규정들은 선포Acclamation 후 기도를 생략하고 곧바로 영광송을 부르거나, 다른 찬송을 부를 수 있도록 하였다. 다른 경우, 특히 사순절 동안과 주중 예배에 Kyrie를 헬라어나 영어로 부를 수 있으며, Trisagion을 사용할 수 있게 했다. 이 예전의 텍스트들을 사용한 여러 가지 음악세팅들은 1982년 찬송가The Hymnal 1982에서 찾을 수 있다.[24]

다른 찬양 노래들Song of praise은 성무일도 소창Office Canticles들이다. 이러한 선택사양Option의 사용은 아주 실용적이고 목회적이다. 특히 아침기도회를 주일예배로 드렸던 공동체들에서 더욱 그러하였다. 그러나 지금은 그들이 매주 성찬식을 거행하기 때문에 더 이상 소창들을 노래하지 않는다. 이러한 대체된 찬송의 사용을 편리하게 하기 위하여, "소창용 찬트"[25]가

---

23. 입당송으로 시편송가 사용을 위한 정보를 얻으려면, 위에 있는 시편가(Psalter)와 아래에 있는 층계송(Gradual Psalms)에 관한 논문을 보라.

24. Opening Acclamations, S 76-S 83; Greek *Kyrie*, 각각 적절한 의식은, S 84-S 89 와 부록편, S 365-S359: English *Kyrie*, RiteI, S 90-S 93, 그리고 Rite II, S 94-S 98; *Gloria in excelsis*, S 201-S 204, S 272-S 281, 그리고 the *Trisagion*, 부록편, S 98-S 102, 그리고 S 360.

25. *The Hymnal* 1982, 반주집, 부록편 S 355.

주어졌다. 입당의식 전 참회의식Penitential rite[26]이 선행될 수도 있다. 이 참회 의식 속에는 개회 찬송, 시편, 또는 성가; 개회선포; 권면Exhortation 또는 설교; 십계명Decalogue, the Ten Commandments 읽기와 Kyrie 응답송; 짧은 성서 읽기; 죄의 고백과 용서를 포함할 수 있다. 예배규정은 "이 예배식이 예전시작 때에 사용될 때, 예배는 Kyrie eleison, Trisagion 또는 대영광송Gloria in excelsis[27]으로 계속된다" 고 언급한다. 입당의식은 성경 봉독 또는 그 당시, 그 날에 적합한 기도로 노래하기와 함께 끝을 맺는다. 그 달에 적합한 기도송을 어떻게 부르는가에 대한 지침들이 명시되어 있다.

성서일과(The Lessons). 세 성구의 성서읽기는, 초대교회 때 행하여졌던 것과 마찬가지로 각각 구약 성서, 신약의 서신서, 복음서를 읽으며, 선택 사양으로서 2차 바티칸 공의회 Second Vatican Council 개혁 후 영국 성공회 성례전Sacrament에서 세 구절 성경 봉독이 복구되었다. 역사상 서신서와 복음서 읽기는 노래로 종종 불려지곤 했다. 구약성서와 복음서를 노래하기 위한 Tone(텍스트를 노래하기 위해 만들어진 패턴:

역자 주)에 대한 지침은 성만찬지침서(The Holy Eucharist: Altar Edition)[28]에 쓰여 있다.

층계 시편송(The Gradual Psalm). 성경 봉독 사이에 노래되는 시편은 층계송으로 알려졌다. 라틴어 어원인 Gradus, 또는 층계(Ambo)에서 노래되었기 때문이다. 응답 시편송(responsorial psalm, 위쪽을 보라)으로써 층계송의 시들은 칸토르Cantor가 노래하고, 성도들이 교창하였다. 입당송처럼 층계송의 성시들도 절수들이 줄어들었으며, 교창들은 화려하게 장식된 음악으로 구성되었기에 층계 시편송은 칸토르와 잘 훈련된 성가대에 의해 노래되었다. 세 구절 성서읽기가 사용될 때 층계 시편송은 구약과 신약 서신서 봉독 사이에 부른다.

성만찬의 점차적인 층계송 복귀는 많은 교파들의 예전 교회들에 의해 확장되었으며, 작곡가들에게는 성가대와 회중을 위한 응답송들을 작곡하도록 영감을 부어주었다.[29]

---

26. *The Book of Common Prayer*, Rite I, 316-21; Rite II, 351-53.

27. *Ibid.*, 321.

28. *The Holy Eucharist: Altar Edition* (New York: Church Hymnal Corporation, 1977) 221-25.

29. 그것들은 다음과 같다: *Gradual Psalms, Alleluia Verses and Tracts*, Parts I-VI(New York: Church Hymnal Corporation, 1980-89: James Barrett, *The Psalmnary: Gradual Psalms for Cantor and Congregation*(Missoula, MT: The Hymnary Press, 1986); Betty Pulkinghan, *Celebrate the Church Year with Psalms and Canticles*(Pacific, Mo.: Cathedral Music Press, 1988); Betty Pulkingham and Kevin Hackett, The Celebration Psalter, 3 vols.(Pacific, Mo.: Cathedral Music Press, 1992); The Psalter-Psalms & Canticles for Singing(Louisville: Westminster/Knox, 1993); and Joseph Gelineau의 다양한 저작들: 24 *Psalms and a Canticle*(Chicago: GIA, 1958): 30 Psalms and Two Canticles (Chicago: GIA, 1962), 20 Psalms and Three Canticles

알렐루야(The Alleluia) 역사상, 알렐루야는 복음서 봉독을 기다리며anticipation 노래되었다. 입당송과 층계송처럼 절수가 줄여진 텍스트는 시편 문구나 성서 성구와 성경이 아닌, 성서적 영감을 토대로 한 시구가 알렐루야와 조합되어, 음악이 세팅되었는데, 더욱 화려하게 알렐루야 음절 "ah"에 긴 멜로디를 포함하여 잘 꾸며지게 되었다. 사순절 동안 알렐루야는 영창(Tract; 위쪽을 보라)으로 대치되었다.

속창(The Sequence Hymn) 비록 회중찬송이 개혁된 예전의 중요한 지표일지라도 바티칸 2차 공의회(Vatican II)전에는 로마 예전의 성례전에 속하지 못하였다. 그러나 그것들은 감격적인 밖으로의 행진, 공공의 Devotional Rite, 그리고 대중적인 캐럴들Carols의 유형과 같은 범예전적Paraliturgical인 주요 요소로 나타났다. 유일한 예외는 속창Sequence이고, 비록 회중에 의해 노래되지 않았지만, 그것은 9세기의 후반부에 로마 교회의 성만찬에 처음으로 알렐루야 뒤에 불려졌다. 알렐루야의 Jubilius는 가사가 없는 긴 멜로디인데, 이것에 성구 가사를 붙여 노래함으로써 속창으로 발전하였다. 그것은 결국 운문 찬송가로 발전하였으며, 속창의 대부분은 "두 개씩 짝을 진 성구로 같은 수의 음절Syllables을 갖고 있으며, 음악적으로 두 개의 성구가 한 악구를 이룬다".[30] 주로 북유럽에서 인기였던 속창들은 그 중 겨우 4개의 속창 찬송만이, 교황 피우스 5세Pope Pius V에 의해 로마 미사 전서 개정 기간 중 선별되었다. 그것은 다음과 같다: 부활절 찬송Victimae paschali, 오순절 찬송(Veni Sancti Spiritus), 성체 주일을Corpus Christi 위한 찬송Lauda Sion Salvatorum, 그리고 진혼 미사를 위한 찬송(Dies Irae, 바티칸 의회에 의해 통제됨)[31]

니케아 신조(The Nicene Creed) 공동기도서The Book of Common Prayer 1979에는 주일과 축일을 위해 고전 예배의 관습대로 사도신경을 복귀시켰다. 다른 때에는 선택적으로 할 수 있다. 사도신경 기도서 원문은 두 가지 형식이 있다. 첫 번째, 에큐메니컬 국제 협의회ICET: International Consultation on Ecumenical Texts를 통해 만들어진 현대식 기도서 문구와, 둘째로 전통적인 서식이

(Chicago: GIA, 1967), *Forty-one Grail/Gelineau Psalms, 1993 Revised Grail Psalter* (Chicago: GIA, 1995).

30. Raymond F. Glover의 The Hymnal 1982 Companion에 있는 Keith A. Falconer의 "The Development of Plainchant to the Counter Reformation,".

31. *Victime Paschali and Lauda Sion* 처럼, 이것 중 어떤 것들은 The Hymnal 1982에서 찾아볼 수 있다; Nos. 183 과 320을 보라.

있다.[32] 음악 세팅은 대부분 찬트 형식으로 찬송가The Hymnal 1982에 들어 있다.[33]

회중들의 기도(Prayers of the People) 초대교회 성례전(2세기) 안에는 설교와 입교 지원자의 해산 후 드리는 회중 기도를 포함시켰다. 예전 개정을 한 많은 교파들은 이 기도들을 이전과 같이 설교 후에 회중기도로 첨가하였다. 의식 IRite I의 기도서는 1549년에 출판된 '전(全) 주(州)의 그리스도 교회'Whole State of Christ's Church의 전통적인 기도를 포함했으며 회중들의 응답송도 선택할 수 있도록 했다. 의식 II(Rite II)에 있는 6개의 다른 유형이 포함되어 있다. 1982년 찬송가The Hymnal 1982에는 이러한 회중기도를 위해 여러 가지 음악 세팅들을 포함시켰다.[34]

말씀 예전에는 평화의 인사가 들어있으며, 과거 "평화의 입맞춤Kiss of Peace"이 복귀되었고, 이 순서는 성도들 사이에 화해를 상징하도록 되어있다.[35]

식탁 예전; 성만찬(The Liturgy of the Tale: The Holy Communion): 식탁 예전은, 봉헌(Offertory)으로 시작되며, 예배 규정에 지시된 대로 초대교회 때 선행되었던 예배의식 모형으로, "회중들이 가지고 온 직접 구운 빵과 담근 포도주, 또는 개인 형편에 따라 보살핌이 필요한 자들을 위해 드려지는 헌금, 헌물들을 집사나 사제에게 가지고 나오는 형식"[36]이 회복되었다. 영국 성공회 예전에서는 헌금 전 이에 알맞은 성경 구절을 읽는 부분이 있으며, 찬송, 시편, 또는 성가를 부를 수 있도록 되어 있다.[37] 바로 이 시점에 적합한 소창Canticle이 불릴 수도 있다.[38]

대감사기도(The Great Thanksgiving). 성만찬 기도 또는 대감사기도의 뿌리는 식사에서 빵과 포도주를 나누며, 축복 기도를 하였던 유대인 관습에서 찾아 볼 수 있다. 유대인 식사에서처럼, 사제가 회중들에게 먼저 "주님이 당신과 함께"라는 전통적인 인사로 기도가 시작하며, 계속해서 사제는 그들에게 "당신의 마음을 주님께 드높이십시오" 그에 대한 응

---

32. *The Book of Common Prayer*, 326-377 그리고 358.

33. 역사적 찬트에서 사도신경의 전통적인 양식은, S 103; 현대적인 찬트 양식은 S 104와 부록편 S 361; 현대적인 음악적 셋팅은 S 105.

34. S 106-S 109, 부록편, S 362-S 363.

35. 음악적 셋팅은 *The Hymnal S* 110 과 S 111에서 볼 수 있다.

36. *The Book of Common Prayer*, 333, 361.

37. Ibid., 343-44, 376.

38. The Canticle Use Chart, Appendix, S 355를 보라.

답으로 회중들은 "우리의 마음을 주님께로 드립니다"(Rite I, Rite II)라고 한다. 아니면 사제는 초대 기도로 계속하기를 "우리 모두 주님께 감사 드립시다" 또는 "우리의 주되신 하나님께 감사를 드립시다"라고 말할 때 회중들은 "그렇게 하는 것이 옳습니다" 또는 "그렇게 감사 찬양을 드리는 것이 합당합니다"라고 응답한다. 이러한 첫 번째 대화 기도인 Sursum corda(당신의 마음을 들어 올리십시오) 후에, 성만찬을 위한 고유문 말씀으로 만들어진 감사 기도가 드려졌는데, 그 기도는 주일이나 특별한 절기, 혹은 교회력에 맞는 내용이 담긴 것이었다.[39] 곧바로 회중 찬송과 Sanctus('거룩, 거룩, 거룩')가 불려진다. 이 찬송의 텍스트는 이사야가 그의 환상 중(이사야 6:1–3) 세라핌으로부터 들은 가사다. 그리고 계시록 4장 8절에 하나님 보좌 앞에서 불렀던 세라핌의 노래를 중심으로 쓰여진 가사이다.

대감사기도를 위한 초대 기독교회의 기도문은 사제가 즉흥적으로 하도록 되어 있었다. 그리고 4세기부터 현재까지 항상 감사기도를 위해 정해져 있는 성경말씀이 포함되었다. 성만찬의 대감사기도에 쓰이는 텍스트로 전통적 의식 1^Rite I^에는 2가지가 있고, 현대적 의식 II^Rite II^에는 4가지가 있다.[40]

찬송가^The Hymnal 1982^[41]에는 음악적으로 쓰여진, 전통적, 고대적 또는 보편적 유형의 Sursum corda가 있고, 특히 의식 II^Rite II^에 있는 음악적으로 매우 아름답고 깊이 있게 작곡된 다양한 Sanctus 셋팅들, 또 현대에 작곡된 것, ICET 형식의 곡들도 포함되어 있다.[42]

성공회 공동기도서에 있는 성만찬기도들, A B 그리고 D와, 기념선포^Memorial Acclamations^가 사제와 회중들을 위하여 음악 형식으로 제공되었다.[43]

역사적으로 찬트 유형의 뿌리만 남아있을지라도, 대감사기도 전체는 노래로 드려졌다. 이러한 관례를 회복하는 노력으로 찬송가^The Hymnal 1982^는 성만찬 기도 C의 두 가지 형태를 포함한다. 그것은 다음과 같다. : 하워드 갤리^Howard Galley^에 의해 세팅된 찬트곡[44]; 그리고 리처드

---

39. *The Book of Common Prayer*, 344-49 그리고 377-82를 보라.

40. 특별히 Sanctus 다음에 나오는 성만찬 기도에 대해 더 자세히 알고 싶으면, *The Hymnal 1982 Companion*, 2:83-87을 보라.

41. S 112 (Rite I) 그리고 S 120 (Rite II).

42. S 113-S 117 (Rite I), S 121-S 131, and Appendix S 364 그리고 S 365 (Rite II).

43. S 132-S 142. 성만찬을 끝내는 송영, '대' 아멘 그리고 주님의 기도는 전통적인 챤트, S 118 그리고 S 119 (Rite I), S 142, 143, 그리고 S 148 (Rite II)에 있다. 대 아멘의 부가적 셋팅 들은 S 144-`47, 그리고 현대적 세팅들 중주님의 기도 ICET 번역에는 S 149 그리고 S 150.

44. 부록편 S 369는 Sanctus, S 125의 세팅 사용을 위한 것이다.

프롤스Richard Proulx에 의해 세팅된 현대적인 형식[45]이 있다. 로마 가톨릭에서 사용하는 감사기도 세팅은 전체가 다 음악으로 세팅된 것('Full Music Setting')이 있다.

성찬 분배 전에, 분배 성가Fraction anthem 또는 분병례 성가 Confractorium(빵을 뗄 때 부르는 성가)을 불렀다. 7세기 로마 의식에서는 하나님의 어린양(Agnus Dei)이 분배 성가 혹은 콘트라팍토리움을 의미하였다. 다른 서방 교회 의식은 특별한 축일, 혹은 유월절에 적합한 텍스트로 Pascha nostrum ("그리스도, 우리들의 유월절")을 사용하도록 했는데, 이 노래는 부활절기의 50일이나, 다른 비회개non-penitential 절기중 쓰기에 적합하다. 분배 성가 텍스트는 여러 가지 음악으로 세팅되었다.[46]

초기 성만찬 의식은 파송dismissal으로 끝났다. 로마의식에서 이것은 "미사는 끝났습니다.Ite, missa est" 이었다. 현대 예전 운동의 결과로써 '파송'은 모든 교파들이 성관찬으로 끝맺음으로 복구되었다. 특히 오늘날에는 교인들이 세상으로 파송되는 것과 같이 직접적인 명령으로 선포한다. 예를 들어, "그리스도의 이름으로 나갑시다" 또는 "주님을 사랑하고 섬기기 위하여 주의 평강으로 가십시오"라고 말한다. 그러면, 회중들은 "하나님께 감사합니다"로 응답한다. 부활절 절기에는 이 화답의 단구들, 그리고 응답송은 "Alleluia" 와 같은 감탄과 함께 마쳐진다.[47]

성공회에서 사용되는 성만찬 의식 IRite, I에서는 주교나 사제가 해산 전에 축도를 한다. 의식 II(Rite II)에서는 이것을 선택적으로 할 수 있다. Altar Book에는 축복기도의 여러 가지 유형의 곡이 제시되어 있으며, 주교에 의하여 주어진 주교 축도에 대한 회중의 응답송들은 1982년 찬송가The Hymnal 1982에서 찾을 수 있다.[48]

1982년 찬송가The Hymnal 1982에 있는 음악부분의 뛰어난 특징 중 하나는 아래와 같이, 곡들이 조직적으로 잘 정리되어 있는 것이다. 전통적, 역사적 양식으로 된 통상문 각 파트가 작곡가 혹은 특별한 스타일로 구별되어 있는데, 예를 들어, 역사적 찬트들이 한 단락으로 모아져 있다. 구조는 "혼합과 일치"로 설명되어 있으며 음악가들이 자유롭게 회중들의 수준에

---

45. 부록편 370은 그의 Sanctus, S 125의 세팅 사용을 위한 것이다.

46. "우리의 유월절 그리스도" S 154-S156; Agnus dei, Rite I (오 하나님의 어린양), S157-S 159; Rite II (신의 어린양), S 160- S 163, 부록편, S 373 그리고 S 374; (예수, 신의 어린양), S 164-S 166; 그리고 다른 텍스트들, S 169- S 172.

47. 파송을 위한 음악적 셋팅은 S 174-S 176.

48. The Holy Eucharist: Altar Edition, 232-33; The Hymnal 11982, S 173.

알맞은 곡들을 선택할 수 있도록 꾸며졌다. 그러나 뜻에 따라 한 명의 작곡가에 의해 쓰여진 모든 통상문에 속한 곡들, 또는 역사적 찬트들을 찾는 것도 가능하게 되어있다.

다른 예전적 교회들을 위한 성만찬 자료 (Resource for the Eucharist in Other Liturgical Churches)

예전운동이 예전적 교회들을 통하여 전 세계적으로 크게 휩쓸었기에, 그 영향을 받지 않은 교단이 없었다. 이것 때문에 교단들마다 많은 곡들이 새 예전들을 위해 작곡되었는데, 특히 성만찬을 위한 곡들은 더욱 풍성해졌다. 그러나 여기서는 간략하게 루터교회와 로마 가톨릭 교회의 성만찬을 위한 곡들만 다루고자 한다.

루터교회(The Lutheran Church). 루터교회 예배서The Lutheran Book of Worship에는 성만찬을 위한 3가지 음악 세팅이 있다. 각 세팅은 예전 텍스트와 이것을 위한 음악 세팅으로 인쇄되어 있으며 그 이유는 "사용자의 편리성User friendly" 때문이다. '한 목소리로With One Voice' 1995년 부록판[49]에는 세 가지 세팅이 포함되었다. 예배서(The Book of Worship)에는 회중이 쓸 수 있는 다음과 같은 곡들이 있다. 즉, Kyrie; 찬양의 노래, ICET 번역인 대영광송Gloria in excelsis 그리고 "이 축제는 승리하신 우리 하나님을 위한 것입니다"(This is the feast of Victory for our God); 복음서 낭독 전에 부르는 알렐루야와 사순절 성구; 복음서 낭독 전과 후를 위한 회중 환호송; 헌금송, Sursum corda(세팅 1과 4의 현대곡, 세팅 2와 3의 역사적 찬트)를 위한 세팅, 그리고 Sanctus; 대감사기도 끝 부분에 부르는 영광송Doxology; 하나님의 어린양Agnus Dei; 그리고 2개의 성만찬 후 감사기도 소창들, "주님께 감사하고 그를 찬양합니다", 또는 시므온의 노래Nunc dimittis; 그리고 축도가 있다. 루터교 의식에서는 입당송 또는 시편 찬송은 " 사제가 회중에게 인사하기" 전에 불려진다.[50] 그러나 사도신경, 주기도문, 파송은 말로 선포된다. 층계 시편송 사용은 루터교 의식(Lutheran Rite)에서는 선택사항이 아니다. 그리고 음악 세팅은, 앞에서 우리가 살펴본 "다른 예전적 교회에서의 성무일과에 사용되는 자료들(Resources for Use of the Daily Offices in Other Liturgical Churches)" 항목에 언급돼 있다. "성만찬 코랄 서비스Choral Service"를 위해 예배서 개요가 포함돼 있으며, 그 내용은 루터의 독일

49. *With One Voice* (Minneapolis: Augsburg Fortress, 1995).

50. *Lutheran Book of Worship*, 57.

미사 전통을 따르고 있다. 즉 독일 미사 안에 있는 성만찬 예식의 한 부분은 찬송가로 대체되었다.[51] 제시된 많은 찬송가들은 마틴 루터Martin Luther와 다른 사람들에 의해 쓰인 라틴 통상문으로부터 번역되었다.

영국 성공회 성만찬처럼, 루터교회 예배서는 선택사양으로 사용할 수 있도록 예배 규정을 제공한다. 예를 들어, "예배 전 사용되는 죄의 고백과 용서에 관한 간략한 규정"; "성만찬이 없는 예배의 마침을 위한 봉헌 시편 음악 세팅"과 마침기도를 위한 예배 규정; 대 감사기도의 두 가지 형태; 그리고 "성찬식 중 사용될 수 있는 찬송가와 다른 음악" 등이다.

한 목소리로With One Voice의 1995년판 부록집에는 선택할 수 있는 더 많은 곡들이 포함되었으며, 대 감사기도를 위한 다른 형식의 텍스트도 포함되었다. 세팅 4와 5는 전체 음악 세팅이며, 세팅 6[52]은 마틴 루터의 코랄 서비스Martin Luther's Chorale Service를 모델로 하였고, 중요한 예배음악들이 여러 가지 풍부한 음악적 자료들로 표현될 수 있게, 포함하도록 제안되었다.[53] 제시된 찬송가들은 여러 문화적이고 역사적인 요소를 담고 있다. 그것들은 또한 "말씀 예전과 기도" 즉 synaxis 이기도 하다.[54]

이 부록집의 또 다른 특징은 예전의 4가지 중요한 부문(모임Gathering, 말씀Word, 식사Meal, 파송Sending)을 목록화하고 설명하고 있다는 것이다. 세 개의 성만찬 세팅 안에는 다음과 같은 내용들이 굵은 글씨로 표시되어 있다.[55] 부록집 601번부터 625번까지 풍부하고 다양한 스타일의 예배음악 세팅들이 첨가되었고, 그것은 다음과 같다; 역사적 단선율 성가와 그리스 정교 찬트; 현대 작곡가에 의한 세팅들; 그리고 다양한 지역에서 온 문화유산–가나, 스페인, 아메리카 인디언, 남아프리카 공화국, 카리브해, 셀틱–으로부터 나왔다.[56]

로마 가톨릭 교회(The Roman Catholic Church). 비록 미국 로마 가톨릭 교회에서 사용되는 공식적인 찬송가집은 없었지만, 작곡가들과 출판업자들은 회중들이 사용할 수 있도

---

51. *Ibid.*, 120.

52. *With One Voice,* 42-45.

53. *Ibid.*, Introduction, 4.

54. *Ibid.*, 46-53.

55. 머리말의 유사한 사용은 영국성공회의 *The Book of Common Prayer*에 찾을 수 있다.

56. *Lutheran Book of Worship*과 그 부록편인, *With One Voice* 는 둘 다 Pew and Accompaniment Editions로 출판되었다. 루터교회의 예배를 지탱해 주는 출판물들은 Philip H. Pfatteicher와 Carlos R. Messerli의 *Manual on the Liturgy, Lutheran Book of Worship* (Minneapolis: Augsburg, 1979)이다.

록 엄청나게 많은 양의 성만찬을 위한 곡들을 만들어 냈다. 여기서는 "다른 예전적 교회에서의 성무일과에 사용되는 자료들(Resources for Use of the Daily Offices in Other Liturgical Churches)" 항목에서 언급된 세 가지 요소만을 살펴보고자 한다.

예배Worship: 회중용과 반주자용으로 출판된 3판 책Third Edition에는 "미사"라고 표제가 붙여진 별도의 부분이 있다.[57] 이것은 다음과 같은, 여러 가지 다른 요소들로부터 가지고 온 미사 규칙The Order of Mass을 설명하고 있다; 역사적 찬트; 이전 시대 의 음악 채택; 그리고 현대 작곡가들의 작품; 세 개의 부가적 음악적 세팅들, 즉, 세팅 1은 프롤스 Richard Proulx에 의한 "A Community Mass", 세팅 2는 알렉산더 펠로퀸 Alexander Peloquin에 의한 "벨들의 미사Mass of the Bells", 세팅 3은 데이비드 허드 David Hurd에 의한 새 단선율 성가("New Plainsong")이며, 더불어 1982년 찬송가(The Hymnal 1982)에도 있다; 예배음악을 위한 부가적인 음악 세팅들; 그리고 역사적 찬트로 된 라틴어 미사인 Cantus Missae 가 있다. 1982년 찬송가(The Hymnal 1982)와 같이, 이 출판물에는 특정 작곡가의 통상문 곡들을 부를 수 있거나, 축일에 맞는 세팅들을 다양하게 선택할 수 있게 되어 있다. 또한 결혼식과 장례식을 위한 세팅도 있다. 다른 많은 요소들 중에 예배 3판Worship, Third Edition은 , 여러 가지 예배 의식을 위해 시편 응답송이 포함되었으며; 성서일과로 표시된 부분에는 3년 동안의 성만찬 성경 봉독과 다른 축일에 쓰일 회중 응답송과 고유 시편송들이 포함되어 있다.

찬송가, 시편, 그리고 영가(Hymns, Psalms, Spiritual Canticles) 들 역시 풍성한 요소들이 들어 있다. 그것은 영어와 라틴어로 된 미사 규정도 포함한다. 영어 미사에는 역사적 찬트 멜로디를 사용하며, 현대적 세팅으로 된 사도신경, 신자들의 기도, 상투스Sanctus가 포함된 성만찬 기도, 기념 선포, 주의 기도, Agnus Dei, 축도 그리고 파송이 있다. 복음서를 역사적 찬트로 부를 수 있는 지침서도 있다. Theodore Marier와 다른 작곡가들의 통상문 세팅도 포함되어 있다. 라틴 미사는 역사적 찬트와 회중과 성가대에 의해 쓰이는, 통상문 부분의 현대적 세팅을 사용한다. 복음 선포와 고유문 시편 성구는 단선율 성가 시편 톤tones으로 작곡되었고 3년에 걸친 성서정과에 맞추어 쓰여 졌으며, 알렐루야를 사용할 수 있는 성서구절이 제시되어 있다.

---

57. *Worship: Third Edition*, 229-340.

'찬송가, 시편, 영가'에서 가장 큰 부분을 차지하는 '찬송가' 후에, 응답시편 세팅, 교창송이 있는 세 개의 성서 성구Scriptual Text가 이어진다.

미사 통상문에 있는—대영광송Gloria in excelsis, 사도신경, 상투스Sanctus, 주의 기도, 하나님의 어린양Agnus Dei—것 외에 The Catholic Liturgy Book에 있는 다른 텍스트들의 영어로 되어 있다. 이 모음집은 절기에 따른 복음 환호송, 알렐루야, 기념환호, 대 아멘 송Great Amen, 인사, 성만찬, Kyrie eleison(그리스어와 영어), 대영광송Gloria in excelsis, 사도신경, Sursum corda, 상투스Sanctus, 주의 기도, 하나님의 어린양Agnus Dei, 축도, 파송이 들어 있다. 부록에는 특별한 때—즉 재의 수요일Ash Wednesday) 고난주간Holy Week) 장례 미사에 쓰이는 찬트와 환호송들이 포함되어 있다. 라틴 미사 통상문에 쓰이는 음악에는 역사적 찬트 멜로디가 사용되어 있고, 다른 남아있는 부분은 현대 작곡가들에 의해 쓰여진 곡들이 들어 있다.

제 16 장

예전으로서의 예전음악

Liturgical Music as Liturgy

| 윌리암 플린 William T. Flynn |

로마 가톨릭교회에서 밀워키Milwaukee의 대주교이자, 음악적으로도 경지에 오른 음악가인 렘버트 위크랜드Rembert Weakland는 "교회음악가가 되려면 어떻게 해야 됩니까?"라는 질문을 받은 적이 있었다. 그의 대답은 교회 음악가들이 즉각적으로 동의할 만한 것으로, 다음과 같았다: "우선, 당신은 음악가가 되어야 합니다." 위크랜드Weakland의 관점은 어떤 음악적 자질에 확고한 기준을 두고 있는 것이 분명하다. 비록 그러한 관점이 매우 중요하기는 할지라도 음악적 자질에 초점을 맞추는 것은 다른 한편으로 중요하며 방법론적으로 이전의 쟁점이 되었던 문제를 모호하게 만드는 것일지도 모른다. 다시 말해 "예전음악이 제공하는 목적과 목표가 무엇이냐?" 가 특정한 것을 위한 음악 창작과 음악적 자질을 형성하는 것을 결정하는 기준에 영향을 끼쳐야 한다.

교회 음악에 관하여 논의하기 어려운, 제일 큰 이유는 음악을 만드는 목적이나 목표에 관하여 문화적 일치가 거의 없기 때문이다. 그럼에도 불구하고, 대부분은 두 가지 방법 중에 하나로 음악의 목적을 언급한다. 이 둘 중 첫째는 음악은 기본적으로 '사회적인 의식'을 지원하기 위해서 만들어졌다는 주장이다. 예를 들어, 미국에서는 대부분 음악을 만드는 목적이 사귐에 즐거움을 더하기 위해서라고 설명될 수도 있고, 종종 교구민들도 이런 관점에서 교회음악을 선호할 수 있다. 두 번째는 (전문적인 음악가들이 주장하는 것으로) 음악을 만드는 목적이 단순하게 음악을 만들고, 예술을 표현하는 그 자체에 있다고 주장한다.

이 두 가지 음악 목적의 특성들은 각각 철학적인 논쟁 선상에서 지지를 받아왔으나[1], 그 각각은 예전음악의 신학을 정립하는 것에 유용하도록 수정이 요구된다. 그 이유는, 예전음악은 구체화된 예배의 한 부분이며, 또한 예배의 표현으로 하나님을 찬양하는 것과, 그것이 그리스도인의 삶으로 연장되어 그 자체가 되기에, 음악을 만드는 목적은 즉, 하나님께 영광을 돌리기 위함이다. 이런 목적이 그리스도를 통해 가능하게 되었으며, 또한 적합하게 되었고, 보존되었으며, 성령의 능력으로 교회에 의해 목격되었기 때문에, 교회를 위한 음악이 무슨 능력을 갖고 있는지 예배 내용 안에서 정의되어야 한다.

찬양으로서의 예전음악의 기본 개념은 위에 언급된 두 가지(세속적) 중요한 음악목적에 대한 아이디어가 적용될 수 있다. 왜냐하면 그것들은 음악의 중요한 기능과 동일시되기 때문이다. 그런데 그 음악의 중요한 기능이라고 하는 것은 인간을 향한 하나님의 목적과 상치되는 것이 아니며 사실상 교회생활에 있어 하나님을 찬양하는 것에 도움이 될지도 모른다. 음악이 사회 의식을 돕는다는 개념은 예전음악과 모순되는 것이 아니다. 왜냐하면 교회의 모든 사회적 형태는 하나의 목적으로써 하나님을 찬양하는 것이기 때문이다. 이러한 이유로 음악이 예배의 다른 형태와 상호 작용하는 특별한 방법들은 교회가 공동의 믿음을 평가하고, 표현하는 방법들을 명료하게 하며, 증명하는 것을 도울 수 있다. 그 목적에 관한 문제들이 종종 발생하는 것은 음악이 예배의 다른 부분들과 일종의 긴장을 일으킬 때이다. 이러한 것을 증명하기 위해서, 이번 장의 첫 번째 부분은 우리의 말과 음악이 하나님의 말씀과 어떻게 관계되는지 조사한다. 음악 자체가 가장 중요한 것이라는 생각은 예전음악에서도 다르지 않다. 음악은 신학적 사고를 공급할 수 있는 효과(교회는 송영의 목적의 충분함을 평가하고 발견해왔다)가 있다고 판단되어 왔다. 왜냐하면 그것은 하나님 말씀이 우리에게 나타내주

---

1. For an interesting summary of some of these arguments, see Edward Foley, *Music in Ritual: A Pre-Theological Investigation* (Washington, D.C.: Pastoral Press, 1984). The most important debate missing from Foley's summary in that between Walter Benjamin and T. W. Adorno; see especially, Benjamin's essay, "The Work of Art in the Age of Mechanical Reproduction," *Illuminations* (New York: Schocken, 1985) 217-51, and Adorno's Aesthetic Theory (New York: Methuen, 1986). The most interesting sociological account of contemporary music-making can be found in Pierre Bordieu's Distinction: *A Social Critique of the Judgment of Taste* (Cambridge: Harvard University Press, 1984).

는 것이다. 이것의 한 예로, 여러 주제 중 몇 가지 가운데 예전음악이 교회의 통합적이며 공통적인 이미지를 나타낸다고 고려되었기에, 그러한 측면에서 둘째로 이 장의 반을 통해 탐구할 것이다. 그런 묘사들은 우리가 하나님과의 관계와 성도들의 관계를 어떻게 이해하는지 초점화할 수 있으며, 그것이 음악을 통해 재해석될 수 있기 때문이다.

하나님의 말씀, 우리의 말, 그리고 음악 (The Word of God, Our Words, and Music)

신학적으로 말해서, 음악은 '말' 이상이기도 하고, 이하라고도 할 수 있다. 음악은 하나님 말씀이 예수 그리스도로서 성육신하였다고 하는 사실을 성경 성구로 증언한다는 점에서, 성경 성구들은 성육신 목격 이후 거의 모든 기준을 세웠다는 점에서 말씀 이하라 할 수 있다. 아마도 음악은 성서가 증명(선포)하는 것보다, 더 영향력 있게 전달하였다는 점에서 말씀 이상일지도 모른다. 지금까지 말씀은 수사학적, 효과적인 방법으로 사용될 수 있었으며, 그것을 위해서 음악성이 요구되었다. 그리고 그 음악성이 음악적 언설Utterance로 인해 깊어질 때, 전달의 힘이 증대Increase될 수 있다. 비록 우리가 요즘에는 음악을 상대적으로 독립된 예술의 형태로 생각하는 경향이 있지만, 초대교회에서는 확실히 음악과 말씀 사이의 밀접함을 강조하였다. 심지어 음정이 주어지지 않은 음악, 말씀은 두운법, 유사음, 운율 등을 통한 음색과 강약과 박자/음조를 통해 구성된 리듬과 같은 음악적인 특색을 드러나게 하였다. 그와 더불어 예배자들에게 친숙하지 않은 언어들 속에 알렐루야와 아멘과 같은 말들은 그들의 음악적 특색 때문에 대체적으로 귀하게 여겨졌다.[2] 교부시대 작가들은 발화된 말씀의 특징이 음악과 수사Rhetoric의 명백히 다른 점을 구별을 하기가 어려운, 이러한 현상들을 매우 잘 알고 있었다. 예를 들어, 어거스틴의 On Music이라는 6권의 책들은 정확한 음정을 논하지 않는다. 그러나 라틴어를 말할 때 본래의 자연스러운 흐름에 리듬과 박자를 고려해 볼 수 있

---

2 Joseph Gelineau makes the point that words used as liturgical acclamations, such as *Alleluia, Maranatha, Kyrie eleison, and Amen*, tend not to be translated; see his "Music and Singing in the Liturgy," *The Study of Liturgy* eds. Cheslyn Jones, Geoffrey Wainwright, and Edward Yarnold (New York: Oxford University Press, 1978) 449-54.

다.[3] 이런 수식의 음악적 형태들은 언어의 형식으로서 일반적으로 인정된 것뿐만 아니라 집중하고, 주의하고, 기억하는 힘에 도움이 되는 것으로 또한 귀하게 여겨진. 이런 이득이 없다면 무엇이든 대화하는데 전달하는 말씀의 힘은 매우 제한될 것이다.

음악은 본래 말의 특징을 가지고 있다고 여겨지기 때문에, 어거스틴Augustine과 같은 교부 작가들은 어떤 음악적 수식이 사람들의 단어 의미 이해와 적합성에 도움이 되는지 혹은 방해가 되는지를 살펴봄으로서, 음악과 말씀 사이에 일어나는 긴장을 알아냈다. 어거스틴은 예전에서 음악의 수사적 기능들을 분석함으로, 그들 상호간의 조화가 멜로디의 복잡성과 수사적인 말들의 상호작용에 의존하는 것 뿐 아니라, 청취자가 말과 음악 모두에 주관적인 반응을 한다고 결론지었다.[4] 어느 정도는 음악이 말을 뒷받침하지만, 그것이 매우 효과적이라고 판단되며, 음악만으로도 사람의 주의를 끌 수 있으리만큼(성경말씀보다는 음악에 집중하는 것이 죄의식을 느끼는 사람들까지 있었다) 그것은 해로울 수도 있다고 판단된다. 다음과 같은 사항은 매우 중요하다. 즉, 어거스틴이 그리스도의 상징적 예표를 위해 선택한 시편 중 몇몇 세팅들에 대해 5세기 예전의 음악적 항목들을 분석하며 언급한 일이다. 음악이 성경 말씀에 의해 제한될 뿐만 아니라, 어거스틴 공동체에서는 그 자체로서 하나님 말씀인 것으로 여겨졌다. 이런 이유 때문에 성경 말씀에 내재된 뜻에 대한 그들의 이해는 '하나님께 올바로 영광을 올려드리는 예배의 방향을 유지시키는 데 도움을 준다는 것으로 명백해졌다. 비록 어거스틴은 그의 교회의 음악적 스타일이 듣는 자의 성서 말씀 이해를 방해한다는 것을 알았지만, 그럼에도 불구하고, 어거스틴은 선율 노래함Singing Tunes이 포함되어야 한다고 결단했다. 왜냐하면, 음악으로 오는 위험보다는, 음악이 회중으로 하여금 말씀을 더 잘 받아들일 수 있도록 도와주기 때문이다.

체계화된 말씀이 음악으로 잘 구성하여 조화되었을 때, 각기 다른 긴장이 찬송 안에 나타난다. 찬송의 텍스트는 이미 시적 구조를 지닌 음악적 요소에 의해 복잡해졌으며, 그렇기에 그 구조는 가사 의미 전달을 방해할만한 잠재적 가능성을 증가시킨다.[5] 더욱이, 비록 성

---

3. Augustine, *De Musica*, Pl 32:1081-1194; trans. R. C. Taliaferro, *The Fathers of the Church, a New Translation: Writings of Saint Augustine,* vol.2 (New York: Cima, 1947) 153-374.

4. Augustine's most sophisticated examination of liturgical music can be found in *Confessions* X, 33; *PL* 32;799-800; Mckinnon, 154 (no.352).

5. Note, for example, how the rhythm, meter, and thyme make the syntax of Psalm 23 much less clear than the prose model:

서에 직접적으로 기초한 찬송가라 할지라도, 그 말을 리듬에 맞게 그리고 원어로부터의 다른 언어 운율의 계획에 맞게 재작업하는 것이 기본적으로 필요하다. 텍스트와 음악적 요소, 긴텍스트와 선율 간의 암시된 긴장감이 다음의 측면에 잘 나타나 있다. 즉 계속되는 찬송가 텍스트개정과 가장 적합한 찬송 음률을 위한 음악적 요구에 대한 논쟁Discussion이 그것이다. 대부분의 찬송 텍스트를 둘러싼 논쟁의 중점은, 하나님의 말씀인 성경과 온전한 일치를 이루는 필요성에 대한 것이었다. 대부분의 찬송 음률에 대한 논쟁은, 회중들로 하여금 하나님 말씀을 효과적으로 선포할 수 있도록 도와주는 것에 초점을 맞추는 경향이 있다. 간단히 말해 위의 논쟁의 핵심을 말하자면, 좋은 찬송은 말씀과 음악이 잘 조화되도록 추구해야 한다는 것이다. 그 이유는 그 찬송을 통해 공동체가 성서 말씀의 진리가 분명하게 선포됨을 경험할 수 있기 때문이다. 말하자면 찬송은 좋은 설교와 동일한 신학적 요구를 가지고 있지만, 가사를 효과적으로 선포하는 음악과 혼합된 음악적 텍스트를 통해 본문을 효과적으로 선포하기 위한 것이다.

어거스틴의 관점에서는 말씀 없는 음악이 텍스트가 입혀진 음악보다 더 큰 문제로 자리잡았을 것이다. 그 이유는 음악과 성서의 관계가 더욱 멀어질 수밖에 없기 대문이다. 비록 처음 초대 교회의 5세기 동안, 예전 안에서 말씀 없는 음악이 사용된 명확한 전례를 찾아볼 수 없지만, 어거스틴은 환호송을 하나님을 찬양하는, 유일한 타입의 '순수 음악'으로 해석할 수 있었다. 시편 33편 3절에 대한 그의 주석을 보면[6], 그는 몇 가지 말씀 없는 노래에 대해 긍정적으로 언급하며 추수 때 부르는 농부의 노래와, 고된 직업을 가진 자의 노래를 꼽았는데, 즉 말로 표현할 수 없는 마음의 기쁨을 상징하는 것이 Jubilius라는 것이다.[7] "말로 형용할 수 없는 하나님 외에 환호송을 받으실 자 누구 있는가?" 바로 이러한 이슈가 예전에서 실질적으로 대두됨에 따라, 서구 예배에서 악기가 점차적으로 수용될 수 있었다. 서구 예전의 역사

"The Lord is my shepherd; I shall note want. He maketh me to lie down in green pastures: he leadeth me beside the stil waters" (King James Bible) compared with, "The Lord's my shepherd, I'll not want; | He make me down to lie | In pastures green; He leadeth me | The quiet waters by" (scottish Psalter, 1650).

6. Augustine, *In Psalmum* 32; *PL* 36:283; Mckinnon, 156-57 (no. 356).

7. Although many musicologists have identified such descriptions with the Alleluia in the Roman liturgy, there in no evidence of this being the case. Furthermore, the Alleluia can hardly be considered to be textless. If one could establish a connection between a reference to the jubilus and the practice of glossolalia, one might be able to argue that such discussions could describe liturgical practices; however, up to now, no one has been able to do this.

에서 악기들은 3가지 확고한 기능을 갖고 있다. 첫째 반주의 기능으로, 악기들은 말씀과 음악 사이에 가능한 긴장들을 점차 고조시켰다. 음악은 악기를 사용했을 때에 더욱더 정교한 구조를 가지기에 그 자체로서 주의를 집중시킬 수 있다. 그럼에도 불구하고 말씀은 여전히 음악의 목표를 제시한다. 둘째로 독주 기능을 가진 악기들이, 말씀과 연결되어 있기도 한다. 예를 들어, 성가대를 대신하거나, 회중들의 찬송가 절수를 번갈아 하거나(역사적으로, 말씀을 전달하는 찬트를 바탕으로 한, 기악음악과 함께 하는 미사 통상문), 또는 독일의 코랄이나 찬송 프렐류드와 같이 회중들에게 잘 알려진 음률과 가사에 연관된 것들을 연주할 수 있다. 비록 가사가 노래되지 않을지라도, 찬송이 기악음악과 연관된 것이라고 기대하는 예배자들에게 공유되어 있는 것이다. 셋째로, 자유로운 기악 작품들(특정한 말씀에 의하지 않은)은, 행렬Procession 혹은 거양 성체Elevation of elements와 같은 예전 행위에 쓰일 수 있다. 예배의 전체적 맥락을 보면, 하나님의 영광을 드러내기에 필요한 요소들이 제공된 것을 볼 수 있다. 실질적으로 악기들은 아마도 인간에게 주어진 창조력의 유용한 연장Extension으로서, 하나님의 창조의 일부가 하나님과의 올바른(하나님의 영광을 드러내는) 관계 속으로 이행되어 인간에게 역사(役事)하는 것으로 보일 것이다.

우리의 말들과 음악, 그리고 하나님의 말씀이 예전 안에서 선포되고 우리 안에 녹여지는 긴장감과 같이, 교회의 관행들은Practices 계속해서 하나님 영광을 향하여 형성되어 간다. 종종 예전의 형태가 목표에 맞게 설정되어 갈 때에, 거기서 발생되는 형태는 안정에 가까운 상태가 되며, 그것은 매우 '적합하다'고 여겨진다. 이러한 이유로, 교회의 음악 레퍼토리는 믿음 전달의 중요한 수단이며 또한 신학적 반영의 원천이 될 수도 있다.

예배 성상(Icon)으로서의 음악(Music as an Icon of Worship)

위에 논의에서처럼, 인간 언어들과 음악 모두 예수를 통해 우리에게 알려지고 제공된 하나님의 말씀을 표현하고 나타내는 역할을 한다. 어느 정도는 음악이 하나님의 말씀을 대변할 수 있어야 하며, 그리스도를 묵상케 하는 기능을 수행해야 한다. 왜냐하면 음악이 우리에게 제시하는 어떠한 것이라도 음악을 통해 전달되기 때문이다. 이것은 음악이 그 자체로서 감당해야 하는 목표가, 전문적인 음악인을 통해서만 달성될 수 있다는 중요한 진실을 의미한다.

그러나 이것은 하나의 신학적 문제를 야기한다; 인간의 소통방식이 어떻게 하나님을 대변하고 표현할 수 있는지, 그리고 어떻게 그러한 표현들이 예수 안에서 하나님에 대한 우리의 근본 경험과 상관되는지, "순수pure음악은 (긴장과 완화, 움직임과 정체 그리고 준비와 이행과 같은 대조적 요소들을 조화시킴으로써) 어떤 면에서 그리스도의 구원(우리가 하나님과 화해하게 된)과 유사한, 구원에 대한 인간의 개념Notion을 표현한다"는 주장은 논쟁의 여지가 있다.[8] 그러나 그러한 구원의 추론은 하나님과 인간의 정확한 관계보다 하나님과 인간 사이의 차이를 더 강조하는 경향이 있다. 왜냐하면 추론은 인간의 창조물이기 때문이다. 우리는 인간의 소통방식들에 하나님의 관계하심을 이해할 수 있다. 즉, 삼위일체 패턴을 통한 하나님의 관계하심Relationship이 인간에게 적용되는 것을 이해할 수 있다. 만약 인간의 소통방식이 하나님을 대변하거나 표현할 수 있다면, 하나님 아버지께서는 우리가 예수를 통한 그의 구원을 표현할 수 있도록 자비롭게 창조하셔야 한다. 성령 안에서 우리는 하나님이 우리에게 오신다는 성서의 진실을 깨달을 수 있다. 마찬가지로 성령 안에서 우리의 소통 방식을 통해 이 진리를 표현할 수 있다. 이러한 방법으로 우리의 추론에서도 우리는 하나님께서 능동적으로 일하심을 이해할 수 있으며, 그러하기에 인간의 소통방식을 통해 하나님이 우리에게 존재하신다고 깨달을 수 있다. 이런 관점은 음악을 인간 언어들과 같은 위치에 놓는다. 성서와는 같은 위치는 아니지만, 설교와 기도로서의 하나님 말씀의 관계가 있듯이 음악과의 관계도 그러하다. 이런 관점 하에서 성서는 세 가지 방법에서 기초가 된다. 그 중 두 가지는 특수한 것이며, 세 번째는 다른 형태의 인간 소통 방식과 공통점을 갖고 있다; 첫째로 성서는 특정한 시간과 공간에 있는 인간과 같이, 하나님의 오심에 대한 가장 역사적인 증거가 된다. 둘째로 성서는 언어로서 교회에 의해서 정경화Canonized 된 것이다. 셋째로 성서는 하나님에 대한 커뮤니케이션으로서, 지금까지 또한 그리고 계속적으로 특별한 효력을 발휘할 것이

---

8. Sociologists have suggested that ritual expresses and forms a group identity by mediating between the structures supportive of, or destructive of, human community. The most notable of these "structures" is the tension between life and death. This argument has been carefully related to the sacraments by George Worgul, Jr. in *From Magic to Metaphor* (New York: Paulist Press, 1980). Such accounts, however, generally have the problems with analogy outlined in the main text of this chapter. (Incidentally, Western music has developed an impressive tensions, the most impressive of which is, perhaps, functional tonality.)

다. 이 세 번째 차원Sacramental에서, 하나님에 관한 인간의 다른 말들은 정규적으로 '예배'로 유입되었다. 이렇게 유입된 언어들은 덜 형식적인 판단 과정에 의해 사실상 효력 여부가 결정되었다. 비록 하나님에 대한 그런 소통은 "정경화되고Canonical 자주 바뀌고, 개정되고, 재설명되는) 것은 아니지만, 그럼에도 성례전Sacrament만이 하나님의 임재하심을 드러낸다고 생각하게끔 했다. 이와 같은 관점에서, 하나님에 대한 음악은 잠재적으로 효력을 발휘할 수도 있고, 그 이면으로 하나님에 대한 설교처럼 오류를 범하기도 쉽다. 다시 말해 그 음악들은 예배 안에서 테스트될 수 있도록 열려 있다. 그 음악은 정경Canonical이 될 수는 없지만, 영원히 레퍼토리로 남겨진다는 것 자체가 유익한 사인이 될 수 있다.

이러한 점은 음악이 교회의 예배 안에서 하나님의 구원에 일치된 것인지 테스트되어야 하고, 즉, 성령 안에 드려지는 예배이다. 이 테스트를 통과한 음악은 당연히 존중을 받는다, 왜냐면 그 음악을 통해 하나님의 구원이 선포되기 때문이다. 이것은 교회의 음악 전통이 하나님께 대한 진실한 응답의 기억을 형성하고 생생하게 존속시키는데, 중요한 역할을 함을 의미한다. 따라서 교회의 음악 전통은 교회 예배 자체의 이미지로서 기여할 수 있으며, 신학적 반영으로 적응하는 것과 예배에서 우리가 찬미Celebrate하는 것이 무엇인지를 이해하도록 도와준다.

기독교 전통 안에서 발달된 예배의 가장 중요한 이미지는 두 가지 음악적 메타포metaphors에 의존하고 있다; 음악적 하모니와 제창이다. 이 두 가지는 하나님과 교통하는 공동체 구조로서, 예배의 개념과 관련된다. 비록 음악에서 하모니Harmony의 구성에 대한 우리의 개념이 음악 스타일과 함께 변하는 것과 같이, 대부분의 스타일은 다양한 요소들 사이에 균형을 이루었으며, 바로 그 점은 모든 다양성을 포괄하는 하나됨의 이미지로서 기여할 수 있게 된다. 그리고 더 나아가 이러한 다양한 요소들의 균형은 합치점을 구성하며, 이 점이 음악으로 하여금 같은 목적으로 향하게 한다. 즉, 하나님을 찬양하는 것이다. 이러한 사고의 방향은 신약 성서에 명시되어 있으며, 교부 시대 동안 확대 발전되어 갔다. 로마서 15장 5–6절에서, 사도 바울은 이렇게 기도한다. "이제 인내와 안위의 하나님이 너희로 그리스도 예수를 본받아 서로 뜻이 같게 하여 주사 한마음과 한입으로 하나님 곧 우리 주 예수 그리스도의 아버지께 영광을 돌리게 하려 하노라."[9] 알렉산드리아의 클레멘트Clement는 음악적 메타포를 명시

9. McKinnon, 14(no. 7). It is uncertain whether Paul was referring to singing in this passage, but later commentators

적으로 발전시킴으로써 기독교 커뮤니티의 이미지가 예수 그리스도 중심적인 성격을 더욱 강하게 갖게 하였다. 클레멘트에 의하면, 교회는 예수에 의해 인도됨으로 완벽한 심포니아(symphonia, 동의 또는 하모니)가 된다. "여러 것들의 하나됨, 즉 소리의 메들리나 각 부분으로터 나오는 성스러운 하모니는 하나의 심포니Symphony를 이룬다. 성가대의 리더이자 지도자를 따라, 즉 진리에 근거한 한 말씀, "아바 아버지"라 부르짖는다.[10] 오리겐Origen은 마태복음 18:19–20에 나타난 약속, "두 세 사람, 내 이름으로 모여있는 자들 가운데 내가 있다"는 예수님의 약속과 조화롭게 모인 자들이 '하나님의 아들이 오실 수 있도록 자리를 마련한다'는 말씀을 조화시켰다.[11] 암브로스는 탕자의 비유에 대한 그의 주석에 나타난 해석의 통찰들을 조합시켰으며, 누가복음 15장 25절에 단어 '심포니아'Symphonia가 사용되었다. 그것은 탕자의 돌아옴을 축하하기 위해 아버지가 베푼 잔치를 묘사하는 데 쓰였다. 암브로스에 따르면, 이러한 "기쁨의 향연Merry-making"에 음악이 당연히 포함되었을 것이며, 그것은 아버지와 아들 사이에 회복된 조화를 가리키는 것이다. 더군다나 암브로스는 이러한 조화가 무엇인지 예로 들면서, 본인의 교회의 음악을 언급하였다: "심포니Symphony란, 마치 다양한 현악기들의 소리같이, 여러 연령대와 그들의 능력들이 조화Concord로 하나를 이루어 교회 안에 울리듯이, 시편에 응답되고 아멘이 터져 나오는 것이다."[12] 암브로스에게는 예배 중에 모든 회중이 한 목소리로 노래할 때마다, 그리스도에 의해 성립된, 하나님과 인간이 하나됨의 상징인 것으로 보였다. 요하네스 크바스텐Johannes Quasten은 그의 저서 '*Music and Worship in Pagan and Christian Antiquity*'에서, 초기 그리스도교 교부 저자들에 의해 묘사된 연합의 본성에 대해 중요한 지적을 한다.[13] 찬양으로써 표현되는 공동체는 땅의 공동체 형상일 뿐 아니라, 살아계신 하나님 앞에서 드리는 하늘의 예배에 동참하고 있다는 사실을 의미하였다. 크바스텐Quasten은 다음과 같이 지적한다. "초기 교부 주석가들은 성만찬 기도 서문을 예로 들었다. 즉, 모든 성도들이 상투스(Sanctus)를 찬양할 때, 모든 천사들, 천사장들, 케루빔, 세라핌과

developed the musical parallels.

10. Clement of Alexandria, Protrepticus, 9. Both the Greek and an English translation appear in Johannes Quasten, *Music and Worship in Christian and Pagan Antiquity* (Washington, D.C.: Pastoral Press, 1983) 67 and 102.

11. Origen, *Commentary on the Gospel of Matthew* 16:1; PG 13:1181-88; McKinnon, 39-40 (no. 70).

12. Ambrose, *Expositio evangelii secundum Lucam*, 7:238; PL 15:1763; McKinnon, 129 (no. 284).

13. Quasten, Music and Worship, 66-72.

연합하여 함께 찬미를 드린다는 사실이다."

아마도 위에서 언급한 것 같이, 회중이 한 목소리로 찬양하는 것 외에 교회에서 음악의 공동체로 하나된 형상을 나타내는 것은 없을 것이다. 왜냐하면, 암브로스가 지적한 것처럼, 그러한 찬양은 모든 연령대와 능력들을 연합시키기 때문이다. 그렇다고 전문화된 음악 사역Ministry에 필요한 훈련Exercise을 금지하는 것은 아니다. 예를 들어, 암브로스가 언급한 두 가지 소재는 응답송들이다.(첫째는 시편 응답송, 두번째는 기도자 응답송) 또한 회중의 응답송과 교차하여 노래를 하는 사람은 전문 음악 사역을 훈련받은 사람이다. (암브로스의 예에서 칸토르가 아름다운 멜로디로 시편의 한 구절을 노래할 때, 그리고 화려한 스타일로 선창을 할 때, 회중이 후렴으로 응답한다.)[14] 그것은 또한 회중이 새롭게 만든 고유의 음악적 응답 없이 적절한 음악으로 된 응답송을 할 수 있다. 마치 설교자가 말씀을 전할 때, 회중이 말로 응답할 필요가 없는 것처럼, 모테트나 칸타타 역시 노래로 응답할 필요가 없다. 회중은 설교나 음악 메시지에 집중하는 것 자체로 응답을 대체한다. 성도들이 잘 들음으로 참여한다면, 회중들이 음악 스타일과 의식 안에서의 음악적 기능 모두를 이해하게 마련이다. 예를 들어, 중세 교회에서는 회중은 전형적인, 음악 응답송들을amens, greetings, some litanies을 불렀다. 반면에 음악 대부분은 성직자 또는 성가대choir에 의해 불려졌다. 그러나 음악은 여전히 교회 전체가 하나가 되는 중요한 방법들 중 하나로 여겨졌다. 그것은 하늘의 기쁨을 표현하는 것으로 해석되었기 때문이다.[15] 반면에 예배에서 회중의 역할(언어, 음악 안에서)이 급격하게 감소된

---

14. Ambrose, De interpretation Job et David, 4:6, 23-24; PL 14:821; McKinnon, 129 (no. 284). Ambrose is the first Western author to use a technical term related to the minor ministerial order which we now call cantor. (Presumably this office was new to the West, since Ambrose uses the Greek term psaltes). A good discussion of the musical style (new to Western churches) can be found in James McKinnon's "The Fourth-Century Origin of the Gradual," *Early Music History* 7 (1987) 91-106; see also, Edward Foley, "The Cantor in Historical Perspective," *Worship* 56 (1982) 194-213, especially 202-3. The office of cantor probably originated as a lay ministry, in which individual mimbers of a congregation would offer a hymn, a lesson, a tongue or an interpretation (cf. 1 Cor. 14:26). Since there is no clear indication in any of Paul's letters that the congregation did any unison singing, the individual offerings encouraged by Paul would have depended entirely on the relative musical sophistication of the person who was singing. Paul's letter emphasizes that all of these offerings are for the buulding up of the Church, and it is clear that already in New Testament times certain practices (uninterpreted tongues, for example) were considered detrimental to such edification.

15. The following quote from the eleventh-century liturgical commentary of John of Avranches, De officiis ecclesiasticis (PL, 147:35) is typical;At feasts, the cantor gives the water covered with a linen cloth to the deacon, which the deacon mixes with wine: for by the sweet music [modulation] of the cantor, the people are inflamed with pious devotion and divine love, and thus run to the Lord, and one body in Christ is made. By the wine, Christ [is expressed]; by the water, the people; by the linen covering the water, the labor of singing [modulations] of the cantors, through which the peole are freed from their private thoughts: for by weaving labor with Christ; the wine without the water is Christ, the water without the wine, the people without Christ.

다면, 음악적 하모니가 하나님께서 주신 모든 은사와 능력들을 포괄하며 하나가 된다는 것을 생각할 수 없게 만든다. 16세기 개혁주의자들Reformers과 로마 가톨릭Roman Catholic Church에서는 음악이 성공적으로 완벽하게 기능하고 있다고 생각하지 않았다. 루터Luther와 칼뱅Calvin은 회중의 노래에 대한 중요한 입지를 회복시키려 시도했다. 반면에 트렌트 공의회Council of Trent는 합창으로 노래되는 말들은 알아듣기 쉽게(듣는 사람에게 유용하도록) 되어야 한다는 성공회Anglican와 루터교Lutheran의 입장을 받아 들였다. 교회 음악의 문제점 인식과, 적절하게 통합된 음악에 대한 반응 모두, 각 그룹에게는 평범한 것이었다. 비록 음악이 예수 안에 단일체를 표현하는 방법들이 음악 스타일과 예배의식에 따라 변하지만 예전음악의 목적들과 가치는 남아 있다. 이리하여 음악은 소리를 가지고 하나님의 말씀에 응답할 수 있도록 해야 한다. 더군다나, 이것은, 보통 개인의 음악적 능력을 초월하는 화려한 음악으로 성도들의 응답을 강화함으로써 가능케 한다. 아울러, 그것은 음악 중 어떤 부분들은 회중들이 열심히 듣고 묵상하는 것에 동참하는 것만으로 진행되어야 한다. 통합된 믿음의 본질이 뚜렷하게 표현되려면, 회중찬송은 꼭 있어야 한다. 회중의 응답이 요구될 때, 그 응답을 요하는 독창 혹은 합창은 합당하다. 신앙의 신비들을 반영하고 묵상하는데 초점을 맞출 때, 좀 더 '전문적인' 그리고 더 복잡한 음악이 적합하다.[16]

이러한 지적들 중 맨 마지막 부분은, 우리가 성취할 수 있는 거의 완벽하며, 복합적인 음악과 좋은 예배를 위해 필요한 요소들을 충족시키는 것을, 매우 중요하다고 느끼며, 좋은 음악으로 예배를 돕는 것이 교회 음악인들의 사명으로 확고하게 여기는 가운데에 생기는 긴장감들에 대해 설명했다. 교회 음악인들은 지나친 그들의 기교적이며 기술적 성취들까지도 예배 의식을 돕는 것이라고 생각할지 모른다. 예를 들어 바흐J. S Bach는 그의 가장 복잡하며 심오한 음악을 참으로 그의 가장 종교적인 음악인 것처럼 생각했던 것으로 보인다.[17] 이것은

---

16. The most complete and helpful guidelines relating to the role of the choir in worship have been developed by the U.S. Roman Catholic Bishops' Committee on the Liturgy. These can be found in two documents: "Music in Catholic Worship," 1972 and "Liturgical Music Today," 1983. Both are available in *The Liturgy Documents*, 3rd ed., ed. Mary Ann Simcoe (Chicago: Liturgy Training Publications, 1991). Although directed to the Roman Catholic liturgy, these guidelines have many scriptural, liturgical, theological, and cultural insights which are adaptable for other liturgies.

17. See, for instance, the discussion of Bach's Clavierübung III by Peter Williams in The Organ Music of J.S. Bach, vol. 2 (Cambridge: Cambridge University Press, 1980) 175-225; Günther Stiller, J.S. Bach and Liturgical Life in Leipzig (St. Louis: Concordia, 1984) 254; and Robin A. Leaver, "Bach's 'Clavierübung III': Some Historical and Theological Considerations," The Organ Yearbook 6 (1975) 17-32.

그가 기도(주여, 도와주소서!)로 시작한 그의 작품들 대부분이 그 음악을 써내려가면서 응답되었으며, 기도로 끝냈던 그의 작품(하나님의 영광을 위하여 유도된 음악)들 또한 예전 속에서도 응답이 이루어질 것을 확신할 수 있었기 때문이다. 만약 음악이 하늘의 예배Heavenly Worship 18 광경을 형상화하는 것이라면, 자연히 모든 작곡가들은 가장 영광된Glorious 음악을 창조하려고 시도하려고 할 것이다. 만약 예배에 이러한 음악들이 쓰인다면, 가능한 한 하늘의 예배를 충족하는 음악을 재창조하는 의무가 생겨나야 한다. 예배 가운데에 이러한 음악들이 중심이 되는 것이 적합하지는 않지만 예배에 적합한 공동체 응답을 대체하는 경향이 있을 것이기 때문에), 음악인들이 제공할 수 있는 최선의, 적절한 순서Proper Place를 찾는 것이 중요하다.

이러한 점은 우리를 첫 번째 관심으로 돌아가게 한다. 첫째는, 어떻게 우리가 적합한 음악의 기준을 설정하는가? 첫째, "음악과 음악성이 그 효능Efficacy에 관해 시험대에 오르는 것은 예배 사용에 국한해서만 가능하다"라는 사실은 아무리 강조해도 지나치지 않는다. 그러므로 음악적 적합성에 대해 우리가 가장 중점을 두어야 할 것은 교회 예배 자체에 있다. 이것은 교회에서 예배할 수 없고, 즉, 음악적 적합성에 대해 여러 다른 관점을 가지고 형성된, 사람들에 의해 예배될 수 없음을 의미하지 않는다. 예배를 위하여 제공하는 음악의 실천적 경험은 음악인들과 음악 자체를 재교육하고 형상화할 수 있다. 우리가 노래로 하나님을 찬양하는 여러 경험들은 우리가 다른 형식들에 반응하고, 시험하며 그것들을 예배에 우리가 적합시킬 수 있도록 도와준다. 이것은 교회 자체가 예배 안에 있는 음악과 연주 테스트 통하여 교회로써의 모범에 도달해야 한다는 것을 의미한다. 교회 음악에 대한 생동감 있는 토론은 그런 테스트가 계속되고 있다는 표시이다. 둘째, 교회는 음악적이고 목회적인 기술들을 강화하는 책임을 지녀야 한다. 교회에서 음악으로 사명을 감당하기를 원하는 자들에게 이러한 기술들이 전수되면서 예전에 유익하다는 점이 입증되는 것이다.

음악과 목회 사이의 교집합Intersection은 그 역사의 한 부분이기 때문에 예전음악의 역사를 가르치는 것은 이러한 일에 필요한 요소이다. 셋째로, 교회는 예전적 목회를 감당하는 모든 것들에 관해 검토하고 조사해야 한다. 그리고 교회는 그들에게 예전에 필요한 음악, 신학 그

18. 하늘의 예배로서, 요한계시록 중에 요한이 묵시 가운데에 하늘의 예배를 목격한 장면을 일컫는 것이다.

리고 목회적 기능Skill들을 발달시키도록 촉구해야 한다. 그러기 위해서는 교회가 모든 예전적 목회자들을 훈련시키는데 관심과 의무를 가져야 한다; 음악의 기본적 이해는 성찬 예식 집례 혹은 설교를 담당하는 자들에게 중요하다. 그리고 기본적인 신학적 교육은 음악 사역자들에게 필요하다. 결론적으로, 교회는 신학적으로 음악에 반응할 필요가 있다; 음악적 효과에 대한 가장 중요한 판단을 위해서는 하나님이 그것이 진행되는 과정에 은혜롭게 임재하심이 감지되어야만 한다. 그러한 판단은 쉽지 않다. 왜냐하면 성령이 자기 비움을 통kenotically 예수께서 세상에 임하실 수 있도록 교회에 임재하시기 때문이다. 그러나 교회에서의 그런 임재는 예배 안의 음악을 통해서 알려졌고 계속된다. 그리고 교회의 책임은 그렇게 해야만 한다고 주장하고, 또한 하나님께서 우리와 함께하실 때마다 찬양하도록 촉구하는 것이다.

제 17 장

기도로서의 예전음악

Liturgical Music as Prayer

| 캐트린 하몬 Kathleen Harmon, S.N.D. de N. |

예전에 포함된 모든 유형, 무형의 요소들은 한 가지 핵심적인 기능을 담고 있다. 이는 기도하도록 돕는 것, 그리고 특히 한 자리에 모여 그리스도의 삶과 죽음 그리고 부활의 신비가 역사하도록 기도하는 것을 돕는 일이다. 이 말은 기도, 교제, 파스카신비로서 예전의 속성에 대해 많은 의미를 포함하고 있다. 또한 예전의 요소들은 친교(Communio)이자 파스카신비에 초점을 맞춘 기도를 돕는 것이 목적이라는 의미심장한 뜻이 기도 하다.

이번 장의 목표는 음악과 직접 대응되어 있는vis-à-vis 예전적 기도의 기능들과 이와 관련된 음악의 역할을 고찰하는 것이다. 하지만 먼저 중요한 질문과 그에 대한 대답으로서, 예전음악가라는 소명의 핵심을 다루는 것으로 이야기를 풀어나가고자 한다. 우리가 목회현장에서 다루는 것이 예전음악과 기도인가? 아니면 기도로서의 예전음악인 것인가?

과연 예전음악은 기도인가? 우리는 모두 예배 중에 교회의 합창 소리 속에서 우리를 휘감는 하나님의 임재presence를 느끼는 순간, 악기의 곡조가 겸손함과 경외감이라는 역설적인 감정을 불러일으키는 순간, 그리고 회중의 침묵이 그리스도이자 교회인 신비성에 순종하는

자들의 모습으로 인지되는 순간, 이것이 기도일 수도 있다는 것을 알게 된다.[1]

하지만 음악은 예전에서 다른 요소보다 더 빨리 핵심에서 벗어나도록 하는 치명적인 원심력의 효과를 발휘하는 반면, 음악의 강력한 구심력의 흡수력으로 인해 음악 자체에 몰입하게 될 수도 있다는 것을 우리는 알고 있다.[2] 우리 모두 음악 행위 자체에 매혹되어 진정한 예전 행위에 집중하는 일을 방해받았던 경험이 있을 것이며, 이에 더해 음악의 유혹적인 힘에 마비되어 음악에 더 깊게 몰입됨을 경험하였을 것이다. 죽음–부활을 요구하는 기독교적인 삶에 새롭게 의존한다는 느낌을 통해서라기보다는 음악의 강렬한 박자 또는 음향을 통해서 예전 중 "신성한 것the high"을 체험하는 일이 얼마나 많은가?

예전음악이 기도인지 아닌지 답하는 가장 솔직한 방법은 분명히 그런 의도를 지니고 있다고 이야기하는 것이다. 이렇게 답하는 것 자체가 우리 자신을 죽음–부활이라는 요구와 직면하게 한다. 음악가들이 예전음악 그 자체에 충실하도록 하는 방법은 무엇인가?

우리는 음악의 속성 중 음악을 기도, 구체적으로 예전 기도로 만들어주는 요소는 무엇인지 먼저 연구해 보아야 한다. 이 장의 형식은 다음과 같은 방식을 따를 것이다. 먼저 일반적인 의미의 기도를 살펴 본 다음, 예전 기도가 개별적이고 사적인 기도와 구분되는 것은 무엇 때문인지 알아볼 것이다. 예전 기도에서, 기도로서의 예전 기도를 이해시키는 데 틀 역할을 할 수 있는 구체적인 공식을 개발할 것이다. 그 다음에 노래로 불리는 음악이sung music 3 예전음악과 잘 맞물리도록 하는 요소에는 어떠한 것들이 있는지 알아볼 것이다. 필자의 연구는 예전기도와 음악의 속성 중에서 예전 기도 중에 자연스럽게 어우러지게 하는 공통분모를 찾아내는 것이다. 이 공통분모는 인격적 존재, 친교 그리고 파스카 신비Paschal Mystery에 의지하여 생기는 변화인 기도의 본질, 그리고 이러한 실체를 구체화시키는 음악의 자연적인 능력과 관련이 있다.

---

1. Credit for this image belongs to Dianne Skubby, C.PP.S., participant in Liturgy in a Formative Environment (L.I.F.E. '96) July 21-August2, 1996, Holy Family Retreat House, Oxley, Ontario.

2. See Joseph Gelineau, "The Importance of Prayer for the Musician," Pastoral Music in Practice 5: The Pastoral Musician, ed. Virgil Funk (Washington, D.C.: Pastoral Press, 1990)76.

3. Although instrumental music also plays its part in liturgical prayer, this chapter will consider primarily sung music. Some of the content can be applied to instrumental liturgical music, but a full consideration of its role would require a more broadly oriented discussion than is possible here.

1. 기 도(Prayer)

일반적인 의미에서 기도는 하나님의 임재에 집중하는 것이라고 규정된다. 하나님의 임재는 값없는 은사이다. 무수한 마음의 혼란, 장벽 그리고 공포 속에서 하나님의 존재를 느낄 때, 그 존재에 집중하는 인간의 능력도 마찬가지이다. 집중의 대상인 하나님의 임재는 심이 가까이 있다는 것을–친밀감–항상 느끼는 것에서부터 신의 완벽한 부재라는 모순된 느낌에 이르기까지 여러 모습을 띤다. 기도의 핵심은 하나님이 가까이 있음을 느끼는 것이 아니라 멀리 있든 가까이 있든 그분은 우리와 함께 하시고, 우리를 위해 계신 것을 믿게 해주는 집중력의 충실성(Fidelity)이다.

하지만 우리는 경험을 통해, 우리의 집중력은 파악하기 힘든 속성을 지니고 있다는 것을 알고 있다. 우리는 인식의 단편에만 집중할 수도 있으며, 무수한 자극에 집중력이 분산될 수 있을 뿐 아니라, 한 가지 대상에 혼신을 쏟기로 마음먹을 수도 있다. 정통 기도(Authentic Prayer)에서 우리의 관심은 온통 하나님의 임재에 집중된다. 이러한 열정 속에는 기도 중에 나타났다 사라지는 마음의 혼란을 걸러주어 심지어 그런 혼란 속에서도 신의 음성을 듣게 해주는 여과 장치가 있다.

하나님의 임재에 집중한다는 것은 의식적으로 그렇게 하기로 마음을 먹는다는 의미이다. 공간적인 의미만을 지니는 존재하는 존재^being present^, 물리적인 의미만을 지니는 "거기에 존재하는^being there^" 존재와 인격적으로 "함께 존재하는^being with^", "위해 존재하는^being for^", "그 안에 존재하는^being in^[4]" 존재^presence^ 간에는 차이가 있다. 깨달음과 사랑하기라는 의식적인 행위를 통해 다른 사람과 관계하는 상황에 자신을 놓기로 결정할 때만 이러한 2차원의 존재 수준에 들어설 수 있다.[5] 기도를 하려면 그 "존재와 교통하는 기술"이 필요하다.[6] 역설적으로, 이런 식으로 타인과 인격적인 관계를 맺는 것은 명확한 자기 인식과 정체성을 가져오며 건강한 인격의 성장과 그리스도인으로서의 발전에 필수 조건이 된다.[7] 상호간에 공간적

---

4. J. R. Sheets, "Personal and Liturgical Prayer," *Worship* 47 (1973) 406.
5. *Ibid.*, 406.
6. *Ibid.*, 413.
7. See Dietrich von Hildebrand, *Liturgy and Personality*, rev. ed. (Baltimore: Helicon, 1960), chapter 7, where he describes progressive degrees of "awakenedness," from a general inclination toward values, to a consciousness of the moral

으로만 존재하는 사물들이 매우 가까워지면 각자의 고유한 정체성을 잃게 된다.[8]예를 들어, 산소와 수소가 결합하면 물이 되어 정체성을 잃게 된다. 파란색과 노란색이 섞이면 녹색이 된다. 본래의 정체성을 지키려면 일정한 거리를 유지해야 한다. 반면에 개인적인 존재의 영역에서 소통communication은 차이를 낳으며, 진정한 정체성을 발견하는 전제 조건이다.[9] 우리는 사랑하는 존재를 의식적으로 선택하고 집중하여 자아self-hood에 다다른다.

이 개인적인 존재가 기도 속의 하나님에 관련된 것이라면 우리가 내면에서 발견하는 정체성은 그리스도의 정체성이다. 기도는 성령의 힘을 빌어 우리의 열정과 그리스도의 열정을 융해시킨다. 피터 핑크Peter Fink의 말대로 "그리스도의 기도는 모든 기독교적 기도의 모양을 빚고 길을 인도하는 특권을 지닌 기도이다."[10] 우리가 하나님에게 집중하는 의식은 그리스도의 의식이 된다. 이스라엘의 구약성서 때부터 우리 곁에 항상 존재하는 하나님은 끊임없이 사람들을 부르고 구원해주는 하나님이라는 것을 알고 있다. 우리는 신약에 나오는 예수 그리스도의 계시로부터 이 하나님이 또한 하나님 아버지Abba라는 것을 알고 있다. 기도가 성숙해지면서 우리의 의식을 지배하는 것은 하나님 아버지에 대한 애정 어린 존경이며 다른 이들을 하나님 아버지의 구원하시는 품속으로 인도하려는 차오르는 열망이다.

기도는 정체성을 이끌어내는, 존재의 의식적인 행위이기 때문에 매우 개인적인 성격을 띠고 있다. 기도는 우리를 외부에 있는 다른 인류 전체를 향하게 만들기 때문에 본질적으로 친교적인 성격을 띤다.[11] 그 확실성의 증거는 우리의 태도와 행동이 더 폭넓고 깊은 관대함(개방성), 공감, 용서 그리고 교감을 보이는 방향으로 변화해가는 것이다.

그런 기도 속에서 또 하나 분명해지는 것은 죽음의 행로를 따라서만 구원에 이를 수 있

---

demands made by these values and of one's capacity in freedom to say yes or no to these demands, to a deep inner openness to God and God's presence in one's life. He asserts that this third level is essential for the development of authentic Christian personality.

8. Sheets, "Personal and Liturgical Prayer," 406.

9. *Ibid.*, 406.

10. Peter E. Fink, "Public and Private Moments in Christian Prayer," *Worship* 58 (1984) 486; see also 412: "The prime analogue of all Christian prayer is Christ."

11. "It is important to grasp that we turn toward each other and outward to all people, not by abandoning the personal journey, but *precisely as part of it*. . . . To divorce either the personal or the communal from the pursuit and discovery of God is to remove them both from the realm of Christian prayer"; Fink, "Moments in Christian Prayer," 492-93.

다는 점이다.[12] 구원을 얻으려면 충심으로 죽음의 안과 너머에 있는 하나님의 존재에 몸을 의탁해야 한다. 예수 그리스도도 그러했듯이 이것은 결코 쉬운 결정이 아니지만, 기독교의 기도는 분명히 이 결정을 조금씩 완성시켜 나가고 있다. 이 결정은 다름 아닌 개인적인 차원과 친교적 차원에서 그리스도 안에서 그리고 그리스도와 함께 우리의 삶 속에 있는 파스카 신비의 진리 속에 몸을 의탁하려는, 촉발되는 자발성이다.

그렇다면 기도는 그리스도와 함께 우리를 파스카 신비로 인도하는 하나님 아버지의 현존에 의식적으로 집중하는 일이다. 기도는 우리의 의식을 그리스도의 의식, 우리의 자아 깊숙한 곳에 있는 개인적이고 본질적으로 친교적 측면을 일깨워주는 의식으로 변화시켜 주는, 자발적인 집중력이다. 더 나아가 기도는 사적인 경우에도 항상 그 근거를 예전에 두고 있다.[13]

2. 예전 기도(Liturgical Prayer)

기독교의 기도는 본질적으로 개인적이면서도 공동적이다. 그렇다면 개인 기도와 예전의 차이는 무엇인가? 이 차이는 불균형의 차이가 아닌 변증법적 관계를 지닌 두 양식 간의 차이이다.[14] 일반적으로 개인 기도는 보통 일정한 체계가 없고 즉흥적이며 기도자 개인의 실존적인 욕구 때문에 이루어진다. 반면에 예전기도는 체계가 있고 공식적이며 교회별로 미리 지정된 형식에 따라 이루어진다. 양자가 공유하는 것은 개인에게 깊이 뿌리내린 하나님의 임재에 대한 열정이다.[15] 이 깊은 개인적 요소는 자아를 개방하고 필연적으로 이웃에게 자아를

12. "In the New Testament. . .God's presence is revealed to be a paschal presence. It has come about through the passion, death, and resurrection of Christ. This constitutes a new mode of being present. At the same time, it asks for a new type of response. Paschal presence asks for the reciprocity of paschal response. . . ." Sheets, "Personal and Liturgical Prayer," 411.

13. David L. Fleming, S.J., points out that even in private spiritual direction "there is necessarily present a prior liturgical setting-the Christian community at worship-in which both parties [i.e., director and directee] are situated and formed. . . . A liturgical spirituality is the foundational spirituality of the church, since it always puts us in contact with some aspect of celebration the paschal mystery which identifies all Christians with Christ"; David L. Fleming, "Spiritual Direction and Liturgy," *New Dictionary of Sacramental Worship*, ed. Peter E. Fink (Collegeville The Liturgical Press, 1990) 1221.

14. Fink develops the thesis that ". . . the public, communal form of [Christ's/our] prayer is the *context* of the personal form, and the personal form is the *content* of the communal"; Fink, "Moments in Prayer," 488.

15. ". . . personal prayer takes on a certain 'otherness' when it becomes liturgical, an otherness which increases rather than diminishes its personal character"; Sheets, "Personal and Liturgical Prayer," 414.

내보이는 하나님 아버지의 말씀에 귀를 기울이는 것이다. 두 기도 형태의 차이는 양식이다: 하나는 개인의 집중인데 반해, 다른 하나는 교회라는 공동체의 집중이다. 두 양식 모두 그리스도인들이 파스카 신비[16]에 의지하는데 필요한 요소들이다. 개인 기도는 삶 속에서 파스카 신비에 몰두하는 방식에 대한 개인적인 반성이 들어있다. 예전 기도는 친교 형태의 공적인 의식을 통해 그 파스카 신비를 역사케 하는 것이다.

개인 기도와 예전기도 모두 구원을 "실천하는" 행위이다.[17] 우리는 양자를 통해 파스카 신비에 몸을 의탁하고 회개, 믿음, 포기, 희망 같은 가치로 이끄는데 필요한 태도와 행동을 훈련하게 된다. 그리스도 안에서 우리의 변화는 이러한 "사랑affection"을 실천하고 그러한 훈련을 통해서 자아와 태도 그리고 행동을 조금씩 바꿔나가는 것이다.[18]

하지만 두 가지 기도 양식이 아무리 밀접하게 연결되어 있다 해도 예전 기도가 기독교적 기도의 토대이자 완성이라는 면에서 우선권을 지닌다.[19] 공적인 의식을 이끌어내는 힘을 지니고 있고 회중 앞에서 하는 신앙고백이 지닌 신앙의 확실성을 증명해주는 필수요소이며 교회는 그리스도의 몸이라는 속성을 지니고 있기 때문에 예전기도는 교회의 신성함의 원천이자 조건이다. 교회는 예전 기도를 위해 모인 모임으로 가장 강력하게 자신을 규정한다.[20] 예전 모임으로서 교회는 파스카신비를 공동으로 역사하려고 모인, 가시적인 실체이다. 핵심은 모임의 진실성이다. 교회에서 이루어지는 기도는 개인 기도를 나누기 위해 모이는 집단 기도가 아니라 하나 된 그리스도의 기도를 고양하기 위해 교회가 모이는 예전기도이다. 그리

16. Thus Pius XII could say in Mediator Dei, "Unquestionably, liturgical prayer. . . is superior in excellence to private prayers. But this superior worth does not at all imply contrast or incompatibility between these two kinds of prayer. For both merge harmoniously in the single spirit which animates them, 'Christ is all and in all.' Both tend to the same objective: until Christ be formed in us" (#37).

17. See Don E. Saliers, *The Soul in Paraphrase: Prayer and the Religious Affections.* 2nd ed. (Cleveland: OSL Publications, 1991); see also Mark Searle, "Ritual and Music: A Theory of Liturgy and Implications for Music," Assembly 12 (1986) 314-17.

18. "Learning to pray is opening oneself to a new way of being; to be formed in a language which shapes and express the deep emotions for which we are never quite prepared, and which we would never sustain by our own powers. And . . . 'meaning' what we pray is linked with entering into the way of life such belief-laden affections cal forth": Saliers, Soul in Paraphrase, 28.

19. Full and active participation in the liturgy "is the primary and indispensable source from which the faithful are to derive the true Christian spirit": *Sacrosanctum Concilium*, #14.

20. "For the liturgy, 'making the work of our redemption a present actuality,' most of all in the divine sacrifice of the Eucharist, is the outstanding means whereby the faithful may express in their lives and manifest to others the mystery of Christ and the real nature of the true Church"; *Sacrosanctum Concilium*, #2.

고 이 하나된 그리스도의 기도를 통해 개별적인 체험으로서나 목적으로 파스카 신비를 혼자서 체험할 수 없다는 것을 깨닫고 예전 기도를 실천하게 된다. 우리는 분명히 서로 간의 관계 속에서 죽었다가 태어난다. 역동적인 파스카 신비라는 의무를 같이 할 때 "우리는 결코 혼자가 아니다."[21] 우리는 성체의 일원이며 상호 포용으로서 집단적인 힘을 공유한다. 이것이 예전기도의 정수인 교회의 모든 구성원의 죽음과 탄생 그리고 나의 탄생과 죽음의 연결고리이다. 이 관계에 전념하는 것이 기독교 신앙의 공적인 신앙 고백의 핵심 요소이다.

개인 기도와 예전기도에 대한 논의는 양자의 역동적인 관계뿐만 아니라 공통분모도 짚어내고 있다. 양자는 모두 매우 개인적이며, 본질적으로 공동적이다. 양자 모두 충만한 기독교적 삶에 필수적인 요소이다. 하지만 예전기도는 개개인의 음성의 집합체가 아니라 그리스도가 유월절에 하나님 아버지에게 몸을 의탁한 신비를 공감하는, 모든 그리스도인들의 기도가 본질적으로 친교적인 속성을 지니고 있다는 것을 공적인 의식을 통해 드러내는, 개인 기도의 근거이자 완성이라는 위치를 차지한다. 예전기도에 모인 회중을 통해 교회는 파스카신비에 몸을 의탁하는 행위가 그 자신 그리고 세상과 맺고 있는 참모습을 보여준다.

이런 시각으로 예전기도를 바라보게 되면 예전기도와 음악 특히 노래 간의 자연스러운 관계란 무엇인지 인식하는 눈을 뜨게 된다.

3. 예전 기도로서의 음악(Music as Liturgical Prayer)

여기서 우리는 음악이 개인적인 존재, 개인적이고 공동적인 변화 그리고 파스카신비에 참여하는 일과 자연스러운 관계를 맺고 있다는 시각에서 음악의 속성을 살펴볼 것이다. 이러한 능력들은 분리된 것이라기보다 공통분모가 많기 때문에 이들을 다루는 과정도 일부 중복 될 것이다. 필자의 방법은 소리와 음악에 관하여 발전시킨 옹Walter J. Ong[22]과 버로우David

---

21. Joyce Ann Zimmerman, C.PP.S., Liturgy as Living Faith: A Liturgical Spirituality (Scranton: University of Scranton Press, 1993) 137; see also 137-38, where Zimmerman states: "No one person is the Body of Christ, but together we are members of the one Body with Christ as Head. . . . This suggests that an individual is more than just 'one among many'; an individual holds the Body in the psalm of her/his hand by the works s/he performs. Each of us is responsible for the whole Body. Each is co-author of the Christian text, the living document we call 'liturgy.'"

22. Walter J. Ong, S.J., *The Presence of the Word* (New Haven: Yale University Press, 1967).

Burrows [23]가 제시한 외삽법extrapolate을 적용 · 분석하여, 그들의 성과 중에서 음악과 예전기도 간의 상관관계를 이해하는 통찰력을 찾아내는 것이다. 옹은 개인적인 존재와 소통에 있어서 소리와 말의 관계에 대해 다루었다. 버로우 또한 이런 개념을 연구하였지만 소리를 음악이라는 구체적인 영역으로 한정하였다. 버로우에게 음악은 대화만으로는 다다를 수 없는, 인식과 친교라는 영역으로 들어가는 통로였다. 이 영역은 "소리/말"을 단일한 통일체를 창조하는데 방해가 되는 모든 장벽을 없애버리는, "소리/노래"라는 제어 수단과 방어수단으로 변모시킨다.

4. 소리와 인격적 존재의 소통 (Sounds and the Communication of Personal Presence)

옹은 존재간의 소통을 이끌어내는 소리의 독특한 능력에 대해 상세히 서술했다. 소리는 음원이 눈에 보이지 않더라도 음원의 존재를 항상 드러낸다.[24] 예를 들어, 졸졸 흐르는 소리로 근처에 개울이 있다는 것을 알 수 있으며 옆집에서 들리는 울음소리로 아파트에 아이가 있다는 것을 알게 된다. 게다가 소리는 항상 힘의 기능을 명백히 한다.[25] 개울물 흐르는 소리는 물이 움직이고 있다는 것을 말해준다: 아이 울음소리는 타인의 행동에 영향을 주기 위해 횡격막과 허파가 움직이고 있다는 것(더 깊게 보면 아이의 의도)을 알려준다.

소리는 존재의 소통 뿐 아니라 그 내면성도 아울러 말하는 것이다.[26] 구체적인 소리의 속성을 결정짓는 것은 소리를 내는 음원 내부의 관계이기 때문이다. 예를 들어 바이올린의 음색을 결정짓는 것은 바이올린 –나무와 현의 내적인 특질 뿐 아니라 내부 공간의 크기와 형태– 에서 일어나는 울림이다. 우리 눈에 보이는 바이올린의 외형만으로는 그 진정한 특질을 알 수 없다; 부분이 결합하여 서로 간에 영향을 미칠 때 들려오는 소리로 바이올린의 진정한

---

23. David Burrows, *Sound, Speech, and Music* (Amherst: University of Massachusetts Press, 1990).

24. Ong, *Presence of the Word*, 111-15.

25. *Ibid.*, 112.

26. *Ibid.*, 117-18.

특질을 알게 된다. 이는 지문만큼이나 사람을 식별하는 지표가 되는 독특한 내부 음색인 음성의 특질에도 그대로 적용된다.

소리는 내면성을 한데 묶어 정확한 소통을 하기 때문에 개별 실체들을 통합하는 소리의 능력으로 치면 소통과 내면성은 손과 장갑에 해당한다.[27] 소리는 내면에서 자신을 표현한 결과물이며[28] 이 표현은 접촉하는 모든 다른 사물의 내부에서 반복적인 진동을 일으키며 심지어 먼 거리라도 그리고 우연이라도 그 사물에 개입하여 반응을 이끌어내는 물리적 파동을 방출한다.

거리와 차이라는 감각을 지워버리는 것이 이 음파의 속성이다. 소리는 가구나 기둥 같은 물리적 장벽의 구애를 받지 않지만 이 장벽들 주위로 음원에서 시작한 여행의 목적을 방해한다. 귓속에 들어온 소리는 귀 내부에 반향을 불러일으켜 음원을 구별해내는 감각을 흐트러뜨린다. 소리는 부지불식간에 우리를 감싸 음원이 그 안을 통과하는 "진동 결합조직"[29] 역할을 한다.[30] 그렇다면 소리를 듣는다는 것은 주체의 바깥에서 능동적으로 반응을 유발하는 방식으로 주체의 내부로 들어오는 객체와 관련이 있을 수밖에 없다. 그 결과는 교감을 이끌어내는 변이적인 해석이다. "듣는다는 것은 참여하는 것이며 음원과의 차이가 아닌 음원과의 공통성을 강조하는 것이다."[31]

귀에 들리는 소리가 말이라면, 우리는 그 소리를 내는 존재가 인격체라는 것을 알게 된다.[32] 오직 말만이 사고, 의지, 욕구, 꿈, 고통, 기쁨 등 비인격체는 알지도 표현하지도 못하는 모든 무형의 것들을 표현한다. 음성이라는 소리는 사람을 표현하기 때문에 음성은 "다른 소리로는 알릴 수 없는 존재를 알려준다."[33] 음성은 내면적인 것 중에서도 내면적인 인간이 실제로 힘을 행사한다는 것을 알려준다.[34] 그러므로 타인에게 말을 걸거나 소통하는 것은 자신

27. *Ibid.*, 125.

28. *Ibid.*, 117.

29. Burrows, *Sound, Speech, and Music*, 24.

30. *Ibid.*, 24.

31. *Ibid.*, 29.

32. Ong, *Presence of the Word*, 114.

33. *Ibid.*, 114.

34. *Ibid.*, 163.

의 영성과 타인의 영성에 모두 관여한다는 뜻이다.[35] 그리고 그것은 힘의 상호 관계 안에서 관여한다. 이와 같이 소리의 자연스러움 때문에, 음성은 실제 공동체들의 구성안에서 제1의 성질을 가진다.[36]

5. 노래와 예전기도(Song and Liturgical Prayer)

우리가 위에서 다룬 소리와 말에 대한 시각을 예전의 노래 부르기에 적용하면 우리는 노래가 인간이 지닌 능력 중 예전기도에 필요한 개인적 존재(인격적 현존)에 개입하여 드러내고, 소통하는 가장 강력한 방법이라는 것을 깨닫게 된다. 예전에서 노래를 부른다는 것은 두 가지 방식으로 우리의 존재를 알리는 것이다: 첫 번째, 존재(현존)와 내면성을 항상 드러내는 소리의 본질적인 특질; 두 번째, 우리가 왜 지금 여기서 그 내면성을 지향하기로 했는지 알려주는 일(계시).

> 우리는 형체를 지니지 않을 수 없다........하지만 우리는 단순히 조용히 있는 것으로 청각적 외형을 지니지 않겠다고 결정할 수 있고 이를 통해 말을 하거나 노래를 부르거나 또는 다른 소리를 내는 순간에 특별한 특질을 부여할 수 있다. 음성은 사물을 넘어선 방식으로 움직인다. 음성은 자명함을 넘어선 영역 즉 의지와 의도를 알리는 행위이다.[37]

예전에서 노래를 부르는 것은 교회와 함께 부활절 신비에 공동으로 의탁하려는 영혼의 성향을 드러낸다. 이는 존재와 내면성을 알리는 것이기 때문에 노래를 부르는 일은 인간이 예전 경배에 바칠 수 있는 가장 깊게 개인화된 공헌이다.[38] (이는 아마 일부 사람들이 예전에

---

35. Even silence, as entrance into one's own deepest interior, becomes a doorway for communication: "Religious silence ... undertaken in union with others and out of regard for God and all mankind [sic] . . . constitutes a kind of communication and encounter"; Ong, *Presence of the Word*, 126.

36. Ibid., 124.

37. Burrows, *Sound, Speech, and Music*, 31.

38. "In singing, a man [sic] becomes, as it were, a pouring-out and a gift, because song, compounded of the breath which he breathes out from his inmost self and of the sound of his voice which cannot be held or imprisoned, is the free expression

서 노래 부르는 일에 대하여 부끄러워하는 이유일 것이다; 그들은 그 중요성은 직감적으로 알아차리지만 아직 전념할 준비가 되지 않은 것이다.)

하지만 모든 소리는 내면성을 드러내고 소통을 하는데 그렇다면 복음을 암송하는 것만으로는 예전의 목표에 충분치 못한 것일까? 왜 노래 부르기는 기준인가? 답은 노래 부르기라는 물리적 과정의 성격과 이것이 자각과 몸이라는 존재에 미치는 영향에 있다. 노래 부르기는 발성과 연관된 들숨과 날숨이라는 주기를 통해 생기는 순환 운동 감각을 몸과 자연스럽게 조화시킨다. 노래를 부를 때 몸은 몸에 쉼 없이 부딪치는 단일한 순환운동 속에서 숨을 들이켜고 내뱉는다. 이 과정은 말을 할 때도 그대로 적용되지만 호흡의 순환이라는 운동감각은 지속적인 흐름이라는 감각과 더불어, 노래를 할 때 더 명확히 드러난다. 노래 부르기를 통해 자아가 팽창 또는 확장된다는 느낌을 받게 되는데 이는 생명의 원천이자 숨결을 통해 숨결과 함께 하는 운동인 호흡과 연결되어 있다는 느낌과 더불어 우리 내부에 자신의 고유한 존재감을 만들어 낸다.[39] 우리는 여기 존재하고 살아 있으며 연결되어 있으며 강하다는 것을 알고 있다.

더 나아가 노래라는 소리는 "공존하는 존재라는 특유의 성질"을 지니고 있다.[40] 이것은 노래가 말보다 신체 더 깊숙한 곳, 초기 발성을 통해 자음보다는 모음이 생성되는 후두부에서 만들어지기 때문이다. 모음은 끊임이 없는 소리로 이와 입술에 닿는 혀를 통해 만들어지는 분절음인 자음으로는 흉내 낼 수 없는 호흡 방식을 통해 길고 정교하게 발음된다.[41] 노래 부르기는 신체의 중심에서 일어나는 울림을 정교하게 가다듬기 때문에 "몸의 내면성을 더 깊게 인식하게 해준다."[42] 노래를 부를 때 더 많은 것을 제공한다고 볼 수도 있다.

우리가 예전에서 노래를 부를 때 또한 우리가 힘을 사용하는 방식도 변한다. 노래를 부를 때 우리는 에너지를 밖으로 발산하는, 말 그대로 "표출"이라는 것을 통해 우리 주위에 있

---

of himself, the manifestation of his interior being and the gratuitous giving of his personality. . . . Song is the living portrayal of spiritual self-giving. It is the gift of love whereby a man sets himself free in a joyous abandonment and complete affirmation, knowing that precisely there, where he seems to lose himself, is in fact where he finds and expresses himself to the full"; Joseph Gelineau, *Voices and Instruments in Christian Worship*, trans. Clifford Howell (Collegeville: The Liturgical Press, 1964) 17

39. Burrows, *Sound, Speech, and Music*, 89-90; see also 20: "The singers themseves have the sensation of expanding, in attenuated from, into surrounding space and filling it."

40. *Ibid.*, 81.

41. *Ibid.*, 64-65.

42. *Ibid.*, 64.

는 공간에 힘을 불어넣는 식으로 호흡에 집중하지만[43] 이 방식은 결코 대립 또는 제어하는 방식이 아니라, 연계하고 공동 작업하는 방식이다.[44] 노래를 부를 때 호흡을 통해 몸이 팽창한다는 느낌 때문에 자율성이 증가한다는 느낌을 받게 되는데 이 느낌은 합창이라는 체험을 통해 집단적 동질감으로 변화한다. 이런 변화가 일어나는 것은 합창을 하려면 소리내기(발성)와 듣기(청음), 받기와 주기, 자아 인식과 자아 외부의 대상에 대한 관심, 받아들이고 내보내는 것 등 주변에 널려 있는 공기를 들이마시고 내쉬는 호흡 주기 –이 주기는 끊임없이 자발적으로 번갈아 순환을 한다– 와 자연스럽게 상응하는 모든 대립쌍이 필요하기 때문이다. 받는 것은 우리와는 다른 변이와 차이를 지닌 교회 내 타인들의 내면성이요, 되돌려 주는 것은 우리 자신의 깊숙한 내면성이다: 우리의 독특한 개인적인 음색과 의지가 이 공동의 노력 즉, 교회와 하나 되는 일에 연계될 것이다.[45]

따라서 다른 어떤 예전 활동보다도 노래 부르기는 우리의 개인적인 존재와 지금–여기 부활절에 죽었다가 부활한 그리스도 안에서 교회에 모여 있고자 하는 성향을 잘 표현해 준다. 우리는 노래 부르기를 통해 여기 존재하며 능동적이고 참여적이며 예전적인 자세로 여기 있기로 결심했다는 것을 알린다. 노래를 부를 때, 순간 우리는 기도하고 있는 교회(Ecclessial Body at Prayer)의 지체가 되는 것이다.

6. 변화로서의 노래(Song as Transformation)

음악과 예전 기도의 관계를 조명하고 있는 우리에게 도움을 주는 데이비잇 버로우[David Burrows]의 소리와 음악의 존재론에 관한 개념이 몇 가지 더 있다. 그는 음성의 통합력을 자세

43. *Ibid.*, 109.

44. *Ibid.*, 68. Although Burrows here speaks specifically of polyphonic singing where text overlaps and sometimes even collides, his point that the "participants' sense of autonomy shades over into a collective identity" is applicable to all communal singing.

45. See also Michel Veuthey's commentary on the Universa Laus document: "While listening to oneself singing, everyone hears each other singing, and this can become the moment when an intense communal experience takes place"; *Music and Liturgy: The Universa Laus Document and Commentary*, trans. Paul Inwood (Washington, D.C.: Pastoral Press, 1992) 72.

히 밝히는 것 외에도 음성의 분리성에도 관심을 기울였다. 나아가 그는 음악이 우리를 만물과의 일체성을 체험하는 자각의 영역으로 끌어들여 이 분리 요소를 어떻게 거스르는지 예증하였다.

음성은 무엇보다 의미론적 언급semantic reference과의 연관성 그리고 이 언급이 소통에 미치는 제약 때문에 개개인을 격리시킨다. 예를 들어 "장미"라는 말은 우리의 감각 속에 물질적으로 부재하는 것을 정신 속에 표현하는 것이고, 우리가 더 친밀한 소통을 하게 되는 것은 이 보이지 않는 형식의 "존재하게 하는 것" 때문이다. 하지만 대화에 참여하고 있는 사람들 수만큼이나 방 안에 이질적인 이미지의 "장미"들이 존재한다는 사실 때문에 아직 우리는 분리되어 있는 상태이다. 우리 눈앞에 구체적인 장미가 존재하지 않으면 우리의 정신은 사방으로 흩어져 나가 자신만의 완벽한 이상적인 장미를 찾아 나선다. 존재론의 눈으로 보면 "장미인 장미는 장미다"라는 말이 성립하지만 지성의 눈으로 보면 그렇지 않다.

이에 비해 음악은 의미론적 언급이 부족하여, 즉 버로우가 말한 음악의 "원형기호적인protosemiotic" 위상 때문에 우리를 해방시켜 준다. 음악은 본질적으로 음악 자체를 넘어서는 일을 표현하는데 관여하지 않는다.[46] 음악을 이해하는 데는 말을 이해할 때보다 필요한 인지작용이 덜 필요하다는 단순한 이유 때문에 노래 속에 말(가사)과 한 덩어리가 되어 있을 때도 노래가 훨씬 우리의 관심을 사로잡는다.[47] 우리는 음악을 통해서 의미론적 과부하와의 갈등을 멈추고 단순히 존재한다는 평화로움이 곧 소통인, 서로의 말이 필요 없는 영역에 더 손쉽게 존재할 수 있게 되는 것이다.

음성과 말이 우리를 갈라놓는 두 번째이자 더 중요한 방식은 힘/저항의 변증법 속에 존재하는 소리가 지닌 자연스러운 기원에서 나온다.[48] 바람은 처마의 갈라진 틈 같은 저항에

---

46. Burrows, *Sound, Speech, and Music*, 71. Burrows' argument for the nonreferential nature of music is at variance with the thinking of those who speak of music's symbolic role in the liturgy. See, for example, Joseph Gelineau, *Voices and Instruments in Christian Worship* (Collegeville: The Liturgical Press, 1964); Claude Duchesneau and Michel Veuthey, *Music and Liturgy: The Universa Laus Document and Commentary*, trans. Paul Inwood (Washington, D.C.: Pastoral Press, 1992); *The Milwaukee Symposia for Church Composers* (Washington, D.C.: Pastoral Press and Chicago: Liturgy Training Publications, 1992), as well as the standard church documents on liturgical music. Burrows' viewpoint, as well as his lengthy discussion in chapters 4 and 5 about music and words, contributes an intriguingly differing viewpoint to the ongoing debate about which should predominate in worship, music or text.

47. Burrows, *Sound, Speech, and Music*, 88.

48. *Ibid*., 23.

부딪칠 때만 휘잉 하고 소리를 낸다. 크리스털 컵은 우리가 손가락으로 주둥이를 문지를 때만 소리를 낸다. 마찬가지로 횡격막의 힘이 숨을 밀어내 후두에 있는 성대의 저항을 받을 때 목소리가 나오는 것이다. 버로우는 "이 횡격막과 후두의 대화는 자아와 세계 간의 접촉 창구인 신체의 내부에 상징적인 배치를 하는 것으로 볼 수 있다"는 이론을 내세웠다.[49] 그렇다면 말로 표현된 발성은 두 가지 차원의 힘/저항의 변증법 즉, 발성 기관을 통해 신체 내부에서 숨을 밀어내는 변증법과 눈앞의 세계를 통제하려고 하는 자아의 외부적인 노력의 변증법을 나타내는 것이다.[50] 옹의 말대로 소리가 항상 전달하는 힘의 작용은 버로우의 시각으로 보면 에너지의 물리적인 활동 이상의 것이 된다. 이것은 통제하고 지배하려는 정신적인 작용이다.

하지만 외부의 실체를 대적하고 제어하려는 욕구는, 음악을 통해 외부의 실체와 공존하려는 감정으로 변한다. 먼저 버로우가 제시한 인간 행동의 세 가지 영역 모델을 이해해야 이 점을 알 수 있다.[51] 각 영역은 중심–주변부 구조 내에서 자아의 방향을 다룬다. 영역1 –신체의 영역–은 감각에 제한된 것으로 시간과 공간의 제약을 받으며 "지금–여기"라는 물리적인 주변부를 다룬다. 영역1의 주요 작동 감각은 시각이다: 보는 것이 얻는 것이다.

영역2는 정신의 영역으로 시간과 공간의 제약이 없으며 우리가 보고 있는 것은 "지금–여기" 있지 않은 존재이며 "과거, 미래, 그리고 어디에나"라는 눈에 보이지 않는 정신적인 경계선을 다룬다. 우리는 영역 2에서 그 이상의 것, 외양을 넘어서서 사고와 말이라는 창을 통하여 접하게 되는 실체가 존재한다는 것을 깨닫게 된다.

영역3은 영혼(버로우는 이를 신학적인 용어가 아닌 "모든 영역의 인식을 통해 용해된 자아감각"이라 했다.)의 영역으로 자아 감각은 모든 실체와 접촉하게 되고 "모든 것이 중심이 되기 때문에" 주변부는 존재하지 않는다. 영역 2에서 "지금–여기" 존재하는 세상에 대한 제약은 우리의 사고 영역의 한계까지 뻗어나간다. 영역 3에서는 자아가 만물과 하나가 되는 일체감을 인식하면서 중심(자아)과 주변부(타자, 세상, 우주)의 장벽이 사라지기 때문에 모든 제약이 사라진다.

---

49. *Ibid.*, 30.

50. *Ibid.*, 36-37.

51. *Ibid.*, 5-9.

우리의 물리적인 범위의 최대치에 해당하는 능력 밖에 있는 실체와 접촉을 할 수 있는 이유는 인간의 사고/언어 능력 때문이다. 하지만 우리는 종교의식과 예술[52]이라는 길을 통해 영역3에 들어서고 가장 멀리 있는 존재도 사실은 우리 가까이 있다는 것을 인식하게 된다. 무엇보다도 우리를 영역 3에 들어서게 하는 것은 "음악이라는 형태를 지닌 소리"이다.[53] 다른 어떤 예술보다도 음악이 신비한 합일에 이르는 통로이다.

7. 노래와 파스카 신비(Song and Paschal Mystery)

소리의 힘/저항의 변증법에 매인 소리의 기원을 더 자세히 들여다보면 예전에 참여하는 죽음-부활의 요구에 관해 영역3으로 들어서는 의식 음악의 움직임은 역설을 지니고 있다는 것을 알 수 있다. 제제와 대응이 영적교감을 이끌어 내려면 저항이 항복을 해야 한다. 영역 3에 들어설 때 이런 현상이 일어난다.[54] 개인으로나 회중으로나 노래가 전신을 휘감을 때 이런 현상이 일어난다. 숨결이 닿는 곳은 장벽이 허물어지기 때문이다.

하지만 움직이고 있는 숨결이 노래를 만들어 내려면 저항이 단단히 자리를 지키고 있어야 한다. 저항에 직면할 때만 소리가 나온다. 저항을 제거하면 소리도 사라진다. 마찬가지로 자신의 내부에서 이 참여를 가로막는 요인들과 의식적으로 맞부딪칠 때 교회와 더불어 파스카 신비를 역사하는데 공동으로 참여한다는 결정을 내리게 된다. 우리는 자신을 존재하게 하는 동시에 존재하지 않기를 원하며 소통을 원하는 동시에 혼자 있고 싶어 한다. 이러한 모순된 감정은 인간의 실존의 정상적인 한 부분이고 예전 의식 때마다 이런 감정을 느끼게 된다. 이 결심은 자유와 의지의 세계 바깥에서는 아무런 의미나 실체를 지니지 못하기 때문에 이러한 저항을 제거하면 예전에 참여하려는 결심도 흐트러진다.

음악 특히 공동 참여라는 구체적인 형태를 띤 노래의 놀라운 점은 그 행위 자체가 -합창

---

52. *Ibid.*, 8.

53. *Ibid.*, 122.

54. "Significantly absent from absorption in a song is a sense of otherness populated by others, an out-there oppositional world": *Ibid.*, 76.

을 하는 것–힘/저항의 변증법을 영역 3의 저항이 없는 흐름과 통합시키는 과정이기 때문이다. 힘/저항 간의 갈등이 없으면 선택도, 노래도, 정통적 친교라는 생생한 실존적 체험도 존재하지 않는다.

예전에 참여한다고 해서 자아가 상실되지는 않으며 외려 이러한 참여가 인간의 모순된 실체를 감싸 안아 준다. 예전에서 부르는 노래를 통해 자신의 실체를 보게 되고 우리 안에서 체험하게 된다. 파스카 신비에 의탁하는 과정을 통해 생긴 변화가 공동체의 노래에 참여하면서 생긴 변화와 동일한 속성을 지니고 있기 때문이다. 이 둘 모두 저항과의 갈등을 뿌리째 뽑지는 못하지만 바로 이 저항을 통해 구원을 이끌어 내고 있다. 우리는 이 과정을 통해 죄가 없고 완벽한 존재가 아닌, 더 아름답게 용서를 받고 인간적인 존재가 된다. 분명 이것이 그리스도 안에서 우리가 서로에게 존재할 수 있고 일체가 되는 방식이다. 이것이 하나님 아버지의 품 그리고 그 품의 무한한 범위를 인식하는 방법이자 지점이다. 이것이 교회와 기도의 핵심이다.

결론(Conclusion)

이제 한 바퀴를 돌아 원래 제기했던 문제로 되돌아왔다. 예전음악, 노래로 불리는 예전음악은 기도인가? 앞서 분명히 그런 의미를 지니고 있다고 말했다. 이어지는 지면에서 기도의 실질적인 요소들과 음악의 필수적인 역동성을 연계시켜, 양자 모두 인격적 존재를 표현하고 소통하며, 양자 모두 영적 교감을 낳으며, 양자 모두 파스카 신비의 변증법을 통해 변화한다는 것과 같은 일들이 어떻게 가능한지 예증하려 하였다.

하지만 음악이 기도의 장애물이 될 수 있으며, 실제 그런 경우도 있다. 따라서 재차 언급하게 되지만, 어떻게 하면 우리 음악인들이 예전음악을 그 자체에 충실하도록 할 수 있는가?의 중요한 질문으로 다시 돌아왔다. 대개 우리가 의식적으로 선택한 기도, 교회, 예전에의 충실성을 통해 이를 이룰 수 있다. 이 충실성에 이르는 길은 음악 자체의 속성에 있다.

우리는 음악에 내재하는 힘을 이용하여 인격적으로 존재를 드러내고 우리를 변화시킬 필요가 있다. 음악 자체를 통해 우리가 그런 식으로 은총에 저항한다는 것을 깨닫게 되고 이

제 이러한 저항을 파스카 신비의 과정에 참여하는데 이용할 수 있다. 예를 들어 이러한 저항에는 음악을 자신의 영광을 들여다보는 거울로 사용하려는 꾸준한 욕망; 때로는 무의식중에 심지어 이러한 감정이 종교적인 것[55]임에도 불구하고 회중의 감정을 조작하여 타인을 지배하는 수단으로 사용하려는 욕망 그리고 종종 음악의 매혹적인 외형에 쉽게 묵종하는 욕망이 있다. 음악이 기도가 되는 바로 그 능력 그리고 특히 파스카 신비에 공동으로 의탁하는 일을 구체화시키는 예전 기도가 우리를 구원에 이르게 하는 길이다.

우리는 우리가 가장 구원에 이를 수 있는 영역, 음악가라는 정체성 그리고 음악 사역자(목회자)라는 소명 내에서 구원을 "실천"해야 한다. 오랜 시간 교습하며 행해지는 음악 창조 과정을 통해 우리는 자신을 직시하고 변화를 경험하게 되는 기회를 맞게 된다. 또한 기도하는 교회를 깨닫고 이루는데 도움이 되는 기회도 가지게 된다. 이 기회는 그리스도에게서 오는 것이기에 추구해야 하며, 회중과 성가대 그리고 독창자들에게도 이 기회를 추구하도록 권해야 한다.

---

55. Searle points out that there is a difference between music which makes us "feel religious" and music which "makes us religious," and that the goal of liturgy is not an emotional state, but the assumption of the roles and relational attitudes which the liturgical rite proposes. He goes on to make the plea, "Why are we putting so much time, energy and money into producing new music instead of training people in liturgical prayer?" Searle, "Ritual and Music," 317.

제 18 장

회중찬송으로서의 예전음악 1: 개신교의 찬송가

Liturgical Music as Corporate Song 1:
Hymnody in Reformation Churches

| 로빈 리버 Robin A. Leaver |

들어가면서(Introduction)

가톨릭이 아닌 대부분의 기성 교회들은 16세기 종교개혁의 유산물인 "프로테스탄트"라는 명칭으로 자주 일컬어진다. 그러나 최근의 역사적 시각에서 볼 때, 프로테스탄트라고 부르는 것을 몇몇 교파에서는 거부하고 있기 때문에 더 이상 이 단어가 모든 신교를 대표하는 용어가 아님을 알아야 한다. 이러한 이유로서 이번 장의 제독이 "개신 교회"가 아닌 "개혁 교회"로 명명되었음을 밝힌다. 정확하게 언급하자면, 처음 "프로테스탄트"로 불린 집단으로서는 1529년 슈파이에르 의회(Diet of Speyer)에서 '항의'를 했던 루터교도들만이 있을 뿐이다. 또 다른 측면에서 16세기에 개혁 운동을 일으킨 모든 교파들 또한 루터교와 마찬가지로 그들만의 '유사 시발점'을 주장할 수 있을 것이다.

과거의 문서들은 16세기의 현상인 교회, 정치, 그리고 신학적 개혁의 흐름을 종합하여 한 단어로 '종교개혁'이라고 지정하고 있다. 그러나 이러한 개혁의 움직임은 전 유럽에서 '공통적으로, 명백하게' 드러난 사실이 아니다. 따라서 최근의 연구문서들은 이 시기의 변화를 가리켜 16세기의 "종교개혁들"이라는, 단수가 아닌 복수의 움직임으로 고쳐 부르고 있다. 예를 들어 크리스토퍼 헤이그Christopher Haigh는 그의 최근 저서를 '영국 종교개혁'이라고 부르지 않고 '영국 종교개혁들'로 명명하며[1] 동시대의 영국 안에서도 종교, 정치, 사회 등 여러 분야에서 각각 다른 형태의 개혁들이 일어났다고 주장한다.[2] 이러한 맥락으로 볼 때, 동시대의 전 유럽 안에서도 '같은 지역에서 서로 다른 종교 "개혁들"이 일어났다는 것'을 알 수 있다. 이러한 개혁들 영국 연방의 섬들(British Isles) 안에서도 각기 다르게 발생되었는데, 영국 국교회(Anglicanism)와 스코틀랜드 장로교(Presbyterianism)를 예로 들 수 있고, 독일에서는 다양하게 파생된 급진 개혁주의(Radical–Reformation)에 의해 루터교(Lutheranism)의 수가 증가되었고, 그 다음에는 칼뱅주의(Calvinism)가 유입되어 그 움직임을 더욱 확산시켰다. 더욱이 독일 루터회는 고지 독일어(High German. 현재 독일의 표준어) 사용 지역과 저지 독일어(Low German. 현재 북부 독일의 방언)사용 지역에서 각기 다르게 발전되어 갔으며 스위스에서만도 취리히Zurich를 중심으로 한 독일어권의 개혁교회와 제네바Geneva를 중심으로 한 불어권 개혁교회의 발달형성과정이 다르게 진행되었다. 이처럼 이들의 '차이점'들은 여러 개혁 교회들에 의한 다양한 예배 형식과 예배에 사용된 다양한 찬송가/시편가의 용법을 통해 드러났다. 비록 대부분의 개혁 교회들이 예배에서 '회중 찬송을 사용해야 한다'는 점에서는 같은 견해를 보이는 한편,[3] 각기 다른 독자적 전통을 가진 찬송가들을 만들어 냈으며, 그 전통이란 시간이 지남에 따라 부가되기도 하고, 확장되기도 하며, 다른 요소들에서 차용하기도 하였는데, 단 다른 전통에서 나온 찬송가 형태들에는 영향을 받지 않았다.[4]

---

1. Christopher Haigh, English Reformations: Religion, Politics, and Society under the Tudors (Oxford: Clarendon Press, 1993).

2. See further, Robin A. Leaver, *Elisabeth Creutziger, the Magdeburg Enchiridion, 1536, & Reformation Theology. The Kessler Reformation Lecture, Pitts Theology Library,* October 18, 1994 (Atlanta: Pitts Theology Library, Emory University, 1995).

3. See Robin A. Leaver, "'Then the Whole Congregation Sings': The Sung Word in Reformation Worship," *The Drew Gateway* 60/1 (Fall 1990) 55-73. A survey of sixteenth century hymnody can be found in the first chapter of Robin A. Leaver, "*Goostly psalmes and spirituall songes*": *English and Dutch Metrical Psalms from Coverdale to Utenhove 1535-1566.* (Oxford: Clarendon, 1991); and Robin A. Leaver, "Hymnals," *Oxford Encyclopedia of the Reformation*, ed. Hans J. Hillerbrand, 4 vols. (New York: Oxford University Press, 1996)2:286-89.

4. Basic studies include: Louis F. Benson, *The English Hymn: Its Development and Use in Worship* [1915] (Richmond: Knox, 1962); Harry Eskew and Hugh McElrath, *Sing With Understanding: An Introduction to Christian Hymnody*, 2nd ed. (Nashville: Church Street Press, 1995). The introductory essays in the first volume of *The Hymnal 1982 Companion*, ed. Raymond Glover (New York: Church Hymnal Corporation, 1990-1995), 3 vols. in 4, offer a comprehensive survey from an Episcopalian perspective; Carlton R. Young, *My Great Redeemer's Praise: An Introduction to Christian Hymns* (Akron: OSL Publications, 1995) is written from a Methodist viewpoint; Harry Eskew, David W. Music and Paul A. Richardson, Singing Baptists: Studies in Baptist Hymnody in America (Nashville: Church Street Press, 1994) is a collection of essays on

종교개혁 이전의 전통들(Pre-Reformation Traditions)

자국어로 된 찬송이 종교개혁 시대에 창조된 것은 아니다. 그것은 오랜 유럽 역사의 전통을 가지고 있으며,[5] 그 중 영국의 캐롤,[6] 네덜란드의 기스테리헤 리더런(geestelijke liederen),[7] 이탈리아의 라우다 스피리투알레스(lauda spirituales),[8] 그리고 독일의 라이센(leisen)[9]등이 포함돼 있다. 루터는 그 당시 독일식 라이센 (leisen)의 유사전례(Para-liturgical)적 기능을 알고, 교회력의 절기와 예전에 적극 적용했다. 예를 들어, 신앙고백서에 기초한 15세기 작품인 '우리는 한 하나님을 믿는다'(*Wir glauben all an einen Gott*), 14세기 성탄절 노래인 '찬양받으시기 합당한 예수 그리스도'(*Gelobet seist du, Jesu Christ*), 12세기 부활절 노래인 '주께서 부활하셨다'(Christ ist erstanden), 가사와 곡이 부활절 연송(Sequence)에 관련된 '파스카 희생에 찬미들'(*Victimoe paschali laudes*), 그리고 13세기 오순절 노래인 '지금 성령께 간구하나이다' (*Nun bitten wir den Heiligen Geist*) 등으로서, 이 모든 노래를 포함한 여러 노래들을, 루터는 재편성하고 확대시켜 사용했다. 그러나 종교개혁 이전 세대에서는 이러한 노래들이 예전과 상관없이 교회 절기에 맞추어 미사 이후에 불리어졌으나, 루터는 '새로운 복음적 찬송'들이—새로 만들어졌거나 이미 사용됐던 자료들을

---

important Baptist composers, hymn writers, and tunebooks; Erik Routley, *Christian Hymns Observed* (Princeton: Prestige, 1982), is a brief tour-de-force written from the unique and perceptive perspectives of Erik Routley; Robin A. Leaver, "Hymnals, Hymnal Companions, and Collection Development" *MLA Notes* 47 (December, 1990) 331-54, is essentially a bibliography of historical and background hnadbooks and companions to a wide range of denominational/confessional hymnals. For specific hymn texts and tunes see the historical anthologies edited by Erik Routley: *A Panorama of Christian Hymnody* (Collegeville: The Liturgical Press, 1979) and *The Music of Christian Hymns* (Chicago: GIA 1981).

5. On the general background, see Patrick S. Diehl, *The Medieval European Religious Lyric: An Ars Poetica* (Berkeley: University of California Press, 1985).

6. See Richard Greene, *Early English Carols*, rev. ed. (Oxford: Clarendon Press, 1977); John Stevens, *Words and Music in the Middle Ages: Song, Narrative, Dance, and Drama, 1050-1350* (Cambridge: Cambridge University Press, 1986); Hugh Keyte and Andrew Parrott, *The New Oxford Book of Carols* (Oxford: Oxford University Press, 1992); see also Rosemary Woolf, *English Religious Lyric in the Middle Ages* (Oxford: Clarendon Press, 1968).

7. See J.A.N.Knuttel, *Het geestelijk lied in de Nederlanden voor de kerkhervorming* (Rotterdam Brusse, 1906; reprint Groningen: Bouma, 1974).

8. See F. Liuzzi, *La lauda e I primordi della melodia italiana* (Rome: Libreria della Statu, 1934); Cyrilla Barr, *The Monophonic Lauda and the Lay Religious Confraternities of Tuscany and Umbria in the Late Middle Ages* (Kalamazoo: Medieval Institute, 1988).

9. See Johannes Riedel, "Leisen Formulae: Their Polyphonic Settings in the Renaissance and Reformation," Ph.D. dissertation (University of Southern California, 1953).

각색한 것에 상관없이-개혁된 미사 안에서 불리게 했다. 그 이유는 예배 예전 속에서 회중이 함께 노래하는 것에 의미를 두었기 때문이다.

예전에서 루터의 자국어 찬송 사용은 15세기에 이미 체코 어 찬송들을 예배에서 사용하였던, 얀 후스Jan Hus를 추종하는 '보헤미안 형제들'에 의해 시도된 것이었다. 독일어권의 '보헤미안 형제들'은 많은 분량의 체코 어 찬송들을 번역하여 1501년 프라하에서 인쇄, 출판했다.[10] 체코 찬송가를 독일어로 번역한 다른 자료들은 마이클 바이스Michael Weisse가 편집한 *Ein New Gesenbuchlen* (Jungbunzlau, 1531)이 있고,[11] 요한 혼Johann Horn이 편집한 *Ein Gesangbuch der Brüder inn Behemen und Werherrn* (Nuremberg, 1544)[12] 등이 있다. 이 두 가지 자료 모두 비텐베르크Wittenberg를 포함한 여러 지역의 루터교인들이 즐겨 부른 찬송가이다.

루터교 찬송 발전에 영향을 준 또 하나의 자료는 매일 성무일과에 사용된 라틴어 찬송들이다. 사제들과 성가대가 쓰도록 만들어진 사본과 인쇄된 힘나리아 Hymnaria는, 나중에 발전된 루터 자국어 회중 찬송가의 모델이 되었다. 이렇게 번역된 많은 독일어 찬송들은 예전의 라틴어로 된 성무일과 찬송들과 마찬가지로 교회력의 주요한 절기 때 불려지도록 만들어졌다.

루터교회 전통(Lutheran Tradition)

회중찬송에 대한 신학적 절박함은, 가톨릭의 특수 제사장설에 대한 반대 입장에 선, '만인 제사장설'이라는 루터의 이해에서 비롯된다. 면죄부 사건에 대한 1517년 논쟁 이후 5년이 지나서야, 루터는 교리와 실천의 연결을 시도할 수 있었다. 교리와 실천의 연결을 모색하던 루터는 모든 회중이 같이 참여하는, '제창 회중 찬송'을 통해 만인 제사장설을 힘주어 표현할 가능성을 발견한 것이다. 그러나 루터는 초대교회의 관행도 잘 알고 있었다. 포퓰러 미

10. The hymnal went through at least five further editions by 1561.

11. It was reprinted in Ulm at least four times by 1541.

12. Reprinted thirteen times by 1611.

사Formula missae가 발행된 1523년에 그는 기록하기를 "나는 미사 중 층계송gradual과 거룩하시다Sanctus 와 하나님의 어린 양 Agnus Dei 순서 후에 회중이 자국어로 부를 수 있는 노래들이 많으면 많을수록 좋다고 생각한다. 지금은 성가대만 부르는 이 노래들을, 처음에는 모든 이들이 같이 불렀다는 사실을 누가 의심할 수 있으랴?"[13]

포뮬러 미사가 발행된 해인 1523년이 지나가기 전에, 루터와 그의 동료들은 종교개혁 예배를 위한 회중찬송의 기본적인 틀을 교회와 가정에서 사용하려고 만들기 시작하였다. 그들은 전통식 독일어 라이센(leisen)을 수정해 나갔으며, 라틴어 성무일과 찬송들을 자국어로 번역하고, 그에 관련된 단선율 성가들을 필요에 따라 개정하였고, 이미 존재하는 종교적 민요(Fork song)를 새롭게 고치거나, 민요 멜로디에 새로운 "복음적" 가사를 붙인 콘트라팍타contrafacta를 만들었으며, 새롭게 창조된 찬송가사 및 곡들을 소개하였다. 이러한 "새로운" 찬송들은 일제히 출판되었으며 처음에는 *Achtliederbuch*(1524년도에 뉘른베르크에서 출판된 8개의 찬송들로 구성된 작은 찬송가)라는 이름으로 출판된 찬송가에 이어 악보가 없는 것과 있는 것이 포함된, 수많은 찬송가들이 간행됐다. 그리고 이것들은 25년 동안의 독일어권 지역에 적어도 500여 개의 서로 다른 찬송가들이 발행되는 발전을 가져왔다.

루터와 그의 동료들이 자국어 회중찬송의 기본적인 골격을 실제로 모으기 이전부터 루터 자신은 예전 안에 위치한 노래의 기본적인 기능을 간파하고 있었다. 포뮬러 미사에서 인용된 위의 문구에 이어, 그는 계속하여 기록하기를, "골로새서 3:16에서 사도바울이 말한, 복음적이고 신령한 노래들을 만들 수 있는 시인들을 우리 가운데서 찾고 있다. 이는 층계송(Gradual) 및 거룩송(Sanctus), 그리고 하나님의 어린 양(Agnus Dei) 노래 후에, 하나님의 교회에서 귀하게 사용하기 위함이다."[14] 2년 동안 계속, 꾸준한 발전이 이루어지면서 1525년 말에 루터는 자국어 예배서인 독일어 미사Deutsche Messe를 완성하며 -이는 1526년 초에 비텐베르크에서 출판됐다[15]- 동시에 비텐베르크에서는 회중의 사용을 목적으로 한, 충분한 양의 찬송들이 소개되었다. 그는 찬송들을 단순히 소개하는 입장에 서지 않고, 독일어미사 본

13. *Luther's Works: American Edition*, ed. Jaroslav Pelikan and Helmut T. Lehmann (St. Louis and Philadelphia: Concordia & Fortress, 1955-86) [hereafter cited as LW] 53:36.

14. *Ibid.*

15. *Martin Luther Deutsch Messe 1526* [Facsimile], ed. Johannes Wolf (Kanssel: Bärenreiter, 1934); LW 53:61-90.

문 안에 찬송가 가사 및 악보를 수록하는 열정을 보였다. 포뮬러 미사와 마찬가지로 독일어 미사에서도 전통적인 형태를 간직하였으나 그 내용은 신학적인 재해석으로 꾸몄다. 그는 전통적인 미사 통상문ordinary인 5파트는 그대로 간직하였으나 독일어 미사에서는 통상문들을 찬송가 형태로 발전시켜 회중이 부를 수 있게끔 배려하였다. 시간이 흐름에 따라 "통상문" 찬송의 형태들은 다음과 같은 모습으로 완성을 이루게 됐다: Kyrie, 영원하신 하나님(*Gott Vater in ewigkeit, Kyrie*), Gloria, 높은 곳에 계신 하나님 (*Allein Gott in der Höh sei Ehr*, 영광송), Credo, 우리는 한 하나님을 믿는다 *Wir glauben all an einen Gott* (크레도), Sanctus, 이사야의 예언에 의한 계시 *Jesaja dem Propheten das geschah* (거룩하시다), 그리스도, 당신은 하나님의 어린양 *Christe, du Lamm Gottes*, 혹은 오 순결하신 하나님의 어린 양 *O Lamm Gottes, unschuldig*.

새로운 회중 찬송들은 예전적이었던 것뿐만 아니라 성경적이기도 하였다. 루터와 그의 동료들이 새로운 찬송들을 만들기 시작하던 때에, 개혁자들은 새로운 장르를 개발하였는데, 이는 개혁교회가 회중의 참여를 꾀하는, 엄청나고도 중요한 찬송의 혁신을 가져오게 된다. 이것은 다름 아닌 시편–찬송, 혹은 운율 시편으로서 성서의 시편이 절수와 운rhyme을 단 자국어 노래로 만들어진 것이다. 1523년 말기에 루터는 슈팔라틴Georg Spalatin에게 다음과 같은 글을 전했다:

> 교회 교부들과 예언자들의 모습을 본받아 나는 회중을 위하여 자국어 시편을 만들 것을 다짐합니다. 이는 신령한 노래들로서 하나님의 말씀이 회중들의 삶 속에 거하는 노래이기 때문입니다. 우리는 현재 시인을 찾기 위하여 노력하고 있습니다. 당신이 독일어에 능통하고 설득력이 있다고 들었기에 우리와 같이 시편을 찬송가로 바꾸는 작업에 같이 하기를 초청합니다. 참고자료로 내가 작업한 시편 130편(*Aus tiefer Not schrei ich zu dir*)을 동봉합니다. 그러나 여기에 새로운 형태fangled나 가공적인fancied언변은 피하고 자연스러우며 순수하여 회중들이 쉽고 편안하게 이해할 수 있는 표현을 사용할 것을 요구합니다. 그 뜻 또한 시편 내용과 가능한 가장 근접하고 분명하기를 바랍니다. 또한 문자적인 단어에 매이지 않고 가장 적절한 단어를 자유롭게 사용할 수 있어야 합니다.[16]

---

16. LW 53:221.

루터는 그의 초기 작업시절인 1523–1524년 사이에 적어도 5개의 운율시편을 만든 것으로 추적된다. 아아 하나님, 하늘에서 굽어보소서 *Ach Gott, vom Himmel sieh darein* (시편12편), 어리석은 자는 그 마음에 하나님이 없다 하도다 *Es spricht der Unweisen Mund wohl* (14편), 하나님은 우리에게 은혜를 베푸사 *Es wollt uns Gott genädig sein* (67편), 이스라엘은 말하길 여호와께서 우리 곁에 계시지 않고 *Wär Gott nicht mit uns diese Zeit* (124편), 그리고 고통의 심연에서 나는 당신께 부르짖나이다 *Aus tiefer Not schrei ich zu dir* (130편) –모두 같은 운율로 만들어졌다– 여호와를 경외하며 그 길을 걷는 자마다 복이 있도다 *Wohl dem, der in Gottes Furcht steht* (128편)과 내 주는 강한 성이요 *Ein feste Burg is unser Gott* (46편)은 그 후인 1525년과 1528/29년에 각각 쓰였다.

다른 루터교인들도 루터를 따라서 운율시편들을 만들었으며 특별히 신학의 개혁을 도모한 개혁교회들에게는 가장 보편적인 장르로서 자리매김 하게 된다.

복음주의적 전통(Evangelical Tradition)

독일과 프랑스 국경지대에 위치한 알자스Alsace 지역의 중심도시 스트라스부르Strassburg에서의 종교개혁은 비텐베르크의 루터주의로부터 영향을 받았지만, 신학적 및 교회적 개혁은 어찌 보면 매우 독립적인 과정을 밟았다고 볼 수 있다. 이곳의 개혁은 "복음주의적"임은 분명하나 일관성 있는 루터주의는 아니었으며, 그렇다고 후에 출현될 칼뱅주의를 지칭하는 개혁주의도 아니다. 루터와 그의 동료들의 찬송가 작업 첫 시기인 1523–25년 작품들로서 독일 루터교 찬송들이 있는데, 그 중 운율화된 시편들이 비텐베르크에서 출판되자마자 스트라스부르에서 다시 출판되었음을 볼 수 있다.[17] 그러나 여기에는 두 가지 중요한 차이점이 있다. 첫째, 비텐베르크 찬송들은 새로운 스트라스부르의 곡조가 주어졌으며, 그 곡조들은 스트라스부르 교회의 칸토르와 오르가니스트인 마티아스 그라이터Mathias Greiter와 볼프강 다흐스타인Wolfgang Dachstein에 의하여 작곡 또는 편곡된 것들이다. 둘째로, 비텐베르

17. Strassburg at this time was in a predominantly German-speaking area.

그 판에 추가된, 스트라스부르 인들의 회중찬송 창작곡들이 있다. 그 당시 스트라스부르와 그 주변지역에서는 회중찬송이 매우 중요하게 다루어졌음을 확인할 수 있다. 이 도시와 주변 지역의 중요한 개혁지도자인 마르틴 부처Martin Bucer는 1543년 교리문답서에 회중찬송인 "Kirchengesang"의 중요성을 피력하는 문구를 따로 실었으며, 그는 회중예배에서 회중이 공동기도 참여의 중요성 이상으로 회중찬송을 꼽고 있다.[18]

1520년과 1530년에 발행된 스트라스부르 찬송가의 내용들은 점차적으로 요구되는 운율 시편의 중요성을 밝히고 있다. 이는 매우 중요하고도 연속적인 영향을 행사하는데 스트라스부르에서 그 후에 발행되는 찬송가와 시편뿐만 아니라 제네바 시편의 발전에도 그 영향을 주게 된다. 후에 만들어지는 칼뱅의 시편가는 그 시원(始原)을 스트라스부르의 운율 시편가에 두었기 때문이다. 1537년에 장 칼뱅은 부처로부터 스트라스부르에 있는 비교적 작은 그룹인 불어권 프로테스탄트 교도들을 목회하도록 초청받았다. 여기서 칼뱅은 독일어 운율 시편들을 접하게 되고 스트라스부르의 독일어권 회중들이 부르던 멜로디에 불어로 번역된 운율 시편을 만들도록 자극을 받았다. 이것이 *Alcuns pseaumes et cantiques* (Strasbourg, 1539)로 출판되며 나중에 만들어지는 불어 제네바 시편가의 시초가 되는 것이다.

개혁 전통(Reformed Tradition)

스위스 개혁교회의 성격은 크게 말하여 두 개의 기본적인 언어사용으로 그 주(州)가 나눠진다. 이는 독일어와 불어권을 말함이다. 독일어 사용권의 주에 속한 교회들은 취리히의 츠빙글리(나중에는 불링거Bullinger)를 중심으로 모이고 불어권 사용에 속한 주의 교회들은 제네바의 칼뱅을 중심으로 모였다. 각 언어 그룹들은 구체적인 신학적 강조, 예배의 형태, 그리고 회중찬송 사용에 대한 각기 다른 결론을 갖고 진행하였다.

---

18. *Martin Bucers Katechismen aus den Jahren 1534, 1537, 1543*, ed. Robert Stupperich [*Martin Bucers Deutsch Schriften*, Bd. 6/3] (Gütersloh: Mohn 1987) 257.

츠빙글리안(Zwinglian)

아마도 16세기 종교 개혁가중에서 가장 훌륭한 음악가는 울리히 츠빙글리Ulrich Zwingli라 생각되지만, 아이러니하게도 그는 취리히의 교회들이 음악의 사용을 거부하도록 하였다. 이러한 행동의 가장 주된 이유는 예배의 본질에 대한 츠빙글리의 신학적 이해 때문이었다.[19] 그는 '외향적인 의식'보다, 자신이 기독교의 본질로 여겼던 '내적 영성'에 더 큰 가치를 두었기 때문이다. 그는 의식 음악과 함께 하는 외향적 예식과 몸짓들이–예를 들어 로마 가톨릭 미사에 있는 것 같은–진정한 예배의 본질을 흐리게 한다고 믿었다.[20] 비록 츠빙글리는 취리히 교회의 공동 예배에서, '회중 낭송'(Corporate Speech)의 원리는 받아들였지만 회중찬송에 대해서는 반대하였다. 하지만 이러한 관례에 대한 소개는 취리히 도시 행정부에 의해 불허되었다.[21] 그러나 공동예배에서 츠빙글리의 회중찬송과 다른 음악에 대한 거부사항은 모든 예배에서 모든 음악을 금지한 것으로 잘못 이해되고 있다.[22] 오히려 반대로 음악은 그의 헌신적인 삶에 매우 중요한 자리를 차지하고 있으며 적어도 다음의 3가지 종교곡들을 직접 작사 작곡한 것으로 알려져 있다: 흑사병 노래 *Pestlied*, 운율화된 시편 69편, 그리고 교회찬송 *Kapeler lied*[23]. 그는 또한 음악의 세속적인 기능을 중요하게 믿고 있었다. 특히 교육적인 면에서, 그리하여 취리히 교회에 속한 학교들의 개편된 교과목으로 음악 공부를 포함시켰다. 그는 세속적 영역과 개인적 영성에서의 음악적 위치를 분명히 하였지만 결과적으로 공동예배에서의 음악적 가능성은 제외시킨 격이 되었다. 그러므로 츠빙글리의 신학과 실천적 영향을 받은 교회들의 예배에서는 대체적으로 찬송가를 포함시키지 않았다. 취리히의 교

---

19. See, for example: Markus Jenny, *Zwinglis Stellung zur Musik im Gottesdienst* (Zurich: Zwingli Verlag, 1966).

20. See Charles Garside, *Zwingli and the Arts* (New Haven: Yale University Press, 1966; reprint New York: Da Capo, 1981) *passim,* but see the summaries on pp. 37 and 75.

21. See Bard Thompson, ed., *Liturgies of the Western Church* (Cleveland: World Books, 1961; reprint Philadelphia: Fortress, 1981) 142.

22. See the corrective essay by A. Casper Honders, "The Roformers on Church Music," *Pulpit, Table, and Song: Essays in Celebration of Howard G. Hageman,* eds. Heather Elkins and Edward C. Zaragoza (Lanham, Md.: Scarecrow, 1996) 46-52.

23. See especially the three contributions by Markus Jenny: "The Hymns of Zwingli and Luther: A Comparison," *Cantors at the Crossroads: Essays on Church Music in Honor of Walter E. Buszin*, ed. Johannes Riedel (St. Louis: Concordia, 1967)45-63: "Die Lieder Zwinglis," Jahrbuch für Liturgik und Hymnologie 14 (1969) 63-102; *Luther, Zwingli, Calvin in ihren Liedern* (Zurich: Theologischer Verlag, 1983) 175-214.

회에서는 16세기 말까지 예배에서 모든 음악을 제외시켰다.[24] 음악이 제외된 츠빙글리의 교회적 방침은 그의 후계자 하인리히 불링거Heinrich Bullinger에 의하여 계속됐다. 두 번째 '스위스 신교도 고백서'Second Helvetic Confession의 초안을 1561년에 작성하면서 (1566년도까지 인쇄되지 못함) 불링거는 다음과 같이, 조금은 방어적인 선언을 한 바 있다: "만약 어떤 교회들 예배 안에 진실하고 훌륭한 설교가 있는 반면 노래가 없다 해서 비판하지 말라. 모든 교회가 노래할 수 있는, 유리한 형편이 되지 못한다."[25] 이와 같은 방어적인 자세를 취한 이유는, 제네바 시편가가 날이 갈수록 그 영향력을 발휘함에 따라, 취리히 모델을 따르는 교회들이 스위스 개혁의 통례를 따르는 데에서 이탈하도록 동기를 부여하였기 때문이다.

칼뱅주의자(Cavinist)

칼뱅의 1539년 스트라스부르 회중찬송 모음집에는 19개의 운율시편이 포함되어 있다. 이 중 6개는 칼뱅 자신이 만든 것이며 나머지는 프랑스 궁정 시인인 클레몽 마로Clement Marot에 의하여 지어졌지만 아직까지 그의 시편 버전(Psaume–Version)들은 인쇄되지 못했다. 칼뱅은 1541년 제네바로 돌아온 후, 일 년 뒤 그의 제네바 예전인 *La Forme des prieres et chantz ecclesiastiques* (Geneva, 1542)를 발행하였다. 여기에는 스트라스부르 시편가를 확대 편찬한 것과 마로의 운율시편들이 더욱 많이 포함되었다. 칼뱅의 목표는 성경의 시편 전체를 운문rhyme과 운율metre로 만들고자 함이었다. 여기에는 성경 원어를 정확히 자국어로 표현하고자 하는 목적이 있다. 불란서 시인인 마로는 칼뱅과 계속하여 작업을 하며 더 많이 운율시편을 제작했고, 또한 칼뱅의 초기 작업들을 대체 할 수 있는 다른 운문화(韻文化)된 작품들을 내놓았다. 1544년에 마로가 죽자 칼뱅은 테오도르 베자Theodore Beza에게 불어로 제작된 운율시편 완성을 진행하도록 요청하였다. 몇 년 후에 83개의 시편이 완성되면서 중요하고도 영향력 높은 불어 시편가가 인쇄되었다: *Pseumes octante trois de David* (Geneva, 1551). 이 책의 음악 편집자는 루이 부르주아Louis Bourgeois다.[26] 그리고 시편 전체를 포함한 시편가가 완

---

24. See Hannes Reimann, *Die Einführung des Kirchengesangs in der Zürcher Kirche nach der Reformation* (Zurich: Zwingli Verlag, 1959).

25. Arthur C. Cochrane, ed. *Reformed Confessions of the 16th Century* (Philadelphia: Westminster, 1966) 290-91.

26. A number of tunes from this psalter have found their way into English use, among them Old 124th, Toulon, and Old 100th.

성되었다: *Les Pseaumes mis en rime, Par Clement Marot, & Theodore Beza* (Geneva, 1562). 이 책에는 150편의 시편이 모두 수록되고 클로드 구디멜Claude Gcudimel에 의하여 110개의 다른 운율과 125개의 다른 곡조로 편집되었다.[27] 제네바 시편가의 영향력을 과소평가해서는 안 된다. 왜냐하면 유럽 언어를 사용하는 거의 모든 그룹들이 다음 세기 동안 그들 자국어로 된 운율시편 모음집을 발행하였기 때문이다. 엄청난 양의 시편가가 프랑스-제네바 모델을 따라서 영어, 네덜란드어, 독일어, 여러 동유럽 언어들, 그리고 심지어 러시아어로 18세기 초에 불리게 되었다.

영국 국교도(Anglican)

일반적인 유럽의 종교적 환경이 영국 운율시편의 사용에 지대한 영향을 미쳤다. 영국 국왕 헨리8세의 통치기간인 1530년, 커버데일Miles Coverdale에 의해 루터의 찬송과 시편이 영어로 번역되었으며, 다음의 이름으로 출판되었다: 구스틀리 시편과 신령한 노래들 *Goostly psalmes and spiritual songes* (London, ca. 1535). 41개의 가사 중 15개는 운율 시편으로서 앞으로 있을 발달을 예고하는 것이었다. 그러나 커버데일의 책은 그 내용이 너무나 루터적인 경향을 띤다는 이유로, 태워 없애도록 조치되었다. 구스틀리 시편집 *Goostly psalmes*이 보여준 희망적인 시작과는 반대로 이 책은 결국 완수되지는 못하였지만, 그 중 번역된 한 가지는 크랜머에 의하여 옮겨지고 번역되어, 1549년 기도서의 장례예배에 다시 사용되었다. 그리고 적어도 두 개의 멜로디가 영어 운율시편의 곡으로 개조되었다.[28]

1547년에 헨리 8세가 사망한 후 자국어 시편가의 새로운 시작이 열렸다. 헨리8세와 그의 후계자 에드워드 6세를 모두 섬겼던 스턴홀드Thomas Sternhold는 시편을 시로 작성하였으며 그의 작품은 영국 궁정에서 사본으로 사용되었다. 에드워드 6세는 집권 초기 당시 종교개혁의 이상이 펼쳐지던 시대에 스턴홀드의 운율시편 중 19개를 다음과 같은 이름으로 출판하였다: *Certayne Psalmes chosen out of the Psalter of David, and Drawen into Englishe metre by Thomas Sternhold grome of ye Kynges Maiesties Roobes* (London, ca. 1547). 스턴

27. See Pierre Pidoux, *Le Psautier Huguenot du XVIe siècle,* 2 vols. (Basel: Bärenreiter, 1962); Waldo Seldon Pratt, *The Music of the French Psalter of 1562: A Historical Survey and Analysis* (New York: Columbia University Press, 1939; reprint New York: AMS Press, 1966).

28. For details see Leaver, *Goostly psalmes*, chap. 2.

홀드는 시편가 완성을 목표로 운율 시편 만들기를 계속하였으나 그의 시편이 처음 출간되자마자 죽고 말았다. 그의 죽음 이후 '시편'들은 홉킨스John Hopkins에 의해 추가 편집되었다: *Al such psalmes of David as T. Sternhold didde in his life time draw into English metre. Newly emprinted* (London, 1549). 여기에 18개의 스턴홀드 작품이 추가되고 홉킨스는 7개를 추가하여 도합 44개의 운율 시편이 소개되었다. 이 작은 시편집이 1550–1554년 동안 유명세를 타고 10번이나 재출판되었다는 것은 적어도 에드워드 6세의 집권기 동안 널리 불려졌으며, 특히 런던에서 널리 사용되었음을 입증하고 있다.

메리여왕의 집권 기간인 1553–1558의 시기동안 영국교회는 다시 가톨릭과 로마 미사로 회귀하게 되었다. 그리고 스턴홀드의 시편가는 독일과 스위스로 망명한 여러 영국 개신교 회중에게 퍼져나갔다. 스트라스부르에서는 스턴홀드와 홉킨스의 운율시편에 루터의 '하늘에 계신 우리 아버지' 와 '주여 말씀으로 우리를 지켜 주소서' *Vater unser im Himmelreich and Erhalt uns, Herr, bei deinem Wort*의 영어번역이 추가로 포함되어 사용되었다. 베젤Wesel(독일과 네덜란드의 접경도시)에서는 스턴홀드와 홉킨스의 새로운 간행본이, 싱글톤Hugh Singleton에 의해 다음과 같이 발행되었다: *Psalmes of David in Metre* (Wesel, ca. 1555/56). 여기에는 스턴홀드와 홉킨스의 44개를 기본으로 프랑크푸르트에서 제네바로 옮겨온 휘팅엄William Whittingham의 시편 7개가 추가되어 있다. 베젤에서의 영어 시편가는 다음과 같은 운율소창canticles들을 추가로 포함하고 있다: 무명 5곡, 휘팅함의 작품, 루터의 주기도문 찬송가를 스트라스부르그에서 번역한 작품, 베젤로 망명한 영국인 회중교회를 섬기는 2명의 부목사 중 하나인 사무엘William Samuel의 작품 5개 등이다. 프랑크푸르트에서는 망명교회 안에서 두 갈래로 분화되었다. 한 그룹은 예배에서 영국 기도서 사용을 권장하는 한편 다른 그룹은 제네바의 칼뱅이 작성한 프랑스식 예전을 주장했다. 결과적으로 기도서 그룹은 프랑크푸르트에 남아있게 되고 휘팅엄과 (나중에) 녹스John Knox를 포함한 나머지 그룹은 제네바로 이동했다. 도시에 도착한지 얼마 안 된 시기에 휘팅엄은 프랑크푸르트에서 초고를 작성한 칼뱅파 예전을 1556년 2월에 발행하였다. 여기에 또한 스턴홀드와 홉킨스의 시편가를 각색하고 늘려서 다음과 같은 제목으로 소개하였다: *One and fiftie Psalmes of David In Englishe metre, whereof .37. were made by Thomas Sternholde: and the rest by other. Conferred with the hebrew, and in ceteyn places corrected as the sens of Prophete required* (Geneva, 1556). 여기에서의 수정은 칼뱅의 가르침에 따른 것으로 시편의 성경적 내용이 우선이고 시적 표현은 그 다음이었다. 운문과 운율은 허용되나 시적 의역은 불가하였다. 따라서 스턴홀드와 홉킨스 판은 "Conferred with Hebrew"가 되었고, 그리고 그에 따라 수정되었다. 1558년에서 1560년 사이에 적어도 세 개의 영어판 제네바 시편가가 휘팅엄, 풀래인Pullain, 그리고 키스Keeth의 추가 시편들과 함께 발행되었다. 더 이상 존재하지 하는 1559년 판은 키스의 시편 100편 "온 천하 만물 우러러" 곡이 처음으로 수록된 것으로 이곡은 영어권 국가 중에서 처음 소개되자마자 가장 오래도록 계속하여 불린 회중찬송이요 가장 오래된 운율 시편가이다.

1558년 말 메리의 죽음이후 그녀의 이복누이 엘리자베스 1세가 영국왕위에 오르고 영국의 종교개혁은 다시 시작하게 되었다. 다른 나라에 가 있던 망명 인사들이 영국으로 다시 돌아오게 되었다. 그들이 돌아오면서 유럽대륙의 찬송가와 시편찬송 및 망명 시 교회에서 사용하던 자국어 시편가들을 가져 왔다. 따라서 1559–1562년 사이 런던에서는 매우 복잡한 양상으로 시편가 출판이 시작되었다. 스턴홀드와 홉킨스의 운율시편의 주체가 제네바 판에 이어서 스턴홀드가 죽은 후에 발견된 그의 추가 작품들, 메리의 정권에서 생존한 홉킨스가 추가한 곡들 , 엘리자베스 시대의 작곡가들, 그리고 스트라스부르를 의시해 베젤, 프랑크푸르트, 제네바에서 시작된 여러 종류의 운율 찬송과 소창들이 계속하여 진화하는 영국 시편가의 시작과 마지막을 장식하게 되었다.[29]

1562년 9월 다음과 같은 제목으로 영국에서의 첫 번째 운율 시편가 완성본이 발행되었다; *The Whole Book of Psalmes, collected into Englysh metre by T. Stanhold I. Hopkins & others: conferred with the Ebrue, with apt Notes to synge them withal* (London, 1562). 이어지는 해에 이루어진 하나 혹은 두 개 정도의 작은 변화[30]를 제외하고는 영어판 운율 찬송가는 거의 완성되었다. 그 이후에는 엄청난 숫자로 확산되기 시작하는데 한 해만도 몇 번식이나 재출간에 들어가는 현상이 다음 3세기 동안 이어졌다. 스턴홀드와 홉킨스 역이 나중에는 전통 역Old Version으로 불리어지며 영국에서 19세기까지 애용되는 인쇄물이 되었다. 이것이 바로 영국전통의 운율 시편가와 찬송가의 초석이 되는 결과를 가져왔다.

29. For details see *ibid.*, chap. 7.

30. For example, the *Whole Book of Psalms* of 1562 had included the version of Ps. 100 by Hopkins, rather than Kethe's "All people that on earth do dwell"; from 1563 Kethe version of the psalm was preferred to that of Hopkins.

청교도, 장로교, 그리고 독립교회(Puritan, Presbyterian, Independent)

스코틀랜드에서는 제네바와 프랑크푸르트에 피신해 있었던 존 녹스의 지도력으로 제네바식 방향으로 종교개혁이 진행되었다. 1556년의 영어-제네바 예전은 1564년에 작은 수정만으로 에든버러에서 재발행되었다. 그리고 여기에 포함된 운율 시편가는 1560년 판 영어-제네바 시편가에서 수정된 87편의 시편들이고 나머지는 1562년 영어 시편가 *The C.L. psalmes of David in English metre* (Edinburgh, 1564)에서 온 것이다.[31] 영어-제네바 시편가에서 가져온 많은 숫자의 시편이 수록된 것은, 스코틀랜드 시편가를 상대되는 영어권의 것보다 프랑스-제네바 전통에 더욱 가깝게 만들어준 결정적인 요인이 되었으며, 특히 음률의 면에서는 더욱 그러하였다.

조금 더 과격한 청교도들은 '엘리자베스 식 영국'이 그들의 견해를 수용하지 못함을 인식하게 되었다. 1570년 말에 일어난 더치 칼뱅주의자(Dutch Cavinist)들의 개혁 후 네덜란드의 많은 도시들이 이들을 쾌히 받아들이게 되는데 특히 미들부르흐[Middleburg] (네덜란드 남부에 있는 제이란트 주의 주도), 라이덴[Leiden], 그리고 암스테르담[Amsterdam]등이다. 미들부르흐에서는 16세기 말에 영국과 스코틀랜드 양 측의 시편가가 망명한 회중들을 위해 출판되었다.[32] 17세기 초에는 새로운 운율 시편가가 영어권의 분리주의자를 위해 편찬되었다; *The Book of Psalmes, Englished in both Prose and Metre* (Amsterdam, 1612). 에인즈워스[Henry Ainsworth]의 목적은 스턴홀드와 홉킨스의 *The Whole Book of Psalms*보다 더욱 성경의 시편에 충실하도록 만들어 내는 데 있었다. 또한 칼뱅의 시편가에 포함된 많은 양의 운율을 가능한 최대한 사용함으로써, 거친 제네바 시편가들이 영국 청교도와 분리주의자들에 의해 불리워지기를 바란 것이었다. 네덜란드에 있던 어떤 영국 분리주의자들과 영국에서 온 사람(나중에 그들을 "필그림 파더스[Pilgrim Fathers]"들이라고 불렀다)들이 메이플라워[Mayflower]선을 타고 신세계를 향하여 항해하여 1620년 12월에 미국(지금의)에 도착하였다. 그들이 가져온 시편은 다름 아닌 에인즈워스의 운율 시편가였던 것이다. 그러므로 이 시대에 북미에서 영어권에 속한 회중 찬송은 운율 시편가로서, 영국 국교도와 청교도(나중에 알려진 독립교회그리고 그 후

31. see Miller Patrick, *Four Centuries of Scottish Psalmody* (London: Oxford University Press, 1949).

32. See Nicholas Temperley, "Middleburg Psalms," *Studies in Bibliography: Papers of the Bibliographical Society of the University of Virginia,* 30 (1977) 162-70.

에는 회중교회로 불려진다)들이 선호하던 스턴홀드와 홉킨스의 시편가 혹은 분리주의자들이 선호하던 에인즈워스의 시편가가 있다.

베이 컴퍼니Bay Company에 속한 회중들은, 스턴홀드와 홉킨스의 시편가가 성경 본문에서 멀어진, 잘못된 해석이라 보았으며, 에인즈워스의 시편가는 다양한 운율로 인하여 노래하기 매우 어려움을 지적하였다. 따라서 "베이 시편가"로 불리어지는 새로운 책이 창간되었고, 이는 영어권 북미 지역에서 처음 인쇄된 책으로 알려지게 되었다: *The Whole Book of Psalms Faithfully Translated into English Metre* ([Cambridge, mass.] 1640). 책 제목에 수록된 중요한 단어들인 "신실하게 번역된"이란 용어는 스턴홀드와 홉킨스의 책 제목에 실린 "히브리어에 근거한"이라는 설명과 일맥상통한다. 이는 칼뱅주의의 문자적 정확성을 표현한 것으로 베이 시편가의 서문 제일 마지막 문장에도 설명되었다:

> 만약에 절수들이 원하는 바 혹은 기대하는 바와 같이 항상 매끄럽고 화려하지 못하더라도, 고려할 것은 하나님의 제단은 우리의 세련됨을 필요로 하지 않으심이다: 출20장. 우리는 히브리 언어를 영어로 번역하고 다윗의 시들을 영어 운율에 맞추면서 절수를 감미롭고 매끄럽게 의역하는 것(Paraphrase)보다는 오히려 평이한(Plain) 번역을 존중하였고, 우아함보다는 양심의 소리를 따랐고, 시적 표현보다는 충실함을 선택하여 그분의 뜻에 따라 주님의 찬양의 노래를 시온에서 부르기를 원한다. 이는 그가 우리를 지금부터 이끄시어 우리의 눈물을 닦아주시고 영원한 알렐루야를 부르면서 주님의 기쁨에 들어가도록 하심을 믿는다.[33]

베이 시편가는 다음 세기를 통하여 수정되었고 재출간 되면서 뉴잉글랜드 전 지역뿐만 아니라 영국과 스코틀랜드에서도 다수 재출간되어 사용되었다.

급진파 전통들(Radical Traditions)

16세기의 재세례파들은 흔히 말하는 종교개혁 급진파 부류의 대표적인 교파로서 후에 침례교회 전통의 선두주자로 알려져 있고 여기에는 메노파Mennonites, 후터파Hutterites, 그리고

33. *The Bay Psalm Book: A Facsimile Reprint of the First Edition 1640, ed. Zoltán Haraszti* (Chicago: University of Chicago Press, 1956) [14-15].

스위스 형제단Swiss Brethren등을 포함하고 있다. 재세례파들은 가톨릭과 개신교 모두에게 박해와 의심의 눈초리를 받고 있었다. 그 중 어떤 이들은 매우 잔인하게 즉결처형을 당하기도 하였다. 이러한 재세례파 성도들을 존중하여 기억하고자 그들의 고난과 믿음을 노래한 서사시가 쓰여졌고 그들의 동료들에 의하여 불리어졌다.[34] 그 중 가장 오래된 노래로서 루터가 지었다고 알려진 순교자의 노래가 있다. 1523년 7월에 루터는 앤트워프Antwerp에 있는 어거스틴 수도원의 2명의 젊은 수사가 "루터교인"이라는 이름 하에 브뤼셀Brussels에서 화형당한 소식을 접하였다. 이에 응하여 루터는 유행하는 포크송의 서술 스타일로 새로운 노래를 썼는데 이는 *Ein neues Lied wir heben an* 이다.[35] 이 노래에 두 수사의 순교적 상황이 설명되고 그들의 신앙과 증거를 높이 사고 있다. 여기에서 루터의 순교자의 노래와 재세례파의 그것들은 서로 관계성을 보여주는데 그들이 루터의 것을 훨씬 뒤에 설정했기 때문이다. 그리고 그 당시 유행하던 서사적 발라드와 유사한 점을 거의 공유하지 않기 때문이다. 많은 수의 화란Dutch 순교의 노래가 처형된 재세례파 신자들의 죽음과 삶을 위하여 1529-1536년 사이에 조리스David Joris와 그의 추종자들에 의해 쓰여졌다. 이것은 나중에 조리스에 의하여 모아져서 1540년경, 아니면 몇 년 후 *Een Geestelijck Liedt-Boecxken*으로 발행되었다. 스위스 형제단은 1564년에 *Etliche schöne Christliche Gesang*이라는 찬송가를 발행하였으며 이 찬송은 1583년의 *Aussbund*라는 찬송집으로 합병하게 되었고 이후 재세례파 전통에서 가장 중요한 찬송으로 자리매김하였으며 특히 메노파에서 더욱 그러하였다. 이 책은 지금까지도 가사가 바뀌지 않은 상태에서 오늘의 미국 메노나이트 공동체에서 사용되고 있다.

후기 움직임 및 영향력(Later Movements and Influences)

개편된 운율시편(Metrical Psalmody Renewed)

17세기를 접고 18세기가 시작될 때에 영국과 영국 식민지인 미국에서 운율시편가를 노

---

34. See Rudolf Wolkan, Die Lieder der Wiedertäufer: Ein Beitrag zur deutschen und niederländischen Literatur-und Kirchengeschichte (Berlin: Behr, 1903; reprint Nieuwkoop: de Graaf, 1965).

35. LW 53:214-16.

래함이 새롭게 갱신되어 불려지게끔 한 중요한 요인으로 다음과 같이 3가지로 꼽고 있다: 테이트Tate와 브레이디Brady의 운율 시편가, "정규 찬송"으로의 전환, 그리고 아이작 왓츠Isaac Watts의 급진적 시편 사용이다.

17세기 말 영국에서는 스턴홀드와 홉킨스 운율시편가의 시적 한계성을 불만스러워하는 소리들이 높아가고 있었다. 런던의 한 출판회사The Stationers Company는 Old Version의 출판권만이 아니라 다른 시편 번역 출판을 거부할 수 있는 영향력을 행사하고 있었다. 이 출판사의 횡포를 막기 위하여 당시 국왕인 윌리엄 3세의 궁정 사제였던 브레이디Nicholas Brady와 계관시인이었던 네이선 테이트Nathan Tate는 다음의 제목으로 시편가를 출판하는 것을 왕으로부터 허락받았다: *A New Version of the Psalms of David in English Metre, fitted for Publick Use* (London, 1696). 그들이 선택한 "신판New Version"이란 언어사용이 스턴홀드와 홉킨스의 것을 구판Old Version으로 불리게끔 했다. 그러나 신판이 공중 예배에서 널리 사용되기 전에 저자들은 그들의 시편가에 대한 혹독한 비평 때문에 책을 회수하게 되었다. 그리고 이어지는 2년 동안 테이트와 브레이디는 그들의 시편들을 다시 정리하고, 그 중 몇 시편들은 대폭적으로 수정되었으며, 1698년도에 재출판하였다. 그러나 이것마저도 비평이 끊이질 않자 저자들은 다시 한 번 마지막 작업을 시도했고, 같은 해 1698년도 말에 결정본이 나오게 되었다.[36]

이 시편가를 제일 처음으로 사용한 교회로, 알려진 바로는 1699년도 1월에 런던의 St. Martin–in–the–Fields 교회가 있다. 얼마 안 있어서 테이트와 브레이디의 새 시편가는 영국 회중의 많은 교회에서 받아들여졌으나 기존의 시편가를 완전히 교체하지는 못하였다. 대체적으로 이야기하여 구판은 영국 농촌교회를 중심으로 사용되었으며 어떤 곳에서는 19세기 말까지 이어졌으나 영국의 도시교회에서는 신판 시편가가 선호되었음을 볼 수 있다. 테이트와 브레이디의 작품이 칼뱅의 주장을 받아들여 성경 시편을 절수로 나누어 소개했음은 물론이고 또한 시적감각을 최대한 살렸음을 볼 수 있다.

런던의 주교는 그가 관할하는 사제들이 목회하는 교회에서 신판을 사용하도록 권장하였다. 결과적으로 그가 관장하는 지역이 런던 교구의 경계선을 넘어 영국식민지에 속한 모든 성공회 교구를 포함하기에 그의 영향력은 지대하였다고 볼 수 있다. 구체적으로 18세기와

36. On the background and the significance of the psalms of Tate and Brady, see Robin A. Leaver, "The Failure that Succeeded: The New Version of Tate and Brady," *The Hymn* 48/4 (Oct. 1997) 22-31.

19세기 초 북미의 영국 성공회를 포함한 여러 곳에서 테이트와 브레이디의 시편가를 널리 사용하였음은 중요한 현상이라고 본다.

이처럼 시적표현에 대한 요구와 함께 엄청난 음악적 변화를 촉발시켰다. 여태까지는 시편을 노래함이란 즉, 회중이 사제(Clerk) 혹은 칸토르(Cantor)의 노래를, 한 줄, 한 줄 반복하며, 따라 부르는 것[lining out]이었다. 그러나 이처럼 메기고 받는 형식의 노래함은 그다지 합리적이지 못했다. 이는 모든 시편을 한 줄 한 줄 되풀이 하여 두 번 씩 교창하는 것은, 지금 부른 절수와 연결되는 다음 절수를 바로 부르지 못하고 기다려야만 하기에, 회중이 가사 이해를 방해받을 수밖에 없었다. 그리하여 18세기 초에는 평상시 행하여졌던 한 줄씩 부르던[line by line] 방법에서 탈피하여 한 절씩 부르는[stanza by stanza] 방법을 모색하였다. 이처럼 노래하는 식이 바뀌자 2가지의 방법론이 발전되었는데, 그 중 하나는, 새로운 곡을 담은 책이 소개됨으로서, 예전의 오래된 시편 곡들에 새로운 음률(Tune)이 추가된 곡들이 확장되었다. 그리고 두 번째로, 노래인도자의 등장으로서 이들은 새로운 곡들을 담은 책을 판매함과 동시에 회중을 위하여 노래학교[singing school]를 만듦으로서 새로운 가창법을 가르치어 사제(Clerk)의 소리를 그저 따라하는 방법이 아닌 악보를 직접 읽고 노래하도록 이끌었다. 이 일은 18세기에 일어난 찬송가 발전에 지대한 공헌을 하게 되었으며, 특히 감리교단의 찬송가에서 두드러졌다.

이러한 노래 학교 전통은 미국에서 훨씬 오랜 기간 동안 지탱되었으며, 뉴잉글랜드 지역의 작곡자인 윌리엄 빌링[William Billing], 루이스 에드슨[Lewis Edson] 등을 배출하였고, 미국이 자체 국가로 독립하려던 시기서부터 19세기까지 이어지는 기간 동안 다른 작곡가들에 의해 활발히 진행되었다.

아이작 왓츠[Isaac Watts]는 영국 국교 반대자 혹은 나중에 회중교회로 알려진 독립 교단에 의하여 성장했고 후에 목회자로 안수를 받았다. 그는 매 주일 노래하는 찬양을 개선하기위하여 운율 시편가와 성서문구를 운문으로 번역한 찬미가[paraphrased]를 만드는 작업을 어려서부터 수행했다. 결론적으로 그의 이와 같은 노력에 힘입어 회중찬송이 발행된 것이다. 그의 첫 번째 발행인 *Hymns and Spiritual Songs* (London, 1707)에는 몇 개의 운율시편들이 포함되었으나 나중에 삭제된 이유는 그가 따로 만든 운율 시편가에 포함시키기 위해서였다. 시편가의 제목은 다음과 같다: *The Psalms of David Imitated in the Language of the New*

Testament, And Applied to the Christian State and Worship (London, 1719). 구판 시편가의 제목에 실린 "히브리어와 일치하는"문장과 정반대로서 "신약성서의 언어를 기술하는"이라고 하는 것을 볼 수 있는데 이는 이 책의 매우 중요한 해석학적 및 신학적 변화를 보이고 있다.[37] 구판과 신판의 저자들은 모두 히브리 시편의 본질을 영어절수로 가장 정확히 옮기려고 노력하였으나, 왓츠는 구약의 노래들을 신약이 가르치는 실체와 섞어서 구체적인 해석을 펼친 것이다. 그는 *The Psalms of David Imitated*의 서문에서 그의 목적과 방법론을 다음과 같이 설명하고 있다:

> 나는 다윗의 고대적 감각과 의미를 설명하기 위하여 여기저기 찾아다니지는 못하였으나 다윗 자신이 오늘날 기독교의 삶을 살면서 이렇게 하였을 것이라는 측측으로서 나 자신을 표현하기를 노력하였다. 이 말은 베드로가 나에게 희망의 격려를 하듯이(베드로전서 1:11,12) 나로 하여금 다윗 자신의 것보다도 깊게 그리고 분명하게 나의 [찬송]절수를 통하여 하나님 성령의 진정한 의미를 조금씩 맞출 수 있었다는 것이다. 이 모든 작업에서 나는 그랜드 디자인(Grand Design)을 바라볼 수 있도록 하였는데 이는 [시편의]작가가 그리스도인으로서 이야기할 수 있도록 가르침에 있다.[38]

시편 46편을 '내 주는 강한성이요'라는 신약의 가르침으로 소개한 루터의 작업은 왓츠의 등장을 예고하였지만, 영어권 세계에서 이처럼 새로운 해석학은 혁명적이기도 한 것이었다. 어찌되었든 많은 목소리들이 왓츠의 생각("Watts Whims")에 반대를 표명하였으나 그의 통찰력 있는 시들을 그저 무시하여 버리기는 불가능하게 되었다. 시간이 흐름에 따라, 그것들이 폭넓게 사용됨은 물론이고 자주 모방되기도 하였다.

왓츠가 불러온 혁명은 기독교 회중찬송이 구약의 시편에만 한정된 것이 아니라 성서 전체의 모습을 포괄해야 함을 주장한 것이다. 이 일을 실천함으로서 그는 나중에 세워질 영국

---

37. See further, Robin A. Leaver, "Isaac *Watts's Hermeneutical Principles and the Decline of Metrical Psalmody,*" Churchman 92 (1978) 56-60.

38. saac Watts, *The Psalms of David Imitated in the Language of the New Testament, And applied to the Christian State and Worship* (London, 1719), xix-xx; see also Watts' letter to Cotton Mather of Boston, written in March the previous year; cited in Henry W. Foote, *Three Centuries of American Hymnody* (Cambridge, MA: Harvard University Press, 1940; reprint, with additions, [n.p.]: Archon, 1968) 66-67.

찬송가의 초석을 쌓게 된 것이다. 동시에 그는 운율시편가 전통의 취약점을 들춰내기도 하였다. 왓츠의 시편과 찬송가의 성공은 결국 영국 운율시편가의 독자적인 전통을 무너뜨리는 결과를 가져왔다. 이는 몇 세대를 계속하여 이어갔지만 19세기에 쏟아져 나온 찬송가 출판에 결국 그 자리를 내어주게 되었다. 왓츠의 성공은 거의 단음절의 언어를 사용함으로 풍자적 표현의 첫 소절과 계속되는 절수로 연결되는 고상한 내용에 있다. 그의 영국 찬송가에 공헌한 많은 수의 '고전'적인 찬송들은 "숨 쉬는 동안 주 찬양(찬송과 예배, 123장 I will praise my Maker while I've breath)," "햇빛을 받는 곳마다(통일찬송가, 52장 Jesus shall reign where'er the sun)," "Nature will open volume stands," "Our God, our help in ages past," 그리고 "주 달려 죽은 십자가 (통일찬송가, 147장 When I survey the wondrous cross)" 등이다.

아이작 왓츠의 찬송과 시편들은 18세기 동안 내내 미국 회중교회와 장로교, 및 여러 곳에서 널리 불려졌고, 미국 독립 전쟁 후에는 조엘 발로우Joel Barlow, 티모시 드와이트Timothy Dwight 외에 여럿에 의하여 개정되고 추가된 시편과 찬송가사로 계속 이어졌다.[39]

경건주의와 복음주의 부흥운동(Pietism and Evangelical Revival)

17세기 말과 18세기 초의 흐름인 독일 경건주의는 영국 청교도들의 신앙서적들과 17세기 초의 30년 종교전쟁의 영향으로 발전되었다. 루이스 베일리Lewis Bayly가 1600년경에 발행한 The Practice of Piety는 영어로만 널리 읽혀진 것이 아니라 독일어를 포함한 여러 유럽 언어로 발행되었다.[40] 이 책의 영성은 당시의 영성을 사로잡았는데 특히 독일에서 전쟁, 가뭄, 전염병으로 인한 고민들이 주관적인 종교적 반응으로서 마틴 오피츠Martin Opitz의 시, 그리고 마틴 링카트Martin Rinckart의 "다 감사드리세" (통일, 20장), 요한 헤르만Johann Herman의 '토비아스 크라우스니처에 의한 "사랑하는 주여 당신께 무슨 죄가 있나이까?"의 개작' (Herzliebster Jesu by Tobias Clausnitzer, Liebster Jesu, wir sind hier), 그리고 특별히 파울 게르하르트 Paul Gerhardt의 당신의 도를 떨치소서(iehl du deine Wege, Nun ruhen alle wälder), 그리고 O Haupt voll Blut ["오 거룩하신 주님, 통일145장]등의 찬송가들이 있다. 새

---

39. See Rochelle A. Stackhouse, *The Language of the Psalms in Worship: American Revisions of Watts' Psalter* (Lanham, Md.: Scarecrow, 1997).

40. The earliest extant edition is the third of 1613.

로운 찬송들은 느리고 깊게 숙고할 수 있는, 이전의 멜로디보다 가볍고 표현이 풍부한 새로운 멜로디에 옷 입혀져 불려졌다. 그것은 새로운 곡의 대부분이 요한 크뤼거Johann Crüger[41]와 요한 게오르그 이벨링Johann Georg Ebeling에 의하여 만들어졌는데 이들은 도두 파울 게르하르트Paul Gerhardt가 시무하던 베를린에 위치한 니콜라스 교회의 오르가니스트였다.

이러한 주관적 찬송 가사들과 자유로운 찬송 음률들은 후에 루터교 경건주의 작곡자들과 찬송가 저자들의 모델이 되었는데 필립 스피너Philip Spener의 "경건의 열망" *Pia Desideria* (1675)이 발행됨으로 이들의 존재는 공식화되었다. 스피너의 후계자 헤르칸 프랑케August Hermann Francke의 지도력 하에 루터가 완성하지 못한 종교개혁의 지속적인 움직임이라 그들은 보았다. 그동안 잔재했던 모든 로마 가톨릭 신학과 예전은 공동 예배에서 사라지고 사적 예배가 모범이 되었는데, 이는 개인적 헌신 기도(Devotion)가 요인이 된 것이었으며, 그 헌신기도는, 열정적인 기도와 집중적인 성경 공부에 바탕이 된 것이었다. 더욱이 공동예배에서의 음악은 새로운 스타일의 찬송가여야만 했으며, 그 찬송은 경건주의자들이 이미 개인적 예배에서 부르던 찬송이었고, 주관적인 가사와 생동감 있는 운율로 만들어진 것이었다. 경건주의 찬송가는 요한 프라이링하우젠Johann Anastasius Freylinghausen의 *Neues Geistreiches Gesangbuch*로서 1704년 할레Halle에서 처음 인쇄되었다. 이 후 몇 차례나 재출간되었는데 1759년에는 19번이나 재출간되었고 1714년에 발행된 제2부는 1733도에 4번이나 출간되었다. 1부와 2부 합쳐서 모두 1600개의 찬송들이 1741년 한 권으로 합판되었고 1771년 재출간되었다.[42] 이 모음집은 독일 루터교 경건주의 찬송가로서 쓰여졌을 뿐 아니라 1722년 진젠도르프(Count Nicolaus Ludwig von Zinzwndorf)백작에 의해 조직된 도라티아 형제단의 주된 자료가 되었으며, 또한 요한, 찰스 웨슬리 형제로부터 시작된 감리교도들에 의해서도 사용되었다.

요한 웨슬리는 1735년 10월–1736년 2월의 기간 동안 조지아를 향한 여행 중에, 시몬즈Simmonds라는 배의 선상에서 모라비안 찬송을 접하게 되었다. 그는 모라비안 선교사들이 노래한 독일 찬송들을 번역하였고 그의 책에 수록하였다: *Collection of Psalms and Hymns*

41. A significant number of Crüger's hymn tunes were self-consciously modeled on Genevan psalm-tunes; see Siergrfried Fornançon, "Johann Crüger und der Genfer Psalter," Jahrbuch für Liturgik und Hymnologie 1 (1955)115-20.

42. On the publication history, see Dianne Marie McMullen, "The Geistrieches Gesangbuch of Johann Anastasius Freylinghausen (1670-1739): A German Pietist Hymnal," Ph.D. dissertation (University of Michigan, 1987) 29-32.

(Charleston, 1737). 1738년 5월 런던에서 경험한 "회심"(올더스게이트 회심)은 이후에 두 형제인 찰스와 존 웨슬리를 이끌었는데, 이것은 이들이 발전되어가는 감리교 운동 시기 동안, 계속 '찬송 부르기' 심취하여 새로운 찬송들을 창조하고 부르도록 인도하였다.[43] 그 중 찰스 웨슬리는 여러 종류의 시적 형태, 운율, 이미지를 사용하여, 놀라운 양의 산출물로, 찬송가 가사를 만들었다.[44] 영국에 있던 모라비안 공동체와 공유하던 1740년의 감리교도들이 프라잉하우젠 식에 맞춘 빠른 독일식 음률 노래들을 불렀다는 사실이 기록되어 있다.[45]

1738년을 시작으로 존과 찰스 웨슬리는 많은 양의 다른 찬송 모음집들을 발행하였는데 거의 대부분이 찰스 웨슬리가 작사한 것들로서 *A Collection of Hymns for the People Called Methodists* (London, 1780)를 소개하는데 이는 후에 감리교도들에게 가장 기본적인 찬송가 자료를 제공하였다. 이러한 출판물을 통하여 영어권 세계에서는 영어 찬송가의 새로운 지평을 열어갔다. 그 예로서 "온 하늘에 가득히 주의 영광" (찬송과 예배, 281장 Christ, Whose glory Fills the Skies), "천사 찬송하기를" (통일 126장), "Hail the Day that sees him rise," "하나님의 크신 사랑" (통일 55장), "만 입이 내게 있어도" (통일 23장), "만유의 주 앞에" (통일 26장), "참 놀랍도다 주 크신 이름" (통일 45장) 등 여럿이 있다. 이러한 찬송들은 후에 다음과 같은 18세기 후반 찬송집(Hymnal)들에 수록 되었다: 이 중 큰 영향력을 끼친 찬송들로서: 조지 화이트필드(George Whitefield)의 A Collection of Hymns for Social Worship, more particularly design'd for the use of the Tabernacle Congregation in London (London, 1753), 마틴 메이던 Martin Madan의 A Collection of Psalms and Hymns, Extracted from Various Authors [the Lock Hospital hymn book] (London, 1760), 어거스터스 톱레이디(Augustus Toplady)의 Psalms and Hymns for Public and Private Worship (London, 1776), 그리고 A

43. In these middle years of the eighteenth century, and for much of the following generation, both Charles and John Wesley ensured that Methodism was essentially an Anglican movement; see Robin A. Leaver, "Charles Wesley and Anglicanism," *Charles Wesley: Poet and Theologian*, ed. S.T.Kimbrough (Nashville: Kingswood, 1992) 157-75, 241-43.

44. See the introduction of Frank Baker, ed., *Representative Verse of Charles Wesley* (London: Epworth, 1962) ix-lxi. Many of these evangelical "Methodist" hymns express a highly developed Eucharistic theology; see J. Ernest Rattenbury, *The Eucharistic Hymns of John and Charles Wesley* (London: Epworth, 1948).

45. On the common corpus of German tunes sung by Moravians and Methodist, see Robin A. Leaver "Lampe's Tunes," *Hymns on the Great Festivals and Other Occasions: Hymn Tests by Charles Wesley and Samuel Wesley, Jr., Music by John Frederick Lampe,* facsimile (1746) with introduction by Carleton R. Young, Frank Baker, robin A. Leaver, and ST Kimbrough, Jr. (Madison, N.J.: Charles Wesley Society, 1996) 31-44. Swift German was the name John Wesley gave to a German tune included in his "Foundery" tune book of 1742.

Select Collection of Hymns to be universally sung in all the Countess of Huntingdon's Chapels ["Collected by her Ladyship"] (London, 1780)가 그것이다. 또 다른 영향력 있는 모음집으로 *Olney Hymns* (London, 1779)가 있다. 이 찬송가에는 존 뉴턴(John Newton)과 윌리암 쿠퍼(William Cowper)가 쓴 '널리 알려진 찬양'으로 "나 같은 죄인"(통일 405장), "귀하신 주의 이름은" (통일 81장), "주님만 따라가려네, O for a closer walk with God," 그리고 "주 하나님 크신 능력" (통일 80장)등이 있다. 이처럼 18세기 복음주의 부흥운동의 결산물인 훌륭한 찬송들이 쏟아져 나옴으로서 다음 세기의 발전을 위한 초석을 깔아주었고 다르지만 독특하게 계속적인 찬송가의 발전이 이어졌다.

19세기 운동(Nineteenth Century Movements)

19세기 초기에는 여러 가지 다른 영향들과 운동들이 있었는데, 그것들은 교회에서 찬송들을 발전시키는 데 공헌하였으며, 이러한 모든 것들의 기원은 16세기 종교개혁이었다.

이러한 운동 중 첫째로, 캠프 모임 형식의 부흥회를 도입한 복음주의 운동 연합이 있으며, 이것은 스코틀랜드 장로교회에서 1년에 한번 열리는 성만찬 축제에서 발전된 것이다.[46] 이러한 성만찬이 없는 캠프모임에서 새로운 스타일의 찬송들이 소개되었다. 18세기의 복음주의 찬송가들, 특히 왓츠와 웨슬리의 것은 반복되는 후렴이 각 절 후에 혹은 각 소절 끝에 첨부되어 불리어졌다. 처음 들어서도 쉽게 부를 수 있는 가벼운 스타일의 찬송들이 확장된 찬송가 가사를 받쳐주었다. 시간이 흐름에 따라 많은 양의 캠프 모임 스타일 찬송가들이 발행되었다. 마지막으로 캠프 모임 찬송 형식은 나중에 주일학교 찬송가에 이어 결정적으로 복음성가[gospel hymn]로 변화하였다.

둘째로, 미국 남부 지역 포크[folk] 찬송들이 구전으로 전해지다가, 곡들의 모음집으로 출간됐다. 많은 경우에 이것들은 모형악보[shape notes]로 인쇄되었다. 그 중에 1844년에 발행된 The *Sacred Harp*는 지금도 그 전통을 이어서 불리어지고 있다. 헨리 비처[Henry Ward Beecher]가 그의

---

46. See Leigh Eric Schmidt, *Holy Fairs: Scottish Communions and American Revivals in the Early Modern Period* (Princeton: Princeton University Press, 1989).

모음집 *Plymouth Collection* (New York, 1855)에 포크 찬송들을 몇 곡 수록하였지만 20세기에 들어와서야 여러 기성 교단 찬송가에 수록되기 시작하였다.

셋째로, 1820년대에 와서 로웰 메이슨Lowell Mason은 미국 회중찬송의 개혁 작업을 시작하였다. 그는 대부분의 회중들이 노래를 많이 하지 않는 모습을 안타깝게 여겼는데 이는 도시 교회에서는 회중의 노래보다는 합창단 학교(역자 설명: 오늘날의 영국에 있는 세인트 폴 학교와 같은)에 소속된 성가대가 부르는 즉흥적인 음률들fuging-tunes이 압도적인 비중을 차지했기 때문이었다. 또 농촌 교회에서는 유급제로 운영되는 전문 4중창단이 그 자리를 차지하였다. 메이슨은 회중이 노래하도록 장려하기 위해 음악적인 개혁이 필요하다고 인식했다. 그들에게는 이전 세기 복음주의 부흥회 스타일의 가벼우면서도 지나치게 소모적인extravagant 가락이 아니라, '간단하고도 쉬운 곡'들이 필요했던 것이다. 찬송가 곡은 '좋은' 음악이어야 했다. 따라서 그는 *Sacred Melodies from Haydn, Mozart and Beethoven: Adapted to the Best English Poets* (2 vols., London, 1812–15)를 출판한 윌리엄 가디너William Gardiner의 철학과 실천을 차용해 왔다. 현대(혹은 근대) 작곡가 중에서 가장 뛰어난 음악인들의 가락을 찬송가 곡으로 각색한 것이다. 18세기 찬송모음집들도 헨델Handel과 하이든Haydn의 오라토리오에서 합창과 아리아를 각색하여 싣고 있긴 했으나, 분명한 원칙을 갖고 이러한 기술을 시도한 것은 가디너가 처음은 아니었다. 그러나 메이슨은 가디너를 뛰어넘어 엄청난 분량의 각색된 찬송과 눈부신 진행으로, 출판에 출판을 거듭했다. *The Boston Handel and Haydn Society Collection of Church Music* (Boston, 1822)에서 시작하여 *Carmina Sacra Enlarged: The American Tune Book* (Boston, 1869)에 이르기까지 그는 약 40여개의 교회음악 모음집을 발행하였다. 그 중 대부분은 회중찬송을 겨냥하여 수차례에 걸쳐 재출판되고 개정되었다.[47] 이 음률 책들은 다른 이들을 고무시켰고, 특히 토마스 헤이스팅스Thomas Hastings와 윌리엄 브래드버리William Bradbury가 있으며, 이것은 또한 다른 모음집을 탄생시켰다. 그것들은 후에 찬송 편집자들에 의해 발굴되었으며, 로웰 메이슨의 많은 곡조들이 현재의 미국 찬송가에도 실려 있다.

넷째로, 흔히 생각하던 바와는 반대로 영국 국교회 예배에서 운율 시편가와 상반되는 찬

---

47. See further Carol A. Pemberton, *Lowell Mason: His Life and Work* (Ann Arbor: UMI Research Press, 1985).

송가 사용이 금지된 적은 없었다. 유명한 교회 법정의 기록 가운데 셰필드Sheffield의 세인트 폴 교회 성도들이 그들의 주임 사제인 토마스 코터릴Thomas Cotterill을 고소한 사건이 있다. 소송 제기 이유는 사제가 150개의 시편보다 2배나 많은 숫자의 찬송들을 수록한 회중 찬송가를 만들었다는 것이었다. 그러나 국교회는 단 한 번도 '성공회 예배에서 운율 시편가만 불러야 한다'는 판결을 내리지 않았다.[48] 법정사건의 종결 후에 코터릴은, 요크서 대주교의 요청에 따라 찬송과 운율시편가의 비율이 비슷한 새로운 판을 출판하였다: *A Selection of Psalms and Hymns for the Use of Saint Paul's Church in Sheffield* (London, 1820). 이 작은 책의 서문에 요크 대주교는 추천사를 실었다. 그 내용에는, 법정 사건의 결론, 자료에 대한 대주교의 입장표명, 그리고 제목에 셰필드 세인트 폴 교회 이름이 제외된, 보편적인 타이틀을 사용함으로써 이 책과 비슷한 책들이 많이 출간되며, 여러 다른 상황에서 사용될 수 있음을 보장하기 위함이라 설명하고 있다. 사실 다음 세대 동안 여러 종류의 비슷한 찬송가가 여러 지역 교회에서 만들어지고 사용되었음을 확인할 수 있다.

다섯째로, 옥스퍼드 운동으로 알려진 예배갱신의 움직임이 영국과 영국국교의 범위를 뛰어넘어 예배의 내용과 형식의 변화 및 영향을 미쳤다. 이러한 개혁의 움직임은 영국 국교를 활성화하기 위한 운동으로서 역사적 근거와 영적상태를 점검하고 가톨릭 교리와 실천을 닮아가기 위한 노력이었다. 이 운동의 대표적 지도자들은 존 뉴맨John Henry Newman, 존 키블John Keble, 프로우드R.H. Froude, 푸시E.B. Pusey를 비롯하여 이들은 1834년에 *Tracts for the Times*를 편집하고 발행하였고, 이들은 트랙태리안Tractarianism이라는 별명을 얻었다. 대부분의 찬송 책자tract들은 예전에 사용되는 라틴 찬송가에 집중하기도 하였다. 그리하여 뉴맨의 책자 75번, *On the Roman Breviary as Embodying the Substance of the Devotional Services of the Catholic Church* (1836)은 14개의 번역된 라틴 찬송들을 싣고 있다. 뉴맨은 후에 로마와 파리의 시간경 기도서breviaries에서 번역된 라틴 찬송 모음집을 다음의 이름으로 번역하였다: *Hymni ecclesiae* (Oxford, 1838). 트랙태리안들의 이상은 영국교회가 라틴 찬송과 예전을 번역하고 사용하는 것이었으며, 공동기도서Book of Common Prayer 자체가 상당수 예전(Liturgy)의 라틴 찬송에서 출발한 것이었다. 에드워드 캐스월Edward Caswall은 로마 미사와 매일기도서를

48. For the background, see Thomas K. McCart, *The Matter and Manner of Praise: The Controversial Evolution of Hymnody in the Church of England, 1760-1840* (Lanham, Md.: Scarecrow, 1998).

번역한 모음집인 Lyra Catholica (London, 1849)를 발행하였고 존 메이슨 닐John Mason Neale은 토마스 헬모어Thomas Helmore와 함께 단선율 성가 사보와 라틴 찬송을 번역한 '이해하기 쉬운 찬송가'를 발행하여 영국 교회 기도서와 함께 사용하도록 하였다. 닐은 라틴 찬송가와 희랍어에서 나온 다른 찬송들을 번역하고 또한 몇 개의 새로 작곡된 곡들을 모아 출판하기도 하였다. 비록 영국교회에서 영어로 번역된 라틴어 찬송만 부르는 이상은 실현되지 못하였지만 이 번역판은 널리 사용되었고 그 중 많은 찬송들이 현재의 찬송가에도 수록되어 있다.

트랙태리안 운동은 또한 다른 종류의 번역물을 유도한 바 있다. 여기에는 진행되던 중세말기의 가톨릭 주의를 반대하여 유럽의 개신교주의에 눈을 돌린 자들도 있다. 특히 독일 개신교회 형태에 초점을 맞추어 빅토리아 여왕은 작센-코부르그(Saxe-Coburg) 가문의 알버트Albert와 결혼하였고, 독일 합창의 진수를 선보인 멘델스존의 음악이 영국에서 자주 등장하였으며, 개신교 제일의 작곡자로 알려진 바흐J.S.Bach의 음악이 계속 쓰였다. 가톨릭 신앙을 강조하는 '옥스퍼드 운동'에 반대하는 이들은 자연스럽게 독일 개신교의 코랄에 그 대안적 가치를 두었다. 그리하여 프란시스 콕스Frances Elizabeth Cox가 독일어 찬송을 번역한 *Hymns from the German* (London, 1841; 확장 개편, 1864), 아서 러셀Arthur Tozer Russell의 번역본은 다음과 같이 2가지로 출판되었다: 런던의 독일 병원을 위하여 발행된 *Hymns for Public Worship and Private Devotion* (London, 1848)과 영국 교회를 위한 *Psalms and Hymns, Partly Original, Partly Selected, for the Use of the Church of England* (London, 1851)가 있다. 그러나 가장 중요한 독일 찬송가 번역자는 캐서린 윙크워스Catherine Winkworth로서 1855-1869년 동안 거의 400여 개의 독일 찬송가들을 번역한 바 있다.[49] 그녀의 첫 번째 모음집 발행은 *Lyra Germanica* (London, 1855)이었고 두 번째 모음집은 1858년에 출판되었다. 5년 후 그녀는 2명의 음악가들과 함께 *The Chorale Book for England* (London, 1863)를 출판하였고 그녀의 번역서로서의 마지막 작업은 *The Christian Singers of Germany* (London, 1869)였다. 그녀의 일부 번역들은 영국 찬송가의 고전적인 위치를 차지하였다. 그리고 그 예로서 "Comfort, comfort ye my people," "다 찬양하여라"(통일, 21장 Praise to the Lord Almighty), "다 감사드리세" (통일, 20장 Now Thank we all our God)등을 들 수 있다. 캐서린 윙크워스의 독일 찬

49. They are listed in Robin A. Leaver, *Catherine Winkworth: Her Influence of Her Translations on English Hymnody* (St. Louis: Concordia, 1978) 85-134.

송 번역본들은 영국 찬송가보다는 미국찬송가에 더 많이 실려 있으며, 특히 19세기 후반 많은 독일어권의 이민자 교회들이 영어권으로 이주하면서, 발행한 찬송가에 많이 실려 있다.

옥스퍼드 운동이 크게 공헌한 '찬송가의 발달과정' 중에서 가장 중요한 역할을 한 사건은 여러 트랙테리안 목회자들이 협력하여 만들어낸 *Hymns Ancient & Modern*을 발행한 것이다.[50] 편집위원회는 베이커 경[Sir Henry W. Baker]을 위원장으로, 존 키블[John Keble]과 존 닐[John Mason Neale]을 자문위원으로 위촉하는 한편 킹스 칼리지[King's College, London]의 음악감독이자 오르가니스트였던 윌리암 몽크[William Henry Monk]가 음악을 담당하도록 하였다. 1859–1860년 동안 시험적인 과정을 거쳐서, 1860년 대림절에 사용하기 위해 '악보 없이 가사만 있는' 교회 예배에 쓰이기 위한 고대, 현대 찬송가 모음집 *Hymns Ancient & Modern for Use in the Service of the Church*을 발행하였다. 그리고 이듬해에는 전체 악보를 덧붙여서 발행하였다. 1861–1868 년 동안 추가 서적이 발행되었고 이 기간 동안 450만 권의 찬송가가 판매됐다. 부록을 포함한 원본은 대서양을 건너서 1866년과 1888년 사이에 뉴욕과 필라델피아에서 14번의 재판(再版)을 기록하였다.[51] 1869년에는 개정되고 확장된 찬송가의 필요성이 거론되었고 신학적이고 교회적인 고려와 함께, 개정된 재판은 원본인 트랙테리안 찬송가보다 훨씬 더 넓은 포용성으로 많은 현대작품을 수용하였으며, 따라서 번역된 라틴 찬송이 주는 영향이 줄어들었다. 마찬가지로 음악 위원회에 속한 존 스테이너[John Stainer]의 존재가 그의 독특한 스타일을 반영하였으며 어쩌면 제멋대로인[self-indulgent] 그의 반음계 4부 화성과 7도 화음의 성향 등이 "빅토리안 찬송가 곡조"라는 명칭을 얻게 되었다.[52] 개정되고 확장된 재판은 1875년에 발행되었다. 그리고 부록이 1889년에 첨가되었는데 그로 인하여 찬송가의 내용 수가 늘어나게 되었다. 고대와 현대의 찬송 모음집 (Hymns Ancient & Modern)은 출판되자마자 급속도로 19세기에 걸쳐 가장 중요하고 영향력 있는 자료로 떠올랐다. 이것은 영어권에 속한 찬송가 편집자들에 의해 19세기 말, 대서양의 양쪽 나라에서 발행된 많은 교단찬송가의 1차

---

50. On the background see: W.K. Lowther Clarke, A Hundred Years of Hymns Ancient and Modern (London: Clowes, 1960); Susan Drain, The Anglican Church in Nineteenth Century Britain: Hymns Ancient and Modern (1860-1875) (Lewiston, N.Y.: Mellen, 1989).

51. See James Brumm, "The Mysterious American Odyssey of Hymns A & M," *The Hymn Society of Great Britain and Ireland Bulletin*, 12/2 (April 1988) 24-26.

52. See Nicholas Temperley, *The Music of the English Parish Church, 1* (Cambridge: Cambridge University Press, 1983) 303-10.

적 모델이었고, 계속해서 20세기 찬송가의 중추적 역할을 감당했다.

여섯째로, 복음성가gospel hymnody의 출현이 있다. 앞서 설명한 대로 복음성가는 캠프모임의 형태에서 발전하여 주일학교 찬송가로 변형되었다. 1840–1870년 사이에 엄청난 양의 주일학교 찬송가가 발행되었다. 그 중 가장 중요한 것은 윌리암 브래드버리William Bradbury의 *The Golden Chain*(1861)과 *The Golden Shower*(1862)로서 여러 번 반복 재판되었다. 복음성가는 19세기 말에 가서야 드디어 하나의 장르로 인정받게 되었는데 복음주의 기관인 YMCA, 그리고 무디Dwight L. Moody와 같은 개인 부흥 전도사들을 통하여 이루어졌다. 이것은 비교적 미국적인 현상이기는 하지만 복음성가는 그 발달 초기에 영국과 단면적 관계성도 존재한다. 아이라 생키Ira Sankey는 그의 첫 번째 복음성가로 무디의 영국 전도 집회에 사용하기 위하여 16페이지의 *Sacred Songs and Solos* (London, 1873)를 발행하였다. 이 단순한 모음집은 곧 확장되었고 계속하여 영국에서 사용됨과 동시에 미국에서는 블리스P.P. Bliss의 *Gospel Songs*(Cincinnati, 1874)와 합본된 생키의 *Gospel Hymns and Sacred Songs* (New York, 1875)가 출판되었다. 이와 함께 많은 수의 모조본과 여러 모음집들이 발행되기도 하였다. 그러나 복음성가 장르로서 가장 대표적인 작품들은 많은 양의 곡을 지어낸 크로스비Fanny Crosby의 곡들이다.

20세기 발전사항들(Twentieth-Century Developments)

20세기 개혁교회들은 여러 다양한 방법으로 그들이 유산으로 받은 찬송가 전통을 계속하여 발전시켜 나아갔다. 또한 새로운 방향을 모색하였다. 그 중에는 단일문화의 좁은 시각에서 벗어나 다문화에 대한 관심을 넓혀나가는 한편, 성과 언어의 문제들을 다루게 되었다. 그러나 여기에서 충분히 다루기에는 지면의 제약이 있다.[53] 그러므로 중요한 영향의 흐름을

53. See, for example: Robin A. Leaver, "British Hymnody, 1900-1950," *The Hymnal 1982 Companion*, ed. R.F. Glover (New York: The Church Hymnal Corporation 1991), 1:474-504; David Farr, "Protestant Hymn-Singing in the United States, 1916-1943: Affirming an Ecumenical Heritage," ibid., 1:505-554; Russell Schulz-Widmer, "Hymnody in the United States Since 1950," ibid., 1:600-630; Robin A. Leaver, "Renewal in Hymnody," *Lutheran Quarterly* 6 (1992) 359-83; Robin A. Leaver, "Are Hymns Theological by Design or Default?" *New Mercersburg Review* 18 (Autumn 1995) 12-33.

여기서는 간단히 요약으로 다룰 수밖에 없다.

20세기 첫 50년은 두 번의 세계대전으로 얼룩졌으며, 월 스트리트Wall Street의 몰락과 함께 경제공황의 시기를 거쳤고, 이로 인하여 매우 보수적인 가치관을 형성하였다. 그리하여 이 시대 찬송가는 대체적으로 잘 알려진 것들을 고수하면서 불려졌다. 새로운 찬송가들이 출판되었으나 이들의 방침은 19세기 전통으로 회귀하는 현상을 지향했다. 그렇다고 새로운 찬송이 쓰이지 않았다는 의미는 아니다. 단지 이 시대 "20세기" 찬송들은 대체로 오래된 전통적 스타일을 따라갔을 뿐이다. 이의 예외로서 헨리 포스딕Henry Emerson Fosdick의 "God of Grace and God of Glory"와 같은 찬송이 있으나, 1950년대와 1960년대까지의 일반적인 찬송가에는 매우 적게 수록되었다. 20세기 중 반 세기의 초반 동안 만들어진 찬송들의 테마는 그 시대의 다양한 관심사들을 반영하고 있다. 1차 세계 대전 후에는 평화의 테마가 지배적이었고 경제공황 이후에는 개신교 자유주의 영향으로 "사회적 복음social gospel"이 형성되었으며, 교회연합 일치운동ecumenical movement으로 인하여 세계 교회협의회(WCC)가 형성되었고, 세계 각처에 있는 그리스도인들의 신앙을 함께 노래하는 '연합의 찬송'들이 떠올랐다. 그리고 1940년도에 거행된 원자폭탄 시험 결과 인간들은 자멸할 수밖에 없음을 개탄하였고, 알버트 베일리Albert Bayly와 같은 찬송가 저자들은 하나님의 섭리에 우리 인간들이 전적으로 의지할 수밖에 없음을 고백하는 새로운 관점에서 노래하였다.

1960년대 종교와 세속의 성상대립iconoclastic의 사회는 새로운 찬송가 탄생을 알리는 분기점의 시기였다. 그 후 30년 동안 그 전에 볼 수 없었던 다양한 찬송가사와 음악스타일이 반영되면서 찬송가의 전성시대가 열렸다. 찬송가 출판은 당황스러울 만큼 빠른 속도로 진행되었다. 한편, 영국 찬송가 사상 획기적인 사건이 일어났는데 여기에 관련된 작사, 작곡자로 프레드 그린Fred Pratt Green, 프레드 칸Fred Kaan, 브라이언 렌Brian Wren, 에릭 라우틀리Erik Routley, 피터 커츠Peter Cutts등 수많은 이들이 있으며, 미국찬송가에서 획기적인 일은 거의 모든 교단들이 자체 찬송가를 발행하였거나 준비 작업 중에 있다는 것이다. 전자는 이미 충분한 조사와 해석을 뒷받침하고 있으나[54] 후자는 마땅히 주목받아야 하지만, 그에는 미치지 못하고 있다.

54. The basic literature includes: Alan Dunstan, *The Hymn Explosion* (Croydon: Royal School of Church Music, 1981); Ian Fraser, "Beginnings at Dunblane," Duty and Delight: Routley Remembered, ed. Robin A. Leaver and James H. Litton (Carol Stream: Hope, 1985) 171-90; Robin A. Leaver, "British Hymnody Since 1950," *Hymnal 1982 Companion*, ed. Glover, 1:555-99; Alan Luff, "The Hymn Explosion after 25 Years," *The Hymn* 46/2 (April 1995) 6-15.

이 중 가장 중요한, '교회 연합' 차원에서 20세기의 발전이 있다면 예전 복고 운동을 손꼽을 수 있다. 가톨릭은 여기에서 안내자 역할을 하였는데 제2차 바티칸 공의회를 계기로 그들의 예배 영역을 대폭 개편하였고, 결과적으로 전통적인 개혁 신앙 교회들에게 엄청난 영향을 끼쳤다. 예를 들어, 비 가톨릭 교단에서 3년 성서 정과 사용에 대한 소개는 성경말씀에 기초를 두고 있다고 자랑하는 교회들에게 진정 말씀으로 돌아갈 수 있는 기회를 제공하였다. 이는 성서 정과를 사용함으로 다방면의 성경 말씀을 예배에 접목시켜 그동안 "개신교" 찬송가에서 미처 다루지 못한 성경적 내용들을 반영하였으며, 특히 영어권 교회의 자극적인 찬송으로 다시 조명할 수 있게 되었다. 여기에서 현대 찬송들은 성경적인 것을 회복한 것뿐만 아니라 또한 "예전적임"을 회복할 수 있게 하고 있다. 더욱이 가톨릭은 "개신교" 찬송을 그들의 예배에 사용하게 되었고, 개혁교회들은 그들의 찬송을 "가톨릭" 예전의 구조상에서 노래하게 되었다. 20세기 후반 우리는 결과적으로 트랙태리안 성공회, 제네바 칼뱅주의자, 그리고 비텐베르크 루터교도들의 통찰을 모두 간파하면서, 회중찬송의 본질을 예배에서 우발적인 요소로 보지 않고 예전의 본체, 즉 중요한 부분으로서 자리잡았음을 발견할 수 있다.

제 19 장

회중찬송으로서의 예전음악 2: 가톨릭 예배에서의 찬송가 문제

Liturgical Music as Corporate Song 2: Problems of Hymnody in Catholic Worship

| 프랭크 퀸 Frank C. Quinn, O. P. |

로마 가톨릭의 예전, 특히 미사에서의 찬송가 사용에 있어는 양면성(amvibalance)이 존재한다. 그 중 하나로, "로마 가톨릭을 위한 찬송·예배집"(*A Hymnal and Service Book for Roman Catholics*)이라는 부제를 가진, 예배Worship라는 이름의 가톨릭 찬송가가 출판된 바 있다.[1] 이 책은 400개가 족히 넘는 찬송들을 담고 있는데, 가톨릭 예배에서 음악이 차지하고 있는 표준 양식이 바로 이러한 형태라고 하겠다. 그러나 주교 전례 위원회Bishops' Committee on the Liturgy에 의해 작성된 '오늘의 전례 음악'Liturgical Music Today이라는 문서를 보면, 마지못해 찬송들을 미사에 수용하고 있음을 확인할 수 있다:

> 교창responsorial 형식의 노래가 특히 입당 행렬에 적합한 한편, 운율 찬송 역시 입례송의 기능을 담당할 수 있다. 다만 몇 구절로 되어 있는 운율 찬송가를 택할 때, 그 형식을 고려해야만 한다. 입당 행렬에 사용되는 텍스트와 음악의 진행은, 그 곡 전체가 다 불려짐으로써, 음악적으로나 시적으로 예배의 목적을 성취할 수 있게끔 해주어야만 한다. 다시 말해서, 찬송가는 입

1. *Worship: Third Edition* (Chicago: GIA, 1986).

당 행렬이 끝나기 무섭게 그쳐져서는 안 된다. 이와 같은 이유로 운율 찬송가는 성만찬 예식 중에 '제단과 예물 준비 의식'(Preparation of the Gifts)에서 사용하기 적합한 선택이 아닐 수 있다. 그 이유는 음악은 의식ritual에 필요한 시간의 범위를 넘어서는 안 되기 때문이다.[2]

십 년 후 또 다른 문서는 가톨릭 예배에서 사용되는 행렬 찬송가의 가치를 명백하게 부정하였다:

이러한 종류의 음악[찬송가]은 행위가 수반(예를 들면, 성만찬 행렬)되지 않고, 노래만 할 때 (예를 들면, 성만찬 후에 부르는 찬양)에나 잘 어울린다.[3]

개신교 예배에서는 찬송가에 대한 접근법은 어떻게 다를까:

... 개신교 예배에서는, 찬송 그 자체가 선포proclamation 이며 예전을 "뒷받침하고" [찬송들은] 18세기에 존 웨슬리가 일깨워 준 것처럼 "실질적인 신성의...작은 본체이다." 즉 찬송가는 우리 삶에 있어서 기독교 신앙의 진리를 형성하고 표현하는데 도움을 주며, 좋을 때, 혹은 아닐 때, 찬송가는 묵시적 선포의 레퍼토리를 구성한다.[4]

찬송가에 대한 이러한 태도는 루터교회에서 훨씬 더 잘 나타난다.

.... 루터의 종교개혁이 가져다 준 가장 큰 공헌이 회중들로 하여금 다시 노래를 부를 수 있도록 한 일이라고 하는 것은 진부한 이야기다. 그러나 루터가 회중찬송을 통해, 사람들이 '예전을 노래하면서' 적극적으로 예배에 참여하도록 고민했다는 사실은 잘 인식되지 않고 있다. 오늘날 대부분의 개신교에 있어서 찬송가는 예배에 엉성하게 덧붙여진, 일반적인 기독교 노래 정도로 서술될 수 있다. 그러나 루터에게 있어 회중찬송은 믿음이 돈독한 성도들이 예전을 노

---

2. *Liturgical Music Today: A Statement of the Bishops' Committee on the Liturgy on the Tenth Anniversary of Music in Catholical Worship* (Washington, D. C.: United States Catholic Conference, 1982), no. 19.

3. *The Milwaukee Symposia for Church Composers: A Ten-Year Report, July 9, 1992* (Chicago: Liturgical Training Publications, 1992), 41.

4. Don E, Saliers, "*Proclamation: Hymns and the Song of God's People,*" *Proceedings of the North American Academy of Liturgy, Annual Meeting Washington, D. C., 2-5 January, 1992* (Valparaiso: North American Academy of Liturgy, 1992), 86.

래하면서 예배에 적극 참여하도록 하는 매개체이다.[5]

찬송(The Hymn)

이 장에서 "찬송"hymn이라는 단어는 "동일한 멜로디 라인으로 노래되는 다수의 절stanza로 구성된 음악 양식"을 일컫는다.[6] 절 자체는 보통 운을 띄고 있고, 각각의 운율로 된 절strophe은 보통 4–5줄로 되어 있다. 엄밀히 말하자면, "찬송"이라는 단어는 곧 가사text를 지칭하며, 찬송이 갖고 있는 음악을 가리켜 곡조(Tune)라고 한다. 현대의 찬송가 곡조 역시 이름들이 붙여진다. 그것들은 가사(찬송의 소리 울려라RESONET IN LAUDIBUS와 같은) 혹은 작곡가(모차르트와 같은)의 이름을 따거나 어떤 사건이나 감정(체념RESIGNATION), 장소(예를 들어 REGENT SQUARE), 그 밖의 다른 것들과 관련되어 지어진 것들이다.

덧붙여 말하자면, "찬송"이라는 단어는, 절로 된 노래들로서 운율을 가지고 있으며, 그 운율 이상의 것을 지칭할 수 있기에, 주의해야 한다, 예를 들어, "노래"라는 단어가 사용되는 것과 동일한 방식으로 "찬송"이라는 단어가 사용될 수 있을 것이다. 성서에는 "시와 찬미와 신령한 노래"라는 구절이 있다(골 3:16). 여기서 "찬미"란 절수로 된 노래를 지칭하는 것은 아니다.[7] 이 단어는 구약성서의 일부 시편들뿐만 아니다 복음서의 소창(사가랴의 노래, 마리아의 노래, 시므온의 노래)과 같이 신약성서에서 볼 수 있는 보다 넓은 서정시조 양식에 알맞은 듯하다. 이 단어는 또한 '높은 곳에 영광'(Gloria in excelsis Deo)과 테 데움Te Deum(당신을 주님으로 찬미합니다)과 같은 살모이 이디오토코이(Psalmoi idiotikoi, 말씀에 의하지 않은 개인시편)에도 적용되었다. 절로 구성된, 포스 힐라론Phos Hilaron(오, 은혜로운 빛이여)이라는 유명한 찬송가는 3세기 이후로부터 여전히 저녁기도 때 불리고 있다. 비록 찬

---

5. Carl F. Schalk, *Luther on Music: Paradigms of Praise* (St. Louis: Concordia, 1967) 41.

6. *Ibid.*

7. 에드워드 폴리는 신약성서에 있어서 찬송(hymn)을 다음과 같이 설명한다. 즉, 크롤(Kroll)이 고양된 언어(heightened speech)라고 일컬었던 것을 사용한 하나님(혹은 그리스도)에 대한 그 어떤 형태로서의 찬양"도 찬송이라는 것이다. Edward Foley, *Foundations of Christian Music: The Music of Pre-Constantinian Christianity* (Bramcote: Grove, 1992), 55, n. 1.

송가에 등장하는 세 연은 운율을 이루고 있지 않지만 말이다.[8] 또한 비슷한 시기에 운율을 갖춘 찬송가가 등장하기 시작했는데[9] 이 양식은 밀라노Milan의 암브로시우스Ambrose가 4세기 말에 사용하였다.[10]

제2차 바티칸 공의회 이전 예배에서 쓰인 찬송가 (Hymns in Pre-Vatican 2 Worship)

이런 초기 "찬송가들"의 일부는 오늘날의 가톨릭 전례 의식에서 찾을 수 있다. 예를 들어, 시간경(The Hours)이라는, 로마 가톨릭 예전에 있는 복음서의 소창(Canticle)들은, 변하지 않는다. 영광송Gloria in excelsis은 본래 비잔틴 아침기도(오뜨로스Orthros)에 있는 산문 형식의 찬송가였지만 서방교회의 성만찬의식에 도입됐다. 그러나 성만찬의식에서조차 다양한 찬송가 양식이 퍼져 있는 동방교회 예전들과는 달리, 서방교회 의식에서는 찬송가 양식이 흔치 않았다.

운율 찬송가는 13세기에 정시과 전례(Liturgy of the Hours)의 일부가 되었다. 앞에서도 말했듯, 성만찬 의식에서 필수 요소로 남아 있는 유일한 산문 양식 찬송가는 영광송이다. "대영광송"greater doxology으로도 알려져 있는 이 노래는 6세기에 와서 미사 개회 의식에 자비송Kyrie eleison(주여 우리를 불쌍히 여기소서)의 뒤를 이어 덧붙여지기 시작했다. 이 찬송가가 아무 것도 진행되고 있지 않은, 개회 의식(Opening Rite) 가운데 있다는 사실은 주목할 만하다. 다시 말해서, 영광송은 단순히 회중이 서 있는 동안에 불려진다. 이 찬송가는 독특한 의식 요소로 간주된다.[11]

그러나 족히 7세기 동안이나 성만찬 의식의 일부였던 다른 양식의 찬송가를 도외시하

---

8. 시편, 찬미, 소창 등에 대한 논의는 15장을 보라.

9, Foley, *Foundation of Christian Music*, 51-84 참고하기.

10. 초기 기독교의 찬송사용에 대한 내용은 20장을 보라.

11. 기독교예배에서의 의례와 음악의 위치는 다음을 보라. Frank C. Quinn, "Music in Catholic Worship: The Effect of Ritual on Music and Music on Ritual," *Proceedings of the Annual Meeting of the North American Academy of Liturgy, Nashville, 2-5 January, 1989* (Valparaiso: North American Academy of Liturgy, 1989) 161-76.

는 것은 오해의 여지가 있다. 9세기부터 16세기 트렌트 공의회에 이르기까지 미사에서 속창sequence이 유행하였는데 이 때, 가사는 운율 혹은 비운율적, 산문 혹은 비산문적일 수 있었다. 중세 시대와 르네상스 초기에 4500여개의 속창이 만들어졌다는 사실은 리처드 호핀Richard H. Hoppin의 지적대로, "신앙 깊은 작사, 작곡가들이 그 시대 예전 관습이 허용했던 자기 표현의 모든 기회를 얼마나 열성적으로 붙잡았는지 보여주는" 증거가 된다.[12] 트렌트 공의회가 미사에 허용되는 속창의 수를 과감하게 축소했고, 제2차 바티칸 공의회는 더욱 더 그 수를 축소시켰기 때문에[13], 이 독특한 예전 표현 양식에 대한 이해가 많이 약화된 것이 사실이다. 그러나 이러한 트로프trope(미사의 한 부분에 수식으로 넣은 시구)들은 "예전의 공식적인 그리고 필수적인 요소를 구성하였다."[14]

게다가 속창은 영광송처럼, 예전 내에서 그 자체로 어느 정도 의식의 구성 단위를 형성했던 자리에, 운율 찬송가를 위치시켰다. 이 운율 찬송가는 우리가 아는 바처럼 서방 로마 가톨릭 성만찬 의식의 정규 요소가 되지는 못했다. 그 이유는 찬송가 양식은 입당 행렬과 제의(祭儀)때 쓰이기에 적합하지 않으므로, 이에 적절한 음악 양식들이 발견되었기 때문이다. 예를 들어 환호의 찬미acclamatory praise를 드리는 때처럼 다른 음악 양식들이 사용되었다.

따라서 정시과를 제외한 공식적인 가톨릭 예배에서 운율 찬송가(Metrical Hymns)는 거의 아무런 역할을 하지 않는다. 이 말은 운율을 가진 다양한 종류의 노래들이 다른 곳에서도 연주되지 않는다는 것은 아니다. 오히려 그 반대로, 중세 시대까지 예전음악이 스콜라와 칸토르에 의해 불려졌던 반면, 대중들은 적어도 공식적인 예전 외에서는 자신들의 노래를 부를 수 있었다. 예를 들어 잉글랜드의 캐롤과 이탈리아와 프랑스의 라우데Laude(찬가)를 들 수 있다.[15]

---

12. richard H. Hoppin, Medieval Music (New York: Norton, 1978) 155. Hoppin reminds us that sequences came into being as a "special kind of trope," dependent on the Gospel Acclamation (the Alleluia) for their location. "Recent objections to this classification [that is, as tropes] stress the fact that the sequences rapidly became, if it was not from the very beginning, an independent composition, complete in itself textually and musically . . . It is not to say, however, that sequences were born from a different impulse than those that produced other kinds of tropes. With relatively few exceptions, the sequence remained a liturgical appendage to the Alleluia or in some cases, perhaps, the chants that were traditionally extended by the addition of lengthy melismas" (154-155).

13. today, there remain only two sequences required to be read or sung at the Eucharistic liturgy, Victimae paschali at Easter and Veni, sancte spiritus at Pentecost, and two sequences permitted to be sung the Lauda Sion for Corpus Christi and Stabat Mater for the feast of the Seven Dolors of the Blessed Virgin Mary.

14. Hoppin, *Medieval Music*, 154.

15. See Erik Routley, *The Music of Christian Hymns* (Chicago: GIA, 1981) 17-20.

그러한 음악은 예전 의식의 외부, 즉 교회의 문전에서 불려졌다. 공식적인 예전음악과 대중적인 종교 음악 간의 이러한 이분법은 20세기에 이르기까지 유효한 채로 남아 있고, 어느 정도는 그 구별이 여전히 적용되고 있다.[16]

16세기의 종교 개혁가들과 함께 찬송가는 예배에서 더 중요한 역할을 감당하게 되었다. 루터가 라틴 찬트를 유지하려고 했음에도 불구하고, 그는 여전히 대중들이 그들만의 노래, 즉 스트로픽 힘Strophic hymn으로 예배에 참여하기를 원했다.[17] 이러한 회중찬송의 발전은, 인쇄술이 발달된 때에 실현되었으며, 이 인쇄술의 발전은 다양한 종류의 찬송가를 보급하고 발전시키는 데 기여했다. 그 이전에는, 정시과에서처럼 찬송가가 4계절 전체에 걸쳐 사용되었기에, 예배자들이 가사를 기억하는 것을 가능하게 하면서, 문맹들도 노래 부르기에 참여할 수 있었다. 다수의 찬송가를 보급하기 위해서는 다음의 두 가지가 필요했다: 인쇄술과 교육이 그것이다.

잘 알려진 바와 같이 개신교 종교 개혁가들에 대한 로마 가톨릭의 대응은 공식적인 공중예배에 새로운 음악 양식을 덧붙이는 것이 아니었다. 오히려 라틴 찬트를 정화하려는 시도와 폴리포닉 음악으로 쓰여진 음악의 가사들이 이해될 수 있어야 함을 주장했다. 어쨌든 이러한 음악들 중 그 어느 것도 회중을 목적으로 한 것은 없었다. 결과적으로 가톨릭 예배에서 쓰이는 찬송가, 특히 미사 성가에 대한 문제는 발생하지 않았다. 왜냐하면 예전을 위한 음악양식이 이미 자리 잡고 있었고 적합한 방법으로 의식에 사용되고 있었기 때문이다. 행렬 성가, 층계송, 알렐루야는 본래 교창식이었다. 미사의 회중을 위한 의식 음악은 –키리에, 글로리아, 크레도, 상투스, 베네딕투스, 아뉴스데이–비록 환호(Acclamation)와 연도(Litany)와 같이 많은 음악 양식들로 구성되어 있지만, 이들의 현재 성가 양식으로 볼 때, 음악적 형태로 보기보다는 단순한 노래로 특징짓는 것이 낫다.

가톨릭 신자들은 공중 예전 의식이 아닌 사적 예배(Devotional Rite)에서 찬송가를 불렀다. 이러한 기도는 공식적인 예전에서보다 훨씬 더 대중의 감정에 호소하였다. 여기에서 절로 된 찬송가가 그 역할을 감당했다. 라틴어로 씌어진 시간경은 개인의 감정에 초점을 맞추

16. Frank C. Quinn, "The New State of Music in the Liturgy," *Liturgy* 3/3 (1983), 47.

17. 제 18장을 보라.

기보다는 그 날의 때, 예전 축제, 절기 등을 표현하였고, 시간경과는 달리 스트로픽 찬송은 과거의 예전 규범에는 별로 주의를 기울이지 않았다. 예를 들면, 이들 스트로픽 찬송을 사용하는 목적은 성인에게 경의를 표할 때 예배자의 마음을 감동시키기 위함이었다. 그 중 많은 것들은 자국어로 씌어졌고, 결국 이들의 신학적 컨텐츠는 최소화되었다. 그러나 예외적으로 사제의 축도 때에 불렀던 탄툼 에르고Tantum ergo를 포함한 초기 예전 자료들로부터 나온 찬송가들은 그대로 전수되었다. 대부분 사적 예배 찬송가들은 예전에 사용하기에는 적합하지 않았다. 결과적으로, 제2차 바티칸 공의회 이후 회중이 예전에 음악적으로 참여해야 한다는 주장과 함께, 과거의 가톨릭교회 유산 가운데 회중이 다시 사용할 수 있는 음악이 거의 없었다. 특히 자국어로 불린 가사의 경우에 더욱 그러했다. 따라서 많은 음악이 개신교회로부터 "차용"되었다.

20세기 대중 참여로의 복귀 (The Return to Popular Participation in the 20 Century)

우리가 밝히고자 했던 바처럼 찬송가와 같은 음악 양식들이 일반적으로 성례전 의식에서는 발견되지 않음에도 불구하고 가톨릭 예배 찬송가를 논하고 있는 한 가지 이유는 공동체의 노래라는 찬송가의 특징 때문이다—그리고 로마 가톨릭 교회는 대중의 참여가 예전 의식에 가장 중요하다는 사실을 20세기 들어 거듭 강조하였다. 그렇다면 많은 이슈들 가운데 하나는 어떤 음악이 그러한 참여를 가능케 할 수 있는가이다. 이에 가장 적합한 논의는 바로 찬송가 양식이다. 에드워드 폴리Edward Foley가 루터교회 코랄로 알려져 있는 찬송가 양식을 어떻게 기술하고 있는지에 주목하라:

> 다른 어떤 [음악] 양식보다도 코랄(Chorale)에서는 "우리!"라고 말한다. 여기에서 회중 외에 다른 어떤 것은 없으며, 또한 회중 외에는 그 어떤 리더십도 없다. 그저 공동체(Assembly)가 있을 뿐이다. 교회학적으로 볼 때 이러한 음악[코랄]은 공동체를 의미하며, 그리고 오직 코랄을 부르는 공동체만을 예전의 주체로 인정한다. 이 음악은 전문가들, 특별한 훈련을 받은 사

제 혹은 특별한 재능을 가진 사람들을 위해 고안된 음악이 아니다.[18]

제2차 바티칸 공의회 이전에 널리 퍼져 있었던 예전음악에 대한 로마 가톨릭 교회의 대다수 공식적인 진술에서, 예전에 대중이 참여하는 것에 대해 '이중적인 접근법'을 강조하고 있었던 것은 흥미로운 일이다. 그 중 첫 번째는 대중들로 하여금 거룩한 노래(즉, 찬송가)들을 부르도록 하는 것이다. 노래 부르기에 익숙해진 다음 이들은 점차적으로 그러한 노래들, 특히 자국어 노래들을 거의 부르지 않게 되고, 라틴 그레고리안 찬트를 부르도록 교육받을 수 있게 되었다. 이러한 방식으로 대중의 음악 참여라는 목적이 성취되는 것이었다. 즉 대중들이 마침내 "예전 규정에 준거하여!" 노래를 부르게 되는 것이다.

'활동적인 참여'Participatio actuosa는 1904년 11월 22일 비오 10세Pius X에 의해 그의 '자의 교서' (Motu Proporio)에서 처음으로 주장되었다.[19] 이러한 요구는 비오 10세 이후에 모든 교황들의 저술에 있어서 지침 원리가 되었다.[20] 위에서 언급한 바와 같이 비오 10세와 그의 계승자들에게 대중의 예전 참여는 로마 가톨릭 교회에 적합한 노래인 그레고리안 성가의 갱신을 통해 달성할 수 있는 것이었다.[21] 아마도 성가를 육성하고 회중들이 이를 부를 수 있도록 교육함으로써 예전의 갱신이 가능했을 것이다. 제2차 바티칸 공의회의 전례헌장Sacrosanctum Concilium [22]에 이르기까지, 그리고 이를 포함한 성음악에 관한 공식적인 문서들의 요점은 'Mutatis mutandis'(필요한 변경을 가하여)였다, 즉 찬트가 확실히 살아남도록 하는 것이었고, 회중이 여기에 참여할 수 있는 가능성을 전제하는 것이었다.

다른 음악적 양식들이 예전 가운데에 허용되었다. 비오 10세는 르네상스 다성 음악polyphony을 선택하였고[23], 그의 뒤를 이은 교황들도 같은 일을 하였다. 새로운 성음악은 이전

---

18. Edward Foley, *Ritual Music: Studies in Liturgical Musicology* (Beltsville, Md.: Pastoral Press, 1995), 165.

19. Motu proprio, Tra le sollecitudini, 22 November 1904, 1; Robert Hayburn, Papal Legislation on Sacred Music, 95 A.D. to 1977 A.D. (Collegeville: The Liturgical Press, 1979) 223-24.

20. The most important statements, following on the Motu proprio of Pius X, are: The Apostolic Constitution on Sacred Music of Pius XI, Divini cultus sanctitarem, 20 December 1928; the encyclical of Pius XII on sacred music, Musicae sacrae disciplina, 25 November 1955; and the Instruction on Sacred Music and Liturgy from the Sacred Congregation of Rites, 3 September 1958.

21. Tra le sollecitudini, 3; Hayburn, Papal Legislation on Sacred Music, 224-25.

22. Second Vatican Council, "The Constitution on the Sacred Liturgy," Sacrosanctum Concilium, 4 December 1963.

23. Tra le sollecitudini, 4; Hayburn, Papal Legislation on Sacred Music, 225.

음악 모델 하에서 허용되었다.[24] 악기로는 오르간이 로마 가톨릭 교회의 악기로 공인되었고,[25] 다른 악기들은 그것이 기품있는 위엄을 보여줄 수 있다고 간주될 때만 허용되었다.[26]

사실 교황들은, 특히 비오 12세는 대중 종교 음악, 곧 자국어로 불릴 수 있는 음악에 관해 고무적으로 말했다.[27] 독일과 폴란드 교회와 같은 일부 국교회에는 그러한 음악전통이 이미 존재하고 있었다. 그러나 예식에서 사용되는 음악이 예전적인 것은, 오히려 비오 교황이 만든 것에 비해 매우 제한되었다.[28] 이러한 음악을 예전 속에 허용하기 위해서 –비오 12세는 자국어 찬송이 대중 참여를 위해 필요한 매개체라는 것을 인식했다– 교황과 의례에 관한 총회는 미사를 몇 개의 종류로 구분하였다. 우선 가창미사(Sung Mass)인데, 그 자체는 장엄 미사 내지는 대미사High Mass 혹은 창미사missa cantata로 나뉘어지고, 창미사에서는 모든 음악이 예전의 규정을 따르며 라틴어로 되어 있다. 그 다음에는 봉독 형태의 소미사missa lecta, 또는 음독 형태의 소미사"read" Mass가 있다. 이 미사 형식에서는 자국어, 대중음악뿐만 아니라 사회자와의 라틴어 대화, 소위 "대화" 미사"dialogue" Mass도 허용되었다. 그러나 엄밀하게 그러한 음악은 "예전 규정에 준거한" 것이라고 할 수 없음에 주의해야 한다.[29]

회중 찬송을 통해 회중이 음악적으로 독송 미사low Mass (음악, 성가대 합창이 없는 미사)에 참여하게 되면서, 운율 찬송이 20세기 로마 가톨릭 성만찬 예전에 삽입될 수 있었다. 비록 형식으로 볼 때 그 당시에는 이 찬송들은 "예전 규정에 준거한" 것은 아니었지만, 실제 집회에서는 그러한 구별이 사라져버렸다. 만약 회중이 예전 의식에서 노래를 불렀다면, 개인 헌신 기도 시에 그들이 노래를 불렀던 것처럼 회중은 예전 가운데에서 노래를 부른 셈이 된다. 이 찬송들의 부정적인 면은 운율 찬송가는 서방 가톨릭 미사에서 예전 가운데서 부를 수 없기 때문에, 회중이 즐겨 부른 노래들이 행렬 성가에서 대체되었다는 점이다. 로버트 태프트Robert Taft는 회중 찬송을 예전의 "미약한 부분"soft parts이라고 하였다.[30] 이는 회중찬송이

24. See Musicae sacrae disciplina (hereafter MSD) 55-56.

25. 찬송가, 특히 로마 가톨릭 예전의 공식적인 부분으로 여겨지지 않았던 음악인 루터교회 성가반주에 가장 적합한 악기가 반주가 없는 단선율의 악곡을 그 근본 전승으로 삼았던 교회에서 그러한 위치로 격상했다는 것은 아이러니한 일이다.

26. Tra le sollecitudini, 15-16; Hayburn, Papal Legislation on Sacred Music, 228-29.

27. MSD, 36-37.

28. Instruction on Sacred Music and Liturgy, 14b

29. *Ibid.*, 3.

30. Robert Taft, "The Structural Analysis of Liturgical Units: An Essay in Methodology," *Beyond East and West: Problems in*

중요한 예전의 구성요소 가운데 일부로서 불려지지는 않았다는 것을 의미한다. 그 결과,

> ...'네 개의 찬송 미사'에 대한 강조 때문에, 그리고 행렬 시에 개방 형식 [교창 혹은 연도 양식 처럼]이 기능했던 것만큼 운율 형식의 대부분이 사용될 수 없다는 사실에도 불구하고, ...목회 음악인들이 말씀 예전과 성만찬에 필수적인 의식 음악의 중요성을 깨닫는 데에는 여려 해가 걸렸다...우리는 음악 기획이 의식의 중심으로부터 시작해야지 주변 요소들로부터 시작해서는 안 된다는 사실을 [겨우] 깨닫기 시작했다.[31]

제2차 바티칸 공의회, 그리고 그 후(Vatican 2 and Beyond)

"전례 헌장"으로 인해, 무엇이 "예전음악"인가에 대한 공식적인 입장 변화가 생겼다. 첫째, 그리고 중요한 것으로서, 격렬한 반대에도 불구하고, 6장 113항에서 예전 의식의 보다 더 귀중한 측면에 속하는 것으로서, 예전음악 의식에 모든 사람이 참여하는 것을 강조하고 있다는 것이다. 이 항에 관한 초안은 받아들여지지 않았는데, 그 내용은 다음과 같았다:

> "예전 의식에서 '보다 더 귀중한 형식'은 회중이 참여하는 가운데 라틴어로 드리는 장엄한 예전이다"[32]

성만찬에 관한 규정은 초안으로부터 최종안에 이르기까지 아무런 변화가 없었고 오늘날까지 라틴어로 드리는 미사가 되었다. 몇몇 항에서는 '신성음악(CSL 114)의 보고'에 대한 보존과 성가(CSL 116) 보존의 필요성을 지속적으로 언급하고 있음에도 불구하고, 그러한 보존의 필요성은 30항에 기술되어 있는 것처럼 '회중의 참여'라는 필요성 하에 종속되었다:

Liturgical Understanding (Washington, D. C.: Pastoral Press, 1984), 160-161.

31. Frank C. Quinn, "The New State of in the Liturgy," 168-169.

32. "The more noble form of liturgical celebration is the solemn liturgy, celebrated in Latin, with the participatio of the people." The first draft may be found in Acta synodalia sacrosancti concillii oecumenici Vaticani II, I: Periodus prima, pars II, Sessio publoica I: Congregationes generales X-XVIII (Vatican: Polyglot, 1970) 461-66.

적극적인 참여를 장려하기 위해서는, 회중으로 하여금 행위, 몸짓, 행동거지뿐만 아니라 환호, 응답, 시편, 교창(交唱), 노래와 같은 방법을 통해 참여하도록 고무해야 한다. 또한 적절한 때에는 모두가 경건하게 침묵을 지켜야 한다.[33]

118항은 비오 12세와 의례에 관한 총회가 1958년 예전음악에 관한 교서Instruction on Music in the Liturgy에서 논의했었던 대중 종교 음악에 관한 문제를 내놓았다.[34] 그 내용은 다음과 같다:

회중들의 종교적 노래들은 예배 규정과 요구를 지키면서 거룩한 헌신 의식(Devotional Rite)이나 예전 의식 그 자체 가운데에서도 신자들이 마음껏 노래할 수 있도록 신중히 장려되어야 한다.

이 항을 입안한 사람은 본문이 '1958년 의례에 관한 총회'에서 제정된 종교적 노래에 관한 규정과 연관지어 읽히도록 의도했음에도 불구하고[35]—즉, 그러한 노래는 실제로는 "예전 규정에 준거한" 것이 아니다—이 항에 대한 해석은 이러한 전제를 훨씬 넘어서 버렸다. 자국어로 되어 있는, 따라서 운율 찬송가를 포함하고 있는 대중 종교곡은 이 조항을 통해서 예전음악이 되었을 뿐만 아니라 이전의 "성음악 보고"를 대체하면서 예전 성가(Liturgical anthem)가 되어 버렸다.

제2차 바티칸 공의회의 결과, 예전 의식에 대중의 참여를 요구했던 이전의 20세기 교황들의 바람은 자국어로의 전환을 통해 가능해졌다. 한 필자는 다음과 같이 언급하고 있다:

교회 음악의 역사는 제2차 바티칸 공의회의 거룩한 예전에 관한 헌장의 중요한 결과들로 인해 영구적으로 변화되었다. 이전까지 널리 퍼져 있었던 획일적인 관습은, 1963년 12월 4일 일어난 서구 교회사상 중요한 변화 이후 더 이상 일어나지 않을 것이다. 이토록 급진적인 선언에 근간이 되어준 두 가지 중요한 사항은 자국어를 예전에 도입한 것과, 회중이 예배에 있어 적극적인 역할을 감당해야만 한다는 명령이다.[36]

---

33. 회중이 부르는 음악을 설명할 때 "hymn"이라는 단어가 사용되지 않고 있음을 주목하라.

34. MSD, 62-66: Instruction on Music in the Liturgy, 51-53.

35. Instruction on Music in the Liturgy, 13-15.

36. Robert Hayburn, *Papal Legislation on Sacred Music, 95 A.D. to 1977 A. D.* (Collegeville: The Liturgical Fress, 1979), 20-21.

"전례헌장"의 6장은 1967년 의례에 관한 성회the Sacred Congregation of Rites를 통해 나온 교서에 의해 해석되었다.[37] 이 헌장은 예전과 자국어 찬송을 부르는 데에 참여하는 일을 강조하였다. 따라서 교회 음악 보고와 라틴어 사용에 관한 이 헌장의 서술은 '참여 원리'에 입각하여 해석되어야 한다.[38] 이 문서에서는 성만찬에서의 운율 찬송가에 대해서는 일체 언급하지 않는다. 그렇게 볼 수 있는 유일한 진술은 36번에서 확인할 수 있는데, 다음과 같이 기록하고 있다: "때때로 개회, 성물 봉헌, 그리고 성만찬뿐만 아니라 미사의 경우에도 다른 노래들을 부르는 것은 아주 적절하다." 물론 이 조항은 1958년 교서가 허용했던 것에 단지 틀을 부여했을 뿐이다.

루시엔 데이스Lucien Deiss는 *Spirit and Song of the New Liturgy* 라는 그의 저서[39]에서 예전 음악에 관한 제2차 바티칸 공의회의 진술들과, 회중에게 참여할 수 있는 권리를 주어야 하는 필요성에 관해 조사했다. 음악 형식에 관한 그의 조사가 가톨릭 성례전 예배에서 발달했던 형식들에 주로 초점을 맞추기는 했지만, 운율 찬송가 혹은 스트로픽 찬송에 관해서도 언급하였다. 예를 들어 그는 몇몇 찬송가가 입당송으로 사용될 수도 있음을 인정했다(133). 그는 성만찬 과정에서는 찬송가를 사용하는 것을 인정하지 않았다: "회중 찬송은 자연스럽고 자발적일 수 없으며, 그로 인해 의식 진행이 '단절'될 것이다"(154). 그는 성만찬 이후에 "찬송가"를 부르는 것을 인정했고(로마 미사 전례서 총지침the General Instruction of the Roman Missal에서 허용한 것과 같이) '마침 찬송'(Concluding Hymn)에 관해 언급했다(207–208). 그는 두 경우 어디에서도 그와 같은 운율 찬송가 혹은 절로 구성된 찬송가에 관한 문제를 다루지 않았다.

이미 다루었듯 '로마 미사 전례서 총 지침'에서는 성만찬 후에 찬송가가 불릴 수 있는 가능성에 관해 언급하였다.

> 성만찬 후에, 사제와 회중은 어느 정도 침묵 기도를 드린다. 원한다면, 회중 전체는 찬송가, 시

37. SC Rites, Instruction Musicam sacram, On Music in the Liturgy, 5 March 1967.

38. See No. 50, which reiterates the statement found in "The Constitution on the Liturgy," number 116, that "Gregorian chant has pride of place, all other things being equal." The latter clause subordinates chant and the use of Latin to participation and the need for the vernacular.

39. Lucien Deiss, Spirit and Song of the New Liturgy, New Revised Edition (Cincinnati: World Library, 1976). The first edition appeared in 1970.

편 혹은 다른 찬양 노래를 부를 수도 있다.[40]

예전의 이 시점에서 찬송가를 언급한 것은 가톨릭 예배에서 운율 찬송이 흔히 그러한 것처럼, 특정 행위, 보통은 행렬을 '수반하는' 음악이 아니라, *Gloria*에서처럼 운율 찬송가가 '의식 그 자체'로서 불릴 수 있는 가능성을 보여주기 위함이다.

제2차 바티칸 공의회 이후 가톨릭 예배음악에 쓰이는 예전음악과 대중 참여의 필요성에 관한, 어느 정도 공식적인 미국의 첫 번째 언급은, *Music In Catholic Worship*'에 잘 나타나 있다.[41] 이 문서는 음악 관련 성직자들의 양성에 커다란 강한 영향을 주었지만, 정작 운율 찬송가와 같은 문제에 관해서는 언급하지 않았다. 앞에서 이미 말한 바와 같이, '오늘의 예전음악'이라는 1982년 문서는 매우 신중하게 운율 찬송가에 관해 다루었다. 그러한 찬송가에 대한 보다 적극적인 접근은 '밀워키 보고서(Milwaukee Report)'를 통해 이루어졌는데, 41항 일부는 이미 앞에서 언급했듯, '예배에서 무엇을 절제해야 하는지에 관한 것'이었다. 그러나 이 항은 또한 우리로 하여금 절수로 된 형식과 같은 다른 음악 형식을 '예전 의식'에 사용하는 데 있어 민감해지도록 요구한다.

음악의 구성은 그 음악이 들어가게 되는 의식(Ritual) 구조와 조화를 이루어야 한다. 예를 들어, 운율 찬송가는 자기 폐쇄적[self-enclosed] 형식으로 생각될 수 있다. 일단 한 절을 노래하기 시작하면, 음악의 정상적인 종결은 절이 끝날 때까지 모두 부르는 것이다. 그리고 보통 한 절에서 다른 한 절로 즉시 넘어간다. 이런 종류의 음악은 행위를 수반하는 데에는 좀처럼 적합하지 않고(예를 들어, 성만찬 행렬) 노래 부르기가 행위의 전부일 때(예를 들어, 성만찬 이후에 부르는 찬미의 노래)에 적합하다.[42]

---

40. 38 SC Divine Worship, General Instruction of the Roman Missal, 4th ed., 27 March 1975, No. 56j; see also no. 122.

41. Bishops' Committee on the Liturgy, *Music in Catholic Worship* (Washington, D. C.: United States Catholic Conference, 1983), 초판은 1982년에 출판됨.

42. *The Milwaukee Symposia*, 41.

현대 가톨릭 예배의 찬송 부르기
(Singing Hymns in Catholic Wordship Today)

이제는 공식적인 가톨릭에서 운율 찬송가에 관해 거의 주의를 기울이지 않는다는 사실이 분명해졌을 것이다. 운율 찬송은, 정시과 기도를 제외하면 공식적인 가톨릭 예배에서 거의 아무런 역할을 감당하지 않는 노래다. 아마도 이 때문에, 가톨릭 신자들이 예배를 드릴 때 실제로는 꽤 많은 수의 운율 찬송가를 부른다는 사실이 더욱 놀라운 일일 것이다. 앞서 언급했듯, 1958년 의례에 관한 총회로부터 나온 교서에 의해 고무되어 회중들이 노래를 부를 수 있도록 격려되었고, 이들의 노래는 미사에서 보통 행렬 때에 불려졌다. 또한 "거룩한 예전에 관한 헌장"의 공표와 함께 이러한 노래는 "예전 규정에 준거한" 것이 되었다. 출판업자들은 가톨릭 신자들을 위한 찬송가를 인쇄하기 시작했다. 마리아와 성인들을 찬양하는 찬송가와 같은 일부 가톨릭 찬송가를 제외하고, 이들은 개신교 찬송가 및 예배서에서 찾을 수 있는, 유용성이 있는 찬송들을 발굴해냈다. 따라서 가톨릭 예배가 "개신교화"되고 있는 것에 대한 일부의 고민이 있었을 것이다. 미국과 캐나다의 주요 가톨릭 찬송가에서 분명히 알 수 있는 것처럼,[43] 90년대에는 찬송가가 가톨릭 성만찬 의식에 깊숙이 자리 잡게 되었다.

찬송가가 가톨릭 예배의 일부로 사용되기 시작할 무렵, 소위 "민속 음악" 운동으로 인해, 60년대 후반 예배를 위한 음악으로 제공되고 있었다. 일반적으로 말해서, 민속음악 운동 그룹에 의해 만들어진 형식은 '회중을 위한 후렴구와 선창자를 위한 독창부로 되어 있는' 교창이라는 장르에 속했다. 성만찬 환호를 위한 음악과 같은, 다른 종류의 의례 음악은 민속 음악 양식에 따르거나, 보다 전통적인 성가/찬송가 양식에 따라 작곡되었다. 리차드 프룩스 Richard Proulx의 공동체 미사Community Mass에 나오는 "거룩Holy"과 대조하여 성 루이스 제수이트

---

43. According to Kevin Irwin, such a development ignores the differences between Catholic and Protestant worship: "It is important to explore how whatever (style of) music is used in liturgy ought to cohere in style and text with the intended purpose(s) of the rite at issue. For example, this is to raise the question of the adequacy of using hymns in the Eucharistic liturgy. Here the classic understanding of the way hymns function differently in Roman Catholic and Protestant churches comes to the fore. . . Specifically, we wish to critique at least the overuse of hymns in Roman Catholic Eucharist. Historically, hymns came into many liturgies at the Reformation, precisely because the Roman liturgy's use of Latin made liturgical music inaccessible for the assembly's participation. In our opinion they now need to be evaluated across denominational lines in terms of their legitimacy within the Eucharistic rite itself and then for the value that should be placed on them as theological sources"; Context and Text: Method in Liturgical Theology (Collegeville: The Liturgical Press, 1994) 237; for a full analysis of the problem with hymns in Catholic Eucharistic liturgy, according to Kevin Irwin, see esp. 235-46.

St. Louis Jesuits의 유명한 "거룩Holy"을 비교하여 보라. 양자 모두 1960년대 후반이라는 동일한 시기에 작곡되었다.

찬송가 스타일과 민속 스타일 간의 차이점은 '비 예전적인 것'에 반대하는 '의례적인 예전'에 관해 발언하도록 유도했을 뿐만 아니라, '새로운 예배' 보다 '전통 형식의 예배'를 원했던 사람들에 의해 주일에 행해지는, 색다른 성만찬 예배를 창조하는 요인이 되었다. 예전 의식에서 음악이 어떻게 사용되어야 하는가에 관한 의문은 거의 제기되지 않았다.[44] 찬송은 사실상 결혼식과 사제 서품 시에 입례송으로도 불려지기 시작했다. 그러나 정작 결혼식에서나 서품식에서 회중들이 원하는 것은 신부가 걸어서 입장하는 것이나, 성직 취임 후보자가 교회로 들어오는 것이었다.

제2차 바티칸 공의회 이후 30여 년이 지난 지금 가톨릭의 음악 수준은 발달했다. 소위 민속음악 전승에 속한 새로운 작곡가 세대가, 가톨릭 교구에, 많은 수의 훌륭한 운율 찬송가를 포함한, 풍부한 음악 작품을 제공했다. 가톨릭 성가집에 나와 있는 찬송가는 가사와 곡조에 대해 보다 세심한 평가가 있었음을 보여주었다. 과거 20여 년 전에는 가톨릭 가운데에서도 찬송가와 찬송 곡조를 띤 작품들이 폭발적으로 증가했었다. 감리교 예전학자인 돈 살리에스 Don Saliers 는 다음과 같이 말한다.

> 회중이 찬송가를 부르는 것은 아직까지 로마 가톨릭 교구에서는 '비교적 새로운 것' 이다. 그러나 찬송가의 범위와 깊이에 대한 새로운 관심이 교회 통합이라는 공동의 관심과 지난 20년이 넘도록 축적되어온 뛰어난 새 찬송가 등장으로 인해 고무되고 있다. 찬송가가 개혁 교회에서는 전형적인 예전 노래인 반면, 찬송가가 새롭고 지극히 중요한 방식으로 로마 가톨릭 교구의 예전적 삶 속으로 들어가고 있음은 거의 의심의 여지가 없다.[45]

---

44. It should be clear by now that this author is approaching the question of hymns in Catholic eucharistic liturgy from the perspective of the "ritual-functional" paradigm. In other words, the question is one of how a particular musical form operates in liturgy; see Francis Mannion, "Paradigms in American Catholic Church Music," *Worship* 70 (1996) 116.

45. Saliers, "Proclamation," 86.

실천에 대한 의문들(Questions about Practice)

가톨릭 예배에서 찬송가가 실질적으로 불리고 있는지에 대한 의문이 남아 있는데, 이러한 의문은 다음의 두 가지 큰 주제로 다룰 수 있을 것이다: 위치와 시행location and performance이 그것이다.

첫째는 위치이다. 이미 살펴본 바와 같이, 보통 운율 찬송가가 행렬 시, 가톨릭 예전에 들어갔음에도 불구하고—그리고 이러한 용례는 운율을 갖춘 노래를 올바르게 인식하고 우리가 그 노래를 부를 때에 영향을 준다—예전 의식 내에 찬송가가 위치하는 것은 보통 그러한 공공의 양식과 제한적인 양식이 개인 단위의 의식(Ritual) 차원에서 기능할 수 있을 때이다. 이것이 산문 찬송가인 영광송이 개회 의식의 일부인 이유이다. 이 찬송가는 특정한 행진 시나 다른 것이 진행되고 있을 때에는 부르지 않는다. 이것은 그 자체로서 의식이기 때문이다. 성만찬 후에 찬송가를 부르도록 새롭게 위치시킨 것은 로마 미사 전례서 총 지침the General Institution of the Roman Missal에 의해 전례 법규로 규정되면서부터였는데, 찬송가는 아무 의식도 진행되고 있지 않는 순간에도 불려지게 되었다. 이 경우 성도들은 가사와 곡조 모두에 집중할 수 있다. 가톨릭 성만찬에서는 운율 찬송가와 관련된 다른 "공식적인" 위치는 실제로 존재하지 않는다.

만약 어떤 교구에서 이웃 개신교회에서 부르고 있는 찬송가를 참고해서 회중 찬송으로 서용한다면, 그들은 행렬이 끝난 이후 모두가 함께 노래를 부를 수 있을 때까지 기다릴 것이며 개회송을 부르고자 할 것이다, 이들은 또한 행진해 나가기 전에 마지막 찬송가를 부를 것이다. (비록 이러한 기능이 지금은, '성만찬 이후 부르는 노래'에 의해 실질적으로 충족되고 있지만 말이다). 더군다나 가톨릭 교구에서는 복음 성가, 다시 말해 그 날 봉독하는 성경구절에 관련한 찬송가, 곧 설교 이전 부르는 찬송가를 부름으로써 개신교를 모방할 수도 있다.[46] 오늘날 많은 찬송가들은 말씀 예전에 적합하며 실제로 다른 위치에서는 제대로 작용할 수 없다. 왜냐하면 그 날의 찬송가는 성경을 듣고 노래로 응답함에 근거하기 때문이다.[47]

---

46. It must be noted, however, that the liturgy of the word is highly structured in Catholic worship, with response psalm and gospel acclamation, Nicene creed and intercessions. One needs to be cautions in introducing further elements without modifying the ritual at hand.

47. Several collections of such lectionary hymns have recently appeared, for example, from Thomas H. Troeger and Carol

두 번째는 시행에 관한 것인데, 많은 가톨릭 교구에서 찬송가가 어떻게 반주되고 있으며 불리어지고 있는지에 관해 의문이 생길 것이다. 다른 여러 교회의 예배에 참석해본다면, 연주가와 회중 모두, 음악과 찬송가 가사에 매우 진지하게 접근한다는 사실과 찬송가를 부르는 것뿐 아니라 찬송가 반주법이 교회마다 서로 다르게 나타난다는 것을 매우 쉽게 파악할 수 있다. 예를 들어, 찬송가를 부르는 데 있어서 성공회의 방법에 대조하여 루터교회의 방법에 관해 언급할 수 있을 것이다. 오르가니스트는 가사의 의미에 따라 찬송가의 각 절에 대한 반주를 변화시킬 수 있으며, 성가대와 회중은 보다 발전된 찬송가 콘체르타토 양식에서와 마찬가지로 서로 다른 절을 번갈아 부를 수도 있다. 성가대의 소프라노 섹션은 마지막 절에서 데스칸트(Descant)를 더할 수도 있다. 중요한 것은 찬송가를 부르는 방법이 성가집의 페이지 내용에 국한되지 않는다는 사실이다. 연주는 미리 준비되어야 한다. 많은 가톨릭 교회에서 찬송가를 부를 때, 여러 가지 실수들을 발견할 수 있는데, 예를 들어, 맞지 않는 템포(Sloppy Tempo), 찬송가 구절 가운데에서 몇 절만 따다 부르는 습관, 또한 가사의 뜻에 맞춰 변화를 주어야 할 찬송 부르기와 반주가 상실된 점 등을 들 수 있다. 다시 말하자면, 종종 가톨릭 교회의 찬송부르기는 말도 되지 않을 만큼 단조롭고 지루할 수 있으며, 그것은 공동체의 믿음을 생동(生動)시킬 수 없다는 것이다. 물론 그 이유 중 하나는 운율 찬송가들이 가톨릭 예전에서 '행렬을 반주하는' 찬송으로 쓰였기 때문이다. 보통은, 행렬이 끝났을 때, 행렬의 음악도 끝이 난다. 많은 가톨릭 교구들은 가사의 뜻에는 주목하지 않고, 행렬이 끝남과 동시에 찬송가를 끝내는 것에 익숙해졌다.

이 때문에 입당송과 개회 또는 회중 찬송의 의미가 혼동되었다. 이러한 혼란은 새로운 미사순서[Ordo missae]가 공표된 1969년 이후 줄곧 존재해 왔다. 역사적으로 입당송은, 성직자가 입당하는 동안에 성가대가 부르던 노래였다. 오늘날의 개회 또는 회중찬송은, 회중이 예전 축제에 참여할 때 그들 자신에 의해 불리던 음악이다. 결과적으로 두 개의 기능 그리고 두 개의 음악 형태가 혼동된 것이다.

부가적으로, 필자는 가톨릭 예전에서 가톨릭 신자들이 예식에서 찬송 부르는 것이 중요하다고 느끼는 사실에 익숙해 져 있다는 점과, 정시과에서 찬송 전체가 불려진 한다는 사실

Doran: New Hymns for the Lectionary (New York: Oxford University Press, 1986), and New Hymns for the Life of the Church (New York: Oxford University Press, 1992).

을 지적할 수 있다. 여기에서 찬송은 하나님께 찬양하며 감사드리는 순간이다. 어느 누구도 '찬송 절수 전체를 부르지 않는다는 사실을 상상하기 어려울 것이다. 그러나 성무일과 예전은 가톨릭 신자에게 생소하며, 보통 대부분의 사람들은 시간경을 통해, 찬송 부르기가 예전 그 자체가 될 수 있다는 사실을 배울 기회를 갖지 못하고 있다. 더군다나, 심지어 규칙적으로 성무일과를 거행하는 사람들조차도 그 찬송들이 다른 전례를 위한 찬송가들과 다르다는 점과, 성무일과 찬송가가 다른 성만찬 예전이 아니라 시간과 교회력, 축일과 연관성을 갖고 있다는 사실을 모르고 있다.[48]

미래(The Future)

가톨릭의 성만찬 예배가 행렬과 동작들을 필요로 하는 예배가 된 이래로, 행렬을 위한 음악적 형식이 요구되었다. 그리고 현재 관례에 관해서는 전혀 문제가 없다 해도, 찬송가 자체는 적절하지 않다. 그러나 운율 찬송이 여러 가지 방식으로 불릴 수 있기에, 제사의 목적과 노래들이 그 예전을 위해 어떻게 쓰일 수 있는지 아는 음악인은, '찬송가를 어떻게 불러야하는지에 대한 쟁점을 해결할 수 있을 것이다'. 그러나 많은, 좋은 찬송가들은 공동체의 집중을 요하며 따라서 그 찬송가에 적합한 위치를 필요로 한다.

앞으로 발전될 예전에서는 ICEL 기도문 개정판에 더불어 개회 및 성찬 안티폰 시리즈가 발행될 것이다. 이러한 교창들은 음악과 잘 접목될 수 있는 영어 운율로 번역되었다. 또한 시편 시구들(Psalm Verses) 가운데에서도 안티폰의 음악 형식이 응답송(Responsorial) 형태로 정해질 것이며 그 형태는 예전에서 입당송으로 쓰이기에 적합하다.

만약 이러한, 입당송과 성체 조배 시의 성만찬 안티폰에 쓰였던 노래들을 회복하고자 하는 노력이 다음 세대까지 계속된다면, 안티폰들을 사용할 위치에 불려졌던 찬송가들은 사라질 것이다.

회중에 의해 불리는 가사들에 대한 좀 더 전향적인 접근이 있는 반면, 예전 가사 부르기

---

48. This was one of the reasons for compiling the Hymnal for the Hours (Chicago: GIA, 1989), that is, to provide hymns that suited the different hours of the office, since no other such collection existed in English.

의 가능성이 점점 더 증가되고 있는데 집례자와 회중 사이의 문답, 그리고 기도문, 특히 성만찬 기도문, 주기도문 등이 그것이다. 따라서 이러한 접근은 이전보다 교구의 주의를 끌고 있다. 이 모든 것은 우리가 가톨릭 예전 안에서 어떻게 음악이 어울리게 되었는지 더 알게 할 것이다. 아마도 그것은 우리가 사용하는 음악에 있어 좀 더 중요한 관심으로 이끌어 갈지도 모른다. 그리고 운율의 노래들에 관한 논의로는, – 본문에서 제안했던 것보다 훨씬 많은 양으로, 각각의 노래가 시간의 통찰을 의미하며, 문화, 사람을 포괄할 수도 있다 –생각컨대 우리는 "네 개의 찬송 미사(Four Hymn Mass)" 증후군을 뛰어넘을 수 있으며, 이러한 음악들을 존중하여 우리 공동체의 필요로 쓰이는 음악과 우리가 사랑하며 부르는 찬송이 모든 예전적인 행위 안에서 주님께로 향한 전폭적인 헌신과 관련되어, 우리가 생각하는 이상으로 사용될 것이다.

제20장

회중찬송으로서의 예전음악 3: 가톨릭 예배에서의 찬송가 활용

Liturgical Music as Corporate Song 3: Opportunities for Hymnody in Catholic Worship

| 마이클 제임스 몰로이 Michael James Molloy |

가톨릭교회의 성만찬 예배 안에 있는 찬송가의 문제는 마치 견강부회(牽强附會)처럼 보일 수 있다. 몇 가지 찬송가의 빈약한 점은 이전 장에서 확인되었다. 이 장에서는 주로 성만찬 내에 있는 찬송의 기능과 사용에 관하여 다룬다. 만약 찬송가가 우리의 예전 가운데에서 계속되는 것이라면, 다음과 같아야 한다. (1) 찬송의 예배적 기능에 관한 명백한 이론적 설명, (2) 찬송가의 형식이 어떻게 그 기능을 수행할 수 있는지 실제로 보여줄 것, 그리고, (3) 그 찬송가가 지속되든 변화하든 간에 과정에 대한 개념 설명. 한 마디로 말해서, 우리는 예전적 찬송이 사용되는 시간, 장소, 사유, 그리고 방법을 조사할 것이다.

오늘날 가톨릭 교회에서 찬송 부르기의 위치는, 여러 가지 절차를 통해 성립된 것이며, 이 모든 과정들은, 개인 예배 공동체의 예배적 실천praxis에 영향을 주었던 것들이다. 교회 안에서 가장 오래된 고대 찬송가의 영향은, 성무일과에서 쓰여진 찬송으로부터 유발되었으며, 그것들은 로마 미사 예문(Roman Breviary)에서 찾을 수 있다. 실제로, 이토록 방대한 자원은 기독교 역사를 통틀어 많은 찬송의 자료가 되었다 −로마 가톨릭과 비 로마 가톨릭 교회 모두 그러하였다−. 사적 헌신 예배에서 사용된 음악과, 유사 예전적(Para−liturgical events)의식에 사용된 음악들은 또한 교회 내에 있는 “찬송 부르기(Hymnody)의 경험”에 커다란 영향을 주었다. 제2차 바티칸 공의회 이전 "평미사(Low Mass)" 혹은 "대화체 미사"는 최소한의 회중 참여가 관여되었고–특히 2차 바티칸 공의회 예전 이후의 전형(Ideal)에 비교하여–종종 이러한 예전에서 사용된 유일한 음악은 입당 행렬, 봉헌, 친교, 그리고 퇴장 시에 노래한 찬송이었다. 결과적으로 찬송가 레퍼토리의 영향과 다른 전통들의 실행들은 동시대의 교구들에게 영향을 주었으며, 특히 가톨릭과 비 가톨릭이 공존하는 다원화된 문화에서 위력이 있었다.[1]

찬송가의 초기 사용(The Early Use of Hymns)

초기 찬송가의 사례(Example)들은 성서적이며, 가장 전형적인 예로 시편과 소창(Canticle)이 있다. 물론, 이것들은 운을 띄지 않았으며(Do not rhyme), 절로 된 구조를 갖고 있지도 않았다. 비록 우리는 음악의 소리를 표기하기 위한, 음악적 혹은 고서체(Paleography)의 기록을 가지고 있지는 않지만, 그것들은 노래로 불려지는 가사였다. 사도 바울에 의해 인용된 "시편, 찬송, 그리고 신령한 노래"라는 어구는 서로 공통적으로 쓸 수 있는, 유연한 의미의 동의어로 해석되었을지도 모른다. 그러나, 찬송가와 신령한 노래가 다른 가사를(Text) 인용했을 수도 있고, 영가(靈歌)는 가정 예배에서 즉흥적인 기도송(Sung Prayer)으로서 노래되었을지도 모른다. 현대적인 관점으로 초대 교회에서 불러졌던 세 가지 형태의 본문들을 분별하는 것이 도움이 될 것이다(비록 다소 시대착오적이기는 하나): (1) 시편들(Psalms), (2) 소창 혹은 성시(Canticle and Ode), 성경의 다른 편에서 발견된 시편과 같은 시(예를 들어, 출애굽기 15장, 하박국), (3) 찬송, 즉 말하자면 다양한 종류의 비성서적인 곡.[2]

교회가 비교적 단순한 가정예배로부터 보다 더 복잡한 대성당의 예배양식으로 이동되었을 때, 장엄한 공간에 반영되거나 적용되는 예배의 재구성이 있었다. 그것은 초대 가정 예배

---

1. In those countries which are primarily Catholic, with low proportion of Protestants, the influence of protestant hymnody would obviously not be as great.

2. Margot Fassler and Peter Jeffery, "Christian Liturgical Music from the Bible to the Renaissance," *Sacred Sound and Social Change: Liturgical Music In Jewish and Christian Experience,* eds. Lawrence Hoffman and Janet Walton (Notre Damem Ind.: University of Notre Dame Press, 1992) 85-86.

가 성전예배(예루살렘 파괴 전)보다는 유대인 가정예배를 더 많이 반영했음에 반해, 음악과 의식에서 대성당으로의 행렬은 성전예배의 황홀한 감각을 되살려 냈다고 하겠다. 더 큰 음향 공간은 음악을 만드는 데에 더 전문적인 접근을 필요로 했으며 그것은 성가대의 발전으로 이어졌다.

교회예배가 서서히 발전함에 따라, 초기 기독교 세계 곳곳에서 다양하고 색다른 모습의 변화가 형성되었다. 비록 성만찬 축제와 정시과 실행이 계속된 것처럼 보여도, 주제에 있어서는 다양한 변주(Variation)가 있었다. 세기 초의 동방교회와 다르게, 서방교회는 그들의 예전에서 자유분방하고 비성서적인 찬송 사용에 적극적이지 않았다. 로마 가톨릭 예전(Roman Rite) 안에 있던 찬송가들은 예배 운동을 위해 성서적인 내용으로 작곡된 다양한 노래들로서, 이들은 비주류로 방치되었다.[3]

초기 라틴 교회 찬송가에는 가장 위대한 권위자로 꼽히는 성 암브로시으스[St. Ambrose]라는 사람이 등장하였다. 비록 암브로시우스가 최초의 찬송 작사가라고는 주장할 수 없어도, 그는 가장 먼저, 아리우스 이단 종파의 옹호자에 대항하여 복음전도 차원에서 찬송가를 효과적으로 사용할 것을 인식했던 작곡가였다.[4] 암브로시안 찬송(Ambrosian Hymn)과 찬트(Chant)는 유대 찬트, 그리스 음악, 당대의 민속 음악으로부터 영향을 받았을 것이다. 왜냐하면 그것들은, 초기 기독교인들이 경험해왔던 음악적 형태들이기 때문이다. 암브로시우스가 서방세계에서 찬송가 사용의 문을 연 것 같이, 성 베네딕트(St. Benedict) 역시 그 일을 계속하고 확대시켰으며, 그 과정은 베네딕트가 수도원 공동체에서 써야 하는 분명한 예전 성무일과 제도에 관한 '그의 법칙'(his rule)을 전파함으로 성취되었다. 찬송가는 정시과의 연속을 위해 필수적이었으며, 또한 전례력(Liturgical calender)이 발전함에 따라, 여러 교회의 절기들(Ecclesiastical Seasons), 축일(Feast days)들 그리고 성인의 날과 같은 각 절기에 알맞은 찬송들이 선택되었다.[5]

시간이 지남에 따라, 라틴 성가의 세 가지 범주(Category)가 분명해졌다: (1) 성무일과 찬송, 앞서 열거했듯 정시과와 전례력, 혹은 교회의 축일(Santoral Feast)에 따라 구체화된 가사

3. Vernon Perdue-Davis, *A Primer of Ancient Hymnody* (Boston: Schirmer, 1968) 31.

4. Ruth Ellis Messenger, *The Medieval Latin Hymn* (Washington, D. C.: Capital, 1953) 2.

5. Cecil Northcott, *Hymn in Christian Worship: The Use of hymn in the Life of the Church* (London: Lutterworth, 1964) 20.

들, (2) 속창sequences 과 다른 트로프스tropes [6]그리고, (3) 준(準) 예전적이고(Quasi Liturgical), 비(非)예전적(Non Liturgical), 그리고 대중적인 찬송들이 사제단의 행렬과 그 밖의 다른 행사를 위해 사용되었다.[7] 속창은 미사에서 시적인 가사들을 노래할 수 있는 가장 유일한 순서였다.[8] 찬송은 정규 예전으로서의 기능(Regular Liturgical Function)을 감당하였다.

506년 규율(Discipline)에 대한 문제가 주로 논의된 아그드Agde공의회에서는, 찬송이 아침과, 저녁에 불러지며 또한 조과(Martin)의 종결부, 만과(Vesper)의 종결부, 그리고 미사가 마치는 순간에 불러져야 한다고 결정했다.[9] 교회 내에서 비성경적인 찬송의 사용에 관해서는 항상 논쟁이 있었다. 563년 브라가Braga 공의회에서는 시편이나 신, 구약에 있는 성시(Biblical Passage)들을 제외한, 시적이지 않은(Non Poetric) 성가들, 즉 찬송들은 예전 모임에서는 부를 수 없다고 결정하였다.[10] 그러한 고려는 이단 종파의 교리들이 시적인 곡들을 통해 교회에 침투하는 것을 막기 위함이었다. 이러한 법제화(Legislation)의 필요성 자체가 이미 상황을 통제할 수 없음을 암시하는 것이며, 획일적인 조치(Collective Measure)가 필요했던 것이다. 따라서, 찬송가는 이미 교회 안에서 어느 정도 대중화되고 있음을 감지할 수 있었다.

점점 복잡해지는 시적, 음악적 형식과 더불어 회중들의 라틴 성가 사용이 급감하는 풍조 가운데, 라틴 찬송의 본질은 대중적 표현 수단에서 수도원 공동체와 대성당에서만 부르는 것이 되어버렸다.[11] 라틴어로 드려지는 미사가 완성되었을 무렵, 대부분의 사람들은 라틴 찬트로 응답할 수 없었으며, 그것은 성가대의 몫이 되어버렸다. 교회 밖, 즉 선교, 순례여행, 행렬 기타 등등 때에 찬송 사용은, 사람들을 아름다운 곡조로 참여케 하는 유일한 방법이었다.[12] 뒤범벅된 운문(Macaronic Verse, 라틴 어구와 함께 섞여버린 자국어)은 교회 밖에서 인기가

---

6. Tropes were textual and melodic elaborations of chants, both Ordinary and Proper.

7. Perdue-Davis, *Ancient Hymnody,* 33.

8. By the time of the Council of Trent in the mid-sixteenth century, they were of such a proliferation that there were sequences for almost every day of the church year; see *Key Words in Church Music*, ed. Carl Schalk (St. Louis: Concordia, House, 1978) 327.

9. Samuel Willoughby Duffield, *The Latin Hymn-Writers and their Hymns* (New York: Funk and Wagnalls, 1889) 47.

10. Anscar J. Chupungco, *Worship: Progress and Tradition* (Beltsville, Md.: The Pastoral Press, 1995) 82-83.

11. Schalk, *Key Words*, 193.

12. Messenger, *Latin Hymns*, 26.

있었다. 비록 이러한 행동이 교령(敎令)에 의해 금지되었다 할지라도 그것은 매우 인기있었으며 가장 대중적인 캐롤 형태와 같은 부류가 되었다.[13] 특정 절기에 구애받지 않는, 특정 관심 분야의 찬송 그룹들은 매우 인기있었다. 이러한 찬송들은 성무일과나 속창의 규정된 범주에 속하지 않았으며, 예전 이외의 목적(Extra-liturgical)을 위해 사용되었다. 이러한 찬송의 초기 발전과 관련된 범주로부터, 예전음악 발전에서 문화의 역할을 더욱 분명하게 인식하게 한 것이 '찬송'이라는 사실이 명확해졌다. 왜냐하면 찬송가는 청중의 시적인 정신과 가사를 만드는 재능(Lyrical Talent)을 구체화한 산물이기 때문이다.[14]

트렌트 공의회(The Council of Trent)

트렌트 공의회(1545~1563)는 보편적인 교회 용법들을 형상화하는 것과, 교회의 예배와 음악을 개혁하는 일에 가장 중요한 역할을 했다. 회의에서는 음악과 음악 스타일의 문제들을 세부적으로 규정하기보다는 오히려 예전 안에서 음악들을 사용하는 기본적인 태도에 대해 고려하였다.[15] 두 가지 문제가 제시되었는데, 그것들은 예배 안에서의 찬송가 역할에 영향을 끼쳤다.[16] 이러한 두 가지 조치는, 예배 본문의 단축과 예전 안에서 교회적이지 않은 노래들이 삽입되는 것이었다. 트렌트 공의회의 결과로, 속창sequences 중 다수가 그 의례를 정화하기 위해 네 개(후에는 다섯 개)로 줄어들었다. 비록 찬송가들이 성무일과의 중요한 부분으로 남겨졌지만, 트리덴틴 미사 찬송(Post Tridentine Hymnody)이 성만찬 예배 속에 존재하지 못하는 결과를 가져왔다.

공의회 소집 이전인 1563년에 프랑스 비엔의 주교는 공의회에서 토론하기 위한 제안을 포함한 서류를 교황 파울루스 III세에게 전송했다. 주교는 그가 교황의 권위와 교회의 교리, 전통에 상충된다고 느꼈던 개신교 찬송가에 대해 매우 비판적이었다. 새롭게 생겨나고 있는

13. *Ibid.*, 58.

14. Chupungco, *Worship*, 84.

15. Hayburn, *Papal Legislation on Sacred Music*, 25.

16. The use of non-churchly songs was a concern especially regarding the use of secular melodies within the polyphonic settings of the text of the Ordinary of the Mass.

개신교회 전통의 찬송가 전승에 관한 공박(攻駁)에 더하여 그는 다음과 같이 지적하고 있다:

> 거룩한 성서에서 채택되지 않거나 본문과 별로 연관되지 않은, 불일치한 내용을 담고 있다면 교회 안에서 읽거나 노래할 수 없다. 그것은 흥분의 웃음이 없는, 진중한 음조로, 익숙한 언어로 읽거나 노래되어야 한다.[17]

따라서 네 가지 혹은 다섯 가지의 속창들이 존재하는 것을 제외하고는 찬송가는 본래 성만찬 예배에서 제외되었다.[18] 1665년 구체적으로 로마교회의 주교 관구(또 다시 남용을 억제하기 위해 있었으리라 보이는)를 겨냥하여 작성한 문건에서 교황 알렉산더 VII세는 다음과 같이 진술했다:

> 성무일과뿐만 아니라 성인(Saint)을 위한 의식에서도 로마 미사경문을 제외하고는 그 어떤 말도 미사에서 해서는 안 된다는 것이 강요되었다.[19]

19세기와 20세기 초기의 성장 (Nineteenth-and Early-Twentieth-Century Developments)

라틴 찬송가의 화려한 레퍼토리는 대다수의 가톨릭 성도들에게 가려지는 운명이 되었다. 19세기 영국 국교회 옥스퍼드 운동의 결과로, 이러한 찬송가들은 존 메이슨 닐John Mason Neale(1818~1866)과 에드워드 캐스월Edward Caswall(1814~1878)의 노력에 의해 영어로 번역되었다. 수많은 라틴 찬송들이 그 전통의 계승자들에 의해서가 아니라 비 가톨릭교도들에 의해 전달되었다는 사실은 아이러니하다. 이 많은 가사들은 오늘날 가톨릭보다 신교도에 의해 더 잘 알려지게 되었고, 게다가 이것들에 대해 잘 알지 못하는 많은 가톨릭교도들은 자연히

17. Hayburn, *Papal Legislation on Sacred Music*, 26.

18. The Gloria in excelsis as a canticle could be regarded as a hymn of praise, but its structure without strophes or rhyme places it outside of the commonly accepted hymnic form.

19. Hayburn, *Papal Legislation on Sacred Music*, 78.

이러한 가사들이 가톨릭 예전 전통과 관계가 없었다고 생각할지도 모른다.[20]

가톨릭 찬송가는 사적 예배, 강복선언, 행진, 9일간 기도 등과 같은 예전 이외의 행위 시 계속 사용되어 왔다. 이러한 의식에서 사용되는, 인기 있는 찬송가들은, 거의 감성적이고 경건주의적(Pietistic) 성향을 가지고 있었다. 비록 이러한 것들이 전통 라틴 가사를 예증하며, 더군다나 강복 선언 때 쓰였던 토마스 아퀴나스의 가사 'O Salutaris', 'Tantum Ergo'와 같은 형태였지만 말이다.

성직자 프레데릭 W. 파버Frederick W. Faber(1814~1863)가 "자비로운 어머니, 날마다 날마다", "예수님은 나의 왕 나의 하나님 나의 모든 것", 그리고 "우리 거룩하신 아버지"(찬송가 383장, 환난과 핍박 중에도)같은 곡을 포함한 19세기 찬송모음집에 대해 논평한 글에서, 추기경 와이즈만(Wiseman)은 그 찬송가들에 관해 특징지었다:

> 후회스러울 정도로, 그들 중 상당수는 공중 예배를 위하여 작곡되지는 않았음에 분명하다. 왜냐하면 그 찬송 제목들은, 개인적인 감정 표현이며 특정한 심리 상태까지 나타내는, 즉, 신실한 신앙심을 가진 마음에서 반응을 이끌어내는 것들이기 때문이다. 그러나 이것들은 여러 다른 사람들이 섞여 있는 회중들이 가운데에는 소개될 수 없다. 그것들은 감성적인 것에 치중할 위험이 있으며 어떠한 경우에는 자연스럽지 못한 상태로 몰고 갈 수도 있기 때문이다. 그 중 일부가 제시하는 감성적인 신앙 표현과 죄의 회개는, 평범한 예배자의 입술로는 쉽게 밖으로 나올 수 없다... 반면 전체가 아닌 일부가 이러한 주관적 성향을 가졌기에, 우리는 이것이 공중 예배에 적합하다고 믿을 수도 있다. 이것이 심지어 비공식적인 예배나 사적 예배의 보조 역할에 불과할지라도 말이다.

가톨릭 찬송가의 상태는, 19세기 말에도 그리 많이 호전되지는 못했다. 이 때에 찬송가 작사가이며 작곡가인 A. 에드먼드 토저A.Edmonde Tozer(1857~1910) 박사가 1898년 찬송가집 서문에서 다음과 같이 언급하였다.

---

20. The Appendix at the end of this chapter lists a number of ancient Latin texts found in translation in the hymnal Worship III.

> 일반적 사례를 통해 보면... 영국 찬송가는 그리 대단한 것으로 여겨지지는 않았다—저녁기도와 짧은 설교 사이의 간극(Stop Gap)이나, 축성(Benediction) 예식이 제단(Altar)에서 준비되는 동안에– 어떻게 노래가 불려져야 하고, 누가 불러야 하는가에 대해서는 소홀히 다루어져 왔다. 나는 이것이 예배에서 적절하게 이루어진다면, 회중에게 예배의 엄청난 의미를 각인시킬 수 있는 장점을 과소평가한 것이라고 과감히 생각한다.[21]

로마 가톨릭 교회처럼 거대한 기관에서 모든 분야를 통틀어 획일화될 수 있다는 것은 고지식한 사고방식이다. 이 점은 찬송가를 부를 때도 마찬가지다. 특정한 전통들, 특히 찬송에 대한 강한 관습을 가지고 있는, 독일이나 폴란드 교회에서 주지한 바처럼 수많은 이민자들이 그 전통을 가지고 북미로 이주했을 때, 분명히 입증되었다. 실제로는 더 오래되고 인기 있는 많은 가톨릭 찬송가는 독일에서 기원된 것이 많다. 예를 들어 "거룩한 주 그분의 이름을 찬양하네"(Grosser Gott)와 "오 전지전능하신 주 아버지"(Gott Vater sei gepreisen)같은 곡들이 독일에서 유래된 찬송가이다.

세기가 변하면서, 우리는 교회음악에 대한 새로운 관심사를 볼 수 있으며, 특히 이에는 교황 피우스 10세(1903~1914)의 리더쉽이 크게 작용했다. 그가 1903년 11월 22일 발표한 자의 교서(Motu Proprio)는 예전음악에 관한 법제화(Legislation)에 있어 획기적인 사건이었다고 사료된다. Motu Proprio의 목적 중 한 가지는 예전을 위해 쓰여진, 극음악적이며 오페라적인 작곡 스타일의 지속적 영향이 만연하여 변질된 교회음악을 정화하는 것이었다. 자신이 음악가였던 피우스 10세는 그레고리안 찬트와 전통적인 폴리포닉을 교회에서의 원래 위치로 복귀시키려고 노력했다. 예전 언어로는 라틴어가 남아있었고 장엄 예전 의식(Solemn Liturgical Function)에서 자국어 사용은 완전히 금지되었다. 또한 미사 고유문 혹은 통상문, 그리고 성무일과 부분들에서도 금지되었다:

> ... 성대한 축제 날, 그레고리안 찬트는 '팔소 보르동'(Falso Bordone) 찬트라 불리는 것과 교대로 쓰이거나, 혹은 그와 같은 스타일의 절로 작곡된 작품이 사용될 수 있다. 간혹 시편 전체

---

21. *Ibid.*, 148.

가 잘 표현된 음악으로 불려질 수 있으며 시편 부르기의 고유한 형태가 훼손되지 않는다면 ... 대안으로서 새로운 선율과 함께, 또는 그레고리안 찬트에서 발췌한 것이나 그를 모델로 한 음악이 허용되었다. 따라서 디 콘체르토(di concerto) 방식으로 씌어진 시편 찬송가는 절대적으로 금지되었다. 교회의 찬송가 역시 전통적인 형식이 반드시 지켜져야만 한다. 그것은 성문법적인 성격은 아니어서 예를 들어 탄툼 에르고를 작곡할 때, 1절은 낭만풍(Romance)으로, 영창 혹은 알레그로(Allegro), 그리고 제니토리 알레그로(Genitori Allegro) 분위기처럼 쓰일 수 있다.[22]

비록 피우스 10세의 의도는 훌륭했을지라도, 북미 교회 내에서 찬트와 플리포니가 확실하게 꽃을 피우지는 못했다. 음악이 많지 않은 독창 미사(Low Mass)가 일반화된 것은 별로 바람직한 현상은 아니다, 교황 피우스 12세(1939~1958)는 1947년 11월 20일 공표된 하나님의 중재자(Mediator Dei)라는 그의 회칙에서, 성만찬 예식에서 사람들의 참가를 촉구하는 차원에서, 다음과 같이 언급했다:

이 일(모든 회중들이 참여하는 것)은 이루어질 수 있다... 예를 들어 모든 회중이 예전의 법칙에 따라 절차에 맞는 방법으로 사제에게 응답할 때, 미사의 여러 부분에서 각각 알맞은 찬송을 노래할 때, 또한 두 가지를 같이 할 때, 혹은 끝으로, 주님의 사제가 드리는 기도에 응답할 때, 예전적인 찬트를 함께 노래할 때.[23]

후에, 같은 회칙에서, 그는 그레고리안 성가를, 신도들이 활발하고 대중적인 형식으로 노래 부르도록 격려했다: "만약... 이 일이 계속 이루어진다면, 예전처럼 성도들이 응답과 기도 때에 라틴어나 자국어로 응답하지 않거나, 낮은 소리로 중얼거리는 일이 더 이상 일어나지 않을 것이다."[24]

1955년 12월 25일 발표된 성음악 규정(Musicae sacrae disciplina) 이란 회칙은 교회 의식에서 찬송가의 역할에 대해 보다 더 큰 힘을 실어 주는 것으로 비쳐졌다:

---

22. Hayburn, *Papal Legislation on Sacred Music*, 227-29.

23. *Ibid*., 338.

24. *Ibid*., 340.

또한, 원칙적으로 경건한 예전에 쓰이지 않았던 음악이라도, 그 음악이 가지고 있는 힘과 목적이 종교심을 불러일으키는 데에 도움이 된다면, 우리는 그 음악을 소중히 다루어야 한다. 따라서 이러한 음악은 종교음악이라고 명명되어야 마땅하다... 이미 경험한 바와 같이 (이 음악은) 비 예전적 예배나 축제, 아니면 교회 밖에서 행해지는 장엄한 행사나 축전에 사용되었을 때, 강력하게 역사하며 믿는 영혼들에게 구원의 힘과 능력을 준다.

자주 불러지는 이 찬송가들의 선율은....(자국어로 불리어지는), 거의 아무런 수고와 노력 없이도 암송될 수 있다.... 따라서 이토록 대중적인 종교 찬송가는 가톨릭 사제를 돕는 훌륭한 역할을 하므로 조심스럽게 장려되고 홍보되어야만 할 것이다.[25]

비록 미사에서 비예전적 가사들을 부르는 것이 여전히 금지되었다 하더라도, 태고적부터 관습으로 내려온 그러한 영역들에서 이와 같은 관례는 전통 예배에서 확실히 삭제되지 않는 한, 계속 실행될 것이다.[26]

교황 피우스 12세가 선종한 1958년 이전에, 피우스 12세의 권한으로 발행된 최후의 교서 중 하나인 '회중의 참여'(Participation of the Congregation)는 가장 중요한 주제 중 하나였다. 이 교서는 독창미사(Low Mass) 안에서 자국어 찬송의 역할에 대한 특정한 제재(Sanction)의 정도를 설정하였다.

낭송미사(Read Mass, Low Mass와 같은 의미)에서, 집례 사제, 보좌 신부 그리고 예전에 직접적으로 참여하는 자들은 오직 라틴어만 사용하여, 미사의 각 부분에 알맞게 분명한 음성으로 소리 내야 한다. 만약 신자들이 대중적인 기도문이나 찬송을 직접적인 예전 참여에 더하고 싶다면, 지역의 관습에 따라 이것은 자국어로 행해질 수 있다.

대중적인 종교 노래들은 그리스도인 삶의 모든 의식에서 항상 사용될 수 있다... 이것은 교회 안팎에서 일어나는 '모든 경건한 사역'들에서 귀중한 부분을 차지해왔으며, 간혹 그 자체로서 예전의 기능으로 도입될 때도 있었다.[27]

---

25. *Ibid.*, 350.

26. *Ibid.*, 351.

27. *Ibid.*, 359, 367.j.

비록 “찬송가 샌드위치(Hymn Sandwich)” 불리는 것들이 음악적으로 예전을 다루는 데 있어 타당하게 인정받는다 할지라도, 그것은 가톨릭 신자들이 미사를 노래한다(Singing the Mass)는 표현은 옳지 않다. 그러나 음악은 오히려 미사 중에(During the Mass) 노래될 뿐이다. 네 개의 찬송가, 즉 입당 성가, 봉헌 성가, 성체 성가, 그리고 파송 성가는 예전 가운데서 사람들을 거의 참여시키지 못했으며, 대체로 표면적인 미사 행렬을 위해 수반되는 것 혹은 그 행렬을 커버하기 위해 “채워주는 것”으로 비쳐졌다. 따라서 이러한 성가는 아주 손쉽게 사용됐다. 이러한 과정, 즉 대중적인 노래를 부르면서, 음악적으로 독창 미사에서 참여토록 권장하는 방법이, 20세기 로마 가톨릭 예전에 운율 찬송이 도입될 수 있게 하였다. 비록 그 당시의 언어가 정식 예전에 부합하지는 못했지만, 이러한 차이점은 회중에게 거의 영향을 미치지 못했다. 회중들은 헌신기도와 미사의 예전적 차이를 인식하지 못한 채, 헌신기도 때 불렀던 것을 미사 때에도 불렀다. 비록 이 찬송들이 예전과 아무런 상관이 없었지만 말이다.

제2차 바티칸 공의회(Vatican 2)

제2차 바티칸 공의회의 개혁은, 예전에서 가톨릭교도들이 더욱 의식적이고 적극적으로 참가하길 요구했다. 거의 즉각적으로 예전은 변화되었다. 1967년 3월 5일 발표된 ‘예전에서의 음악에 관한 교서 즉, Musicam Sacram은, 예전 내에서 음악사용의 표준을 명확하게 확립하였고 사제와 회중의 음악적 참여를 포함한 진전의 정도를 세 가지 단계로 설정하였다. 그 중 사제의 찬트에 속해 있는 첫 번째 단계는, 회중과의 대화, 개회 기도, 예물 봉헌 기도, 대감사기도와 거룩송, 복음 환호송, 주기도문, 성찬 분배 후 기도, 파송 기도를 포함하였다. 둘째 단계는 미사 통상문(키리에와 글로리아, 아뉴스데이)을 첨가하였고, 신자들의 고백과 보편 중보 기도(보편지향기도, General Intercession)가 있다. 세 번째 단계에는 입당송과 영성체 성가, 응답 시편송(성서 봉독 후[중간]부르는 찬송가) 그리고 예물 봉헌송을 포함한다.[28] 분명히 찬송 부르기는 여전히 전통 예전 축제의 필수 요소로 취급되지 못했다.

---

28. *Documents on the Liturgy 1963-1979: Conciliar, Papal, and Curial Texts* (Colegeville: The Liturgical Press, 1982) 1298 [art. 4150].

불행히도, 제2차 바티칸 공의회로의 초기적인 음악적 반응은 자국어 찬송가에 대한 것이었다. 이미 예전에서 찬송을 부르는 행위는 실천되어 왔으며, 구체적으로 이야기하면, 미사에서 성가대원들이 찬송을 부르는 것을 들을 수 있었다. 따라서 초기에 찬송가를 부르기 위한 노력은 이러한 점들에서 나타난다. 그리고 현존하는 가톨릭 찬송가 레퍼투어는 헌신기도와 성무일과 찬송을 섞어 놓았고, 절기 찬송은 영성체 예전에 잘 어울리지 못했다. 따라서많은 음악들은 수 세기 동안 찬송가가 계속적으로 불려져 왔던 개신 교회에서 차용되었다. 그러나 이 자료는 생소한 것으로 간주 되었고 가톨릭 교회에 의해 불신되었으며, 제한적인 에큐메니컬 사고, 그리고 많은 경우 60년대의 분위기, 현대 교회에는 적절치 않은, 시대착오적 복고주의에 의해 부정적으로 평가받았다.

2차 바티칸 공의회 개혁의 엄청난 영향이 현실화되고, 실천되었듯이, 그 원동력은 체계적으로 고유의 음악적 세팅을 필요로 하는 예전의 요소들을 겨냥했다. 복음 환호송은 이제 노래로 불려지게 되었으며, 시편들은 응답조로 낭송되었고, 그리고 회중과의 기도를 통한 대화에서 노래로 임하는 사제들도 있다.

불행하게도 찬송들은 여전히 졸속으로 처리되고 있으며, 예전에 덧붙여진, 별것 아닌 소재로 쉽게 치부되고 있다. 일부 문제들은 찬송가 본질의 문제로 결부된다. 찬송에 쓰인 가사들은 많은 절수를 가지고 있으며, 요구되는 길이보다 더 길게 나타난다. 사실, 찬송가는 예전 내에서 법규가 짧게 요구되는 바로 그 때와 반복적인 교창 시에 사용되었다. 찬송과 형식과 영성체 형식, 그리고 기능은 모두 어색하게 느껴졌고, 우리는 '동그란 모양의 홀에 네모난 모형을 집어넣으려 노력하는' 문제에 직면해 있다. 이렇게 기능에서 모순이 존재한다면, 예전에서 찬송 부르기는 가능할 것인가?

입당 행렬은 찬송 부르기를 받아들이기에는 너무 짧은 시간이다. 이와 유사하게, 시간은 예물 봉헌을 준비하는 순간에도 중요한 요소로서 고려된다. 성찬식을 치루는 가운데 찬송을 부르는 것은 매우 어렵다. 특히, 회중이 찬송가를 들고, 손으로 성체를 받는 것은 매우 어렵다. 미사의 끝에, 사제가 모든 신자를 파송하고 난 후에 왜 찬송을 불러야 하는가? 궁극적인 모순점은, 집례 사제와 보좌신부가 본당을 나갔는데, 회중이 여전히 노래를 불러야 하는 데 있다. 사제가 여전히 머물러서 노래를 하지 않는데, 다른 회중들은 왜 찬송을 불러야만 하는가?

그 문제는 찬송을 어디서 불러야 하는지, 혹은 어디서는 불러서는 안 되는지, 하는 단순한 제한이나 규정만을 통해서는 풀리지 않는다. 하지만 예전 안에서 음악기능 의식의 현실화 문제와 예식 행사 안에서 고결성을 가지고 문제를 해결하려는 것보다는 간단할 것이다.

*Liturgical Music Today*에서 예전에 관해 주교 위원회는 다음과 같이 언급했다:

(9) 노래하는 기도의 다양한 기능은 예전 의식 내에서 구별돼야만 한다. 때때로 노래는 의식적 행위를 수반함을 의미한다. 그러한 경우에 노래는 독립적이지 않고 도움을 줄 뿐이며, 예전 행위가 더 오랜 시간을 필요로 할 때, 회중이 기도하는 것을 지원할 따름이다. 음악은 예전이 이루어지는 순간을 풍성하게 하며, 그것이 예배를 지루하지 않게 만든다.

(10) 예전 행위 중 다른 때에, 노래하는 기도가 그 예식의 아주 필수적인 요소를 구성한다. 기도가 이루어지고 있을 동안 다른 어떤 의식 행위도 이루어지지 않는다.

(11) 노래가 필요한 때, 그 시기를 결정하는 정도를 넘어서서, 음악적 형태가 예전의식 기능에 맞춰져야만 할 것이다.[29]

Universa Laus는 예전음악인들의 국제적인 모임이며, 그들의 목적(Mission)은 보다 더 명확하게 이해하고 소통하는 것과, 예전이 어떻게 작용하며, 예배 안에서의 음악이 어떻게 기능하는지 깊이 있게 이해하는 것이다. 결과적으로 그들은 몇 가지 가이드라인 또는 음악과 예전에 대한 주안점(Points of Reference)들을 설정하였다. 특별히 의식에 관하여 안내문 7.4는 다음과 같다:

예전에서의 음악의 역할은, 예배에서의 음악 사용도를 살펴보는 단계를 초월하는, 중대한 사안이다. 모든 상징적 기호와 같이, 음악은 그 자체를 넘어서는 므엇인가를 암시한다. 그것은 의미와 반응을 정의할 수 없는 경지로 우리를 이끌어 준다.[30]

---

29. *The Liturgy Documents: A Parish Resource*, ed. Mary Ann Simcoe (Chicago: Liturgy Traning Publications, 1985) 247.

30. Claude Duchesneau and Michel Veuthey, *Music and Liturgy: The Universal Laus Document and Commentary*, trans. Paul

이에 대하여 미쉘 브뜨이Michel Veuthey는 다음과 같이 언급하고 있다.

> 이러한 문제들은 쉽게 해결되지는 않는다.. 예술은 복잡하고 헤아릴 수 없는 것이라고 믿어버리도록 우리를 유도하기 때문이다.
>
> 사실 우리는 기능에 있어 두 가지 규칙(Order)을 분별할 수 있다. 첫째, 우리는 특정 음악 요소를 사용하는 목표가 무엇인지 분명히 규정하여야 한다. 또한 얻어진 결과가 그 목적한 바와 조화를 이루는지 확인하도록 노력해야 한다. 그러나 이토록 분명한 목적에 대한 탐구는 결과에 대한, 이차적인 카테고리의 문을 열어주게 되며, 이러한 상태는 다양하게 전개되고 그 뜻을 측정하거나 인지하는 것이 매우 어렵기만 하다. 이러한 음악의 상징적인 기능은 ... 음악의 가장 중요한 역할 중 하나를 구성하고 있다.[31]

따라서 의식을 준비할 때에, 제일 중요한 것은 의식 행위의 본질을 결정하는 것과, 의식 행위 안에서 음악의 기능적인 면을 결정하는 일이다.

> 회중 가운데의 참여자들의 소명은, 예배에서 그것이 요구될 때, 전심으로 음악 행위에 동참하며 온전히 참여하는 것이다. 이러한 상태가 이루어질 때, 노래와 악기의 음악은 진실로, 그리고 인쇄된 페이지를 넘어서, 진심에서 우러난, 살아 있는 연주가 된다. 그리고 이 의식 노래의 특징은 추상적이지 않은, 구체적인 것이 될 것이다. 노래와 악기 음악 모두 그들이 사용되는 의식에서 "적절한" 음악이 될 것이다.[32]

예전을 위한 음악은 예전 안의 음악이어야 한다. 이 음악은 손이 꼭 맞는 장갑처럼 의식ritual에 맞게 사용되지만, 이렇게 되기까지에는 의례rite가 꼭 이해되어야만 한다.[33] 여기에서 회중 찬송을 의식에 '수반되는' 기능으로 이해하는 것은 위험한 일이다. 만약 노래가 "훌

Inwood. (Washington, D.C.: Pastoral Press, 1988) 23.

31. Duchesneau and Veuthey, Music and Liturgy, 87.

32. Eugenio Costa, "Music at the Crossroads: Liturgy and Culture," *Sung Liturgy: Toward 2000 A.D.*, ed. Virgil C. Funk (Washington, D.C.: Pastoral Press, 1991) 71.

33. Costa, "Music at the Crossroads," 68.

룽"하였다면 이는 회중이 그저 행위에 급급한 것이 아니라 무언가에 이끌려 움직였을 가능성이 매우 높다. 기도송은 의례에서 그저 추가적이거나 첨가물로서가 아닌 중요한 성분의 위치를 차지하여야 한다. 현대 교회에서는 찬송이 소극적으로 받아들여지는 것을 볼 수 있다.[34] 이러한 모습은 의식에 동반되는 음악의 본질과 목적에 대한 통찰력의 부족함을 나타내는 것으로 볼 수밖에 없다.

입당 의식을 되돌아보며 의식의 본질을 규정하는 일이 필요하다. 만약에 입당 찬송이, 사제가 제단으로 걸어가는 과정을 채워주는 것이라면, 여기에서 예전의 초점은 몇몇 개인에게 집중될 것이다. 반면에, 입당 찬송의 본질이, '회중 찬송'에서 나타났던 것처럼, 모임 자체를 위한 것이라면, 예배를 위해 모인 공동체에 초점이 맞추어져야 한다. 이 경우에 음악은 그저 행렬이 아닌 의식적 사건(Ritual Event)이 된다. 따라서 집례 사제가 제단에 도착했다고 해서 찬송 부르기를 그칠 필요는 없게 된다. 찬송 부르기 자체가, 공동체가 드리는 찬양 행위의 부분이 되어야 하며, 오히려 사제와 다른 보좌신부들은 그들이 참여하는 예배의 회중으로서, 모인 공동체의 찬양 행위를 위해 찬송을 계속하여야만 한다. 여기에서 의식과 음악은 서로 시간을 맞추어 일치된 모습으로 진행되어야 한다. 만약 같은 결과를 향해 상호 간의 목표가 나뉘지 않는다면 음악의 성격과 의식의 형태 간에 조율이 있어야 할 것이다.

이러한 상황에서 찬송가를 사용하는 것은 매우 중요하다. 교창송^responsorial son^은 본질상 대화체로서 '너와 나'의 구조를 띄고 있다. 반면에 찬송 부르기는 '우리'라는 표제 하에 함께 서서 믿음 안에서 연합되는 것이다.[35] 찬송 부르기는 결합력이 있는 형식으로 공동체를 하나로 묶어주는 데 이상적이다.

가톨릭 찬송가를 노래하는 것이 매우 지루하고 단조로운 이유 중 하나는 입당송으로서 반주 역할에 머무르기 때문이다. 근래에 대중적으로 행해지는 로마 가톨릭 예전에서는 전심을 다하는 찬양의 귀중한 순간들이 존재하지 않는다. 찬양을 위한 찬송들은 비교적 중요하지 않은 의식의 순서를 보조하는, 종속된^subordinated^ 모습으로 전락하였다.[36] 만약에 찬송 그

---

34. 현대예전에서 찬송을 이야기할 때 나는 보편적으로 말하여 "전통적" 찬송과 흔히 갈하는 "민요조(folk)"찬송의 구분을 하지 않고 있다.

35. Edward Foley, "Theater, Concert, or Liturgy: What Difference Does it Make?" *Sung Liturgy: Toward 2000 A.D.*, 83.

36. Carl Dehne, S.J. "Roman Catholic Popular Devotions," *Christians at Prayer*, ed. John Gallen, S.J. (Notre Dame: University of Notre Dame Press, 1977) 95.

자체가 의식 행위로서 인식된다면, 찬송은 당연히 음악적인 대우를 받을 수 있게 된다. 만약에 찬송이 몇 개의 절로 전체를 구성하는 시적 구조로 비춰진다면, 한 절수도 빼놓지 않고 모두 불러져야 한다. 그렇다면, 오르가니스트를 포함한 다른 음악인들도 찬송의 효과적 연주를 위해 미리 계획을 짤 것이다. 즉, 각 절에 다양한 화성을 사용하고, 데스칸트descants 를 도입하며, 악기 사용을 더하고, 각 절을 서로 다른 그룹들이 교창하는 등 여러 가지 방법을 선보일 수 있다. 이러한 찬송 부르기 방법들은, 모든 절수를 부르지 않으면 효과를 낼 수 없다. 만약 어떤 찬송의 절수가 너무 많다고 생각된다면, 가사 전체의 완결성을 훼손하기보다는 찬송가 선곡 자체를 바꾸어야 함이 옳다.

예물을 바치기 위한 준비 음악도 하나의 딜레마를 형성한다. 이러한 의식에서 "반주accompany로서의 음악은 점진적 방향성을 갖고 있기 때문이다. 여기에서 음악이 너무 길면 예전의 흐름이 방해가 된다. 또한 찬송(혹은 어떤 형태의 회중 음악)이 의식을 그저 간단히 수반하는 상태라면 사제는 그의 지도자 역할에서 회중 전체를 참여시키지 못하고 혼자서만 노래하면서 공동체로부터 분리되는 것이다. 그러므로 이러한 의례는 음악 없이도 충분히 진행될 수 있다. 같은 맥락에서 회중이 의식행위에 집중함을 방해하는 회중찬송 보다는 합창, 악기, 성악곡이 예전을 더 잘 보조할 수 있다. 예전의 이 시점에서 찬송을 노래할 수는 있다. 그러나 마찬가지로 의례와 음악은 서로 간에 화음을 이루어 일치감을 나타내야 한다. 음악의 가사는 떡과 포도주, 그리고 봉헌에 대한 내용에만 한정 것이 아니라 설교 말씀, 성경 봉독, 아니면 교회력에 어울리는 음악과 가사로 이루어진 묵상에 포인트를 맞추어야 한다.

위에 열거한 바와 같이 영성체, 봉헌, 입당 시에 찬송을 부르는 것은 거의 불가능하다. 그러나 이 시간은 악기, 혹은 합창음악에 좋은 기회를 부여하기도 한다. 영성체, 봉헌, 입당을위한 회중 음악은 손에 찬송가를 들지 않고, 외우기 쉽고 움직이면서 노래하기 좋아야 한다.[37] 거듭 말하여 음악과 의례의 일치는 예전의 목적을 이루는데 절대적이다.

회중찬송으로 더욱 적합한 때는 영성체 이후 감사의 노래 시간이다. 이 찬송은 찬양의 행위, 또 기념의 시간으로서 다른 예전 순서와는 다르게 가사나 심미적 조건으로 제한될 필요가 없다. 전체 분위기에 맞추어 내적으로 표현하는 음악이나 열의가 넘치는 찬양도 적절

---

37. 떼제음악은 이러한 입례에 매우 적합하다.

하다. 이 시간은 회중찬송에 제한될 필요는 없다. 이 때 전혀 다른 형식의 음악적 표현이 이루어지는 것도 바람직하다. 여기에서의 중요한 사항은 예전 속의 찬송가를 사용하는 것이 일반적이지만, 그렇다고 한 가지 형식으로서만 제한할 필요는 없다는 것이다. 오히려 잘 준비된 계획성으로 여러 가지 음악 및 연주 스타일이 소개되는 것이 좋다. 다시 말해서 가장 기본적인 전제는, 음악과 의례의 일치이다.

이미 말하였듯이 퇴장찬송은 파송 의식과 전혀 관계없는 성격으로 진행될 우려가 있다. 사제에 의하여 예배가 종료되었음을 선포한 후 회중에게 그 자리에 남아서 찬송을 부르도록 요구하는 것은 우스꽝스러운 일이다. "미사는 마치었습니다, 그러나..." 이 시간이야말로 찬송이 필요치 않은 부분이기도 하다. 오히려 영성체에 대한 회중들의 응답을 강조하기 위해 영성체 후에 부르는 찬송이나, 아니면 파송과 마지막 축도의 시간으로 집중하기 위하여 부르는 찬송이 더 적합하다. 만약 특별한 퇴장 찬송이 요구된다면 이 부분은 회중 공동체 전체의 찬송이 되도록 실행되어야 한다. 이 때 집례자와 보좌신부는 본당에 남아서 같이 노래해야 한다. 본당에서의 퇴장은 찬송가의 마지막 절수 때 집례자가 본당 입구에 서 있을 수 있도록 계획한다. 오르간이나 악기의 적절한 후주(Postlude)가 더욱 효과적이거나, 쉽게 진행될 수 있는 선택 사항이기도 하다. 다시 한 번 종합적으로 말하면 음악과 의례는 절대적으로 일치하여야 한다.

찬송은 교회의 예전적 삶에서 매우 중요한 역할을 차지하고 있다. 그러나 대부분의 경우에 이를 사용하는 데 있어 조심스럽게 계획하고 평가하는 일이 필요하다. 예전의 음악 사항들을 다양하게 계획하는 것은 두려워할 사항이 아니라 장려되어야 할 일이다. 계속되는 세대들 사이에 생겨나는 예전의 차이를 뛰어넘어, 서로를 연결하는 작업이 필요하다. 여기에서 과거를 기억하는 것과 경험하는 것의 사이에 뚜렷한 차이와 경계선은 없다. 예배자의 사고방식consciousness이 변하지 않는 한 새로운 의식과 형식은 이전 것들과 똑같이 되풀이될 뿐이다.[38] 예전의 대부분과 마찬가지로 세례를 위한 교리문답catechesis의 중요성은 회중이 그 다음에 일어날 일이 무엇인지 아는 것과 함께, 왜 그런지, 그리고 예전/의식에서 그것들의 역

---

38. Dehne, "Popular Devotions," 84.

할이 무엇인지를 가르쳐준다.

신학에, 초대교회에서부터 현대까지의 교리사적 발전사항을 무시할 수 없는 것처럼 음악에서도 과거와 단절된, 역사적 진공상태에서 기능을 발휘한다는 것은 건강하지 못한 발상이다.[39] 찬송가는 우리의 과거와 밀접한 관계를 유지하며 사도 시대부터 제2차 바티칸 공의회까지 연결된다. 우리가 만일 기독교의 뿌리와 전통에 충실하고자 한면 찬송가는 예전적 예배에서의 중요한 역할로 자리 잡아야만 한다. 정사각형의 나무못peg이 원형의 구멍에 맞게 하기 위하여서는 두 가지 모양(Both Shape)의 치수가 서로 수용될 수 있어야 한다.[40] 원과 정사각형이 서로 포개지는 새로운 모형은 매우 흥미로운 기하학적 형상을 창조하게 될 것이다.

---

39. Fassler and Jeffery, *Sacred Sound*, 116.

40. 기하학적인 설명으로 직각삼각형의 빗변(hypotenuse)은 중심 원의 직경(diameter)과 같은 거리이다.

별지 Appendix
『예배 III』 에 번역된 초기 라틴찬송가 제목

	Ambrose (c.340-397)	
372	Veni redemptor gentium	Savior of the Nations come
	Prudentius (348-c.413)	
398	Corde natus ex parentis	Of the Father's Love Begotten
	Gregory the Great (c. 540-604)	
420	Ex more docti mystico	Again We Keep This Solemn Feast
4	Nocte surgentes	Father We Thank Thee
422	Clarum decus jejunte	The Glory of These Forty Days
	Fortunatis (c. 540-c.610)	
405	Quem terra, pontus,	The God Whom Earth and Sea and Sky
435	Vexilla regis	The Royal Banners Forward Go
437	Pange Lingua, gloriosi	Sing My Tongue, the Song of Triumph
444	Salva festa dies	Hail These Festival Day
	Theodulph of Orleans (c.760-c.821)	
428	Gloria laus et honor	All Glory Laud and Honor
	Rabanus Maurus (c. 776-856)	
475	Veni creator Spiritus	O Holy Spirit by Whose Breath
482	Veni creator Spiritus	O Come Holy Ghost
	Bernard of Clairvaux (c.1091-1153)	
434	Salve caput cruentatum	O Sacred Head
605	Jesu delcedo cordium	O Jesus Joy of Loving Hearts
	Thomas Aquinas (1227-1274)	
489	Adoro te devote	God With Hidden Majesty
757	O salutaris	O Saving victim
758	Tantum ergo	Come Adore

제21장

설교와 해석학으로서의 예전음악

Liturgical Music as Homily and Hermeneutic

| 로빈 리버 Robin A. Leaver |

예전음악이 지니고 있는 해석적인 기능과 선포적인 기능은 항상 이해되거나 인식될 수는 없다. 합창 전통을 지지하는 회중들은 예전음악이 순수하게 회중적인 것으로 자리 잡은 곳의 회중들보다 아마도 더 쉽게 이 두 가지 기능들을 이해하고 인식할 것이다. 특히 지난 30년 만큼, 합창 음악이 예배 공동체 안에서, 가장 관대히 다루어지거나 혹은 합창음악이 의심과 적개심으로 부정적으로 취급받던 적이 없다. 그러나 이것은 새삼스러운 문제가 아니다.[1]

16세기 종교개혁과 반종교개혁의 시기부터 오늘날에 이르기까지 예배 안에서의 합창음악에 대한 의문은 항상 논쟁 선상에 있었다. 중세의 예전음악이 지나치게 다성음을 사용하여서, 예전 본문이 코랄 텍스쳐(Choral Texture)에 의해 압도되었던 것과 달리, 칼뱅과 다른 신학 지성들은 간결한 회중 노래의 제창을 지지하며 다성음을 가진 모든 형태의 합창 음악을 거부했다. 또한 가톨릭 안에서도 로테르담의 에라스무스와 같은 인문주의자들로부터 두드러진 비판의 목소리가 있었는데, 특히 에라스무스는 미사 안에서 과도하게 화려한 합창음악에 불만을 나타냈다. 따라서 16세기 이후 트렌트 공의회는 예전 합창 음악의 단일화를 선

1. 이 밑의 몇 단락은 나의 논문 "Choral Music in worship," *Reformed Liturgy & Music 23* (1989) 66-68 안의 요소들을 수정한 것이다.

포했다. 트렌트 공의회의 모델은 팔레스트리나[Palestrina]의 기본적인 호모포닉 형식이었고 팔레스트리나의 호모포닉 형식은 가사를 통일하고 예전 본문을 봉독하는 데 주의를 기울이게 했다.

그런 까닭에 합창음악에 대한 두 가지 다른 반응이 나타났다. 하나는 제거 정책이었고, 다른 하나는 양식의 변화를 주장하는 것이었다. 16세기 칼뱅주의(Cavinism)와 가톨릭은 합창음악에 대한 두 가지 반대되는 접근들을 발전시켰다. 칼뱅주의는 합창음악을 거부했고, 그 대신 회중찬송을 사용했다. 가톨릭은 위와 같이 합창 음악 사용을 억압하지 않았다. 그러나 확실하게, 미사에서 회중의 노래를 받아들이는 점과 그것을 실행하는 점 모두를 신중히 거부하였다. 가장 최근에는 두 가지 전통(개신교, 가톨릭) 내에 정반대되는 경향들이 생겨나고 있다. 제2차 바티칸 공의회에 따르면 가톨릭은 자국어 예전 가운데 종교개혁 사고를 채택했고, 자국어를 사용하는 예전내 에서는 회중 찬송이 중시되고, 필수적인 부분으로 자리매김했다. 이와는 반대로 거의 19세기 이후 종교개혁 전통을 가진 교회들은 예배 안에 합창음악을 수용하게 되었다. 예를 들어, 오늘날 많은 장로교회들은 대부분 주일마다 성가를 부르는데 익숙하며, 꽤 큰 성가대를 가지고 있다.

가톨릭교회를 볼 때, 제2차 바티칸 공의회로 인한 큰 유익이 있는 동시에, 또한 불행한 결과들을 가져왔다고 말할 수 있다. 먼저, 많은 교구 안에서 볼 때, 가톨릭 특유의 합창전통이 감소되었던 것이다. 비록 제 2차 바티칸 공의회가 라틴 미사를 자국어 미사로 완전히 변혁시키려고 의도하지는 않았음에도 불구하고, 실제로는 그렇게 되었다. 라틴어 미사가 사라짐에 따라, 그와 관련된 합창음악이 소멸하게 되었다.

따라서 미사에서 자리 잡고 있는 합창 세팅이 여러 종류, 형식의 회중 버전(Version)으로 대치되었다. 뿐만 아니라, 이 외에도 교창 시편이나 찬송들이 종종 마이크로 부르는 칸토르들이나 어쿠스틱 기타들에 의해 많이 들리게 되었다.

16세기 개혁주의와 공통의 유산을 갖고 있는, 비 가톨릭 교회들을 보면, 비록 많은, 훌륭한 교회의 예배에 합창음악이 위치를 유지하고 있었지만, 회중 찬송을 선호하는 분위기에서 합창 음악이 훼손되어 갔다는 사실을 인정해야 한다. 회중찬송은 합창단의 구분이 있거나, 특화된 음악과는 대조되게, 더 진정성이 있고, 적절하다고 여겨진다.

어떤 면에서 이는 오늘날의 민주주의 신학을 강조한 결과이다–가톨릭, 프로테스탄트 둘 다–'민주주의 신학'은, '예배와 예배음악이 모든 사람들을 위한 것이라면, 회중들에 의해 행해져야 한다'는 기본 전제를 갖고 있다. 그러나 이러한 주장은 새로운 것이 아니다. 이러한 논의는 거의 모든 세대를 통틀어 계속된 것이다. 예를 들어 1855년 발행된 장로교인The Presbyterian이라는 잡지 안에서도 그러한 요지가 나타났다:

> 언제쯤이면 우리 회중의 "모든 사람들"이 "하나님을 찬양하는 것"을 시작할까? 교회음악이 대리인들의 전유물처럼 여겨지는 동안에는 불가능한 일이다. 우리는 성가대들에 대항하는 운동을 시작하려는 의향이 없다. 다만 우리는 '2층 꼭대기를 차지하고 있는 소수가 예배에서 즐거움을 주는 부분을 독점하고 있다'는 사실에 실례를 무릅쓰고 이의를 제기한다. 만약 성가대가 회중을 이끌어 갈 것이라면, 우리는 그들에게 대항하지 않을 것이다. 그러나 회중 자신들이 감당해야 하는 부분들을 성가대가 대리인으로서 떠맡고자 한다면, 우리는 그러한 처사를 개선하는 일이 더욱 빨리 실행되어야 한다고 여길 것이다. 2층의 전문 음악인들이 그들의 기량을 맘껏 뽐내는 동안에, 모든 회중이 벙어리처럼 앉아있어야 한다면, 이 예배음악은 얼마나 슬픈 코미디가 될 것인가?[2]

만약 성가대가 회중의 노래를 대신한다면 그것은 예배 신학에 무언가 잘못되었기 때문이다. 그러나 그와 동일하게 예배에 있어서 '민주주의'가 주장하는 '합창단의 유일한 역할은 회중을 서포트해주는 것'이라는 주장에 대한 신학적인 반론들이 있다. 확실히 예배는 예배의 모든 면으로 참여하는 믿음의 공동체 안에서 모든 사람을 위한 것이다. 그러나 이것은 모든 사람들이 예배의 모든 부분에서 두드러지고 명백하게 활동해야 한다는 것을 의미하지 않는다. 공중 예배는 처음부터 끝까지 계속 동일하지 않다. 공중 예배는 소리와 침묵, 말하기와 듣기, 기도와 찬양, 그리고 기타 등등의 시간을 가진 다채로운 경험이자 변동적인 활동이 되어야한다. 회중은 항상 일어서서 노래하는 것이 아니다. 설교 시간은 회중에게 있어서 비활동적인 시간이 아니며, 적어도 그렇게 되어서도 안 된다. 잘 전달된 설교나 예배자들 각각의 마음에 말해지고 있는 영적인 진리라는 그 취지에 의해 자극받고 행동하도록 해야 하

2. *The Presbyterian*, Saturday, March 3, 1855, under the heading "Congregational Singing."

는 것이다. 독립적인 합창음악도–올바르게 이해되며 회중찬송에 덧붙여진– 똑같이 예배에 있어서 설교적 목적을 가져 올 수 있다. 그것은 예배자로 하여금, 생각하고, 기도하며, 그 날 혹은 축제(Celebration)의 주제를 묵상하는 시간을 준다.

합창음악이 설교의 기능을 가진다는 주장은, 지적으로는 그에 동의할 수 있지만, 실제로는 종종 부정된다. 만일 계획된 예배가 너무 길다고 생각된다면 성가는 줄여지거나 아예 없어지지만, 그러한 일이 설교에서는 드물기 때문이다. 그와 유사하게, 사제들은 합창(Anthem)이 회중을 수동적이며 말이 없게 만듦으로 예배를 훼손시킨다고 종종 주장한다. 그러나 위에 언급했던 바로 그 사제가 그의 설교에 대해서는 똑같은 논리를 적용하지 않는다. 그의 설교에 회중은 경의를 표하듯이 침묵으로 따라야만 한다고 주장한다. 왜 언어적 선포가 음악적 선포보다 우월하게 되었을까? 그것은 일반적으로 예배 안에서 설교의 예전적 기능과 음악의 설교적 기능 모두 진정으로 이해되거나 인식되지 못하고 있기 때문이다.

비록 여러 가지 다른 음악적 형식들이 이미 탐구되었지만, 다시 말해 가톨릭 모테트, 루터교 칸타타, 개혁 교회 시편 세팅 등이 거론되었지만, 예전음악의 설교적 기능을 실증하기 위해 다음 단락에서는 영국 앤섬에 초점을 맞출 것이다.

설교로서의 앤섬(The Anthem as Homily)

성공회의 앤섬은 만과vespers나 종과compline후, 영국 대성당들과 대학 채플에서 관습적으로 불렸던 중세 말 성모 마리아 다성 안티폰Marian polyphonic antiphon에 뿌리를 두고 있다. 성무일과의 끝 부분에 성가대는 성모예배당Lady Chaple을 향해 행진했을 것이며, 동정녀 마리아 동상 앞에서 다성 마리아 안티폰을 노래할 것이다. 1549년 나온 공동기도서Common Prayer의 소개와 더불어, 마리아 안티폰을 부르던 관례는 저녁기도송 예배(Evensong) 끝부분에 앤섬(고대 영어 중 안티폰이라는 용어에서 비롯됨) 부르기로 바뀌게 되었다. 이러한 성공회 용례는 마리안 텍스트(Marian Text)보다는 성경적인 성격을 띠었고, 그것은 초기 관례처럼 종종 시편에서 발췌되고 사용되었다. 앤섬은 예배가 끝난 뒤에 불려졌으며, 즉, 세 번째 기도 후에 부른 "당신께 간구 하오니, 오, 주여 우리의 어둠을 밝혀 주소서(Lighten Our Darkness. We beseech thee, O Lord)가 대표적이다. 그 의식은 공동기도서(*Book of Common Prayer*)가 나온 1662년 추가된 예배규정에 의해 확인되었다: "In Quires & places where they sing here followeth ye Anthem".[3] 따라서 영국의 합창 전통 안에 있는 앤섬이 성립된 것이다. 영국 앤섬을 조사하는 연구들이 많다. 예를 들어 앤섬의 다양한 형식과 스타일, 주요한 발달 시기와 그 장르에서 제일 중요하거나 다음가는 작곡가들에 대한 연구는 많이 있다. 그러나 설교적 기능을 가진 앤섬에 대한 연구는 드물다. 생각건대, 적어도 초기 세대의 작업에서는 자명한 사실이었을 것이다.[4]

예나 지금이나 영국의 대성당과 대학 예배당에서는 보통 코랄 이븐송(Choral Evensong) 때에는 설교가 없다. 왜냐하면 '합창이 있는 저녁기도'에는 '말로 전달되는 설교'보다는, '소리로 전달하는 설교'가 이미 존재하기 때문이다. 성공회의 만과 때 행해지는 앤섬은 설교적인 목적을 가지고 있다. 물론 저녁 기도송 시간에 다른 음악들이 존재하지만, 앤섬은 다르게 기능한다. 처음의 오르간 볼룬터리(Voluntary)는 예배에 회중이 빠져들게 함으로써 묵상하고, 기도하게 한다. 다음에 이어지는 성공회의 영창으로 불렀던 시편은 찬양과 기도 부분으로 되어있다. 마리아의 노래[Magnificat]와 시므온의 노래[Nunc Dimittis]는 두 번의 성경 봉독(Lessons)에 대한 찬양적이고 기도적인 응답들이다. 그러고 나서 사제의 응도[suffrages]와 본기도[collects 5]가 있은 후, 소리로 전하는 설교, 즉 앤섬이 나온다. 이것은 고대와 현대 작곡가들에 의해 종종 행해진 설득력 있는 설교이다. 고대 작곡가들의 경우 그들의 음악은 자신들의 인생 기간을 훨씬 넘어 예배자들 각각에게 말하고, 설교자들의 설교가 있은 훨씬 후에도, 그 설교들은 음악을 통해 여전히 울려 퍼지고 있는 것이다. 성서적인 관점에서, 그 작곡가들은 죽었지만 마치 "여전히 그의 믿음으로서 말하는" 아벨과 같다(히11:4.) 그리고 이 작곡가들은 그들의 음악을 통해 그들의 세대를 뛰어넘어 계속 설교한다. 그들의 설교 주제는 히브리서 12:24에 나온다: "새 언약의 중재자이신 예수와, 그가 뿌리신 피 앞에 나왔습니다. 그 피

---

3. 이 자료를 보라. *The Durham Book: Being the First Draft of the Revision of the Book of Common Prayer in 1661*, ed. G. J. Cuming(London: Alcuin, 1975) 82.

4. 한가지의 예외는 스테판 플랭크(Stephen Plank)인데, 그는 헨리 퍼셀(Henry Purcell)의 대규모 절의 성가 "They that go down to the sea in ships"를 세밀하게 분석함으로써 설교로서의 성공회 성가에 다가갔다. ; Stephen Plank, "*The Way to Heavens Doore*": *An Introduction to Liturgical Process and Musical Style* (Metuchen: Scarecrow, 1994) 142-49; 플랭크의 책의 5챕터 전체를 보라, "Liturgical Music as Homily," 128-63.

5. 성공회와 Episcopalian의 응도(suffrages)와 소창(Canticles)과 기타 등등의 사용에 있어서, 이전의 15장을 보라.

는 아벨의 피보다 더 훌륭하게 말해줍니다."

특정 앤섬들과 소리로 전하는 설교들이 예배자들을 끌어들이는 효과로서 증명하는 다양한 시대적 배경의 저작들과 편지, 일기, 수기 등의 문서 자료들이 존재한다. 가장 중요하고 흥미 있는 자료 중 하나는 존 웨슬리John Wesley의 수기(Journal)인데, 특히 1738년 5월의 일지(Entry)들이 있다.

존 웨슬리의 삶을 형성하는 영적 체험은 "회심"인데, 그 용어는 일찍 만들어졌음에도 불구하고, 그의 이어지는 목회에 새로운 방향을 제시했을 뿐만 아니라, 감리교의 시초가 되었다. 비록 웨슬리 자신은 "칭의의 체험"이라는 표현을 원했음에도 불구하고, 그 경험은 "회심," "확증의 체험, 혹은 "올더스게이트 체험Aldersgate experience" 등으로 기술되어왔다. 이러한 상황은 1740년 출판된 웨슬리의 '수기'에 기록되어 있고, 전기적이고 신학적인 연구들 중 많은 토론들이 다시 인용되는 과정에서 웨슬리에게 1738년 5월 24일 수요일 저녁에 무슨 일이 일어났는지를 어떻게 기술할 것인가에 관해 집중하고 있다.

> 저녁에 나는 [런던] 올더스게이트 거리(Street)에 있는 한 모임에 뜻하지 않게 가게 되었는데, 거리서 한 사람이 루터의 로마서 주해 서문을 읽고 있었다. 9시 15분 전 쯤, 그 읽는 사람이 그리스도 안에 있는 믿음을 통해 하나님이 마음 가운데 일하신다는 변화를 기술하는 동안, 나는 내 마음이 이상하게 뜨거워지는 것을 느꼈다. 나는 구원이 오직 그리스도 안에서만 가능하다는 믿음을 가지게 되었고; 그리스도가 나의 죄, 심지어 나 자신까지도 가져가시고, 나를 죄와 사망의 법에서 구원하셨다는 확신을 가지게 되었다.[6]

물론 존 웨슬리의 올더스 게이트 채플에서의 체험이 과소평가되어서는 안 되지만, 그러나 똑같은 날 중 먼저 일어났던 사건에 관한 기록에 대해서도 주의를 기울여야 한다. 왜냐하면 그 먼저 일어났던 사건 또한 그의 영적 각성의 중요한 요소이기 때문이다.

> 그날 오후 나는 [런던] 세인트 폴St. Paul 대성당에 가도록 초대받았다. 그 앤섬은 "오 주여 나는

---

6. *The Works of John Wesley*, ed. Frank Baker, et al., 34 vols. (Oxford: Clarendon, 1975-) [Journal and Diaries, eds. W. Reginald Ward and Richard P. Heitzenrater, vols. 18-24] 18:249-50.

깊은 데서부터 당신께 부르짖나이다. 주여 나의 소리를 들으소서. 당신의 귀가 나의 탄식의 목소리를 듣게 하소서. 오 주님 당신이 만약 죄를 범하는 것을 극단적으로 기록해두신다면 누가 그것을 견딜 수 있겠습니까? 당신의 자비가 함께 있기 때문입니다; 그러므로 당신이 두려워집니다... 오 이스라엘은 주님을 믿습니다. 주님과 함께하면 자비가 있고 그와 함께라면 많은 보상이 있기 때문입니다. 그래서 그는 이스라엘을 모든 죄에서 구속하실 것입니다.[7]

그 본문은 1662년 공동기도서(*Book of Common Prayer*)에 기초한 버전의 시편130편 1–4절, 7–8절이다. 예배 초반부의 시편 119편 1–32절은 사순절 기간 중 24번째 저녁을 위한 것으로서, 성공회 찬트로 불려졌다. 따라서 웨슬리가 앤섬anthem의 본문으로 그 시편을 참고한 것은 실수가 아니었다. 웨슬리가 수기에 그 성구를 구구절절이 적을 수밖에 없었던 이유는 그가 기록한 시편 내용 자체가 그에게 커다란 충격을 주었기 때문이다. 하지만 그는 말씀만 듣지는 않았을 것이다; 성가의 음악적인 형식인 화음, 리듬, 멜로디로 된 설교적 제시부가 웨슬리에게 전달된 것이다. 또한 그 수기에는 이어지는 이틀 동안 세인트 폴 성당의 저녁 기도에 참석했다고 기록되어 있으며 그가 들었던 앤섬의 가사들 역시 기록되어있다.

5월 25일, 목요일, 오후 St. Paul 성당에 갔을 때 나는 거기서 부르는 앤섬 가운데에서 하나님의 좋으신 말씀을 맛볼 수 있었다. 그 가사는 이렇게 시작되었다. "내 노래로 항상 주의 자비하심을 찬송하리니, 내 입으로 주의 진리를 영원히 증거하리라."

5월 26일 금요일, 내 영혼은 계속 평안했지만, 여러 가지 유혹들로 힘겨운 가운데 있기도 했다. 나는 모라비안 Mr. Toltschig에게 무엇을 해야 할 지 물었다. 그는, 전에 당신이 했던 것처럼 그것들과 싸워서는 안 되며, 유혹들이 나타나는 순간 그 유혹들로부터 도망가 예수님의 사랑의 상처 안으로 피신해야 한다고 대답했다. 또 나는 오후의 앤섬으로부터 다음의 것들을 배웠다. "내 영혼은 진실로 여전히 하나님을 기다린다. 그의 오심이 나의 구원이시기 때문이다. 하나님은 나의 힘이시고 나의 구원이시다; 그는 나의 방패 되셔서 나는 넘어지지 않는다... 사람들아 하나님을 항상 신뢰하라; 여러분의 마음을 하나님 앞에 쏟아 부으라, 하나님이 우리의

7. *Ibid.*, 18: 249.

희망이시기 때문이다."[8]

다시 웨슬리는 기도서The Prayer Book의 시편 89편 1절과 62편 1-2, 8절의 번역들을 각각 인용하였으며, 이와 유사한 두 시편들은 분명히 앤섬 텍스트들이다. 즉, 기도서가 시편 119편의 다양한 부분들을 그 달의 25번째 날 혹은 26번째 날의 고유문 시편으로 사용하기 때문이다.

이 3일이 지나는 동안, 웨슬리가 그의 새로운 영적 경험과 이해에 익숙해졌을 때, 그에게 깊은 인상을 주었던 세 성가곡이 계속되어 세인트폴 성당에서 저녁기도회 때 불려졌다. 비록 이 예배의 음악에 대한 자세한 문서상의 증거는 없지만,[9] 그가 1738년 5월 각각의 3일 동안 들었던 그 성가곡들과 동일시 할 수 있다.

그 당시 세인트 폴 성당의 오르가니스트였던 모리스 그린 박사Dr. Maurice Greene는, 20년 전 1718년에 초에 임명되었다. 그는 1727년부터 작곡가인 동시에 왕실Royal 예배당의 오르가니스트였고, 1730년부터는 케임브리지Cambridge에서 음악 교수로 지냈다.[10] 아마도 웨슬리가 들었던 그 음악은 그린 박사에 의해 선별되고 정해졌을 것이다. 그 첫 성가의 정체는 웨슬리의 올더스게이트 체험 이전 오후에 들려졌는데, 교회력에 근거하여 특히 음악가들 사이에서 논쟁이 되었던 주제였다. 1882년과 1912년 사이에 웨스트민스터 대성당Westminster Abbey의 오르가니스트였던 프레드릭 브리지 경Sir. Frederick Bridge은 퍼셀Henry Purcell의 "깊은 곳에서Out of the Deep"를 좋아했다.[11] 그러나 이것은 처음 7절로만 구성되었기 때문에 제외되었지만, 웨슬리는 그의 수기 첫 부분에서 8절을 명확하게 포함하고 있다.

다른 가능성으로 볼 수 있는 두 곡은, 존 버나드John Barnard 에 의해 편찬된 "Selective Church Music(1641)"에 있는 세인트 폴에서 비주류였던 두 캐논 세팅이 있다. 그 중 하나는 토마스 몰리Thomas Morley에 의한 것이며, 다른 하나는 애드리언 배튼Adrian Batten에 의한 곡이

8. *ibid.*, 250, 251.

9. 이 자료를 보라. Carlton R. Young, *Music of the Heart: John and Charles Wesley on Music and Musicians* (Carol Stream, Ⅲ.:Hope, 1995) 53.

10. 이 자료를 보라. Watkins Shaw, *The Succession of Organists of the Chapel Royal and the Cathedrals of England and Wales from c. 1538* (Oxford: Clarendon Press, 1991) 176-77.

11. Franklin B. Zimmermann, *Henry Purcell 1659-1695: An Analytical Catalogue of His Music* (London: St. Martin's Press, 1963) No. 45. 경과부(Bridge)의 판독은 the Curnock edition of Wesley's journal안에서 이어받았다: *The Journal of the Rev. John Wesley, A.M.*, ed. Nehemiah Curnock, 8 vols. (London: Epworth, 1909-16) 1:472, n. 1.

다.[12] 그러나 버나드 선집의 많은 사본들은 시민 혁명 동안 다수 소실되었고, 극소수만이 왕정복고시기에 사용될 수 있었다. 몰리와 배튼에 의해 세팅된 시편 130편은 위와 같은 이유로 웨슬리가 들었던 작품들에서 제외될 것이다. 존 다이크스 보브러드 경Sir. John Dykes Bowewrud -그는 1936년에서 1967년 사이[13] 세인트 폴 성당의 오르가니스트 였음—은 웨슬리가 들었던 그 곡의 실체는 윌리엄 크로프트William Croft에 의한 것이라고 주장했고, 이 설은 마틴 슈미트Martin Schmidt, 에릭 라우틀리Erik Routley, 이안 스핑크Ian Spink에 의해 뒷받침되었다.[14]

웨스트민스터의 오르가니스트이면서 그린 박사처럼 왕실예배당의 오르가니스트였던 윌리엄 크로프트William Croft [15]는 그의 교회음악 작곡 모음집 "*Musica Sacra* (1724년)"[16]를 출판했다. 그 모음집에는 운문 앤섬(Verse Anthem) "Anthem a 2 voi[ces], Psalm 130" "Out of the Deep"-이 포함되었다. 이 곡은 베이스와 카운터테너 독창들, 4성부 합창들이 오르간 반주를 동반하여 불려진다.[17] 그린은 크로프트 전집을 구독하였기 때문에[18] 크로프트의 앤섬은 웨슬리가 올더스게이트 체험 전일 오후에 들었던 시편 130편일 가능성이 높다.

5월 25일, 다음날 저녁 기도회에서 그는 시편 89편으로 예배를 시작하는 앤섬을 들었다. 그것은 거의 확실히 왕실예배당의 또 다른 음악가였던 헨리 퍼셀에 의해 작곡되었는데, 그 운문 앤섬은 "내 노래로 항상 주의 자비하심을 찬송하리니"(My song shall be away of the loving kindness of the Lord)(시편 89:1, 5-10, 14-15)였다.[19] 그 앤섬은 17세기 후반 세인트 폴 성당에서 사본 중 일부가 발견되었고, 그것은 성당의 보좌 주교였던 존 고스틀링Rev. John Gostling-왕실 예배당의 "주임 사제Priest in ordinary"였고, 그의 훌륭한 베이스 음성으로 명

---

12. John Banard, *Selected Church Musick, consisting of Services and Anthems, such as are now used in the Cathedrall and collegiat* Churches of this Kingdome (London: Griffin, 1641; facsimile, Farnborough: Gregg, 1971)

13. Shaw의 저작 *Succession of Organists*, 181쪽을 보라.

14. Martin Schmidt, *John Wesley: A Theological Biography, trans. Norman Goldhawk, 2 vols*. (Nashville: Abindon, 1962-66) 1:262; Erik Routley, *The Musical Wesleys* (London: Jenkins, 1968) 26-27; 그리고 Ian Spink, *Restoration Cathedral Music 1660-1714* (Oxford: Clarendon, 1995) 182.

15. Shaw, *Succession of Organists*, 10.

16. William Croft, *Musica Sacra : or, Select Anthems in score, consisting of 2, 3, 4, 5, 6, 7 and 8parts, 2 vols.* (London: Walsh, 1724; reissued in 1732)

17. Croft, *Musica Sacra* 1:40-48.

18. Prefatory material in Croft, *Musica Sacra* 1:[vi]; see Shaw, Succession of Organists, 176.

19. Zimmermann, *Henry Purcell*, no. 31.

성을 얻었다-의 소유가 되었다.[20] 그것은 고스틀링의 성가 악보 모음집에서도 발견되었고,[21] 헨리 플래이포드Henry Playford의 "Harmonia Sacra"(1703) 내에 발간되었다.[22] 따라서 이 퍼셀의 성가는 웨슬리가 올더스게이트 체험 다음날 들었던 성가인 것으로 보인다.[23]

올더스게이트 체험 다음 둘째 날, 5월 26일 금요일, 웨슬리는 아마도 세인트 폴의 만과에 다시 참석했을 것이다.[24] 이 시간에 그는 시편 62편 1–2절과 8절 앤섬을 들었을 것이다. 그린 박사의 성가인 솔로 베이스와 합창을 위한 "내 영혼이 여전히 간절하게 주님을 기다립니다"[My soul truly waiteth still upon God]는 1720년 작곡되었고, 마침내 그린의 *Forty Select Anthems*(1743)[25]에 수록되었으며, 웨슬리가 들었던 앤섬으로 추측된다.

비록 문서상의 증거가 없어 웨슬리가 1738년 5월 올더스게이트 체험을 한 이 날에 들은 성가들이 그것들이라는 확신은 없지만, 가능성이 아주 높은 것으로 비쳐진다. 확실한 것은 크로프트의 "Out of the Deep"과 더불어 그 곡들이 그 당시 인기 있었던 앤섬의 공통된 유형이며, 퍼셀과 크로프트와 그린은 그 장르를 선도하는 작곡가들이었다는 사실이다.

웨슬리는 후에 성공회 앤섬의 '몇 가지 측면'-특히 '절도가 없는'(Overindulged) 면-을 비판하였다. 다시 말해 반복적인 면, "똑같은 말들을, 아무런 이유나 근거 없이 여섯 번, 여덟 번, 열 번을 계속 반복하는 것"을 지적하였다.[26] 그러나 많은 다른 경우에 그는 종교 음악의 다양한 형태들로부터 오는 힘과 영향에 감동받았다고 기록하였다. 예를 들어, 웨슬리가

---

20. Under the date of January 28, 1685, the diarist John Evelyn recorded: "I also heard... sing before his majesty...privately, That stupendious base Gosling"; *The Diary of John Evelyn*, ed. E. S. de Beer, 6 vols. (Oxford: Clarendon, 1955), 4:404.

21. the facsimile를 보라, *The Gostling Manuscript: Compiled by John Gostling*, foreword by Franklin B. Zimmermann (Austin: University of Texas Press, 1977) Choral Anthems, fol. 125-29.

22. Henry Playford, *Harmonia Sacra; or Divine Hymns and Dialogues... The first book. The 2d edition... also four... anthems of the late Mr. Henry Purcell's, never before printed* (London: Pearson, 1703); 이 성가는 1714년 제 3판의 book 2에서, 그리고 1726년 또 다른 증보판의 book 1에서 발견된다.

23. Wesley would have heard the verse anthem accompanied by the organ, as is implied in *The Gostling Manuscript*, where it is included with "Choral Anthems," rather than with "Orchestral Anthem." However, the version published by Playford has four-part string accompaniment, with an opening "Symphony" and ritornelli. which are not found in *The Gostling Manuscript* version; see Henry Playford, *Harmonia Sacra... The First Book* (London: Pearson, 1726) 121-30.

24. Wesley does not mention St. Paul's, only the anthem. But given that he had attended evening song in the cathedral on the previous two days it is most likely that he heard this anthem, as the others, in St. Paul's.

25. Maurice Greene, *Forty Select Anthems in Score, Composed for 1, 2, 3, 4, 5, 6, 7 and 8 Voices, 2 vols.* (London: Walsh, 1743). "Solo Anthem Psalm LXII" 2:114-19.

26. *Journal,* 9 August 1768. The Works of John Wesley, 22:152.

1765년 락Lock 병원 채플에서 들었던 찰스 애비슨Charles Avison의 '룻기Ruth'나,[27] 1758년 브리스톨Bristol 성당에서 들었던 헨델의 '메시아Messiah'[28] 혹은 1762년 그가 다니던 엑세터Exeter 성당의 예배에서 "모든 예배는 어마어마한 고상함과 진지함으로 수행되었다... 그리고 높으신 곳의 하나님께 영광('Glory to God in the Highest')란 음악은 내가 생각해 볼 때 메시아를 뛰어넘는 음악이었다..."라는 언급이 있다.[29]

비록 웨슬리는 1738년 5월 중 3일간 들었던 세 앤섬에 대해 언급하지 않았지만, 그의 수기에서 그 본문들을 기록했다는 사실은 적어도 그 곡들이 그에게 크나큰 감화를 주었다는 점을 시사한다. 따라서 소리로 전달되는 설교를 통한 교훈적 능력에 갈미암아 그가 올더스게이트 예배당에서 변화된 체험은 의미심장한 것이다. 왜냐하면 그 중 하나는 자신이 같은 날 체험 전에 들었던 것이기 때문이며, 다른 두 곡은 이어지는 3일간 자신에게 일어난 일을 재확인하는 과정에서 접했기 때문이다.

5월 24일 수요일 오후, 세인트 폴 성당의 저녁 기도시간에 그가 들었던 첫 성가는 분명 크로프트의 시편 130편이었을 것이다. 그 본문은 뜻 깊은 것으로 웨슬리의 영적 상태에 영향을 주었다: "내 마음 깊은 곳에서 나는 당신을 주님으로 부릅니다."라는 크로프트의 긴 B minor 운문 앤섬(Verse Anthem)은 시편의 첫 성구가 베이스 솔로로 불려진다. 그 앤섬에는 "Called"라는 단어에 현저히 장식음으로 강조되어 있으며, "주여 내 간구를 들으소서"(Lord Hear my voice)라는 가사가 반복되는 동안 "오 주여 O Lord"라는 가사가 두 마디 반 정도의 격앙된 외침으로 불려진다. 그 후에 솔로 카운터테너와 베이스는 "당신께 자비가 있나이다(There is mercy with Thee)"라는 말씀을 강조할 때 성부가 교차된다. 그후 성가대는 되받아서 이 문장 "오 이스라엘이여, 주를 신뢰하라: 주와 함께 한다면 거기에 자비가 있고 그와 함께라면 충만한 구원이 있다"를 합창한다. 여기서 음악적 구조는 "주를 신뢰하라"를 강조한다. 그 앤섬은 성가대의 노래인 "그리고 그는 그 모든 죄들로부터 이스라엘을 구속하시리(And He shall redeem Israel from all his sins)"를 부르며 조용하고 고요한 B장조로 종결짓

27. *Journal*, 13 February 1765. Ibid., 21:499

28. *Journal,* 17 August 1758. Ibid., 21:161. 웨슬리는 첨가했다 : "이 performance동단 회중들이 집중하는 것처럼, 설교동안에도 그렇게 회중들이 진지한지 의문이 든다. 많은 부분에서, 특별히 몇몇의 코러스에서 그것은 나의 기대를 뛰어넘는다.

29. *Journal,* 29 August 1762. Ibid., 21:387

는다.[30] 여기에 엄청난 능력이 담긴 음악 설교가 있다. 즉 수사학적으로 표현된 음악과 가사가 회중으로 하여금 하나님의 자비와 구원을 간구할 수 밖에 없도록 만드는 것이다. 바로 이 점이 웨슬리가 올더스게이트 체험을 하는 동안, 그로 하여금 간구하도록 감동시켰을 것이다. 비록 웨슬리는 루터가 쓴 로마서 주해 서문에 인한 즉각적 영향에 대해서만 언급했지만, 올더스게이트 체험에는 그가 당일 세인트 폴에서 들었던 크로프트의 음악적 설교도 큰 비중을 차지했을 것이다.

올더스게이트 체험을 한 다음날 존 웨슬리는 퍼셀의 또 다른 긴 앤섬인 시편 89편을 들었을 것이다. 웨슬리는 그의 수기에 이렇게 기록했다. "오후에 세인트 폴 성당에 다시 갔을 때 나는 그 앤섬에서 하나님의 좋으신 말씀을 맛볼 수 있었다. 그것은 이렇게 시작했다. '내 노래로 항상 주의 자비하심을 찬송하리니, 내 입으로 주의 진리를 영원히 증거하리라" 퍼셀의 운문 앤섬은 길고, 베이스 솔로가 있는데 이는 4부 합창을 위한 "할렐루야"를 7번 함으로써 강조되었고, 그것은 8절과 15절 후에 들렸다. 그것은 본질적으로 하나님의 자비 안에서 흐르는 기쁨의 사 장조 노래이며, 멜로디의 화려함이 "인애", "세대", 그리고 "놀람"과 같은 단어들에 덧붙여져 있다. 10절에서 작곡가는 가사를 설명하기 위해 다양한 작곡 기법을 차용한다. "당신은 파도의 풍랑을 억제하십니다: 당신은 파도가 일 때 그 물결을 잠잠케 하십니다." 그 박자는 빠르고[31] 솔로 음성과 반주는 "바다의 격노함"을 나타내는 16분음표들의 음악적 파장들을 만들어 냈다.[32] 그러나 "stillest the waves"(5번 반복)이란 단어에서 그 음악적 파동은 같은 높이의 4개의 음표가 반복함으로 인해 조용해졌다. 이것은 놀랄 만한 작곡적 의도로서, 웨슬리가 몇 일 동안의 수기 내용에 적었던, 그가 경험했던 격앙된 두려움과 고요한 확신이 교차함을 표현하는 것과 일치하는 것이었다.

5월 26일 금요일, 존 웨슬리는 분명히 모리스 그린^Maurice Greene^의 시편 62편 앤섬을 들었을 것이다. "나의 영혼은 여전히 간절하게 주님을 기다립니다." 첫 절의 첫 부분은 고요한 D major의 아다지오^adagio^로 작곡되었다. 그 솔로 베이스는 변화가 없는 페달 포인트^pedal-point^ 위에서 오르락내리락 하는 멜로디로 시작되며, "기다림"을 묘사한다. 8마디에서 템포는 안

---

30. 이 자료를 보라. Spink, *Restoration Cathedral Music*, 182-84, esp. musical examples 31a-c.

31. Gostling의 원고에서, 그것은 "quick Time"와 "Faster"로 기록되었다; *The Gostling Manuscript*, fols. 127-28.

32. 이 자료를 보라 Spink, *Restoration Cathedral Music*, 164-65, esp. musical examples 31a-c.

단테 비바체andante vivace로 바뀌고, 오프닝의 오르내리는 음정의 힘찬 표현의 특징은 오르간 파트에서 처음 들려진다. 그런 후 솔로가 "그분으로부터 나의 구원이 온다"는 구절을 노래로 되풀이 한다. 제8절, "백성들아 시시로 저를 의지하고 그 앞에 마음을 토하라. 하나님은 우리의 소망이시다." 후에 곧바로 솔로와 4성부 합창단이 교대로 '알렐루야'(Alleluliah)를 알레그로 템포로 부른다. 하나님을 "기다리라고" 선포하는 그린의 앤섬과 웨슬리가 그 앤섬을 들었던 날 모라비안 톨트쉬히Moravian Toltschig로부터 받은 충고 사이에는 밀접한 관계가 있다.

이러한 세 앤섬들은 존 웨슬리에게 깊은 인상을 주었음이 분명하고, 너무 중요했기에 그로 하여금 다음날 그 본문들을 수기에 기록하게 하였다. 그것들은 설교적 능력을 가진 앤섬의 사례이며, 그리고 그와 같은 예전음악들은 개인 예배자들에게도 영향을 끼칠 수 있다. 교회음악가와 성직자들은 음악이 설교적 기능을 내포한다는 사실에 대해 함께 생각해 둘 필요가 있다. 이 두 가지 측면은 음악 설교가 강대상에서 말로 표현되는 설교에 못지않음을 보여준다. 그 음악 설교들은 오르간 벤치나 성가대석과 같은 다른 곳에서 전달되지만, 강대상의 설교와 전혀 다른 기능으로 오해되어서는 안 된다.

해석학으로서의 예전음악(Liturgical Music as Hermeneutic)

예전음악의 몇몇 장르는 직접적인 설교 기능을 지니는 반면에, 다른 것들은 간접적인 역할을 한다. 그러한 특성은 설교적이기보다는, 해석적이라고 할 수 있다. 예전음악은 앤섬이나 모테트와 같이 노래가 독립적인 장르일 때는 설교적인 기능을 하며, 성가가 해석적 차원으로 예배에 추가될 때에는 해석학적으로Hermeneutically 기능한다.

해석학으로서의 예전음악은 설교로서의 예전음악 기능보다 훨씬 더 많은 선언manifestations적 성격을 갖고 있다. 다음의 예들은 예전음악이 예전적 예배에 다른 어떤 것으로도 대체할 수 없는 요소를 제공하고 있음을 보여준다.

해석으로서 예전음악이 작용하는 가장 명확한 예들은 미사 예문에 있는 절기 그레고리안 찬트 구조에서 나타난다. 사제들이 처음 배우는 것들 중 하나는, 예배에서 변하지 않는 요소인, 전통적인 미사 통상문이다.: *Kyrie, Gloria, Credo, Sanctus, Agnus Dei*. 비록 그 가사는 변하지 않는 상태로 남아있지만, 그와 연관된 찬트는 축제나 절기에 따라 변화되었다. 다음과 같은 *Missa XI* 는 연중 모든 주일에 불려졌다: *Missa XVII*는 강림절과 사순절 주일에, *Missa XVIII*는 강림절과 사순절 주중에, *Missa I* 는 부활 절기에 불리었다.[33] 비슷한 예로 교회력 상의 각기 다른 축일들, 금식, 준수, 축제들에 따라 바뀌는 예전 의복들과 실내 장식 색상들은 시각적으로 해석된 것이었으며, 예배의식 순서대로 바뀌는 찬트들도 똑같은 변화로서 청각적으로 해석된 것이었다. 부활 주일 입당송인 Resurrexit는 부활 축하를 나타냈고, 그 후의 키리에 파스칼 *Kyrie paschale* 역시 부활을 표현하는 것이었다. 왜냐하면 그러한 색다른 찬트 멜로디는 오직 부활절 기간에만 불렸기 때문이다. 같은 종류로 음악의 해석학적 기능은 영국 국교회의 저녁 기도회(Evensong)에서 구체화되는데, 교독문과 응창(Responsiral)의 합창 세팅은, 사순절기에 단조 모드를 쓰거나 부활 절기에 장조 모드를 쓰는 것처럼 축일이나 절기를 반영하여 선별되었다. 유사하게 미주리 노회의 찬송가^the missouri synod's hymmal^인 루터교 예배 '*Lutheran Worship*' 는 예전적 절기에 따라 단순화된 시편 음조^psalm tone^를 정하였다. 그 결과 예배에서 그 시편의 집합들은 강림절 동안에는 도리아식 시편 음조^dorian psalm^로, 크리스마스 절기에는 이오니아식 시편음조^Ionian psalm tone^로, 주현절(Epiphany)에는 리디아식으로^Lydian^, 그 밖의 형태로 교회력에 맞게 불려졌다.[34] 개별적인 멜로디들은 변화하는 절기와 축제들에 맞게 정해졌다.

미사 통상문의 폴리포닉 서법이 발전하였을 때, 그것들은 다양한 절기와 교회력 상의 축일에 불리는 그레고리안 미사 찬트 멜로디를 띠고 있었다. 14세기까지 각기 다른 작곡가들에 의해 만들어진 그와 같은 곡들은 장르(*Kyrie, Gloria, etc.*)에 따라 필사본 컬렉션으로 수집되었다. 14세기 중반에 쓰인 마쇼^Marchant^의 노트르담 미사 *Messe De Nostre Dame*를 표본으로, 다른 작곡가들도 미사를 드릴 때 통상문의 모든 5파트가 함께 불려질 수 있도록(때때로 Ite missa est의 부분이 첨가되어), 완벽한 폴리포닉 세팅으로 쓰기 시작했다. 이것은 연이어서 15세기 동안에 주기적 미사^Cyclic Mass^의 발전을 이끌었다. 주기적 미사는 모든 부분이 칸

---

33. 이 자료를 보라 "The Ordinary Chants of the Mass," *Liber usualis* (Tournai: Desclee, 1934; and later editions) 11-94.

34. *Lutheran Worship* (St. Louis: Concordia, 1982) 10-123; 간소화된 시편 음들의 설명을 위해서, 이 자료를 보라 Paul G. Bunjes, "The Musical Carriage for the Psalms," *Lutheran Worship: History and Practice*, ed. Fred L. Precht (St. Louis: Concordia, 1993) 477-87.

투스 피르무스 (정선율)cantus firmus처럼 똑같은 멜로디를 지니는 폴리포닉 곡들로 이루어진다. 따라서 미사의 섹션들을 통한 공통멜로디Common melody의 사용은 미사를 융합하는 예전적 축제를 가져다 주었다. 비록 많은 예들에서, 음향적인 해석이라기보다는 작곡적인 측면이 있다 할지라도(그 정선율의 긴 음표들은 종종 멜로디 외형을 듣기 어렵게 한다), 주기적 미사는 예전의식에 해석적 요소를 부여하였다. 예를 들어 만약 폴리포닉 미사에 쓰여진 정선율이 성수태고지Annunciation를 기념하는 두 번째 안티폰 'Ecce Ancilla Domini'라면, 당연히 그 미사는 수태고지를 기념하는 미사일 것이라고 유추될 것이다. 그러나 똑같은 미사는 또한 다른 마리아 축일Marian feasts에 불릴 수 있었으며, 비슷한 해석학적 기능을 가졌을 것이다.

만약 성직자들과 음악가들이 예전 계획에 대해 충분히 깊게 생각한다면, 이런 융합적인 음악적 해석은 동시대적 반향resonance을 지닐 수 있다. 그 같은 회중 후렴구는 입당 의례 가운데 불려지는 시편 응답송으로써, 또는 중보기도 가운데 그리고 축복기도 다음에 불려 질 수 있었다. 의식 내내 반복되는 멜로디는 그 축제 안에 융합적인 요소를 창조한다. 의식 내내 그것과 같은 멜로딕/하모닉 '아멘'[35]의 사용은 또 다른 예이다.

전통 미사의 성가에서 발견되는, 보다 더 융합적이고 음악적인 해석인, 멜로딕한 형태는 성만찬 기도의 시작과 끝에 집례자에 의해 불려졌다: 시작 때의 기원과, 마지막 때의 주기도문이 불려졌다. 그처럼 성만찬기도는 같은 멜로디의 구조들 –미사의 이 부분에서 음향적인 통일을 만들어내는, 그리고 봉헌과 성만찬 사이에 청각적인 연결을 제공하는– 에 의해 틀이 만들어진다.[36]

중세 미사에서 미사 경문the canon 대부분은 들을 수 없는 속삭임이었고, 사람들이 들었던 것은 본질적으로 같은 멜로디 형식으로 불리던, 시작의 감사기도preface 와 끝의 주기도문으로 틀을 이루는 거룩송(Sanctus)이었다. 루터가 그의 복음적 라틴 미사로부터 미사 경문을 분리하고, 그 자리에 *Verba testamenti*로 대체했을 때도, 그는 감사송과 주기도문 사이의 음악적 관계를 인식하고 유지했다. 게다가 그는 집례자들이 *Verba testamenti*를 감사송, 주기도문과 같은 멜로디 형식으로 불러야 한다고 주장함으로써 그의 음악적 연관성에 관한 논지

35. "Amens" 모음을 주는 몇몇 찬송가들; 예를 들어, *The United Methodist Hymnal* (Nashville: United Methodist Publishing House, 1989) nos. 897-904.

36. See *Liber cantualis* (Paris-Tournai, 1978) nos. 16 and 20. For the two items within the context of the medieval Mass of Easter Day, see Richard Hoppin, ed., *Anthology of Medieval Music* (New York: Norton, 1978) nos. 16 and 18.

를 확장시켰다. 1523년 *Fomula Messe*에서 그는 *Verba*에 대해 이렇게 썼다. "나는 이 주님의 말씀들이–감사송 이후의 간결한 멈춤과 함께– 미사문 내부 어디서나 주의 기도와 같은 톤으로 낭송되기를 바라며, 회중들이 그를 들을 수 있기를 원한다."[37] 루터에게 있어 감사송과 Verba, 그리고 주기도문의 연속성은 하나의 융합으로서 해석되었고, 그 일치점들을 같은 찬트 형식의 사용을 통해 들릴 수 있다.[38]

1526년 독일어미사 *Deutsche Messe*에서 루터는 음악적 해석의 개념을 보다 발전시켰다. 그리고 예배 의식 안에 있는 비슷한 곡들 사이의 청각적 연결을 만들어냈다. 첫째로 자국어 예배에서 자비를 구하는 기도문인 Kyrie와 독일 Agnus Dei(Christ, Du lamm Gotters)가 같은 멜로디 재료로 쓰여졌고, 사실 들어가는 부분(Incipite)이 동일한 형태를 띄었다. 루터의 독일 미사 중 *Kyrie*와 독일 *Agnus Dei* 사이 멜로디 상의 연관성은 후기 루터교도 작곡자들로 하여금 약간의 복잡성을 만들도록 했지만, 음악의 해석적 기능을 흐리지는 않았고, 바흐[Johann Sebastian Bach]는 이러한 점에서 탁월했다. 사순절 전 주일 에스토미히 *Estomihi* 를 위한 복음서는 누가복음 18:31– 43절 말씀이며, 예수님께서 그 제자들과 함께 눈먼 자 옆을 지나실 때 그가 예수께 자비를 구한 이야기를 담고 있다. 두 가지 *Estomihi* 칸타타(BWV23 그리고 127)안에서 바흐는 비슷한 방식으로 *Christe, du Lamm Gottes* 멜로디를 사용했다: 성악 부분과 오케스트라의 짜임새에서부터 그 멜로디는 부가적인 요소처럼 들려졌다. 칸타타 23 번의 두 번째 연주 본문은 창세기 32:26에서 천사와 씨름하는 야곱의 말에 기초했다. "당신이 나를 축복할 때까지 나는 당신을 보내지 않을 것입니다." 여기서 테너는 회중을 대신하여 노래한다. 구세주가 축복을 나누어 주기 전까지는 떠나지 않겠다는 구세주에 대한 요청을 하는 것이다. 그러나 오케스트라와 함께 연주되는 오보에와 제1 바이올린의 유니슨에 의해 주님의 응답 메시지가 들려오고, 암시적으로 주제가 확대된다. 따라서 독일 *Agnus Dei* 즉 세상 죄를 지고 가시는 어린양, 우리 죄를 사하소서, 우리를 불쌍히 여기소서 *Christe, de*

---

37. *Luther's works: American Edition*, eds. Jaroslav Pelikan and Helmut T. Lehmann (St. Louis: Concordia, and Philadelphia: Fortress Press, 1955-1986) 53:28.

38. In his *Deutsch-evangelisch* Messe (1524) Thomas Muntzer appears to have followed Luther's suggestion in the Formula Missae by giving the three items the same melodic forms, see Thomas Muntzer, *Schriften und Briefe: Kritische Gesamtausgabe*, eds. Paul Kirn and Gunther franz (Gutersloh: Mohn, 1968) 174-79. However Muntzer's sequence is not as symmetrical as that of Luther because the former gives the Sanctus in the traditional posotion following the preface, whereas the latter directs that the Sanctus should be sung later, during the distribution of Communion.

*Lamm Gottes, der tragst die Sund' der welt, erbram dich unser*의 첫 멜로디 라인이 말로 표현되지 않더라도 멜로디로 인식될 수 있다. 이와 유사하게 칸타타 127번을 시작하는 연주는 또한 그 칸타타가 기초된 파울 에버Paul Eber의 찬송 "참 사람이며 하나님이신 주 예수 그리스도 Herr Jesu Christ, Wahr' Mensch und Gott"와 대위법 상 같은 멜로디로 시작한다. 그리스도, 하나님의 어린양 *Christe, de Lamm Gottes* 멜로디의 부분들은 오케스트라 반주 부분에서 처음에는 바이올린, 그 다음은 오보에, 그리고 플루트, 다시금 바이올린으로 계속 이어진다. 그러나 이 두 가지 경우에 바흐가 활용한 의도적 모호함이 나타난다. 루터의 Kyrie와 *Christe, du Lamm Gottes*는 첫 멜로디 라인이 같았으므로, Leipzig 회중들은 자신들이 듣는 것이 어떤 것인지 확신할 수 없었다. 그러나 그것이 Kyrie이든 아니면 독일 Agnus Dei이든 간에, 그것이 내포하는 의미는 같았다. 자비를 구하는 기도, "Eleison"나 "Erbarme dich unser". 이것은 단지 두 개의 무브먼트가 더 많이 들려지는 듯 했으며 바흐가 *Christe, du Lamm Gottes*의 멜로디를 사용한 것을 더욱 분명하게 해 주었다. 이러한 두 개의 무브먼트에서 바흐가 의도한 바는, 복음서에 조명된, 예수께 자비를 구하며 부르짖었던 소경에 대해 집중하도록 하는 것이었다. 그리고 그것은 연관된 텍스트를 통해서가 아니라, 오로지 음악의 멜로디로만 연결되었으며, 오케스트라 반주를 통해 들을 수 있다.[39] 이것은 정교한 해석이라 함은 각각의 칸타타가 예배의 컨텍스트 안에서 들리는 가운데 연관 짓는 것이다. 그러나 이것은 비슷한 예전기도들을 음악적으로 연결하는 루터의 창조력에 의해서 가능했다.

루터의 독일 미사 *Deutsche Messe* 안에서 발견되는 두 번째 음악적 유사점은 그 날의 복음서와 성찬 제정 말씀 *Verba testamenti* 사이에 있고, 자국어 예배 안에서 예전적 선포의 두 가지 아이템은 같은 멜로디 형식으로 주어진다. 또한 *Kyrie*와 독일 *Agnus Dei*가 연결되었듯이, 이러한 공통의 멜로디 형식의 사용은 예배자들에게 예전 안에서 다른 부분 사이에 생겨나는 신학적이고 기능적인 연결들로 해석되었다.[40] 음악은 예배자들을 유도한다는 관점에서

39. Bach also juxtaposes a three-voice, fugal Kyrie, *the Christe, Du Lamm Gottes* melody and the Kyrie from the end of Luther's German Litany of 1529 in the single Kyrie movement (BWV 233a), which was later modified and incorporated in his Mass in F (BWV 233); see further Robin A. Leaver, "Bach and German Agnus Dei," *A Bach Tribute: Essays in Honor of William H. Scheide*, eds. Paul Brainad and Ray Robinson (Kassel: Barenreuter, 1993) 163-71, and "*Agnus Dei* composition of J. S. Bach: Some Liturgical and Theological Perspectives," Das *Blut Jesu und die Lehre von der Verschnung in Werk Johann Sebastian Bachs*, ed. Albert A. Clement (amsterdam: The Royal Netherlamds Academy of Arts and Sciences, 1995) 233-49.

40. 더 참고할 자료는, Robin A. Leaver의 "Theological Consistency, Liturgical Integrity, and Muscal Hermeneutic in Luther's

예전의 의미를 해석하는 것이다. 이러한 두 예들을 통한 루터의 시작점은 미사 경문을 아우르는 감사송과 전통 성가의 주기도문 사이에 통합적인 관계를 드러내는 것이다. 그러나 그날의 복음서와 성찬제정 말씀 *Verba testamenti* 사이의 관계들의 경우에, 루터는 오래된 성가 형식에서 음악적 해석의 또 다른 예를 접목시키고 발전시켰다. 그 예로 고난 주간 동안에는 수난 음조(Passion Tone)가 들렸다.

미사에서 수난 이야기들은 관례상 복음송을 부르는 부제deacon의 목소리로 찬양되었다. 복음서 기자들과 예수님의 개인적인 목소리들, 즉 제자들과 다른 이들의 집단적인 목소리들은 봉독하는 소리의 다른 높이로서 구별된다. 한 예로서 복음서 기자들의 음성은 테너 범위에서 조정되었다. 그리고 예수님의 음성은 보통 3도 낮은 것이었다. 하지만 또 다른 "독창자speaker"들은 각자 개인 혹은 그룹의 다양한 멜로딕 구두법 형식의 음정의 교차로 전해졌고, 부제의 독창으로 노래되었다. 이러한 각기 다른 음정들은 수난 이야기에서 각각 구별되는 독창자들에 의해 하나의 음악적 해석학으로 구성되었고, 예수님의 음성은 흔히 가장 낮았다. 예배자들은 다른 음정으로 다르게 낭송되는 톤으로 인해 다른 화자임을(특별히 예수님의 목소리를) 명백하게 인식할 수 있었다. 등장 인물들(*Dramatis personae*)을 각기 다른 음정들로 표현함으로써, 후에 수난 이야기에서 다른 소리로 부르는 관례가 정착되었으며 또한 15 세기경에는 세 명의 가수들이 쓰이는 것이 관습화되었다.[41]

루터가 독일 미사 *Deutsche Messe*에서 한 것은 수난 주간에만 들리는 전통적 수난 곡조의 원리를 받아들이는 것이었고, 또한 매 주일과 절기 마다 들리는 복음성가를 만드는 것이었다. 더 나아가 루터는 성찬 제정 말씀*Verba testamenti*를 위해 같은 톤을 사용했다. 따라서 그의 자국어 예전에서는 복음서 인용과 성찬 제정 말씀 Verba 가운데의 복음에 대한 선포가, 둘 다 같은 멜로디 형식으로 불렸다. 이러한 음악적 해석을 통해 루터는, 매 주일마다 오늘의 복음과 성찬 제정 말씀*Verba* 을 통해 예배자들이 예수님의 음성을 듣도록 의도했다. 여기에서 음악적 해석은 대칭적 구조를 만들어내고[42] 더 나아가 예전적 축제에 더 높은 의미를

Liturgical Reforms," *Lutheran Quarterly* 9 (1995) 117-38.

41. See further, Robin A. Leaver "Passion Music," *Passover and Easter: The Liturgical Structuring of a Sacred Season [Two Liturgical Traditions 5]*, eds. Paul F. Bradshaw and Lawrence A. Hoffman, forthcoming from the University of Notre Dame Press.

42. Leaver, "Luther's Liturgical Reforms", 124-29.

부여했다.

음악적 해석들의 또 다른 경지는 16세기 루터교인 작곡가들에 의해 만들어진 수많은 마그니피카트 세팅에서도 발견할 수 있는데, 그 노래들의 각 절은 모노딕 찬트와 폴리포니가 교차되는 형태를 띠었다. 라틴 저녁기도(Vesper) 성가의 교차되는 폴리포닉(다성음악) 절들로서 *In Dulci jubilo, O maria reine Magd, Resonet in laudibus*나 그 독일어 버전인 *Joseph, leiber Joseph mein*[43]같은 다른 텍스트들과 병치되었다. 그러나 그 연결은 다성음악에 기초한 정선율 (Canctus firmus), 각각의 단선율 시편송들을 대위법으로 작곡한 크리스마스 악보들과 관련된 멜로디의 뒤엉킴(intertwining)에 의해 만들어진다. 그 크리스마스 캐롤은 마그니피카트를 예수 탄생을 경축하는 노래로 해석하며, 마리아의 수태와 성탄 노래를 연결시켰다. 특별히 인상적인 것은 작자 불명의 *Magnificat sexti toni*[44]에 포함된*Joseph, liebe r Joseph mein*[45]와 Sicut locutus est(그가 아브라함과 그의 후손, 우리의 선조들에게 영원히 약속했다.)가 결합된 것이다. 따라서 요셉은 상징적으로 그의 선조들과 함께 계수되었으며, 성가족–마리아와 요셉 그리고 예수님–등은 마리아 찬가의 본문만이 아닌 방식으로 이야기되어 있다.[46] 병치된 멜로디들의 해석을 통해, 그것들에 관련된 본문들에 더불어 크리스마스 저녁기도의 축하는 이런 멜로디들을 즉각적으로 인식하는 예배자들에게 집중된다.

이후의 루터교 관행에서는, 마그니피카트 세팅에 폴리포닉 텍스쳐와 멜로디를 결합시키기보다는, 몇몇 주요한 소창 가사들로 된 라틴어 혹은 독일어 코랄이 관습적으로 삽입되었다. 그와 같은 곡들은 Michale Praetorius, Johann Kuhnau, 그리고 최종적으로 Johann Sebastian Bach가 있는데, 그의 E–flat Magnificat는 그러한 코랄 삽입(interpolations)이 포함되었다. 그러나 이것은 음악적 해석학과 유사한 기능을 하는 것이었다: 만과를 위한 소창(The Vespers Canticle)은 확실하게는 성육신의 축제를 경축하는 것으로 해석되었다.

좀 더 최근의, 마그니피카트에 있어 음악설교적 측면을 다룬 것으로는, 1981년 초판된

---

43. 이 자료를 보라 *Drei Weinachtsmagnificat* [one by Johannes Hahnel (Galliculus), and two ancnymous], ed. Winfried Kirsch [Das Chorwerk 85] (Wolfenbuttel: Moseler, [1961]).

44. For an English translation of the German text, see *The new Oxford Book of Carols*, eds. Hugh Keyteand Andrew Parrott (Oxford: Oxford university Press, 1992) no. 55IV.

45. *Drei Weinachtsmagnificat*, 6.

46. 이 자료를 보라 Robert M. Cammerota, "The Sources of the Christmas Interpolations in J. S. Bach's Magnificat in E=flat major (BWV 243a)." *Current Musicology* 36 (1983) 79-99.

캐롤린 제닝스 Carolyn Jennings의 *A New Magnificat*가 있다.[47] 이 곡은 한나의 기도(사무엘상 2장)를 마리아의 기도(눅 1장)와 결합시킨다. 두 문서들의 각 인물인 두 어머니는 각기 다른 노래를 부른다. 마리아는 소프라노로, 한나는 알토로 표현된다. 비슷한 테마를 지닌 두 성경적인 노래는 하나의 기원에서 유래되었다. 하나님의 구원의 은총이 두 성구를 통해 선포되고, 하나의 노래는 다른 하나를 해석하는 형태를 띠고 있다. 그러나 그것은 해석학의 매개로서 음악을 사용하는 형태 중에 하나였다고 하겠다.

성육신과 그리스도의 속죄 사이의 연관성은 잘 알려진 찰스 웨슬리의 크리스마스 성가인 "천사 찬송하기를"(통일126장)이 다루는 주제이다. 그 6번째 절은 다음과 같다:

인자하신 그는 그의 영광을 버리셨네	Mild he lays his Glory by,
인간이 더 이상 죽지 않게 하시려고	Born—that man no more may die,
온 인류를 부활시키시려고	Born—to raise the Sons of Earth
거듭나게 하려고 태어나셨네!	Born—to give them Second Birth

그것은 어떻게 성육신이 죽음을 완전히 없애는지, 각각의 사람들을 소생시키는지, 그리고 그들에게 중생(重生)이 주어지는지에 대해서는 설명하였다. 찬양에 내포된 것은 예수께서 죽으시고 다시 사셨다는 것이지만, 웨슬리의 찬송에서는 그것이 명백히 드러나지 않았다. 예수의 부활과 인류의 중생과의 관련성은 웨슬리가 애초에 가사로 마음에 두고 있었던 곡조에 의해 보충되었으며, 그것이 바로 각각 라인에 알렐루야를 덧붙인 '부활절 찬송'(Easter Hymn)이다.[48]

그 곡조는 1708년 '다윗의 노래' *Lyla Davidica*에서 처음 등장한 '독일어에 의한 오늘 구주 다시 사셨다' "*Surrexit Christus hodie via German*"를 번역한 "그리스도 오늘 다시 사셨

---

47. It has been re-issued with a revised text: Carolyn Jennings, *A New Magnificat* (Mineneapolis: Augsburg, 1993).

48. In [John Wesley], *A Collection of Tunes Set to Music, As they are commonly Sung at the Foundery* (London: Pearson, 1742), 11, the tune is called SALISBURY and appears with a Charles Wesley's Easter hymn, "Christ the Lord is ris' n today" (see further note 51 below) In the Methodistic tune book edited by Thomas Butts, *Harmonia Sacra* (London; Butts, ca. 1756), 17, the tune is given with "Hark how all the Welkin rings" (Wesley's original first line) under the heading "For Christmas Day"; see Nelson F. Adams, "The Musical Sources of John Wesley's Tunebooks: the Genealogy of 148 Tunes," DSM dissertation (Union Seminary, New York, 1973) 85.

네 Jesus Christ is risen today"와 더불어 그 시대를 풍미했던 것이다.[49] 그 곡은 널리 불렸고 강력히 '부활'을 연상시키는 것으로 인식되었다. 성육신 찬송을 위해서 이 부활의 멜로디를 선택함으로써, 웨슬리는 그의 가사에서 예수 그리스도의 탄생과 구원, 죽음과 부활을 내포하는 것을 명백하게 제공하기 위해 음악적 해석을 사용하였다.[50]

또 다른 해석적 성육신-속죄는 바흐의 Christmas Oratorio(BWV 248)-성탄절과 주현일 사이의 여러 날들에 예전적 사용을 위해 작곡된 6개의 칸타타 순환-에서 찾을 수 있다. 완성된 작품 중 그 첫 번째(no. 5)와 마지막 코랄(no. 64)은 잘 알려져 있는 수난절 코랄의 멜로디 Herzlich tut mich verlangen 로 세팅한 것이고, 다시금 그 멜로디는 해석적으로 탄생과 죽음, 부활을 성립시켰으며, 그 연관성은 예수의 승리하심을 축하하는 오케스트라 반주뿐만 아니라 완결적인 성가의 가사(no. 64)에 의해 둘 다 강조되었다:

이제 당신은 원수의	Now are you well avenged
우두머리에게 복수했습니다.	on the host of foes,
그리스도는 당신에게 대항하는	for Christ has broken
모든 것을 깨치셨기 때문입니다.	all that was against you.
죽음, 악마, 죄, 그리고 지옥은	Death, devil, sin and hell
모두 패배했습니다.	are thoroughly defeated,
그리고 인류는	and the human race is
하나님에 의해 회복되었습니다.	reinstated by God

이 장에서 주장하기 위해 주어졌던 예들처럼, 예전음악은 해석적이고 선포적인 기능 둘 다를 지녔다. 많은 작곡가들과 일부 신학자들은 이러한 기능들을 이해했고 깨달았으며, 그

49. *See the Hymnal* 1982 Companion, ed. Raymond F. Glover, 3 vols. in 4 (New York: Church Hymnal Corporation, 1990-94) 3:415-19 (no. 207).

50. That this was Wesley's intention appears confirmed by the fact that "Hark! the herald angels sing" was the first of three consecutive hymns in the same meter in *Hymns and Sacred Poems* (1739), as if they were three parts of the same hymn, and therefore sung to the same tune: *Hymn for Christmas* ("Hark! the herald angels sing"), Hymn for Easter Day ("Chris the Lord is ris'n today") and Hymn for Ascension Day ("Hail the day that sees him rise"); see frank Baker, ed., *Representative Verse of Charles Wesley* (London: Epworth, 1962) 12-17.

들이 창조한 예전적 음악과 예전적 질서 안에 그것들을 편입시켰다. 또한 우리는 여전히, 설교적이고 해석학적 특징을 지닌 예전음악의 새로운 형태를 발전시키기 위해 서로 협동하는 작곡가들과 예전학자들을 필요로 한다. 우리는 이러한 모든 것들에 정통한 성직자와 음악가들이 필요하다. 왜냐하면 이들을 통해 예전음악이, 믿음을 위해 모인 회중에게 의식의 다양한 의미를 설교하며 해석해주는 역할을 하기 때문이다.

제22장

문화적으로 조율된 예전음악

Liturgical Music, Culturally Tuned

| 마크 P. 뱅거트 Mark P. Bangert |

서양 음악사에 관해 잘 알고 있는 사람에게는, 일반적으로 예전음악이란 내용과 의도에 따라 차별화되는 음악 레퍼투어로 받아들여진다. 비전통적(Non-Traditional) 기독교 예전음악에 대한 이해는 더더욱 알려져 있지 않다. 그러나 비중있는 예전음악의 관행들이 계속 발생하여 전세계적으로 그 모습을 드러내는데, 이것은 기독교 복음과 토착화(Contextualization)를 거친 예배 형태가 형성되어가는 과정에서 함께 발생되는 것이다. 즉, 복음이 특정 문화 안에서 어떻게 뿌리내리며, 어떤 요소들이 그 뿌리를 내리게 하는 요인이 되느냐에 대한 자연스러운 의견교환에 의해서 예배의 형태가 형성되기 때문이다. 이러한 과정은 이해되고 인식되어야만 한다. 그러나 먼저, 정의에 관한 질문들이 선행되어야 한다.

정의(Definitions)

문화에 대한 설명 중 하나는, 사람들로 하여금 문화가 관습, 법규, 가치, 그리고 의식들의 앙상블이라고 생각토록 유도하며, 이는 사람들의 모임을 통해 나타나는 일반적인 삶의 사회적 측면을 상징적으로 표현하는 것이다.[1] 음악은 종종 관습, 가치, 그리고 의식을 나타낸다 –사실, 그것들을 최상으로 구현한 것이다(Prime embodiment)–복음이 독특한 문화를 가진 사람들에게 전파될 때, 복음의 의미와 목적을 나타내기 위해서 그 가치와 형식(Pattern)들이 형성되었을 것이고, 안스카 추풍코Anscar Chupungco가 제시한 이 과정은 주로 "토착화"(Inculturation)라고 불린다.[2] 따라서 복음은 그 자체로서의 문화적 어조cultural intonation 로 바뀌게 되고, 복음은 그에 대한 다양한 반향을 일으킴으로써 문화적으로 조율된다. 토착화된 복음은 문화적으로 조율된 예전음악을 낳는다.

한 문화를 바탕으로 살아온 사람이 의도적으로 다른 문화를 이해하고, 그 가운데서 살고자 한다면, 그리고 그가 성공적으로 그 생활을 하고 있다면 그 사람이야말로 '간문화적인 개인'(Cross–Cultural Individual) 즉, 그 문화 사람들에 의해 '두 문화 속에 살 수 있는 사람이라 평가받는 이라 할 것이다. 문화 교류적인 삶은 누구에게나 매우 어렵기 때문에 기독교 음악가를 포함한 그리스도인이 다른 사람들보다 더 쉽게 적응할 수 있는 것은 아니다. 때때로 간문화적으로, 혹은 이중–문화적으로 살아온 개인들은 그들의 삶의 범위를 확장해 나가면서, '다문화적인' 개인이 된다.[3] 이러한 용어를 사용하는 것은 의도하지 않은 비판을 받게 마련인데, 그 이유는 그러한 표현들이 여러 정치적 문제를 야기시키기 때문이다.

마지막으로 다음에 게재된 문화 관계 용어를 사용하는 데 있어서 주의가 필요하다. 어떤 문화는 때때로 기독교 복음과 부합하지 않는 가치나 실천(예를 들어 성차별 문제 등에서)의 문제를 낳으며, 복음의 토착화(Inculturation)는 때때로 '반문화적인 힘'을 보여주는데 이는 복음의 목적과 의미를 혼동시킬 수 있는 모든 것들을 없애버리기 위해서이다. 그와 같은 '힘'들은 기독교에서 전혀 새로운 것이 아니다. 예전음악의 역사에서 교회령(敎會令)과 신학적인 경고들은 4세기의 존 크리소스톰John Chrysostom으로부터 시작되어, 지금까지 계속되고 있으며, 인도 교회 지도자들은 예배에서 고전 시타(Sitar) 음악을 사용하는 관행을 재고하도

---

1. Gregory baum, "Two Question Marks: Inculturation and Multiculturalism," *Christianity and Culture*, eds. Norbert greinacher and Norbert Mette, Concilium 1994/2 (1994) 102.

2. Anscar Chupungco, "Liturgical Inculturation and the Search for Unity," *So We Believe*, eds. thomas Best and Dagmar Heller (Geneva: WCC Publications, 1995) 56-58.

3. Margaret Pusch, ed., *Multicultural Education: A Cross Cultural Training Approach* (La Grange, Il.: Intercultural Network, 1979) 6-7, 17-20.

록 압력을 넣고 있는데, 왜냐하면 시타라는 악기 자체가 힌두교 브라만 계급(Brahmin Class)을 상징하기 때문이다.

정의에 대해서 피상적으로 말하자면, 문화적으로 조율된 예전음악을 통한 과정은 전체로서 예전음악의 관습과 관련된 논쟁이나 토론 없이는 성립될 수 없다는 점이다. 그러나 그와 같은 질문이나 토론들은 예전음악의 토착화에 대해 정의하는 것을 막을 수는 없다. 비록 선행된 고민(Preliminary Concerns)들이 그러한 토착화 실천을 지연시키는 작용을 할지라도 말이다.

첫째로, 그것은 음악을 '다문화의 산물'로 이해하도록 돕는다. 이러한 음악들 중 상당수는 구전 전통을 가지고 진보한 역사를 갖고 있다. 그것이 바로 아프리카 교회 음악인들이 음표화된 노래 형태(Notated forms of the songs)에 덜 주의를 기울이는 이유다. 각각의 레퍼토어들은 계속 진화되고 있고, 또한 대부분 기록되어있지 않기 때문에 그러한 음악 시스템(Musical systems)을 묘사하고 분석하는 것은 상당히 어렵다. 두 번째로, 여기서 솔직히 규명하자면, 문화적으로 조율된 예전음악은 공백 상태로 있지 않을 것이다. 중국, 타이, 아프리카 등 어디에나 있는, "워크맨Walkman" 또는 "디스크맨Discman" 들이 서양 대중음악을 많은 세계 대중들에게 소개하는 중재자 역할을 한다. 어떤 경우에는 지역 문화 음악의 권리를 위협하기도 한다. 세 번째 그리고 어떤 때에는 반대적인 요소로 나타나는 문화 음악들은 세계 시장에 등장하고 있으며, 다른 음악들과 친근한 매체가 되고, 거기서 발생한 것들, 즉 세계의 음악은 전 세계인들에게 관심을 집중하도록 촉구한다.[4] 이 새로운 형식들이 예전음악에 어떤 영향을 줄 것인지는 아직 확실치 않다.

본토의 문화적으로 조율된 음악에 관한 생각이 무엇이든지 간에, 이러한 음악들은 다양한 방식으로 진화되어간다. 허구적 관점에서는, 그러한 음악들이 그 음악을 표현해 온 사람들이 그러했던 것처럼, '진공상태에서 발전했다'고 믿게 할 것이다. 그러나 오늘날 이 지구상에서 모든 사람들이 거의 동시에 복수 문화에서 살게 된 이후부터 세계화는 점점 구체화되고 있다. 혈통을 통해 전승되어 온 고전 문화는, 가사 생활, 요리, 음악 등등의 오랜 유산을

---

4 Tony Mitchell observes that "in a very real sense the music of South America, Africa, and asia is being mined as a raw resource" to be reassembled for sale but only as an array of "surfaces"; "World Music and the Popular Music Industry: An Australian View," *Ethnomusicology* 37 (1993) 309-38, here 335-36.

보존하는 역할을 한다. 그리고 2차적인 문화인 세계화는 세계 시장, 매스미디어, 기술, 그리고 인터넷을 통해 이러한 '1차적이며 근본적인 옛 문화' 에 상당한 영향을 미치게 된다.[5]

이러한 종류의 세계화 경쟁은 음악에 특별한 영향을 미친다. 음악이 세계 사회의 변화를 가장 강력하고 즉각적으로 보여주는 매체인 탓이다. 1차 문화보다는, 2차 문화가 다양한 인종 그룹의 젊은이들 사이에서 훨씬 선호되고 있기 때문에, 1차적인 고전 문화는 위협받고 있는 것이 현실이다. 이것은 문화 안팎에 존재하는 기독교 음악가들에게 딜레마가 된다. 이러한 음악들이 보존할 가치가 있는 한은, (혹은 다른 방법으로 표현하여) 하나님이 지으시고 길러주신 '창의적인 사람들'에 의해 만들어진 것이기 때문에 우리가 그것들을 생태적으로 보존하고 관리할 책임을 가지고 있는가? (그것을 창작한 이들 뿐 아니라) 이에 대해 어떤 사람들은 그러한 관리가 가능토록 적극적 지지를 촉구할 것이다. 그러나 이개별적인 음악을 중요하게 생각하는 어떤 이들은, 음악이란 자연스럽게 오고 가는 것이지, 특정 인간이 개입할 문제가 아니라고 말할 것이다. 연약함Fragility은 문화적으로 조율된 음악에 있어 필수 요소이며, 어느 누구도 목적 없이는 쉽게 다가설 수 없다.

경계(Borders)

그렇다면 여기서 우리는 어떤 음악에 대해 이야기 할 것인가? 민속 음악학자들(각 민족 그룹의 음악을 연구하고 연주하는)은 페르시안 Persian, 중국 Chinese, 인도네시안 Indonesian, 인디안 Indian(아시아의), 그리고 그레코 로만 유러피(Graeco-Roman-European)의 5개의 다른 주요 음악체계로 세계 음악을 분류한다.[6] 여기서 우리의 관심은 진부한 과거도 아니며, 그렇다고 관심사를 같이하지 않는 학자들이 제디한 카테고리도 아니다. 오히려 최근 서양 찬송가에 수록된 문화적으로 조율된 예전음악은 기록된 수집물들과 거의 희박하지만 서술된 자료들에 의해 지지된 4개의 주요 레퍼토리들이 있다. 그러나 그러한 구성체는 매우 드물며, 그 이유는 이 음악들 대부분이 50년 이상 되지 못했기 때문이다.

---

5. Baum, "Two Question marks," 104-5.

6. I-to Loh, "Asian 'Traditional' Church Music," lecture notes (Chicago, June 13-16, 1993).

따라서 우리는 계속되는 논의에서 4개의 주요 레퍼투어에 초점을 갖출 것이다. 그것들은 그 자체에 몇 가지 문화의 음악이 모인 것이다: 아프리카, 아프리카 계 미국 전통, 라틴계 히스패닉, 그리고 아시아 음악이다. 이러한 레퍼토리들의 근원과, 특성들에 대한 일반적인 논의는, 현대 교회음악가들이 음악을 연주할 때 도전받는 문제들에 대해 생각케 하며, 우선 예전음악의 정석이 어떤 것인가에 대한 토론을 하도록 유도한다. 그러나 몇몇 레퍼토리들, 예를 들어 미국 원주민, 각 유럽, 동방정교회, 유로피안 아메리칸, 호주, 그리고 사미(라플란드로 알려진)는 여기서 다루지 않는다. 내용의 큰 범주가, 공정하고 유용한 토론을 방해하는 것과 같이, 유럽계 미국인 그룹에 대한 논의도 마찬가지다. 게다가, 그 레퍼토리는 보통 음악 사역자들에게 오히려 잘 알려진 것이다. 또 다른 면에서, 유용한 정보의 부족은 무의미한 평가를 불러일으키는 동시에 즉각적인 연구를 하도록 유도한다.

마지막으로, 예술 음악이 없이, 네 가지의 음악 그룹이 성립할 수 없다는 사실을 알아야 한다. 오래전에 더 피스크 쥬빌리 싱어즈라는 그룹은The Fisk Jubilee singers 콘서트 버전으로 편곡된 흑인영가를 낸 바 있다. 자바인들The Javanese과 발리인들The Balinese의 가멜란(gamelan 인도네시아의 주로 타악기에 의한 기악 합주 또는 이 합주에 쓰는 실로폰 비슷한 악기)은 그런 면에서 예술 음악이 될 수 있다. 마닐라에 있는 AILM(The Asian Institute for Liturgy and Music)은, 개념적으로 콘서트 전통에 맞는 큰 미사곡들에 견줄 수 있는 장엄한 스케일의 뮤지컬을, 30년 전의 루바 족 미사[7] 등을 통해 제작하고 발간했다. 대부분 예술음악은 미미한 것이지만, 그것 자체만으로도 매우 신선한 것이다. 왜냐하면 모든 사람이 공유할 수 있는 음악들이, 모든 교회 음악인들에게, 분투하고 있는 선교 교회들과 교인들의 음악 사이에 놓인, 완전하고 풍성한 관계들에 관해 주의를 기울이도록 촉구하기 때문이다.

7. Les Troubadours du Roi Baudouin, Father Haazen, director, *Missa Luba*, Philips PCC 206.

대략적인 레퍼투어들(Repertoires as a Glance)

아프리카(Africa)

19세기 후반에 유럽의 선교사들이 아프리카에 왔을 때에, 선교사들은 아프리카인들에게 그들의 고향에서 가지고 온 예전적이고 음악적인 자원을 제공했다. 개종한 아프리카인들은 보통 선교사들의 고향 방식에 따라 영국 국교회와 장로교, 감리교, 그리고 루터교의 찬송가와 예전음악을 부르도록 권유받았다. 물론 번역은 되었으나 종종 '음색 언어'(Tone Language; 중국어, 스웨덴어 등 높낮이가 있는 언어)를 사용하는 그러한 사람들의 경우에서 나타나는 현상으로, 가락에 담겨진 음악적 강세들이, 본문 상 맞지 않는 특이한 악센트가 생기도록 하기에, 반대까지는 아니더라도, 엇갈리는 의미들을 제공했다. 선교 교회의 찬송가와 식민지 군대의 행진곡에서 기본이 되는 4성부 화음은 이렇게 번역된 예배음악의 주된 소리가 되었다. 16세기 루터교의 성가곡을 위해 선교사들은 그 당시 유럽에서 폭넓게 사용되었던 가락들과 같은 운율의 편곡판isometric versions을 제공했고, 그 당시 전형적이었던 느린 템포의 모델이 되었다.[8] 그리고 계속되는 선교사들과 이식된 전통에 대한 깊은 존중은, 이러한 관례를 영속시키고, 아프리카 예전음악의 핵심 요소로서 그들을 존경하게 하는 충분한 동기를 제공한다.

그러나 아프리카 기독교 음악의 역사는 모든 것보다 오래되었다. 에티오피아 성가에 대한 최근의 연구들은 음악의 복잡한 체계와 레퍼토리에 대해 밝혀냈다.[9] 아프리카의 또 다른 지역에서는 위대한 개신교 선교사들의 시작보다 앞선, 로마 가톨릭에 의한 노력으로 인해, 역사적 찬트 레퍼토리가 다양하게 나타나는 결과를 가져왔다. 좀 더 최근에는 제2차 바티칸의 "전례헌장"이 로마가톨릭과 개신교 모두에게 힘을 준, 새로운 방향을 제시했다. 지역 고유의 예전적이고 음악적 활동을 위해 신학적이고 예배적인 기초는, 이미 탄생될 수밖에 없는 그 무엇, 즉 문화적으로 조율된 예배와 음악을 자유롭게 한다. 이러한 신선한 견해들의 결실은 매우 풍성하다.

---

8. See Georg Feder, "Decline and Restoration," Friedrich Blume, *Protestant Church Music: A History* (New York: Norton, 1974)336-47.

9. Kay Kaufman Shelemay and Peter Jeffrey, eds., *Ethiopian Christian Liturgical Chant,* vol. 1 (Madison: A-R Editions, 1993). See also th ample contributions to African music history in Africa, ed. Ruth M. Stone, vol. 1 of *The Garland Encyclopedia of World Music* (New York: Garland, 1998).

미사 루바(Missa Luba)는 예술 음악의 기호를 지니는 한편, 무엇이 행해지든, 그리고 대부분의 경우 어디서나 행해지는 것들의 모델이 되었다. 자이르에서는 개혁자들이 그것을 사용하는 사람들의 문화를 진지하게 수용하면서 의식을 새롭게 만들었다. 몇몇 시도들은 다른 것들보다 더 많은 압력을 받았지만, 교파적 경계들의 중심들을 가로지르는 독특한 음악적 방향과 재료들이 나타나게 되었다. 케냐에서는 로마 가톨릭 지도자들이 음악적 발전을 지원했으며, 그 결과로 "*Atukuzwe Mungo*"가 발간되었다. 그것은 상당한 양의 예배음악 모음집이며, 여러 지역들에서 기여한 작품을 담은 것이었다.[10] 가나, 나이지리아 그리고 탄자니아의 교회들은 지역 교구의 사용을 위해 같은 종류의 성가모음집들을 발행했다.[11] 이와 같은 공인된 책들에는 유럽의 찬송가들이 포함되어 있으며, 그것은 여전히 아프리카 그리스도인들에 의해 사랑받고 있다는 표징이다. 탄자니아로 간 루터교 선교사인 올슨[Howard Olson]은 다양한 탄자니아의 주교구들[dioceses]로부터 번역된, 그러나 부분적으로 다듬어지지 않은, 곡들을 수집했다. 그리고 1968년에 유럽과 아메리카의 출판업자들을 위해 대중적인 자료로 계속 사용되었던 *Tumshangilie Mungo*[12]로 편집했다. 선교사 콜빈[Tom Colvin]은 서구 교회들 사이에서의 사용을 위해 말라위(Malawi)의 노래들을 소개하고 있다.[13] 선교사들이 토착 예전음악에 강한 흥미를 가진 이후로 스웨덴의 교회는 남아프리카[14]와 짐바브웨로부터 얻은 곡들을 위해 통로(Conduit) 역할을 하였다. 불라와요(Bulawayo)와 짐바브웨(Zimbabwe)에 있는 콰낭고마(Kwanangoma) 음악/교회음악 학교에서 올로프 액셀슨(Olof Axelsson)과 다른 지도자들은 지역적 독창성을 촉진시켰으며, 그 결과로 짐바브웨 실로폰의 개발과 엠비라(Mbira; 나무, 금속의 가늘고 긴 판을 나열하여 한쪽 끝을 튀겨 울리는 아프리카의 악기)의 제작, 그리고 종교적 노래와 세속적 노래들의 출판이 스웨덴 출판업자들의 노력에 의해 가능하였다.[15] 그 학교는 결과적으로 짐바브웨 정부에 인계되었다. 결국 여기에 나타난 리스트

---

10. *Atukuzwe Mungo* (Bologna, Italy, 1981), a book of service music for Roman Catholics who speak Swahili.

11. J. O. Ajibola, ed., *Orin Yoruba* (Lagos, Nigeria, 1974), *Ghana Praise* (Accra, Ghana, 1979), *and Mwimbieni Bwana*, for Kanisa La Kiinjili La Kilutheri Tanzania (Vellingby, Sweden: Svenska Tryckcentralen, 1988).

12. Howard Olson, ed., *Tumshangilie Mungo*, 6th ed. (Nairobi, Kenya: Printfast Kenya, 1987).

13. Tom Colvin, ed., *Fill Us With Your Love, and Other Hymns from Africa* (Carol Stream, Il.: Hope, 1983).

14. See Anders Nygren, ed., *Freedom Is Coming* (Uppsala: KM; and Ft. Lauderdale: Walton, 1984).

15. Anna Sjogren, ed., *Sjung med Afrika*, 3 vols. (Stockholm: Gehrman, 1982-84).

에는 동부와 중앙아프리카 지역에 걸쳐 토착화된 예전음악을 위해 묵묵히 일하는 수백 명의 음악가를 배출시킨 탄자니아의 Ruhija(Bukoba)에 있는 The Magnet church music school을 포함해야만 한다.

이토록 중앙 중심화된 활동은 공식적 취지에 의해 나오는 계획들을 제안하며, 확실하게 아프리카의 음악적 영감을 환기시키는 것을 돕는다. 그러나 이것은 단지 이야기의 한 부분일 뿐이다. 지역 아프리카 교회음악가들도 16, 17세기 유럽의 합창지휘자들과 같이 선도적인 역할을 하였다. 새로운 음악이 각각 교구들에서 발생한다. 때때로 노래들이 합창 지휘자들에 의해 편곡된 즉흥적인 구성에서 나온다. 순서를 안내하기 위한 매뉴얼이 존재한다.[16] 종교 합창 페스티벌에서 수십 명의 가수가 다른 합창단에 의해 불리는 새로운 부분을 포착하기 위해 그들의 녹음기를 작동시킨다. 종종 노래가 옮겨지는 과정에서 그 노래는 그 지역의 요구와 관습에 따라 변화한다. 여전히 다른 곡들은 새로운 가사가 붙여진 세속적 가락들로부터 생겨난다, 음악적 기억력은 가수들이나 인도자에게 있어서 필수적이다. 왜냐하면 이 상황에서 받아 적는 경우가 매우 희박하기 때문이다. 창조성의 지역적 중심지는 오늘날 아프리카의 문화적으로 조율된 예전음악을 형성하고, 그것의 대부분은 인쇄된 자료들을 통해서는 얻을 수 없다. 비 아프리칸 찬송들에서는, '누구에 의해 가르쳐지고 배웠는지' 인지하는 것이 어려운 것 같이, 이것은 점점 증가하는 개종자들에 의해 지어진 노래들의 출처를 확인하는 것이 불가능하기 때문에 오는 답답함과 같다.

문화적으로 조율된 음악의 이해는 그것의 특색을 파악함으로 인해 쉬워진다. 만일 이러한 레퍼토리에 대해 우리가 알고 있는 한 가지가 있다면 그것은 바로 강한 리듬적 기초다. 우리는 아프리카 음악이 있는 곳에는 북이 있다고 생각한다. 그러나 보편적으로는 가능하지만, 오해하고 있는 것 중 하나로, 짐바브웨에 있는 어떤 지역에서는 엠비라가 주된 악기이고, 북은 매우 작은 부분을 연주한다는 것이다. 프랜시스 베비[Francis Bebey]는 "모든 아프리카 음악이 반드시 고유한 역할이나 기능을 갖고 있다는 것은 틀린 생각이다"고 썼다.[17] 왜냐하면, 아프리카는 거대한 대륙이며, 이집트인과 피그미족과 같은 다양한 문화를 가지고 있기

16. D. Dargie, *Workshops for composing Local Church Music* [Training for community Ministries 40] (Lady Frere, Transkei, South Africa: Lumko Missiological Institute, 1983).

17. Francis Bebey, *African Music*, trans. Josephine bennett (New York: Hill, 1975) 125.

때문이다.

그러나 몇몇 보편화됨은 가능하다. 아프리카 음악은 야외 음악이며, 그것은 땅에 접한 춤에 기초한 음악이 때문이다. 음계의 체계와 음정의 간격들은 지역에 따라 매우 다양하고, 그것은 대륙의 넓은 음색의 특징들을 단정하기 어렵게 만든다. 비서구적인 즉 조율들은 non-Western tunings 때때로 성악 음악보다 기악 음악에 있어서 더욱 두드러진다. 몇 가지 곡들에서는 그 곡의 주된 조(Tonal Centre)를 발견하기 쉬운 반면에, 대부분의 노래들은 시작과 보통 고음역에서, 그리고 때때로 3도 음정의 높이에서 내려와서 다른 조로 마무리된다. 화음은 임시적이며, 종종 비슷한 4도 음정 안에서, 아니면 찬송가적 화성 구조의 단순한 모방 안에서 이뤄진다.

위에서 언급된 것과 같이, 군악대들은 국유화 시도 이전에 아프리카의 넓은 곳을 점령한 독일과 영국을 위한 고정 설비였다. 높은 호각소리, 화려한 지휘봉, 그리고 행진은 종종 토착화된 특성에 따라 교회 음악 연주에 삽입된다. 그 음악의 대부분의 형식적 구조는 문답 형식으로 순환되며 많은 변주곡을 만들어냈다. 이것은 모든 공동체에서, 부르는 부분에서는, 즉흥적으로 하기 위해, 그리고 답하는 부분에서는 사람들이 받아들이기 쉽게 하기 위해 기본적인 자극을 준다. 함께 번갈아 부르는 형식인 문답 형식은 기독교 공동체의 예전적 요구를 나타내기 위해 사용된다.

비록 북(Drums)들과 북 연주(Drumming)가 항상 완비된 것이 아니더라도, 리듬 있는 연주는 논의해 볼 가치가 있다. 일반적으로 다성 음악에 유럽의 성향에 맞춘 흐름에 따라 아프리카의 리듬적 자극에 대해 생각해 볼 필요가 있다. 그 이유는 아프리카에서는 누구든지 '리듬의 다성' 같은 것을 경험해 볼 수 있기 때문이다. 그러나 최근 어느 아프리카 학자가 언급했듯 아프리카의 리듬적 연주 관행들이 너무 특이하여 비서구적이라 여겨진다는 의미는 아니다.[18] 리듬적 감각들은 공동체마다 조금씩 변했음에도 불구하고, 오히려 그것들은 특성 있게 발전하였다. 나이지리아의 Ewe 드럼 앙상블은 참가자들과 주의 깊게 설정된 역할 사이에 복잡하게 짜인 관계들을 설명해 준다. 널리 알려진 것은 두, 세 개의 단위 내에서 분할된 기본적 비트가 있는 분할 리듬(Divisive Rhythm)과, 더 작은 박자의 모임이, 2+3, +5 등으로

18. Kofi Agawu, "The Invention of 'African Rhythm,'" *Journal of the American Musicological Society* 48 (1995) 387.

같이 묶인 부가적 리듬(Additive Rhythm)이다.[19] 다양한 면에서 두 리듬 관행들은 최근 유럽의 전통 안에서도 나타난다. 아프리카의 리듬적 개념들은 많은 영역의 기본적 단계에서 시도되고 있으며, 다음의 두 가지를 통해 완성되어진다. 첫째로 다양한 대조적 리듬의 단위들이 쌓여서 완성되며, 둘째로 소위 "분할 연주"apart playing, 즉 두 악기가 같은 패턴을 연주하지만 돌림노래와 같은 간격이 있는 것을 통해 완성된다.[20] 그러한 모음과 분할 연주는 복잡성을 드러내며, 그것들이 가지고 있는 본래의 특성이 연주가 기보법에 의해 정체됨을 막는다. 그럼에도 불구하고, 서구에서는 이러한 레퍼토리의 사용을 촉진하기 위해, 기본적으로 기보된 패턴이 종종 인쇄물로 제공되지만, 진정한 참가의 표현에는 없어도 되는 과정으로 간주될 필요가 있다.

아프리카 리듬적 접근들의 유일성은 가정된 목적들과 개념들에서 나타난다. 거기엔 주어진 어떤 작품에서든지 적어도 두 개 이상의 리듬이 항상 필요하다. 왜냐하면 리듬이란 공동체와 참여를 의미하기 때문이다.[21] 리듬들의 다양성은 문화가 다원주의를 수용하는 것과, 개인적으로 물러날 시간을 알려주는 신호보다는 고요한 참여로 초대하는 것을 함축한다. 이와 같은 음악적 특징들은 더욱 깊이가 있는 사회적 관점들에 밀접한 관계가 있으며, 이러한 사실은 더 많이 연구될 필요가 있다.

심지어 아프리카의 비기독교적 음악조차도 많은 목적들에 보탬이 될 수 있다. 예를 들어, 송사하기 위한 노래, 누군가를 찬양하기 위한 노래가 그것이다. 따라서 예전음악은 다양한 의도를 반영하는데, 특히 서술된 토속 제례의 내용과 단절된 레퍼투어들이 있다. 이러한 종류의 노래들은 종종 그들의 천진난만함 안에서 애정을 갖게 하고, 당연히 즉흥적으로 부를 수 있게 하며, 예정된 도달 가능성을 보여주고, 또한 그것들의 출처가 되는 상황들을 분명히 반영한다. 가사들은 크리스챤 메시지에 담겨 있는 새로운 약속, 즉 놀라운 축복의 말씀들과, 성서에서 특별히 애호되는 부분들을 따서 만들어졌을 것이다.

---

19. J. H. Kwabena Nketia, *The Music of Africa* (New York: Norton, 1974) 128.

20. *Ibid.*, 133.

21. John Miller Chernoff, *African Rhythm and African Sensibility* (Chicago: University of Chicago Press, 1979) 42-45.

아프리칸 아메리칸(African American)

아프리칸 아메리칸 예전음악을 문화적으로 조율된 예전음악의 독립된 범주로 여기는 것은 어떤 이들에게는 불균형적인 것으로 여겨질 것이다. 실로 20세기까지 학계의 정설은 아프리칸 아메리칸 음악이 유럽 레퍼투어에 의존하고 있음을 논리적으로 입증하는 데에 초점이 맞추어져 왔다. 그러나 흑인 영가와 소위 가스펠 음악의 기원들을 조사한 '덜 편중된 연구'들은 비록 아프리칸 아메리칸 음악이 새로운 세계의 여러 요인들로부터 영향을 받았음에도 불구하고, 그 음악적 발전의 토대는 아프리칸 음악에 있다는 사실을 밝혀냈다. 원시 아프리카니즘이 포르샤 몰츠비Portia Maultsby에 의해서 목록화 되었다.

1) 그룹으로 참여하는 경향
2) 몸짓언어와 의상의 강조, 이 둘은 음악의 생생함을 높여주고, 감정적인 열정에 호소하며, 확실하게 다가온다.
3) 목소리의 음색으로 표현되어짐에 대한 주의(Attention)
4) 즉흥 연주의 중요성과 올바른 연주를 위하여 재해석하는 특권
5) 사회적 비평의 의미로써 시사적 음악에 현실참여[22]

북미에 사회적 배경을 둔 아프리카니즘은 우리가 흑인영가와 가스펠을 별도의 문화적으로 조율된 음악으로 생각하게 하며, 그것은 그동안 그 가치를 제대로 인정받지 못했던 것이다. 몰츠비의 차트(fig.1)는 아프리칸 아메리칸 음악의 복잡한 발전과정을 가시화시킨다. 여러 가지 주목할 만한 영향들에도 불구하고, 그녀가 "Folk Sprituale"이라고 부르는 것에서부터 다양한 가스펠의 표명에 이르기까지 직결되는 라인이 있다. 아러 레퍼토리들 안에 있는 그 복잡한 상호관계들은 몇 개의 세부적인 설명들로 이해 될 수 있다. 흑인영가와 노동요들은 관련되어 있다. 이를 테면 외침의 링ring-shouts이라는 원무(圓舞)도 역시 위의 것들과 같은 관계를 공유하고 있다. 그것은 일종의 원형을 만드는 춤이며, 성서적이든 세속적이든 문자 그대로 구체화된 것이다. 종교적인 것과 세속적인 것 사이의 경계는 모든 측면에서 상당

---

22. Portia K. Maultsby, "Africanism in African-American Music," *Africanㄴ in American Culture*, ed. Joseph E. Holloway (Bloomington: Indiana University Press, 1990) 186-96.

히 희미해져 간다. 샤우트(Shout; 흑인 그리스도인의 춤)가 도외시됨에 따라, 세기가 바뀌면서 그들의 '몸을 흔듦'에 대한 본능적 갈구는 새로운 차원의 표현 양식을 제공했다. 특히 중남미 오순절 교회에서는 손뼉을 치며, 몸을 흔들고 발을 구르며 소리를 지르면서 그들의 노래에 혼신을 다하여 커다란 회중 모임 안에서 고무되는 일이 장려되기도 했다.[23]

가스펠이 남북 전쟁 후의 사회적 변화들을 추동시켰다고는 하나, 그 뿌리는 남북 전쟁보다 먼저 생겨난 것이다. 우리는 노예들이 백인 교회의 발코니에서 종종 참석을 허락받거나, 그들 스스로 예배드릴 기회를 얻었다는 사실을 알고 있다. 그들은, 때때로 백인들의 예배 안에서 들은, 음악적이며 성서적인 이야기들을 포함하여 흑인영가를 재창조 혹은, 개정해서, "즉흥적이면서도 훌륭한 솜씨들"을 그들 스스로 닦아왔다. 주변의 음악을 그들이 채택하고 개작하는 기회들도 있었다. 아프리칸 아메리칸들은 종종 1800년대 초기에 유행하였던 캠프 부흥회에 참석했다. 이런 이벤트에서 그들은 아마 부흥회 공연에 출연했던, 유럽계 미국인들의 노래(왓츠의 찬송가)를 들었을 것이다. 그러나 그 노예들은 종종 이러한 모임에서 공간적으로 분리되었기 때문에 그들 자신의 노동요들과 슬픈 노래들이 함께 불릴 수밖에 없었다. 따라서 이 모든 음악적 경험들이 종합되어 흑인영가를 형성하도록 만들었다.

초기 가스펠은 그러한 흑인영가의 기초 위에 세워졌다. 그것은 19세기 후반부에, 그 흑인영가들보다 좀 더 세련된 텍스트들에 의해, 많은 화려한 묘사에 의해, 패니 크로스비[Fanny Crosby]와 다른 사람들의 찬송가들과 같은 소위 "백인"가스펠이라 불리우는 것을 인지하는 것에 의해 특징지어진다. 한마디로 가스펠은, 적어도 과거에는 공식적이었던 노예제도 이후로, 좀 더 밝은 삶의 관점을 제시한다. 홀리네스 그룹(Holiness Gruop)들과 오순절 교회들, 특히 1906–09년의 로스엔젤레스에서의 아주사[Azuza] 거리 신앙부흥운동은 가스펠의 역사에 새로운 신학적 강조점들을 제시한다. 오순절 교회들 역시 가스펠에 악기들을 첨가했다. 그렇지만 같은 시기 침례교도들은 계속해서 육성으로만 노래를 불렀다. 1930년 이후 아프리칸 아메리칸 침례교회들은 가스펠을 예전음악 프로그램의 주된 요소로 받아들였다. 종종, 가스펠 4중창을 메시지 전달의 가장 중요한 수단으로써 고양시키기도 하였다.

비록 몰츠비 도표가 그 양식을 탄생시킨 몇 가지 영향들을 보여준 주었지만, 몇몇 학자

23. Harry Eskew, James C. Downey and Horace Boyer, "Gospel Music," *New Grove Dictionary of American Music* [commonly designated Ameri-Grove], eds. H. Wiley Hitchcock and Stanley Sadie (New York: Macmillan, 1986) 2:248-61.

〈표 1〉 흑인계 미국인 음악의 발견
(The Evolution of African American Music)

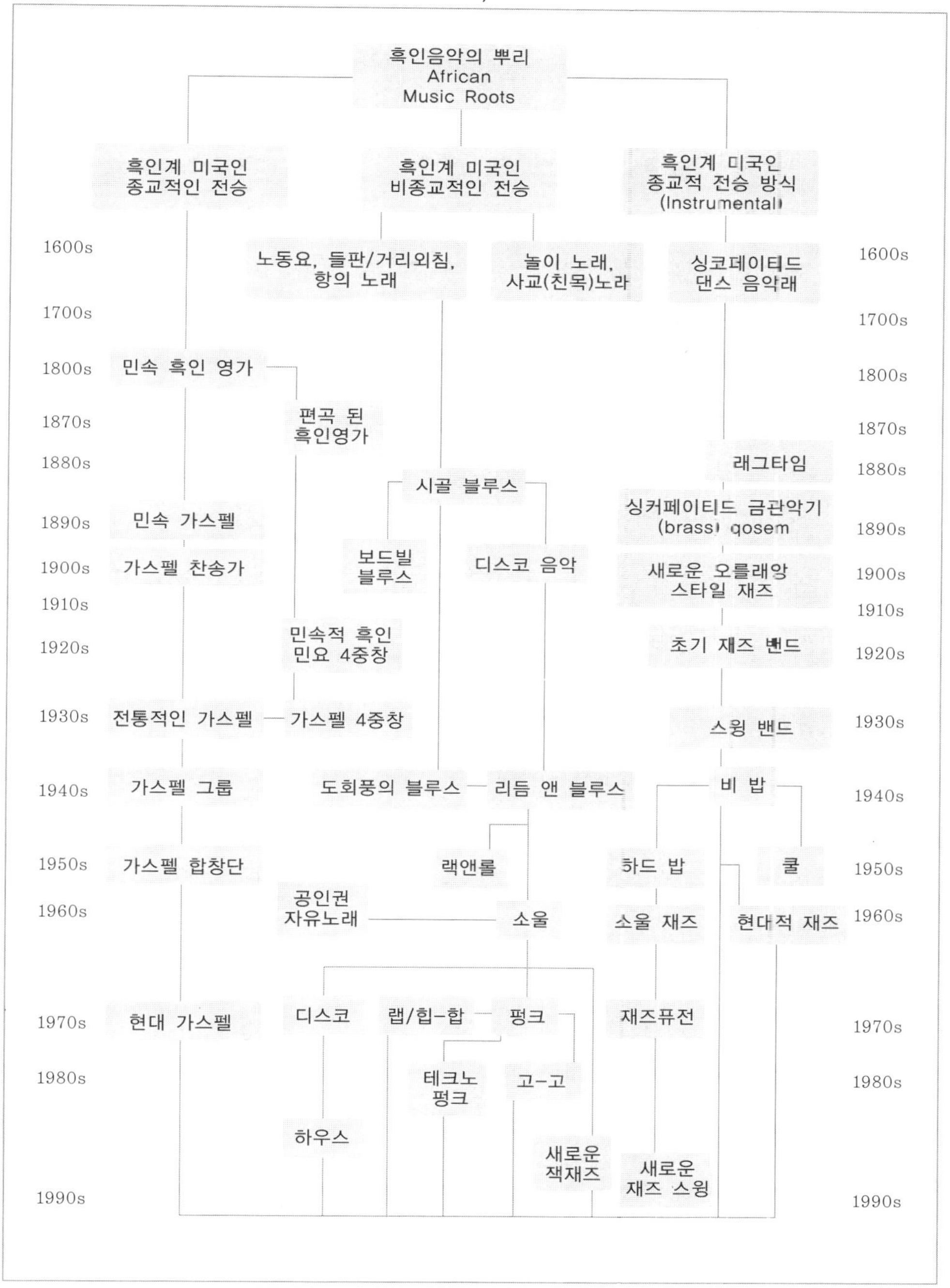

들은 현대 가스펠의 기원이 되는 시기를 에드윈 호킨스Edwin Hawkis가 "O HAPPY DAY"를 작곡하여 선풍적 인기를 끈 1969년으로 보고 있다. 60년대의 가스펠과 대중 음악 사이의 결합은 매우 중요하다. 현대의 가스펠은 도시 음악이다. 따라서 철저한 개인적 신앙 고백이며, 이러한 노래들이 가장 친숙하게 여겨지는 곳이 복음주의 개신교회들이다.

그럼에도 불구하고 중요한 현대 아프리칸 아메리칸 음악의 컬렉션들, 예를들어 '*Lead Me*' '*Guide Me* 와 *Lift Every Voice II*'와 같은 노래들은 모두 매우 보수적인 서구 예전적 교회에서 나온 것이며, 그것은 전통적인 예전 본문과 가스펠 스타일을 접목시킨 사례이다. 이 책들의 내용들은 가스펠음악의 저명한 지도자들에 대해 쓰고 있는데, 즉 재능 있는 찬송가 학자이자 필라델피아 동방 갈보리 감리교 감독파 교회East Calvary Methodist Episcopal Church)의 목사인 찰스 틴들러(1851-1933), 성음악-세속음악의 음악적 관계 결합을 분명히 이루어낸 사람이자 성가대의 창립자인 토마스 돌시(1899), 그리고 블루스 형식을 가스펠 노래에 가져온 제임스 클리블랜드(1932)가 주된 예이다.

책에 사용된 양식으로 볼 때, 이는 이 음악의 연주목록으로부터 몰츠비의 에 의해 설명된, 수많은 아프리카적 특색들이 나타나는 것을 기대할 수 있다. 게다가 그것은 4도화음quartal harmony과 반음계주의들로chromaticisms 가득 차 있으며, 피아노나 오르간으로 반주되도록 디자인되었고, 오순절파의 영향에 힘입어 탬버린이라는 악기와 함께 꾸며졌다. 멜로디들은 종종 당김음이 주어지며(Syncopated), 연주 버전들은 블루노트(Blue Note)로 깊어지거나 여진 음조(intonation)로 나타난다. 현대의 예배 상황에 사용될 때, 가스펠은 몇몇 사람에게 연주의 본질이 지나치게 환경에 적응된 것으로 비쳐진다. 하지만 더 나아가 그것의 특징들에 관해 조사하는 것은, 신자 자신의 예전적 배경에 대한 깊은 이해로 이끈다.[24] 모든 찬송가가 가스펠 스타일로 연주될 수 있다는 이야기가 있다. 다만 그런 스타일(가스펠)로 반주한 경험이 미미한 사람들을 위해서, 몇몇 찬송가 판본들이 도움을 제공하고 있다.[25]

라틴계 히스패닉(Latino-Hispanic)

'라틴' 혹은 '히스패닉'이란 용어들은 이러한 음악의 레퍼토리를 기술하는 데 사용되었

---

24. See Melva wilson Costen, *African American Christian Worship* (Nashville: Abingdon, 1993) passim.

25. *See With One Voice, Accompaniment Edition* (Minneapolis: Augsburg Fortress, 1995) for example, no. 699.

다. 선택은 특별히 강조되어야 하는 부분들에 달린 것이다. 라틴계는 이 독특한 문화를 다른 것들과 구분하기 위해 북아메리카에서 사용된다. 히스패닉이란 용어는 그들이 북아메리카에 있든 아니든 간에, 각 문화에서 스페인의 영향을 받은 경험이 있는 자들 모두를 일컫는 것이다. 이러한 맥락에서 어떤 용어든지 간에, 중앙아메리카와 남아메리카에서 온 사람들의 음악으로, 통합적으로 모인 예전음악을 의미한다. 그러한 광대한 레퍼토리 안에는, 다양한 기원에서 파생된 음악이 있다. 이토록 방대한 레퍼투어 안에는 다음의 다양한 기원을 가진 음악이 있으며, 이러한 모든 것들은 북아메리카에서 어떤 방법으로든 이 음악의 경험들이 계속 나타난다. 1) 본토 혹은 아메리카 원주민의 음악: 그 땅을 오래 차지해온 중앙아메리카 혹은 남아메리카의 문화들로부터 기원한 음악. 2) Hisparic 음악: 그것은, 직접적으로 이베리아에서 기원한 음악이거나, 혼혈 음악(Mestizo music:스페인 사람과 북아메리카 원주민의 혼혈 문화인 음악)이라고 알려진 이베리아와 지방의 음악들의 혼합 음악. 3) 지방적 특색과 아프리카적 특색들을 상호 교합하여 풍성하게 한 것으로부터 비롯된 음악, 몰츠비가 그것들을 부를 때는 크리올Crioll언어로써 기술되었던 음악이다.[26] 크리올의 영향은 푸에르토리칸Puerto Ricans 예전음악 분야에서 지배적이며, 특별히 그것들은 뉴욕과 플로리다의 오순절 운동으로 전환되었다.

17, 18세기 동안에 프란체스코수도회의 선교사들(현재는 뉴멕시코에서 일하고 있는)은, 그들이 음악에 대해서 배워왔던 것들을 본토인에게 가르쳤고 그들에게 그레고리안 성가와 유럽의 다성음악, 전통 스페인 종교음악을 부르는 것을 도와주었다. 이 음악 중 많은 것이 노래를 부를 수 있도록 번역되지 않은, 스페인 어로 가르쳐졌음에도 불구하고 본토인들은 그것에 잘 적응했다. 비얀치코(*Villancicos*), 아기날도(*aguinaldos* ; 크리스마스 노래들), 알바도스와 알라반싸alaba-dos and alabanzas(일반찬양노래들)은 계속 사용되었고, 로스 빠스또레스 (*Los Pastores*; 그 목자들)과 같은 가족연극과 그것들과 함께 수반되는 음악, 특히 숙소를 찾는 그리스도의 성가족 이야기를 그린 포사다Posada가 그렇듯이 북아메리카 남서쪽에서 사랑받아왔다.[27] 그 장르의 요구들을 채워준 음악의 많은 것과 그 당시의 유사한 것들은

---

26. Thomas Turino, "Music in Latin America," *Excursions in World Music*, eds. Bruno Nettl and Philip V. Bohlman (Englewood Cliffs: Prentice Hall, 1992) 238.

27. Gerald H. Behague, "Hispanic-American Music," *AmeriGrove* 2:395-98.

오늘날 히스패닉 예전음악의 목록에서 견고한 자리를 갖고 있다.

히스패닉 레퍼토리안의 다양성은, 보편성을 위협한다. 푸에르토리칸들은, 아프리카의 리듬적 공헌들을 반영하는, 콩가(congas, 아프리카에서 전해진 쿠바의 춤, 곡)의 사용을 수용한다. 그리고 종종 이 특징은 리듬의 층을 이루고 있다. 우리가 보아왔듯 남서부로부터 온 음악은 그 자신의 특징을 갖는다. 이민의 패턴 때문에, 중서부는 두드러진 멕시칸 예전음악의 성향을 띠고 있으며, 특히 19세기 후반–20세기 초에 민속적 영향을 받은 음악이 그러하다.

여기에서 지역적 스타일의 사용을 발견할 수 있다. 특별히 이것들은, 가난한 사람들과 연관되어 있으며, 소위 콘훙토(Conjunto)라고 불려지는데, 작은 아코디언과 12줄의 기타, 베이스로 편곡되었다. 코리도스[corridos]스타일 안에 있는 민속 발라드는, 성경의 설화들을 전하는데 사용된다. 멕시코의 예들은, 폴카 리듬의 영향을 보여준다. 그것이 유럽의 댄스홀로부터 나온 댄스들과 같이 라티노들에 의해 채택되어서 같은 목적으로 사용되고 있다.

히스패닉 크리스천들은 종종 가난하고 비천한 배경 출신이다. 음악은 인쇄된 자료가 아닌 구전에 의해서 퍼뜨려진다. 작지만 점점 증가하는 찬송들의 모음집(영어번역이 된 것)들은, 보통 찬송가집에 많이 삽입되었다. 점점 늘어나는 히스패닉 예전음악들이 출판을 통해 우리가 사용할 수 있게 되었다. 로마가톨릭을 위한 플로르 이 칸토(Flor y Canto), 꽤 비중있는 책이며 거기에는 시편송들, 찬송들 그리고 예전적 본문 세팅들이 들어 있다. 루터교도들을 위한 *Libro de Liturgia y Cantico*(1998)는 비슷한 내용들을 갖는다. 이러한 자료들의 보충물을 위한 많은 지원 타이틀이 있는데, 오리건 가톨릭 잡지[Oregon Catholic Press]와 G.I.A에 의해 출판되었다.[28] 중앙아메리카와 남아메리카에 있는, 개신교와 로마 가톨릭은 이러한 방대한 예전음악 컬렉션들을 출판하는 일에 더욱 적극 참여하고 있다.

Flor y Canto(Flower and Song)라는 제목 자체가, 히스패닉들의 경건심을 나타내며, 그리고 음악 역시도 '꽃과 노래'가 비옥한 땅에서 자라며, 하나님의 양육하심에 의존하고 있음을 나타낸다. 이미지는, 히스패닉 음악 안에서 풍성하며 종종 신선하고, 활발하며, 다이내믹하다. 노래 본문들은, 절수의 후렴 패턴에 의지한다. 그리고 그것은 운문 형태에 제한되지 않는다. 노래의 텍스트가 음악과 결합될 때, 실라빅 스타일이 주로 사용되며, 그러나 종종, 한

---

28. Oregon Catholic Press is located in Portland (5536 NE Hassalo, 97213) and GIA is located in Chicago. (7404 Mason Ave., 60638)

노트에 하나 이상의 실라블이 사용될 때, 그것을 처음 접하는 사람들은 놀라게 된다. 그 음악 안에 있는 이베리안 음악의 영향은, 기타와 댄스를 기초로 한 리듬 있는 구조의 사용을 두드러지게 한다.[29] 1,000가지 이상의 댄스가, 이베리안 음악의 학자들에 의해 분류되었고, 이들 중 많은 것이 예전음악을 위해 사용되었다. 곡이 장조에서 단조로 빨리 이동하고, 3/4 박자에서 6/8박자로 빨리 이동하는 이러한 음악이 전형적(대표적)이다.[30] 가장 좋아하는 악기는 기타, 아코디언, 베이스, 플룻, 트럼펫, 그리고 귀로와 탬버린 같은 타악기이다. 카리브 사람의 예들은, 콩가와 모라카스moraccas의 사용을 취한다. 거의 전형적인 레퍼토리에서 악기들의 사용은 필수적이며, 특히 최근 컬렉션 중 몇 가지는 연주관행의 지시점들을 포함하고 있다.

아시아(Asia)

문화적으로 조율된 아시아의 예전음악을 간단하게 서술하기란 거의 불가능하다. 왜냐하면 아시아는 광범위한 지역이며 다양한 문화가 있기 때문이다. 세계에서 다섯 개의 주요 음악체계 중 세 가지는 아시아에 그 뿌리를 두고 있다. 다양성은 지역을 지배하는 것 뿐만 아니라, 고려된 국가들 사이에서도 나타난다 일례로, 인도에서 북부(종종 "힌두스타니Hindustani"로 불림)의 음악은 개념과 형식에서 남부("카나이틱Carnaitic")의 음악과 다르고, 미조Mizo같은 더 북동쪽에서 더 작은 문화 단위의 음악은 다른 지역의 주류 음악과 이질적이다. 더 나아가 음악형식과 사회계급의 밀접한 관계 때문에 더 복잡해진다. 예를 들어, 인도에서 시타르Sitar 음악은 특권층의 전유물이었다. 따라서 이 음악을 예전음악으로 사용하는 것이 어떤 사람들에게는 다루기 어려운 문제들로 대두된다. 따라서 국가적 레퍼토리(연주목록)들은 지리적이고 사회적인 경계(계층 간의)의 뉘앙스를 풍기게 된다.

아시아가 그런 방대한 민족들과 국가들의 고향이기 때문에, 이차적인 서양문화를 거부하거나 수용하는 각 단계에서 문화적으로 조율된 예전음악은 다양한 갈등, 긴장감과 더불어 발생한다. 예를 들어, 일본에서는 서양의 클래식과 대중음악이 완전히 정착되었기 때문에,

29. Martin Cunningham, "Spain, II, 6: Folk Music, Dance" *New Grove Dictionary of Music*, ed. Stanley Sadie, 20 vols. (London: Macmillan, 1980) 17: 797-99.

30. The use of 3/4 and 6/8 meters can be simultaneous or sequential and is particularly characteristic of the ubiquitous Mexican "son"; Turino, "Music in Latin America," 249-50.

일본인들은 그들의 옛 음악 유산에 거의 관심을 갖지 않는다. 중국에서는 교회에서 전통 음악 패턴들을 부활시키고 부흥시키려는 노력을 적극 지원했음에도 불구하고, 사회적인 아젠다에 구애받지 않기 위해 전통 음악을 무시하는 경향이 있었다. 반면에 타이, 인도, 발리, 그리고 필리핀과 대만 지역의 사람들은 기독교 예배에 전통 문화를 사용하려는 그들의 노력에 별로 반대하지 않았다.

다양한 예전음악들을 개발하려는 신중한 작업은 약 35년에서 40년 전부터 시작되었다. 그런 프로그램은 두 개의 연구 훈련 센터로부터 도움을 받는다. 전자는 "성례전 위원회"(제 2차 바티칸 공의회)에서 제안한 가이드라인에 대한 인도의 반응에서 탄생하였다. 로마 가톨릭 교회는 문화와 예배 사이의 복잡한 상관 관계를 연구하기 위해 1960년대에 방갈로Bangalore에 국가·성서·교리문답·예전 센터를 설립했다. 조심스러우면서도 때로는 과감한 실험의 주요 목표가 음악은 아니었지만, 음악적인 문제들이 예전 문화의 전체적인 문제로 대두되었다.[31] 그와 같은 방법으로 연구소에서 토착 음악을 발전시키기 위해 지속적으로 노력했던 것은, 인도 개신교인들에게 커다란 영향을 주는 계기가 되었다.

훨씬 더 크게 종교적인 영향을 미친 것은 필리핀의 마닐라에 위치한 아시아 예전음악 연구소(AILM)였다. 이 연구소에서는, 1980년대 초에 성 앤드류 성공회 신학교 부속으로 세워진 AILM 학부가 학생들에게 다양한 종교음악을 이해하고 자신의 본고장으로 돌아가서 문화적으로 조율된 예전음악을 개발, 육성하도록 함으로써, 범교회적인 요구들을 충족시키고 있다. 수백 명의 학생들이 그런 임무를 수행해왔다. AILM의 교수였던 민족음악학자 이토로I-To Loh의 예를 본받아, 이 학생들은 각자의 지역전통 멜로디와 노래들의 모음집을 학교로 가져온다. 학교의 설립자인 프란시스코 펠리시아노Francisco Feliciano는 이런 자료들의 중요성을 깨닫고 다른 사람들이 사용할 수 있는, 적당한 크기의 책으로 인쇄해 내기 시작했다.[32]

AILM출신 학생들은 문화적으로 조율된 예전음악에 대한 역할모델을 부여받고 그와 같이 노력함으로서 아시아에서 교회음악의 전도자 역할을 했다. 이들 중에서 주목할 만한 것은 발리섬에서 시도된, 토착화의 성공을 예로 들 수 있다. 주민들에게 복음을 전하려는 지역

31. Questions about indigenous Indian spirituality, for instance, lead immediately to the *bhajan*, a strophic song used for meditation on the names of the deity.

32. See, for instance, *The Mountains Ring Out Their Joy*, ed. Ronald H. Walcott [AILM Collection of Asian Church Music 7] (Manila: Asian Institute for Liturgy and Music, 1987), Christian music from Cordilleras of northern Philippines.

적 노력으로 인해 발리에 개신교회가 1940년대 초반에 세워졌다. 그 시초부터 발리의 교회는 독립에 대해 강한 자각이 있었다. 감독이었던 웨인 마스트라Wayne Mastra의 영향으로 교회들은 토속 음악 재료들을 사용하려고 시도해왔는데, 그중 가장 장관이었던 것이 가믈란이다. 가믈란은 약 20개의 악기들로 이루어진 오케스트라인데, 그 악기들은 등과 철과 나무로 만들어졌다. 몇 개의 북과 커다란 심벌들을 제외하고, 그 악기들은 일종의 목금(실로폰)이나 철금으로 이루어졌고, 특유의 멜로디와 연주 패턴이 나온다. 가믈란 음악의 핵심은 복잡함에 있어서, 모든 것이 연관되었는데, 등급이 매겨진 리듬의 층이 존재한다. 더 낮은 음을 내는 악기일수록 더 느린 리듬을 갖고 있다. 그 악기들은 전체 오케스트라에 맞게 조율되어있으나, 각각의 오케스트라는 음정관계의 더 큰 계획에 맞게 넉넉히 조율되어 있다. 그것은 웅장한 소리를 내는데, 시계 소리와도 같다. 그리고 가믈란은 종종 댄서들에게 맞춰서 연주되고, 발리의 크리스천들이 예전 예배를 위해 모일 때도 사용된다.

좀 더 최근의 선교활동으로 타이의 북동쪽 우돈 타이Udon Thani시 근처에 크리스천 교회들을 설립한 것을 살펴볼 수 있다. 선교에 있어서 식민주의적 경향을 갖지 않은 그 교회 지도자들은 지역의 문화를 전적으로 수용하기로 결정했다. 그들의 이와 같은 관심으로 선교사들과 지역 지도자들 모두가 설교를 성경공부로 대치하였는데, 왜냐하면 타이 사람들은 대화하면서 배우는 것을 더 좋아하는 경향이 있기 때문이다. 그리고 전통음악의 예배에 대한 잠재역량을 이용하기위한 전통 음악센터도 설립했다.

여기서도 AILM의 졸업생들이 활약을 하고 있다. 나중에 AILM에서 훈련받은 선교사들과 음악가들 모두에게 세 종류의 토속음악이 그들의 예전적인 필요를 채워줄 수 있다는 것이 명백해졌다. 첫째로, 민요인데 –아직 기억되고 있는 것과 사람들이 사용하고 있는 민요들– 이것들은 새로운 내용을 넣고 테이프에 녹음되어서 작은 가정교회들에게 보급된다. 가사들은 간단하기 때문에 쉽게 배울 수 있고 계속해서 사용할 수 있다. 둘째로는 "*maw lum*"이라고 불리는 오래된 민요 발라드를 음악가들이 개작한 것인데, 이 *maw lum*은 역시나 사람에 관한 설화들을 보존하는 이야기들을 담고 있는 노래를 말한다. *Maw lum*은 크리스천들에게는 크리스마스, 부활절 그리고 그리스도에 관한 다른 사건들을 설명할 목적으로 특별히 사용될 수 있다. 셋째로 좀 더 최근에는 레 *leh*라고 불리는 오래된 형식의 챈트가 예배에 사용되고 있다. 레 *leh*는 타이 사람들이 조상들의 행적을 봉독하는 시간에, 회중이 일정한 간격을 두고 대답하는 데 사용되었다.

타이 크리스천 음악가들은 *leh*를 구약성서의 아브라함과 다른 인물의 이야기를 봉독하는 역할로 예배에 사용하기 시작했다.

이런 음악형식들은 대부분 타이 악기들을 필요로 한다: *ching chap* 이라는 악절을 알리는 작은 손 심벌; 드럼; *ranat* 이라는 실로폰; *khaen* 이라는 대나무로 만들어진 입으로 된 오르간. 지역적 튜닝들은 보통 널리 행해지고 있다. 즉, 같은 폭의 일곱 층들은 171.4 센츠(Cents) 폭으로 분리되어 있다. 이것은 서양음악의 장2도보다 약간 작다. 멜로디의 진전은 노래의 스타일로 되어있으며, 하나의 실라블 혹은 음에서 다음 실라블 혹은 음으로 미끄러져 간다. 헤테로포니(Heterophony) 혹은 목소리로 전달되는 계속적인 다른 음들과 한 가지 멜로디를 연주할 수 있는 악기가 연주의 중심에 놓여 있다.

인도에서 문화적으로 조율된 예전음악은 아시아 크리스천들 사이의 토착화에 대한 또 다른 다양성을 나타낸다. 앞에서 소개된 "전례헌장"과 방갈로르의 예전 센터에서는 그들의 예전적 삶을 위한 인도 음악을 개발하려고 노력해왔다. 결국 그 일은, 북인도와 남인도의 음악적 발전의 차이, 대다수 인도 음악의 독창적인 기원, 사회 계층별 음악의 지역화와 극도로 뒤얽힌 음악구조로 인해 복잡한 작업으로 알려졌다.

세월이 흐른 지금, 로마 가톨릭 신자들과 개신교 신자들 사이에서 가장 인기 있는 음악은, 서양음악처럼 연(聯)을 이루는 "서정시^lyric"와 "바잔^bhajan"이며, "*bhajan*"이 더 배우기가 쉽다. 바잔은 수 세기동안 힌두교도들의 명상을 위해 쓰였다. 어떤 사람들에게 인도적인 것과 힌두적인 것의 경계가 모호할 때, *bhajan*은 책이 필요 없고 (인도자가 절(節)의 윤곽을 짚어준다) 대중의 명상적인 기호를 만족시켜주기 때문에 크리스천들 사이에서 *bhajan*의 인기는 높아졌다.

리릭과 바잔은 토속 악기로 연주를 해야 그 독특함이 살아난다. 가장 대중적인 것은 작은 종들인 하모니움^harmonium, 실제로는 선교사들에 의해 소개되었지만 지금은 토착적인 것으로 여겨지고 있는 시타^sitar라는 수동식의 작은 갈대 오르간, 그리고 인도음악에 전통적인 소리를 만들어주는 한 쌍의 작은 손 드럼인 타블라^tabla이다.

지역 기독교인들이 사용할 때 이 노래들은 인도 음악 이론의 복잡함을 반영하는 음색과 꾸밈음을 보여준다. 전통적으로, 수십 개의 음정적 가능성으로부터 선택된 재료로 멜로디가 만들어진다. 재료를 선택하는 데에는 다양한 정도와 수준이 있다. 가장 작은 음정은 22–90센트[cents]에 해당되는 '스루티[srut]'라고 불리는데, 이 변화 중 100센트에 해당되는 서양의 단2도보다 작다. 멜로디 진행구조의 여러 레벨들을 빠르게 상승하다 보면, 라가[raga]라고 불리는 멜로디의 근원들에 도달한다. 즉석 연주 가수, 작곡가, 시타르 연주가는 얼마나 많은 라가가 알려졌느냐에 따라 대중적인 인지도를 얻는다. 작업을 신중하게 하도록 만드는 수많은 요소들이 존재한다. 평범한 가수들이 이 복잡한 사정을 거의 모르는 반면에, 그 음악의 전체적인 영향은 이 원칙들에 얽힌 끊임없는 연주와 변화를 반영한다.

발리, 타이, 그리고 인도를 살펴본 결과 아시아 지역에서의 예전음악의 토착화가 동일하지 않음을 알 수 있다. 이런 레퍼토리에 대해서 조금만 알게 된다면, 서양의 예전음악가들은 이런 다양함을 외면하고 싶은 절망적인 감정을 갖게 되든지, 아니면 이 초보적인 노력이 교회 연합에 의미하는 바를 탐구하고 싶은 욕구를 갖게 된다.

전체적으로, 문화적으로 조율된 예전음악은 서양 교파들의 찬양 목록에 표준 찬송가로 편입되었다. 따라서 문화적으로 조율된 예전음악을 다음 단계로 발전시키기 위한 노력은 더 이상 조심스럽게 행해질 필요가 없다. 이것에 대해서는 다음 항목에서 고려해보기로 하겠다.

음정의 백 단위 센트[cents]에 대한 재고 (Learning Again How to Make Cents)

서양 예전음악가들에게는 같은 간격의 12음정 기법이 견고히 정착되었기 때문에 반음을 100단위로 나누는 음정 기법외의 가능성은 음악이론의 기초 자체를 흔들어 놓는 생각이다. 타이의 171.4센트 음정, 인도의 22, 66, 아니면 90센트의 음정, 혹은 인도네시아의 240센트의 음정 등은 우리의 고정관념을 상대적으로 흔들어 놓는 동시에 서양 예전음악에서 오랫동안 지켜왔던 중요한 실천사항들에 자리매김하고 있다. 이러한 신호는 무엇이 예전음악인지에 대한 새로운 관점을 요구한다.

예를 들어, 어떤 아프리카 성악 음악에 대한 또 다른 시각은 그 중심에 분명한 음감이 없고 첫 음 또한 음조 상의 구조와 맞지가 않는다는 사실이다. 그러나 중세 찬트 곡목에도 이와 비슷한 모습들을 찾아 볼 수 있다. 지배적인 서양음악의 장조와 단조 모두 11개 다른 음정으로 조를 바꿀 수 있고, 또한 고전적인 중세음악의 8개 모드로도 곡 편성을 더욱 화려하게 조성할 수 있게 된다. 그러므로 문화적으로 조율된 음악은 지난 250년 동안의 화성을 깨고 옛 것과 새 것들의 레퍼투어 들을 모두 다룰 수 있도록 안내하는 것과 같다.

이와 마찬가지로 전통적인 방식으로 조율된 키보드에 대한 우리의 의존도를 점검하여 보는 일이 바람직하다. 서양음악을 포함하여 문화적으로 조율된 음악이란 음정의 간격을 동결시킨 모습은 아닌 것이다. 17세기에 평균율well-tempered로 조율함은 장조음계에서 서로 자유롭게 조를 편성하고 옮길 수 있도록 하는 반면 미묘한 음색의 뉘앙스를 낳게 하였다. 최근에 사용되는 연주방법으로서 성악가, 현악 그리고 관악 주자들은 스케일의 기능에 따라 특정 음정을 올리거나 낮추기도 한다. 이러한 음정의 변화는 현대 예전음악인들에게 노래하는 회중의 성격에 따라 인정될 수 있음은 물론이고 전 세계에서 사용되는 음악적 표현으로 받아들여져야 한다.

음정만 전문 예전음악인들에게 다양한 변주를 요하는 것이 아니다. 인쇄 혹은 연주된 곡과 차이가 있는 곡조, 혹은 자주 사용되는 올린 7도 화성 등은 경배 찬송의 다양한 음색heterophony을 나타낸다. 그리스도인들의 예배 모임에서도 별 차이 없이 비슷하게 드러나는 현상이리라 믿는다. 사실 헤테로포니는 여러 다른 문화의 사람들과 나누게 되는 음악적 성향으로 볼 수 있다. 헤테로포니는 단선율을 강화시키며, 우리가 생각하는 완전 화성의 아름다움을 강조하기 보다는 멜로디를 통한 각 개성의 일치를 추구하는데 우리의 관심을 일깨워준다.

발리, 대 부분의 아프리카, 그리고 타이 악기 연주자들은 그들의 리듬을 우리에게 상기시키며, 다양하고도 섬세한 기독교 예전음악으로 우리를 초청하고 있다. 이러한 리듬에 기초한 음악이 서양 세계에서도 공명resonate하고 있다. 아프리카 합창단이 세계적으로 환영받는 것은 무의식적unselfconscious인 춤을 추게 하는 리듬에 있다. 그러나 이러한 요소는 서양 음악전통과 전혀 무관한 것은 아니다. 18세기말 루터교 초기 운율isometric찬송가는 포크음악과 춤을 사용한 독일 코랄로 전승된다. 이처럼 되풀이 되는 리듬, 그리고 층을 이루어 계속 쌓여지는 리듬이 서양전통에서 오랫동안 사용되어졌음을 확인할 수 있다. 춤과 춤곡에 대한 두려움 및 거부감이 드러날 때에 대체로 모인 회중의 예배에 대한 참여도를 측정할 수 있는 믿을만한 지표로 해석할 수 있다. 아프리카 드럼은 우리를 인간의 모습과 우리 자신의 다양한 문화전통으로 인도하고 있다.

문화적으로 조율된 예전음악은 현대 기독교인들에게 춤과 함께 예전의 미묘한 움직임으로 초청하고 있다. 예를 들어, 인도의 바잔bhajan은 이를 노래하는 자의 명상을 다음과 같이 촉구한다. 신의 여러 이름이 포함된 가사를 읊으며 (떼제공동체의 명상적인 노래와 같은) 여러 음악에 맞추어 연속적으로 진행되는 예전 기도문들과 행위들을 보조한다. 이는 구체적인 것들을 대신하는 것이 아닌 보충하는 것이다. 또 하나의 찬송가가 아니라 바잔은 시편과 찬송에 기초한 오르간 음악을 포함한 기독교 예배에서 명상음악의 오래된 역사를 반영하며 사적으로 사용되던 찬송 레퍼토리의 일부분이기도 하다.

문화적으로 조율된 음악과 예전의 대부분은 구전으로 여기저기 옮겨 다녔다. 그 과정 속에서 곡조, 화성, 연주방법, 악기편성, 그리고 가끔씩 리듬의 골조는 변화를 거친다. 이토록 문화적으로 조율된 음악에 특별한 관심을 갖고 투자를 하는 사람들에게는 문화적 교류를 통한 레퍼토리의 변화는 필요하고 자연스러운 과정으로 이해된다. 그들에게는 올바른 연주란 존재하지 않는다. 여기에 녹음이나 악보에 담을 수 있는 가장 적합한 상태란 없다. 서양식 연주방법, 악기편성, 장식음의 방법론에 익숙한 사람들은 다른 문화세계의 음악에 대한 선입견을 가질 수 있다. 그러나 예를 들어 비발디의 음악을 바GMJ. S. Bach가 편곡한 것을 거부감 없이 받아들이는 것처럼 카얌바스kayambas [33]나 호쇼스hoshos [34]가 없다고 아프리카 예전음악에 다른 타악기들을 사용함에 주저하여서는 안 될 것이다. 또한 우리가 연주하는 아프리카계 미국인들의 복음성가의 소리가 조금 딱딱하게 들린다고 주저할 필요도 없다. 번역translation과 문자화transliteration에는 차이가 있다. 조금은 어색한 번역일지라도 그 음악을 가슴으로 느낄 수 있다면, 원래의 의도와 가장 가깝게, 그 음악의 원작자들과 공감대를 형성하는 값진 경험을 할 수 있을 것이다. 이러한 점들이 우리에게 문화적으로 조율된 예전음악을 가까이 함으로 유발된 추가의 사항들을 고려하도록 안내한다.

33. Hollow flat rattles often made from stalks of grass and filled with dried seeds.

34. Gourd rattles not unlike maracas.

오래된 고전의 재조명(Repitching the Venerable Canons)

문화적으로 조율된 음악에 대한 친숙도가 증가하는 풍조는 우리의 음악적 재능과 일의 과정들을, 오래된 규범에 귀속된, 특별히 예전음악과 일반 음악에 대한 열린 자세로 다시 정리하도록 요구하고 있다. 아무에게도 이에 대한 응답을 강제하는 것은 아니다. 물론 어떤 이들은, 그 일에 동참하는 것을 거부할 것이다. 왜냐하면 그것으로 인해 불편해지고, 그러한 생각과 관습을 재조정하여야 하기 때문이다. 하지만 오래된 규범은 다시 맞추어 졌으며(운율시편에서 아이작 와츠Isaac Watts의 찬송으로 옮겨감과 같이) 새로운 곡조는 대부분 교회의 새로운 에너지와 폭발적인 창조성을 의미하였다. 문화적으로 조율된 예전음악이 이처럼 축복된 변화를 가져오는지는 두고 보아야 할 일이지만 새로운 음정으로 바꾸고자 준비된 자들에게는 다음과 같은 세 가지 참고사항이 새로운 기질temperaments로 안내할 것이다.

첫째, 예전음악의 새 레퍼토리는 의식적으로 혹은 무의식적으로 교회음악의 영구적, 제사장적, 그리고 이상적인 면모로부터의 탈피를 구심점으로 하고 있다. 예를 들어, 위대한 수도원과 대성당의 찬트, 파리 노틀담의 오르가눔, 시스티나 성당의 폴리포니, 라이프치히의 바흐 칸타타, 킹스 칼리지의 캐롤 등이 있다. 교회음악 역사가들은 전하여진 자료를 바탕으로 하는 일반음악 역사와 혼돈하여 이런 위대한 샘플들이 무언가 제대로 감기 잡은 지역적 중심활동에서 대표적인 것이라고 우리를 설득하고 있다. 여기서 '무언가'를 정의하기란 어려운 일이다. 그러나 '무언가'는 인상적인 공간, 예전의 섬세함, 훌륭한 음악, 전문성, 그리고 호감이 가는 전달을 표현하고 있다. 문화적으로 조율된 음악은 이처럼 '무언가'에 대체적으로 관계나 '무언가'가 주장하는 사항들로 동요되지 않는 모습이다. 그러나 이러한 고전적인 표본들을 좀 더 자세하게 비교분석한다면 우리는 문화적으로 조율된 음악들도 인상적인 공간(아프리카의 야외공간), 지역 전문성, 그리고 유쾌한 전달 등을 기초로 이루어짐을 발견할 수 있다. 이와 같이 문화적으로 조율된 음악들의 공유된 사항들을 반영하며 퍼 할링Per Harling은 그가 생각하기에 이 음악을 형성한 20세기의 4가지 무브먼트(Movement)를 설명하고 있다.[35] 첫째로 할링은 기독교 에큐메니칼 운동은 기독교의 세계화를 촉진시켰으며 서

35. *Worshiping Ecumenically*, ed. Per Harling (Geneva: WCC Publications, 1995) 2-3.

로 공유하는 전통과, 뿌리를 조사하고 소유하는 욕구를 이끌었다고 주장한다. 둘째로 선교운동은 토착화inculturation와 서로의 재능을 나누는 것에 대해 질문하도록 하고 있다. 셋째로 예전운동은 예배의 공동체적 성격, 모든 사람들의 적극적 참여, 그리고 예전의 토착화를 회복하도록 하였다. 마지막으로 선교운동을 움직이는 엔진중의 하나인 성령운동charismatic은 많은 사람들에게 예배에서 신앙을 좀 더 즉흥적으로 표현함에 자유롭도록 도와주었다. 다시 말하여 문화적으로 조율된 예전음악은 전체교회, 예배의 중심적인 구조와 에너지, 세상으로 향한 추진력, 그리고 성령의 고백된 능력에 대한 응답인 것이다. 위의 사항 중 그 어느 것도 교회음악의 중요한 실례specimen를 자동적으로 탄생하게 하는 사항은 아니다. 그러나 문화적으로 조율된 음악을 사용하는 이들은 이 음악에 힘을 얻은 책임성으로 이러한 운동에 가까이 하도록, 분명하지만 소리 없이 초청받고 있음을 인식할 수 있을 것이다.

위의 네 가지 영향력 중에서 성령운동은 어떤 예배자와 음악인들에게 엄청난 거북함을 가져다주기도 한다. 예를 들어 발리와 아프리카 예전음악은 간단하며, 허서부리지 않고, 오순절 교회와 같이 방어감이 없는 초신자들의 모습을 나타낸다. 이러한 음악은 개인적 사항들을 용납하지 않고 즉흥적인 참여와 몸의 움직임을 요구한다. 이는 새로 온 이들에게 엄청난 도전이다. 그럼에도 불구하고 이러한 불편함이 모든 예전음악인들에게 예전으로의 영감을 불러오도록 하는 사명감을 찾도록 유도하고 있다.

둘째로 미학적 관점이 전통적 예전음악에 대한 대화로 연결되어질 때 그 내용은 대체로 형식, 의미, 음악성, 기원, 그리고 예표론(typology, 예를 들어 3화음은 삼위일체를 표현한다) 등이다. 이러한 대화내용은 우리가 좋아하는 교회음악 레퍼트리에 "위대함"을 부여하는 일들을 발견함에 있거나, 아니면 더욱 많은 작업을 할 수 있는 공식을 만듦에 있다. 애석하게도 아름다움에 대한 공식은 어떤 예배그룹에게 한 가지 레퍼토리만 사용하는 결과를 초래한다. 이보다 더한 불행은 이러한 이론은 오직 형식, 화성적 언어, 아니면 연주방법에 대하여서만 다룬다는 것이다. 종교적인 것sacred과 세속적인 것secular을 포함한 '세 개 음악'을 연구함은 우리가 음악에 관한 대안을 생각하게 해 주고, 결과적으로 우리 자신들이 자주 빠져있는 '미학의 늪지대'에서 빠져나오는 길을 제시한다. 민속 음악학자인 알란 메리암Alan Merriam은 이러한 분야에서 대표적인 주창자advocate이다. 그의 광범위한 경험에서 모든 음악을 이해하고 분석할 수 있는 3중 공식에 과감히 그를 맡기고 있다. 그는 모든 음악적 경험은 음악적 개념, 음악적 이벤트, 그리고 행동적 상황에 있다고 한다.[36] 아직까지 그의 정의는 모든 것을 포함하고 있기에 우리는 예전음악을 새로운 길로 생각하도록 요청받고 있는 것이다.

이제 누군가 메리암의 제안을 바탕으로 한 질문을 갖고 문화적으로 조율된 음악에 다가간다면 교회음악에 대한 개념은 어떻게 그 음정을 다시 맞출 수 있겠는가? 메리암이 보는 시각의 중심적 사항은 사회적 의미와 음악을 만드는 과정 그 자체의 모습과 관련된 질문들이다. 이렇고 저런 음악들이 생겨날 때 그는 우리에게 다음과 같은 질문들을 던질 것이다. 어떻게 일은 진행되는가? 성가대가 노래할 때 어떤 다른 일들이 벌어지는가? 누가 적극적이고 누가 그렇지 않은가? 음악은 의욕적인 참여를 꾀하는가? 아니면 공동체적인 참여를 꾀하는가? 전문인에 대한 선입견은? 아니면 아마추어에 대한 선입견은? 음악이 정보전달의 진행이라면, 혹은 깊은 차원의 사회적 대화라면 과연 무엇이 진행되고 있는가? 이러한 종류의 질문들은 예전음악의 중심으로 안내하는 일 뿐만이 아니라 음악 지도자의 사명감에 빛을 발한다. 어떤 문화에서는 음악 지도자에게 음악을 포함하여 음악을 둘러싼 사회적 진행까지도 감당하도록 요구한다. 누군가 메리암을 진지하게 받아들여 전통적인 미학적 관심에 집중하게 되면 음악을 분해시키어 우리의 관심을 진행사항 보다는 결과물에 집중하도록 할 것이다. 교회음악에서의 거룩한 규범 음정 다시 맞추기 작업은 교회음악인의 소명의식을 다시 정의 하도록 할 것이다. 그것은 교회음악인을 양성하고 훈련시키는 커리큘럼 디자인의 중요한 변화를 가져올 것이며, 또한 예전적 공동체와 참여를 위한 집중적인 훈련이 함께 필요할 것이다.

셋째로, 누군가를 문화적으로 조율한 음악세계로 들어가도록 이끌어주는 요소가 무엇이든지 간에 –그것이 한 개인의 음악적 직업을 유지하고자 하는 방법으로서의 순진한 호기심이든, 아니면 세계화된 삶을 살기위한 개인의 의도적 훈련의 길이든지– 음악이 그 자체로서의 사명을 잘 감당하도록 한다면 그는 상당히 다른 시각과 책임성을 갖게 될 것이다. 물론 음악 내면의 깊은 초청을 거부할 수 있고, 음악이 요구하는 행동적 수반을 흉내 낼 수도 있다. 그러나 이렇게 문화적으로 조율된 음악은 절대 가공품artifact으로 만족할 수 없다. 이런 음악은 그 음악에 속한 사람들에게 다리 혹은 문과 같은 의미를 갖고 있기 때문이다. 다문

36. Alan Merriam, *The Anthropology of Music* (Evanston: Northwestern University Press, 1964) 32.

화적 음악 경험은 필연적으로 사람들을 이러한 음악을 만드는 이들, 즉 그들의 독특한 재능, 세계관, 독특한 하나님에 대한 경험, 그리고 기독교 신앙에 대한 그들만의 독특한 이해관으로 안내하고 있다. 이러한 대화의 선물은 다문화적 요소 가운데에서 빚어지는 혼란을 뛰어넘어 그 모험의 세계로 참여하도록 안내한다.

예전음악의 목표와 연결된 다문화적 계획들은 때때로 서양적 사고방식의 산물이기도 하다. 그러나 문화적으로 조율된 음악에 관련되기 위해서는 서로 다른 문화권 안에서의 교류가 동등한 입장에서 진행되도록 특별한 장치가 필요하다. 사람들에게 환영받고 또한 사람들을 품을 수 있기 위하여서는 그 목적이 "집으로 가져가기 위한" 혼돈의 레퍼토리가 되어서는 아니 된다.[37] 그 취지가 새롭게 취득한 재능인 "복음을 행하는" 방법론으로 다른 이들에게 감명을 주는 것이어서는 아니 된다. 또한 예전음악가들이 봉사하는 교인들에게 음악을 오직 듣는 것에만 의존하도록 하여서는 안 된다. 반대로 문화 조율된 음악은 사람들에게 음악과 삶을 같이 나눔이 가능하도록 하여주며, 새로운 양상으로 받아들여지는 신앙과 교회에 의해 서로 간에 상호작용으로 진행이 된다. 문화 조율된 음악 뒤에는 사람들, 상처들, 그리고 학대가 있기에, 치유를 제공하고 음악을 통하여 그리고 넘어서서 소망을 바라보기를 기다린다. 마지막으로 문화적으로 조율된 예전음악 세계로 들어가기 위한 목적은 하나님이 바라보시는 세상 그 자체이다. 이러한 목적과 함께 문화적 경계선을 뛰어넘는 자들에게는 다른 사람들의 재능을 탈취하는 악을 피할 수 있도록 도움을 받게 될 것이다. 이는 영적 삶의 요리솜씨에 알맞은 조미료를 널리 그리고 은혜롭게 뿌리는 작업과도 같다.

---

37. Much has been written recently concerning the ethics connected to the expansion of world music; see the introduction and the chapter by Steven Feld in *The Traffic in Culture: Refiguring Art and Anthropology*, eds. George E. Marcus and Fred R. Myers (Berkeley: The University of California Press, 1995).

제23장

예전음악의 형성

Liturgical Musical Formation

| 돈 살리에스 Don E. Saliers |

음악은 영혼을 들을 수 있는 언어이다. 이 정의는 우리의 주제에 대한 직접적인 통찰을 주고 있다. 직관적으로, 우리는 우리 내면에 있는 무언가가 음악 안에서, 또 음악을 통해 우리의 마음을 만지고, 표현하려는 것을 느낀다. 가장 깊은 인간의 열망과 감정들은 특정한 노래와 악곡들을 듣고 부르는 가운데 우러나오는 것이다. 이러한 정의에 따라 우리는 표현하려는 내적인 움직임에 강조점을 둔다. 특히 우리가 내적인 충동이 들을 수 있는 형태로 겉으로 표현되는, 자연스러움을 생각해 볼 때, 이러한 방법은 직관적으로도 적절해 보인다.

하지만 그것의 감정을 불러일으키는 힘에 있어서, 이러한 정의는 우리를 잘못 인도할 수도 있다. 왜냐하면, 음악은 우리 삶의 내적인 감성을 형성하는 그 무엇이기도 하며, 지금껏 경험하지 못했던, 색다른 감정들을 공유할 수 있는 보편적인 언어를 제공하는 것이기 때문이다. 이것이 의식음악의 특징이다. 기독교 예배에 있어서 음악은 우리가 느끼는 감정 그 이상의 것을 전달해 준다. 음악으로 옷 입혀진 가사는, 공동체의 기억에 구체적으로 전달된다. 우리가 발견하는 것처럼, 하나님을 예배하는 음악은 신앙의 형태가 되어야 한다. 단순한 장식이나 예배의 "감정적" 고양으로서의 문제를 떠나, 특정한 음악 형식은 기독교 공동체의 예배 행위에 있어 본질적인 것이다. 이 글은 음악이 종교적인 감정을 어떻게 형성하고 표현하는지, 그리고 그렇게 함으로써 어떻게 회중의 신앙적 경험을 형성하는지 서술하고 있다.

음악 그리고 하나님의 말씀(Music and the Word of God)

몇 년 전 나는 시편 95편을 새로운 ICEL에 입각해 예전적으로 번역하는 법을 가르친 적이 있다. 이 교창antiphon은 "오늘 너희는 그의 음성을 들어 보아라, 마음을 완고하게 하지 말라, 마음을 완고하게 하지 말라"였다.[1] 그 음악 형식은 칸토르가 그 구절을 노래하는 단조 오스티나토ostinato였다. 모차르트의 음악을 소재로 한 논문에서 브라운Frank Burch Brown으로부터 한 차례 질문을 받았을 때, 나는 당황했었다. "하나님께서 인간들이 들었으면 하시는 것을 음악으로 전할 수 있는가?" 그러한 질문은 우리가 탐구하려는 중심 주제가 된다. 그것은 음악에 대해 그렇게 질문될 수 있지만, 교회음악의 문제에 있어서 그것은 –특히 현재의 미국 문화에 있어서–아주 중대한 것이다. 이 질문은 하나님의 교통하심을 예전공동체가 소리로 경험할 수 있는가의 문제이다.

기독교 예배, 특히 대부분의 개신교 전통들에서 음악은 하나님의 말씀을 보조하는 역할을 한다. 초창기에 암브로시우스Ambrose의 밑에 있었던 어거스틴은 시편 기도송에 대한 자신의 양면적인 견해에 대해 고민했다, 그의 고백록Confessions에서 우리는 엿볼 수 있다. 즉 '소리는 그를 울게도 하며, 성경 말씀에 집중하는 것을 방해할 수도 있다는 것'을 안 것이다. 음악에 대한 그의 의심은 기독교 예전 전통의 한 부분이 되었고, 금욕적인 퀘이커교도들의 침묵으로 대표되는 "좌파"(Left–Wing)전통의 종교개혁 안에서 표면화되었다. 음악의 감각적인 특징과 음악이 인간에게 끼치는 감정적인 힘은 그리스도인의 감수성과 신학에 대한 신플라톤주의 입장에서 발견할 수 있다. 음악적인 형식과 연주되는 특징에 의해서 공중 예배에서의 하나님의 말씀이 깊어지거나 애매해지는 것인가? 만약 그렇다면, 놀랄 만한 것인가?

서양 전통에 익숙한 우리들은 음악이 하나님의 말씀을 보조하는 것으로 이해하며, 찬송, 시편, 소창, 칸타타, 오라토리오, 여러 다른 종류의 음악을 떠올린다. 음악을 말씀 다음 가는

1. 이 음악적 세팅은 Christopher Willcock에 의한 것으로, ICEL Psalter Project (Washington, D. C.: Bishop's Committee on the Liturgy, 1983)에 나와 있다.

하나님의 선물로 생각한 루터는, 회중을 '노래하는 공동체'로 만들기 위해 찬송, 자유롭게 작곡된 예전 성가들—예를 들어 이사야의 Sanctus와 같은—을 선별했다. 또 중세의 유산인 칸투스 피르무스(Cantus Firmus)나 플레인송 멜로디와 힘있고 리듬적인 캐롤, 세속 유행가 전통(Meister와 Minnesingers들이 불렀던)도 자국어로 작사된 성음악에 결합시켰다. 칼뱅과 개혁 전통은 말씀에 고착하면서 운율적인 시편송을 통해서만 하나님의 말씀이 전달되도록 제한시켰으며, 그를 통해 우리에게 좋은 유산을 남겼다. 물론 왓츠와 웨슬리는 예상치 못한 방법으로 시편을 찬송하는데, "1인칭" 복음송 부르기는, 우리가 더 많이 하나님을 경험하게 유도한다.

울리히 츠빙글리와 좌파적인 종교개혁가들은 초기의 양면성을—어거스틴으로 대표되는—더 발전시켰는데, 그것은 말씀에 담겨 있는 뜻을 명료하게 하는 '음악'에 대해 이중적인 입장을 견지하는 것이었다. 성공한 시인이자, 4성부 세팅의 유명한 흑사병노래[Plague Song]을 쓴 유능한 음악가인 츠빙글리였지만, 사역한지 3년도 못가 공중예배에서 모든 음악 사용을 금지시켰다. 그의 작품들은, 미학적인 표현에 대한 성직자들의 우려와 말씀의 권능을 방해하는 '감성적인 힘'과 같은 화제들에 대한 양면적인 견해를 가장 잘 보여주는 예이다. 어거스틴과 그 이전의 다른 교부들에게 음악의 힘은 하나님이 '말씀하셔야만 하는 것'을 듣는 것을 방해하거나 이반(離反)할 수도 있는 소지를 갖는 것이었다. 오직 '진정한 침묵' —잠재적으로, 매혹적이거나 복잡한 멜로디의 소리, 화음, 리듬, 음색의 소리들이 섞이지 않은—만이 하나님의 말씀을 듣게 할 수 있었고, 그에 따라 행동하게 만드는 것이었다.

영육간의, 성스러운 것과 미학적인 의미 간의, 감성적으로 '소리 나는' 것과 내면적으로 '듣는' 것 사이의 팽팽한 긴장 같은 명제들은 성서 내의 예언자들의 논리에 뿌리를 두고 있다. 하나님의 음성을 전달하는 매개체로서 음악이 존재하는 경우에 우리는 성서—기독교 전통에서 예언자적인 측면을 갖는 '용어'들에 접근해야만 한다. 음악이 어떻게, '진정한 종교적 경험을 표현하고 구성하는지' 진실된 견해를 제공해야만 할 때가 있다. 이 때 우리는 음악이 우상숭배나 불의함, 종교적인 교만함 등을 방조할 수도 있다는 의혹에 직면하게 된다. 이러한 논의는 영혼과 육체의 양대 명제와 같은 형이상학적 이원론과 구분될 필요가 있다. 아모스 선지자는 이렇게 말한다. "네 노래 소리를 내 앞에서 그칠지어다. 네 비파 소리도 내가 듣지 아니하리라 오직 공법을 물같이, 정의를 하수같이 흘릴 찌로다"(아모스 5:23–24)

어거스틴은 이것을 다르게 말한다. “나는 때때로 다윗의 시로 만든 기쁜 멜로디의 노래들이 가능하다면 내 귀와 교회들로부터 배척되기를 소망한다.” (고백록, Book VIII). 첫 번째 반론은 예배 안에서 음악을 남용하는 행태가 일반화되었다는 점에 기초한 것이며; 두 번째 견해는 음악 자체에 대한 ‘양심적인 동기에서의 의심’에서 비롯된 것이다.

이러한 우려들은 교회에서 종종 있을 수 있는 ‘지엽적인 논의’이기 때문에 망각되기 쉬운 소재들이다. 하나님을 예배하는 데 쓰이는 음악은, 인간의 느낌과 감정을 형성하고 표현하는 음악이라는 스펙트럼 중의 일군에 불과하다. 하나님의 목소리가 들리는 교회음악의 좁은 범주들은 내적인 부분보다 외적인 부면 에서 확실히 드러난다. 이는 크고 복잡한 오라토리오나 오페라 같은 형식을 통해서 전달된다. 심지어 번스타인Leonard Bernstein의 미사곡 같은 화려한 작품 안에서조차도, 특별한 음악의 질적 측면에 대한 판단의 역사가 무엇이든지 간에, 우리는 “파괴되는” 동시대의 세계를 향해서 하나님이 말씀하시고자 하는 것의 새로운 차원에 직면하게 된다. 음성화된 탈성상주의iconoclasm는 하나님을 향해서 듣기를 거부하는 사회적 질서에 대한, 예언자적 고발을 다시 듣는 것과 상당한 관련이 있다. – 심지어 종교적인 의식에서도 포함되는 문제이다.

현 시대의 문화적인 기풍은 우리로 하여금 음악이 가사의 여부, 그리고 하나님에 대한 영성을 포함한 음악 사이의 관계에 대해서 새로운 방법으로 생각하도록 도전한다. 이것이 음악적 예전의 중심이다. 우리는 우선 본질적으로 음악적인 예전들의 특징에 대해 관심을 둔다. 그 다음 우리는 어떻게 음악이 하나님을 경청하는 것에 관계되어, 감정의 형태로 인간 공동체들을 형성하는지에 관해 연구할 것이다.

예전에 있어서 본질적인 음악의 차원들 (Intrinsic Musical Dimensions of Liturgy)

시간이 흐름에 따라 특정한 공동체 예전에 관심을 갖는 이들은 다양한 신앙행위의 음향적인acoustical 차원을 정확하게 인식하게 된다. 공동 기도는 높낮이, 강도, 리듬, 음색을 가진다. 한 절을 읽는데 그 음악적 차이점을 특징적으로 이해하면서 읽는 것과, 단순히 흐리멍덩

하게 읽는 것 사이에는 차이점이 존재한다. 그 음악적 특징에는 본문의 의미적 내용들을 힘차게 혹은 빈약하게 전달하는 음조의 변화, 종결Cadence, 높낮이, 속도 등이 있다. 그리하여 각각의 예배 요소들은 좋든지 나쁘든지 간에 구체적 방법으로서 "연주"된다. 구체적인 전통 안에서, 기도의 소리, 읽기의 소리, 특히 설교는 확실하게 들려지는 것과 그렇지 못한 것에 상관없이, 모든 요소를 가지고 있다. 특정 전통들에서는 고교회(High Church)와 저교회(Low Church)냐에 관계없이 '연주'하는 것을 동반하게 되어 있다. 회중들은 본문의 "실제화"에 있어서 완전함과 확실함이 창출된다는 암묵적 이해를 가지고 있다. 그 연주의 실행이 전적으로 음향적이지 않더라도, 필자의 포인트는 단순히, 행위로서의 "음악"은 회중이 갖는 감성과 진정성이라는 차원에서 본질적인 존재가 된다는 것이다.

같은 차원에서 이와 같은 논의는 음악이 순전히 예배를 위한 "장식"이 아니라는 점을 내포한다. 만약에 예배 안에서 당연히 전제되는 행동과 요소들이, 특정하게 연관된 음질, 패턴들을 그들에게 전달한다면, 음악은 우리가 예전에 대해 "적용"하고 "추구"하는 무언가가 아닐 것이다. 오히려 예배를 보조하는 음악은 그 자체로서 기도하는 일, 선포하는 일, 듣는 일이 구체화된 형식인 것이다. 예전은 음악적 형식, 높낮이, 음색, 빠르기 등을 조율하고, 움직임과 쉼, 말하기, 듣는 일을 포괄하기 때문에, 음악적인 요소들은 예배에 참여하는 데 있어서 결정적인 것이다. 심지어 예배 안에서 음악이 갖는 "역할"에 대해 생각하는 것조차도 약간씩 오해의 소지가 있다. 특정한 '예배'라는 절대적 존재가 있어서 음악이라고 하는 추가분을 그곳에 투입하는 것이 아니다. 이러한 생각이 아무리 흔한 견해일지라도, 잘못된 판단에 불과하다. 비록 그러한 전통에서 예배의 전후로 음악이 자리하지 못할지라도, 그것은 지각의 경험을 초월하는 요소가 된다.

따라서 나는 음악이 기독교 예전 의식에서 필수적인 것이라는 입장을 견지하는 바이다. 이 점은 우리가 '영적으로 완벽하게 짜여진 예배'에 관심을 갖는 요인 중에 하나가 된다. 이 점을 확실히 하려면, 예배 내용과의 관계에서 음악 형식과 연주하는 것을 남용하는 행태에 대해 의문을 제기해야만 할 것이다. 음악이 하나님께 영광 돌리고 인간과 창조물들이 성화되도록 할 때에만 '음악적 견해'들이 적절한 예배적 특성을 확고히 하는 소지가 되는 것이다.

이러한 사실은 우리의 논의를 이 글의 중심적 주제: 예전 안에서 음악을 구성하는 힘으로 이끌어준다. 예배에 참여할 때, 선포되는 말씀들은 단지 소리로서 '포장'되는 것이 아니다; 오히려 음악을 통해 우리는 신앙적인 삶을 형성하는, 말씀의 감정과 성격을 표현하고 형성하는 것이다. 따라서 음악적 형식은 –특별히 텍스트 화된 음악적 형식은 아닐지라도– '하나님께서 요구하셨던 삶의 모습들'과, 하나님의 고유한 속성인 공동체적 감성에 대해 말하는 것이다. 이러한 방식으로 신앙적 경험의 패턴들은, 하나님의 말씀, 성만찬 식탁, 세례못(Font)을 중심으로 공동체가 형성되듯, 음악적 형식을 사용하는 특별한 범주나 스타일과 깊은 연관성을 갖게 된다. 편안하고 쉬운 음악을 계속하는 것은 결국 편안한 영성을 만들어 낸다. 건방지고 낭만적인, 자기 확신적이며 과장된 음악을 사용하는 것은 오만하고 자기중심적인 기도자와 참여자의 풍조를 낳게 되고 또 영향을 줄 것이다.

그린Fred Pratt Green이 최근의 작품으로서 최고의 찬양 가사중 하나로 다음의 시구를 썼다.

새롭고 신비로운 노랫소리로	How often Making music we have found
주께 찬양드릴 때	A new dimension in the world of sound
신령한 예배로	As our music moved us to a more Profound
우리를 감격케 하네 알렐루야	Alleluia[2]

음악에 민감한 어느 누구든지, 정돈된 소리를 듣고 있을 때, 우리의 사고를 명징(明澄)하게 하는 그 무언가가, 불현듯 또는 깨닫게 하는 경험을 한 적이 있을 것이다. 우리는 그 시간에 '감정을 느끼기만' 하는 것이 아니라 존재와 세계에 대해 인식하게 된다. 최근에 말러Mahler의 5번 교향곡을 듣는 중에 필자는 이런 경험을 했다. 그것은 엘리엇T.S. Eliot 이 4중주 Quartets 라는 시 안에서 언급한 것이다. "음악을 깊게 있게 들을 때, 음악이 진행되는 동안 당신 자신이 음악이 된다." 또, 아팔라치안Appalachian전통으로부터 유래한 "For All the Saints..."나 "I Will Arise and Go to Jesus"를 노래할 때에도 똑같이 경험하게 된다.

나의 견해는 단순하다. 우리가 삶의 매서움과 약점으로, 혹은 슬픔으로, 광대한 황홀경으로 깊숙이 들어가더라도, 음악은 소리를 통한, 그리고 소리 안에서 세상을 이해할 수 있는 방법을 제공하는 능력을 가지고 있다는 것이다. 즉 음악은 우리가 음악 아니면 경험해보지

2. The Hymns and Ballads of Fred Pratt Green, ed. Bernard Braley (Carol Stream, Ⅱ.: Hope, 1982) No. 39. 『찬송과 예배』(미국장로교 한영찬송가, 2001), 129장.

못하는 풍미와 감각, 삶에 대한 이해를 준다. 그리고 "가사 있는 음악과 그 반대로 가사 없는 음악"에 대한 질문은 나중에 다룰 것이다.

왜 우리는 "종교적"인 것처럼, 음악에 깊은 감명을 받았다고 말하려고 하며, 아니면 적어도 그런 경험이 있다고 하려는 것인가? 왜 우리는 음악이 "영혼의 소리"라고 말하려고 하는가? 나는 그것을 이렇게 생각한다. 정제된 음악의 사용은 단순히 말로는 표현할 수 없는 것을, 감각적이고 민감한 방법으로 귀에 확실히 전달한다. "신성한 것을 듣는 일"은 표현할 수 없는 것을 향한 접근의 일부분이다. 우리에게 가장 중요한 것은, 음악이 아닌, 매일의 평범한 생활 속에 깊이 숨겨져 있는 그 무언가를 이해하려면, 음악이 필요하다는 사실이다, 음악의 가장 큰 잠재력은, 더 깊은 연관성과 패턴들을 조명하여 우리의 삶이 순전한 은혜-선물-로 이해되게 하는 것이다.

이것은 단지 조화로운, 잘 정리된 음악이-특히 하이든Haydn의 '천지창조'와 같은- 이러한 능력을 가지고 있다는 것을 의미하지는 않는다. 정 반대로, 이것은 화음과 불협화음의 대조, 아름다움과 고통스러움의 대조의 소리들을 요구한다. 이러한 방식으로 우리의 삶의 총체성을 끌어안을 수 있다. 이것은 칼 바르트Karl Barth가 모차르트를 칭찬할 때 가졌던 마음이다: 그는 어둠과 빛 안의 창조의 충만함의 감각을 가지고 있다.[3]

음악, 신비, 그리고 예전적인 행동 (Music, Mystery, and Liturgical Action)

그러나 가사의 유무에 관계없이, 음악은 심도 있게 또 음악을 듣는 것과 "종교적 경험"을 관련짓는 가운데 다른 측면에서 기여하기도 한다. 수잔 랭거Suzanne Langer가 "Feeling and Form"[4]에서 우리에게 가르쳐 주었듯, 음악은 인간적 감성 가운데 확실한 형태를 만들어준다. 음악이 사용하는 높낮이, 리듬, 선율적이고 화성적인 형식, 불협화음 그리고 기타 등등

---

3. 이 자료를 보라. Karl Barth, Wolfgang Amadeus Mozart, trans. Clarence K. Pott (Grand Rapids: Eerdmans, 1986).

4. Suzanne Langer, Feeling and Form: A Theory of Art (New York: Scribner, 1953), esp. chapter 3, on music as the symbolic presentation of feeling, 그리고 chapter 8, on musical matrix, which develop themes first found in her Philosophy in a New Key (New York: Harvard University Press, 1948).

의 모든 방법은 산만하지 않은 삶의 상징들을 보여준다. 따라서 음악의 일시성temporality은 삶의 일시성을 나타내게 되는 것이다. 긴장, 고조, 방출, 평온함, 불협화음과 협화음은 정제된 음악의 공통적인 형태가 감정적으로 이 세상 안의 존재로서의 우리의 길을 되돌려 줄 수 있다는 것을 깊게 공유하도록 만들었다. 이러한 의미에서 우리는 음악의 "성스러운 정신sacramentality에 대해 말하게 된다. 연령적으로 성숙하기 전까지, 한 작품도 듣지 못한 경험이 우리 모두에게 있지 않은가? 그런 우리가 갑자기 팔레스트리나 혹은 펜데레츠키, 아니면 듀크 엘링턴을 처음으로 듣게 된다면 어떠하겠는가?

만약에 첫 번째 영역이 표현할 수 없는 것(말로 표현하기엔 사물이 너무 명료하고 절묘하기 때문에)에 대한 음악의 접근이라면, 두 번째 영역은 우리에게 세상 안에서의 우리의 감정적인 삶의 진정한 모습을 가져다주는 음악의 능력이다. 우리 자신에 대한 면과 세상이 주는 것들이 더 친근하게 느껴지는 것이다. 왜냐하면 음악은 바로 조리 있는non-discursive 상징이기 때문이다. 그래서 드문 경우이지만, 가사와 음악의 형식이 있는 곳은 매우 강력하게 융화된다. –바흐의 B단조 미사(*B–minor Mass*)나 말러의 대지의 노래(Das Lied von der Erde) 에 나타난 "What Wondrous Love in This"에서와 같이, 우리는 보다 큰 신비함과 우리 존재의 총체성에 집중하게 된다. 이것이 바로 슐라이어마허Schleiermacher가 연구했던 그의 신학의 미적 측면이다. 한 근원에 대한 절대적 의존 감각의The Gefuhlen 인식인 것이다.

세 번째 영역 역시 음악과 특정한 가사들과 예전의식들 사이의 관계에 대해 탐구하는 것을 포함한다. 공동체의 음악적 형식과 실행은 역사적으로나 문화적으로 공통의 종교적 전통, 특히 기독교성, 예배나 의식, 찬양, 성스러운 본문을 전하는 것 가운데 혼합되어 있다. 그래서 우리는 성서와 살아있는 전통 안에서의 하나님의 말씀과 음악적 형식들 사이의 특별한 관계에 대한 논의로 돌아오게 된다. 하나님에 대한 우리의 개념은 생동감 있는 예배에서 음악적으로 명확한 표현articulation없이는 존재할 수 없다. 비잔틴 의식에서, 유대교의 축제 예전에서, 모라비안의 '사랑의 축전'에서, 웨슬리안(감리교인)의 예배들에서 그 어떤 것도 음악 없이는 존재할 수 없다. 사람들에게 하나님의 말씀이라고 추앙받는 음악으로 된 특정한 본문을 듣게 된다면, 우리는 그것들을 듣지 않을 수 없게 된다! 예를 들어 헨델의 메시아에서 이사야의 예언의 본문을, 고린도 전서의 본문을, 아니면 요한계시록 안의 찬가의 가사를 듣고 이해할 때의 영향에 대해서 생각해보라.

우리는 음악을 들을 때, 가사와 함께 듣는다는 사실을 당연히 받아들여서는 안 된다. 우리의 연구는 이러한 비유와 딱 맞는다. 알츠하이머Alzheimer 환자들이, 결국에는 그들의 유년 시절 들었던 음악에 대해 반응한다는 것이다. 이것은 우리 삶의 음악의 역할의 심오하고, 조리 있는 소리를 하나님이 말씀하시는 것을, 듣는 전통으로부터 온 소리와 결합하는 이유이다. 하지만 아주 명백하게도, 우리는 역시 하나님의 말씀을 잘 듣는 것에 대해 침묵할 수 있다. 만약에 음악 그 자체가 스스로를 섬기고, 거만하며, 분별력 없이 주어지고 연주된다면, 그것의 "말하는" 능력은 감소된다. 음악에 붙여진 가사가 지루하고, 진부하며, 시적인 다의성을 지니지 않을 때, 음악 그 자체의 가치가 떨어진다. 중대한 형식은 말하기와 듣기를 위해 요구된다.

브라운교수의 모차르트에 대한 관찰은 그린의 찬송가 가사인 알렐루야를 되돌아보게 한다. 알렐루야가 울려 퍼질 때, 창조주를 찬양하기 전에, 그들은 새벽별들이 함께 그를 찬양했다고 말하는데, 그것은 우리의 인간성을 깨닫게 한다. 음악 안에서 그리고 음악을 통하여 하나님의 음성을 듣고 경청하는 신비의 세 가지 주된 영역에 대해 요약해보자.

첫째로, 종교적인 삶의 앎은 필연적으로 표현할 수 없는 곳을 지향하여, 그것은 단지 이성적이고 광범위한 표현 너머의 것이다. 그 자체의 최고의 차원에 집중하는 음악은, 일시적 존재로서의 감각의 모호한 신비의 견해로 우리를 인도할 수 있으이며 이끌기도 한다.

둘째로, 랭어Langer나 다른 이들이 주장했듯이, 필자는 음악이 이 세상에서 우리가 어떻게 감성적인 본성을 가지는지에 대한 방식을 제공한다. 사물과의 가장 심오한 감정적 연관성의 형태로서. 음악은 조리 있는 상징체계로서, 그것의 힘은 신의 존재와 일치하기위해, 마음을 열기 전에 우리를 만들고 표현한다. 마지막으로, 음악은 성스러운 예배와 의식ceremony안의 높은 수준의 연설과 의례적 행위와 관련을 맺어왔다. 어떤 상황에서 우리는 음악을 종교적 몸짓, 그 자체라고 할 수 있다. 이러한 방식으로 우리는 고백하고 찬양하는 것이다: 키리에 혹은 글로리아가 그것이다.

이러한 기본적인 반영으로부터 더 나아간 연구를 위한 궤도가 나타난다. 이 마지막 강조점은 의례음악과 연관된 이슈들의 복잡성을 열어놓았다. 나는 이렇게 생각한다. 우리는 음악과 신체적 기거 사이의 관계성에 대해, 의례적 상황에서의 소리에 대한 정신생리학적 측면과, 자신과, 세상과, 그리고 하나님의 통속적 이미지 사이의 관계성에 대해 주의를 기울여

연구해야 한다. 한 가지 예를 인용하자면, 특별한 아프리카 의례의 상황 속에서 북치는 소리는 왜 중요한 것인가? 아니면 단선율 성가의 진정한 모습과 소리는 왜 신앙적으로 깊은 세심함의 감각을 가져다주는가? 이러한 이유들이 거룩함을 만나게 되는 방법의 특별한 특성들을 공명하고 숨 쉬면서 자신과 공동체의 구체화된 상징적 발현으로서 연결될 수 있는가?

마지막으로, 우리가 음악이 종교적 경험으로서 그리고 "하나님을 앎"의 신학으로서 둘 다 어떻게 연관되어있는지 연구한다면, 우리는 음악이 우리에게 질문하는 풍성하고 다양한 방식들을 반드시 알게 된다. 음악과 언어의 유사성과 차이점들은 세상을 추리하는 우리의 지식에 대해 침묵하게 하는 음악의 예로 든다면 더욱 분명해 질 것이다.

기독교 신학 전통 안에서, 다른 이들에 의해 나뉘어 지면서, 아름다움과 거룩함 사이에서, 종교예식cultic적인 것과 예언자적인 것 사이에서 영속적인 긴장이 존재한다. 모든 성서적 신앙은, 이러한 긴장감들과 진정한 싸움을 하고 있다. 그러나 단지 음악이 인간의 두려움, 고통, 태도, 아픔, 즐거움을 표현하고 형식화하는 것을 연구함으로써 우리는 "신학적"인 것으로 음악을 해석할 수 있는 이유와 방법의 효과를 들을 수 있다. 그리고 여전히, 성서적 전통 안에서, 하나님은 이스라엘의 찬송을 통해 높임을 받으신다는 것을 우리는 알고 있다. "우리의 교만이 없어지고 찬송이 울릴 때 모든 피조물은 알렐루야를 노래한다!"

성례전적 삶의 음악적 형성(Musical Formation of Sacramental Life)

처음에 필자는 하나님을 경청할 수 있는, 우리의 능력 중에 음악적인 형식에 주목하고자 했다. 그 하나님의 말씀은 예전적 행동에 스며져있다. 따라서 시편과 아가서와 여러 가지 기도문과 기도응답서 그리고 찬양의 음악적 형식은 회중이 성경 본문을 소리로 배우는 특별한 방식이다. 그러한 형식의 힘은 결단코 당연시 되어서는 안 되며, 남용되어서도 안 된다. 시간 속에서 노래하는 행동은 신실한 자의 감사, 애가, 고백, 그리고 찬양에서 하나님의 소리를 담아 그의 창조와 역사를 설명하고 발자취를 남긴다. 음악적인 기억이나, 악곡을 듣는 것에 의해 우리 삶의 다양한 부면들이 하나님을 인식하는 경지에 이르게 된다. 말씀과 음악을 결부시키는 '음악적 기억', 주제들은 현재의 경험을 신성성과 결부시키며, 우리의 인식을 풍성하게 해 준다.

마찬가지로 성례전의 형식에 대해서도 이야기할 수 있다. 우리가 성만찬 예전에서 "통상문"을 노래할 때, 단순히 경건함만을 표현하는 것이 아니다. 여기에서 노래하는 것 그 자체가 의례적 행위인 것이다. 성만찬 상과 세례 못 앞에서 대감사기도와 함께 환호하며 노래하는 것은 회중들의 결속하는 한 방법이다. 또 음악이 창조주로서, 역사의 구속자로서 그리스도 안에서 약속된 미래로서의 하나님을 찬양하는 의례적 행위로 계획될 때, 말씀은 단순한 '말'을 초월하는 존재가 된다. 성만찬이 집전되는 동안 회중 찬송, 합창, 연주되는 음악과 같은 것들은 상징적인 예전 행위의 일부가 된다. 따라서 이는 지속적이고 구체화된 의식 음악 교육이 예전 공동체의 영성을 형성하는 데 중요한 이유가 된다. 방대한 양의 의식음악인, 예전음악은 예전 공동체의 영성을 만들어나가는 데 필수적인 것이며, 따라서 회중은 그에 대해 교육받아야만 한다.

조셉 젤리누Joseph Gelineau가 살펴보았듯, 기도 그리고 성례전적 축전의 한 가운데에서 노래하는 공동체의 문제는, 상징적인 행위로서의 축제–혹은 예전–의 문제를 예를 통해 보여주는 방편이 된다.[5]

공동체가 상징적인 행위를 창출해내려면, 의례 행위의 경험적 의미를 살리고, 또 현시(顯示)해 주는 작업에 구성원 각자가 참여해야만 한다. 완전무결한 음악 레퍼토리를 소화하는 가운데 노래하는 공동체를 만들어내는 작업은 단순히 미적 가치를 고양하는 것이 아니라, 신학적인 행동에 참여하는 것이다.

이러한 사실은 우리가 신앙에 충실한 예전 행위를 발전시키기 위해 실제로 예전 행위를 판단해 보는, 과감한 행동을 취하게 한다. 음악 형식 그 자체는 의례적 행등과 기도행위가 반드시 조화되어야 한다. 이것은 음악적 특징을 획일적인 것으로 유도하는 행동이 아니다. 만약에 예전이 시간이 지나도록 다양한 절기와 축제 속에서 충실하게 거행된다면–각각의 예전에 적절한 의사소통 방식이 생겨날 것이다, 그러다보면 음악적 특징과 스타일의 다양성도 계발될 것이다. 성례전의 형성은 통시적(通時的)으로 지속되는 음악, 신학적/성서적이며

---

5. oseph Gelineau, *Liturgy Today and Tomorrow* (New York: Paulist Press, 1977) 94

문화에 기초한 찬송들이 융합되도록 유도한다.

*The Oxford Book of Carols*의 서문은 "캐럴은 단순하고, 재미있고 대중적이며, 현대적인 종교적 충동을 가미한 노래들이다."[6]라는 언급으로 시작된다. 퍼시 디머Percy Dearmer는 이 서문을 크리스마스와 같은 축제 때 교회 안에서 사람들이 북적이는 모습을 살펴보는 장면을 언급하는 것으로 마무리 짓는다. "거의 찬송가 덕택에, 그러한 의식들은 '소리'가 가져다주는 환희에 휩싸이게 된다."[7] 이런 음악적 형식 안에서의 음조와 가사의 결합의 모습은 캐럴이 순수하고 이해하기 쉬운 언어로 그리고 접근하기 쉽고 춤추는 듯한 리듬과 박자로 결합되어 있는 것으로 알려진다. 진정한 포크송 전통은 대중의 신앙심과 교회에 모인 회중이 예배드리는 것 사이의 음악적인 관계를 분별하도록 도와준다. 우리는 "재미있는 소리"의 표현을 익살의 두 가지 표현으로 간주할 수 있다. 하나는 환희hilarity인데 이것은 그 가사와 특별한 상황에 적합한 것이고, 기독교 신앙에 수반되는 '집단적 기쁨'의 부분인 '환희에 대해 탐구하거나 "소리 내는" 행위이다. 필자에게는 잘 알려지지 않은 부활절 캐럴이 문득 떠올랐다.–이렇게 시작한다. "The whole bright world rejoices now, hilariter, hilariter."[8]

기독교 찬송가를 잘 알지 못하는 이들이 캐럴에 익숙하다는 것이 큰 문제는 아니다. 그러한 노래들은 우리 삶 속에서 놀랍도록 상업화된 것이기 때문이다. 하지만 이 대목에서 캐럴의 형식과 음악적 언어로서의 요소는 지적될 수 있다. 그 노래들의 기원은 각각이 이야기와, 민요들과, 민속 시와 음악적으로 선천적으로 구체화된 리듬들과 관련이 있음을 보여준다. 다른 음악적 형식이 예전의 "바깥"에서 "안"으로 향하는 그들의 방법을 가지고 있듯이, 캐럴은 일상에서 신성성을 느낄 수 있는 감정과 이야기라는 부분을 서로 이어주는 역할을 한다. 이 점은 노래들의 발랄함과 관계 안에서의 '모호함'에 대해 설명해 준다. 캐럴은 신성한 지시를 제외한 인간의 풍부함과 비애를 표현하는 곳에서 그들이 암시하는 것을 알아가는 동안, 인간의 생명력과 신성한 예배의 거룩함 사이의 연결점을 기독교 공동체가 수용하도록 한다. –자연에서 혹은 인간 삶 안의 절기를 위한 캐럴도 같은 맥락으로 다룰 수 있다.

---

6. *The Oxford Book of Carols*, ed. Percy Dearmer, Ralph Vaughan Williams, Martin Shaw (London: Oxford University Press, 1928) v.

7. *Ibid.*, xix. 이것은 엄밀하게 이 요소를 한 해 동안의 기독교 예배로 되돌리기 위한 캐럴책의 출판을 위한 이유이다.

8. *Ibid.*, no. 96.

이 모든 찬송 중에 땅과 하늘이 만나는 찬송이 가끔 있다. 이것은 교회 안이건 밖이건 상관없이 같이 노래하는 중요성이 갑자기 드러나는 때를 말한다. 이러한 사건이 나에게도 1985년에 일어났는데, 스위스의 제네바 근방에서 에큐메니칼 지회가 열리던 정교회 센터에서였다. 그 때 고난주간과 부활절 예전에 참여하던 사람들은 철의 장막에서 온 루마니아, 러시아, 동독, 체코, 심지어 에티오피아를 비롯한 여러 영어권 나라를 대표하고 있었다. 우리는 '부활절 전야'에 참석하여 몇 교회들의 전통으로 나뉘어 예배를 드렸다. 그 중에는 불어를 사용하는 그리스정교회와 러시아정교회가 있었고, 나는 국외로 추방된 작은 회중인 루마니아 그룹에 참여하고 있었다. 자정이 지난 후 각 예전을 마치고 우리는 각 교회 건물에서 길거리로 쏟아져 나오며 별이 총총한 추운 밤하늘에 여러 언어로 "예수 부활 하셨다"를 찬송하였고 동시에 교회 종소리는 부활절 아침의 공기를 갈라놓았다. 그 시간에 함께 서 있던 우리는 상이한 문화, 언어, 예전의 다양성에도 불구하고, 우주의 가장 중심에 서서 하늘과 땅이 서로 껴안는 노래를 부르고 받아들이는 경험을 하게 된 것이다.[9]

9. 이 문단은 나의 에세이에서 온 것이다. 「일상을 통한 믿음혁명」("Singing Our Lives," Practicing Our Faith: A Way of Life for a Searching People. Ed. By Dorothy C. Bass, 허정갑 역, 서울: 예영커뮤니케이션, 2004) p. 282-83.

제24장

하나님에 대한 기억 – 예전음악[1]

Liturgical Music as Anamnesis

| 로빈 리버 Robin A. Leaver |

현대의 미국 사회는 집단적인 망각과 상반되는 감수성 그리고 치솟는 불안으로 고통을 받고 있다. 이는 특히 1965년 후에 태어난 사람들에게서 두드러진다. 다출산 세대baby boomers의 자녀들의–작은 베이비부머라고 불리는–부모들은 탈성상화iconoclastic를 주장했던 60년대의 산물이었다. 이 때의 30대들은 그들 자신이 공포와 불길한 예감을 함께 갖고 부모가 된다는 장래 혹은 현실에 직면해야 했다. 왜냐하면 그들은 '과거'에 많은 의미를 두지 않기 때문이다. 그들이 태어났던 문화 안에서 거의 모든 것들에 정반대되는, 반문화적으로 지금 여기에here-and-now만 오로지 관심을 기울였던 그들의 부모들은 본질적으로 이러한 전망을 무시했다. 이러한 작은 베이비부머baby boomelets의 다수에게는 인생이란 뿌리가 없고 근거 없는 것처럼 보인다. 그리고 그들은 새 천년의 전망으로 인해 너무 두려울 뿐이다. 그들은 부모들이 추구했던 영성과는 다른 영성을 찾고 있는 중이다. 60, 70년대 그들의 부모들은 시끄럽고, 더럽고, 혼란스러운 영성을 신봉했던 것과 대조적으로 뉴에이지New Age 영성은 소망을 찾고,

1. 이 장의 초기 형식은 1996년 7월 7일 뉴욕의 General Theological Seminary에서 열린 3차 AGO Seminary Musicians Conference의 기조연설로서 주어졌고, 1996년 7월 8일 뉴욕의 the Centennial Convention of the American Guild of Organists에서 강의로 전하여졌다.

완전한 생태학적 균형감이 있는 맑은 세상에서의 평정과 고요함을 추구한다. 천상의 소리를 향한 부드러운 탐색을 하는 뉴에이지음악과, 믿을 수 없을 정도의 천천히 움직이는 화성적 리듬 위에서 점층적인 변화의 미묘함을 가지고 있는 미니멀 양식minimalism의 음악은 쉰 목소리와 높은 소리의 락high-decible rock, 하드 락hard rock, 그리고 이전 세대의 다른 대중음악에 관심을 갖는 청각과는 아주 정반대이다.

20세기 말의 미국문화는 30년 전의 문화보다 훨씬 더 복잡하다. 그 때에는 단지 "문화와 함께"라고 외치던 사람들과 "문화 없이"살았던 사람들 사이의 분열만 있었다. 이러한 두 가지 라이프스타일 사이의 긴장감은 도리스 데이Doris Day 와 티모시 리어리Timothy Leary 가 각각을 형상화 한 것들이었다. 그러나 인터넷에서 간단한 검색만으로도 명쾌하게 알 수 있듯이, 지금 우리의 문화는 훨씬 더 복잡해졌고, 유동적이며 여러 가지 요소를 내포하게 되었고, 어리둥절하게 만드는, 다양한 모자이크의 상태가 되었다. 우리는 단일 개체monolithic 또는 두 가지 개체bi-lithic라고도 구분 지을 수 없는 문화에서 살고 있다. 그것은 정적인 문화라기보다는 오히려 동적인 것이고, 삶과 일, 여가, 예술적 표현, 음악, 그 밖의 모든 것들의 가능성들의 보다 확장된 영역을 포괄하며 진보하는 문화이다.

여기에 우리 시대의 난제들dilemmas중 한 부면이 있다. 현재 교회 지도자들 중 다수는 오늘날 문화 속에서 일어나는 일들과 보조를 맞추지 못하고 있다. 그럼에도 불구하고 그들 스스로는 대중문화의 주제들에 뒤지지 않는다고 생각한다. 교회 총회 및 교파의 지도자들 – 감독들, 담임 목회자들, 교단 행정가들, 신학교의 교수들, 그리고 이들의 실무자들과 관계자들– 자체가 1960년대의 산물이다. 마찬가지로 많은 교구 성직자들은 60년대의 직접적인 산물이거나, 또는 그들이 60년대에 강하게 영향을 미쳤던 교수들에 의해서 신학교에서 훈련을 받았다는 점에서 간접적인 산물이다. 그들이 당대의 정신을 지지하느냐 그렇지 않느냐에 관계없이 그 시대의 산물이라고 할 수 밖에 없다.

물론 개혁과 혁명의 시대에서 비롯되는 아주 좋은 것들이 있었다. 그리고 우리들은 계속해서 그 혜택을 받고 있다. 공민권 운동civil rights movement과 사회정의를 향한 관심, 민주주의가 개방되고 모든 사람에게 가능한 것이어야 한다는 생각들이 그것이다. 이러한 것들은 중요하면서도 긍정적인 소득이었다. 그러나 중대한 손실도 있었다. 많은 경우에, 개혁에 대한 관심은 '변화를 위한 변화'를 추구하는 것으로 급속히 변질되었다.

상세한 의제, 논의들agendas은 변화해왔음에도 불구하고, 그 뒤에 가려 있는 원칙들은 변하지 않고 있다. 비록 태어나서 처음으로 교회의 문을 통해 걸어 들어왔던 사람들일지라도, 예배는 모든 사람들에게 이해되어야 하며, '상식적으로 이해 되어야한다.' 이것은 60년대의 강한 구호이다. 언어는 일상어가 되어야 한다. 산문체이고 경범하며 명확한 –왜냐하면 우리들이 해야 할 말을 바로 이해할 수 있어야 하기 때문이다.

의식ritual은 사람과 사람 사이에 거리가 생기게 만들고, 하나님과 사람을 멀게 하기도 한다. 그렇기 때문에 의식은 탈(脫)의식화de-ritual 가 진행되어야 한다. 따라서 예배 서두에 "주님께서 여러분과 함께"("The Lord be with you")의 인사는 "좋은 아침입니다. 오늘 하루는 어떻습니까."("Good Morning! How are you feel today?")로 바뀌었다. 마찬가지로 음악은 본질적으로 선전도구로 간주된다. 그러므로 사람들을 곧바로 "기분 좋게"만들 수 있도록 이용되어야 한다고 한다. 그리고 우리는 음악을 통하여 미리 분위기를 조성함으로써 사람들이 설교 메시지를 수용할 수 있게 해야 한다. 많은 교회에서 예배는 눈에 보이는 '긴장감'으로서 일차원적인 해프닝이 되어버렸다. 예배는 정해진 시간 가운데 시작하고 끝맺는다. 하지만 그러한 예배는 방향 감각과 순례의 정신, 영적인 여정과 같은 것들을 전달하지 못한다.

비록 종종 최신식이고 현대적이라고 생각될지라도, 이러한 예배에 대한 접근 방식은 교회 내에서 반 전통주의적 움직임의 모델이 되었던 60년대의 세속적 탈 성상화 운동과 결부된 것이다. 그러나 어떤 이들은 이에 반대하면서 다음과 같이 언명한 바 있다. "신학적이고 예전적인 용어인 기억anamnesis이 의미하는 것이 '이것'을(과거를 복원하는 것) 가리키는 것은 아니지 않은가? 이 경우에 있어서 오늘날의 90년대에 복원되고 있는 것은 60년대의 정신이다." 그들 자신이 60년대의 산물로서 취급받기를 원하지 않는 음악가들은 마찬가지로 다음과 같이 강변하려고 할 것이다. "기억이 과거를 현재화하는 것을 의미한다면 내가 매 주일마다 예배에서 올리는 바흐 음악은 확실히 그런 류에 속할 것이다. 그렇다면 나는 아무것도 연주하지 않는 셈이 된다." 이러한 지적은 맞지 않다. 더욱이 그들의 관점은 기억의 진정한 의미를 나타내지 못하고 있다. 그 대신 1960년대이든지 1720년대이든지, 또는 그 밖의 다른 시대이든지, 각각의 시대는 '선별된 기억'을 –현재에 우리가 재현(再現)하기로 결정했던 시대에 관한 기록–묘사한다. 그러나 신학적으로 그리고 예전적으로 '기억'이란 하나님의 선택 내지는 '구속하심'의 결과물로서만 이해되는 것은 아니다. 마치 홍해Fed Sea를 건널 때

이스라엘을 창조하고, 십자가의 붉은 피로 새로운 이스라엘을 창조하셨던 것처럼 말이다. 또 우리 난제 중 일부는 종종 예배와 예배음악이 실제적인 문제로만 이해된다는 것이다. 이것은 60년대에서 넘겨받은 사고방식이다: "먼저 '실제적인 문제'들을 다루십시오. 다른 교회에서 무슨 일들이 효과를 보고 있는 것 같습니까? 그들은 성공한 것 같습니다. 자, 그들에게 뒤쳐지지 않기 위해 부지런히 좇아갑시다. 그리고 그들이 하고 있는 일을 행동에 옮깁시다."

이렇게 하여 '실제적인 문제들'이 우선시되었다. 두 번째는 그러한 '실제성'에 딱 맞도록 예전 행위를 변경하는 것이며, 마지막으로 신학적인 문제들은 어떻게 해야 하는지에 관해 검토하게 된다. 그러나 우리가 이렇게 할 때, 우리는 기억들을 무시하고 있거나, 기억에 결함이 있다거나, 또는 기억들이 적절하게 형성되지 않았다는 것을 말해준다.

그것은 우리 모두가 어느 정도 고통을 겪고 있는 것으로부터 오는 집단적인 망각amnesia이 있거나, 또는 죄의 본성에 아주 근접해 있는 망각이 있다는 것이다. 알고 지은 죄와 모르고 지은 죄가 있듯이, 계획된 망각과 애초에 없었던 망각amnesia by default이 있다. '우리 마음속의 하드 드라이버에' 입력되지 않은 정보 때문에 기억하지 못하는 것이 있다. 다른 경우에 우리가 고의적으로 기억에서 지워버렸기 때문에 되살리지 못하는 것도 있다.

애초에 없었던 망각(Amnesia by Default)

우리의 기억 속에 전혀 없는 정보 때문에 우리가 기억하지 못하는 것들이 있다. 나는 60년대에 신학교육을 처음 받았다. 미국이 아닌 영국에서였다. 그러나 나의 경험이 여기에서 신학교를 마쳤던 사람들과 아주 비슷하다는 것을 발견했다. 다름이 아니라 신학교육의 대부분이 성서연구에 치중하고 있다는 사실이었다. 우리는 이스라엘의 역사와 예언자들의 메시지에 대한 심원(深遠)한 연구에, 그리고 신, 구약에서 구속과 화해의 신학에 특별한 강조점을 강제하면서 하는 연구에 매여 있었다. 이러한 연구에서 우리는 아주 세밀히 구약성서의 희생제사제도의 복잡하고도 아주 세밀한 것을 전수 받았다. 하지만 제사연구를 굉장히 집중해서 하였지만, 성서에서 제사의 필요불가결한 요소가 음악이라는 것에 대한 언급은 한 번도 없었다. 그 당시에 나는 희생제사와 찬미의 제사 사이에서 분리할 수 없는 연결점이 있다는 것을 결코 배우지 않았다.[2] 성서의 기록이 잘못된 것은 아니다. 왜냐하면 성서에는 연결점이 명확히 있기 때문이다. 잘못은 오히려, '기본적인 전제는 성서를 해석하는 일'이라고 주장하는. 주석가들과 성서학자들 그리고 성서 교사들에게 있다: 해석자들에게 음악은, 특별히 예배음악은 성서 신학에서 주변적인 것이며, 근본적인 것이 아니다. 그렇기에 많은 성서 번역판들은 다른 부분에 대해서는 정확성을 추구함에도 불구하고, 음악에 대해서만큼은 믿을 수 없을 만큼 부정확하다. 예를 들면, 사무엘상 16:23에서 다윗은 "그의 손으로" 수금kinnor을 연주했다는 것이 명확히 진술되어 있다. 그러나 현대 주석들 중 일부에서 이 구절은 유어반복tautology으로 취급을 받아서 단순하게 생략되었다. 이 구절은 단지 "다윗은 수금[kinnor; harp 또는 lyre로 번역되기도 함]을 연주했다"로 되어있다. 그러나 다윗의 수금연주의 첫 번째 효과 즉, 다윗의 연주는 사울에게 치료효과를 나타냈고 악령은 떠나갔다는 것이 고려되어져야 한다. 둘째로, 수금은 일반적으로 피크pick 또는 채plectrum로 연주한다는 것을 기억할 필요가 있다. 따라서 피크로 하지 않고 "손으로 연주했다"는 구절은 연주행위의 변화, 즉 사울의 영혼을 가라앉히는 것과 분명히 관계가 있었던, 더 부드럽고 귀에 덜 거슬리는 소리를 의미한다. 그러나 성서학자들과 주석가들은 대부분 음악가들이 아니다. 그래서 그들은 이 점을 놓친다. 그들은 이 분야에서 망각을 경험하게 된다. 왜냐하면 그들의 기억 장치에서 정보를 놓치고 있기 때문이다. 만약 정보가 기억 장치에 없다면, 회상될 수 없다.

보다 심각한 것은 신학교에서 성서의 제사가 이러한 방식으로 다루어지고 있다는 것이다. 왜냐하면 60년대에 내가 경험했던 것은 지난 30년 동안 대부분의 신학교에서 표준적이었으며, 지금도 그대로이기 때문이다. 제사의 음악적 요소가, 스치는 정도로 언급될지는 모르지만 대부분 무시된다.

성서에서 나타난 음악의 주제는 광범위하고, 여기서 연구할 내용의 서문으로 자리 잡게 된다.[3] 그러나 몇몇 실례들을 고려하라. 첫 번째로 역대상 25:1–7이다:

> 다윗과 군대 지도자들은, 아삽과 헤만과 여두둔의 자손들을 뽑아 세워, 수금과 거문고와 심벌

2. 내가 신학교육을 마친 후 몇 년이 지나서, H. H. Rowley의 *Worship in Ancient Israel: Its Forms and Meaning* (London: SPCK, 1967)이 출판되었다. 이 책에는 "Psalmody and Music"이라는 제목의 장이 포함되었지만, 그것은 제사와 시편가 사이의 연결점보다는 대부분 Gunkle과 Mowinckel의 시편 연구, 특별히 즉위식enthronement시편에 관한 것이었다.

3. 몇몇의 1차 문헌은 13장의 미주 11에 인용되어 있다.

즈로 신령한 노래를 부르는 직무를 맡겼다. 이 직무를 맡은 사람의 수는 다음과 같다. 아삽의 아들은 삭굴과 요셉과 느다냐와 아사렐라이다. 이 아삽의 아들들은 왕의 지시에 따라, 아삽의 지도를 받고 신령한 노래를 불렀다. 여두둔의 가문에는, 여두둔의 아들인 그달리야와 스리와 여사야와 하사뱌와 맛디디야, 이렇게 여섯이 있다. 그들은 수금을 타면서 주께 감사하며 찬양하며 예언하는 그들의 아버지 여두둔의 지도를 받았다. 헤만 가문에는 헤만의 아들인 북기야와 맛다냐와 웃시엘과 스브엘과 여리못과 하나냐와 하나니와 엘리아다와 깃달디와 로암디에셀과 요스브가사와 말로디와 호딜과 마하시옷이 있다. 이들은 모두 왕의 선견자 헤만의 아들이다. 그의 뿔을 높이 들어 주시겠다는 하나님의 말씀대로, 하나님께서는 헤만에게 열네 아들과 세 딸을 주셨다. 이들은 모두 그들의 아버지의 지도를 받으며 심벌즈와 거문고와 수금을 타면서, 주의 성전에서 노래를 불렀다. 이들은 하나님의 성전에서 맡은 일을 할 때에, 왕과 아삽과 여두둔과 헤만의 지도를 받았다. 이들과 이들의 친족의 수는 모두 이백팔십팔 명이다. 이들은 모두 주님을 찬양하는 법을 배운, 능숙한 사람들이다. [표준새번역]

성전의 예배를 위해서 음악가의 세 집안이 있었고, 돌아가며 하나님 전의 예배음악을 인도했다는 것이 여기서 아주 명백하게 기술되어 있다. 첫 번째 주목할 것은 그들은 남은 시간에 이 일을 했던, 좋은 의미에서의 아마추어들이 아니었다는 것이다. 오히려 이 일은 제사를 준비했던 제사장들의 사역에 매우 가까운 전문사역자였다. 게다가 여기서는 이들이 노래와 반주에 능통하고 훈련되었다고 특별히 진술하고 있다. 두 번째 주목할 것은 이 노래 부르기와 기도하기는 예언자로서 기술되는 것이다. 다른 말로 하면, 특별히 음악가들은 초막tabernacle의 예배를 위해서 구별되었고, 후기 성전에서Temple 구약의 위대한 예언자들과 같은 예언자들이 되었다. 시편가psalmody의 음악을 통하여, 그들은 예언자들처럼 하나님의 말씀을 선포했고, 동시에 백성들의 기도와 찬양을 인도했다. 이 일은 예배 안의 음악에 있어서 결코 하찮은 역할은 아닐 뿐더러 일회용으로 선택하는 일시적이거나, 단지 선전도구로 접근해 가는 방식으로 음악을 만드는 것 또한 아니다. 그러나 예배에서 음악가들이 예언자와 제사장의 기능을 수행한다는 주장은 대부분의 성직자들에게 받아들여지는 것은 아니었다. 이러한 방식으로 생각하는 것은 생각조차 할 수 없었다. 왜냐하면 연결점을 만들 수 있는 무언가가 그들의 기억 안에 없기 때문이다.

두 번째로 근본적인 구절은 역대하 23:18절이다:

여호야다는 주님의 성전을 돌보는 일을 정하여, 그것을 레위 사람 제사장들에게 관리하도록 맡겼다. 모세의 율법에 기록된 대로, 주님께 번제를 드리고 즐거운 노래로 주님을 찬양하는 이러한 일들은, 본래의 다윗의 성전 안에서 일하는 레위사람 제사장들에게 맡긴 임무였다. [표준새번역]

여기서 제사와 음악사이, 그리고 제물과 시편가 사이의 연결점이 분명해진다: "번제물을 드림"은 "노래를 하면서" 주님께 드려진다. 이 연결점은 몇 장 뒤에 있는 역대하 29:27–29에서 보다 더 분명해진다:

히스기야가 번제를 제단에 드리라고 명령하니, 번제가 시작되는 것과 함께, 주께 드리는 찬양과, 나팔 소리와 이스라엘의 다윗 왕이 만든 악기 연주 소리가 울려 퍼졌다. 온 회중이 함께 예배를 드렸다. 번제를 다 드리기까지 노래하는 사람들은 노래를 부르고, 나팔 부는 사람들은 나팔을 불었다. 제사를 마친 다음에, 왕과 온 회중이 다 엎드려 경배하였다. (표준새번역)

여기서 명확하게 드러나는 것은 제사를 드림과 시편을 부르는 것은 두 개의 행동은 아니라 하나였다 하는 것이고, 또 다른 중요한 것은 동등한 두 개의 부분이 하나로 결합된 행동이라는 것이다: 희생제사와 찬미제사를 드리는 것, 하나의 행동 속에 두 가지 통합된 모습. 이것은 시편의 병행구parallelism에서 계속하여 반복되어 진술된다. 다음의 두 가지 실례가 예증한다:

환성을 올리며 제물을 바치고, 노래하며 주님을 찬양하겠다. (시편 27:6, 표준새번역)

하나님, 그 때에 나는 하나님의 제단으로 나아가렵니다. 나를 크게 기쁘게 하시는 하나님께로 나아가렵니다. 하나님 나의 하나님, 내가 기뻐하면서, 수금가락에 맞추어 주님께 감사하렵니다. (시편 43:4, 표준새번역)

이 모든 구절들은 성전 음악 만들기–악기반주와 함께 시편가를 부르는 것–가 제물이 완전히 타 버릴 때까지 끝나지 않았다는 것을 선포하는 것에 강조점을 둔다.

또 다른 증거는 사해사본Dead Sea scrolls에 있다. 시편사본(쿰란 동굴11)에, 다윗의 시편 작업을 요약하는 문서가 있다. 이 문서에 따르면, 다윗은 총 4,050편의 엄청난 시편과 노래들을 작곡했다. 그 중 3,600개는 일반적인 시편들이었고, 82편은 한 해의 금식과 절기를 위한 시편이었다. 그리고 364편은 특별히 매일 시편이었는데, 이것은 "한 해의 모든 날 동안, 날마다 온전한 번제물tamid이 있는 제단 앞에서 부르는 노래들"을 기술한 것이다.[4]

이것은 한 행동의 두 가지 구성 요소인, 제사와 시편가 사이의 근본적인 연결점이다. 이것은 후대에, 사라졌던 성전 예배를 회고했던 랍비들로 하여금, '만약 시편가의 음악이 없다면 그것은 불완전하기 때문에, 그 제사는 병약한 것이고 실효성이 없다'는 경이적이고 믿기 힘든 선포를 하게 하도록 이끌었다. 제사를 드리고 음악을 드리는 것은 한 가지 행동의 두 가지 중요한 부분이었다. 이 랍비들은 제사에 관한 성경의 가르침을 완벽하게 배웠기 때문에 애초부터 그러한 망각을 경험하지 않았다. 그러나 오늘날 교회 지도자들과 신학교의 교수들 그리고 많은 성직자들에게 있어서 망각은 그들 특유의 질병인 것 같다. 만약 총체적인 망각이 어떤 것이 진정한 문제인지 불균형한 인식을 가져다준다고 하자. 그렇다면 어떻게 예배와 예배음악의 이론과 실제를 고유의 관점으로 이끌어 낼 수 있을까? 여기에 아이러니가 있다. 여러 측면에서 교회는 지난 30년 간 더욱 성서 중심적이 되었으며, 특히 공동의 3년 주기 성서정과의 폭넓은 사용으로 말미암아, 우리의 예배에 보다 폭넓은 성경의 내용이 다뤄질 수 있었다. 그러한 성서정과에서 다루어진 성경적 주제들과 이슈들에 기반한 새로운 찬송가와 교회음악이 폭발적으로 발간되었다. 과거에는 그러한 주제와 이슈들은 매우 빈약하게 제시되었으며, 초기 찬송가와 교회음악에는 존재하지도 않았다. 그러나 예배와 예배음악에 대한 좀 더 넓은 관점에서 보면, 성경적인 관점들은 그 정보들이 개인 혹은 집단 기억으로 입력되지 않았기 때문에, 기억되지 못한 것이다.

4. J. A. Sanders, *The Psalms Scroll of Qumrân Cave 11 (11QRPsa)* (Oxford: Clarendon, 1965) 92.

계획된 망각(Amnesia by Design)

우리의 기억에서 고의적으로 삭제되었기에, 우리가 기억하지 못하는 것들이 있다. 모임의 질[quality]은 교인들이 증가하는 것에 의해서 결정된다고 주장하는 교회의 풍조가 현재 널리 퍼져 있다. 그러나 이 주장의 지지자들이 맞는다고 주장한다고 해도, 성서적인 의견은 아니다. 성서 신학은 그 반대자들을 소중히 한다는 것을 보여주고 있다는 주장이 보다 설득력 있다. 많은 숫자보다는 오히려 더 적은 수에 영적인 힘이 있다. 기드온은 그의 군대의 남자의 수를 증가시켜서가 아니라 오히려 감소함으로 승리했다. 다윗은 머리수를 세어 이스라엘 백성의 인구조사를 하려고 했을 때 오히려 하나님께로부터 비난을 받았다. 그는 하나님보다 수적 힘을 의지하려 했던 위험 때문에 비난을 받았다. 그리고 구약성경의 예언자의 기록에서 남은 자[remnant]의 교리 전체는–이사야가 주장한 것–하나님은 다른 어떤 방식이 아니라, 작은 재원을 가지고 위대한 일을 하신다는 것을 의미한다. 그러나 이러한 풍조는, 교회의 질은 '가득 채움'(Fullness)으로 평가된다고 주장한다. 이른바 성공적인 교회는 가득 채워진 교회이다. 많은 이들에게 이 사실은 특정 교회가 하려는 모든 일들의 지배적인 원리가 된다. 교회를 성장시키는 데 혈안이 되어 있는 목회자와, 하나님 앞에서 두려움과 떨림으로 교회의 고유한 순례를 수행하기보다는 오히려 다른 교회들이 하는 것을 추종함으로 교회의 성공을 판단하는 데 보다 더 관심을 갖고 있는 회중들 사이에서 종종 짓밟히는 교회음악가에게 압박이 가해진다.

적절한 장비와 전술적 노하우를 지니고 있는 교회성장운동을 살펴보자. 이것은 교단본부와 교회 회중들의 압력을 받으며 필사적으로 교회를 성장시키기 위하여 스스로 포위된 목회자들에게 모든 것이 가능하도록 만들어준다. 그것은 동기가 –"그리스도를 위한 세상"– 아니고, 의구심을 가지고 행해야할 방법론이다. "우리가 여러분에게 말한 것을 하십시오. 그러면 여러분은 성공할 것이고 여러분의 교회는 성장할 것입니다."

음악은 교회성장 과제에서 관심 있게 등장한다. 게다가 주요한 주장들 중의 하나는 전통적인 교회음악은 정말 해롭다는 것이다. 존경하는 목회자들이 교회의 예배에서 그런 음악을 모두 제거하지 않는다면, 그리고 제거하지 않는 한, 교회에 성장은 없다고 교회 성장의 대가들[gurus]은 자주 주장한다. 그들은 Bach, Buxtehude, Pachelbel, Stanford, Parry, Sowerby,

Willan, Hurd, Proulx, Hillert의 음악과 그 나머지들은 교회 성장의 주요한 방해물이라고 주장한다. 그러므로 그런 음악은 예배에서 단번에 제거되어야 하고, 만약 교회음악가가 거절하면 그(그녀)는 해고되어야 한다고 한다. 교회에서 음악가들이 좋은 음악이라고 해왔던 것을, 이들은 보다 적절한 음악으로 교체될 필요가 있다고 주장하며, 교회 성장의 옹호자들은 위의 것들을 나쁜 음악이라고 치부하는 것이다. 이것은 가장 평범한 수준의 공통분모를 지닌 음악을 의미하기에, 단순하고, 혼자 부를 수 있고, 상업광고의 경쾌하고 짧은 노래^jingles^들을 강렬히 떠올리게 한다. 오직 이런 음악만이 교회 예배에서 자리를 잡아야한다고 주장한다. 왜냐하면 교회가 성장하려면 쉽고, 사람들 대부분이 시장에서 가장 친근하게 만날 수 있는 것에 가까운 대중적 양식의 노래만 사용되어야 하기 때문이다.

이 주장은 60년대를 생각나게 하는 울림^echoes^으로 반향된다. 예를 들어, 60년대 초에 필자는 런던 남쪽에 있는 한 교구를 섬기고 있는 중이었다. 빌리 그레이엄^Billy Graham^은 위대한 런던 대 전도집회를 위해 영국에 왔고 런던지역에서 교회청소년 그룹들의 수백 명 지도자들을 위해서 준비 모임을 열었다. 그것은 전반적으로 팀의 회원들을 위해, 전도 집회가 어떻게 움직이고 있었는지, 그리고 젊은이들을 위해 특별히 무엇이 준비되어 있는지를 설명하고 정보를 주는 집회였다. 말미에 질문하는 시간에 필자는, 영국의 젊은이들은 더 넓은 음악의 범위에 관심을 갖고 있는데 반하여, 왜 전도집회는 한 종류의 음악을 사용하는지를 묻는 무모한 행동을 했다. 예를 들어 나는 매년 여름 3개월 동안 매일 밤 로얄 알버트 홀^Royal Albert Hall^에서 열리는 프롬 콘서트^Promenade Concerts^는 압도적으로 많은 젊은이들로 채워졌다고 지적했다. 이 공연에서의 음악은 클래식과 현대 음악의 폭넓은 범위를 아우르고 있다. 따라서 젊은이들이 참석하도록 격려하기 위해서 전도집회 모임이 음악 양식의 범위를 넓힐 것을 고려해 달라고 요청을 했다. 내 질문에 대한 대답은 단순했고 직접적이었다. "그렇게 심각한^serious^ 음악은 너무 지적이고 대부분의 사람에게 있어서 감정적으로 결여되어 있습니다. 우리의 관심은 다수^majority^에 있습니다. 그래서 우리는 다수의 사람들에게 맞는 음악양식을 사용합니다." 이 주장이 가지는 문제들 중 하나는 복음은 모두를 위한 것이 아니고 오직 다수를 위한 것이라는 생각에 의해서 왜곡되었다는 것이다.

그러나 30년 후에 교회 성장 운동은 그 적용에서 중요한 변화를 갖고 있지만, 기본적으로 똑같은 주장을 한다. 60년대 중반에 이 주장은 세속적인 환경에서의 복음주의와 관계한 곳에서 사용되었다 —이 때 전시홀 또는 스포츠장소에서의 전도 집회성 예배는 다른 행위라고 보였다. 그러나 지난 30년의 과정에서 예배와 전도 집회 사이의 차이가 희미해져왔다. 그래서 많은 교회들에서 예배는 전도 집회적으로 변형되었다. 그러므로 한때 세속적인 환경에서 전도 집회에 적용되었던 것이 지금은 특정한 종교적 환경에서 적용되고 있다. 예배는 전도집회 화(化)되었고, 특별히 의례를 돕기 위해, 그리고 두려움과 놀라움의 느낌을 주는 예배를 표현하고 전달하기 위해, 작곡되었던 전통적 예전음악은 큰 광고판 선전과도 같은 전도집회 음악에 의해 대치되어 왔다.[5]

예전음악은 하나님과 우리 사이의 수직적 관계성을 강조한다. 복음주의적 음악은 다른 사람들과 우리 사이의 수평적인 관계성을 강조한다. 따라서 하나님이 감독하시는 음악은 사람이 감독하는 음악으로 교체되어 왔다. 예배와 복음주의 사이의 차이는 잊혀졌다. 왜냐하면 교회 성장 캠프와 다른 사람들은, 계획된 망각을 만들어내기 위해서, 우리 마음에서 증거를 애써서 지우려고 했기 때문이다.

계획된 망각 때문에 예배음악에 대한 이해가 이처럼 감소하면서 예배의 경험 또한 감소된다. 성서신학의 관점과 예전음악의 오랜 전통의 통찰력이 결여되어 있다. 음악의 역할이 선전과 설득, 또는 "진정한 그리스도인"의 경계선demarcation을 갖고 있는 부족음악tribal songs이 된다면, 또는 역사적으로나 현대에 있어서 하나의 음악 양식이 유일한 음악양식이라고 선포된다면, 그 때 예배는 하나님 중심theocentric이라기보다는 —하나님이 기뻐하시는 예배보다는 오히려 우리와 다른 사람들을 기쁘게 하는데 우선적으로 관심을 기울이는— 오히려 사람중심anthropocentric이 된다. 더더욱 사람의 망각으로 인한 한계들은 하나님의 기억하지 않으심을 —그리스도 덕분에 하나님이 죄를 잊기로 하신 망각— 무색하게 한다. 따라서 우리의 기억은 기독교 신학과 예전의 기억/기념anamnesis, "잊지 않는 것"을 배우거나 다시 배우기 위해서, 그리고 그것이 어떻게 음악이 관련되어 있는지 배우기 위해서 다시금 형식배열reformat이 될 필요가 있다.

---

5. "Are there truly two kinds of musical expression, one identified as sacred and the other as non-sacred and appropriate only for secular occasions? If the composer-musician is careless, clumsy, or impious, and mixes the two expressions, how will the religious leaders protect the faithful from this abuse replaced by an irreligious meaning, either explicit or implied in the sounds of the music, this propaganda han failed"; Arnold Perris, *Music an Propaganda: Art to Persuade, Art to Control* (Westport, Ct.: Greenwood, 1985) 124.

기억[Anamnesis]과 그 의미(Amnesia by Its Implications)

많은 사람들이 그렇다고 핑계를 대지만, 음악은 –그 양식과 형식, 그리고 작품– 현대 예배에서의 문제는 아니다. 예배음악은 다분히 다른 만성적인 질환들의 전조가 된다. 주요한 만성적인 질환은, 특별한 기독교 문화를 희생시키면서까지 현대의 세속문화가 예배와 교회의 목회를 위한 과제로 설정되었다는 모순의 모습이다. 따라서 목양 하는 목회자의 모델은 더 이상 고난 받는 종이 아니다. 그 대신 비즈니스와 상업의 CEO인 것이다. 십자가의 길[Via Crucis]은 메디슨가의 길[Via Madison Avenue]로 대치되었다. 한 거지가 다른 거지에게 빵을 어디에서 얻는지 말하는 것"이라는 나일즈[D. T. Niles]의 관점에서, 전도 집회는 강력한 마케팅이 되었다. 설교는 토크쇼 진행자의 라디오 마이크 사용 기술을 추종한다. 음악은 상업적이고 짧고 경쾌한 노래[jingles]의 수준으로 단순해졌다. 신학은 요약할 수 있는 한 입의 소리로 묶여졌다.

이러한 현대의 단순주의[reductionism]의 주요한 문제는 성례전과의 관계성을 상실했다는 것이다. 실제로, 근래의 계획된 망각은 수많은 미국적 경험의 본질이며 특이성이다.[6] 19세기 초의 부흥운동은 성만찬에 그 뿌리를 두었으나, 성례전적인 기원을 빠르게 상실했다. 다수의 교회 역사가들이 최근에 보여주고 있듯이,[7] 천막집회의 부흥운동은 거룩한 장[Holy Fairs]–야외 성만찬–에서 발전되었다. 그 곳에서 회개를 위한 설교와 회중 찬송, 그리고 긴 권면의 기도가 있었다. 그러나 특별한 성만찬 예식과 요소들은 생략되었다. 모임은 있었으나 음식은 없었다. 그리스도를 받으라는 명령은 있었으나 빵과 포도주는 없었다. 제단으로의 부름[altar-call]은 있었으나 제단은 없었다. 그것은 음식 없는 이야기였고, 유월절 없는 유대교 전승[Hggadah]이었고, 성만찬 없는 복음이었다.

---

6. Historical studies include: A. James Reichley, *Religion in America Public Life* (Washington: Brooking Institute, 1985); R. Laurence Moore, *Selling God: American Religion in the Marketplace of Culture* (New York: Oxford University Press, 1994); see also E. Digby Baltzell, *Puritan Boston and Quaker Philadelphia: Two Protestant Ethics and the Spirit of Class Authority and Leader-ship* (New York: Free Press, 1979). Contemporary studies include: Phillip L. Berman, *The Search for Meaning: American Talk About What They Believe and Why* (New York: Ballentine, 1990); and the analyses of Robert Wuthnow, *The Restructuring of American Religion* (Princeton: Princeton University Press, 1988) *The Struggle of America's Soul: Evangelicals, Liberals, and Secularism* (Grand Rapids: Eerdmans, 1989), *Producing the Sacred: an Essay on Public Religion* (Urbana: University of Illinois Press, 1994) and *God and Mammon in America* (New York: Macmillan, 1996).

7. 예를 들어: Marilyn Westerkamp, *Scots-Irish Piety and the Great Awakening, 1625-1760* (New York: Oxford University Press, 1988); Leigh Eric Schmidt, *Holy Fairs: Scottish Communions and American Revivals in the Early Modern Period* (Princeton: Princeton University Press, 1989); and Paul K. Conklin, *Cane Ridge: America's Pentecost* (Madison: University of Wisconsin Press, 1990).

성만찬 예배의 두 가지 근본적인 요소는 기억anamnesis과 성령임재의 기도epiclesis –과거에 있었던 하나님의 구속적인 행동을 잊지 않음과 현재에 하나님의 성령을 부름– 에 담겨져 있다. 두 가지 실체들은 다른 방식으로 표현될 수 있으나, 또한 다른 전통에서 발견된다. 가톨릭 미사와 성공회, 루터교회와 다른 현재의 예전들에서 'Anamnesis'과 'Epiclesis'는 성만찬 기도에서 발견될 것이다. 그러나 개혁 전통에서는 주의 만찬에서 또한 찾게 될 것이다. 설교 전에 말씀 전 기도illumination을 위한 칼뱅의 기도는 전통적인 성만찬에서 찾을 수 있었던 것과 같은 에피클레시스epiclesis. 성령을 부름과 같다. 마찬가지로 고린도전서 11장에서 "나를 기념하여 이것을 행하라"는 성만찬 제정 기도institution의 말씀 사용은 그 자체가 아남네시스이다.

성례전적인 요소가 상실될 때, 예배는 과도하게 교훈적이고didactic, 말로만 하고, 평범하au, 우리가 살고 있는 현대 세상을 비추는 거울 효과가 발휘한다. 그러나 현재 시점에서 이러한 일차원적이고 정적인 예배로의 접근은 삼차원적인 경험으로 확장될 필요가 있다. 그것은 우리가 지나왔던 과거의 경험과, 우리가 지금 나누고 있는 경험, 그리고 우리가 끌려가고 있는 중인 무한함을 향해 바라볼 때의 경험이다. 음악은 우리의 예배에서 이 3차원 모두를 가져다주고 표현하는 독특한 힘을 가지고 있다. 그러나 우리가 이 경험을 간파하고 경험할 수 있기 전에, 우리는 예전음악에 대한 성서적 이해를 탐구함으로 관점을 회복해야 한다.

첫째로, 루터가 "음악은 신학 다음이다"라고 말했을 때 그것이 무엇을 의미하는지를 우리는 다시금 연구해야 한다. 가톨릭 교인들은 에드워드 폴리Edward Forley가 썼던 "Martin Luther: A Model Pastoral Musician"[8]을 읽을 필요가 있다. 그리고 개신교인들은 칼 쇼크Carl Schalk의 작은 책 "*Luther on Music: Paradigms of Praise*"[9]을 검토해볼 필요가 있다. 왜냐하면 루터에게 있어서, 비록 그가 정확한 말의 형식을 사용하지는 않았지만 음악은 *viva voce evangelii* 즉, 살아있는 복음의 소리인 것이다. 이것은 선포와 예언 그리고 하나님 말씀의 사자bearer로서의 성서적 음악 신학이다.

둘째로, 우리는 구약의 음악과 관계를 맺어야 한다. 오스트리아 성서학자 존 클레닉John W. Klenig의 개정 논문에서, 성전 예배에서의 음악의 역할에 대한 훌륭한 연구가 있다. *The*

---

8. Edward Foley, *Ritual Music: Studies in Liturgical Musicology* (Beltville: Pastoral Press, 1995) 89-106.

9. Carl Schalk, *Luther on Music: Paradigms of Praise* (St. Louis: Concordia, 1988).

Lord's Song: The Basis, Function, and Significance of Choral Music in Chronicles[10]이라는 책은 이 문제를 취급하고 있는 첫 번째로 중요한 연구서이다. 여기서 제사와 시편과의 긴밀한 연결점이 상세하게 다뤄지고 있다. 그러나 우리의 관심을 끄는 것은 클레닉이 어떻게 이 책을 쓰게 되었는가 하는 점이다. 그는 말한다. "이 책은 계획된 것이 아니라 우연하게 쓰게 된 것이다." 그 책을 쓰게 된 내력에 대해서 필자는 조금 알고 있었다. 그는 필자의 책 *J. S. Bach and Scripture: Glosses from the Calov Bible Commentary*[11]을 읽었다. 거기서 그는 바흐가 그 자신의 성서 주석서에 썼던 난외주들marginal comments에 대한 언급을 발견했다. 그것은 역대상과 역대하의 구절들 옆에 쓰였던 음악에 관련된 코멘트였다. 역대상 28:21 옆에 바흐는 이렇게 썼다. "예배에서 다른 봉사의 배열과 함께 음악 또한 하나님의 영에 의하여 다윗을 통하여 실행되었다." 역대하 5:13에 대해 바흐는 이렇게 썼다. "경건적인 음악이 있는 곳에는 하나님이 그의 은혜와 함께하신다." 과거의 한 작곡가(바흐)가 현대의 성서학자들에게, 성전에서 예전음악의 역할에 대한 연구를 하게끔 영향을 주는 충분한 성서적 통찰력을 보유하고 있었다는 사실에, 우리는 이 점을 반영하기 위해 잠시 멈추고 생각할 수밖에 없다. 중요한 것은 바흐의 아남네시스와 에피클레시스는 항상 함께 지켜져야 한다고 이해했다는 것이다. 과거의 기억은 하나님의 성령에 의해서 현재의 실체가 되고 음악이 중요한 역할을 한다. 따라서 진정한 음악의 성서 신학은 음악을 제사의 요소, 그리고 하나님의 은혜를 동반하는 성례전적 요소로서 발견할 것이다.

셋째로, 우리는 신약의 음악과 관계해야 한다. 조프리 웨인라이트Geoffrey Wainright는 송영Doxology의 관점[12]에서 그의 독창적인 조직신학을 저술했다. 시인이자 신학자이고 신약 성서학자인 마틴 프란즈만Martin Franzeman은 "신학은 송영이다. 신학은 노래해야 한다."라고 설교를 했다. 1966년 출판된 그의 설교문에서 프란즈만은 현재 시점에서의 음악이 성서적이라고 한다면, 종말적이어야 하고, 하늘 잔치에서 부르는 미래의 노래에 대한 기대여야 한다

10. John W. Kleinig, *The Lord's Song: The Basis, Function and Significance of Choral Music in Chronicles* (Sheffield Academic Press, 1993).

11. Robin A. Leaver, J. S. Bach and Scripture: *Glosses from the calov Bible Commentary* (St. Louis: Concordia, 1985).

12. Geoffrey Wainwright, Doxology: *the Praise of God in Worship, Doctrine, and Life; a Systematic Theology* (New York: Oxford University Press, 1980).

고 계속해서 설명했다.[13] 토마스 실Thomas Seel의 최근의 책, *A Theology of Music for Worship Derived from the Book of Revelation*[14]은 신약성서의 관점에서, 예배에서 음악의 송영 기능에 대해 같은 주제를 다룬 탐구서이다. 프란즈만의 설교는 감동적으로 읽혀져야 하며, 토마스 실의 연구는 정보를 얻기 위해 읽혀져야 한다. 진정한 성서적 음악신학은 음악을, 아직 완성되지 않은 미래지향적 요소로서 보는 것이다. 그렇기 때문에 현재의 예전음악은 마지막 때의 완성consummation에 대한 송영적(Doxological)인 기대이다.

우리의 예배에서 음악은 동시에 과거, 현재, 미래의 삼차원을 모두 전달하고 표현할 수 있는 독창적인 힘을 갖고 있다. 따라서 음악은 말과 생각을 위한 전달수단보다 더 효율적이고 선전을 위한 효과적인 메커니즘보다 더 효과적이다. 캐나다 문학가인 로버트슨 데이비스Robertson Davies는 죽기 얼마 전에 프린스톤 대학에서, 우리가 부주의한 방법으로 말하는 것에 관해서 연설했다. '우리는 많이 생각하지 않고 말들을 주위에 뱉는다'고 했다. 그러나 그 말들은 날카로운 면도날과도 같다는 것을 기억해야 한다고 했다. 마찬가지로 우리들은 생각 없이 음악을 주위에 던져버리는 경향이 있다. 이런 행동은 음악이 고양시키고, 고귀하게 만들고, 영감을 주는 힘을 가지고 있다는 것을 하찮게 여김으로, 음악 자체만이 아니라 우리와 다른 사람들에게도 해를 끼친다.

역설적인 것은, 교회 밖에서는 이 사실을 인정하는데 반해서, 교회 안에서는 대부분 인정하지 않는다. 우리의 문화에서 "일반적인 대중문화"의 음악과는 다른 영성음악에 대한 추구가 넓게 퍼져 있다. 거기에는 영성의 다중 단계를 탐구하는 뉴에이지 음악의 폭넓은 다양성이 있다. 정말로 놀라운 것은 그레고리안 찬트의 현상이다. 고대 찬트 형식에서 다소간에 영감을 받은 음악인, 게렉키Gerecki와 패르트Pa"rt와 타버너Tavener의 음악은 놀랄 만큼 인기가 있다. 그러나 그 음악들은 단시 20세기 후반기에 쓰일 수 있었다는 점이다. 몇몇의 관심은 일시적인 유행으로 사라질 수 있지만, 그것이 이 현상을 설명하지 못한다. 단지 CD판매의 수량에 근거해 보며, 그리고 소니 같은 리코딩 회사들이 카탈로그에 새로운 영성음악에 집중하는 한 분야를 소개하고 있다는 사실에 근거해 볼 때, 우리 문화의 음악의 다양성에서

---

13. 이 자료를 보라 Robin A. Leaver, *come to the Feast: The Original and Translated Hymns of Martin H. Franzmann* (St. Louis: Morning Star, 1994) 137-40.

14. Thomas Seel, *A Theology of Music for Worship Derived from the Book of Revelation* (Metuchen, N. J.: Scarecrow, 1995).

실질적인 변화가 이루어져 왔다는 것은 명확하다.[15]

그러나 많은 교회의 지도자들은 이러한 변화를 따라잡지 못했다. 그리고 여전히 이전 세대의 유행을 사용함으로 '타당하고' '함께'하려고 애쓰고 있다. 50년대 말과 60년대 초에 조프리 버몬트Geoffrey Beaumont와 20세기 교회의 가벼운 음악 그룹Twentieth Century Church Light Music Group의 다른 사람들은 *Twentieth–Century Folk Mass*와 현대적인 찬송가락으로 시대에 뒤지지 않는 교회의 음악을 가져오고 있다고 생각을 했다. 그들의 음악양식은 근대의 최첨단에 있었다고 주장했다. 그러나 여러분이 그 음악을 비평적으로 들었다면, 그것은 50년대 후반의 대중양식이 아니었으며 오히려 30년대의 좀 더 부드러운 브로드웨이의 양식이었다. 마찬가지로 70 년대에 성령운동이 주류 교단으로 움직여지고 있을 때, 강조점은 성령 사역의 "신선함"에 있었다. 그러나 이 동시대적 영성은 대부분 킹제임스 번역의 "옛"언어로 표현되었고, 음악의 양식은 명확히 19세기 후반에 머물렀다.[16] 존 퍼거슨John Ferguson이 관찰했듯이, "많은 현대 기독교 음악은 결코 현대적이지 않다. 20년 전에 음악이 쓰인 이래로, 그리고 훨씬 최근에 쓰였을지라도 20년 전 카펜터스Carpenters의 부드러움의 종류 같은 팝 음악과 같은 소리를 낸다."[17] 교회가 메시지를 전달하는 매체vehicle로 대중문화의 음악적 양식을 추구한다면, 그 즉시로 구시대out of date의 유산을 주장하고 있음을 발견할 것이다.

60년대의 의사소통의 대가, 마셜 맥루한Marshall McCluhan은 그 가치만큼 심도 있게 인정받지 못했다. 그의 어록 중의 하나는 "매체Medium는 메시지이다."는 말이다. 이것은 캘리포니아의 파이크Pike감독이 종교성 없는 종교를 제시하면서 채택했던 개념이었는데, 많은 사람들에게 이 개념은 불신되었다. 그러나 다시 관심을 가질 필요가 있다. "매체는 메시지이다"는 말은 표현의 방법은 단순히 메시지의 내용이 아니라, 어떻게 메시지가 사람들에게 감명을 주어 받아들이게 하는지에 관한, 진리를 표현하는 속기shorthand이다. "결과가 수단을 정당화 한다"는 말은 공산주의자들에게 부도덕한 개념으로 비난을 받았다. 그러나 그것은 기

15. 전통적인 견해와는 반대로, 최근의 연구결과는 젊은이들이 특정한 종교적 상황에서 사용하는 동시대적인 음악적 양식에 대해 의심스러워하는 것을 보여준다; Barbara Resch, "Adolescents' Attitudes towards the Appropriateness of Religious Music." D.M.E. dissertation (Indiana University, 1996).

16. 이 자료를 보라 Robin A. Leaver, "British Hymnody Since 1950," *The Hymnal 1982 Companion*, ed. Raymond Glover, 3 vols. in 4 (New York: Church Hymnal corporation, 1990-94) 1:555-9, esp. 558-60.

17. John Ferguson, "Lutheran Church Music: Today and Tomorrow," *Cross Accents: Journal of the Association of Lutheran Church Musicians* 6 (1995) 25.

독교 복음주의에서 수용되고 작용을 하고 있는 과제가 되었다. 만약 결과가 개인들을 복음의 소리 안으로 데려오고 있다면, 어떠한 수단도 유효하다는 주장이 사용될 수 있고, 그래야만 한다. 음악의 경우에서, 그것이 그리스도 안에 있는 하나님 은혜의 소리를 갖고 있는 한, 어떤 대중적 양식도 사용될 수 있다는 것이다. 그러나 이 주장은 수용되기 전에 먼저 재고되어야 한다. 맥클루한의 주장을 다시 들어야 하며, 제안되고 있는 그 의미는 신중하게 고려되어야 한다. "매체는 메시지이다." 이것은 메시지의 내용이 아니라 어떻게 메시지가 사람들이 들을 수 있게 전달되는가 하는 것이다. 만약 일회용의 대중음악 양식이 기독교의 메시지를 전달하는 데 사용되고 있다면, 복음도 역시 일회용이라는 메시지가 담겨있다는 것을 의미하는 것은 아닌가?[18] 심각한 망각의 결점을 갖고 있는 음악양식을 사용함으로–새로운 양식이 오면 잊혀지는–우리가 설교하는 복음 안으로 노화obsolescence의 요소를 들여오고 있는 것은 아닌가? 지지자들은 매체가 그들이 전달하려고 의도했던 것은 아니라고 말하고 항의할 것이다. 그러나 다시금 맥클루한의 다른 얘기를 마음에 상기할 필요가 있다. "이것은 당신이 무엇을 말하는가 하는 것이 아니라, 사람들이 무엇을 듣는가 하는 것이다." 우리는 다른 사람에게 아주 명쾌하게 우리가 말했다는 것을 안다. 그러나 그들이 들었던 것을 우리에게 말할 때, 우리는 잘못된 의사소통이 일어난 것을 경악하게 된다. 우리가 의도했던 것과는 다른 것이 실제로 말해졌고, 그들은 들었다. 그리고 다른 의미가 전달되었다. "이것은 당신이 무엇을 말하는가 하는 것이 아니라, 사람들이 무엇을 듣는가 하는 것이다." 교회에서 대중음악 양식이기 때문에(또 그렇게 알려져 있기 때문에) 그것을 의도적으로 선택함으로, 우리는 다른 사람들의 영적 삶을 조종하기 위한 시도를 하고 있는 죄를 짓고 있다. 우리는 우리가 만들기 원하는 효과를 알고 있다. 그래서 우리는 사람들을 움직이기 위해 이미 결정한 방식으로 특정한 음악 양식을 사용해 사람들을 움직인다. 이것은 본회퍼Dietrich Bonhoeffer가 20세기 기독교의 고전 중 하나인, 그의 책 "값비싼 제자도The Cost of Discipleship"[19] 에서 말했던 "값싼 은혜cheap grace"의 음악이다.

그러나 필자가 신약성서를 읽을 때, 필자는 사도들이 고안했던 '기술' 때문에 사람들의

18. "음악적 스타일은 그 메시지의 모양을 만드는 사람이다. 그리고 오직 위험을 무릅쓰고라도 우리는 그 시들을 담아내는 미디어로부터 시들을 분리한다."; Calvin Stapelt, "It's How You Say It," *The Reformed Journal* 36 (1986): 7-8.

19. Dietrich Bonhoeffer, *The Cost of Discipleship*, trans. R. H. Fuller, 2nd ed., rev., Irmgard Booth (New York: Macmillan, 1959).

삶이 변화되었다는 것을 찾지 못한다. 반대로 정확히 말하면 성령 행전으로 언급되기도 하는 사도행전은 성령의 활동으로 가득 차 있다. 그리고 성령이 이미 역사하시고–사람들의 삶을 인도하고, 안내하고, 변화시키고–계신 곳을 포착하기 위해서 그들 자신을 확장시켜가는 사람들이 사도들이고 제자들인 것이다. 이것이 본회퍼가 책에서 말한 "값비싼 은혜"이다. 그리고 우리는 이런 "값비싼 은혜"를 전달할 수 있는 음악의 종류를 우리의 예배에서 사용해야 할 필요가 있다.

바라는 결과를 성취하기 위해서 예배 안에서와 복음주의 모임에서 특정한 음악양식을 사용하는 것은 하나님의 행동을 우리 자신의 생각과 경험의 제한 속으로 가두는 시도이다. 그러므로 우리는 인식의 변화가 필요하다. 음악의 형식을 선점하는 대신에 우리는 음악의 기능에 더 많은 관심을 보내야 한다. 형식은 주위의 다른 어떤 것들보다 기능을 따른다. 쉐이커Shaker 가구 또는 프랑크 로이드 라이트Frank Lloyd Wright의 건축의 관점에서 보면 형식은 기능을 따른다. 따라서 교회의 음악에서도 그래야 한다.

소리 안에서 –단선율 성가의 썰물과 밀물 같은, 아프리카계 미국인들의 영가의 통합과 같은; "어메이징 그레이스"의 찬송가락 같은; 아르보 패르트Arvo Paert 음악의 굳어진stark 긴장 같은; 아니면 심지어 바흐의 코랄 푸가의 복잡함 같은–왜냐하면 푸가 주제의 얽히고 설킴intricacy은 본질적으로 단순한 주제에서 세워지기 때문이다– 심오한 단순성을 만들어내는 조합은 균형과 대칭, 비율과 기능의 문제이다.

예전음악의 일차적인 기능은 예배를 활성화하는 것이지, 우리가 지금 살고 있는 문화를 따라가는 것은 아니다. 문화를 따라가는 것이 후에는 더 좋을 수 있다. 그러나 그것은 목적이라기보다 부산물이다. 예전음악은 우리의 삶을 너무 많이 만들어버리는 세속성을 초월하여 우리의 마음과 생각을 고양시켜야 한다; 우리를 창조하시고, 우리를 구속하시고, 우리를 인도하시는 하나님께 우리의 영으로 예배하고, 경배 드리고, 감사하도록 해야 한다. 예전음악은 예배에서 믿음의 공동체와 함께 하나님의 현존하심을 축하하는 기억인 것이다.

제25장

예전음악: 참고문헌

Liturgical Music: A Bibliographic Essay

| 에드워드 폴리 Edward Foley, O.F.M.Cap. |

들어가면서(Introduction)

예전음악 영역은 광대하고도 넓은 분야로서, 다양하게 나누어지며, 연구되고, 전승된다. 예전학의 세부전공 분야와는 다르게 예전음악 연구에서는 표준화가 되어 있지 않으며 이 학문을 연구하는 수업안내서도 다양한 방법론을 사용하여 여러 범위를 다루고 있다.[1] 이 주제에 대한 다양한 제목과 내용으로 많은 사전들이 표현하는 양상같이, 이 분야에 대한 접근방법으로서의 적절한 언어사용에 대한 합의가 거의 없는 셈이다.[2] 여기에 대한 실례는 다음과 같다:

Joseph Robert Carroll, *Compendium of Liturgical Musical Terms* (Toledo: Gregorian Institute of America, 1964).

James Robert Daivdson, *A Dictionary of Protestant Church Music* (Metuchen, N.J.:

1. 예를 들어 다음을 보라. *Teaching Seminarians Music: Course Descriptions from Nine Seminaries*, ed. Anthony DiCello (Washington D.C.: NPM Publications, 1991).

2. 제13장을 보라.

Scarecrow, 1975).

Utto Kornmüller, *Lexikon der Kirchlichen Tonkunst* (Regensburg: Coppenrath, 1870 [corrected and expanded 1891-1895]; reprint, Hildesheim: Olms, 1975).

Salomon Kümmerle, *Enyzklopädie der evangelischen Kirchenmusik*, 4 vols. (Gütersloh: Bertelsmann, 1888-1895; reprint, Hildesheim: Olms, 1974).

Hans Musch, *Musik im Gottesdienst* (Regensburg: Bosse, 1975).

Joseph Ortique, *Dictionnaire liturgique, historique et theorique de plainchant et de musique d'église* (Paris: Migne, 1853; reprint, New York: Da Capo, 1971).

Jacques Porte, *Encyclopédie des musiques sacrées, 4 vols.* (Paris: Editions Lagergerie, 1968-1970).

David Poultney, *Dictionary of Western Church Music* (Chicago: American Library Association, 1991).

Carl Schalk, *Key Words in Church Music* (St. Louis: Concordia, 1978).

G.-W. Stubbins, *A Dictionary of Church Music* (London: Epworth Press, 1949).

E. Valentin and F. Hofmann, *Die Evangelische Kirchenmusik. Handbuch für Studium und Praxis* (Regensburg: Bosse, 1967).

Andreas Weissenbäck, Sacra Musica: *Lexikon der katholischen Kirchenmusik* (Klosterneuburg: Augustinus Druck, 1937).

본인이 새롭게 편집하고 있는 에큐메니칼 사전의 제목은 다음과 같다. *Worship Music: A Concise Dictionary* (Collegeville: The Liturgical Press, 발행 예정)

이 분야에서 표준화작업은 거의 없지만 계속 반복되는 방법론과 흥미 있는 몇 가지 분야는 있다. 그 중 조금 더 잘 알려진 분야들이 있겠지만 이번과 같은 기초적인 조사에서 할 수 있는 작업이라 생각한다. 가장 중요한 3가지 분야는 (1) 역사적 연구, (2) 음악과 예배 및 신앙과의 관계성에 대한 신학적 사상, 그리고 (3) 사회과학에서 빌려온 비전통적인 방법인 의식과 문화를 사용하여 예전음악을 고찰함이다.

여기에는 여러 다른 종류의 관심분야가 우리의 집중을 요구할지라도 위의 세 가지 사항에 조명할 것이다. 비록 나의 개인적 시각은 로마 가톨릭으로서 주류 문화적 렌즈로 바라볼지언정 이러한 분야에 대한 나의 노력은 에큐메니칼하게 그리고 초문화적으로 그리겠고 미국의 유대교와 서방 기독교의 영향력에 특별한 집중을 하였다. 이 글이 예전음악 분야의 개론을 목적으로 준비되었기에 참고문헌을 소개하는 에세이, 학문적 가치가 뛰어난 중요한 연구들, 주제와의 상관성, 혹은 아주 특별한 시각의 자료들로 구성하였다. 기대하기는 이러한 참고문헌들이 이글에 퍼져있는 나의 제한된 소견의 부족함을 채워주어 균형을 이루어주기를 바라는 바이다.

보편적인 참고문헌은 다음과 같다:

Israel Adler, *The Study of Jewish Music: A Bibliographic Guide*, Yuval Monograph Series 10 (Jerusalem: Manges Press, hebrew university, 1995).

Irene V. Jackson, *Afro-American Religious Music: A Bibliography and a Catalogue of Gospel Music* (Westport, Ct.: Greenwood, 1979).

Bard Thompson, *A Bibliography of Christian Worship* (Metuchen, N.J.: Scarecrow, 1989) 656-739.

Walter Buszin, Theodore Finney, and Donald McCorkle. *A Bibliography on Music and the Church* (New York: National Council of the Churches of Christ, 1958).

Irene Heskes, *The Resource Book of Jewish Music: A Bibliographical and Topical Guide* (Westport, Ct.: Greenwood, 1985).

Martin Rössler, *Bibliographie der deutschen Liedpredigt* (Njeuwkoop: de Graaf, 1976).

Alfred Sendry, *Bibliography of Jewish Music* (New York: Columbia University Press, 1951).

Gino Stefani, "Bibliographie fondamentale de musicologie liturgique," *La Maison-Dieu* 108 (1971) 175-89.

Pasquale Troìa, "Panorama bibliografico Internazionale su Musica e Biblia," *La Musica e la Biblia: Atti del Convegno Internazionale di Studi promosso da Biblia e dall'Accademia Musicale Chigiana, Siena 24-26 agosto 1990*, ed. Pasquale Troìa (Roma: Garamond, 1992) 395-476.

Richard von Ende, *Church Music: An International Bibliography* (Metuchen, N.J.: Scarecrow, 1980).

Albert Weisser, *Bibliography of Publications and Other Resources on Jewish Music* (New

York: National Jewish Music Council, 1969).

Paul Yeats-Edwards, *English Church Music: A Bibliography* (London: White Lion, 1975).

더 많은 참고문헌들이 이 장을 통하여 소개될 것이다.

1. 역사적 연구

예배학의 초기연구가 역사적 방법론에 치중하였듯이 이 분야 또한 예전음악연구의 초기단계 및 최근의 방법론면에서 압도적이다.

일반적인 역사

책과 논문. 영어로 출판된 일반적인 단권 음악 역사서는 다음과 같다:

Donald J. Grout and Claude V. Palisca, *A History of Western Music*, 5th ed. (New York: Norton, 1995).

여러 권의 책으로 서양음악사를 다룬 작업 중 가장 뛰어난 영어 볼륨은 다음과 같다:

The New Oxford History of Music, 10 vols. (London: Oxford University Press, 1954-), 현재 새로이 개정되고 확대 재편성되고 있다.

Prentice Hall History of Music Series, 10 vols., ed. H. Wiley Hitchcock (Englewood Cliffs, N.J.: Prentice Hall, 1965-).

Music and Society, 8 vols., ed. Stanley Sadie (Englewood Cliffs, N.J.: Prentice Hall, 1989-1994).

예전음악에 대한 방대한 정보를 포함하고 있는 서양 예술 음악사와는 별도로 예전음악

의 역사를 평이하게 다루는 많은 분량의 책이 있다. 그 중 영어로 알려진 가장 뛰어난 3권은 다음과 같다:

Friedrich Blume, Protestant Music: A History (New York: Norton, 1974 [1965]).

A. Z. Idelsohn, *Jewish Music and Its Historical Development* (New York: Schocken, 1967 [1929]).

Karl Gustav Fellerer, *The History of Catholic Church Music* (Baltimore: Helicon Press, 1961 [1949]; reprint, Westport, Ct.: Greenwood, 1979). More extensive is Fellerer's Geschichte der Katholischen Kirchenmusik, 2 vols. (Kassel: Bärenreiter, 1972).

그 외의 연구는 다음과 같다:

Ch. L. Etherington, *Protestant Worship Music. Its History and Practice* (New York: Holt-Rinehart-Winston, 1962).

Paul Huot-Pleuroux, *Histoire de la musique religieuse des origines à nos jours* (Paris: Presses Universitaires, 1957).

Paul Hume, *Catholic Church Music* (New York: Dodd, Mead, 1956).

Frits Mehrtens, *Kerk & Muziek*, 2 vols. ('s-Gravenhage: Boekencentrum, 1961).

William Carroll Rice, *A Concise History of Church Music* (New York: Abingdon, 1964).

Alec Robertson, *Christian Music* (New York: Hawthorn, 1961).

Hans Sabel, *Die liturgischen Gesänge der katholischen Kirche* (Wolfenbüttel: Möseler, 1965).

Alfred Sendry, *Music in Ancient Israel* (New York: Philosophical Library, 1969).

Oskar Söhngen, *Musica sacra zwischen Gestern und Morgan*, 2 Aufl. (Göttingen: Vandenhoeck & Ruprecht, 1981).

Otto Ursprung, *Die katholische Kirchenmusik* (Potsdam: Athenaion, 1931).

Eric Werner, *The Sacred Bridge*, 2 vols. (New York: Columbia University Press, 1959; New York: KTAV Publishing House, 1984).

다음에 열거된 문헌과 그 비슷한 작업 중에는 몇 가지 중요하고도 어려운 점들이 있다. 첫째로 이 주제에 대한 엄청난 분량의 최근 연구가 어느 한 사람의 노력으로 모두 소화할 수 있는 양이 아니라는 것이다. 따라서 여러 권으로 된 볼륨에 포함된 다양한 문헌들, 혹은 밑에 열거한 작은 범위의 사전류 등은 어쩌면 한 권의 책으로 된 평이한 예전음악사보다는 더 나은 자료일 수도 있다.

Die Musik in Geschichte und Gegenward (MGG), ed. Friedrich Blume, 17 vols. (Kassel: Bärenreiter, 1949-86). A new edition, which will ultimately comprise 20 vols. is currently being issued.

The New Grove Dictionary of Music and Musicians (NGDMM), ed. Stanley Sadie, 20 vols. (New York: Norton, 1980), a revised edition is in preparation.

The New Grove Dictionary of American Music, eds. H. Wiley Hitchcock and Stanley Sadie, 4 vols. (New York: Norton, 1986).

The New Harvard Dictionary of Music, ed. Don Michael Randel (Cambridge, Mass.: Belknap, 1986).

The New Oxford Companion to Music, ed. Denis Arnold, 2 vols. (Oxford-New York: Oxford University Press, 1983).

The Oxford Dictionary of Music, ed. Michael Kennedy (Oxford: Oxford University Press, 1994).

여기에는 또한 예전음악 역사분야의 초보자들에게 새로운 연구를 시작하도록 안내하는 매우 훌륭한, 몇 가지의 관찰력있는 논설이 있다:

Margot Fassler and Peter Jeffery, "Christian Liturgical Music from the Bible to the Renaissance," *Two Liturgical Traditions, vol. 3: Sacred Sound and Social Change: Liturgical Music in Jewish and Christian Experience*, eds. lawrence A. Hoffman and Janet Walton (Notre Dame, Ind.: University of Notre Dame Press, 1992) 84-123.

Joseph Gelineau, "Music and Singing in the Liturgy," *The Study of Liturgy*, ed. Cheslyn Jones, et al., rev. ed. (New York: Oxford University Press, 1992) 493-507.

예전음악사를 다루는 문헌들의 두 번째 어려운 사항은 오늘의 지식과 사회적인 현실을 감안할 때 예전음악과 같은 특정한 분야를 소개하는 우리의 정보가 매 10년마다 2배로 늘어난다는 것이다. 따라서 예전음악에 대한 보편적인 작업들이 많은 경우 역사 속에서 사라지거나 널리 전달되기 이전에 심각하게 도전받음을 볼 수 있다. 예전음악 역사에 관한 초석적인 작업들은 다른 분야에서도 마찬가지이겠지만 여러 종류의 학문적인 잡지에 실려 있다. 모든 예전음악을 공부하는 진지한 학도들은 이 분야를 검토하여야 할 것이다. 현재 발행되는 잡지와 학회지들은 다음과 같다:

Black Sacred Music (Durham)
Bulletin of the Hymn Society of Great Britain and Ireland (Redhill)
Il Canto dell'Assemblea (Torino)
Eglise qui chante (Paris)
Etude grégoriennes (Solesmes)
The Hymn (Boston)
Jahrbuch für Liturgik und Hymnologie (originally Kassel, now Göttingen)
Journal of Jewish Music and Liturgy (New York)
Krichen-musikalisches Jahrbuch (Regensburg)
Der Kirchenmusiker (Berlin)
Musik und Altar (Freiburg im Br.)
Musik und Gottesdienst (Zürich)
Musica Judaica (New York)
Musik und Kirche (Kassel)
Plainsong and Medieval Music (Cambridge)
Reformed Liturgy and Music (Philadelphia)[3]
Revue grégoriennes (Paris)

여기에는 교회음악 혹은 종교음악, 예전음악, 및 일반음악에 관한 모든 잡지를 하나의 리스트로 집결해 놓은 것은 없다. 음악잡지에 대한 3가지 기본적인 자료들은 다음과 같다:

3. 2001년부터 *Call to Worship* (Louisville, KY)으로 바뀌었음 (역자주).

The Music Index (Detroit: Information service, 1949-).

RILM [*Répertoire international de litérature musicale*] *Abstracts of Music Literature* (Flushing, N.Y.: New York RILM, 1967-).

Bibliographie des Musikschrifttums (Leipzig: Staatliches Insitut für deutsche Musikforschung, 1936-1939; Frankfurt a.M.: Institut für Musikforschung, 1950-).

대부분의 사전이나 조사 설명논문survey articles의 문제점과 같이 예전음악의 일반적인 많은 역사서들도 음악–예전적 사건을 다루기보다는 음악사에 치중하고 있다. 여기서 어떤 곡들이 예배에 사용되었는지, 아니면 작품의 음악적 분석을 밝히고 있지만 음악이 어떻게 의식에서 사용되어지는지, 청취자들이 어떻게 경험하는지, 연주자들의 경험은, 아니면 어떠한 영성에서 혹은 신학으로 고려되는지에 대하여 거의 언급이 없다. 예를 들어 모차르트(d.1791)의 미사, 진혼곡Requiem과 다른 "영성" 작품에 대한 역사적 논의는 있어도 예배에서 과연 사용되었는가? 그렇다면 어떻게 사용되어졌는지에 대한 논의가 없다. 따라서 많은 경우 제대로 된 예전음악사는 아니고 어떠한 모습으로든 교회나 회당에 관련된 음악에 대한 역사라고 보는 것이 옳을 것이다. 그러나 한 가지 예외로는 현재 영어번역과 재판이 진행되고 있는 Solange Corbin의 L'église à la conquête de sa musique (Paris: Gallimard, 1960)가 있다.

필사본, 편집본, 그리고 녹음. 예전음악사에 대한 서적 외에 3가지 다른 중요한 자료 문헌들이 있다. 1450년경의 금속활자인쇄의 발명이 있기 전에는 모든 악보들이 필사본의 형식으로 전하여 왔다. 구텐베르크의 발명 이후에도 악보를 인쇄하기는 시간이 더 걸렸다. 1457년에 시편가Psalterium가 구텐베르크를 돕던 푸스트Johanna Fust와 쇼퍼Peter Schöffer에 의하여 인쇄되었는데 오직 오선지만 인쇄되었고 음표들은 손으로 그려졌다. 인쇄물로서 가장 오래된 악보로는 독일 응창성가집gradual으로서 1473년도로 추측한다. 악보인쇄에 대한 역사서는 다음을 참고하라:

A. Hyatt King, *Four Hundred Years of Music Printing*, 2nd ed. (London: British Museum, 1968).

Kathi Meyer-Baer, *Liturgical Music Incunabula* (London: The Bibliographical Society, 1962) 예전음악에 대한 고판본(古版本)인 인큐내뷸라(1500년 이전의 인쇄본)를 다룬 유익한 자료서이다.

수잔 하이크-반투라Suzanne Haïk-Vantoura의 주장에 따르면 타이베리안Tiberian이라 불리는 마소레틱Masoretic제도에서 9세기서부터 내려오는 테아민te'amir 악센트를 해독하였다. 그녀는 이 악센트제도는 기독교가 시작되기 그 이전부터 발전된 음악표기법이라고 주장하며 현대에서도 재구성이 가능하다고 한다.

Suzanne Haïk-Vantoura *The Music of the Bible Revealed*, trans. Dennis Weber, ed. John Wheeler (Berkeley, Calif.: Bibal Pres, 1991); 원서를 강연한 녹음, La musique de la bible revélée (HMA 190989) 가 있다.

10세기 이전 필사본의 악보를 정확하게 해독하였다는 주장에도 불구하고 알파벳을 사용하지 않고 해독이 가능한 악보는 약900년도로 추정되는 대지안Daseian 기보법만이 존재한다.

음악 필사본을 파악하는 기본적인 자료는 1952년도에 시작된 국제 음악도서관 협회와 국제 음악학회간의 공동 프로젝트인 Répertoire international des sources musicales (RISM)가 있다.

Manuscripts of Polyphonic Music, 11th-early 14th Century (RISM, ser. B, vol.4:1], ed. Gilbert Reaney (Munich: Henle, 1969).

Manuscripts of Polyphonic Music (c. 1320-1400) [RISM ser. B, vol. 4:2]. Ed. Gilbert Reaney (Munich: Henle, 1969).

Manuscripts of Polyphonic Music. Supplement 1 to RISM B IV1-2 The British Isles, 1100-1400, ed. Andrew Wathey (Munich: Henle, 1993).

Tropen- und Sequenzen-handschriften [RISM, ser. B, vol. 5:1], ed. Heinrich Hausmann (Munich: Henle, 1964).

Music Manuscripts 1600-1800 [RISM, ser. A, pt. II] (Kassel: Bärenreiter, 1986), 2 microfiches and 16-page pamphlet. The RISM-US Music Manuscripts Database is available as a special database being developed in HOLLIS, the Harvard University online library catalogue. The database is the U.S. contribution to the international project RISM Series A/II, a world-wide inventory of music manuscripts, ca. 1580-1825. 작업이 완성되면 미국 도서관이 소장하는 많은 음악 필사본들이 총정리 될 것이다.

필사본 의에도 개인적 예전음악 필사본을 인쇄한 자료들을 비롯하여 현재 소장된 개인 작곡가들의 필사본을 정리한 중요한 역사적[4] 사본들도 있다. 이러한 자료들을 안내하는 문헌들은 다음과 같다:

Anna Heyer, *Historical Sets, Collected Editions, and Monuments of Music*, 3rd ed. (Chicago: American Library Association, 1980), 재판이 준비 중에 있다.

Sydney R. Charles, *A Handbook of Music and Music Literature in Sets and Series* (New York: Free Press, 1972).

보편적인 유대교 음악과 특별한 유대교 예전음악 모음집 중 가장 중요한 문서는 아직까지도 다음과 같다: Abraham Z. Idelsohn's Hebräische–orientalischer Melodienschatz, 10 vols. (Leipzig: Breitkopf & Härtel, 1914–32; English version: KTAV Publishing House, 1973). 아직도 기독교 예전음악에 대하여 위의 저서와 견줄만한 저서는 없다.

그러나 중요한 작곡가들의 여러 종류의 모음집, 각 지역 및 시대별 예전음악 모음집, 그리고 예전 전반에 관련된 자료모음집들이 있다. 각 작곡가의 모음집에 대한 샘플자료는 다음과 같다:

J.S. Bach: Werke, ed. Bach Gesellschaft (Leipzig: Bretkopf & Härtel, 1851-1899).

Neue Bach-Ausgabe, ed. Johann-Sebastian Bach-Institut, Göttingen, and Bach-Archiv, Leipzig (Kassel: Bärenreiter, 1954-).

William Billings, *Complete Works*, ed. Karl Kroeger (Charlottesville: University Press of

---

4. 중요한 사본들의 발행은 19세기 말에 발달되었다.

Virginia, 1978-1990).

Josquin Deprez, *Werken*, ed. A. Smijers, et al. (Amsterdam: G. Alsbach-Leipzig: Kistner & Siegel, 1922-69).

Guillaume Dufay, *Opera omnia*, ed. G. De Van and Heinrich Besseler (Rome: American Institute of Musicology, 1947-49, 1951-66).

Giovanni Gabrieli, *Opera omnia*, ed. Denis Arnold (Rome: American Institute of Musicology, 1956-).

Guillaume de Machaut, *Oeuvres complètes* (Paris: Le droict chemin de musique, 1977).

Giovanni Pierluigi da Palestrina, *Le opere complete*, ed. R. Casimiri, et al. (Rome: Edizione Fratelli Scalera, 1939-65, 1973-).

Heinrich Schütz, *Sämtliche Werke*, ed. Heinrich Schütz Gesellschaft (Kassel: Bärenreiter, 1955-).

Heinrich Schütz, *Stuttgarter Schütz-Ausgabe*, ed. Günther Graulich, et al. (Neuhausen-Stuttgart: Hänssler-Verlag, 1971-).

특정시대나 지역의 예전음악을 모은 자료들은 다음과 같다:

Knud Jeppesen, *Italia sacra musica* (Copenhagen: Hansen, 1962).

Fernando Liuzzi, *La Lauda e i primordi della melodia italiana*, 2 vols. (Rome: La libreria dello stato, 1935).

Monumenta liturgiae polychoralis sanctae ecclesiae romanae, ser. I-IV, ed. Laurentius Feininger (Rome/Trento: Societas Universalis Sanctae Ceciliae, 1950-1968).

Monumenta monodica medii aevi, ed. Bruno Stäblein (Kassel: Bärenreiter, 1954-).

Monumenta polyphonae liturgicae sanctae ecclesiae romanae, ser. I-II, ed. Laurence Feininger (Rome/trento: Societas Universalis Sanctae Ceciliae, 1947-).

Felipe Pedrell, *Hispaniae schola musica sacra* (Barcelona: Juan Baptista Pujol, 1894-98).

Hanna Stäbein-Harder, *Fourteenth-Century Mass Music in France* (Rome: American Institute of Musicology, 1962).

Tudor Church Music, ed. Edmund fellowes, et al. (London: Oxford University Press, 1922-29).

예전음악과 관련된 광범위한 분야의 자료들은 다음과 같다:

Monumenta musicae sacrae, ed. Dom René Jean herbert (Macon: Protat Frères, 1952-81).

Wilhelm Bäumker, *Das katholische Kirchenlied* (Freiburg: Herder, 1883-1911; reprint, Hildesheim: Olms, 1962).

Charles van den Borren, *Polyphonia sacra*, rev. ed. (University Park, PA: Pennsylvania State University Press, 1963).

François Delsarte, *Archives du chant* (Paris: Delsarte, 1860-70).

Paléographie musicale, 21 vols. in 2 series (Solesmes: Imprimerie St. Pierre, Tournai Desclée, 1989-; reprint, Bern: H. Lang, 1969-).

Karl Proske, *Musica divina* (Regensburg: Pustet, 1853-76).

Yvonne rokseth, *Motets du XIIIe siècle* (Paris: L'Oiseau-Lyre, 1936).

Johannes Zahn, *die Melodien der deutschen evangelsichen Kirchenlieder* (Gütersloh: Monn, 1889-93; reprint, Hildesheim: Olms, 1963).

마지막으로 예전음악을 포함한 모든 음악종류에 관심이 있는 이들에게 필요한 것은 종이에 그려진 악보가 아닌 소리의 이벤트로서의 음악을 표현할 수 있는 자료에 있다. 예전음악사를 가르침과 연구에 절대적인 것은 녹음자료들이다. 레코드분류 기재법을 디스코그래피[discography]라 한다. 20세기 이전에 작곡된 예전, 신성, 혹은 종교음악의 녹음은 "클래식"으로 분류되어 있다. 이 부분의 유익한 안내 자료는 Michael H. Gray와 Gerald D. Gibson의 Classical Music, 1925–1975 (New York: Bowker, 1977)로서 디스코그래피를 종류별로 수록한 문헌모음이다.[5] 예전음악과 거의 동일시 취급되는 중세, 르네상스, 바로크음악을 다룬 또 다른 중요한 자료는 Trevor Croucher의 Early Music Discography: from Plainsong to the Sons of Bach (Phoenix: Oryx, 1981). 칼리포니아주 산호세에 위치한 한 자료 출판사는 매년 Christian Music Directories를 출판하며 그 중 Recorded Music은 현대판 기독교 예전, 신성, 그리고 종교음악 음반을 정리하고 있다. Schwann Opus는 많이 읽혀지는 계간지로서 현재 판매되는

5. Brian Rust, *Brian Rust' s Guide to Discography* (Westport, Ct.: Greenwood, 1980)를 보라.

"클래식" 음반의 목록을 소개하고 있다.[6] 음반업계와 시장은 어려움에서의 회복을 새로운 전자기술의 발전으로 다량생산을 꾀하고 있다. 이 중 두드러진 작업은 CD-rom 생산을 목록화한 계간지 Music Library가 있다.[7] 이는 OCLC[8]라는 온라인 카탈로그(Union Catalogue)에서 카피한 것으로 모든 시대의 LP, 45, 카세트, 테이프 릴, CD, 그리고 피아노 롤 등을 사용하여 녹음된 모든 음악을 총 망라하고 있다. 그리고 인쇄된 책, CD-rom, 혹은 인터넷을 사용한 또 하나의 자료로서 All Music Guide[9]를 소개한다. 음악도서관협회에서 발행하는 계간지 Notes에서도 각 호 마다 "Index to CD Reviews"를 세밀하게 발표한다.

집중된 역사

일반적인 역사적 자료보다 더 많은 것은 예전음악사에 대한 특정의 시대, 장소, 혹은 사람에 집중하여 연구한 많은 사례들이다. 서양음악사는 흔히 6 혹은 7개의 단락으로 구별되어진다.[10] 어떤 때는 서양음악에 대한 분류가 오히려 예전음악연구를 다라가기도 한다. 그러나 이것이 대부분의 예전음악을 정리하는데 문제가 되는 것이 각 저자들마다 예전음악의 시대적 구분을 다르게 잡고 있기 때문이다.

유대교. 예를 들어 유대교에서는 성서의 음악을 중요한 역사적 분류로 다루고 있다. 여기에는 여러 종류의 모노그래프, 성서사전과 주석의 중요한 논술과 즈제로 다루어지고, 또한 위에 열거한 음악 사전류에도 포함되며, 그리고 유대교 사전 및 백과사전에도 포함된다. 모노그래프와 중요한 논술자료들은 다음과 같다:

Bathya Bayer, *The Material Relics of Music in Ancient Palestine and Its Environs* (Tel Aviv: Israel Music Institute, 1963).

---

6. *Schwann Spectrum*은 계간지로서 "인기곡"들을 총망라하고 있다. 발행 주소는 다음과 같다: Stereophile, 208 Delgado St., Santa Fe, NM 87501.

7. 구입처 주소: SilverPlatter, 10 river ridge Dr., Norwood, MA 02062 (전화: 617-769-2599).

8. OCLC를 풀면 Online Computer Library Center (원래 The Ohio College Library Center였다).

9. 구입처 주소: Miller Freeman Inc., 600 Harrison St., San Francisco, CA 94107 (전화: 415-905-2470).

10. 예를 들면 Ancient (Greek antiquity to 500 C.E.), medieval (500-1430), Renaissance (1430-1600), baroque (1600-1750), classical (1750-1825), romantic (1825 to 20세기 초) and modern (20세기).

Abraham Wolf Binder, *Biblical Chant* (New York: Philosophical Library, 1959).

Wolfgang Blissenbach, *Musik in Bibel und Geneinde* (Erzhausen: Leuchter-Verlag, 1975).

P. Casetti, "Funktion der Musik in der Bibel," *Freiburger Zeitschrift für Philosophie und Theologie* 24 (1977) 366-89. 영어 번역본은 다음에 실려 있다. *The Hymnology Annual* 4, published in 1997.

John W. Klening, *The Lord's Song: The Basis, Function and Significance of Choral Music in Chronicles* (Sheffliield, England: JSOT Press, 1993).

Sigmund Mowinckel, *The Psalms in Israel's Worship*, trans. D. R. Ap-Thomas (Oxford: Blackwell, 1962).

Hans Seidel, *Musik in Altisrael: Untersuchungen zur Musikgeschichte und Musikpraxis Altisraels anhand biblischer und ausser-biblischer Text* (Frankfurt am Main & New York: Lang, 1989).

Alfred Sendrey, *Music in Ancient Israel*, cited above.

J.A. Smith, "Which Psalms Were Sung in the Temple?" *Music and Letters* 71 (1990) 167-86.

성서 사전에 실린 중요한 논술들은 다음과 같다:

Edith Gerson-Kiwi, "Musique dans la bible," *Dictionnaire de la Bible*, supp. 5 (Paris: Letouzey & Ané, 1957).

Eric Werner, "Music," *Interpreter's Dictionary of the Bible*, ed. George A. Buttrick, 4 vols. (New York-Nashville: Abingdon, 1962) 3:457-69.

Ivor Jones, "Musical Instruments," *Anchor Bible Dictionary*, ed. David Noel Freedman, 4 vols. (New York: Doubleday, 1992) 4:934-39.

Victor H. Matthews, "Music in the Bible," *Anchor Bible Dictionary*, ed. David Noel Freedman, 4 vols. (New York: Doubleday, 1992) 4:930-34.

다음 자료에도 귀중한 논술들이 포함되어 있다:

Encyclopaedia Judaica (EJ), eds. Cecil Roth and Geoffrey Wigoder, 16 vols. (Jerusalem: Keter Publishing, 1972).

Various entries in NGDMN, such as "Jewish Music, I. Liturgical," by Eric Werner, et al. (9:614-34).

Entries in Macy Nulman, *Concise Encyclopedia of Jewish Music* (New York: McGraw-Hill, 1975).

다음 2개 저서(근간)가 매우 중요할 것이다: *The Dictionary of Biblical Judaism*, edited by Jacob Neusner from Macmillan, and the Dictionary of the Jewish Religion, edited by R. J. Zwi Werblowsky and Geoffrey Wigoder from Oxford.[11]

다음과 같은 고대 이스라엘의 예배를 주제로 다룬 저서에는 성서적 음악에 대한 내용을 담고 있다:

H. H. Rowley, *Worship in Ancient Israel: Its Forms and Meaning* (London: SPCK, 1967) 176-212.

회당사용이 증가한 때는 유대교 음악의 두 번째 중요한 시대의 윤곽을 그리고 있다. 서로 다른 주장의 논쟁이 있기는 하지만 회당의 출현은 그리스도 전 1세기 혹은 2세기경으로 보고 있다. 회당이 시작된 배경에 관한 자료는 다음과 같다:

Ancient Synagogues: *The State of Research*, ed. Jacob Neusner, et al. (Chico, Calif.: Scholars Press, 1981), especially the contributions by Joseph Gutman, "Synagogue Origins: Theories and Facts," and Marilyn Chiat, "First Century Synagogues: Methodological Problems."

Heather A. McKay, *Sabbath and Synagogue: The Question of Sabbath Worship in Ancient Israel* (Leiden: E.J. Brill, 1994).

이러한 회당시대는 다음과 같이 1000년도까지의 초기시대와 그리고 그 후 시대로 둘로

11. 필자는 이 자료에 대하여 Prof. Lawrence Hoffman에게 감사한다.

나뉘어진다. 1000년도 후 시대의 유대교는 아쉬케나직[Ashkenazic]파와 세파딕[Sephardic] 두 파로 나뉘어 분류된다.

중요한 모노그래프는 다음과 같다:

Hanoch Avenary, *The Ashkenazi Tradition of Biblical Chant between 1500 and 1900* (Tel Aviv: Tel Aviv University, 1978).

Hanoch Avenary, *Hebrew Hymn Tunes: The Rise and Development of a Musical Tradition* (Tel Aviv: Israel Music Institute, 1971).

Alfred Sendrey, *Music of the Jews in the Diaspora* (up to 1800) (New York: Yoseloff, 1970).

Eric Werner, *The Sacred Bridge*, 2 vols., as cited above. Appropriate cautions about Werner's work are outlined in Peter Jeffery, "Werner's Sacred Bridge, vol. 2:A Review Essay," *Jewish Quarterly Review* 77 (1987)283-98.

Eric Werner, *A Voice Still Heard: The Sacred Song of the Ashkenazi Jews* (University Park, Pa.: Pennsylvania State University Press, 1976).

사전 및 백과사전의 내용들은 피유팀[piyyutim]이라 불리는 운율[metrical]적 기도 —시문과 하잔[hazzan]이 시작된 그 발달 과정을 포함하여 기입하고 있다. 회당의 음악을 특별히 조명한 예전학 연구는 다음과 같다:

Joseph Heinemann, *Prayer in the Talmud* (Berlin and New York: De Gruyter, 1977).

Lawrence Hoffman, *The Canonization of the Synagogue Service* (Notre Dame, Ind.: University of Notre Dame Press, 1979).

Ismar Elbogen, *Jewish Liturgy* (Philadelphia: The Jewish Publication Society, 1993), 이 저서는 애매한 입장을 표명하기에 조심해서 읽어야 할 것이다.

회당음악에 관한 많은 학문적 문헌들이 여러 간행잡지에 나누어 실려 있다. 샘플은 다음과 같다:

Higini Anglès, "La musique juive dans l'Espagne médiévale," *Yuval* 1 (1968) 48-64.

Hanoch Avenary, "Contacts between Church and Synagogue Music," *Proceedings of the World Jewish Congress on Jewish Music* [Jerusalem 1978] (Tel Aviv, 1982) 89-107.

Joseph A. Levine, "Toward Defining the Jewish Prayer Modes with Particular Emphasis on the Adonay Malakh Mode," *Musica Judaica* 3 (1980-81) 13-41.

James McKinnon, "On the Question of Psalmody in the Ancient Synagogue," *Early Music History* 6 (1986) 159-91.

Baruch David Schreiber, "The Woman's Voice in the Synagogue," *Journal of Jewish Music and Liturgy* 7 (1984-1985) 27-32.

Avigdor Shinan, "Sermons, Targums and the Reading from Scripture in the Ancient Synagogue," *The Synagogue in Late Antiquity*, ed. Lee I. Levin (Philadelphia, 1987) 97-100.

Johanna Spector, "Chant and Cantillation," *Musica Judaica* 9 (1986-1987) 1-21.

Max Wohlberg, "The History of the Musical Modes of the Ashkenazic Synagugue and Their Usage," *Journal of Synagogue Music* 4:1-2 (April, 1972) 46-61.

여기에는 동일한 시대에 작업된 이론서들과 이를 보조하는 자료들이 있으며 그 중 몇은 다음에서 다룰 것이다.

19세기 유대교 개혁은 유대예전음악의 3대기를 장식한다. 이 시기의 모노그래프나 개인적인 논술은 그 이전시대들보다 적은 분량이다. 이 시대의 문헌과 발달과정을 정리한 유익한 정보로서 *Sacred Sound and Social Change*에 실린 2개의 논술은 다음과 같다: Geoffrey Goldberg, "Jewish Liturgical Music in the Wake of Nineteenth-Century Reform" (pp. 59-83)과 Benjie-Ellen Schiller, "The Hymnal as an Index of Musical Change in Reform Synagogues," (pp. 187-212).

기독교. 제1세기 신약 시대는 음악학자들이 제일 관심을 갖지 않는 시대 중 하나이다. 그 이유는 신약에서 "음악"이라고 구분될 수 있는 사항이 지극히 제한되어 있기 때문이다.[12] 신

12. Edward Foley, *Foundations of Christian Music: The Music of Pre-Constantinian Christianity* (Collegeville: The Liturgical Press, 1996)를 보라. 특별히 제1장을 참고하라.

약시대의 음악에 대한 전반적인 주제의 성서적 및 학문적 연구는 다음과 같다:[13]

Gerhard Delling, *Worship in the New Testament*, trans. Percy Scott (Philadelphia: Westminster, 1962), 특별히 5장과 6장을 보라.

Franz Josef Dölger, *Sol Salutis: Beget und Gesang in christlichen Altertum, mit Besonderer Rücksicht auf die Ostung in Gebet und Liturgie*, 3. Aufl. (Münster: Aschendorff, 1972).

J.A. Smith, "The Ancient Synagogue, the Early Church and Singing," *Music and Letters* 65 (1984) 1-16.

J.A. Smith, "First Century Christian Singing and its Relationship to Contemporary Jewish Religious Song," *Music and Letters* 75 (1994) 1-15.

William Sheppard Smith, *Musical Aspects of the New Testament* (Amsterdam: Uitgeverij w. Ten Have N.V., 1962).

Samuel Terrien, *The Magnificat: Musicians as Biblical Interpreters* (Mahwah, N.J.: Paulist Press, 1994).

어떤 학자들은 신약성서에 언급된 특별한 문서 혹은 찬송가를 비롯한 "음악적" 문헌에 대한 다음과 같은 연구를 우리에게 전하고 있다:

Klaus Berger, "Das Canticum Simeonis (Lk 2:29-32)," *Novum Testamentum* (1985) 27-39.

Reinhard Deichbräber, *Gotteshymnus und Christushymnus in der frühen Christenheit* (Göttingen: Vandenhoeck & ruprecht, 1967).

Pierre Grelot, "Le Cantique de Siméon Luc 2.29-32," *Revue Biblique* 93 (1986) 481-509.

Michael Lattke, *Hymnus: Materialien zu einer Geschichte der antiken Hymnologie, Novum Testamentum et Orbis Antiquus* 19 (Fribourg: Editions Universitaires, 1991).

F. Manns, "Un hymne judéo-chrétien: Philippiens 2, 6-11," *Euntes Docete* 29 (1976) 259-

---

13. 여기에는 많은 수의 훌륭한 글들이 성서사전류와 주석에 포함되어 있다. 예를 들면 10권의 책으로 되어있는 *Theological Dictionary of the New Testament*, eds. Gerhard Kittel and Gerhard Friedrich, trans. Geoffrey W. Bromiley (Grand Rapids: Eerdmans, 1964)가 있다.

290.

Ralph P. Martin, *Carmen Christi* (Cambridge: Cambridge University Press, 1967).

W. Richardson, "Liturgical Order and Glossolalia in 1 Cor. 14:26c-33a," *New Testament Studies* 32 (1986) 144-53.

Máximo Brioso Sanchez, *Aspectos y problemas del himno cristiano primitivo* (Salamanca: Consejo Superior de Investigaciones Cientificas, 1972).

Jack Sanders, *The New Testament Christological Hymns* (Cambridge: Cambridge University Press, 1971).

R. Schnackenburg, "Logos-Hymnus und johannischer Prolog," *Biblische Zeitschrift* ns 1 (1957) 69-109.

Klaus Wengst, *Christologische Formeln und Lieder des Urchristentums* (Gütersloh: Mohn, 1972).

G. Wilhelmi, "Der Versöhnen-Hymnus in Eph. 2:14ff," *Zeitschrift für neutesta- mentliche Wissenschaft* 78 (1987) 145-52.

일반 서양음악사는 보통 암브로시우스(d.397)가 출현하기 전까지는 기독교 예배음악에 대한 언급이 거의 없었다. 초대교회(c. 100–600)에 대한 일반적인 자료 중 대표적인 것은 Giulio Cattin의 Music of the Middle Ages I(Cambridge: Cambridge University Press, 1984). 위에 이미 소개한 목록에 대한 추가 연구 자료는 다음과 같다:

E. Foley, *Foundations of Christian Music*, 2nd rev. ed. (Collegeville, Minn.: The Liturgical Press, 1996).

C. Hannick, "Christian Church, music of the early," *NGDMM* 4:363-71

A.W.J. Holleman, "Early Christian Liturgical Music," *Studia Liurgica* 8 (1972) 185-92.

James McKinnon, "Christian Antiquity," *Antiquity and the Middle Ages: From Ancient Greece to the 15th Century*, ed. James McKinnon (Englewood Cliffs, N.J.: Prentice Hall, 1991) 68-87.

Johannes Quasten, *Music and Worship in Pagan and Christian Antiquity*, trans. Boniface Ramsey (Washington, D.C.: NPM Publications, 1983 [1929, rev. 1973]).

Bruno Stäblein, "Frühchristliche Musik," *MGG* 4:1036-1064.

Gino Stefani, "L'expressione vocale nella liturgia primitiva," *Ephemerides Liturgicae* 84 (1970) 97-112.

교부시대의 음악문서에 대한 더 좋은 모음서는 James McKinnon의 *Music in Early Christian Literature* (Cambridge University Press, 1987)이다. 다른 연구 자료는 다음과 같다:

Théodore Gérold, *Les Pères de l'église et la musique* (Paris: Alcan, 1931; reprint, Genève: Minkoff, 1973).

Robert Skeris, *Chroma Theoi*, Catholic Church Music Associates 1 (Altötting: Coppenrath, 1976).

여기에는 찬송가학과 시편가학을 비롯한 이 시대 여러 가지 음악 형태에 대한 가치 있는 연구가 다음과 같이 있다:

찬송가학:

James H. Charlesworth, *The First Christian Hymnbook: The Odes of Solomon* (New York: Crossroad, 1993).

Jacques Fontaine, "Les Origines de l'hymnodie chrétienne latine," *La Maison-Dieu* 161 (1985) 33-74.

Josef Kroll, *Die Christliche Hymnodik bis zu Klemens von Alexandreia* (Darmstadt: Wissenschaftliche Buchgesellschaft, 1968 [1921]).

J.M. Robinson, "Die Hodajot-Formel in Gebet und Hymnus des Frühchristentums," *Apophoreta: Festschrift für Ernst Haenschen*, ed. W. Eltester and F.H. Kettler (Berlin: Töpelmann, 1964).

Gottfried Schille, *Frühchristliche Hymnen* (Berlin: Evangelische Verlagsanstalt, 1965).

E.R. Smothers, "Phos Hilaron," Recherches de science religieuse 19 (1929) 266-84.

시편가학:

J. Dyer, "Monastic Psalmody of the Middle Ages," *Revue Bénédictine* 99 (1989) 41-74.

Everett Ferguson, "Psalm-singing at the Eucharist: A Liturgical Controversy in the Fourth Century," *Austin Seminary Bulletin* 98 (1983) 52-77.

Balthasar Fischer, "Der liturgische Gebrauch der Psalmen im altchristlichen Gottesdienst, darfgestellet am ältesten bezeugten beispiel: Jerusalem, 5. jahrhundert," *Liturgie und Dichtung: ein interdisziplinäres Kompendium*, eds. hansjakolo Becker und reiner Kaczynski, 2 vols. (St. Ottilien: EOS Verlag Erzabtei, 1983) 1:303-13.

Joseph Gelineau, "Les psaulmes a l'époque patristique," *La Maison-Dieu* 135 (1978) 99-116.

Peter Jeffery, "The Introduction of Psalmody into the Roman Mass by Pope Celestine," *Archiv für Liturgiewissenschaft* 26 (1984) 147-65.

Helmut, Leeb, *Die Psalmodie bei Ambrosius* (Wien: Herder, 1967), a classic study.

이 시기의 중요한 인물들의 공헌을 중심으로 한 모노그래프들은 다음과 같다:

Ephrem the Syrian: Hymns, trans. and intro. Kathleen McVey, pref. John Meyendorff, The Classics of Western Spirituality (New York: Paulist Press, 1989).

Richard L. LaCroix, *Augustine on Music* (Lewiston, N.Y.: Mellen, 1988).

초대교회 시대에 대한 논술들은 악기 및 칸토의 역할과 같은 다양한 주제들로 다음과 같은 예를 두고 있다:

J. Dyer, "Augustine and the 'Hymni ante oblatium,' the Earliest Offertory Chants?" *Revue des études Augustiniennes* 27 (1981) 85-99.

Margot E. Fassler, "The Office of the Cantor in Early Western Monastic Rules and Customaries: A Preliminary Investigation," *Early Music History* 5 (1985) 29-51.

Edward Foley, "The Cantor in Historical Perspective," Worship 56 (1982) 194-213; revised version in Edward foley, *Ritual Music: Studies in Liturgical Musicology* (Beltsville, MD.: Pastoral Press, 1995).

A. Holleman, "The Oxyrhynchus Papyrus 1786 and the Revelationship between Ancient Greek and Early Christian Music," *Vigiliae christianae* 26 (1972) 1-17.

James McKinnon, "The Church Fathers and Musical Instruments," Ph.D. dissertation, Columbia University (1965).

James McKinnon, "The Meaning of the patristic Polemic Against Musical Instruments," *Current Musicology* 1 (1965) 69-82.

이 시기는 비잔틴예전과 그 독특한 음악이 시작되던 때로서 다음은 로마, 예루살렘, 그리고 다른 예배 장소의 독특한 레퍼토리를 연구한 자료들이다:

일반연구:

Dimitri Conomos, *Byzantine Hymnography and Byzanine Chant* (Brookline, Mass.: Classical Folia Editions, 1984).

Andrew Hughes, *Medieval Music: The Sixth Liberal Art* (H-MM) rev. ed. (Toronto: University of Toronto Press, 1980) bibliography, nn. 390-475.

Oxford History of Byzantium, ed. Alexander Kazhdan, 3 vols. (New York: Oxford University Press, 1991) respective entries.

Oliver Strunk, ed., *Essays on Music in the Byzantine World* (New York: Norton, 1977).

Josef Szövérffy, *A Guide to Byzantine Hymnography: A Classified Bibliography of Texts and Studies*, 2 vols. (Brookline, Mass.: Classical Folia Editions, 1978-79).

Egon Wellesz, *Eastern Elements in Western Chant* (Copenhagen: Munksgaard, 1947).

Egon Wellesz, *A History of Byzantine Music and Hymnography*, 2nd ed. (Oxford: Clarendon Press, 1961).

비잔틴 예전역사에 대한 주요 작업은 다음과 같다:

Hans-Joachim Schulz, *The Byzantine Liturgy*, trans. Matthew J. O'Connell (New York: Pueblo, 1986).

Robert Taft, *The Great Entrance* (Rome: Pont. Institutum Studiorum Orientalium, 1978); as well as other studies by Taft.

로마:

Paul F. Cutter, *Musical Sources of the Old-Roman Mass, Musicological Studies and Documents* 36 (Stuttgart: American Institute of Musicology, 1979).

Paul F. Cutter, "The Question of the 'Old Roman' Chant: a Reappraisal," *Acta Musicologica* 39 (1967) 2-20.

Paul F. Cutter, "Oral Transmission of the Old-Roman Responsories?" *Musical Quarterly* 62 (1976) 182-94.

Helmut Hucke, "Gregorian and Old Roman Chant," *NGDMM* 7: 693-97.

또한 H−MM, nn. 605−31의 관련된 자료들을 보라.

예루살렘:

Peter Jeffery, "The Earliest Christian Chant Repertory Recovered: The Georgian Witnesses to Jerusalem Chant," *JAMS* 47 (1994) 1-38.

Peter Jeffery, *Liturgy and Chant in Early Christian Jerusalem: The Sources and Influence of a Seminal Tradition*. (근간)

Peter Jeffery, "The Lost chant Tradition of Early Christian Jerusalem: Some Possible Melodic Survivals in Byzantine and Latin Chant Repertories," *Early Music History* 11 (1992) 151-90.

Peter Jeffery, "The Sunday Office of Seventh-Century Jerusalem in the Georgian Chantbook (ladgari): A Preliminary Report," *Studia Liturgica* 21 (1991) 52-75.

Helmut Leeb, *Die Gesänge im Gemeinegottesdienst von Jerusalem vom 5. bis 8. Jahrhundert* (Vienna: Herder, 1970).

서양음악사는 흔히 중세를 500년도에서 1430년도로 그리고 르네상스를 1430−1600으로 구분한다. 예전음악의 시각에서는 이 두 시기가 연속적으로 흐른다고 보고 초기 중세(7−12세기)와 후기 중세(13−16세기 중반)로 나눈다. 특히 초기중세 시대에 대한 전반적인 소개는 Richard Crocker와 David Hiley의 Early Middle Ages to 1300, New Oxford History of Music II, 2nd ed. (New York: Oxford University Press, 1994)가 있다. 또한 Ambrosian, Aquileain, Beneventa, Mozarabic, 그리고 Gallican 찬트에 대한 문헌집으로 Cattin의 Music of the

Middle Ages I, 217−219가 있고, NGDMM에 수록된 논문들, 그리고 H−MM의 참고문헌들이 있다. 다른 안내서들을 다음과 같다:

John Caldwell, Medieval Music (Bloomington, Ind.: Indiana University Press, 1978).
Cattin, *Music of the Middle Ages I*, 위에 열거하였다.
F.A. Gallo, *Music of the Middle Ages II* (New York: Cambridge University Press, 1985).
Richard Hoppin, *Medieval Music* (New York: Norton, 1978).
Gustav Reese, *Music in the Medieval World*, 2nd ed. (Englewood Cliffs, N.J.: Prentice Hall, 1975).
Jeremy Yudkin, *Music in Medieval Europe* (Englewood Cliffs, N.J.: Prentice Hall, 1989).

이 시대의 가장 잘 정리된 참고문헌은 H−MM에 있다.

후기 중세시대의 일부는 서양음악사에서 르네상스로 다루어진다. 보편적인 개론서는 다음과 같다:

Heinrich Besseler, *Die Musik des Mittelalters und der Renaissance* (Potsdam: Athenaion, 1931).
Howard Mayer Brown, *Music in the Renaissance* (Englewood Cliffs, N.J.: Prentice-Hall, 1976).
Friedrich blume, *Renaissance and Baroque Music: A Comprehensive Survey*, trans. M.D. Herter Norton (New York: Norton, 1967).
Anselm Hughes and Gerald Abraham, eds., *Ars Nova and Renaissance* 1300-1540, New Oxford History of Music III (London: Oxford University Press, 1960).
André Pirro, *Histoire de la musique de la fin XIVe siècle à la fin du XVIe* (Paris: Laurens, 1940).
Gustav Reese, *Music in the Renaissance*, rev. ed. (New York: Norton, 1959).

이 시대이 예전음악에 대한 구체적인 연구는 다음과 같다:

Hugh Benham, *Latin Church Music in England*, c. 1460-1575 (London: Barrie & Jenkins, 1977).

Douglas Bush, "The Liturgical Use of the Organ in German Regions Prior to the Protestant Reformation," Ph.D. dissertation, University of Texas (1982).

Susan Rankin and David Hiley, eds., *Music in the Medieval English Liturgy* (New York: Oxford University Press, 1993).

이 시대에 대한 음악을 연구하는 많은 이론가들과 서양학자들이 그들의 참고문헌과 함께 H-MM, nn. 900-1016에 수록되어있다.

예전음악의 중요성은 예배에서 음악이 어떻게 사용되어지는지에 대한 다양한 교회적 가르침에 있다. 여기에 대한 가장 좋은 자료는 André Pons의 Droit ecclésiastique et musique sacrée, 4 vols. (St. Maurice: Editions de l'oeuvre St. Augustin, 1959-61)가 있다. 또한 다음을 보라:

Robert Hayburn, *Papal Legislation on Sacred Music* (Collegeville: The Liturgical Press, 1979).

Fiorenzo Romita, *Codex Iuris Musicae Sacrae* (Rome: Desclée, 1952).

Fiorenzo Romita, *Ius Musicae Liturgicae: Dissertatio Historico-Iuridica*, 2nd ed. (Rome: Ephemerides Liturgicae, 1947).

예전음악을 통하여 본 초기 중세의 중요한 주제는 단성율성가(plainchant)이다. David Hiley Western Plainchant: A Handbook (Oxford: Clarendon, 1993)은 주제에 대한 가장 훌륭한 한 권의 개론서이다. 특별히 귀중한 것은 그의 참고문헌(xxxii-xcvii)으로서 H-MM의 nn. 476-714를 보라. 이 분야의 중요한 이슈는 그레고리안 찬트의 시작과 고대 로마 찬트와의 관계성이다. Peter Jeffery는 그의 Reenvisioning Past Musical Cultures: Ethnomusicology in the Study of Gregorian Chant (Chicago and London: The University of Chicago Press, 1992)에서 관련된 모든 이슈들을 다루고 있다.[14]

14. 불행하게도 Jeffery는 본인자신의 글을 평가하지 못하는 아쉬움 때문에 사실에서 빗나간 해석을 가끔 담고 있다. 특별히

후기 중세시대의 중요한 연구는 다성악polyphony과 예전텍스트에 대한 영향력이다. 훌륭한 안내를 하는 논문으로서 Marion Gushee의 "The Polyphonic music of the medieval Monastery, Cathedral and university," Antiquity and the Middle Ages: From Ancient Greece to the 15th Century, pp. 143–69가 있다. 추가로 conductus, organum, motet, polyphony, 그리고 polytextuality에 대한 여러 종류의 사전이나 중세 혹은 르네상스의 역사서를 참고하라. Richard Hoppin의 Medieval Music (8–10, 14, 16–17장)은 중세 예전적 다성악에 대한 뛰어난 자료를 제공한다. 위에 열거한 Fourteenth–Century Mass Music in France와 Polyphonic Music of the Fourteenth Century (Monaco: l'Oiseau Lyre, 1956–)또한 중요한 자료이다. 이 분야에 대한 중요한 장소 및 인물은 다음과 같다: St. martial, Notre Dame (Lenonin[d.1201]과 Perotin[fl.c.1200]), Machaut, Dunstable (d.1453?), Binchois (d.1460), Dufay (d.1474), 그리고 Deprez(d.1521). 추가이 참고문헌은 H–MM (nn.1335–1748)을 보라. 예전음악의 시각에서 Palestrina(d.1594)와 트렌트공회(1545–1563)는 다음 시대와 겹치지만 음악과 예전적으로 이들은 미래지향적이기 보다는 뒤를 돌아보는 입장이다. 그러므로 이들은 후기 중세시대에 속한다고 볼 수 있다.

팔레스트리나Palestrina:

Herbert Andrews, *An Introduction to the Technique of Palestrina* (London: Novello, 1959).

Malcolm Boyd, *Palestrina's Style: A Practical Introduction* (London: Oxford University Press, 1973).

Knud Jeppesen, *The Style of Palestrina and the dissonance*, 2nd ed., trans. Margaret W. Hamerick (Copenhagen: Munksgaard, 1946; reprint ed., New York: Dover, 1970), the classic work.

Jerome Roche, *Palestrina* (New York: Oxford University Press, 1971).

"pastoral musicians"이라는 명칭아래 그레고리안 성가를 꼽고 있음이다. 필자의 시각에서 볼 때에 중세예전에서 회중찬송의 쇠퇴는 그레고리안 성가의 출현에 있는 것이 아니라 오히려 이러한 현상은 서양 중세교회의 신학적 그리고 교회론적 발달에 기여한다고 본다. 특별히 교회의 수도원운동과 함께 평신도보다는 수도사와 성직자에게 우월성을 두는 신학적 해석에 있다고 본다. 음악학자인 Leo Treitler의 "Sinners and Singers: A Morality Tale," *JAMS* 47 (1994) 136-71을 보라. 그러나 조금 다른 해석을 펼치는 인종음악학자 Richard Widdess의 *Music and Letters* 75 (1994) 58-60과 비교하라.

트렌트공회[Council of Trent]:

Karl Gustav Fellerer, "Church Music and the Council of Trent," *Musical Quarterly* 39 (1953) 576-94.

Hugo Leichentritt, "The Reform of Trent and its Effect on Music," *The Musical Quarterly* 30 (1944) 319-28.

Raphael Molitor, *Die nachtridentinische Choralreform zu Rom*, 2 vols. (Hildesheim: Olms, 1967 [1901-2]).

라틴 찬송과 관련된 중요한 주제를 다루는 (Typologie des sources du moyen âge occidental) 중요한 시리즈 중 Josef Szövérffy의 Latin Hymns (Turnhout: Brepols, 1989)를 소개한다. 뛰어난 자료모음은 Analecta hymnica medii aevi, 55 vols. (Leipzig: Reisland, 1886–1922; reprint, New York: Johnson, 1961)이다. 또한 다음을 보라:

Helmut Gneuss, *Hymnar und Hymnen in englischen Mittelalter* (Tübingen: Niemeyer, 1968).

James Mearns, *Early Latin Hymnaries: An Index of Hymns in Hymnaries before 1100* (Cambridge: Cambridge University Press, 1913).

Alain Michel, *In Hymnis et canticus: culture et beauté dans l'hymnique chrétienne latine* (Louvain: Publications Universitaires, 1976).

Bruno Stäbein, ed., *Monumenta monodica medii aevi, vol. I: Hymnen* (Kassel: Bärenreiter, 1956).

Josef Szövérffy, *Die Anhalen der lateinischen Hymnendichtung: Ein Handbuch*, 2 vols. (Berlin: Schmidt, 1964-65).

여기서 빠질 수 없는 것이 유행성의 종교적 노래들이다. 특별히 일반인들이 즐겨 부르는 cantio, cantique, carol, Geisslerlied, lauda, Leise, 그리고 Ruf 등으로서 이 시대 음악–예전적 틀을 넓혀갔다:

유행성 종교적 노래:

Higini Anglés, "The various forms of Chant sung by the Faithful in the Ancient Roman Liurgy," *Scripta Musicologica*, 3 vols., ed. José Lépey-Calo (Rome: Edizioni Storia e Letteratura) 1:57-75.

Cyrilla Barr, *The Monophonic Lauda and the Lay Religious Confraternities of tuscany and umbria in the Late Middle Ages* (Kalamazoo: Medieval Institute, 1988).

Blake McDowell Wilson, *Music and Merchants: The Laudesi Companies of Republican Florence* (New York: Oxford University Press, 1992).

José Romeu Figeras, "La canción popular navidena, fuente de un misterio dramático de técnica medieval," *Anuario Musical* 19 (1964) 167-84.

Johannes Janota, *Studien zu Funktion und Typus des deutschen geistlichen Liedes im Mittelalters* (München: Beck, 1968).

Walther Lipphardt, "'Laus tibi Christe'-'Ach du armer Judas,' Untersuchungen zum ältesten deutschen Passionslied," *Jahrbuch für Liturgik und Hymnologie* 6 (1961) 71-100.

Johannes Riedel, *Leise Settings of the Renaissance and Reformation Era* (Madison: A-R Editions, 1980).

Anthony Ruff, "A Millenium of Congregational Song," *Pastoral Music* 21:3 (1997) 11-15.

W. Wiora, "The Origins of German Spiritual Folk Song: Comparative Methods in a historical study," *Ethnomusicology* 8 (1964).

또한 H–MM, nn. 1313a–1334와 1815–1848과 여러 종류의 사전을 참고하라.

음악적–예전의 틀:

Clausulae, motets, prosulas, sequences, 그리고 tropes등과 같은 음악적 틀에 대한 많은 연구 중 중요한 작업은 Analecta hymnica medii aevi, 특별히 47과 49(tropes), 그리고 53–55(sequences); 그리고 Corpus troporum, eds. Ritva Jonsson et al. (Stockholm: Almqvist & Miksell, 1975–)을 보라. 다른 많은 자료들과 개인적인 출판물은 The New Harvard Dictionary of Music, s.v. "sources (pre–1500)"과 H–MM, e.g. tropes (nn. 715–83)와 "Notre Dame and the thirteenth–century motet" (nn. 1390–1494)에 수록되어있다.

16–19세기의 개혁과 반개혁의 시대는 음악예전적으로 특이한 움직임을 보였다. 이 시대를 충분히 요약할 수 있는 한 권의 책은 없다. 대부분의 일반적인 역사서들은 예식에서 실제로 사용된 음악보다는 로마 가톨릭을 위시하여 이 시대의 비예전적인 "종교"음악을 다루고 있다. 여러 권의 책으로 기록된 서양음악사에도 이 시대단큼은 많은 분량으로 다루고 있음을 볼 수 있다. 개신교 예전음악에서는 Blume의 Protestant Music: A History (1974[1965])가 유용한 안내서이다. Fellerer의 Geschichte der katholischen Kirchenmusik 중 제2권은 로마 가톨릭의 반개혁운동 음악에 대한 유용한 안내서이다. 개신교 개혁운동에 대한 간편한 개론은 Robin A. Leaver의 "Christian Liturgical Music in the Wake of the Protestant Reformation," Sacred Sound and Social Change, pp. 124–44, 그리고 Robert Stevenson, Patterns of Protestant Church Music (Durham: Duke University Press, 1953)을 보라. 그리고 Konrad Ameln, et al. eds. Handbuch der deutschen evangelischen Kirchenmusik, 3 vols. (Göttingen: Vandenhoeck & Ruprecht, 1930–76)을 보라.

이 시대 대부분의 귀중한 전공연구논문monograph중 Anthony Lewis와 Nigel Fortune의 Opera and Church Music 1630–1750(New York: Oxford University Press, 1986)을 보라. 다른 자료들은 다음과 같다:

Conrad Donakowski, *A Muse for the Masses: ritual and Music in an Age of Democratic Revolution* (Chicago: University of Chicago Press, 1977).

Arthur Hutchings, *Church Music in the Nineteenth Century* (London: Jenkins, 1967; reprint ed., Westport, Ct.: Greenwood, 1977).

Paul Nettl, *Luther and Music*, trans. F. Best and R. Wood (Philadelphia: Muhlenberg, 1948).

Johannes Riedel, ed., *Cantors at the Crossroads* (St. Louis: Concordia, 1963).

Carl Schalk, *Luther on Music: Paradigms of Praise* (St. Louis: Concordia, 1988).

Gino Stefani, *Musica e religione nell'Italia barocca* (Palermo: Flaccovio, 1975).

Elwyn Wienandt, *Choral Music of the Church* (New York: Free Press, 1965).

여기에는 이 시대에 대한 넓은 의미에서의 개신교[15]와 로마 가톨릭 예배음악의 평행선이 다루어진다. 그 중 예배를 위한 협주곡concerto 성격의 작품이 소개되고 예전을 위한 기악곡들이 늘어난다. 특별히 오르간과 함께 칸타타, 오라토리오, 그리고 수난곡들이 새로운 성악곡으로 발전한다.

보편적인 기악곡:

성악과 함께할 수 도 있고 독립적으로 기악만의 연주도 할 수 있는 canzona와 sonata da chiesa를 포함한다. NGDMM에 수록된 여러 문항들, New Grove Dictionary of Musical Instruments, ed. Stanley Sadie, 3 vols. (London: Macmillan, 1984), 그리고 "Performing Practice" by Howard Brown, et al., 그리고 첨가된 참고문헌 (3:34–61); 또한 H–MM, nn. 318–76과 1947–1953을 보라.

Eleanor Selfridge-Field, *Venetian Instrumental Music from Gabrieli to Vivaldi* (New York: Praeger, 1975).

Eleanor Selfridge-Field and Alexander Silbiger, "The Roman Frescobaldi Tradition, c. 1640-1670," *Journal of the American Musicological Society* 33 (1980) 42-87.

오르간:

Willi Apel, *The History of Keyboard Music*, trans. and rev. Hans Tischler (Bloomington: Indiana University Press, 1972).

Edward Higginbottom, "French Classical Organ Music and Liturgy," *Proceedings of the Royal Musical Association* 103 (1976-77) 19-40.

Peter Williams, *The European Organ*, 1450-1850, 2nd ed. (Bloomington: Indiana University Press, 1978).

Peter Williams, *A New History of the Organ* (Bloomington: Indiana University Press, 1980).

15. James White는 "Protestant Worship"을 9개의 전통으로 나누고 있다: Lutheran, Reformed, Anabaptism, Anglican, Separatist and Puritan, Quaker, Methodist, Frontier, and Pentecostal, in Protestant Worship: Traditions in Transition (Louisville: Westminster/Knox, 1989).

이 시대 전 예전에 사용된 오르간의 모습은 Peter Williams, The Organ in Western Culture, 750–1250 (New York: Cambridge University Press, 1993)을 보라.

또한 NGDMM의 논문을 참조하라.

합창음악:

이미 언급한 사전류와 연구목록 외에 다음과 같은 목록을 추가 한다:

H. Wiley Hitchcock, "The Latin Oratorios of Marc-Antoine Charpentier," *The Musical Quarterly* 41 (1955) 41-65.

Robin A. Leaver, "Passion Music," *Passover and Easter: The Liturgical Structuring of a Sacred Season, in Two Liturgical Traditions*, vol. 5, ed. Paul F. Bradshaw and Lawrence A. Hoffman, 근간.

Günther Schmidt, "Grundsätzliche Bermerkungen zur Geschichte der Passionshistorie," *Archiv für Musikwissenschaft* 17 (1960) 100-25.

Basil Smallmann, *The Background of Passion Music*, 2nd rev. ed. (New York: Dover, 1970).

자국어 운율시편가와 찬송가는 점점 늘어나는 개신교에는 절대적으로 중요하다. 시편가에 대한 연구는 오히려 적다: Erik Routley의 The Music of Christian Hymns (Chicago: GIA, 1981)은 악보와 함께 개혁전통의 시편가(28–58)를 잘 설명하고 있다. 또한 다음을 보라:

Leonard Ellinwood, "Tallis' Tunes and tudor Psalmody," *Musica Disciplina* 2 (1948) 189-203.

Robin A. Leaver, *Goostly Psalmes and Spiritual Songes: English and Dutch Metrical Psalms from Coverdale to Utenhove, 1535-1566* (New York: Oxford University Press, 1991).

Millar Patrick, *Four Centuries of Scottish Psalmody* (London: Oxford University Press, 1949).

Pierre Pidoux, *Le psautier huguenot*, 2 vols. (Basel: Bärenreiter, 1962).

W.S. Pratt, *The Music of the French Psalter of 1562: A Historical Survey and Analysis*

(New York: Columbia University Press, 1959).

Cecil Roper, "The Strassbourg French Psalters, 1539-1553," DMA dissertation, University of Southern California (1972).

찬송가에 대한 작업은 더 풍부하여 여러 종류의 참고문헌, 사전, 그리고 찬송 해설집이 있다:

참고문헌:

Keith C. Clark, *A Selective bibliography for the Study of Hymns 1980* (Springfield, Oh.: Hymn Society of America, 1980).

Ruth Ellis Messenger, *A Short Bibliography for the Study of Hymns* (New York: Hymn Society of America, 1964).

또한 이미 언급된 (예: Thompson) 다양한 종류의 참고문헌들을 보라.

사전:

John Julian, *Dictionary of Hymnody*, 2 vols. (Grand Rapids: Eerdmans, 1985 [1907]), 교과서적인 문헌

Katherine Smith Diehl, *Hymns and Tunes: An Index* (New York: Scarecrow, 1966).

찬송 해설집:

Robin A. Leaver, "Hymnals, Hymnal Companions, and Collection Development," *MLA Notes* 47 (December 1990) 331-54.

종교개혁자들의 찬송들은 여러 가지의 책에 수록되어 있고 종교개혁 찬송가학에 대한 여러 시각 또한 구체적인 연구가 시행되어 온 바 있다.

Martin Luther, *Liturgy and Hymns*, ed. Ulrich Leopold [Luther's Works, vol. 53] (Philadelphia: Fortress, 1965).

Isaac Watts, *Hymns and Spiritual Songs*, 1707-1748, ed. Selma Bishop (London: Faith,

1962).

John and charles Wesley, *John and Charles Wesley: Selected Prayers, Hymns, Sermons, Letters and Treatises*, Frank Whaling, ed. (New York: Paulist Press, 1981).

Maurice Frost, *English and Scottish Psalm and Hymn Tunes, c. 1543-1677* (London: SPCK and OUP, 1953).

Robin A. Leaver, *The Liturgy and Music: A Study of the Use of the Hymn in Two Liturgical Traditions*, Grove Liturgical Study 6 (Bramcote Nottingham: Grove, 1976).

Madeleine Forell Marshall and Janet Todd, *English congregational Hymns in the Eighteenth Century* (Lexington, KY: University Press of Kentucky, 1982).

Wilhelm Mützell, *Geistliche Lieder der Evangelischen Kirchen* (Hildesheim: Olms, 1975).

Edna Parks, *Early English Hymns: An Index* (Metuchen, N.J.: Scarecrow, 1972).

J. Ernest Rattenbury, *The Eucharistic Hymns of John and Charles Wesley* (London: Epworth, 1948; reprint ed., Cleveland: OSL Publications, 1991).

Johannes Riedel, *The Lutheran Chorale: Its Basic Traditions* (Minneapolis: Augsburg, 1967).

Samuel J. Rogal, *A General Introduction to Hymnody and Congregational Song* (Metuchen, N.J.: Scarecrow, 1991).

Howard C. Smith, *Scandinavian Hymnody from the Reformation to the Present* (Metuchen, N.J.: Scarecrow, 1987).

위에 열거한 대부분의 문헌들이 로만 가톨릭 찬송가를 다루고 있지만, 이 시대 음악예전 역사의 가장 구체적인 것은 그레고리안 성가의 부흥이다. 그중 채실리안[Caecilian]운동이 대표적이다. 가장 두드러진 참고문헌은 Fellerer과 Hayburn등의 관계된 글을 찾아보라:

Johannes Overath, ed., *Musicae sacrae ministerium: Beiträge zur Geschichte der kirchenmusikalischen Erneuerung im XIX. Jahrhundert* (Köln: Luthe-Druck, 1962).

Ronald Damian, "A Historical Study of the Caecilian Movement in the U.S.," DMA dissertation, Catholic University of America (1984).

이 시대에 활동한 중요한 예전작곡가들이 여럿 되고 예전 혹은 종교음악을 저술한 유명인들이 있다. 위에 이미 열거한 이름 외에 추가한다면 Orlando Di Lasso (d.1594), william Byrd (d.1623), Orlando Gibbons (d.1625), Girolamo Frescobaldi (d.1643), Giacomo Carissimi (d. 1674), Henry Purcell (d.1695), Dietrich Buxtehude (d.1707), Arcangelo Corelli (d.1713), François Couperin (d.1733), Antonio Vivaldi (d. 1741), Georg Frideric Handel (d.1759), Georg Phillipp Telemann (d.1767), Wolfgang Amadeus Mozart (d.1791), Franz Joseph Haydn (d.1809), Franz Schubert (d.1828), 그리고 Charles Gounod (d.1893)이 있다.

이 시대의 음악–예전적 거인은 요한 세바스챤 바하Johann Sebastian Bach이다. 그와 그의 음악에 대한 문헌은 놀랍다. 예전적 바하에 대한 뛰어난 개론은 Günther Stiller의 Johann Sebastian Bach and Liturgical Life in Leipzig, ed. Robin A. Leaver (St. Louis: concordia, 1984), 그리고 Jaroslav Pelikan의 Bach Among the Theologians (Philadelphia: Fortress, 1986)도 읽어야 한다.

마지막으로 이 시대에 예전음악이 미국 각 교회에서 발전되기도 하였다. 이 분야에 대한 좋은 안내서로 Victor Gebauer의 " 'Look Again!' Writing about America Church Music," Currents in Theology and Mission 16:3 (1989) 180–86이 있다. 그리고 The New Grove Dictionary of American Music, eds. H. Wiley Hitchcock and Stanley Sadie, 4 vols. (New York: Macmillan Press, 1986)의 각 교단별 내용을 참조하라. 또한 Terry Miller의 "American Psalmody and Hymnody," Folk Music in America: A Reference Guide (New York: Garland, 1986) 229–52를 보라. 다른 유용한 작업들은 다음과 같다:

Allen Perdue Britton and Irving Lowens, completed by Richard Crawford, *American Sacred Music Imprints 1698-1910: A Bibliography* (Worchester: American Antiquarian Society, 1990).

Albert Christ-Janer, et al., *American Hymns Old and New* (New York: Columbia University Press, 1980).

Buell E. Cobb, *The Sacred Harp: A Tradition and Its Music* (Athens: University of Georgia Press, 1978).

Leonard Ellinwood, *The History of American Church Music* (New York: Morehouse-Gorham, 1953).

Henry W. Foote, *Three Centuries of American Hymnody* (Hamden, Ct.: Shoestring Press, 1961 [1940]).

Hamilton MacDougall, *Early New England Psalmody, 1620-1820* (New York: Da Capo, 1969 [1940]).

Robert Stevenson, *Protestant Church Music in America* (New York: Norton, 1966).

20세기는 학문, 입법, 작곡, 그리고 예전음악의 변화에 더한 내용물이 다른 시대보다 비교적 많이 생산된 시대이다. 그러나 이 시대에 기록된 역사물은 꽤 되지만 이 시대 자체의 예전음악에 대한 역사적 연구는 아주 적다. Erik Routley가 그나마 이 시대에 대한 안내를 다음의 저서에서 감당하고 있다: Twentieth Century Church Music (New York: Oxford University Press, 1964). 또한 다음을 보라:

Ernesto Moneta Caglio, "Dom André Mocquereau e la restaurazione del Canto Gregoriano," *Musica Dacra: Rivista Bismestrale* 84 (1960) 2-17, 34-49, 98-117, 130-42, 162-72; 85(1961) 8-20, 34-46, 68-87, 151-59; 86(1962) 7-84, 108-18; 87(1963) 4-16, 38-50, 75-85.

Philipp Harnoncourt, "Katholische Kirchenmusik vom Cäcilianismus bis zur Gegenwart," *Traditionen und Reformen in der Kirchenmusik: Festschrift für Konrad Ameln zum 75. Geburtstag am 6. Juli 1974*, ed. Gerhard Schuhmacher (Kassel: Bärenreiter) 78-133.

Jean-Yves Hameline, "Le son de l'histoire: Chant et musique dans la restauration catholique," *La Maison-Dieu* 131/3 (1977)5-47.

Klaus Rohring, *Neue Musik in der Welt des Christentums* (München: Kaiser, 1975).

Oskar Sohngen, *Die Erneuerungskräfte der Kirchenmusik unserer Tage* (Berlin: Evangelische Verlagsanstalt, 1949).

특히 로마 가톨릭분야에서 엄청난 양의 저서가 제2차 바티칸공회(1962–65)이후의 예전적–음악 형성에 관한 내용으로 소개되었다. 예를 들면 다음과 같다:

William Bauman, "Church Music in America: Vatican II to '82," *Pastoral Music* 7/3 (1983) 30-33.

Jean Beiliard and François Picard, eds., *Le Musique sacrée après la réforme liturgique, décisions, directives, orientations* (Paris: Centurion, 1967).

Virgil Funk, "Enculturation, Style and the Sacred-Secular Debate," *Sacred Sound and Social Change*, 314-23.

Joseph Gelineau, "The Music of Christian communities, twenty years after the Council," *Music and Liturgy* 10 (1984) 82-90.

Helmut Hucke, "Musical requirements of liturgical reform," *The Church Worships, Concilium* 12 (New York: Paulist Press, 1966) 45-80.

Bernard Huijbers, "Liturgical Music after the Second Vatican Council," *Symbol and Art in Worship, Concilium* 132 (New York: Seabury, 1980) 101-11.

Francis P. Schmitt, *Church Music Transgressed: Reflections on "Reform"* (New York: Seabury, 1977).

이 시대의 중요한 이슈들이—문화의 역할, 의례음악의 본질, 예전음악의 신학 등—다음과 같이 논의될 것이다. 로마 가톨릭에 대한 중심적인 움직임은 예전음악에 대한 기록과 대량의 예전 법규를 기초로 하고 있고, 동시에 개신교 공동체에게는 새로운 찬송가의 발행에 있다.

로마 가톨릭의 가장 중요한 2가지 공식문서는 R. Kevin Seasoltz, The New Liturgy: 1903−1965 (New York: Herder, 1966), 그리고 Documents on the Liturgy 1963−1979 (Collegeville: Liturgical Press, 1982)가 있다. 미국안의 로마 가톨릭에 대한 추가적인 문서는 Elizabeth Hoffman, ed., The Liturgy documents, 3rd ed. (Chicago: Liturgy Training Publications, 1991)를 보라. 이러한 문서의 샘플문헌들은 다음과 같다:

Akademie für Musik und darstellend Kunst, *Die Kirchenmusik und das II. Vatikanische Konzil* (Graz: Styria, 1965).

Ilario Alcini, Pio X e la musica (Rome: Associazione Italiana di Santa Cecilia, 1956).

Associazione Italiana di Santa Cecilia, *L'enciclia Musicae Sacrae Disciplina di Sua Santità Pio XII* (Rome: Associazione Italiana di Santa Cecilia per la Musica Sacra,

1957).

A. Duclos, *Sa Santeté Pie X et la musique religieuse* (Rome: Desclée, 1905).

Edward Foley, "Music in Catholic Worship: A Critical Reappraisal," *Liturgy* 90 (February-March 1991) 8-12.

Aloys Hanin, *La Législation ecclésiastique en matière de musique religieuse* (Paris: Desclée, 1933).

Robert F. Hayburn, "St. Pius X and the Vatican Edition of the Chant Books," DMA dissertation, University of Southern California (1964).

J. Michael Joncas, "Re-Reading Musicam Sacram: Twenty-Five Years of Development in Roman Rite Liturgical Music," *Worship* 66 (1992) 212-31.

Tómas de Manzarrata, *La música sagrada a la luz de los documentos pontificos* (Madrid: Editorial Coculsa, 1968).

Johanna Schell, "Asthetische Probleme der Kirchenmusik im Lichte der Enzyklika Pius' XII Musicae Sacrae Disciplina," doctoral dissertation, Berlin (1961).

비공식적으로 이 시대의 가장 중요한 3가지 문서는 다음과 같다: Universa Laus Guidelines, The Milwaukee Symposia for Church Composers: A Ten Year Report, and the Snowbird document. 다른 문헌은 다음과 같다:

"The Music of Christian Ritual: Universa Laus Guidelines 1980," *The Bulletin of Universa Laus* 30 (1980) 4-15.

Felice Rainoldi "Le document Universa Laus 1980 dans l'histoire de la musique de l'église," *La Maison-Diew* 145:1 (1981) 25-48.

Claude Duchesneau and Michael Veuthey, *Music and Liturgy: The Universa laus Document and Commentary*, trans. Paul Inwood (Washington, D.C.: Pastoral Press, 1992).

Edward Foley, "From Music in Catholic Worship to the 'Milwaukee Document,'" Foley *Ritual Music*, 127-44.

Edward Foley, "The Ritual-Musical Function of Music: From Assisi to Snowbird, " *Pastoral Music* 21/3 (1997) 17-21.

Francis Kline, "The Snowbird Statement on Catholic Liturgical Music," *Worship* 71 (1997) 221-36.

최근 미국에서 발행된 개신교 찬송가들과 관련된 문헌들은 다음과 같다:

Episcopal: *The New Hymnal* (1916-18), *Hymnal* (1940), and *Hymnal* (1982); resources for the latter include Robert Klepper's *A Concordance of the Hymnal 1982* (Metuchen, N.J.: Scarecrow, 1989); and *The Hymnal Companion*, ed. Raymond glover, 3 vols. in 4 (New York: The Church Hymnal Corporation, 1990-1994).

Lutheran: *Common Service Book* (1917), *Service book and Hymnal* (1958), *Lutheran book of Worship* (1979), *and Lutheran Worship* (1982); resources for the LBW include Marilyn Stulken's *Hymnal companion to the Lutheran Book of Worship* (Philadelphia: Fortress, 1979).

Methodist: *The Methodist Hymnal* (1905), *The Methodist Hymnal* (1935), *Book of Worship* (1944), *Hymnal* (1960), *The United Methodist Hymnal* (1989). Resources for the latter include Carlton R. Young, *The companion to the United Methodist Hymnal* (Nashville: Abingdon, 1993).

Presbyterian: *New Psalms and Hymns* (1901), *The Presbyterian Hymnal* (1927), *The Hymnal* (1933), *The Hymnbook* (1955), and *The Presbyterian Hymnal* (1990). 최근 찬송가에 대한 자료서는 LindaJo H. McKim의 The Presbyterian Hymnal Companion (Louisville: Westminster/Knox, 1993)이 있다.

2. 신학적 연구

예전음악사 연구 외에 예전음악에 좀 더 심화된 신학적 문헌들이 늘어나고 있다. 여기서 주의할 것은 예전음악사는 비록 암시적이긴 하지만 "신학적"이라는 것이다. 이 세상에 "객관적"인 역사는 존재하지 않는다. 모든 역사는 해석이 뒤따르며 예전과 예전음악사 또한 해성과 함께 신학적 설명이 필요하다. 역사적 및 서사적인 연구에 대한 신학적 암시에 대한 내용은 Don Browning의 Fundamental Practical Theology (Philadelphia: Fortress, 1991)을 보라.

이러한 자료를 정리하기에 도움이 되는 몇 개의 관례가 있는데, (1) 음악과 소리의 성질에 대하여, (2) 예배에서의 음악의 역할에 대하여, 그리고 (3) 음악과 텍스트의 관계성에 대하여 신학적 고찰을 나누어서 분명히 하는 일이다.

음악/소리의 성질에 대하여

아마도 유대-그리스도 전통의 초기 음악자료 대부분은 이 조항 안에 속할 것이다. 히브리 성서의 언어로서 "음악"을 포괄적으로 가리키는 단어는 없다. 그리고 음악은 신학적 공론은 아닌 것이다. 그러나 고대 유대교와 최근 만들어진 기독교에서 공중예배는 특별히 종교성의 텍스트를 선포할 때 그 소리를 들을 수 있는 환경을 필요로 하게 되었다.[16] 그래서 음악은 천사와 사람들의 찬양을 만들어주는 기능으로서 랍비에 의하여 인정받게 되었다.[17] 신플라톤주의 영향으로, 10세기 철학자이자 유대교 학자로서 Emunot vedeot을 저술한 Sa'adya와 Tibb al-Nufus의 저자 Joseph Aknin(d.1220)은 영을 움직이는 음악의 힘을 인정하였다. 그리고 음악과 그 리듬이 내포하는 본질적인 윤리를 인정하였다. 다음을 보라:

Hanoch Avenary, "A Geniza find of Sa'adya's Psalm - Preface and its Musical Aspects," *Hebrew Union College Annual* 39 (1968) 145ff.

Henry G. Farmer, *Sa'adyah Gaon on the Influence of Music* (London: Probsthain, 1943).

Kalman Bland, "Medieval Jewish Aesthetics," *Journal of the History of Ideas* 54 (1993) 533-59.

Ammon Shiloah, *The Dimension of Music in islamic and Jewish Culture* (Brookfield, Vt.: Variorum, 1993).

Eric Werner and I. Sonne, "The Philosophy and Theory of Music in Judeo-Arabic Literature," *Hebrew Union College Annual* 16 (1941) 251-319, and 17 (1942-3) 511-72.

---

16. 이 방식에 대한 자세한 설명은 필자의 *Foundations of Christian Music*, 2-4장을 보라.

17. Babylonian Talmud의 Hagiga 2.12b, Erubin 2.21a, 그리고 Sanhedrin 11.91b를 보라.

위대한 철학자 Maimonides (d. 1204)는 —동시대 기독교 사상가들과 다르지 않게— 음악과 시의 힘이 예배자들을 현혹하고 심하게 짓누른다고 하였다. 다음의 자료들을 보라:

B. Cohen, "The Responsum of Maimonides Concerning Music," *Jewish Musical Journal* 2 (1935) 3ff.

H.G. Farmer, "Maimonides on Listening to Music," *Journal of the Royal Asiatic Society*, 3rd ser., 45 (1933) 867ff.

음악의 긍정적인 힘은 카발리스틱[Kabbahlistic] 신비주의자에 의하여 음악은 명상의 활력을 준다고 강조된다:

Judith Eisenstein,"The Mystical Strain in Jewish Liturgical Music," Sacred Sound, ed. Irwin (아래의 내용을 참조하라.) 35–54.

초대 기독교에서 음악에 대한 글이나 음악적 내용은 음악 혹은 소리가 우리의 영혼이 하나님과 교통하거나 하나님께 올라가도록 돕는 도구로 아니면 방해적 요소로서 암시하고 있다. 예를 들어, 알렉산드리아 학파의 글 중에 특별히 Clement (d.c.215)와 Origen (d.c.254)의 것을 보라. 또한 관계된 텍스트로서 Skeris의 Chroma Theoi, pp. 54–93을 보라.

Niceta of Remesiana (d. after 414)의 De utilitate hymnorum은 예배에서의 음악적 연주 방법론에 대한 가르침을 담고 있다. 이는 찬송과 시편을 노래함에 대한 가치를 목회적–신학적 관점에서 기술한다. 이 텍스트에 관하여서 다음을 보라:

Klaus gamber, ed., *Textus patristici et liturgici I* (Regensburg: Pustet, 1964) 93-100.

C. Turner, "Niceta of Remesiana II. Introduction and *Text of De psalmodiae bono," Journal of Theological Studies* 24 (1922-23) 225-50.

비록 젊은 시절의 "철학적" 작업으로 분류되지만 어거스틴(d.430)의 De musica —특별히 제 6장— 는 리듬, 그리고 하나님을 지칭하는 불변의 수와 변하는 수에 대한 신학적 고찰

로 보아야 할 것이다. 다음의 예를 보라:

A.D. Kresteff, "Musica Disciplina and Musica Sonora." *Journal of Research in Music Education* 10 (1962) 13-29.

Ubaldo Pizzani, "Spunti escatologici nel 'De musica' di S. Agostino," *Augustinianum* 18 (1978) 209-18.

Robert O'Connell, *Art and the Christian Intelligence in St. Augustine* (Cambridge, Mass.: Harvard University Press, 1978) 178-88.

또한 철학적 작업으로서 Boethius(d.525)의 De institutione musica를 보아야 하는데 여기에서 그는 –그의 주장이 있기 전 희랍인들이 주장하였듯이– 음악은 도덕성에 밀접하게 연관되어 있음을 언급한다:

Boethius, *Fundamentals of Music*, trans. Calvin Bower, ed. Claude V. Palisca (New Haven: Yale University Press, 1989), 알려진 바로는 가장 좋은 번역서이다.

Henry Chadwick, *Boethius: The Consolation of Music, Logic, Theology, and Philosophy* (Oxford: Clarendon, 1983).

마지막으로, 대부분 교회론적인 가르침인 요한 22세(d.1334)의 Docta sanctorum patrum에서부터 비오 10세(d.1914)의 Tra le sollicitudini–목회적 가르침이 대부분이지만–에 이르기까지 음악의 성질, 또한 음악과 의례의 관계성을 다루며 신학적 의견을 담고 있다.

여기에는 음악 혹은 예전음악의 보편적인 신학을 설명하는 최근의 노력으로서 필자의 "Toward a Sound Theology," Studia Liturgica 23:2 (1993), 121–39가 있다:

Charles Cleall, *Music and Holiness* (London: Epworth, 1964).

William Edgar, *Taking Note of Music* (London: SPCK, 1986).

Edward Foley, "Liturgical Music as Theological Discourse," *Artwork as Revelation*, ed. Stephen Happel (Washington, D.C.: Catholic University Press of America, 근간).

P. Froger, "Symbolism de la musique liturgique," *La Maison-Dieu* 22 (1950) 146-53.

Paul W. Hoon, "The Relation of Theology and Music in Worship," *Union Seminary Quarterly Review* 11:2 (1956) 33-43.

Judith Marie Kubicki, "The role of Music as ritual Symbol in Roman Catholic Liturgy," *Worship* 69 (1997) 427-46.

Maria-Judith Krahe, "Psalmen, Hymen und Lieder, wie der Geist sie eingibt: Doxologie als Ursprung und Ziel aller Theologie," *Liturgie und Dichtung II*, ed. Hansjacob Becker and Reiner Kaczynski (St. Ottilien: EOS Verlag, 1983) 923-57.

Winfried Kurzschenkel, *Die theologische Bestimmung der Musik: neuere Beiträge zur Deutung und Wertung des Musizierens im christlichen Leben* (Trier: Paulinus-Verlag, 1971).

Robin A. Leaver, *The Theological Character of Music in Worship* (St. Louis: Concordia, 1989).

Gerardus van der Leeuw, "Music and Religion," *Sacred and Profane Beauty: The Holy in Art*, trans. David Green (New York: Holt, Rinehart and Winston, 1963) 211-62.

Emil Martin, *Une Muse en péril: essai sur la musique et le sacré* (Paris: Fayard, 1968).

Alfred Pike, *A Theology of Music* (Toledo: GIA, 1953).

Erik Routley, *Church Music and the Christian Faith* (Carol Stream, Il.: Agape, 1978).

Erik Routley, *Church Music and Theology* (Philadelphia: Fortress, 1965 [1959]).

Thomas Allen Seel, *A Theology of Music for Worship Derived from the Book of Revelation* (Metuchen, N.J.: Scarecrow, 1995).

Victoria Sirota, "An Exploration of Music as Theology," *The Arts in Religious and Theological Studies* 5:3 (Summer 1993) 24-28.

Oskar Söhngen, "Fundamental Considerations for a Theology of Music," *The Musical Heritage of the Church*, ed. Theodore Hoelty-Nickel (St. Louis: Concordia, 1954) 4:7-16.

Oskar Söhngen, "Music and Theology: A Systematic Approach," *Sacred Sound*, ed. Joyce Irwin (Chico, Calif.: Scholars Press, 1983) 1-19.

Oskar Söhngen, *Theologie der Musik* (Kassel: Stauda Verlag, 1967).

Jay W. Wilkey, "Prolegomena to a Theology of Music," *Review and Expositor* 69 (1972) 507-17.

Jon Michael Spencer는 음악과 신학의 가교로서 "theomusicology"의 학문적 분류를 주장하여왔다. 그의 *Theological Music: Introduction to Theo-musicology* (Westport, Ct.: Greenwood, 1991), 그리고 그가 편집하는 저널인 *Black Sacred Music: A Journal of Theomusicology, published by Duke University Press*를 보라. 음악을 신학적으로 말하는 적당한 언어를 찾기 위하여서는 종교음악, 성음악, 예전음악 등을 다루는 문헌들에 드러난 상징적인 요소들을 통하여야 할 것이다. 이러한 면을 다룬 최근의 작업은 Claude Duchesneau의 "Musique sacrée, musique d'église, musique liturgique: changement de mentalité" in Notitiae, n.256, 23:11 (1987) 1189-99가 있다. 다음을 보라:

Lois Ibsen al Faruqi, "What Makes 'Religious Music' religious?" *Sacred Sound*, ed. Irwin, 21-34.

Helmut Hucke, "Le problème de la musique religieuse," *La Maison-Dieu* 108 (1971) 7-20.

James Reilly, "What is Liturgical Music?" *The Caecilia* 66 (1939) 325-28, 369-72.

Nicolas Schalz, "La notion de musique sacrée: une tradition récente," *La Maison-Dieu* 108 (1971) 32-57.

Nicolas Schalz, "Musique sacrée: Naissance et évolution d'un concept," *La Maison-Dieu* 161:1 (1985) 87-104.

Gino Stefani, "Musica sacra e regía liturgica," *Nuova Rivista Musicale Italiana* 1 (1967) 744-57.

음악과 신학을 연결하는 대부분의 저서들은 숨겨진 종교성 혹은 교회-교파 시각이 있다. 어떤 작업은 구체적인 교단의 음악신학을 명확히 표현하려고 노력한다. 로마 가톨릭의 대표하는 Miriam Therese Winter의 Why Sing? Toward a Theology of Catholic Church Music (Washington, D.C.: Pastoral Press, 1984), 그리고 개신교 입장 중에서 대표적인 것으로 Joyce Irwin의 "Shifting Alliances: The Struggle for a Lutheran Theology of Music," Sacred Sound, pp. 55-69를 소개한다:

Walter E. Buszin, *The Doctrine of Universal Priesthood and Its Influence upon the Liturgies and Music of the Lutheran Church* (St. Louis: Concordia, 1946).

Theodore Hoelty-Nickel, "A Philosophy of Lutheran Church Music," *The Musical Heritage of the Church* 6 (1963) 113-22.

Markus Jenny, *Die Zunkunft des evangelischen Kirkengesangs* (Zurich: Theologischer Verlag, 1970).

관계된 역사적 연구 2개는 다음과 같다:

Charles Garside, "Some Attitudes of the Major Reformers toward the Role of Music in the Liturgy," *McCormick Quarterly* 21 (1967) 151-68.

Markus Jenny, "The Hymns of Zwingli and Luther: A Comparison," *Cantors at the Crossroads*, ed. Johannes Riedel (St. Louis: Concordia Publishing House, 1967) 45-63.

음악과 의례

예전적 신학자의 소리 혹은 음악에 대한 조직적인 고찰은 진지한 논의가 되기 위하여 의례에 대한 해석을 요구하고 있다. 예를 들어 예배와 음악의 사이에 예전-신학적 다이내믹을 고려한다는 뜻이다. 로마 가톨릭의 고전적인 작업은 제2차 바티칸공회 직전에 기록된 Joseph Gelineau의 Voices and Instruments in Christian Worship, trans. Clifford Howell (Collegeville: The Liturgical Press, 1964)이다. Gelineau의 생각과 계속된 작업이 Charles Pottie의 A More Profound Alleluia: Gelineau and Routley on Music in Christian Worship (Washington, D.C.: Pastoral Press, 1984)에 정리되어 있다. 공회직후 이 분야에 대한 중요한 문서로는 Bernard Hujibers의 The Performing Audience, 2nd ed. (Phoenix: North American Liturgy Resources, 1974) 93이 있다. 다음을 보라:

Eugenio Costa, "La réflexion post conciliaire sur le chant et la musique dans la liturgie," *La Maison-Dieu* 108 (1971) 21-31.

Lucien Deiss, *Spirit and song of the New Liturgy*, rev. ed. (Cincinnati: World Library, 1976).

Claude Duchesneau, Paul Bardon, and Jean Lebon, *L'important, c'est la musique! Essai sur la musique dans la liturgie* (Paris: Cerf, 1977).

Frank Quinn, "Music in Catholic Worship: The Effect of Ritual on Music and Music on Ritual," *Proceedings of the Annual Meeting of the North American Academy of Liturgy* (1989) 161-76.

Mark Searle, "Ritual & Music: A Theory of Liturgy and Implications for Music," *Assembly* 12 (1986) 314-17.

J. Michael Joncas, *From Sacred Song to Ritual Music* (Collegeville: The Liturgical Press, 1997).

이 분야의 어떤 연구는 특정의 예전적인 모습에 초점을 맞추었고 의례의 각 부분에 맞는 음악을 고려하였다. Mary McGann과 필자는 이러한 연구를 Music and the Eucharistic Prayer (Washington, D.C.: Pastoral Press, 1988)를 통하여 시도하였다. 또한 Pastoral Music 15:4(1991), 성만찬 의례를 특집으로 다루고 있음을 보라. 예배의 구조와 음악의 관계성을 다룬 The Milwaukee Symposia on Church Music, nn.37−44를 통하여 몇 가지의 원칙이 제시되었다. 예전적 구조와 음악의 관계성에 대한 구체적인 연구는 필자의 "Musical Forms, Referential Meaning and Belief" in Ritual Music (1995)을 보라.

예전–음악적 형태에 대한 여러 장르의 신학적 암시를 다룬 질문들에 대하여서 특집으로 "litany"를 다룬 Pastoral Music (1988) 12:6을 보라. 여기에는 찬송가와 비슷한 관점들이 다루어지는데 이는 교회작곡자들을 위한 Milwaukee Symposia의 대화내용이나 1989년도 North American Academy of Liturgy 모임의 주제와도 서로 연관이 있다. 이 이슈에 대한 로마 가톨릭의 대화 내용은 다음과 같다:

Joseph Swain, "An Apology for the Hymn," *America* 156:19 [23 May 1987] 421-23.

Kevin Irwin, "Musical Contretemps," *America* 156:23 [13 June 1987] 492.

Frank Quinn, "Music in Catholic Worship: The Effect of Ritual on Music and Music on Ritual," 위에 열거하였음.

또한 본서의 20장과 21장을 참조하라.

음악과 텍스트의 상호작용

이미 전개된 음악과 의례의 관계성에 근거한 또 하나의 연구 분야는 예배에서의 음악과 텍스트의 상호작용에 집중한다. 어느 한 작곡가의 텍스트 성향을 분석하는 역사적 연구방법에서 떠나 텍스트에 대한 신앙의 중요성과 또한 음악에 주는 영향을 다루는 신학적 작업이 부분적으로나마 진행되고 있다. 참고할 문헌은 Eugene Brand의 하이델베르그 대학 학위논문(1959), "The Liturgical Function of Music: Music in its relationship to the Texts of the Liturgy"가 있다. 또한 Deiss의 Spirit and Song of the Liturgy 혹은 Gelineau의 Voices and Instruments in Christian Worship, Walter E. Buxzin의 Theology and Church Music as Bearers of the Verbum Dei (St. Louis: Concordia, 1959), 그리고 Erik Routley의 Words, Music and the Church Music (Nashville: Abingdon, 1968) 등이 있다.

최근에 언어에 대한 차별을 이슈화 하여 텍스트의 번역에 대한 논쟁이 있고 예배와 예배노래의 적절한 언어사용에 대한 많은 글들이 시적 표현과 차별에 대한 반박의 두 입장에서 소개되고 있다. 찬송가 작사자로 유명한 Thomas Troeger와 Brian Wren과 같은 이들의 작업이 이 논쟁의 활력소를 제공하고 있다:

Thomas Troeger, "Theological Considerations for Poetic Texts Used by the Assembly," *Worship* 59:5 (1985) 404-12.

Brian Wren, *What Language Shall I Borrow: God Talk in Worship - A male Response to Feminist Theology* (New York: Crossroad, 1990).

비차별적 언어Inclusive Language에 대한 작업들은 우리의 예배노래의 언어사용에 대하여 예리한 질문을 던지고 있다. 안내서로는 다음을 보라:

Teresa Berger, "Liturgical Language: Inclusivity and Exclusivity," *Studia Liturgica* 18 (1988) 132-41.

Mary Collins, "Inclusive Language: A Cultural and Theological Question," *Worship: Renewal to Practice* (Washington, D.C.: Pastoral Press, 1987) 197-214.

Frank Henderson, "ICEL and Inclusive Language," *Shaping English Liturgy*, eds. Peter finn and James Schellman (Washington, D.C.: Pastoral Press, 1991) 257-78.

Elizabeth Johnson, *She Who Is: The Mystery of God in Feminist Theological Discourse* (New York: Crossroad, 1992).

Gail Ramshaw-Schmidt, *Worship: Searching for language* (Washington, D.C.: Pastoral Press, 1988).

예배음악의 언어에 대한 구체적인 작업은 다음과 같다:

The Introduction to the International Commission on English in the Liturgy's *Consultation on a Liturgical Psalter* (Washington, D.C.: ICEL, 1984).

Gracia Grindal, "Inclusive Language in Hymns: A Reevaluation," Currents in Theology and Mission 16:3 (1989) 187-93.

Erik Routley, "Gender of God: A Contribution to the Conversation," *Worship* 56 (1982) 231-39.

이러한 논쟁은 더 큰 질문을 유도하는데 예배음악을 창출하는 작곡가와 작사자들의 목회-신학적 책임을 묻게 된다. 다음의 예를 보라:

Eugene Brand, "Word and Tone: A Challenge to the Composer," *Sacred Music* 93 (1966) 132-39.

Deirdre Brown, "The Contemporary Composer and Liturgical Reform," *Worship* 61 (1987) 16-25.

Carol Doran and Thomas H. Troeger, "Writing Hymns as a Theologically Informed Artistic Discipline," *Hymn* 36:2 (1985) 7-11.

Edward Foley, "On the 'Breath of Dawn' and other Metaphors," *Pastoral Music* (April-May 1981) 23-25.

3. 목회적 그리고 문화적 연구

역사적 연구, 혹은 일반적인 예전음악을 포함한 신앙과 음악의 관계에 대한 조직적인 연구를 비롯하여 예배음악에 대한 다양하고도 새로운 방법론들이 사회과학분야를 포함하여 여러 분야에서 진행되었다. 이러한 변화는 지난 세기를 통한 음악학에 기초하였고 예전의 현장에서 평행선을 그으며 발달되었다.

음악학적으로 19세기말과 20세기는 음악에 대한 연구가 다양하게 전개된 시기였다. 어떤 개척자들은 심리학적 관점에서 음악을 연구하기도 하였다:

Karl Stumpf, Tonpsychologie (Leipzig: Hirzel, 1883-90).
Carl Seashore, Psychology of Music (New York: McGraw-Hill, 1938).

이 분야에 대한 훌륭한 안내는 John Booth Davies의 The Psychology of Music (Stanford: Stanford University Press, 1978) 혹은 최근의 저서로 John Sloboda의 The Musical Mind: The Cognitive Psychology of Music (Oxford: Oxford University Press, 1985)을 보라.

다른 방법인 사회학 혹은 인류학의 시각에서 보는 음악연구도 있다. 음악의 사회학적인 관점의 조직적인 시도를 처음으로 소개한 Max Weber의 Die rationalen und soziologischen Grundlagen der Musik은 1911년도서부터 작업이 시작되었으나 1921년도에서야 인쇄가 되었다. 영어 번역본은 Don Martindale에 의한 The Rational and Social Foundations of Music (Carbondale: Southern Illinois University Press, 1958)이 있다. 또한 중요한 인물인 Theodor Adorno의 Introduction to the Sociology of Music, trans. E.B. Ashton (New York: Continuum, 1989 [1962]), 그리고 Hanns Eisler의 논문집 Musik und Politik, ed. Günther Mayer (Munich: Rogner & Bernhard, 1973)이 있다.

인류학적인 시각에서의 기초적인 작업은 Alan Merriam The Anthropology of Music (Evanston: Northwestern University Press, 1964), 특히 음악과 문화인류학의 역사적 상호작용을 요약하고 참고문헌을 소개한 부분을 보라.

이처럼 다양한 분야의 방법론을 사용한 음악연구는 새로운 모습을 창출하였다. 특별히 예전음악과 관련된 분야는 인종음악학으로서 원래는 '비교음악학'으로 불리었다. 비교음악학과 인종음악학의 차이는 다음을 보라:

Alan Merriam, "Definitions of 'Comparative Musicology' and 'Ethno-musicology': an Historical-Theoretical Perspective," *Ethnomusicology* 21 (1977) 189-204.

Kay Kaufman Shelemay, ed. *Ethnomusicology: History, Definitions and Scope* (New York: Garland, 1992), 유익한 자료이다.

처음에는 비서양 문화 음악에 집중한 인종음악학은 이제는 모든 문화의 음악을 연구하는 학문으로 자리 잡았다. 이 중 특별히 관심을 갖고 진행되는 분야는 의례에서의 음악연구로서 인종음악학 학회에서 매년 발표가 있다. 이 분야에 발표된 최근의 연구로서 Kenneth George의 "Music Making, Ritual and Gender in a Southeast Asian Hill Society," Ethnomusicology 37:1 (1993) 1–27이 있다.

지난 몇 십년동안 연구된 예전학에 대한 두드러진 사항은 심리학, 인류학, 인종학, 그리고 다른 사회과학 분야들의 영향력이다. Gilbert Ostdiek은 뛰어난 관찰력으로 이러한 발달사항을 그의 논문에 포함하고 있다: "Ritual and Transformation: Reflections on Liturgy and the Social Sciences," Liturgical Ministry 2 (1993) 38–48. 이러한 방법론적 전환의 필요성을 강조한 기억에 남는 주장은 Mark Searle의 1983년도 북미 예배학회 부회장 연설로서 그는 새로운 예전학 연구 방법론으로 "목회적 예전학 연구"를 주장하였다:"New Tasks, New Methods: The Emergence of Pastoral Liturgical Studies," Worship 57 (1983) 291–308. 그 후부터 Searle이 소개한 틀에 근거한 의식에 관한 연구가 활발히 진행되었다. 이 분야의 주요 인물은 Ronald Grimes 으로서 그의 Reading, Writing, and Ritualizing: Ritual in Fictive, Liturgical, and Public Places (Washington, D.C.: Pastoral Press, 1993)을 보라. Nathan Mitchell은 다음의 저서에서 Grime의 다른 문헌들을 소개하며 의식연구에 대한 안내를 하고 있다: Liturgy Digest 1:1 (1993).

음악연구에 대한 사회과학의 영향, 그리고 예배학과 함께하는 평행선, 그리고 의식연구의 새로운 방향성 등은 예전음악의 인쇄물과 연구 성과에 지대한 영향을 미치기 시작한다.

다음의 예를 보라:

Charles Dreisoerner, *The Psychology of Liturgical Music* (Kirkwood, Mass.: Maryhurst, 1942).

Karl Gustav Fellerer, *Soziologie der Kirchenmusik: Materialen zur Musik-und Religionssoziologie* (Köln: Westdeutscher Verlag, 1963).

Edward Foley, "Ethnomusicology," *Pastoral Music* 14:6 (1990) 37-41.

Edward Foley, "Liturgical Musicology Redux," *Worship* 64 (1990) 264-68.

Edward Foley, *Music in Ritual: A Pre-Theological Investigation* (Washington, D.C.: Pastoral Press, 1984).

또한 지난 십년간 늘어나고 있는 아프리카–미국인, 히스패닉, 그리고 다른 인종들의 찬송가 발행을 참고하라 (아래를 보라).

특별히 중요하게 여기는 것은 예전음악과 음악에 대한 평가기준 및 이해관계를 표현하는 여러 다양한 문화적 모습이다. 관련된 사항은 음악이 어떻게 예배와 신앙 안에서 실제로 기능하는지 가늠할 수 있는 체험적 방법론을 창출하는 데 있다.

문화와 예배음악

유대교와 기독교의 예배음악은 다른 종교와 마찬가지로 비록 두드러지게 나타나지는 않지만 문화를 필요조건으로 삼고 있다. 예배음악에 대한 보편적인 가정은 어느 특정의 시대, 장소, 혹은 작곡가의 작품에 필요이상의 위상을 갖고 있음이다. 감리교에서의 찰스 웨슬리의 찬송의 위치가 그것이다. 반대사항으로 토착성의 찬송가 형성이 있다. 예를 들어 Robin A. Leaver의 "Theological Dimensions of Mission Hymnody: The Counterpoint of Cult and Culture," Worship 62 (1988) 316–31을 보라. 이러한 음악은 파생된 문화에서 수출되어 이를 받아들인 문화의 기준이나 문화적 감각에 상관없이 수입됨을 말하고 있다. 로마 가톨릭의 보편적인 예로서 Pius 10세가 위에 열거한 Trale sollicitudini에서 그레고리안 성가의 우월성을 주장함을 들 수 있다. 이는 문화적 인류학과 인종음악학의 영향 속에서 이러한 실천적 사항을 연구하고 새롭게 조명함이 옳다고 본다. 한 예는 Milwaukee Symposia for Church

Composers (nn.56–63)의 “Cross–Cultural Music Making”으로서 예배음악을 평가하는 기준을 전통적인 모습에서 찾음을 볼 수 있다.

기독교와 유대교의 비전통적인 음악에 대한 여러 연구는 – “보고서”와는 다르게– 적지만 계속하여 늘어나고 있다. 이러한 연구는 사려 깊은 내용으로 신학적 성질을 다음과 같이 담고 있다:

James Cone, “Black Spirituals: A Theological Interpretation,” *in Music and the Experience of God*, eds. Mary Collins et al., (Edinburgh: Clark, 1989) 41-51.

James Cone, *The Spirituals and the Blues* (Maryknoll: Orbis, 1991 [1972]).

Louis-Charles Harvey, “Black Gospel Music and Black Theology,” *The Journal of Religious Thought* 43:2 (1986) 19-37.

I-To Loh, “Contemporary Issues in Inculturation, Arts and Liturgy: Music,” unpublished paper presented at 12th International Societas Liturgica Conference (York, England: 14-19 August 1989).

Gino stefani, “Musica, liturgica, cultura,” *Nuova Rivista Musicale Italiana* 14 (1980) 479-96.

다른 작업들은 대부분 대학교의 연구물로서 현장의 관찰을 중심으로 이루어졌다. Stephen Frederick Duncan의 “Christian bhajans: A Study of the Uses of Indigenous Music in the Rites of the Catholic Church on the Subcontinent of India Since the Second Vatican Council with Particular Attention to *Bhajan and Kirtan*,” Ph.D. dissertation, Memphis State University (1991).

아프리카–미국인의 음악 또한 미국에서 엄청난 양의 집중을 받았다. 이 분야의 중요한 학자는 Mellonee Burnim이다:

Mellonee Burnim, “The Black Gospel Music Tradition: A Complex of Ideology, Aesthetic, and Behavior,” *More than Dancing*, ed. Irene V. Jackson (Westport, Ct.: Greenwood, 1985).

Mellonee Burnim, "The Black Gospel Music Tradition: Symbol of Tenacity," Ph.D. dissertaion, Indiana University (1980).

Mellonee Burnim, "Culture Bearer and Tradition Bearer: An Ethnomusicologist's Research on Gospel Music," *Ethnomusicology* 29 (1985) 432-447.

Mellonee Burnim, "Gospel Music Research," *Black Perspective in Music* (1980) 63-70.

Mellonee Burnim, "The Nature of African American Music: A Chronology," *Currents in Theology and Mission* 21:2 (1994) 93-104.

Mellonee Burnim, "The Performance of Black Gospel Music as Transformation," *Music and the Experience of God*, 52-61.

다음을 보라:

Mark Banger, "Black Gospel and Spirituals: A Primer," *Currents in Theology and Mission* 16:3 (1989) 173-79.

Jacqueline Cogdell DjeDje, "Change and Differentiation: The Adoption of Black American gospel Music in the Catholic Church," *Ethnomusicology* 30 (1986) 223-52.

Jacqueline Cogdell DjeDje, "An Expression of Black identity: The Use of Gospel Music in a Los Angeles Catholic Church," *The Western Journal of Black Studies* 7:3 (1983) 148-60.

Irene V. Jackson, Afro-American Religious Music: *A Bibliography and a Catalogue of Gospel Music* (Westport, Ct.: Greenwood, 1979), an older guide which retains some value.

Irene V. Jackson, "Music among Blacks in the Episcopal Church: Some Preliminary Considerations," *More than Dancing: Essays on Afro-American Music and Musicians*, ed. Irene V. Jackson (Westport Ct.: Greenwood, 1985).

Portia Maultsby, "Afro-American Religious Music: 1619-1861," Ph.D. dissertation, University of Wisconsin (1974).

Portia Maultsby, "The Use and Performance of Hymnody, Spirituals and Gospels in the Black Church," *The Western Journal of Black Studies* 7:3 (1983) 161-71.

Elkin Sithole, "The Role of Gospel Music in the Black Churches of Chicago," Ph.D. dissertation, Queens University, New York (1976).

Jon Michael Spencer, *Black Hymnody: A Hymnological History of the African-American Church* (Knoxville: University of Tennessee Press, 1992).

Jon Michael Spencer, *Protest and Praise: Sacred Music of Black Religion* (Minneapolis: Fortress, 1990).

Wyatt T. Walker, *Somebody's Calling My Name: Black Sacred Music and Social Changes* (Valley Forge, Pa.: Judson, 1979).

의식음악에 대한 히스패닉계의 학문적인 질은 비록 떨어지지만 Steven Harry Conelius의 작업은 예외이다, "The Convergence of Power: An Investigation into the Music Liturgy of Santeria in New York City," Ph.D. dissertation, University of California Los Angeles (1989). 그리고 북미에서 사용된 스페인 선교음악에 대한 연구는 다음과 같다:

Wanda Jean Madsen, "Mexican Mission Music: A Descriptive Analysis of Two Seventeenth Century Chant Books," DMA dissertation, University of Oklahoma (1984).

Linda Popp, "Music in the early Evangelization of Mexico," *Missiology* 8 (1980) 61-69.

Owen Francis da Silva, *Mission Music of California* (Los Angeles: Warren Lewis, 1941).

이러한 비주류문화의 표현이 주는 새로운 가치관이 "비전통적"인 예배음악을 주요 찬송가에 첨가하거나 아프리카계-미국인과 히스패닉을 위한 특정의 찬송가가 만들어지는 사건으로 최근에 이루어졌다. 먼저 것은 Lift Every Voice and Sing (1981), Songs of Sion (1981), Lead Me, Guide Me (1987), 그리고 Lift Every Voice and Sing II (1993)이다. 나중 것은 Celebremos (1979) 그리고 Flor y Canto (1989)가 있다. 아프리카 미국인들과 히스패닉들을 위한 찬송가 외에 감리교단에서는 아시아-미국인들을 의한 Hymns from the Four Winds (1983)를 발행한바 있다.

현장 작업과 예전음악

여기에는 항상 그랬듯이 예배음악과 그에 대한 다양한 기능적 견해차이가 존재한다. 이를 수록한 Elwyn Wienandt Opinions on Church Music: Comments and Reports from Four-and-a-Half Centuries (Waco, Tx: Baylor University Press, 1974)가 있다. 인류학과 인종음악

학 방법론의 발달과정과 이러한 방법론을 사용한 의식연구와 예전학 연구는 예배에서 음악이 갖는 기능적 모습을 이해하도록 돕는 새로운 방법론을 탐구하도록 안내하였다. 다음의 예를 보라:

Margaret Mary Kelleher, "Hermeneutics in the Study of Liturgical Performance," *Worship* 67 (1993) 292-318.

Margaret Mary Kelleher, "The Communion Rite: A Study of Roman Catholic Liturgical Performance," *Journal of Ritual Studies* 5:2 (1991) 99-122, 현장연구 보고서.

대부분의 이러한 연구는 인종음악학자 혹은 인류학자들에 의해 진행되었으며 많은 경우 그들의 작업에 신학적 질문을 하지 않고 있다. 다음을 보라:

DjeDje, "Change and Differentiation: The Adoption of Black American Gospel Music in the Catholic Church," 위에 열거함.

Brett Stutton, "Speech, Chant and Song: Patterns of Language and Action in a Southern Church," *Diversity of Gifts: Field Studies in Southern Religion* (Urbana: University of Illinois Press, 1988).

아주 적은양의 연구가 현장체험의 경험이 없는 예전학자 혹은 음악인들에 의하여 그리고 사회과학의 전문적인 도움으로 행하여졌다. 한 예가 Edward Foley와 Mary McGann의 "Why Do Congregation Sing?" Proceedings of the North American Academy of Liturgy (1990) 87–97이다. 또한 Lilly재단의 기금으로 뉴잉글랜드 남쪽지역에 위치한 성공회와 연합감리교회의 음악 프로그램에 대한 연구가 Linda Clark에 의해 진행되었다 (이에 대한 연구보고자료는 Dr. Clark이 가르치는 보스턴대학 신학대학원에서 발행하는 보고서에 연속적으로 담겨있다). 에모리대학의 Prof. Don Saliers는 이와 비슷한 작업을 현재 진행 중이다. 우리는 그의 발견사항에 대한 출판내용을 기대하고 있다.

아주 특별한 교류로서 예전학자와 사회과학자들 간의 연구인 Notre Dame Study of Catholic Parish Life는 예배와 음악에 귀를 기울이고 있다. Mark Searle과 David Leege의 연구는 Notre Dame에서 다음과 같이 2권의 분량으로 출판되었다: "The Celebration of Liturgy in the Parishes," Notre Dame Study of Catholic Parish Life, Report 5 (1985); 그리고 "Of Piety and Planning: Liturgy, the Parishioners and the Professionals." Notre Dame Study of Catholic Parish Life, Report 6 (1985). 불행하게도 구체적인 음악적 자료는 이 연구에서 색출하기가 어렵게 되어있다. 이에 대한 필자의 논평은 다음을 보라: "When American Roman Catholics Sing," Worship 63 (1989) 98–112; 그리고 Pastoral Music의 특집"Music and Song: Notre Dame Study of Catholic Parish Life," 10:6 (1986)을 보라.

예배음악에 대한 역사적 그리고 신학적 연구가 더욱 필요함이 사실이지만 필자는 예전음악에 대한 현장작업이–그리고 이러한 현장에서 정리된 자료를 해석하는 기호학semiotics과 같은 적용을 포함하여–오늘의 이 분야를 더욱 발전시키는데 더욱 중요함을 주장한다. 이 안내서가 피력하듯이 역사적 연구가 이 분야의 주를 이루고 있다. 이제는 균형을 맞추어서 과거의 예전음악에 대한 지식에서 그치는 것이 아니라 미래의 예배를 우리가 어떻게 섬길 것인가를 깨닫도록 발전시킴이 절실히 필요하다.

역자 후기

지난 3년간의 드디어 결실을 보게 되어 기쁘게 생각한다. 작업이 늦어진 이유는 단어와 내용을 정확히 표현하기 위하여 고심하며 더 많은 분들의 의견을 수렴하고자 함이었다. 이 과정에서 혼자만의 외로운 작업이 아니라 김혜옥 교수님과 같은 전문 음악인의 도움을 받으며 공동의 작업이 될 수 있음이 감사할 뿐이다. 그러나 더 이상 미루지만 못하게 됨은 지난 5년간 가르친 연세대학교를 떠나 이제는 미국에서 새롭게 사역을 하게 된 이유가 컸다. 본서가 한국에서의 마지막 작업이 되는지라 책임감에 심혈을 기울였다. 뿐만 아니라 아직까지 '예배학'이라는 분야가 많은 이들의 이해를 동반하지 못하고 있다는 사실에 보다 더 정확하고 의미 있는 표현으로 전달해야 한다는 책무감도 컸다.

박근원 교수님께서 친히 이 작업에 관심을 가지시고 격려하시며 본서가 출간되길 기대하여 주심이 큰 힘이 되었다. 한국교회 예배학의 선구자이신 박사님의 통찰력과 혜안이 번역 상의 단어 선택에 대단히 큰 도움이 된 것이다. 예전 분야에서는 감리교 신학대학교 대학원 예배음악 수업 학생들과 연세대학교 예배설교학 대학원생들—문호주, 정덕화, 박찬미, 장영직, 김성탄, 김현숙, 임승훈—에게 특별히 감사를 표한다. 그리고 예전 음악 분야에서는 연세대학교 교육학과에 재학 중인 천영준을 포함하여 많은 분들의 뜨거운 관심에 감사를 드린다.

이 책을 계기로 오랫동안 수고하신 연세대학교 출판문화원의 전일용 선생님과 김성수 선생님께도 감사를 드린다. 학술 분야에서 전문 번역과 출판이 어려운 시기에 이러한 프로젝트를 기꺼이 감당하여 주시고 도와주시는 큰 일을 하셨기에 순수 학문 전공자인 역자들로서는 감격스럽고 감사할 따름이다. 또한 가톨릭 전례헌장 번역본이 복잡하고 어려운 가톨릭 예전에 유기적으로 접근하는 데 많은 도움이 되었다. 다만 이 책의 가톨릭 용어는 개신교회의 용례를 토대로 쓰인 것이므로 가톨릭 배경을 갖고 읽어 주시는 분들께는 양해를 구한다.

무엇보다 이 책을 통해 많은 목회자들의 관심을 요청 드리고 싶다. 전문적인 음악 사역자들과 심포지엄, 학술 세미나를 통해 하나님께 드리는 예배와 예전, 음악의 관계에 대해 심도 있는 토론이 일어나기를 기대한다.

이 책의 책임 주간인 로빈 리버 교수는 웨스트민스터 합창 대학과 드류 대학의 대학원에서 찬송가학을 비롯한 예전음악의 다양한 수업을 통해 배움의 길을 안내하신 우리의 스승이시다. 그 분과의 소중한 기억을 바탕으로 본서를 번역하게 되었다. 그리고 한국교회의 예배와 음악의 미래가 이러한 노력으로 우리들의 제자들을 통해 풍성해지기를 간절히 기도한다.

하나님께 감사드리며
2009년 9월 연세대학교와 콜럼비아 신학대학원 교정에서
허정갑(미국 콜럼비아 신학대학원 예배학 교수)
김혜옥(연세대학교 음악대학 교회음악과 교수)

공동번역진 프로필

허정갑

청소년기에 미국으로 이민하여 휘튼 칼리지(B.A)와 바이올라 대학교(교회음악, M.M), 브루클린 음악대학원(첼로, M.A), 프린스턴 신학대학원(M. Div), 드류 신학대학원(예배학, Ph. D)을 졸업하였다. '한영찬송가'(Louisville; Geneva Press, 2001) 편집과 역서 '34가지 방법으로 설교에 도전하라'(로날드 알렌 편저, 예배와 설교 아카데미, 2004), '일상을 통한 믿음 혁명'(도로시 베스 편저, 예영 커뮤니케이션, 2004), 저서 '입체예배'(프리칭 아카데미, 2006) 외 다수가 있다. 현재 미국 컬럼비아 신학대학원 예배학 교수로 재직 중이며 연세대학교 신과대학 및 연합신학대학원 예배설교학 교수를 5년간 역임하였다. 미국 장로교 목사로서 한인 교회, 미국인 교회, 한인 2세 영어 회중 등을 대상으로 목회한 바 있다.

김혜옥

10대 후반에 도미(渡美)하여 줄리어드(Julliard) 음대와 동 대학원에서 피아노 전공으로 학, 석사학위를 받았다. 피아니스트 일로나 카보스(Illona Kabos) 교수와 귀도 아고스티(Guido Agosti) 교수에게 사사하여 전문 연주자로서 활동하다, 웨스트민스터 콰이어칼리지(Westminster Choir College)에서 교회음악(합창지휘)과 오르간 전공으로 석사학위(M,M)를 받았고 맨하탄 음대(Manhattan School of Music)에서 교회음악(합창지휘)와 오르간 전공으로 박사학위를 받았다(D.M.A). 그 외에 지휘자 헬무트 릴링(Helmuth Rilling), 데이빗 길버트(David Gilbert), 데니스 킨(Dennis Keene), 돈 모세스(Don Moses)에게 오케스트라 지휘법을 사사하였다. 추계마드리갈 싱어즈와 연세 여성합창단 지휘자로 재직한 바 있다. 현재 연세대학교 콘서트 콰이어와 심포닉 콰이어, 교회음악합창단의 지휘자이자 연세대학교 대학교회 성가대 지휘자로 재직 중이며 전문 예술 합창단 'Chantez a Dieu'의 예술감독으로 일하고 있다.

주요한 합창 연주 및 세미나로 웨스트민스터 콰이어 칼리지와 뉴욕 소재 Church of the Ascension, St. John, St. Paul's Church, Englewood. New Jersey, Princeton, Oregon Bach Festival, 스위스 생 모리츠 교회, 독일의 라이프치히 게반트 하우스, 비스바덴 쿠어하우스, 드레스덴 루카스 교회 등에서 마스터클래스와 연주회를 가진 바 있다. 국내에서는 국립합창단, 솔리스트 앙상블, 바흐 콜레기움 코리아 등과 연주하고, 연세대학교 음악대학 합창단을 지도하고 있다.

감리교 신학대학 대학원 2007년 예배음악 강의 수강생들

문호주, 정덕화, 박찬미, 장영직, 김성탄, 김현숙

–연세대학교 연합신학대학원 예배설교학 전공생들

천영준

–연세대학교 교육과학대학 교육학부 4학년 재학 중(中)

집필진 소개(편집 순서대로)

로빈 리버 Robin A. Leaver Westminster Choir College of Rider University, Princeton의 신성음악과 교수이며 Drew University, Madison, New Jersey의 예배학 초빙교수이다. 그는 예전과 음악분야에 방대한 글을 기고하였고 모노그래프 시리즈인 *Studies in Liturgical Musicology*의 편집자로서 그리고 *Drew University Studies in Liturgy* 시리즈의 공동 편집자로 있다.

조이스 짐머맨 Joyce Ann Zimmerman, C.PP.S. Liturgical Ministry 연구소 소장이며 Liturgical Ministry의 창립 편집자이다. 그녀의 저서는 *Liturgy as Living Faith: A Liturgical Spirituality* (1993), *Pray Without Ceasing: Prayer for Morning and Evening* (1993) 그리고 *Morning and Evening: A Parish Celebration* (1996) 등이 있다.

매리 셰이퍼 Mary M. Schaefer Atlantic School of Theology, Halifax, Nova Scotia의 예배와 영성학 교수이다. 그녀의 특별한 관심 연구 분야는 예전신학, 성만찬과 목회의 역사와 신학, 그리고 예전적 건축에 있다.

토마스 탤리 Thomas J. Talley 뉴욕시의 General Theological 신학대학원 예배학 은퇴교수이다. 그의 저서는 The Origins of the Liturgical Year (1986) 그리고 *Worship: Reforming Tradition* (1990) 등이 있다.

윌리암 시에스락 William Cieslak, O.F.M. Cap. 버클리에 위치한 Franciscan School of Theology의 총장이며 또한 예전신학 교수이다. 그는 St. Joseph Capuchin Province의 단원이며 그의 저서로는 *Console One Another* (1990)가 있다.

패트릭 번 Patrick Byrne 온타리오의 Peterborough의 가톨릭 교구 사제presbyter이며 현재는 St. Mary's, Lindsey, Ontario의 부목회자이다. 1972년도부터 1987까지 그는 National Bulletin on Liturgy와 여러 예전서들을 편집하였다. 그 중 *Catholic Book of Worship II (1980)과 Catholic Book of Worship III* (1994)등의 찬송가가 있다.

조셉 포르튜나 Joseph Fortuna 오하이오주 클리브랜드의 St. Mary Seminary 예전과 성례전 신학 조교수이다. 또한 클리브랜드의 Ascension of Our Lord 교회 목회자이다. 저서로는 "Contributing Credibly to a Sacramental Theology of Liberation" in *A Promise of Presence* (1992)가 있다.

존 발도빈 John F. Baldovin, S.J. 버클리에 위치한 Jesuit School of Theology의 역사와 예전신학 부교수이다. 저서로는 *Worship: City, Church and Renewal* (1991)이 있다.

어스틴 플레밍 Austin H. Fleming 보스톤 교구의 사제이며 Concord, Massachusetts에 위치한 Our Lady Help of Christians 교구 목회자이다. 저서로는 *Preparing for Liturgy, Parish Weddings, and Prayerbook for Engaged Couples* 가 있다.

제임스 댈른 James Dallen Spokane에 위치한 Gonzaga 대학의 종교학 교수로서 예전과 성례전 전문가이며 Salina, Kansas 교구의 사제이다. 저서로는 *The Dilemma of Priestless Sundays* (1994)가 있다.

얜 마이클 용카스 Jan Michael Joncas St. Paul, Minnesota에 위치한 University of St. Thomas

의 신학 조교수이다. 그는 작곡자요 예전음악 편집자이다. 저서로는 *From Sacred Song to Ritual Music: Twentieth-Century Understandings of Roman Catholic Worship Music* (1997)이 있다.

레이몬드 글로버 Raymond F. Glover Virginia Theological Seminary, Alexandria의 음악교수이고 채플 오르가니스트이다. 그는 성공회 *Hymnal 1982*와 The *Hymnal 1982 Companion* (1990–94)의 책임편집자이다.

윌리암 플린 William T. Flynn 아틀란타에 위치한 에모리 대학의 음악과 예배학 조교수이다. 근간으로서 중세 sequence를 연구한 *Medieval Music as Scripture Exegesis*가 출판예정이다.

캐트린 하몬 Kathleen Harmon, S.N.D. de N. Liturgical Ministry 연구소의 음악감독이다. 그녀는 Liturgical Ministry의 컬럼 작가이고 다음과 같은 예배자료집에 작곡을 하였다: *Pray without Ceasing: Prayer for Morning and Evening* (1993)과 *Morning and Evening Prayer* (1996).

프랭크 퀸 Frank C. Quinn, O.P. St. Louis에 위치한 Aquinas Institute of Theology의 예전신학 교수이다. 그는 잘 알려진 교육가, 예전 전문가, 그리고 예전과 관련된 잡지의 집필자이다.

마이클 몰로이 Michael James Molloy Saint, John, New Brunswick, Canada에 위치한 Centenary-Queen Square United 교회의 음악감독이요 음악선생이다. 그는 Drew University에서 예배학 Ph.D.과정을 마치었다.

마크 뱅거트 Mark P. Bangert 시카고에 위치한 Lutheran School of Theology의 예배와 교회음악 교수이다. 그는 Lutheran World Federation의 "Worship and Culture"팀 연구멤버이고 저서로는 "Dynamics of Liturgy and World Musics" *in Worship and Culture in Dialogue,* edited by S. Anita Stauffer (1994)가 있다.

돈 살리에스 Don E. Saliers 아틀란타 에모리대학의 예배와 신학 교수이며 신성sacred음악 프로그램 책임자이다. 그의 저서로는 *Worship and Spirituality* (1993), *Worship and Theology* (1994), 그리고 *Worship Come to Its Senses* (1996)등이 있다.

에드워드 폴리 Edward Foley, O.F.M. Cap. 시카고의 Catholic Theological Union의 예전과 음악 교수이다. 그의 저서로는 *Ritual Music: Studies in Liturgical Musicology* (1995)등이 있다.

예배와 음악

엮 은 이 로빈 리버 / 조이스 짐머맨
옮 긴 이 허정갑 / 김혜옥
펴 낸 곳 연세대학교 출판부
주 소 서울시 서대문구 성산로 262
전 화 2123-3380~2
팩 스 2123-8673
E-mail ysup@yonsei.ac.kr
홈페이지 http://www.yonsei.ac.kr/press
등 록 1955년 10월 13일 제9-60호
인 쇄 태화북스(주)

2009년 10월 16일 1판 1쇄
2010년 6월 25일 1판 2쇄
ISBN 978-89-7141-898-7 (93230)

값 28,000원